중국의 식량안보와 농업의 해외진출전략

中国粮食安全与农业走出去战略研究

『中国粮食安全与农业走出去战略研究』

China: Food Security and Agricultural Going out Strategy Research

ISBN 978-7-5177-0213-9

Korean edition was published by YOUKRACK PUBLISHING CO. in 2019

《中华社会科学基金》资助
이 도서는 중화학술번역사업(16WJY003)에 선정돼
중국사회과학기금(Chinese Fund for the Humanities and Social Sciences)의
지원을 받아 번역 출판되었습니다.

中国粮食安全与农业走出去战略研究

중국의 식량안보와
농업의 해외진출전략

지은이
한 쥔韓 俊

옮긴이
서영휘徐永輝
김승태金承泰
전동매全冬梅
경성림慶成林
최소연崔笑妍

역락

효율적이고 개방적이며 지속가능한
식량안보 보장체계의 수립

—

중국 국무원 발전연구센터
주임 리웨이(李伟)

농업은 국가의 근본이고 식(食)은 국책의 최우선 과제이다. 현재 인류의 경제활동이 이미 고도로 비농업화되어 사람들의 식량 이외의 소비수요가 갈수록 증가하는 추세이다. 하지만 식량의 대체 불가성은 영원히 바뀔 수 없고, 농업의 기초적인 지위도 영원히 변화되지 않을 것이다. 식량안보, 에너지안보 및 금융안보는 현재 세계의 3대 경제안보라 일컫는다. 식량안보전략은 국가안보전략의 중요한 부분이다. 중국이 고소득국가로 성장하는 과정에서 새로운 국가식량안보관을 시의적절하게 수립하고, 효율적이고 개방적이며 지속가능한 국가 식량안보보장체계를 구축하는 것이 매우 중요하다.

신(新) 중국 수립 이래 특히 중국의 개혁개방 이후 중국 정부는 농업생산의 발전과 식량안보의 보장을 위해 막대한 노력을 통해 괄목할 만한 많은 성과를 이루었다. 1978년부터 2012년까지 중국 식량 생산량은 3억 477만 톤에서 5억 8958만 톤으로 증가, 연평균 증가율이 1.96%로 같은 기간 인구의 연평균 증가율 1.01%보다 높은 수준이다. 식량의 생산량 증가는 인구의 증가를 초과하여 중국인의 1인당 평균 식량 점유량이 대폭 증가하게 되었다. 이와 동시 식량 이외의 기타 식품의 생산도 빠른 속도로 증가하여 1인당 육류, 가금알, 우유, 식용유, 수산물, 채소, 과일 및 설탕 평균 소비량도 큰 폭으로 증가하였고, 중국 국민들의 음식 소비구조도 뚜렷하게 개선되었다. 유엔 식량농업기구(FAO)에 따르면 중국은 이미 2002년에 1인당 일일 평균 식품 발열량, 단백질 및 지방함유량이 세계 평균 수준을 초과하였다.

하지만 우리는 국가 식량안보를 지속적으로 보장하는 데 중대한 도전에 직면해 있다는 것을 분명히 알아야 한다. 수요 측면에서 볼 때 중국은 인구의 지속적인 증가에 따라 주요 농산품의 소비량이 지속적인 증가세를 유지할 것이다. 도시와 농촌 주민의 소득수준 제고, 농촌에서 도시로의 대량인구 유입에 따라 식량 소비구조가 지속 향상될 것이다. 특히 육류, 가금알, 우유 등 식품에 대한 소비 수요가 지속적으로 증가하고 있다. 아울러 식량의 공업용 범위의 확대와 수요량의 증가로 인해 공업용 식량이 매년 증가하고 있다. 생산 측면에서 볼 때 공업화와 도시화는 필연적으로 일부 경작지 점용을 초래하며 환경친화적 건설 강화를 위해 일부 농업용 경작지는 농업생산에서 퇴출되어 식량 재배면적 안정에 영향을 줄 것이다. 심각한 수자원 부족, 공업화 및 도시화, 환경친화적 건설 수요에 필요한 물 수요 증가에 따라 농업관개용수 증가에 영향을 미칠 것이다. 또한 농업생산의 원가도 지속적으로 상승하고, 특히 노동력, 토지 관련 원가가 지속적으로 상승하면서 농민들의 농작 적극성에 영향을 끼칠 것이다. 농촌의 젊은 노동력이 지속적으로 도시로 이전하고 농촌의 노동력이 급속히 노령화되면서 식량생산 및 경영활력에도 영향을 줄 것이다.

향후 일정한 시기 동안 중국은 지속 공업화, 도시화의 발전단계에 놓일 것이며 고소득국가로의 성장을 위해서는 국가 식량안보를 탁월한 효과를 거둘 수 있게 보장하는 것이 매우 중요하다. 이를 위해 우리는 향후 중국의 식량생산과 수요 추세를 정확히 판단하고, 혁신적 마인드와 넓은 시야를 갖춰 식량안보와 품질안전에 대한 보장을 적절히 처리해 나가야 한다. 또한 농업의 종합생산능력과 지속가능한 발전능력을 제고하는 한편 국내 생산잠재력을 발굴하고, 국제시장과 해외자원을 적극 활용하여 효율적이고 개방적이며 지속가능한 식량안보보장체계 구축을 가속화해야 한다.

첫째, 식량생산능력을 강화해야 한다. 이는 국가 식량안보에 있어 가장 중요한 부분이다. 반드시 가장 엄격한 경작지보호제도와 수자원보호제도를 지속 견지하고, 농경지가 가뭄이나 홍수가 들어도 수확량을 보장할 수 있도록 높은 수준의 경작지를 확충하며 농경지 수리시설 건설을 추진하고, 절수형 관개를 대대적으로 추진해야 한다. 농업과학기술을 촉진하여 현대적인 육종업을 크게 강화하고, 작물생물육종의 혁신과 실용보급을 통해 중요한 실용가치와 자주적 지적재산권을 지닌 신(新)품종을 개발하여야 한다. 적극적으로 규모화·전문화 생산농가, 가구형농장, 농민합작사 등 신형농업경영주체를 육성하고, 경영주체의 다원화, 서비스의 전문화, 운영의 시장화를 통해 신형농업을 위한 사회적인 서비스체계를 구축함으로써 '누가 재배하고, 어떻게 재배하는지'의 문제를 적절히 해결해야 한다.

둘째, 식량유통능력을 강화해야 한다. 중국은 지역이 넓고 식량 주요 생산지와 판매지 간의 거리가 멀다. 또한 소비집단이 방대하고, 유동인구가 많으며 자연재해가 빈번히 일어나 연도 간 및 지역 간의 생산량 기복이 크다. 도시와 농촌 식량시장의 안정을 유지하고, 도시와 거리가 먼 농촌지역의 식량 취득용이성을 보장하기 위해 견고한 식량유통체계를 수립해야 한다. 식량유통체계의 심층적인 개혁을 추진하고 대형의 식량매매기업을 육성하며 식량 최종 판매기업의 사회적 책임이행을 강화하는 규제체계를 수립해야 한다. 또한 국제적 영향력이 있는 식량거래플랫폼을 구축해야 한다. 식량유통시설 건설을 강화하여 적재 분산화, 하역 분산화, 비축 분산화 및 운송 분산화 등 4가지 분산화를 발전시켜 현대적인 식량물류시스템을 구축하고, 유통원가를 낮추며 유통의 효율성을 제고해야 한다.

셋째, 식량시장의 조절능력을 강화해야 한다. 식량은 특수상품이므로 반드시 정부와 시장의 경계를 명확히 구분해야 한다. 식량의 특수성에 근거하여 정부의 조절역할을 강화하면서 식량의 상품적인 특성을 존중하여 시장체제의 결정적인 작용을 충분히 발휘하게 해야 한다. 또한 식량의 합리적인 비축 수준을 유지하고, 비축지역의 공간적 배치와 품종의 구성을 최적화해야 한다. 비상대응을 위한 식량 가공, 저장·운송 및 공급망을 완비하여 정부가 식량시장을 조절할 수 있도록 물질적인 기초를 제공해야 한다. 혁신적인 시장조절방식을 통해 생산자의 이익을 보호하고 저소득층에 대한 보조를 강화한다는 전제 하에서 식량가격 파동에 대한 사회적 수용능력을 제고해야 하며 가격기능을 통해 식량의 생산, 유통 및 소비를 유도해야 한다.

넷째, 국제시장을 활용하는 능력을 강화해야 한다. 국가 식량안보 보장을 강조하는 것은 외부에 대한 문을 닫고, 자급자족하는 것을 의미하지는 않는다. 세계은행의 통계에 따르면 러시아의 인구는 중국보다 12억 명 넘게 적지만 경작지 면적은 중국보다 2억 묘(畝)가 더 많다. 미국의 경우 인구가 중국보다 10억 명 넘게 적지만 경작지 면적은 중국보다 약 8억 묘 가량 더 많다. 인도의 인구는 중국보다 1억 명 넘게 적지만 경작지 면적은 중국보다 약 7억 묘가 더 많다. 중국의 인구당 수자원량은 2100㎡로 세계 평균 수준의 28%밖에 되지 않는다. 중국은 인구가 많고, 경작지가 적으며 수자원이 부족한 것은 타고난 여건이기에 적극적이고 주도적으로 국제시장과 해외자원을 활용해야 하는 것은 대세의 흐름이다. 이를 위해 국내 농업생산의 장기적인 발전과 농산품 수입의 장기적인 추세를 종합적으로 고려하여 국내 농업생산의 구조, 지역 간 배치 및 지원정책을 조절하고, 완벽히 갖춰야 한다. 균형적이고 순차적으로 적절하게 국내 부족한 농산품의 수입 확대를 통해 국내 농업생산과 국제 농산품시장에 확연한 충격을 피하도록 해야 한다. 국제 농업교류와 협력을 강화하고, 조건을 갖춘 국내기업의 해외진출을 장려 유도하여 장기적으로 안정적인 무역선을 구축해야 한다. 농업의 대외원조를 강화하고 개선하며 개발도상국가의 식량생산 발전을 도와 세계식량안보 유지를 위해 합당한 공헌을 해야 한다.

다섯째, 과학적으로 식량을 절약해야 한다. 아무리 부유해도 식량을 낭비해서는 안 된다. 이는 단지 경제적인 문제가 아니라 사회적인 양심과 최소의 도덕적 기준과 직결된다. 식량 절약형 축산업을 크게 발전시키고, 품질이 좋고, 효율성이 높은 사료용 작물 재배를 확대하며 적극적으로 농산물 줄기로 사육을 시행하고, 가금 사육 방식을 바꾸며 축산업의 규모화·집약화 발전을 촉진하고, 식량의 사료 전환 효율을 제고해야 한다. 식량의 심가공을 적절히 발전시키고, 비식용 가공의 전환을 엄격히 통제해야 한다. 식량의 수확, 비축, 운송, 가공 방식을 개선하여 식량의 생산 후 손실을 낮추고, 식량의 종합적 이용 효율성을 제고해야 한다. 식량을 절약하는 홍보교육을 강화하고 과학적인 음식법을 제창하며 음식 낭비를 줄여야 한다.

본 내용은 2013년 11월 23일 李伟 주임의
중국 식량안보전략회의 개회사에서 발췌한 것임

2편
해외 농업개발 잠재력 및 투자전략

3편

중국 농업 해외진출 전략

1편

종합보고

1장

고소득국가로 성장하는
중국의 식량안보전략과 정책

개혁개방 이래 중국은 빠른 발전 과정에서 식량안보 문제를 바람직하게 해결해왔으나 커다란 환경비용과 대가를 치르게 되었다. 중국은 앞으로 고소득국가로 성장할 것이고, 농촌인구의 도시 이주와 도시주민의 소비구조 고도화가 중국의 식량수요 증가에 있어 주요 요인으로 나타날 것이다. 일본 및 한국 등 동아시아 국가의 지난 경험과 중국의 발전 추세로 보면 고소득국가로 성장하는 과정에서 식량의 자급률은 계속 하락하고, 식량의 가격은 지속 상승하며 주민들의 식량 취득 가능성과 식량품질에 대한 요구도 계속 높아질 것이다. 이러한 새로운 국면에 대응하기 위해 중국은 새로운 식량안보관을 수립해야 하고, 특히 농업생산의 효율성 제고, 국제시장과 자원의 효율적인 이용, 농업의 지속가능한 발전 및 식량의 품질향상 등을 보다 중요시하여 효율적이고, 개방적이며 지속가능한 식량안보 보장시스템을 구축해야 한다. 이러한 목표를 실현하기 위해 중국은 반드시 '4가지의 능력을 높여야 하고 5가지의 항목을 심층적으로 개혁해야 한다.' 이는 식량의 종합적 생산능력, 식량의 지속가능한 발전능력, 식량시장의 조절능력, 국제식량시장 및 해외자원의 활용능력 등 4가지 능력을 높이고, 식량가격형성메커니즘, 식량보조금정책, 식량비축정책, 식량유통시스템, 옥수수산업정책 등 5가지 항목의 개혁을 심화시키는 것을 의미한다.

제1절 주요 성과 및 경험

중국은 '기본적인 식량 자급을 유지한다'는 방침을 줄곧 견지하여 최근 수년간 식량의 자급률은 전반적으로 90% 이상을 유지하였고, 곡물은 기본적인 자급을 통해 국내 식량안보를 보장했을 뿐만 아니라 전 세계의 식량안보 보장에도 크게 기여하였다.

1. 주요 성과

(1) 식량 보장능력은 새로운 수준에 도달함

1980-2012년간 중국의 식량 생산량은 3억 2056만 톤에서 5억 8957만 톤으로 84% 증가하였다. 그 중에서 벼, 밀과 옥수수의 생산량은 각각 46%, 118% 및 232% 증가했다. 특히 2004년 이래 중국의 식량생산은 '10년 연속 증가'를 실현했으며 2007년부터는 생산량이 1조 근[1]을 계속 초과하여 식

---

1   역자주 : 1근은 500g임.

량보장능력은 새로운 수준에 이르게 되었다. 식량생산 증가에 있어 주요한 원인은 2가지가 있다. 첫 번째 원인은 단위면적당 생산량 증가로 2000-2012년간 식량의 생산량이 ha당 4261kg에서 5301.8kg으로 증가하였는데 이는 식량 총 생산량 증가에서 60%를 기여한 셈이다. 단위면적당 생산량 증가의 주된 이유는 제도혁신, 기술진보, 시장개혁 및 농업에 대한 투자증가에 있다. 두 번째 원인은 식량생산의 구조조정으로 단위 면적당 생산량이 높은 옥수수의 파종면적이 2000년 2305.6만 ha에서 2012년 3503만 ha로 빠른 속도로 증가한 반면 단위면적당 생산량이 낮은 대두의 파종면적은 대폭 감소하여 같은 기간 1266만 ha에서 970.9만 ha로 줄어들었다.

(2) 국민의 식품 다양성에 대한 수요를 원만하게 만족시킴

주민소득 수준이 향상됨에 따라 식품소비구조도 지속적으로 향상되었다. 쌀과 밀 등 곡물의 1인당 평균 소비량은 안정적으로 지속 감소하고, 채소, 과일, 식물성 기름, 고기, 가금알, 유(乳)류 등 고부가가치 농산물의 1인당 평균 소비량은 안정적인 성장에서 비교적 빠른 성장세로 변화하였다. 수요 증가에 힘입어 중국의 채소와 유료작물과 같은 경제작물의 생산은 빠르게 성장하였고, 가축 및 가금류의 생산 증가도 농작물 생산 증가에 비해 월등히 높았으며 날로 증가하는 국내 소비수요를 기본적으로 만족시켰다. 이로 인해 식량소비 구조에 있어서 커다란 변화가 일어났다. 즉 식량에 대한 일상소비의 비율이 지속 하락하고, 사료 및 공업용 식량의 비율이 계속 높아지며 쌀, 밀, 기타 식량이 전체 식량소비에서 차지하는 비율이 지속적으로 낮아지는 반면 대두와 옥수수의 비율은 확연히 높아져가는 추세이다.

(3) 식량의 노동생산율은 비교적 높은 수준으로 증가함

2000-2011년간 밀의 노동생산율은 69.74%, 옥수수는 65.77%, 쌀은 61.11% 각각 증가하였다. 식량작물의 노동생산율 증가는 주로 단위 면적당 생산량 증가와 노동투입량의 감소에 기인한 것이다. 1990-2011년간 밀, 옥수수, 조생종벼, 메벼 등 4종류 식량작물의 노동투입량은 75-80% 정도 하락했다.

〈표 1.1〉 2000-2011년 중국 주요 농산물 노동생산율 및 증가율

단위: kg/표준노동일, %

품목	지표	2000	2001	2002	2003	2004	2005	2006	2007	2008	2009	2010	2011
2종류 유료 작물	노동 생산율	10.55	10.88	12.77	11.09	15.29	15.00	16.77	17.62	18.34	19.67	18.41	20.40
	증가율		3.14	12.77	-9.64	37.88	-1.84	11.76	5.08	4.07	7.25	-6.39	10.82
쌀	노동 생산율	28.43	30.30	31.61	31.21	38.05	37.84	42.07	46.65	51.24	55.39	57.26	61.11
	증가율		6.56	4.33	-1.27	21.93	-0.55	11.19	10.88	9.82	8.10	3.37	6.73
밀	노동 생산율	36.68	27.52	28.16	28.36	41.95	41.19	50.19	54.53	63.66	65.07	65.61	69.74
	증가율		-24.99	2.35	0.69	47.94	-1.82	21.84	8.66	16.74	2.23	0.82	6.31
옥수수	노동 생산율	28.27	30.60	33.56	32.61	42.49	44.53	48.85	50.95	57.87	57.33	61.77	65.77
	증가율		8.25	9.67	-2.82	30.29	4.81	9.69	4.31	13.58	-0.95	7.74	6.49
대두	노동 생산율	16.38	16.03	18.56	15.99	25.14	25.87	27.61	24.30	35.91	32.69	43.16	46.75
	증가율		-2.15	15.78	-13.8	57.23	2.93	6.73	-12.0	47.76	-8.98	32.02	8.32

자료출처: 『全國農産品成本收益資料匯編』 각 연호의 자료를 근거로 계산함

역자주: 2종류 유료작물은 땅콩, 유채를 가리킴

(4) 농민 소득은 지속적으로 증가함

2004년 이래 농민의 1인당 연평균 가처분소득은 빠른 성장세를 실현하였다(그림 1.1 참조). 그런 가운데 농가의 총 소득도 빠른 성장을 보였다.

중국의 식량안보와 농업의 해외진출전략

2004년에는 4039.1위엔, 2006년과 2009년에 각각 5000위엔, 7000위엔을 돌파했고, 2012년에는 1만 990.67위엔에 이르러 연평균 약 10%의 실질적인 성장세를 보였다. 아울러 농업경영소득을 나타내는 농가의 경영소득 또한 빠른 성장세를 보였고, 2004년 2804.51위엔에서 2012년 6460.97위엔으로 증가하여 연평균 실질성장률은 약 7.5%에 이르렀다.

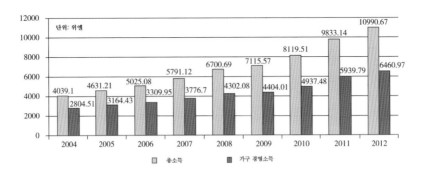

〈그림 1.1〉 2004-2012년 중국 농민의 1인당 연평균 가처분소득

(5) 비교적 높은 수준의 식량자급률을 유지함

2003년 이전에는 중국의 식량자급률[2]은 줄곧 높은 수준을 유지하여 국가에서 정한 안전선인 95% 이상의 수준을 유지하였고, 어떤 해에는 심지어 100%를 초과하기도 했다. 2003년 이후에는 식량자급률은 지속적으로 하락해 90%를 밑돌고 있다. 식량자급률 하락의 주된 원인은 대두 자급률의 대폭 하락에서 기인한 것이다. 만약 대두를 제외하면 곡물의 자급률은 여전히 높은 편으로 2012년에는 97.7%(표 1.2 참조)를 유지하였다.

2   자급률=국내생산량/(국내생산량+순수입)100%

〈표 1.2〉 중국 식량소비량 및 자급률 변화 추이

단위: 만 톤, %

연도	생산량	순수입량	이론소비량	자급률
1980	32055.5	1288	33343.5	96.1
1985	37910.8	−322	37588.8	100.9
1990	44624.3	862	45486.3	98.1
1995	46661.8	1967	48628.8	96
2000	46217.5	−42	46175.52	100.1
2001	45263.7	837	46100.67	98.2
2002	45705.8	−93	45612.75	100.2
2003	43069.5	61	43130.53	99.9
2004	46946.9	2492	49438.95	95
2005	48402.2	2232	50634.19	95.6
2006	49804.2	2540	52344.23	95.1
2007	50160.3	2205	52365.28	95.8
2008	52870.9	3670	56540.92	93.5
2009	53082.1	4403	57485.08	92.3
2010	54647.7	5764	60411.71	90.5
2011	57120.8	6102	63222.85	90.3
2012	58957.1	7748	66705.1	88.4

(6) 식량안보정책의 프레임워크가 초보적으로 구축됨

20세기 90년대에 들어 중국 정부는 이미 특정한 식량비축제도를 수립하였고, 2004년 이후에는 식량의 시장화개혁을 전면적으로 실시하였다. 동시에 농업에 대한 직접보조, 농업자재종합보조, 우량품종보조, 농기계구매보조, 농업보험료보조 등 각종 보조제도를 수립했고, 또한 벼와 밀에 대해 최저수매가 정책을 실시하였다. 이렇게 함으로써 엄격한 농경지 보호 정책을 기초로 하고, 식량의 최저수매가 정책을 핵심으로 삼음과 동시에 임시수매비축, 직접보조, 비축조절 및 수출입조절 등 일련의 조절정책을 보완책으로 한 식량안보정책시스템이 초보적으로 구축되어 농민의 농작 적극성을 고취시켜 식량생산의 지속적 및 안정적인 발전을 보장했다.

2. 주요 경험

(1) 식량안보를 위한 정부의 강도 높은 중시가 식량안보의 보장임

신 중국 건국 이래 중국 정부는 일관성 있게 농업을 기초로 견지하고, 농업을 국민경제 발전의 핵심으로 삼아 식량생산의 발전을 경제활동의 중점으로 간주하였으며 다양한 방법을 동원하여 식량 총 생산량의 안정적인 증가를 도모했다. 사실에서 입증된 바와 같이 중앙정부가 방임하지 않고 식량생산에 박차를 가하면 중국 실정에 맞는 농업과 식량생산경영시스템 및 정책지원체제를 지속적이고 적극적이며 적절하게 모색해낼 수 있고, '성장(省長)책임제'를 토대로 각 정부책임제를 수립할 수 있으며 식량생산의 기본적인 여건을 조성할 수 있다. 또한 거시적인 조절정책을 효율적으로 실시할 수 있으며, 재정, 금융, 조세 등 분야에서 지속적인 지원을 해줄 수 있고, 생산 전, 생산 중, 생산 후 등 전체 생산과정에 걸친 효율적인 서비스시스템을 구축할 수 있다. 특히 공업화 및 도시화의 전개과정에서 농업은 취약한 위치에 놓여 있어 농경지, 수자원, 노동력 등이 쉽게 유실되고, 농산물 가격이 쉽게 하락될 수 있기 때문에 식량안보에 있어서 가장 중요하고 유력한 보장책은 국가 차원의 보호와 지원이다.

(2) 농민의 농작 이익을 보장해주는 것이 식량안보의 근본임

신 중국 건국 이래의 고된 모색과정 속에서 여러 차례 입증된 바와 같이 어떠한 생산경영체제와 정책을 실시하더라도 농민의 농작 이익을 보장해야만 농민의 생산 적극성을 일으킬 수 있다. 개혁개방 이래 실시된 가구단위의 생산도급책임제, 식량의 국가 일괄수매와 일괄판매제의 개혁, 수차례에 걸친 식량구매가의 대폭 인상, 식량수매최저가정책, 농민에게 적용하는 '4가지 항목의 보조금'[3]에 이르기까지 농민의 이익을 보장해 주는 것 모두를 정책의 출발점으로 삼았고 이로부터 농민들이 실질적인 혜택을 얻게 되었으며 식량의 파종면적이 안정되어 식량생산량이 증가하게 되었다.

(3) 식량 파종면적을 안정시키는 것이 식량안보의 기초임

식량 파종면적은 식량생산량의 결정적인 요인이다. 지난 10여년의 상황을 살펴보면 식량파종면적은 1998년 17.1억 묘(亩)[4]에서 2003년 14.9억 묘로 사상 최저치로 내려갔고, 2007년에는 다시 15.8억 묘로 회복되었으며 2012년에 들어 16.7억 묘로 증가하였다. 아울러 식량생산량에 있어서도 각각 5123억 kg, 4307억 kg, 5016억 kg, 5896억 kg과 같은 변동추세를 보였다. 이는 식량생산을 안정적으로 발전시키려면 반드시 안정적인 파종면적을 보장해야 한다는 것을 입증하고 있다.

---

3   역자주: 4가지 항목의 보조금은 식량직접보조, 우량품종보조, 농기계구매보조, 농업자재종합보조를 가리킴.

4   역자주: 1묘(亩)는 667㎡임.

중국의 식량안보와 농업의 해외진출전략

(4) 농업과학기술의 진보가 식량안보의 관건임

개혁개방 이래 단위 면적당 식량생산량 증가에 있어 과학기술진보가 커다란 기여를 하였다. 21세기 들어 식량생산에 있어 '10년간 연속적인 증가'의 과정은 바로 선진적이고 적합한 증산기술이 끊임없이 보급되어 가는 과정이다. '제11차 5개년 계획' 기간 중 슈퍼벼[5]의 누적 보급면적은 4.14억 묘로 같은 기간 벼 전체 경작면적의 20.2%를 차지하였고, 1묘당 평균생산량은 575.2kg에 달해 1묘당 생산량은 67.9kg 증가하였다. 이는 중국 벼 생산량의 연속적인 증가를 촉진함에 있어 중요한 밑거름이 되었다. 2004-2012년간 중국의 옥수수 1묘당 생산량은 320kg에서 391kg으로 증가했고, 단위 면적당 생산량의 대폭적인 증가는 옥수수 총 생산량 증가의 중요한 원인이 되었으며 옥수수의 단위 면적당 생산량 증가에 대한 신품종 대체 기여도는 40-50%에 달하였다. 또한 고생산성, 고저항력 우량 품종의 배양과 대체가 매우 빠르게 진행되어 매번 품종이 대체될 때마다 단위 면적당 생산량 증가를 촉진했다. 이에 교잡종 벼, 토지밀집형 옥수수 등 품종의 재배면적이 대폭 증가하고, 밀의 정밀 파종, 비닐막커버 재배, 병해충 종합방제 등 실용기술의 보급 및 활용 등 식량생산을 위한 과학기술수준을 제고하였다.

(5) 농업 기반시설의 확충은 식량안보의 기반임

중국은 식량생산을 농업활동의 중점으로 삼고, 농경지, 수리시설 등 기반시설을 확충하고, 식량생산 여건을 개선해 왔다. 중국은 농업용 공업의

---

5   역자주: 생산량 높은 벼의 일종.

지원을 통해 기술혁신을 촉진함으로써 생산량을 증가시키고, 비료 등 농자재의 공급을 통해 농업장비 수준향상을 제고하면서 식량생산을 강력히 지원, 보장하였다. 2010년 전국의 농촌지역에서 사용한 전기량은 6632억 kWh이며 농촌에 설치된 수력발전용량은 5924만 kW, 유효관개면적은 9억묘, 비료사용량은 5561만 톤으로 1978년 대비 각각 26배, 26배, 1.3배, 6.3배 증가했고, 농업의 재난방지, 재해감소 및 식량생산능력을 크게 강화하였다.

(6) 국제자원 및 시장의 활용이 식량안보의 중요한 보완책임

중국 경제사회의 장기적이고 안정적인 빠른 발전에 따라 국민소득이 지속적으로 증가하고, 국민들의 식품에 대한 영양 수요가 낮은 수준에서 높은 수준으로 올라가 국제시장의 식량자원은 이미 중국의 식품영양 수준 향상을 위한 중요한 일부분이 되었다. 중국의 식량 순수입량은 1990년 862만 톤에서 2012년 7748만 톤으로 증가하여 약 9배의 증가세를 보이고 있다. 국제무역의 발전으로 중국은 '2개의 시장, 2가지의 자원'[6]을 활용함으로써 국내 식량 및 식용유 수급균형수준을 제고하였고, 국내 토지 및 담수자원을 절약하였다(현재 수입 농산물은 35%의 국내 경지, 47%의 농업용수를 절약). 그러나 중국의 국제시장 및 자원에 대한 의존도는 높아져 국제시장과 국내시장 상호 간의 영향이 갈수록 커져가고 있다.

---

6   역자주: 2개 시장은 국내시장과 해외시장, 2가지 자원은 국내자원과 해외자원을 의미함.

중국의 식량안보와 농업의 해외진출전략

제2절 당면한 새로운 국면과 도전

앞으로 10-20년간 중국은 중소득 국가에서 고소득 국가로 진입할 것이고, 2020년에는 샤오캉(小康)사회를 전면적으로 이룰 것이다. 아울러 전 세계의 식량생산과 무역구조에도 커다란 변화가 일어나 중국의 식량안보 보장이 새로운 국면과 도전에 부딪칠 것이다.

1. 고소득국가로의 성장과정에서 식량소비는 지속 증가

인구 성장, 도시화 진척 및 소득 증가는 향후 중국 식량수요 증가의 주요한 요인이 될 것이다. 예측에 따르면 2020년 중국 인구 총수는 14.1억 명에 이르고, 도시화율은 60% 수준에 도달하며 1인당 GDP는 7000달러 이상(2008년 가격 기준)에 이를 것이다. 2030-2035년간에는 중국의 인구 및 도시화율은 최고조에 도달할 것이고, 고소득국가 반열에 진입할 것이다. 국제경험으로 비추어 보면 이러한 과정에서 중국은 식품소비구조 면에 있어 지속적인 변화 과정을 경험할 것이고, 식품의 총 수요량은 계속 증가할 것이며 고기, 가금류, 가금알, 유(乳)류, 물고기와 같은 동물성 식품의 소비는 크게 증가할 여지가 여전히 있어 식량수요의 총량은 계속 증가할 것이다. 식량의 수요구조 면에서 보면 향후 도시와 농촌 주민의 식량수요 총량은 점차 감소할 것이고, 식량수요 증가의 주된 부분은 사료 및 공업용 식량 증가에 기인할 것이다.

(1) 인구 증가는 여전히 중국의 식량수요에 대한 증가를 유발할 것임

2000-2012년간 중국 총 인구는 8661만 명이 증가하고, 연평균 721만 명이 증가하였으며 이러한 인구 증가는 직접적으로 식량수요의 증가를 가져왔다. 2020년까지 중국은 매년 500-700만 명의 인구가 증가할 것이며 현재의 1인당 연평균 400kg 식량소비량 기준으로 계산하면 신규 증가 인구는 20-30억 kg의 식량수요를 유발할 것이다.

(2) 도시로 유입된 수억 명의 농민공은 중국 식량소비 증가의 주요 주체임

중국 도시화과정에서 나타난 주된 특징은 '농민—농민공—도시민'이며 현재 약 2.4억 명의 농민이 도시로 이전하여 생활하고 있다. 직업 변화에 따라 이들 2.4억 명 인구는 시장에서 식량과 기타 식품을 구매하게 된다. 이들은 이전의 자급자족의 생산자에서 식량과 기타 식품의 순구매자로 입장이 완전히 바뀌게 되었다. 한편 도시로 이전한 농민공들은 대부분 청장년층으로 육체노동을 많이 필요로 하는 제조업이나 건설업에 주로 취업하고 있다. 이로 인해 농민공들의 식량과 부식품의 수요는 비교적 크다. 본 연구조사에 의하면 2013년 농민공의 1인당 연간 식량소비량은 396.34kg에 달해 농촌주민에 비해 43.39% 증가한 119.14kg 더 많고, 도시주민 대비 14.78% 증가한 51.04kg(표 1.3 참조) 더 많다. 소비구조 면에서 보면 농민공의 식량소비는 도시주민에 비해 매우 높은 편이나 축산품의 소비는 낮은 편이다. 향후 장기간 중국의 농민공수는 계속 늘어날 것이고, 현재의 2억 명이 넘는 농민공은 앞으로 점차 도시생활에 융합되어 식품의 소비구조도 향상될 것으로 이러한 요인들이 모두 식량소비의 증가로 이어질 것이다.

<표1.3> 농민공과 도시주민의 1인당 연평균 식품 소비량 비교

단위: 피곡기준, kg

	농민공의 1인당 연평균 소비			농촌주민 대비		도시주민 대비	
	농촌	도시	농민공	증가량	증가율(%)	증가량	증가율(%)
식량(피곡)	170.74	103.47	217.23	46.49	27.23	113.76	109.94
밀	54.75	–	94.55	39.80	72.69	–	–
쌀	97.09	–	122.68	25.59	26.36	–	–
가금육 및 제품	69.90	135.27	116.01	46.11	65.97	-19.26	-14.24
가금알 및 제품	15.12	36.32	34.30	19.18	126.85	-2.02	-5.55
유(乳)류 및 제품	20.64	70.24	28.80	8.16	39.53	-41.44	-59.00
합 계	276.40	345.30	396.34	119.94	43.39	54.04	14.78

주: 농촌 및 도시주민의 1인당 소비와 구매량 데이터의 출처는 『중국통계연감』이고, 농민공 1인당 소비량 데이터
는 본 연구의 조사결과이며, 피곡 환산에 있어 고기 및 가금육은 1:3, 가금알은 1:2.8, 유(乳)류는 1:4로 계산함

(3) 농민들이 도시에 직접 흡수되더라도 그들의 소비구조 향상이 식량소비를 증가시킴

중국의 도시주민과 농촌주민 간의 식품소비구조는 분명한 차이가 존재하며 도시주민은 단백질 및 지방(축산품 및 식물성 유료제품 등)을 통해 열량을 섭취하고, 반면 농촌주민은 식품소비구조가 상대적으로 낙후되어 열량 섭취는 주로 탄수화물에 의존하고 있다. 2011년 도시주민의 1인당 돼지고기, 가금육의 소비량은 농촌주민에 비해 각각 13.15kg, 7.19kg 많다. 만약 열량섭취가 대등하다고 볼 경우 도시주민은 20%의 식량을 더 많이 소비해야 한다. 만약 농민이 도시민이 되어 도시생활 및 음식습관에 적응될 경우 열량 섭취 및 음식소비구조는 도시주민을 따라갈 것이며 이는 식량 소비의 증가로 이어질 것이다. 2011년의 수준을 예로 들면 1명의 농촌주민

이 도시로 이주 생활했을 경우 만약 기존의 열량 소비 수준을 그대로 유지하고 다만 도시민의 음식소비구조를 따른다면 그의 1일 식량 소비 총량은 988.99g이 되고 이는 기존에 비해 57.62g/일, 약 21.03kg/연 증가한다. 만약 일평균 열량 섭취가 도시주민 수준에 이르고, 다만 기존 소비구조를 유지한다면 그의 1일 식량 소비 총량은 957.71g으로 기존에 비해 65.65g/일, 연간 약 23.96kg 증가한다.

(4) 도시 및 농촌주민의 외식 증가 또한 식량 소비의 증가를 유발함

소득수준의 향상에 따라 도시 및 농촌주민의 음식 습관이 변화되어 외식의 증가가 음식물 소비의 증가를 유발하며 그 중에서도 특히 육류의 소비 증가가 두드러진다. 조사 결과에 의하면 도시주민의 1인당 외식소비량은 주간 1.85kg(유제품 및 음료 제외)으로 1인당 총 음식소비량의 19%를 차지해 연간 1인당 약 96kg에 이른다(계절 차이가 존재하지 않는다고 가정). 주민소득 증가에 따라 이 수치는 계속 증가할 것이며 이는 중국 식량소비 증가의 또 하나의 중요한 요인이 될 것이다.

2. 국내 식량생산 여건 악화로 식량증산은 더욱 어려움

도시화와 공업화의 발전은 농업생산요소, 자원, 환경 등에 대한 경쟁을 일으키고 나아가 식량생산 증가에 영향을 미칠 것이다.

(1) 공업화, 도시화는 경작지, 농업노동력, 농업용수 등 생산요소 양과 질의 하락을 초래함

중국의 농경지 총 면적은 20세기 80년대 중후반 21.57억 묘에서 2001년 19.06억 묘로 감소했고, 2008년에는 다시 18.26억 묘로 감소했다. 통상적으로 농경지면적이 비교적 빠르게 감소하는 단계는 도시화율이 비교적 빠르게 증가하는 단계이다. 2008년 이후 중국은 사상 최대로 엄격한 농경지 보호정책을 실시했고, 도시화로 전용된 토지에 대등한 토지를 보상했으나 가장 큰 문제는 보상된 토지가 전용된 토지보다 질적인 면에서 낮은 것에 있다.

수자원의 부족은 중국 미래의 농업생산을 제약하는 가장 중요한 요인 중 하나가 될 것이다. 경제발전, 도시화 및 공업화의 가속화와 생태환경 건설에 따라 중국 비농업부문의 수자원 수요가 계속 증가할 것이고, 농업용수의 비율은 지속적으로 하락할 것이다. 한편 지속적으로 증가하는 농산물의 수요를 만족시키기 위해 농업은 보다 적은 수자원으로 보다 많은 농산물을 생산해야 한다. 중국 식량생산의 중점지가 농업생산이 발달한 동남지역에서 가물고 수자원이 부족한 북방지역으로 이전됨에 따라 수자원의 부족문제가 농업생산에 미치는 영향은 더욱 두드러질 것이다.

중국의 농업노동력 수량은 1991년 최고치(3.91억 명)에 달한 후 매년 하락하여 2011년 2.66억 명으로 감소했다. 전체 노동력에 대한 농업노동력의 비중이 1978년 70.5%에서 2011년 34.8%로 하락하여 절반으로 감소하였다. 농업노동력 감소의 주된 원인은 대규모의 농업노동력이 도시로 이전해 취업했기 때문이며 또한, 이로 인한 농업노동력의 질도 하락했다. 현재 농업에 종사하는 농민의 학력수준은 대부분 중학교 수준 이하이며 평균연령은 이미 50세를 넘어섰다.

(2) 토지비용과 농업노동력 인건비의 상승으로 농민의 식량생산 적극성과 농업생산구조에 영향을 미침

2004-2011년간 중국 농산물의 1묘당 총 비용의 평균증가속도는 식량가격의 상승속도를 넘어섰고, 특히 생산량의 증가속도를 능가했다. 총 비용에서 모든 농산물의 토지비용 증가속도가 가장 높았고, 그 다음으로는 인건비가 높았다. 예를 들어 3대 주요 식량품목[7] 토지비용의 연평균 증가율은 15.7%, 인건비의 연평균 증가율은 10.4%, 재화 및 서비스비용의 연평균 증가율은 8.7%로 모두 농산물가격 증가율을 초과하였다. 비용의 빠른 상승은 농민의 식량생산 수익에 영향을 미쳤다. 최근 3년간(2009-2011년)의 평균수익으로 보면 비교적 높은 것은 채소(2474.13위엔/묘)이고, 식량은 비교적 낮았다. 3대 주요 식량품목의 평균수익은 223.43위엔/묘이고, 그 중에서 대두는 128.21위엔/묘에 불과했다. 만약 소비가격 상승의 영향을 제거하면 세 종류 식량품목의 1묘당 수익은 7년간 총 0.8위엔 증가하였고, 그 중 옥수수는 91.4위엔, 쌀은 8.6위엔 증가했으나 밀은 97.8위엔 하락하였다 (표 1.4 참조).

인건비의 상승은 농작물 생산구조에 커다란 영향을 미쳤다. 노동력수급 변화에 따라 농가의 노동력자원 배치방식에 있어 심각한 변화를 초래하였다. 즉 농사가 농가의 주요 소득이었던 과거에는 주로 1묘당 평균수익 최대화를 추구했지만 현재는 1묘당 평균수익과 농작물 생산의 노동투입량과 같은 2가지 요인에 의해 결정한다. 농민은 농가의 총 소득 최대화를 위해 주요 노동력을 비농업부문에 배치하고, 부녀자와 노인은 농촌에서

---

7   역자주: 3대 주요 식량품목은 쌀, 밀, 옥수수를 가리킴.

농작하여 기본생활에 필요한 식량을 생산한다. 인건비가 식량생산 비용에서 차지하는 비중이 상대적으로 낮고, 기타 경제작물, 채소, 과일 등의 생산비용에서 차지하는 비중은 비교적 높음으로 인건비의 상승이 식량 생산에 미치는 영향은 상대적으로 작은 반면, 목화, 유료작물, 과일, 채소 등 농작물에 있어서는 비교적 큰 영향을 미친다. 게다가 이런 농작물은 기계화 생산이 보다 어렵기 때문에 인건비 상승의 충격을 보다 쉽게 받는다. 예를 들어 대두, 유료작물의 인건비 비중은 비교적 높아 근래 파종면적이 빠른 속도로 감소되었다.

(3) 노동력의 이전은 농업경영규모의 확대를 촉진했고, 농업노동생산성을 향상시켰으나 미래의 발전수준은 관련 제도 개혁에 달려있음

농촌 노동력의 도시로의 지속적인 이전에 따라 농촌 토지의 이전규모도 끊임없이 확대되어 농업생산은 전문농가로 집중되고, 중대형 규모로 발전하는 추세이다. 중국 농업부 통계에 따르면 2012년 말 전국 토지이전면적은 약 2.6억 묘이고, 전국의 총 도급토지면적의 20%를 차지한다. 2ha 이상의 토지를 보유하고 있는 농가는 880만 가구에 달하고, 시범농가의 농장수는 6710가구에 이른다. 향후 노동생산성 향상은 주로 기계화 등 노동대체요소 투입량에 의해 결정된다. 하지만 기계화 발전은 토지의 규모경영을 전제로 한다. 그러므로 향후 중국 노동생산성 향상은 토지경영규모 집중도에 달려있고, 또한 토지경영규모 확대와 관련된 제도개혁에 달려있다.

〈표 1.4〉 중국 주요 농산물의 1묘당 수익 변화 추이

단위: 위엔/묘

연도	3대 주요 식량품목	쌀	밀	옥수수	대두	유료 작물	채소	목화
2000	−3.22	50.07	−28.78	−6.88	46.35	11.61	1112.09	214.24
2001	39.43	81.38	−27.5	64.25	26.51	1.69	1379.59	51.59
2002	4.86	37.55	−52.67	30.82	71.81	40.68	1181.19	211.31
2003	34.21	97.3	−30.28	62.78	111.73	78.56	1340.89	461.28
2004	196.5	285.09	169.58	134.94	127.06	201.33	1562.91	223.05
2005	122.58	192.71	79.35	95.54	81.48	101.48	1606.7	331.36
2006	154.96	202.37	117.69	144.76	67.84	187.71	1509.94	335.72
2007	185.18	229.13	125.3	200.82	175.21	400.8	2226.79	387.92
2008	186.39	235.62	164.51	159.22	178.45	282.24	1881.69	−16.71
2009	192.35	251.2	150.51	175.37	107.52	294.3	2087.83	308.59
2010	227.17	309.82	132.17	239.69	155.15	252.96	2776.89	983.97
2011	250.76	371.27	117.92	263.09	121.95	372	2557.67	202.49
근 3년간 평균수익	223.43	310.76	133.53	226.05	128.21	306.42	2474.13	498.35

주 : 수익 = 총생산액 − 총생산비용

자료출처:『全國農産品成本收益資料匯編』각 연호

(4) 식량수급의 구조적인 불균형은 갈수록 심각해지고 일부 식량 및 유료 품목의 국제시장 의존도가 지속적으로 높아지고 있음

〈1〉중국의 식량 수입총량은 계속 증가하고, 수입품목은 지속 확대됨

수입의 빠른 증가는 주로 대두 등 부족한 품목에 집중되어 있으며 현재 대두의 수입의존도는 이미 80%를 넘어섰고, 식용유 수입의존도도 50%를 초과하였다. 옥수수의 수입량은 2010년에 144.284만 톤으로 급증하였으며,

2011년에 161.4만 톤, 2012년에 약 500만 톤으로 증가하였다(표 1.5 참조).

〈표 1.5〉 중국의 식량 순수입량

단위: 만 톤

연도	식량 순수입량	곡물류					대두	식물성 기름
		총량	밀	쌀	옥수수	보리		
1980	1228	1226	1097	-97	156	2	42	5
1985	-322	-208	541	-80	-625	3	-114	52
1990	862	956	1253	-27	-303	6	-94	98
1995	1967	1976	1157	159	507	127	-9	301
2000	-42	-1063	88	-271	-1047	197	1021	168
2001	837	-532	24	-159	-600	237	1369	152
2002	-93	-1197	-9	-175	-1166	191	1104	309
2003	61	-1986	-181	-236	-1639	136	2047	535
2004	2492	502	645	-15	-232	171	1990	669
2005	2232	-387	325	-17	-864	218	2619	598
2006	2540	-246	-50	-52	-303	214	2786	629
2007	2205	-831	-297	-85	-488	91	3036	823
2008	3670	-27	-27	-64	-22	108	3697	792
2009	4403	183	65	-43	-5	174	4220	940
2010	5764	447	95	-23	144.3	237	5464	816.4
2011	6102	423.5	93	8.2	161.4	177.6	5243	767.6
2012	7748	1302	370.1	206.5	495	230.4	5806.4	-

〈2〉 식량수급에 있어 '취약균형, 강제균형, 긴장균형'의 특징이 있음

'취약균형'이란 식량안보를 보장해주는 자원여건이 부족해진 상태를

말하며, 농경지 면적이 갈수록 줄어들고, 수자원 부족 등의 문제들이 지속적으로 심각해지는 것이 특징이다. '강제균형'이란 식량 생산비용이 빠르게 증가하고, 농민의 식량 생산의 상대적인 수익이 높지 않으며 식량안보에 대한 보장이 정부의 강제력에 의해 이루어지고, 사회 및 경제적 요소투입이 크며 기회비용이 높은 것을 말한다. '긴장균형'은 총 공급이 모든 인구의 식량안보를 보장해줄 수 있는 능력이 충분하지 못하는 것을 의미하는데, 품목구조 면에서 보면 밀의 공급과 수요의 총량은 기본적으로 균형적이나 벼의 소비비중은 점점 높아져감에 따라 수급총량은 장기적으로 부족한 상태가 될 것이고, 옥수수는 사료 및 공업용 수요가 매년 증가함에 따라 수급관계가 갈수록 부족해질 것이다. 한편 대두와 식물성기름의 경우 국내 수급부족이 지속적으로 커져 주로 수입에 의존하게 될 것이다. '곡물총량 수급의 긴장균형, 식물성 유료의 공급부족은 확대되며, 일부 개별품목은 확연히 부족'해지는 뉴노멀(New Normal)이 고착될 것이다.

〈3〉 사료용 식량의 수급부족이 갈수록 확대되어 사료용 식량 수입 또는 축산품 수입의 갈림길에서 중대한 선택에 직면함

대두는 장기적으로 순수입을 유지해 왔고, 옥수수 역시 2010년부터 순수출에서 순수입으로 바뀌었으며 수입량도 해마다 확대되어가는 추세이다. 앞으로 당분간 가축 및 가금제품의 국내 수요는 지속적인 빠른 성장세를 보일 것이다. 따라서 사료용 식량을 계속 수입할 것인지 아니면 축산품을 수입할 것인지에 대한 문제는 중국 식량안보전략 수립에 있어 선택해야 할 중대한 과제이다.

〈4〉 식량 수급의 지역적 불균형 문제가 갈수록 심각해짐

도시화 진척에 따라 중국의 식량생산과 소비의 공간적 분리는 가속화

되어 각성(省) 간의 식량안보 형세에 있어 큰 차이를 나타내고 있다. 식량의 주요 생산지는 도시화수준이 낮은 지역으로 식량의 주요 소비지역은 도시화율이 높은 지역으로 이동하고 있고, 그 중에서도 3대 도시권의[8] 사정은 더욱 그러한데 광동(廣東), 저지앙(浙江) 등 전통적인 식량생산지의 생산량은 대폭 감소되고, 식량자급률도 대폭 하락되어 지역적인 식량안보문제가 날이 갈수록 심각해지고 있다.

(5) 식량가격의 오름 추세로 저소득층의 식품 취득가능성이 도전에 직면함

〈1〉 중국의 식품가격은 이미 상승단계에 이름

농업의 노동생산성 향상이 비교적 더디기 때문에 인건비의 상승은 농산물 생산가격을 높이게 마련이다. 2000년 식량생산가격을 100으로 하면 2011년 식량생산가격은 213.4로 상승, 연평균 상승률은 7.1%에 이른다. 유료작물을 포함한 재배농업의 생산가격은 215로 상승, 연평균 상승률은 7.2%에 달한다(그림 1.2 참조). 식량가격은 식품가격의 기초가 되고, 식품가격이 중국 소비자 물가지수(CPI)에서 매우 높은 비중(1/3)을 차지하기 때문에 식량 및 유료작물 생산가격의 상승은 식품가격과 소비자구매가격을 상승시킬 수 있다.

---

8   역자주: 3대 도시권은 창장(長江)삼각주 도시권, 주장(珠江)삼각주 도시권, 그리고 베이징(北京), 톈진(天津) 및 허베이성(河北省)의 각 두시들로 구성된 도시권을 가리킴.

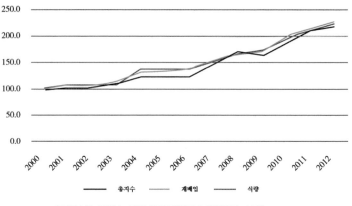

〈그림 1.2〉 중국 농산물 생산 가격지수 (2000년=100)

〈2〉 식량과 식품가격 상승은 저소득층의 식품 취득가능성을 어렵게 함

　중국의 도시화 과정은 앞으로 루이스 전환점을 지날 것이며 국제적 경험에 비추어 보면 경제가 루이스 전환점에 진입한 후에는 비교적 긴 기간에 걸쳐 임금과 노동력인건비 상승이 수반되며 이에 따라 농산물 및 식품가격도 비교적 빠르게 상승하게 된다. 일본 및 한국의 도시화 과정을 보면 노동임금, 식량가격, 식품가격 모두 장기적인 상승 과정을 거쳤다. 비록 중국의 도시주민과 농촌주민의 엥겔지수가 빠른 속도로 낮아졌지만 저소득층의 엥겔지수는 여전히 높은 편으로 식품가격에 대해 여전히 민감하며 이로 인해 식품가격의 상승은 이들의 식품 취득가능성에 영향을 줄 것이다.

(6) 식량품질 보장은 중국 식량안보에 있어 새로운 난제로 대두되고 있음

　도시주민의 생활수준 향상에 따라 식량안보에 대한 요구가 더욱 광범해지고 있는데 이러한 요구에는 구매가능성뿐만 아니라 보다 높은 편리성

　　　　　중국의 식량안보와 농업의 해외진출전략

및 높은 품질에 대한 요구를 내포한다. 한편 농업노동력의 감소, 인건비의 상승으로 인해 농민들은 노동력 절약을 위해 화학비료와 농약을 많이 사용하고 있기 때문에 농업생산에 따른 오염이 늘어나고, 더군다나 공업, 도시에서 배출된 오염물질로 인해 경작지와 농업용수의 오염이 심각해짐에 따라 식량품질에 영향을 미쳐 '카드뮴 오염쌀'과 같은 문제가 갈수록 커지고 있다.

(7) 현행 식량생산 지원정책의 효과가 갈수록 약화됨

중국은 이미 식량최저수매가를 핵심으로 임시수매비축, 직접보조, 재고조절 그리고 국제무역에 의지하는 종합적인 식량정책시스템을 구축하였다. 이러한 정책시스템은 중국 식량안보 보장에 있어 매우 중요한 역할을 하였으나 그에 따른 폐단도 갈수록 두드러지고 있다.

농작하는 농민과 도시주민 간의 이익 측면에서 균형을 이루기 위해 중국 정부는 '층별식' 식량가격조절메커니즘을 실시하였다. 즉 '하부층'은 최저수매가제도로서 주로 농작하는 농민의 이익과 연계되며 '상부층'은 국가비축식량투매제로 소비자 물가지수(CPI) 및 도시주민의 이익과 연관되며 '중간층'은 식량가격의 상승폭이다. 이와 같은 메커니즘은 도시와 농촌 간의 이익을 균형 있게 조절해 줄 수는 있지만 식량가격에 대한 심각한 왜곡을 초래해 최저수매가가 시장가격을 결정하는 문제가 나타나 시장가격 메커니즘의 기능을 억제하고, 심지어 최저수매가가 시장가격을 대체하는 사태가 나타나기도 한다. 게다가 식량생산비용의 대폭적인 증가와 정부의 시장가격 통제정책으로 인해 국내 식량가격이 지속적으로 높은 수준을 유지하게 되고, 심지어는 국제시장가격보다 높은 수준에 이르렀다. 만약 국내식량가격이 계속 지나치게 높아지면 국내 식량시장은 커다란 수입압력에 직면할 것이다.

한편 중국 식량보조정책의 효율성이 떨어져 생산비용의 상승만큼 보전하지 못하고 있고, 농민의 농사수익성과 식량 주요 생산지의 경제적 상황이 악화됨에 따라 농민 및 주요 생산지 관련 정부의 식량생산 적극성에 직접적인 영향을 미쳤다. 아울러 중국의 식량유통체계 및 비축시스템이 낙후되어 저소득층에 대한 식량보장시스템이 완비되지 못하고, 식량 '안보 네트워크' 역시 제대로 구비되어 있지 않은 상황에 있다.

(8) 중국의 식량안보를 보장해주는 외부환경은 낙관적이지 못함

전 세계 식량생산은 아직도 큰 잠재력이 있으나 가격 자극과 농업투자의 부족으로 식량생산 증가는 더딘 편이다. 한편 신흥국의 발전과 선진국의 식량수요범위의 확대는 전 세계 식량소비를 지속적으로 증가하게 하며 전 세계 식량수급의 불균형적 모순이 장기적으로 존재할 것이고, 지역적, 구조적 문제 또한 더욱 두드러지게 나타날 것이다. 아울러 식량수요량과 무역규모의 증대에 따라 중국과 국제식량시장 간 상호영향은 갈수록 커질 것이다. 또한 중국의 경제적인 지위가 높아짐에 따라 국제사회는 중국에게 갈수록 많은 책임과 함께 전 세계의 식량안보보장, 안정적인 국제식량시장 유지에 있어 보다 큰 역할을 요구할 것이다.

제3절 미래 중국의 식량 및 식품 수급 예측

향후 중국의 식량 공급과 수요에 관한 연구 및 예측결과는 많으며 이러한 예측결과를 종합해 보면 중국의 식량 수입은 지속 증가할 것이고, 식량 자급률은 계속 하락할 것이다. 수입 증가는 주로 옥수수(사료용)와 대두(유료) 수입증가에 기인하며 주요 식량품목(쌀과 밀)은 전반적으로 비교적 높은 자급률을 유지할 것이다.

2011-2035년간의 중국의 농산물 공급과 수요의 변화를 분석하기 위해 본 연구는 경제성장, 도시화율, 향후 임금상승률, 도시와 농촌주민의 소득 가격탄력성, 기술진보 등 일련의 가설과 명제를 다음과 같이 세웠다.

① 2011-2020년간 GDP 연평균 성장률은 7.5%, 인구 연평균 증가율은 0.4%이고, 2021-2035년간 GDP 연평균 성장률은 6.0%, 인구 연평균 증가율은 0.2%이다. 이는 도시주민과 농촌주민의 소득증가율이 1인당 GDP 증가율과 대체로 일치하다는 가정 하에서 2011-2020년간과 2021-2035년간 중국의 1인당 GDP는 연평균 각각 7.1%, 5.8% 성장함을 의미한다.

② 중국의 도시화율은 지속 제고되어 2020년 60%에 이르고, 나아가 2035년에는 70%까지 높아질 것이다.

③ 농촌의 노동인건비는 지속적인 상승세를 유지할 것이다. '제11차 5개년 계획' 기간 중 비숙련 노동임금은 연평균 11.5% 증가하였다. 제11차 5개년 계획 기간에 비해 향후 GDP 성장속도는 비교적 완만해질 것임에 따라 2011-2020년간과 2021-2035년간에는 비숙련 노동임금이 연평균 각각 8%와 5%씩 증가할 것으로 가정한다.

④ 국가의 농업에 대한 과학기술투자는 지속 확대될 것이고, 과학기술
  진보가 농업의 단위 면적당 생산량에 대한 영향은 '제11차 5개년 계
  획' 기간의 수준을 유지할 것이다.

⑤ 2011-2020년간 국제 농산물 가격은 주로 미국 농업부(USDA)의 예측
  결과를 참고하여 2021-2035년간의 국제농산물 가격은 안정적일 것
  으로 가정했다. 이런 일련의 가설 및 명제에 따른 예측결과는 〈표
  1.6〉과 같다.

〈표 1.6〉 2020-2035년 식량수급 대차대조표 (만 톤) 및 파종면적 변화 (천 ha)

2020년	쌀	밀	옥수수	대두	오일시드
파종면적	25557	22067	34940	8282	14686
생산량	12357	11305	22215	1673	882
수입	22	104	1995	6919	79
수출	112	33	7	13	5
순수입	-90	71	1987	6906	75
총수요	12267	11376	24203	8579	957
주민소비	10122	7446	708	8332	896
1인당 소비(kg)	72.1	53.1	5.0	59.4	6.4
사료용 식량수요	565	1665	14913	66	0
종자수요	217	580	118	85	15
공업수요	795	1258	7845	87	27
생산후 손실	568	428	618	10	20
자급률(%)	101	99	92	20	92

중국의 식량안보와 농업의 해외진출전략

2035년	쌀	밀	옥수수	대두	오일시드
파종면적	22078	19869	37127	7899	14571
생산량	10976	10595	26200	1778	992
수입	14	84	5041	8940	102
수출	177	41	5	12	4
순수입	-164	43	5036	8928	98
총수요	10812	10638	31236	10706	1094
주민소비	8704	6514	389	10418	1028
1인당 소비(kg)	60.5	45.2	2.7	72.4	7.1
사료용 식량수요	377	1591	20592	80	0
종자수요	210	563	116	82	14
공업수요	994	1573	9565	117	33
생산후 손실	527	397	574	9	19
자급률(%)	102	100	84	17	91

예측 결과에 따르면 중국 미래 식량의 공급과 수요는 아래와 같은 발전 추세를 보일 것이다.

1. 향후 25년간 식량수요 증가는 국내생산보다 현저히 높고 자급률은 계속 하락

농업생산자원, 정책, 기술진보, 수요변화 등 기존 조건 하에서 2020년 과 2035년 중국 식량수요는 각각 6.7억 톤과 7.3억 톤에 이르고, 식량생산 량은 각각 5.8억 톤과 6.0억 톤에 도달할 것으로 예측된다(벼는 쌀로 환산 함. 만약 벼로 계산한다면 총생산량 예측은 각각 6.3억 톤과 6.5억 톤에 이름). 식량자급률은 계속 하락할 것으로 2010년 91%에서 2020년 87%까지 하락하고, 2035년에는 82% 수준으로 더욱 하락할 것이다.

2. 일상용 식량과 사료용 식량의 수급과 자급률 간
　현저한 차이가 존재

예측결과에 따르면 향후 20여 년간 중국의 쌀은 충분히 자급할 수 있을 뿐만 아니라 약간의 수출도 가능하다. 2020년과 2035년 쌀의 자급률은 각각 101%와 102% 정도, 밀의 자급률은 각각 99%와 100%를 유지할 것이다. 그러나 옥수수의 자급률은 현저히 하락할 것이며 2020년과 2035년 옥수수의 생산량은 각각 2.2억 톤과 2.6억 톤에 이르러 생산량 증가율이 벼와 밀보다 월등히 높지만 옥수수 총 수요가 2020년과 2035년 각각 2.4억 톤과 3.1억 톤에 달해 수급부족량은 같은 기간 각각 2000만 톤과 5000만 톤 정도에 이를 것이다. 옥수수 자급률은 2010년 99%에서 2020년 92%까지 하락하고, 2035년에는 더욱 하락하여 84%로 떨어질 것이다. 그러나 옥수수 공업용 수요를 생산량의 30% 이하로 제한한다면 옥수수 자급률은 대폭 상승할 것이다. 한편 대두의 수급부족은 더욱 커져 2020년 대두 수입량은 7000만 톤에 이르러 자급률은 20%로 하락할 것이며 2035년 대두 수입량은 9000만 톤 정도에 달해 자급률은 17%까지 하락할 것이다.

3. 대두 외 유료작물 생산과 수요는 같은 증가세 유지,
　수급부족은 약간 커짐

유료작물의 생산량은 2010년 711만 톤에서 2020년 882만 톤, 2035년 992만 톤으로 증가할 것으로 예측된다. 아울러 유료작물에 대한 수요는 지속 비교적 빠른 증가세를 유지하여 총수요가 2010년 772만 톤에서 2020년 957만 톤, 2035년 1094만 톤으로 증가할 것으로 보이며 이에 유료작물의 수급부족은 계속 커져 수입에 있어 2010년 53만 톤에서 2020년 79만 톤, 2035년 102만 톤 정도로 증가할 것이다. 따라서 유료작물의 자급률은 2010년 94%에서 2020년 92%, 2035년 91%로 소폭 하락할 것이다.

4. 축산품 소비는 빠른 성장세 유지, 대부분 축산품은 기본적 수급균형 유지

2011-2020년간 돼지고기, 가금육, 소고기, 양고기, 가금알과 우유의 생산량은 각각 28%, 40%, 60%, 45%, 26% 및 74%로 증가할 것이고, 2021-2035년간 생산 증가율은 완만해져 각각 20%, 28%, 56%, 47%, 15% 및 43%에 이를 것이다. 그 증가폭을 보면 소고기, 양고기와 우유제품의 생산량 증가세는 돼지고기, 가금육, 가금알에 비해 현저히 높을 것이다. 아울러 1인당 소득의 빠른 증가세와 도시화율의 제고에 따라 축산품의 소비량은 더욱 증가할 것으로 2011-2020년간 돼지고기, 가금육, 소고기, 양고기, 가금알과 우유의 소비량은 각각 28%, 41%, 62%, 47%, 26% 및 79%로 증가하고, 2021-2035년간에는 각각 20%, 28%, 63%, 51%, 15% 및 62%로 증가할 것이다. 축산품에 대한 공급과 수요가 모두 비교적 빠른 성장세를 유지하여 대부분 축산품의 수급균형은 기본적으로 유지될 것이다. 그 중에서 돼지고기와 가금알의 자급률은 100%, 가금육은 95% 수준을 유지할 것

이다. 그러나 소고기와 양고기의 경우 자급률은 계속 하락하여 각각 2010 년 100%, 99%에서 2020년 99%, 98%로 떨어질 것이며 2035년에는 94% 와 95%로 더욱 하락할 것이다. 유(乳)류제품의 수급부족은 현저히 커져 수 입은 뚜렷이 증가할 것이다. 유류제품의 수입(우유 기준으로 환산)은 2010년 441만 톤에서 2020년, 2035년에 1025만 톤, 2542만 톤에 이를 것이며 자급 률은 2010년 90%에서 2020년 86%, 2035년 77%로 하락할 것이다.

제4절 새로운 식량안보관 수립

식량자급률의 현실적인 하락추세와 주민들의 식품 다양성, 식량 품질 및 안전에 대한 새로운 요구에 대응하기 위해 중국은 효율적이고 개방적 이며 지속가능한 새로운 식량안보관을 수립해야 한다. 효율적이라 함은 심층적인 체제개혁을 통하여 식량생산 및 유통의 효율성을 제고하고, 식 량생산지원정책의 효율성을 향상시키며 시장메커니즘과 정부 관여 간의 관계를 균형 있게 잘 조율하는 것이다. 개방적이라 함은 중국 농업기업의 해외진출을 장려하고, 농업기술협력을 강화하며 장기적이고 안정적인 무 역선을 구축하는 것이다. 또한 중국 식량수요와 공급에 대해 세계가 명확 하고 안정적인 예측을 가능하게 하여 해외자원 활용과 협력에 있어 공생 관계를 보다 잘 이루는 것이다. 지속가능이라 함은 자원절약과 환경친화 적 농업을 발전시키고, 생태환경이 취약하거나 오염이 심각한 토지를 복 원시키며 자원환경이 감당해낼 수 있는 범위에서 식량생산 잠재력을 발굴 하여 식량생산 증가와 농업생태안전 간의 관계를 균형 있게 잘 조율하는 것이다.

1. 효율적인 식량안보관

샤오캉(小康)사회의 전면적인 건설 요구에 따라 향후 중국의 식량 및 식품안보의 목표는 전 국민이 '배부르게 먹는 것'을 보장하면서 '잘 먹는 것'을 실현시키는 것이다. 중국은 인구가 많고, 땅이 부족한 개발도상국가로서 국내의 한정된 경작지와 수자원에만 의존해서는 국민들의 식품소비와 경제사회발전으로 계속 증가되는 식량수요를 만족시킬 수 없다. 세계 식량시장과 식량자원을 충분히 활용하지 않는다면 그 대가가 매우 클 뿐만 아니라 지속가능한 발전도 이루지 못할 것이다. 중국은 농업발전전략 수립에 있어 반드시 국내 및 국제 자원과 시장에 근거하여 효율적으로 활용해야 한다. 그러나 중국은 최대 식량생산국이자 최대 식량소비국임에 따라 식량수입에 지나치게 의존한다면 무시할 수 없는 위험과 재난을 초래할 수 있다. 복잡하고, 급변하는 국제환경 속에서 명확하고, 이성적인 관점으로 적절한 식량수입량을 파악하고, 국내 식량의 기본적인 자급을 보장하면서 식량안보의 주도권을 확고히 장악해야 한다. 식량수급부족이 날로 두드러지고, 자원환경이 갈수록 부족해지는 현실 속에서 중국은 식량의 기본적인 자급을 보장하기 위해서는 농업생산효율을 제고하여 국내 식량생산량을 증가시키는 것이 근본적인 해결책이다.

(1) 국제적으로 비교해 보면 중국 농업노동생산율의 상승잠재력은 여전히 큼

중국 농업노동생산율은 여전히 매우 낮은 편이며 유럽, 미국과 같은

선진국보다 낮을 뿐만 아니라 동아시아의 일본과 한국보다도 낮은 수준
이다. 〈그림 1.3〉에서 보여주는 바와 같이 1970-2004년간 중국의 평균노
동 식량생산량(식량총생산량을 농업취업인구로 나눈 값)은 상승세를 보이고 있
지만 그 속도는 전반적으로 완화추세이다. 2004년 중국의 평균노동 식량
생산량은 1인당 1.35톤에 이르지만 일본과 한국의 경우 모두 4톤 이상이
었다. 2004-2008년간 중국의 평균노동 식량생산량은 뚜렷한 상승세를 보
였고, 연평균증가율은 10%에 이르러 같은 기간 중 일본의 연평균증가율
(11%)과 비슷하였다. 2008-2012년간 중국의 평균노동 식량생산량은 더욱
빠르게 증가하여 연평균증가율은 13%에 이르렀다. 2012년 중국의 평균노
동 식량생산량은 1인당 2.29톤에 이르지만 일본과 한국에 비해서는 여전
히 매우 낮은 수준이다.

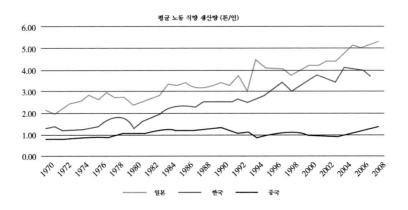

〈그림 1.3〉 일본 한국 중국의 평균노동 식량 생산량

미시적인 측면에서 볼 때 현재 중국 농업생산에 대한 노동투입시간은
아직 높은 편이다. 벼, 밀, 옥수수의 1묘당 평균 노동투입시간은 1990년 각

중국의 식량안보와 농업의 해외진출전략

각 20.6일, 14.0일, 17.3일에서 2011년 7.6일, 5.58일, 7.18일로 모두 절반 이상으로 감소하였으나 일본과 한국의 1묘당 2일의 평균 노동투입시간에 비하면 아직 높은 편이다.

(2) 중국 식량보조정책의 효율성은 제고해야 함

화학비료, 농약, 농업용 경유 등 농업용 원자재 가격 및 인건비의 지속적 상승은 중국 식량생산원가의 대폭적인 상승을 초래하였다. 비록 중국에서 식량보조정책, 최저수매가정책, 임시수매비축정책과 같은 정책들이 지속적으로 실행되고는 있지만 식량가격의 인상은 식량생산원가 상승보다 항상 뒤쳐졌다. 2012년 4가지 항목의 식량보조정책으로 보조된 가액은 1kg당 평균 0.28위엔에 불과하였다. 여기에 농업생산지원금과 식량생산 중점현(縣)에 보조된 장려금까지 합산해도 1kg당 보조가액이 1.12위엔에 불과하여 농민들의 총소득에서 이전소득이 차지하는 비율은 여전히 매우 낮았다(약 7%) (표 1.7 및 1.8 참조).

⟨표 1.7⟩ 농업보조정책의 효율성

연도	식량총생산량 (만 톤) ①	4가지 보조금 (억 위엔) ②	농업생산지원금 (억 위엔) ③	식량생산 중점 현장려금(억 위엔)④	②/① (위엔/ kg)	(②+③)/ ① (위엔/ kg)	(②+③+ ④)/① (위엔/ kg)
2004	46947.2	145.2	1693.8	–	0.03	0.39	0.39
2012	58957	1628	4724.2	277.65	0.28	1.08	1.12

농민들의 식량생산에 대한 상대적 수익성이 계속 낮아짐에 따라 농업생산에 대한 적극성이 떨어지고, 토지를 묵히거나 다른 용도로 사용하는 현상이 늘어나며 식량생산을 겸업 또는 부업으로 하는 추세가 뚜렷해져

경제작물이 식량생산 토지를 점용하는 문제가 날로 심각해지고 있다.

〈표 1.8〉 연도별 농민 1인당 소득 추이

연도	총소득(위엔)	이전소득(위엔)	이전소득/총소득(%)
2004	4039.1	160.03	3.96
2005	4631.21	203.81	4.40
2006	5025.08	239.82	4.77
2007	5791.12	289.97	5.01
2008	6700.69	396.79	5.92
2009	7115.57	483.12	6.79
2010	8119.51	548.74	6.76
2011	9833.14	701.35	7.13

(3) 중국의 식량유통효율 제고가 보다 시급함

중국의 식량유통업은 전반적으로 아직 전통적인 특징을 지니고 있는 산업으로 조직화, 네트워크화, '4가지 분산화'(비축 분산화, 운송 분산화, 적재 분산화, 하역 분산화), 정보화 등의 수준이 낮고, 중앙과 지방 간, 부서 간, 국영기업과 민영기업 간의 식량물류자원체제에 있어 분리가 심각하여 유통시스템의 효율성이 전반적으로 매우 낮고, 농가 및 유통 단계의 식량손실률이 식량 총 생산량의 약 8%(5-10% 사이)를 차지하며 선진국의 1-3% 보다 훨씬 높다.

　　　　　　　　　　　　　중국의 식량안보와 농업의 해외진출전략

2. 지속가능한 식량안보관

중국은 단기적인 식량생산 증대를 위해 수자원, 토지자원 및 환경용량을 이미 과도하게 사용하였고, 특히 화학비료와 농약의 과도한 사용으로 인해 막대한 환경비용과 경제적 대가를 치르게 되었다. 현재 화학비료와 농약 사용에 의한 식량증산효과는 하락하고, 환경오염효과는 급속히 상승하여 결국 장기적으로 생산성을 저하시키고, 나아가 국내 식량생산능력을 약화시켰다.

(1) 화학비료 사용량이 최대 이론치를 초과하여 토양의 심각한 오염을 초래함

중국 농경지에 투입된 화학비료량은 1978년 884.0만 톤에서 2011년 5704.2만 톤으로 약 5.45배 증가하여 식량생산 연평균 증가속도보다 높았다. 주요 식량품목의 단위 면적당 화학비료 사용량은 모두 급증세를 보였다. 국제적으로 비교해 보면 현재 중국의 ha당 화학비료 사용량은 400kg을 초과하여 세계 평균치인 120kg/ha보다 훨씬 높은 반면 화학비료의 효율적 이용률은 30-40% 수준으로 선진국의 60-70% 수준보다 낮다.

이론적 측면에서 보면 화학비료의 생산증가효과는 그 사용량에 따라 계속 증가하는 것은 아니며 사용량의 최적치가 있다. 모의결과에 따르면 중국 3대 식량품목(벼, 밀, 옥수수)의 화학비료 사용량 최적치는 1묘당 18.40kg(스칼라량)이다. 하지만 2011년 중국 주요 식량품목(벼, 밀, 옥수수, 대두)의 화학비료 사용량은 1묘당 19.41kg으로 최적치보다 1.01kg이 많았다. 한편 화학비료 사용은 식량증산효과를 저하시키고 있어 주요 식량작물의 화학비료 투입탄력성은 이미 2004년 0.175에서 2011년 0.14로 하락되었다. 화학비료 사용량은 지속적으로 증가해 왔지만 1묘당 생산량은 이미 하락하기 시작했다.

〈표 1.9〉 중국 3시기의 단위 면적당 작물 생산량 증가율

단위: %

품목	증가율					
	1981-1990년		1991-2000년		2001-2010년	
	실제값에 따른 예측	이동평균실제값에 따른 예측	실제값에 따른 예측	이동평균실제값에 따른 예측	실제값에 따른 예측	이동평균실제값에 따른 예측
식량	1.61	1.40	0.46	0.71	0.74	0.62
벼	1.36	1.28	0.51	0.57	0.30	0.23
밀	2.03	1.96	0.91	0.95	1.07	1.04
옥수수	1.92	1.45	0.02	0.64	0.72	0.64
기타 식량작물	0.86	0.63	0.64	0.86	0.27	0.03
대두	1.09	1.14	0.88	1.18	0.42	0.03
땅콩	1.69	1.39	1.49	1.75	0.87	0.69
목화	1.67	1.70	1.12	1.28	0.51	0.82
유채씨	0.81	0.94	1.09	0.86	0.51	0.87

화학비료 투입량이 일단 토양의 최대수용량 그리고 농작물 최대산출수요량을 초과하면 토양 중의 영양분이 과잉되고, 오염물질이 축적되어 토양의 자체적인 물리적, 화학적 및 생물적 성질 변화가 일어난다. 현재 화학비료의 과도사용은 중국 생태환경에 심각한 영향을 미치고 있고, 특히 토양의 산성화가 심각하여 이미 경작지의 40%가 pH 6.5 이하로 그 면적은 약 11.9억 묘에 달한다.

(2) 농약의 이용효율이 낮아 식량품질 문제가 날로 심각해짐

1978년부터 2011년까지 중국 3대 식량품목 농약투입량의 연평균증가율은 5.15%에 이른다. 다른 국가들에 비해 중국의 단위 면적당 화학농약 평균사용량은 세계 평균치보다 2.5-5.0배 높다. 그러나 중국의 농약 투입량 가운데 30%만 효율적으로 이용되고 나머지 70%는 식량생산을 보장하는 역할을 해내지 못하고, 오히려 토양, 수질 및 대기오염을 유발하였다. 이렇게 유실된 농약은 토양에 침투되어 인, 마그네슘, 연, 수은과 같은 화학원소가 과도하게 축적되며 또한 농약은 쉽게 태양광과 미생물에 의해 분해되지 않고, 산성과 열에 의한 변화가 없으며 쉽게 증발되거나 물에 용해되기 어렵고, 또한 토양에 잔류시간이 길어 토양의 심각한 오염을 유발함에 따라 식량품질 및 안전에 심각한 문제를 일으킨다.

3. 개방적인 식량안보관

적절한 수입은 중국 식량안보전략의 중요한 부분이다. 지난 실행방안에서 제시된 바와 같이 국제시장이 중국에 대한 안정적인 예측을 가능하게 하여 수입을 점진적으로 증가하면 중국은 세계와 함께 윈윈 효과를 실현할 수 있다.

(1) 세계 식량무역량은 증가할 수 있으며 현재 무역량이 적은 것이 향후 시장 확대여력이 없다는 것을 의미하지 않음

전 세계에서 수많은 토지가 아직 개간되지 않고 있어 일단 식량구매에 대한 지불능력이 증가하면 이러한 토지가 점차 개발되어 세계 식량생산량과 무역량이 증가하게 될 것이고, 중국과 같은 신흥국의 식량수요를 만족시켜 줄 것이다. 중국의 대두 수입과 세계 대두 생산량 및 무역량과의 동시적 증가현상이 이를 잘 설명해주고 있다(표 1.10 참조).

〈표 1.10〉 중국 대두 수입량과 전 세계 대두 무역량

단위: 만 톤, %

연도	전 세계 대두생산량	전 세계 대두수출량	중국 대두수입량	중국수입량/세계무역량
1995	12695.0	3129.9	29.8	0.9
1996	13020.6	3493.8	111.4	3.2
1997	14435.8	3951.4	288.6	7.3
1998	16013.6	3799.8	319.7	8.4
1999	15777.9	4029.1	432	10.7
2000	16129.8	4737.8	1041.9	22.0
2001	17824.4	5696.0	1394	24.5
2002	18167.7	5462.8	131.7	20.7
2003	19065.0	6503.5	2074.4	31.9
2004	20552.2	5764.3	2017.8	35.0
2005	21455.8	6539.2	2659.1	40.7
2006	22196.3	6790.4	2828.4	41.7
2007	21972.0	7442.2	3081.8	41.4
2008	23124.3	7902.2	3743.4	47.4
2009	22325.8	8154.2	4254.6	52.2
2010	26505.0	9659.7	5478.6	56.7
2011	26203.8	9102.1	5263.4	57.8

중국은 1995년 이후부터 대두의 순수입국이 되었고, 그 해의 대두 수입

중국의 식량안보와 농업의 해외진출전략

량은 29.8만 톤에 이르러 세계 대두 수출량의 0.9%, 2011년에는 5263.4만 톤을 수입하여 세계 대두 수출량의 57.8%를 차지하였다. 1995-2011년간 중국의 대두 수입량은 176배 증가하였고, 같은 기간에 세계 대두 생산량은 1배 이상으로 증가하였으며 수출량은 2배 가까이 증가하였다.

(2) 점진적이고 예측 가능한 수입 증대는 윈윈 효과를 실현할 수 있음

중국의 대두 수입 증가는 세계 대두 생산량, 무역량을 크게 증가시켰을 뿐만 아니라 가격인상효과도 함께 가져왔다. 이로 인해 아르헨티나와 브라질과 같은 국가에 수출시장을 개척해줬고 이들 국가의 농민소득을 증가시켰다.

동시에 식량 수입에 따라 중국 경작지와 수자원이 절약되었고, 이렇게 절약된 경작지와 수자원은 다른 식량작물의 생산을 보장하였다. 예를 들어 대두 수입 증가로 인해 국내 대두 경작면적이 줄어들었고, 보다 많은 경작지를 옥수수 생산에 활용함으로써 최근의 옥수수 생산량 증가가 전체 식량생산량 증가의 주된 원인이 되었다. 만약 대두에 대한 수요를 국내 생산에 모두 의존한다면 다른 농작물과 경제작물의 재배면적이 대폭 감소될 뿐만 아니라 농업생산 구조조정과 농업 비교우위 작동에도 큰 장애요인으로 작용할 것이다.

(3) 국제적인 경험을 볼 때 고소득 국가로 성장하는 과정에서 식량자급률 하락과 식량안보전략의 조정이 동반됨

국가적인 측면에서 볼 때 식량안보를 보장하는 핵심은 안정적인 식량 공급의 충족여부에 달려 있으며 식량이 국내에서 생산하는지 해외에서 수입하는지 여부는 중요하지 않다. 세계에서 식량 자급률이 낮으나 식량공급이 안정적인 국가가 적지 않다. 그 대표적인 예는 일본과 한국이다. 이 두 국가는 고소득 국가로 진입하는 과정에서 식량의 자급률이 대폭 낮아졌다(그림 1.4 및 1.5 참조).

일본의 식량자급률은 1960년 75%에서 1980년 28%까지 하락되었으며 그 후에는 계속 28% 정도를 유지하고 있다. 종류별로 보면 일본의 쌀 자급률은 1965년 100%에서 2005년 95%, 밀 자급률은 28%에서 13%로 하락하였으며 현재 옥수수의 대외의존도는 100%에 달한다. 일본은 기본적으로 수입을 통해 자국의 식량공급을 충족시키고 있다.

한국의 경우 식량자급률은 1960년 88%에서 2012년 23%까지 하락되었다. 일본과 유사하게 한국은 쌀 외에 옥수수와 밀과 같은 식량은 수입에 크게 의존하고 있다.

식량자급률의 하락 추세에 대응하여 일본과 한국은 자각적으로 식량안보정책을 조정하였다. 일상용 식량은 기본적으로 자급하고, 다른 한편으로는 국제자원을 적극 활용하는 농업 해외진출전략을 통해 국내 전체 식량공급을 보장하였다.

또한 세계 발전경험에 의하면 국가 식량안보에 대한 중점과 정책목표는 자국의 경제발전과 국제환경 변화에 따라 지속적으로 조정되게 마련이다. 국제무역 자유화의 진척에 따라 1인당 평균 농업생산자원이 부족한 개발도상국이든 선진국이든 간에 식량안보에 대한 중점을 다수의 농산품에서 자국 국민이 주로 소비하는 핵심품목으로 전환하고, 식량에 대한 취득가능성, 취득용이성 및 품질과 안전성을 보다 중시하며, 특히 저소득층에 대한 식량보장이 더욱 중요하다고 인식하였다.

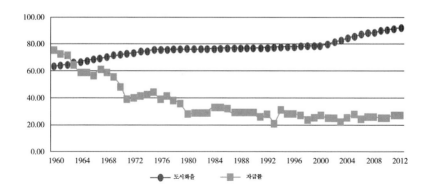

〈그림 1.4〉 1960-2012년 일본의 도시화율과 식량자급률 변화

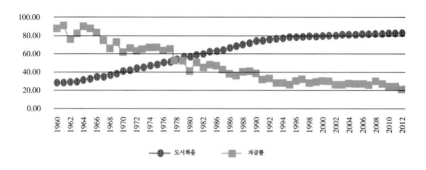

〈그림 1.5〉 1960-2012년 한국의 도시화율과 식량자급률 변화

(4) 중국의 종합국력 대폭 향상이 국제시장 활용에 있어 확실한 보장을 제공하였음

중국이 직면한 국제정치 환경과 무역 환경은 20세기 90년에 비해 현저히 개선되었다. 종합국력의 대폭적인 향상이 중국의 국제시장과 세계농업자원의 활용, 소비자를 위한 충족한 식량공급에 있어 확실한 보증을 제공할 수 있게 하였다.

4. 단계적 및 주기적 식량안보 목표 수립

국가적 차원에서는 다음과 같은 3가지 목표를 수립한다.

① 핵심목표(일상용 식량안보) : 쌀과 밀의 자급률을 95% 이상 유지하여 완전한 자급자족 수준에 도달한다.

② 기본목표(곡물안보) : 곡물의 자급률은 통상 90% 이상을 유지하여 기본적인 자급자족을 실현한다.

③ 전체목표(식물안보) : 장기적으로 중국의 식량 전체 자급률은 80% 이상을 유지하면서 축산물은 기본적으로 자급자족한다.

도시 측면에서는 식량비축수준을 제고하고, 물류시설을 개선하며 식량 취득용이성을 향상시킨다.

가구 측면에서는 도시 저소득층과 농촌 빈곤층에 대한 식량공급을 보장한다(지불가능하고 취득용이하는 식량공급).

제5절 효율적이고 개방적이며 지속가능한 식량안보시스템 구축

중국 정부는 새로운 국면에 대응하여 "자국을 중심으로 국내에 입각하여 생산능력을 확보하고, 적절한 수입을 하며 과학기술이 바탕이 되어야 한다"는 국가 식량안보전략을 제시하였다. 이 같은 식량안보전략을 실현하기 위해 중국은 국내에 의존해 식량의 기본적인 자급을 보장해주는 것을 시종일관 견지하면서 국내 농업생산률 향상, 농업의 지속가능한 발전과 식량품질, 국제시장 및 자원의 효율적인 활용 등을 보다 중요시하고, 효율적이고 개방적이며 지속가능한 식량안보시스템을 구축해야 한다. 이 목표를 달성하기 위해 '4가지 능력'을 제고해야 한다. 즉 국내 식량의 종합적 생산능력, 식량의 지속가능한 발전능력, 식량시장의 조절능력, 국제시장 및 해외자원의 활용능력을 제고시켜야 한다.

1. 생산효율 향상을 핵심으로 국내 식량의 종합적 생산능력 강화

농촌 노동력의 지속적인 도시로의 이동, 물과 토지자원의 규제 심화, 화학비료와 농약 사용량이 한계 수준에 이른 현실적인 상황에서 중국은 농업생산율 향상을 국내 식량의 종합적 생산능력 강화의 주요 추진 과제로 삼아야 한다.

(1) 중국은 농업 생산효율을 향상시키기 위해 농업생산 경영규모를 확대해야 함

중국이 농업생산율을 향상시키는 토대는 농업의 규모경제 확대이며, 토지 경영규모를 확대하여 내부의 규모경제를 실현할 뿐만 아니라 농가 간 협력과 합작을 중시하고 사회적 서비스를 발전시켜 외부의 규모경제도 실현시켜야 한다. 중국의 실제 상황에서 보면 규모경제의 촉진은 생산규모의 확대와 수확증가 간의 균형을 종합적으로 고려하여야 하고, 노동생산성과 토지산출율의 균형도 동시에 고려하여야 한다(토지경영규모가 크면 노동생산율을 향상시킬 수 있지만 토지 산출률을 하락시키고, 토지규모가 너무 작으면 상반된 결과가 나타남). 경영규모의 적절성을 잘 파악하면서(적절한 토지경영

규모란 농민들의 농업생산소득이 농촌 밖으로 나가서 일하는 소득과 비슷하게 하는 토지규모이며, 구체적 규모는 각 지역의 실정에 따라 차이가 있는데, 북방지역은 다소 클 수 있고, 남방지역은 다소 작을 수 있다) 그의 추진 속도에 대해서도 잘 파악해야 한다. 일본과 같이 소규모 겸업화 함정에 빠지거나, 브라질과 같이 토지의 지나친 집중으로 인한 대량의 농민들이 도시로 몰려드는 것도 방지해야 한다. 정부의 주요한 역할은 한편으로는 시민화 정책을 개선하고, 농민들이 도시주민으로의 영구적 이주를 촉진하여 규모경영을 실현하기 위한 기반을 조성해야 하며, 다른 한편으로는 농촌토지소유권제도를 완벽하게 개선시키고, 농촌토지시장을 육성시키며, 농경지를 식량생산의 대규모경영자, 가구식 농장과 전문합작사, 농업기업 등 새로운 생산주체로의 집중을 이끌어야 한다.

(2) 중국은 농업생산효율을 향상시키기 위해 농업기술진보를 가속시키고, 기본적인 식량생산여건을 개선해야 함

농업기술진보를 추진하는 데 있어 중점사항은 농업 R&D의 공공지출을 증가하고, 선진증산기술과 식량생산 전 과정의 기계화를 널리 보급하며 농업생산자의 인적자본수준을 향상시키고, 바이오기술의 응용과 농작물 신품종 배양 속도를 촉진하는 것이다. 식량의 기본적인 생산여건을 개선하는 근간은 경작지에 대한 엄격한 보호이고, 중점은 농촌토지의 복원작업을 전개하는 것으로 농경지 수리시설을 통해 중저생산성 토지를 중점적으로 개조하는 것이다. 중국의 중저생산성 농경지는 전체 농경지의 70% 정도(약 10억 묘)로 중저생산성 농경지에서 1묘당 100-200kg의 생산증대를 이루어낸다면 전체적으로 1000-2000억 kg의 증산을 실현할 수 있다.

중국의 식량안보와 농업의 해외진출전략

2. 식량품질 보장을 목표로 식량의 지속가능한 발전능력 향상

중국은 보다 많은 식량을 생산해야 할 뿐만 아니라 품질을 보증할 수 있는 양질의 식량을 생산해야 한다. 그래서 필수적으로 농업생태계환경을 보호하고 식량의 지속가능한 생산능력을 향상시키고, 식량의 품질과 안전성을 보장해야 한다.

(1) 농업생태환경 보호를 위해 보다 명확한 계획을 수립해야 함

중국은 식량생산지의 중금속 오염에 대한 보편적 조사를 실시하여 기본적인 통계를 분명히 파악하고 환경리스크 평가를 통하여 중점관리지역을 확정해야 한다. 중점관리지역에 대하여 기능별로 구분하고 오염정도에 따라 처리방식을 정하며, 농작물의 재배구조를 조정한다. 또한 중금속 오염토지 경작표준을 과학적으로 엄격하게 제정하고, 심각한 오염으로 인해 경작을 금지해야 하는 지역은 합리적인 생태보상 메커니즘을 수립하여 농민들의 취업과 소득에 영향이 없도록 보장한다.

(2) 경작지 삼림환원계획을 공고히 하면서 경작지 삼림환원계획의 범위를 적절히 확대해야 함

2013년부터 중국의 제2차 경작지 삼림환원에 대한 보상정책은 잇따라 만기가 되는데 이 정책을 연장 실행해야 하고, 이미 취득한 1.39억 묘의 경작지 삼림환원 성과를 공고히 하여 삼림을 훼손시켜 다시 경작지로 사용하는 것을 방지하고, 또한 25도 이상의 경사면 경작지, 심각하게 사막화된 경작지, 개간된 습지, 중요한 수자원 보호지를 여기에 포함시켜 2020년 전까지 경작지 삼림환원을 실현한다.

(3) 토지품질보호를 위한 장려시스템을 보완시켜야 함

토지품질보호를 위한 특별보상제도를 시행하여 스스로 경작을 쉬거나 구조조정 또는 화학비료, 농약사용을 자제하는 농민들에게 보조한다. 유기비료 사용을 농업자재의 종합적 보조지원 범위에 포함시키고, 정밀시비기계 및 농약살포기계를 농업기계 보조지원 범위에 포함시키며, 토지 측정에 의한 비료배합방법과 생물학적 방제기술을 보급하여 2020년 전에 화학비료 이용률과 농약 사용효율이 연간 1포인트씩 향상되도록 노력한다.

3. 식량 비상관리시스템 완비와 시장의 조정능력 제고

식량가격 파동은 정상적인 현상으로 식량생산 보조금제도를 통해 농민의 이익을 보장하고, 저소득층 소비보조금제도를 통하여 취득가능성을 확보하고, 식품직접공급제도를 통해 특별빈곤가구에 대한 식품공급을 보장한다. 중대한 재난발생 등 외부의 충격으로 식량가격의 급격한 파동이 발생하면 즉시 식량의 비상관리조치를 취함으로써 시장의 기본적인 안정을 유지한다. 그러므로 반드시 시장에 대한 조정능력을 한층 더 제고해야 한다.

(1) 식량 비상관리시스템 완비

중앙정부와 각 성(省), 시(市)의 비상식량관리 역할에 대한 분담을 명확히 한다. 중앙정부는 중대 돌발사건으로 인한 사회적 식량 위기에 대해서

책임지거나, 지역 간의 식량수급 불균형 사태에 대해 공급과 가격의 기본적인 안정을 보장한다. 지방정부는 주로 계절성 파동과 지역 내 식량 공급과 수요 위기에 대처한다. 이를 위해 중앙정부의 식량비축과 지방정부의 식량비축에 대한 역할 분담과 비상대비책을 완비해야 한다.

중앙과 지방이 통일된 식량비상관리시스템을 수립하고 중앙과 지방 간 협력메커니즘을 완비해야 한다. 그 중에서 중요한 것은 중심도시에 대한 비상관리체제를 보완하고, 각 도시권 간의 식량 소통협력 메커니즘을 구축하는 것이다.

(2) 식량 비상공급네트워크 확충

기존의 자원 통합을 근간으로 전담부서 설립, 위탁관리 등의 방식으로 비상식량 가공, 저장운수, 공급네트워크 완비를 통하여 비상식량 가공시스템과 공급 및 저장운송시스템을 구축한다. 특히 식량 주요 판매 지역 도시의 비상공급네트워크를 잘 구축해야 한다. 모든 비상네트워크의 거점은 일반 상황에서는 시장원리에 의해 운영되며, 비상 구제상황 발생 시 정부가 긴급조치를 실행하여 시장을 안정시키는 역할을 수행함으로써 비상사태 발생 시 식량을 효율적으로 투입되도록 한다.

중앙, 성, 시, 현으로 이르는 네 단계의 식량시세에 대한 모니터링과 경계시스템을 확충함으로써 즉각적으로 응급조치를 취할 수 있게 보장하여 식량안보의 최저기준을 지킨다.

4. 농업의 해외진출 가속화 및 국제시장과 해외자원의 활용능력 강화

(1) 국내 공급을 보장하기 위한 수입능력 향상

주요 식량무역대상국과 전략적 협력을 강화하고, 이들 국가들과의 중장기 식량무역협정을 체결하여 안정적인 수입원을 구축한다. 국유식량무역기업의 역할을 충분히 발휘함과 동시에 기타 식량기업이 식량과 식용유 관련 국제무역에 점진적으로 참여하게 함으로써 수입경로를 확대한다.

(2) 중국은 농업의 해외진출을 가속화해야 함

전 세계에는 개발되지 않은 대량의 토지가 여전히 존재한다. 중국은 자체의 농업생산의 비교우위를 활용하여 주변 국가 및 남아메리카, 아프리카의 농업개발 지원과 투자를 확대하는 한편 전 세계와 지역의 식량안보 관리에 적극 참여해야 한다. 이러한 투자로 생산된 식량은 단기간에 중국 내로 반입할 수 없지만 투자 현지 국가의 식량생산능력이 증가함에 따라 식량자급률이 제고되고, 전 세계의 식량안보형세를 개선함으로써 나아가 중국의 식량안보 관련 외부환경을 안정되게 할 수 있으며, 중국 농업기업의 국제경쟁력을 향상시킬 수 있다.

중국 농업의 해외진출 투자방식 선택에 있어 4가지 원칙을 지켜야 한다. 첫째, '식량 비축'을 위주로 하고, '농지 비축'을 부차적으로 하여 투자 리스크를 감소하고, 투자효율을 향상시킨다. 둘째, 대외원조와 농업의 해외진출을 긴밀히 연결시켜 원조가 해외진출의 길을 뚫고, 투자가 뒤따르게 한다. 셋째, 주로 농업기술이전, 가공, 저장 및 운수, 무역 등 비경작 분야와 양식 분야를 투자목표로 한다. 넷째, 투자대상국의 환경표준을 준수하고, 사회적 책임을 이행한다.

(3) 다국적 농업기업의 역할을 보다 중요시해야 함

다국적 농업기업의 강대한 국제 네트워크와 리스크 관리능력을 효율적으로 이용하여 국내 식량기업과 다국적 농업기업 간의 협력을 장려하고, 국내 네트워크와 글로벌 네트워크를 효율적으로 연결하여 중국의 식량안보를 함께 보장한다. 동시에 다국적 농업기업을 내국기업과 동일한 시장주체로 간주하면서 관리 및 감독하여 시장독점행위를 예방한다.

제6절 식량정책의 심층적인 개혁 추진

효율적이고 개방적이며 지속가능한 식량안보보장시스템을 구축하기 위해 중국은 식량가격형성메커니즘, 식량보조정책, 식량비축정책, 식량유통시스템, 옥수수산업정책 등 5가지 개혁을 심화시켜야 한다.

1. 식량가격형성메커니즘 개혁

중국의 현행 식량가격메커니즘은 일정한 정도에서 시장의 왜곡을 초래하여 정부에 거액의 재정부담을 초래함으로 개혁이 필요하다. 그러나 이러한 개혁은 점진적으로 진행되어야 한다. 즉 수요측면 개혁에서 공급측면 개혁으로, 대외의존도가 비교적 높은 식량품목에서 자급률이 비교적 높은 식량품목으로, 현행 정책효과가 좋지 않은 부분(이를테면 임시 수급과 저장정책)부터 기타 정책으로 순차적으로 진행한다.

(1) 시장지향적 식량 최종가격 형성 메커니즘을 신속히 구축해야 함

식량최종가격에 대한 통제 즉 '국가비축식량을 투매해서 식량가격을 통제'하던 일반적인 방법을 지양하고, 비상관리와 저소득층에 대한 식품 보조메커니즘으로 대체한다. 정상적인 경우에는 식량의 시장가격이 일정 범위 내에서 자유롭게 형성되게 허용하며, 저소득층에 대한 식품보조를 통해 식량공급을 보장한다. 중대한 자연재해 등 외부충격에 의한 상황 하에서만 비상관리시스템을 작동하여 국가의 비축식량 방출 방법으로 가격을 통제한다. 동시에 핵심 CPI(식품가격을 공제한 CPI)를 목표로 한 통화팽창 통제정책 수립을 통해 식품가격의 화폐정책에 대한 직접적 영향을 감소한다.

(2) 목표가격으로 대체하는 식량생산가격 개혁을 순차적으로 추진해야 함

가격에 의한 지지는 여전히 각국 식량안보정책의 토대이지만 다만 정부의 직접수매에서 목표(기준)가격에 대한 차액을 보상해주는 방식이다. 여기서 말하는 목표가격제도는 정부가 식량목표가격을 사전에 정한 후 농민들은 시장가격 시세에 따라 판매하지만 시장가격이 목표가격보다 낮으면 정부가 그 차액에 대해 농민들에게 보상하고, 시장가격이 목표가격보다 높으면 보상정책을 적용하지 않는다. 목표가격은 가격형성과 정부보조금을 비교적 잘 분리할 수 있고, 농민들의 수익을 보상하면서 시장에 대한 왜곡을 함께 감소할 수 있는 효과가 있다. 많은 국가들이 가격에 의한 지지가 직접보조금정책으로 전환하는 과도기에 모두 이 같은 목표가격정책을 취하였다. 그러나 중국은 아직 '농업기초정보 관리시스템' 구축이 미비하여 농가의 재배면적 등 기초적 지리정보가 부족하기 때문에 목표가격정책은 시범적으로 진행하면서 점차 개선해나가야 한다. 구체적으로 먼저 수입의존도가 비교적 높고 임시수매비축효과가 낮은 대두에 대하여 시범진행한 후 수입 증가속도가 비교적 빠른 옥수수, 마지막으로 쌀과 밀에 적용한다.

(3) 최저수매가정책은 일단 유지하되 개선이 필요함

현행 '정부직접구매'라는 단일 경로를 '정부직접구매'와 '가격차액보조'를 병행하여 농민들이 직접 선택하게 한다. 즉 농민들에게 식량을 정부가 지정한 수매비축기업에 판매할 수도 있게 하고, 최저구매가격과 시장가격 간 차액 보조금 수령 신청할 수도 있게 함으로써 정부의 수매비축압력을 완화하고, 향후 보다 넓은 범위에서 목표가격 실행을 위한 기반을 마련할 수 있게 한다.

(4) 시장가격을 기초로 한 구매제도를 수립해야 함

식량가격이 큰 폭으로 하락하여 농민들의 식량판매가 어려워지면 정부가 직간접적으로 시장에 개입하여 시장가격으로 구매하고, 이렇게 함으로써 정부의 비축량을 함께 조절해 주는 하나의 방법으로 삼을 수 있다.

2. 식량보조정책 개혁

농민의 기대치와 농촌사회의 안정을 위하여 현행 보조금정책을 지속 유지하고, 종합적인 보조수준을 점차 향상시켜 생산원가 상승으로 인한 이익손실을 보충한다. 동시에 중국의 농업보조금 수준은 WTO 규정과 어느 정도 격차가 있어 증가할 여지도 있지만 중국 식량안보의 새로운 목표에 부응해야 하기 때문에 보조금정책 개혁을 진행하는 데 있어 유통에 대한 보조를 줄이고 생산과 소비 부분에 대한 보상을 늘린다.

(1) 현행 보조금 배분 방식을 보완해야 함

식량직접보조, 농업자재종합보조, 우량품종에 대한 보조를 식량작물 생산량과 연동시켜 대형 농업기계의 보조금 수준을 제고한다. 각 항목의 추가보조분을 주요 식량생산지, 대규모식량생산 농가에 집중시켜 그들의 소득이 전국 또는 성(省)의 평균수준에 이르도록 보장한다.

(2) 생태환경과 경영규모를 연동시키는 전문적 보조제도를 설립함

예를 들면 '토지휴경 계획', '식량품질 향상 계획' 등을 세워, 보조금을 지급하는 방식으로 농민들이 스스로 토지경작을 묵히게 하거나 화학비료 사용을 감소하게 만든다. '보조금을 장려금으로 대체'하는 방식으로 토지 규모경영전문보조금 항목을 설립하여 토지경영규모가 일정 표준에 도달한 경영자에게 직접적으로 장려보조금을 지급한다.

(3) 저소득층 식품보조제도를 완비함

식품가격 인상과 사회적 구제, 보장기준 간의 연동메커니즘을 개선한다. 중앙재정은 전문보조자금을 설립하여 각 지방의 가격임시보조자금에 대해 적정 수준의 보조금을 지급하되 서부지역을 중심으로 진행한다. 지체장애가구 등 특수계층에 대해서는 식품직접공급제도를 수립하고, 식품권 발급 또는 특혜가격의 식량공급 등의 방식으로 그들의 식품 공급을 보장한다.

(4) 재정보조자금 효율을 향상시킴

재정수입이 대폭 감소하는 상황에서 보조금정책 효용을 향상시키는 주요 방법은 현재 보유하고 있는 보조자금을 최적화하는 것이다. 즉 식량 유통단계에 대한 보조금을 줄이고 (최종가격이 자유화됨에 따라 방대한 비축조정이 필요 없게 되고 대규모 비축보조자금을 절감할 수 있음) 생산단계에 대한 보조금을 늘인다.

3. 식량비축정책 개혁

중국은 세계 최대 규모의 식량비축시스템을 가지고 있지만 목표과다, 시스템 불완비, 불합리한 구조 등의 문제로 비상사태 시 시장을 안정시키는 능력이 취약하다. 향후 '목표축소, 규모감소, 구조조정, 배치합리화, 사회적 참여'라는 맥락에 따라 중국의 식량비축정책을 개선해 나가야 한다.

(1) 전략적 비축, 조절용 비축 및 기업의 상업적 비축 간 관계를 합리적으로 구분해야 함

전략적 비축은 주로 전국적인 식량의 수요공급 불균형과 돌발사태로 인한 사회적인 위기를 대처하는 데 사용하며, 비축규모가 지나치게 커서는 안 된다. 조절용 비축은 주로 계절성 가격파동과 지역적 식량수급 불균형을 조절하기 위해 사용된다. 동시에 기업이 합리적인 상업적 비축을 하도록 장려한다. 이러한 큰 틀에서 조절용 비축 규모를 대폭 감축하여 전략적 비축과 조절용 비축의 합계가 국제표준보다 약간만 높게 한다. 조절용 비축은 주로 식량소비지역에 치중하며 특히 3대 도시권을 중심으로 완제품 식량의 비중을 높인다.

(2) 정부의 비축식량 관리방식을 개혁해야 함

중국 비축식량관리공사(中國蓄備食糧管理總公司)는 중앙정부의 전략적 비축기능을 전담하는데 중앙정부는 이 회사에 대하여 수익채산성을 평가하지 않고 비축기능만 감독하고, 비축식량의 수매와 저장, 교체와 방출은 지방정부가 전담하며, 그 가운데 수매와 비축은 주로 민영기업에 위탁한다. 정부는 운영메커니즘을 분명하게 하고, 비축물동량 운영에 대한 제도화와 규범화를 실현함으로써 시장에 대한 충격을 완화시킨다.

동시에 식량 가공 및 유통기업, 민영기업이 식량비축에 참여토록 하여 비축원가를 감소한다.

4. 식량유통시스템 개혁

고효율적인 식량유통시스템은 식량의 취득용이성 및 식량가격 안정에 중요한 역할을 한다. 중국의 식량유통업은 전반적으로 여전히 전통산업에 속하며 조직화, 네트워크화, '4가지 분산화'(비축 분산화, 운송 분산화, 적재 분산화, 하역 분산화) 및 정보화 수준이 낮으며, 중앙과 지방, 부서간, 국영과 민영기업 간 식량물류자원시스템의 분할이 심각하여 전체 유통시스템의 효율이 매우 저조하다.

(1) '운송로와 식량비축네트워크 분리' 개혁 경험에 따라 현대적인 국가식량물류 핵심네트워크를 구축함

성(省) 간의 주요 식량물류통로에 따라 '적재 분산화, 네트워크화, 시스템화, 정보화' 요구에 대응하여 주요 생산지, 집산지, 교통허브, 중심도시에서 기존의 식량물류자원을 통합함으로써 일련의 식량물류거점 및 국가의 식량물류 핵심네트워크를 구축하여 핵심식량물류거점과 주요 철도, 수로, 도로운송 간의 유기적인 연결이 이루어지게 한다.

(2) 비축창고서비스의 전문화와 시장화를 추진함

식량비축기업의 재산권 제도개혁을 가속화하고, 전문적인 제3자 비축서비스업을 발전시킨다. 비축기업 간 자산재편성을 장려하고, 주식합작 등 방식으로 방치된 비축시설을 활성화하고, 보유한 자원의 최적화를 통해 사회적인 식량비축능력을 향상시킨다.

(3) 지방 국영식량기업의 주식화 개조와 개혁을 심화시킴

현(縣)급 국영식량기업의 주식제로의 개조를 가속화하고, 정책적인 업무와 경영적인 업무를 분리하여 진정한 시장의 주체로 탈바꿈하게 한다. 기업이 토지 등 보유자산을 활용하는 것을 장려하고, 자산경영수익금 장려를 통해 발전활력을 강화한다. 경쟁우위 기업의 지역 간 인수와 합병을 장려하고, 지역적인 식량비축 선도기업을 육성함으로써 생산, 공급, 판매의 통합적인 발전을 실현한다.

5. 옥수수산업정책 개혁

옥수수는 미래의 중국 식량안보에 영향을 주는 제일 중요한 품목으로서 옥수수의 정밀가공정책은 옥수수의 공급과 수요 관계에 영향을 주는 중요한 요인이다. 옥수수 정밀가공수요의 증가를 억제하고, 옥수수가격의 안정을 위해 중국 정부는 최근 몇 년 사이 행정통제방식을 통해 옥수수정밀가공업의 발전을 억제하고 있으나, 이러한 방식은 효과가 제한적이고, 그 폐단도 날로 두드러지고 있음에 따라 보다 진일보한 개혁이 요구된다.

(1) 경제정책과 환경관리감독을 통해 행정통제를 대체함

옥수수를 원료로 하는 에탄올 연료는 비교적 높은 소비세를 징수하고, 옥수수를 원료로 하는 식품의 수출에 대해 비교적 높은 관세를 징수한다. 동시에 전문보조제도 등의 방식으로 옥수수줄기, 옥수수줄기심을 원료로 하는 옥수수 정밀가공업 발전을 장려하고, 섬유소 에탄올의 산업화를 조속히 실현한다. 엄격한 환경관리감독을 통해 옥수수 정밀가공기업이 대등한 환경정화비용을 부담하게 하며, 낙후된 기업은 퇴출시킨다.

(2) 옥수수산업의 '북방 가공, 남방 수입' 전략을 실시함

중국 남방지역의 옥수수 수입원가가 북방지역의 조달 및 운송원가보다 여전히 저렴한 새로운 형세에 대응하여 옥수수 수급균형전략과 유통구조를 조정하고, 북방의 옥수수 주요 산지의 사료가공, 식품가공 발전을 유도하며 남방지역의 경우 국제시장에서 옥수수 직접수입을 장려하여 옥수수 물류원가를 절감하고, 식량 주요 산지의 경제발전을 촉진한다.

(3) 옥수수 수입 관세와 쿼터정책을 개혁함

사료용 식량 수입의 빠른 증가에 대처하여 중국은 점진적으로 옥수수 관련 무역정책을 조정하는 한편, 보다 유연한 쿼터제 및 관세정책을 시행해야 한다.

본 장의 집필자 : 韓俊, 金三林 (국무원발전연구센터)

2030년 중국 식량 공급 및 수요 예측

제1절 중국 식량과 주요 식품의 생산 현황 및 발전 추세

1. 식량 및 주요 식품의 생산 현황

(1) 개혁개방 이래 중국의 농업생산은 비교적 빠른 성장세를 유지함

1980-2011년간 중국의 농업 GDP는 1980년 1371.6억 위엔에서 2011년 4만 7486.2억 위엔으로 불변가격 기준으로 연평균 4.3% 성장하였다. 중국 농업 GDP의 연평균 성장률은 인구 연평균 성장률의 4배에 달하여 세계 농업발전에 있어 하나의 기적으로 일컬을만 하다. 중국 농업생산의 발전은 농산물에 대한 1인당 점유량을 높였고 국민의 소비수준을 크게 향상시켰다.

이와 같은 농업생산의 발전은 식량안보를 기본적으로 보장함과 동시에 경제작물의 빠른 성장을 가져왔다. 1980-2011년간 중국의 식량생산은 78% 증가하여 국가 식량안보를 기본적으로 보장하였으며, 31년간 벼, 밀, 옥수수의 생산량은 각각 44%, 113% 및 208% 증가하였다. 같은 기간 경제 작물의 성장은 한층 더 두드러졌으며, 그 중에서 유료작물 및 과일 생산량은 1980년 769.1만 톤과 679.3만 톤에서 2011년 3306.8만 톤과 2억 2768.2만 톤으로 증가하여 증가폭은 각각 330%와 32.52배에 달하였다. 채소 생산량은 1995년 2.57억 톤에서 2011년 6.51억 톤으로 증가하여 연평균 증가율은 6.0%에 달하였다(표 2.1 참조).

중국의 가축 및 가금류 생산량 증가는 농작물 생산량 증가에 비해 더욱 두드러져 지속적으로 늘어나는 가축 및 가금류에 대한 국내 소비수요를 기본적으로 만족시키고 있다. 육류 생산량은 1980년 1205.4만 톤에서 2011년 7957.8만 톤으로 연평균 6.6% 성장하였으며, 그 중에서 소고기 및 양고기의 연평균 성장률은 비교적 높아 각각 12.3%, 8.2% 증가하여 소고기는 1980년 26.9만 톤에서 2011년 647.5만 톤으로, 양고기는 같은 기간 44.5만 톤에서 393.1만 톤으로 증가하였다. 가금육의 생산량은 연평균 9.4% 성장하여 1985년 165.8만 톤에서 2011년 1864.1만 톤으로 증가하였다. 돼지고기 생산량은 1980년 1134.1만 톤에서 2011년 5053.1만 톤으로 성장하여 연평균 성장률은 5.1%로 상대적으로 낮았다. 유(乳)류 생산량은 1980년 136.7만 톤에서 2011년 3810.7만 톤으로 연평균 11.3% 증가하였다. 가금알의 생산량은 1985년 534.7만 톤에서 2011년 2811.4만 톤으로 연평균 6.5% 증가하였다(표 2.2 참조).

<표 2.1> 1980-2011년 중국 농산물 생산량

단위: 만 톤, %

연도	식량					유료작물	채소	과일
	합계	벼	밀	옥수수	콩류			
1980	32055.5	13990.5	5520.5	6260.0	794.0	769.1	–	679.3
1985	37910.8	16856.9	8580.5	6382.6	1050.0	1578.4	–	1163.9
1990	44624.3	18933.1	9822.9	9681.9	1100.0	1613.2	–	1874.4
1995	44661.8	18522.6	10220.7	11198.6	1787.5	2250.3	25726.8	4214.6
2000	46217.5	18790.8	18790.8	10600.0	2010.0	2954.8	46251.3	6225.1
2005	48402.2	18058.8	18058.8	13936.5	2157.7	3077.1	56450.1	16120.1
2011	57120.8	20100.1	11740.1	19278.1	1908.4	3306.8	65099.4	22768.2
31년간 증가률	78	44	113	208	140	330	–	3252

자료출처: 2012년 『中國統計資料』, 『新中國 60年 統計資料』

<표 2.2> 1980-2011년 중국 축산물 생산량

단위: 만 톤

연도	고기류					유(乳)류	가금알
	합계	돼지고기	가금육	소고기	양고기		
1980	1205.4	1134.1	–	26.9	44.5	136.7	–
1985	1926.5	1654.7	165.8	46.7	59.3	289.4	534.7
1990	2857.0	2281.1	343.5	125.6	106.8	475.1	794.6
1995	5260.1	3648.4	995.2	415.0	201.5	672.8	1676.7
2000	6013.9	3966.0	1270.7	513.1	264.1	919.1	2182.0
2005	6928.9	4555.3	1465.4	568.1	350.1	2864.8	2438.1
2011	7957.8	5053.1	1864.1	647.5	393.1	3810.7	2811.4

자료출처: 2012년 『中國統計資料』, 『新中國 60年 統計資料』

　　중국 어업 생산량은 다른 농산물에 비해 현저히 높게 성장하였다. 1980년 어업 생산량은 449.7만 톤 정도에 불과했지만 2011년 5603.2만 톤에 이르러 연평균 성장률은 9.2%에 달하였다. 그 중에서 해수 수산물 생산량은

　　　　　　　　　　　　　　　　중국의 식량안보와 농업의 해외진출전략

1980년 325.7만 톤에서 2011년 2908만 톤으로 연평균 8.4% 성장하였고, 담수 수산물 생산량은 1980년 124만 톤에서 2011년 2695.2만 톤으로 연평균 10.3% 증가하였다. 30여년 동안 어류 생산량은 연평균 7.0%, 새우 및 게류 생산량은 연평균 18.2%, 조개류 생산량은 연평균 8.8% 성장하였다(표 2.3 참조).

〈표 2.3〉 1980-2011년 중국 수산물 생산량

단위: 만 톤

| 연도 | 품목별 생산량 | | | | | 생산지별 생산량 | | 양식방식별 생산량 | |
	합계	어류	새우·게류	조개류	기타	담수	해수	양식	어로
1980	449.7	116.3	5.2	2.5	325.7	124.0	325.7	134.6	315.2
1985	705.2	276.5	5.5	3.4	419.8	285.4	419.7	309.0	396.1
1990	1237.0	504.9	9.5	7.6	715.0	523.7	713.3	607.8	629.2
1995	2517.2	1018.6	27.3	20.5	1450.8	1078.1	1439.1	1353.1	1163.9
2000	2706.2	1358.4	76.3	40.0	1231.5	1502.3	2203.9	2236.9	1469.3
2005	4419.9	1737.2	140.3	46.3	2496.1	1954	2465.9	2943.8	1476.1
2011	5603.2	2343.7	248.8	53.9	2956.8	2695.2	2908.0	4023.2	1579.9

자료출처 : 2012년 『中國統計資料』, 『新中國 60年 統計資料』

(2) 식량 및 주요 식품의 생산량 증가율은 단계별 차이는 있으나 최근에는 안정적인 증가추세를 보임

지난 30여 년간 중국의 식량 생산량은 등락하는 속에서 증가하여 왔다. 중국의 식량생산 변동과정은 대체로 3단계로 구분할 수 있다. 1980-1998년간은 첫 번째 단계로서 식량생산은 변동 속에서 증가하여 1980년 3.2억 톤에서 1998년 5.1억 톤으로 증가율은 근 60%에 달하고, 연평균 증가율은 2.6%에 이르렀다. 그 중에서 1984년 이전의 식량생산이 빠르게 증가된 주요 원인은 생산도급책임제였으며, 1985-1998년간의 안정적인 식량생산 증가에 있어서는 기술진보와 식량가격인상이 주요 원동력이 되었다.[1] 두 번째 단계는 1999-2003년간으로 1990년대 말 식량 비축량의 뚜렷한 증가로 인해 기타 농작물에 비해 식량 가격이 하락하기 시작하여 식량생산에 부정적인 영향을 미쳐 식량생산량은 계속 줄어들었으며, 정부는 재고량 감소를 통해 시장의 식량공급을 유지하였다. 그 결과 2003년의 중국 식량 총생산량은 4.3억 톤으로 감소하여 1998년 생산량의 84%에 불과한 수준으로 연평균 증가율은 3.3%로 하락하였다. 세 번째 단계는 2004-2011년간으로 식량생산의 회복단계로서 생산량은 5년간 연속 증가하여 2008년에 10년 전(1998년)보다 약간 높은 수준에 이르렀고, 그 후에도 2009-2011년 3년간 계속 증가되어 2011년 5.7억 톤에 달하였다.

지난 30여 년간 중국 목축업은 고속성장에서 안정성장으로 전환되었다. 1980-1985년간 가축 및 가금류 제품 생산량 증가속도는 비교적 빨라 1980년 1205.4만 톤에서 1985년 1926.5만 톤으로 연평균 8.9% 성장하였다. 1986-1995년간 가축 및 가금류 제품 생산량은 더욱 빠르게 성장하여 연평균 성장률은 10.4%에 이르렀다. 1996-2000년간 가축 및 가금류 제품 생산량 증가속도는 다소 하락하였으나 여전히 비교적 빠른 성장세를 유지하여 1996년 4583만 톤에서 2000년 6013.9만 톤으로 연평균 6.9% 성장하였다. 2001-2005년간 가축 및 가금류 제품 생산량 증가세는 완만해져 연평균 3.2% 성장하였다. 2006-2011년간 생산량이 계속 감소되어 연평균 성장율

---

1   黃季焜, 陶然, 徐志剛, 刘明兴, Scott Rozelle. 制度变迁和可持续发展—30年中国农业与农村. 格致出版社·上海人民出版社, 2008.

은 3.1%로 하락하였다.

〈표 2.4〉 1980-2011년 중국 농산물 생산량 및 재배면적 증가율 추이

단위: %

	1980-1985	1986-1995	1996-2000	2001-2005	2006-2011	평균
농업 GDP 증가율	8.9	4.3	3.1	4.2	4.4	4.6
생산량 증가율						
식량	4.7	2.0	-2.2	1.7	2.9	1.9
목화	14.1	1.9	1.3	1.8	-2.6	3.4
유료작물	11.9	4.9	7.5	1.8	4.6	5.8
과일	-	17.6	7.6	24.7	5.9	11.3
채소	-	-	11.6	3.9	3.8	6.0
재배면적 증가율						
식량	-1.5	-0.1	-0.9	-0.4	1.1	-0.3
목화	0.9	2.6	-3.8	1.3	-2.8	0.1
유료작물	8.3	1.5	5.2	-0.5	3.4	2.5
과일	8.9	9.2	1.1	2.6	3.2	6.1
채소	8.5	6.7	9.8	2.0	2.7	5.4

자료출처: 『中國統計年鑑』, 『中國農業年鑑』 각 연호

지난 30여 년간 어업은 중국 농업 내부 각 부문 중에서 생산량 성장속도가 가장 빠른 부문이다. 1980-1985년간 어업 생산량은 빠른 속도로 성장하여 1980년 449.7만 톤에서 1985년 705.2만 톤으로 연평균 성장률은 9.6%에 이르렀다. 1986-1995년간 어업 생산량은 더욱 빠르게 성장하여 연평균 성장률이 12.5%에 달하였다. 1996-2000년간 어업 생산량 증가는 완만해져 생산량은 1996년 3288.1만 톤에서 2000년 2706.2만 톤으로 감소되어 연평균 성장율은 3.8%에 불과하였다. 2001-2005년간 어업 생산량은 완만하게 증가하여 연평균 3.8% 성장하였다. 2006-2011년간 어업 생산량 증가속도가 다시 상승하여 연평균 성장률은 4.1%에 이르렀다.

단위: %

	1980-1985	1986-1995	1996-2000	2001-2005	2006-2011	평균
고기류	8.9	10.4	6.9	3.2	3.1	6.6
돼지고기	7.4	8.0	5.8	2.9	2.8	5.1
가금육	–	19.2	9.1	3.4	4.5	9.4
소고기	12.6	22.7	9.1	3.0	2.3	12.3
양고기	6.2	12.7	9.7	6.9	1.5	8.2
가금알	24.5	13.0	3.3	2.5	3.0	7.9
유(乳)류	16.8	7.6	6.3	27.1	2.3	11.3

자료출처: 『中國統計年鑑』, 『中國農業年鑑』 각 연호

〈표 2.6〉 1980-2011년 중국 수산물 생산량 증가율 추이

단위: %

	1980-1985	1986-1995	1996-2000	2001-2005	2006-2011	평균
어업	9.6	12.5	3.8	3.8	4.1	9.2
해수 수산물	5.5	12.7	3.1	2.5	3.0	8.4
담수 수산물	18.1	12.2	4.9	5.7	5.4	10.3
어류	–	15.8	4.3	5.4	5.1	7.0
새우·게류	–	23.1	20.6	12.5	7.9	18.2
조개류	–	22.7	-2.1	-0.2	1.5	8.8
양식	9.6	12.5	3.8	3.8	4.1	9.2
어로	7.9	12.6	3.6	3.3	3.8	8.9
기타	–	15.4	3.3	2.5	3.2	6.2

자료출처: 『中國統計年鑑』, 『中國農業年鑑』 각 연호

(3) 식량 및 주요 식품의 생산구조는 지속적으로 최적화됨

〈1〉 농업의 전반적인 생산구조 변화

지난 30여 년간 중국 농업생산구조는 점차 재배 중심에서 재배와 양식을 병행하는 단계로 발전하였다. 1980년 중국 농림목축어업 총 생산액에

서 농업이 차지하는 비율은 75.6%에 달하는 반면 목축업은 18.4%, 어업은 1.7%에 불과하였다. 2011년에 이르러 농림목축어업 총 생산액에서 농업이 차지하는 비율은 53.5%로 하락된 반면, 목축업의 비율은 32.9%로 증가하였고, 2% 미만이었던 어업은 9.6%로 증가하였으며, 임업의 경우 지난 30여 년간 지속적으로 3.5-4.5의 수준을 유지하여 큰 변화가 없었다.

이처럼 농업생산구조가 최적화된 것은 중국 국민의 농산물 소비수요구조 변화와 밀접히 관련된다. 지난 30여 년간 중국 목축업 및 어업 생산액 연평균 성장속도는 농림목축어업 총 생산액의 성장속도에 비해 월등히 높은 반면 재배업 생산액 성장은 상대적으로 더딘 편이었다. 경제발전과 주민소득수준 향상에 따라 중국 소비자들의 축산제품 및 수산제품에 대한 수요는 빠른 속도로 성장하여, 벼와 밀 등 식량작물 수요에 대한 성장속도보다 훨씬 높았다. 예측에 따르면 향후 중국 국민소득수준 향상과 농산품 소비구조 변화에 따라 농업생산구조가 보다 최적화되어 목축업 및 어업 생산액이 농림목축어업 총 생산액에서 차지하는 비율이 계속 증가될 것으로 보인다.

<표 2.7> 1978-2011년 중국 농림목축어업 총 생산액 구성 비율

단위: %

연도	농업	임업	목축업	어업	합계
1978	80.0	3.4	15.0	1.6	100
1980	75.6	4.2	18.4	1.7	100
1985	69.2	5.2	22.1	3.5	100
1990	64.7	4.3	25.7	5.4	100
1995	58.4	3.5	29.7	8.4	100
2000	55.7	3.8	29.7	10.9	100
2005	51.1	3.7	34.7	10.5	100
2010	55.3	3.9	31.2	9.6	100
2011	53.5	4.0	32.9	9.6	100

자료출처: 『中國統計年鑑』 각 연호 자료를 근거로 계산함

〈2〉 재배농업의 생산구조 변화

수요증가에 힘입어 중국의 채소, 과일, 경제작물의 생산증가는 식량작물 생산증가보다 훨씬 높은 수준이었다. 생산량 기준으로 과일과 채소의 연평균 성장률은 비교적 높은 수준으로 각각 11.3%와 6.0%에 달하였고, 유료작물과 목화의 연평균 성장률은 각각 5.8%와 3.4%에 이르렀으며 식량작물의 연평균 성장률은 가장 낮은 수준인 1.9%에 불과하였다. 식량작물의 파종면적은 1980년 1억 1723만 ha에서 2011년 1억 1057만 ha로 줄어들었으며 식량 재배면적이 총 파종면적에서 차지하는 비율 역시 개혁 이전 80%에서 2011년 68%로 하락하였다. 채소와 과일의 재배면적은 1980년 495만 ha에서 2011년 3147만 ha로 빠르게 증가하였으며 총 재배면적에서 차지하는 비율 역시 개혁 이전의 3.3%에서 2011년 19.4%로 상승하였다.

　　　　　　　　　　　　　　　중국의 식량안보와 농업의 해외진출전략

〈3〉 목축업 생산구조 및 생산방식의 변화

중국 목축업이 빠른 속도로 발전함과 동시에 목축업 내부 생산구조에도 현저한 변화가 일어났다. 고기, 가금알, 우유의 생산구성비율 측면에서 볼 때 중국 가축 및 가금류 제품 중에서 고기, 가금알, 우유의 비율은 1980년대 중반에 각각 80%, 12%, 8%를 차지하였으나 2011년 55%, 19%, 26%로 변화되었고, 고기, 가금알, 우유 총 생산량에서 우유와 가금알이 차지하는 비율은 뚜렷하게 증가하였다. 고기류 제품 중에서 가금육, 소고기 및 양고기의 생산량 증가는 비교적 빨랐고, 돼지고기 생산량 증가폭은 상대적으로 적은 편이었다. 고기류 총 생산량에서 가금육이 차지하는 비율은 1985년 9%에서 2011년 23%로, 소고기 및 양고기의 점유비율은 1985년 5%에서 2011년 13%로 상승하였고, 돼지고기의 점유비율은 1985년 86%에서 2011년 64%로 하락하였다.

가축 및 가금의 양식방식은 농가의 분산 양식에서 전문화 양식으로 신속히 전환되었다. 개혁 초기에 있어 돼지, 젖소, 육소, 양 등은 농가의 분산 양식을 위주로 진행되었으며 전문화 양식의 비율은 5%에 미치지 못하였다. 2011년 목축업생산방식은 대부분 전문화 및 규모화 양식으로 전환되었다. 예컨대 2011년 돼지 및 가금 생산의 전문화 생산 비율이 각각 65%와 86% 정도를 차지하였다. 향후 중국 노동비용의 상승에 따라 가축 및 가금 생산의 전문화 양식 비율이 계속 상승할 것으로 보인다.

〈4〉 중국 어업 생산구조 및 생산방식의 변화

중국 어업 생산구조는 갈수록 고부가가치 제품으로 전환되고 있다. 1978년 중국 어업제품 생산량 중에서 어류는 75%, 해조류는 20%, 새우 및 게류는 3%, 조개류는 2%의 비율을 차지하였다. 2011년에는 어류, 새우 및 게류의 비율은 각각 83%와 9%로 상승한 반면 해조류의 비율은 6%로 하락하였고, 조개류 생산량의 비중은 대체로 안정을 유지하였다.

중국 어업생산에 있어서는 어획 위주 방식에서 양식 위주 방식으로 변화되었다. 1978년 중국 어업 생산방식은 어획 위주로 어획량은 337.8만 톤에 달해 어업 생산량 중에서 74%를 차지한 반면 양식량은 121.2만 톤에 불과하였다. 지난 30여 년간 어획량은 연평균 6.1%, 양식량은 12.3% 성장하였다. 그 결과 2011년 어획량은 1579.9만 톤인 반면, 양식량은 4023.2만 톤으로 어업 총 생산량의 72%를 차지하였다. 양식 생산량의 증가는 중국 어업의 전반적인 발전을 촉진함에 있어 중요한 역할을 하였다.

(4) 식량 및 주요 식품의 생산 배치는 지속적으로 비교우위 지역으로 집중

중국의 농산품 시장화가 지속적으로 심화됨에 따라 식량 및 주요 식품 생산의 지역간 배치구조에서도 현저한 변화가 일어났으며, 비교우위가 있는 지역으로 점차 배치되는 추세를 보이고 있다.

식량생산 측면에서 보면 생산지역이 동남부 발달지역에서 점차 북부지역으로 이전하고 있다. 아울러 공업 및 기타 비농업부문 발전수준의 지역간 차이로 인해 중국 발달지역의 식량 생산량이 전국 식량 총 생산량에서 차지하는 비율은 점차 하락하는 추세이다. 예컨대 벼의 경우 동북지역의 생산량 비중이 끊임없이 상승하는 반면 동남연해지역의 생산량 비중은 지속 하락하고 있다. 밀의 경우 주요 생산지역인 화북지역의 파종면적이 점차 확대되는 반면 기타 지역의 파종면적은 다소 감소되는 가운데 특히, 헤이룽지앙(黑龍江)성의 파종면적이 가장 많이 줄어들었다. 옥수수의 경우 북방지역의 파종면적과 생산량이 모두 증가되었으며 그 중에서 동북 및 서북지역의 성장이 더욱 빨라져 점유비율도 증가되었다. 대두의 경우 파종면적과 생산량 면에서 모두 WTO 가입의 영향을 받아 헤이룽지앙성과 네이멍구(內蒙古)자치구를 제외한 기타 지역의 생산량은 모두 하락하는 추세이다.

목축업생산 측면에서 보면 남방지역에서 점차 북방지역으로 이전되고 있으나 가축 및 가금류 종류에 따라 이전방향에도 다소 차이가 나타났다. 예를 들어 돼지의 경우 화북, 북방, 화중지역의 생산량 비율이 지속 증가하는 반면 전통적인 주요 생산지역인 서남과 동남지역의 생산량 비중은 하락하는 추세이다(그림 2.1 참조).[2]

육우생산은 1980년대 초반에 주로 북방지역과 서남지역에 배치되어 있었으나 전국 총 생산량에서 차지하는 비중이 지속적으로 하락하는 반면 화북지역의 육우생산량이 전국 총 생산량에서 차지하는 비중은 계속 상승하는 추세이다(그림 2.2 참조). 육양생산은 주로 북방지역에 배치되어 있고 전국 총 생산량에서 차지하는 비중이 점차 확대되는 추세이며, 화북지역의 비중 역시 다소 증가된 반면 화남 및 서남지역의 생산량 비중은 다소 감소되었다(그림 2.3 참조). 그 외에 가금육 생산의 지역간 배치에도 커다란 변화가 일어났으며 화북 및 북방지역의 생산량이 전국 총 생산량에서 차지하는 비중이 20%에 미치지 못한 수준에서 50% 이상까지 증가하였

---

2   화북(華北)지역은 베이징(北京), 톈진(天津), 허베이(河北), 산둥(山東), 싼시(山西)와 허난(河南)을 포함하고, 북방(北方)지역은 헤이룽지앙(黑龍江), 지린(吉林), 리오닝(遼寧), 네이멍구(內蒙古), 산시(陝西), 간쑤(甘肅), 닝샤(宁夏)와 신지양(新疆)을 포함하고, 화중(華中)지역은 지양시(江西), 후베이(湖北), 후난(湖南)을 포함하고, 동남(東南)지역은 상하이(上海), 지양쑤(江蘇), 저지양(浙江), 안후이(安徽), 푸젠(福建), 광둥(廣東), 광시(廣西)와 하이난(海南)을 포함하고, 서남(西南)지역은 쓰촨(四川), 윈난(雲南), 씨장(西藏)과 칭하이(青海)를 포함함.

고, 기타 지역의 생산량 비중은 모두 감소된 가운데 특히 동남지역의 하락 폭이 가장 커 전국 가금육 총 생산량에서 차지하는 비율이 50% 이상에서 30% 이하로 감소되었다(그림 2.4 참조).

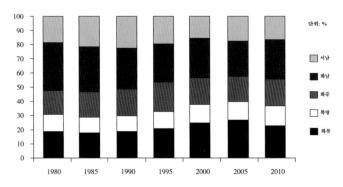

〈그림 2.1〉 1980-2010년 중국 지역별 돼지 생산비율 추이

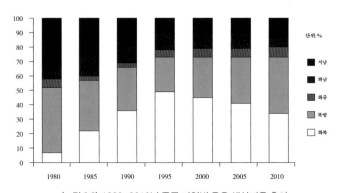

〈그림 2.2〉 1980-2010년 중국 지역별 육우 생산비율 추이

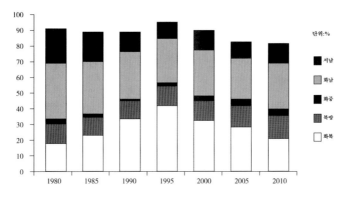

〈그림 2.3〉 1980-2010년 중국 지역별 육양 생산비율 추이

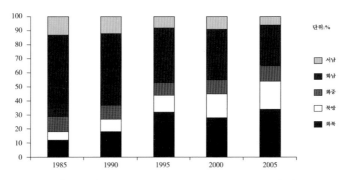

〈그림 2.4〉 1985-2005년 중국 지역별 가금육 생산비율 추이

2. 중국 식량 및 주요 식품 생산에 영향을 미치는 주요 요인

(1) 지난 30년간 중국 식량 및 주요 식품 생산증가의 촉진 요인

개혁개방 이래 제도혁신, 기술진보, 시장개혁, 농업투입증가 등은 모두 중국 농업생산 증가에 중요한 영향을 미쳤다. 1980년대 초반 중국 농업생산의 빠른 발전은 주로 토지제도혁신에 기인하였으나 1980년대 중반 이후

기술진보가 농업생산 증가의 주된 원동력으로 작용하였다.[3] 기술진보와 제도혁신 외에 관개 등 농업기반시설 건설, 화학비료, 농약, 농기계 등 생산자재의 투입증가와 국내 농업생산 지원정책 등이 모두 농업발전에 있어 중요한 촉진제 역할을 하였다.

지난 30년간의 평균으로 보면 중국 식량생산량 증가는 주로 재배면적의 단위당 생산량 증가에 기인하였다. 1980-2010년간 쌀, 밀, 옥수수, 대두 생산량은 각각 1980년 1억 3990만 톤, 5520만 톤, 6260만 톤, 794만 톤에서 2010년 1억 9576만 톤, 1억 1518만 톤, 1억 7724만 톤, 1490만 톤으로 증가되어 연평균 증가율은 각각 0.6%, 1.5%, 3.5%, 2.1%에 달하였다. 같은 기간 이 4가지 주요 식량작물의 연평균 재배면적 변화율은 각각 -0.6%, -0.9%, 1.7%, 0.8%, 단위당 생산량 연평균 증가율은 각각 1.2%, 2.4%, 1.7%, 1.3%로 나타났다. 이 4가지 식량작물 생산량 증가에 대한 단위당 생산량 증가의 기여도는 각각 200%, 160%, 50%, 62%에 달하였다.

목축업 생산규모의 확대와 기술진보는 목축업 발전에 있어 중요한 역할을 하였다. 사료, 방역, 양식, 특히 양식방식이 분산화에서 전문화로 전환됨에 따라 중국 목축업 기술진보가 안정적으로 향상되었다. 예컨대 중국의 돼지 출하율은 1985년 77.82%에서 2011년 141.1%로, 몸통무게는 1985년 69.31kg에서 2011년 76.4kg으로 증가하였다. 소고기 생산은 이미 노쇠우 도살에서 1-2세 비육우 도살 위주로 전환되었고, 육양 도살도 1-2세 위주로 변화되었다.

---

3 黃季焜, 陶然, 徐志剛, 刘明兴, Scott Rozelle. 制度变迁和可持续发展—30年中国农业与农村. 格致出版社·上海人民出版社, 2008.

(2) 미래 중국 식량 및 주요 식품 생산에 영향을 미치는 주요 요인 분석

중국 농업은 30여 년간 안정적인 성장을 이루었지만 현재는 일련의 도전에 직면하고 있다. 첫째, '농가생산도급책임제'라는 제도혁신과 화학비료 및 농약 등 투입물의 대량 사용에 의한 농업생산 증가효과는 이미 확연히 약화되었으며 심지어 한계에 이르렀다. 둘째, 공업화와 도시화 및 생태환경보호 등의 영향으로 중국 농경지의 절대적인 감소는 되돌릴 수 없는 추세가 될 것이다. 셋째, 경제의 빠른 성장, 도시화 및 공업화의 가속화, 기후변화, 생태계보호 등의 수자원에 대한 수요가 증가됨에 따라 수자원 부족이 농업에 미치는 위협은 갈수록 심각해지고 있다. 넷째, 비농업부문의 발전과 취업기회 증가에 따라 농업에 종사하는 노동력의 기회비용도 갈수록 증가될 것이고, 이는 농산품 생산에 대한 노동비용도 갈수록 증가될 것을 의미한다. 다섯째, 비농업부문의 발전에 따라 농업 생산자원에 대한 경쟁압력이 갈수록 커질 것이고, 일부 농산품 생산에 있어서는 국제시장의 충격을 받게 될 것이다. 여섯째, 농업과학기술 발전에 있어 역시 일련의 새로운 도전에 직면하고 있으며 기존의 농업과학연구 및 기술보급 시스템은 현재와 미래 시장경제발전과 농민들의 기술 수요에 충분히 대응하지 못하고 있어 향후 중국 농업생산의 지속적인 성장에 영향을 미칠 것이다.

중국 농업생산에 영향을 미치는 주요 요인을 전반적으로 살펴보면 도전과 기회가 공존하고 있는 상황이다. 다음은 중국 현재 및 미래의 농업성장과 생산구조에 영향을 미치는 주요 요인에 대해 간략히 논의하고자 한다.

〈1〉 농경지의 변화가 농업생산 및 구조에 미치는 영향

중국 농경지 면적은 지속적으로 줄어들 뿐만 아니라 품질 또한 떨어짐에 따라 향후 농업생산에 제약요인으로 작용할 것이다. 1980년대 중후반

중국 농경지 총 면적은 21.57억 묘에 달하였으나 2001년에는 19.06억 묘로 줄어들었고, 2008년에는 18.26억 묘로 더욱 줄어들었다. 앞으로 10년간 경제발전과 농경지보호 추세가 크게 변화되지 않는다면 중국 농경지의 순감소면적은 1500만 묘로 농경지 총 면적의 0.7%를 차지할 것이다. 게다가 보상된 농경지가 점용된 농경지보다 질적으로 낮은 문제로 손실된 생산능력까지 고려한다면 농경지 생산능력은 1.4% 줄어들 수 있다.

농경지 면적의 감소는 주로 토지밀집형 농산품 생산에 영향을 미칠 것이다. 농경지 면적 감소는 농경지 가격의 상승을 가속시켜 식량, 목화, 유료작물, 설탕 등 토지밀집형 작물의 생산원가가 다른 농작물 생산원가보다 더 빠른 속도로 증가될 것이고, 이로 인해 토지밀집형 작물의 상대수익은 낮아질 것이다. 따라서 농경지 면적 감소는 농업 생산량에 영향을 미칠 뿐만 아니라 농업생산구조에 대해서도 상당한 변화를 일으킬 것이다.

〈2〉 수자원 수급변화가 농업생산 및 구조에 미치는 영향

수자원 부족은 현재 중국 북방지역의 농작물 생산을 제약하고 있다. 중국 수자원 총량은 부족하고 강우량의 분포도 시간적, 공간적으로 고르지 못하며 수자원과 토지자원 간에 조화를 이루지 못함에 따라 수자원 부족은 중국 농업생산을 제약하는 중요한 요인이 될 것이다. 중국 식량생산 중심지가 동남부 발달지역에서 북부지역으로 이전에 따라 수자원 부족은 갈수록 농업생산에 두드러진 영향을 미칠 것이다. 수자원의 공간적 분포로 보면 창장(長江) 이남 지역의 수자원 총량은 전국의 83.2%를 차지하는 반면 농경지는 전국의 30%에 불과하며 인구는 전국의 54%로 1인당 수자원 점유량은 3487㎡, 1묘당 수자원량은 4317㎡에 달한다. 반면 창장(長江) 이북 지역의 수자원 총량은 전국의 16.8%이지만 경작지는 전국의 70%에 달

해 1인당 수자원 점유량은 770㎥, 1묘당 수자원은 470㎥에 불과한 수준이다.

　수자원 부족은 향후 중국 농업생산을 제약하는 중요한 요인 중의 하나가 될 것이다. 한편 경제발전, 도시화 및 공업화의 가속화, 생태환경보호 등에 따라 중국 비농업부문의 수자원 수요량은 지속적으로 증가될 것이고, 농업용수의 비율은 계속 줄어들 것이다. 다른 한편으로는 끊임없이 증가하고 있는 농산물 수요를 충족시키기 위해 농업은 보다 적은 수자원에 의한 보다 많은 농산물 생산이 요구될 것이다. 수자원 부족 문제가 심각해짐에 따라 수자원 가격은 필연적으로 인상될 것이며 이는 중국 농업생산 구조에 중대한 영향을 미칠 것이다. 국내외 경험을 비추어 보면 수자원 가격 상승은 농작물 생산구조에 고부가가치, 고이윤 생산방식으로의 전환을 가져오게 되므로 다른 농산물에 비해 식량, 목화, 유료, 사탕수수 등 대량 생산작물은 상대적으로 불리한 위치에 처할 것이다.

　〈3〉 노동력 임금 상승이 농업생산 및 구조에 미치는 영향

　노동력 임금 상승은 농산품 생산원가에 현저한 영향을 미칠 것이다. 농촌 노동력의 공업 및 서비스업으로의 대량 이전, 인구 증가속도의 하락, 인구 노령화 등에 따라 최근 수년간 노동력의 실제 임금은 매년 8% 정도로 상승되어 농업생산의 노동력 기회비용은 뚜렷이 상승하였다. 만약 자본(예컨대 기계)으로 노동력을 적절히 대체하지 못한다면 중국 농산품의 국제시장 비교우위 및 경쟁력에 커다란 영향을 미치게 될 것이다.

　노동력 임금 상승은 농작물 생산구조에도 심각한 영향을 미칠 것이다. 노동력 비용이 식량생산에서 차지하는 비율이 상대적으로 낮은 반면 기타 경제작물과 채소, 과일의 생산비용에서 차지하는 비율이 비교적 높기 때문에 앞으로 노동력 비용의 변화가 식량생산에 미치는 영향은 상대적으로

작겠지만, 목화, 유료작물, 과일, 채소 등 작물에는 비교적 큰 영향을 미칠 것이다. 최근 5년간 노동력 비용이 중국의 목화, 유료작물, 과일 및 채소의 총 비용에서 차지하는 비율이 각각 51%, 42%, 44%, 43%에 달하여 식량작물에 비해 현저히 높은 편이었다. 또한 이러한 작물은 식량작물에 비해 상대적으로 기계화생산이 어렵기 때문에 노동력 임금 상승의 충격을 받겠지만 식량생산 확대에는 긍정적인 영향을 미칠 것이다.

노동력 임금 상승은 또한 동물양식업 생산구조에 일정한 영향을 미칠 것이다. 예를 들어 노동력 비용이 육류생산 총 비용에서 차지하는 비율은 농가의 분산화 양식과 규모화 양식 간에 비교적 큰 차이가 있다. 노동력비용이 총 비용에서 차지하는 비율이 분산화 양식방식에서는 20% 정도이나, 규모화 양식의 경우 10%에 불과해 향후 노동력비용 상승은 목축업 생산에 있어 농가의 분산화 양식에서 규모화 양식으로의 발전을 촉진할 것이다.

〈4〉 농업의 기계화가 농업생산 및 구조에 미치는 영향

농업의 기계화는 노동력 임금 상승을 상쇄하는 데 있어 긍적적인 역할을 할 것이다. 2001년 중국 농업기계의 총 동력은 5.5억 kW, 2011년에는 9.8억 kW로 78.2% 증가하였다. 농업기계 총 동력의 증가는 노동력 임금 상승 추세와 거의 일치하고 앞으로 이와 같은 추세는 지속될 것이며 상승속도 또한 보다 빨라질 것이다.

기계화는 중국 농업생산을 촉진하는 역할을 하는 한편 농업생산구조에도 영향을 미칠 것이다. 기계가 노동력을 적절히 대체할 수 있는 농산품 생산에 있어서는 기계화가 노동력 임금 상승의 부정적인 영향을 충분히 상쇄할 수 있어 이러한 농산품 생산을 촉진할 것이다. 하지만 기계화는 식량작물, 유료작물, 가축 및 가금의 규모화 양식에 적용하기 상대적으로 용

중국의 식량안보와 농업의 해외진출전략

이하는 한편 채소, 과일, 목화 등 생산에 적용하는 것은 상대적으로 어렵다. 따라서 농업의 기계화 수준 향상은 식량작물과 유료작물의 재배면적 확대, 가축 및 가금류의 규모화생산 발전에는 도움이 되나 채소, 과일, 목화 등 작물 생산 향상에 대한 촉진 효과는 제한적이다.

〈5〉농산물 상대수익의 변화가 농업생산 및 구조에 미치는 영향

농업부문과 비농업부문 간의 상대수익 격차는 농업생산에 불리한 영향을 지속적으로 미칠 것이다. 향후 중국 비농업부문과 농업부문 간의 상대수익 격차는 계속 존재할 것이고, 보다 많은 농업 노동력이 비농업부문으로 이동할 것이다. 비록 농가의 경작운영 규모가 다소 확대되겠지만 재배농업에 종사하는 농가들이 점차 노년화 추세를 보일 것이다. 한편 목축업 및 양식업은 노동력 제약에 따른 영향을 크게 받지 않을 것이고, 생산은 전문화 및 중대규모화로 발전할 것이다.

재배농업에 있어 식량과 기타 작물의 상대수익 격차는 다소 줄어들 것이며 이는 식량생산에 상대적으로 유리할 것이다. 최근 5년간 『전국 농산품 비용 및 수익 자료 총집』에 의하면 과일과 채소의 평균수익률은 각각 81.1%, 92.1%로 상대적으로 가장 높은 수준에 달하고, 목화와 유료작물의 평균수익률은 각각 44.4%와 50.7%로 중간 수준에 이르며 식량작물의 수익률은 상대적으로 낮은 편이었다. 하지만 노동력 임금(또는 농업 기회비용) 상승으로 향후 식량과 같이 노동투입이 상대적으로 적은 농작물의 상대수익이 다소 향상될 것이다. 한편 필자의 연구에 따르면 향후 국제시장 식량 가격의 상승폭은 경제작물 가격의 상승폭을 초과할 것으로 국제시장 가격이 국내시장에 파급된다면 이는 국내 식량생산 향상에 보다 큰 촉진 작용을 할 것이다.

〈6〉 기술진보가 농업생산 및 구조에 미치는 영향

기술진보는 과거 중국 농업생산 성장에 있어 주요 원동력이었다. 재배면적 증가가 생산량 증가에 있어 일정한 역할을 하였지만 지난 30여 년간 중국 농작물 생산량 증가는 주로 재배면적의 단위당 생산량 향상에 기인하였다. 1978-2011년간 중국 식량, 목화, 유료, 과일의 연평균 생산량 증가율은 각각 1.9%, 3.4%, 5.8%, 11.3%이며, 같은 기간 재배면적 비율의 연평균 증가율은 각각 -0.3%, 0.1%, 2.5%, 6.1%로, 이 네 종류 농작물의 다위당 생산량 연평균 증가율은 각각 2.2%, 3.3%, 3.3%, 5.2%에 달하였다. 단위당 생산량 증가의 이 네 종류 농작물 생산량 증가에 대한 기여도는 각각 114%, 97%, 57%, 46%에 달한다. 단위당 생산량 향상은 농업투입증가 외에 주로 기술진보에 의해 이루어졌다. 육종, 고품질, 고저항력, 고생산성 신품종의 보급과 농경지 관리의 개선은 농작물 단위당 생산량 향상을 실현하는 데 중요한 역할을 하였다.

기술진보는 또한 미래 중국 농업생산 증가의 주요 원동력이 될 것이다. 앞으로 10여 년간 과학기술체제 개혁이 더욱 심화되고 과학기술에 대한 투입이 지속적으로 증가되는 상황 하에서 과학기술 발전은 농업생산력 향상에 있어 막대한 지지목이 될 것이다. 기술진보는 주로 다음과 같은 5가지 분야에서 구체적으로 나타날 것이다. 첫째, 전통적인 동식물 육종기술은 농업생산에서 계속 중요한 역할을 할 것이며, 교잡종 벼, 교잡종 옥수수의 생산증가 잠재력은 지속 향상될 것이고, 고저항력, 고생산성의 교잡종 밀 등도 농업생산에 활용될 것이다. 둘째, 유전체학을 비롯한 바이오기술의 급속 발전에 따라 바이오육종은 품종분자 설계와 유전체분자 선발 시대로 진입할 것이고, 대규모 동식물 바이오유전물질자원 발굴 및 활용은 바이오육종 혁신의 주요 추세가 될 것이며 분자설계육종과 유전체선발은 대량의 획기적인 신품종과 지능형 바이오품종을 육성함으로써 거대한 신품종 개발과 시장수요의 잠재력을 창출할 것이다. 셋째, 토지, 수자원, 비료, 에너지 등의 절약과 자원순환의 효율성 제고를 중점으로 하는 자원절약형 농업기술은 생산에서 중요한 역할을 함으로써 농업자원의 부족과 지속가능한 발전 등 도전에 대한 중국의 대응능력을 향상시킬 것이다. 넷째, 식품안전 및 식품품질에 대한 과학기술은 비교적 빠른 속도로 발전될 것이며, 이는 농업 고도화와 소비자 수요 만족에 있어 긍정적인 영향을 미칠 것이다. 다섯째, 정보화는 농업정보화에 대한 변화를 강력히 촉진할 것이고, 사물인터넷기술은 농업분야로 활용되어 농산품 전자상거래 발전을 촉진하고, 농업자원의 효율적인 관리와 디지털화를 강화함으로써 농업첨단기술의 산업화에 기회를 제공해줄 것이다.

제2절 중국 식량과 주요 식품의 소비 현황 및 발전 추세

1. 식량 및 주요 식품의 소비량 변화 상황

(1) 1인당 일상용 식량 소비량의 변화

중국의 쌀, 밀 및 기타 식량에 대한 1인당 일상용 식량 소비량은 1990년대 초반부터 지속적으로 줄어들고 있다(그림 2.5 참조).[4] 쌀과 밀의 1인당 소비량은 '증가하다가 감소하는' 변화과정을 겪었으며, 그 중에서 쌀의 1인당 소비량은 1980년 79.5kg에서 1991년 96.1kg으로 증가한 후 계속 감소되어 2010년 70.4kg으로 줄어들었다. 한편 밀의 1인당 소비량은 1980년 50.9kg에서 1992년 78.3kg으로 증가한 후 줄곧 감소되어 2010년 55.0kg으로 줄어들었다. 기타 식량작물(주로 옥수수, 기타 곡물, 감자를 제외한 기타 서류(薯類) 포함)의 1인당 소비량은 1980년부터 지속 감소되었다. 1980-1991년간 쌀과 밀의 1인당 소비량은 증가된 반면 기타 식량의 1인당 일상용 식량 소비량은 1980년 59.9kg에서 1991년 31.6kg으로 50% 가까이 줄어들었으며 이와 같은 변화는 중국의 식량소비구조가 '잡곡'에서 '쌀과 밀가루'로 전환되었음을 말해주고 있다. 한편 중국의 1인당 일상용 식량 총 소비량은 1986년부터 감소되는 추세로 1986년 207.1kg에서 2010년 148.0kg으로 점차 줄어들어 감소폭은 28.5%에 달하였다.

4　여기서 식량은 쌀, 밀, 옥수수, 기타 곡물과 고구마를 포함하고, 대두와 감자는 포함하지 않음.

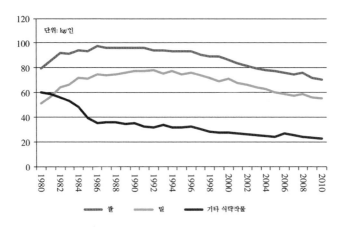

〈그림 2.5〉 1980-2010년 중국 쌀·밀·기타 식량작물의 1인당 일상용 식량 소비량 변화

(2) 식물유 및 설탕 1인당 소비량의 변화

지난 30여 년간 중국의 식물유(대두유 포함) 및 설탕의 1인당 소비량은 비교적 빠른 속도로 증가하였다(그림 2.6 참조). 식물유의 1인당 소비량은 1980년 1.7kg에서 2010년 12.6kg으로 지속적으로 늘어나, 30년간 6.4배 증가하여 연평균 증가율은 6.9%에 달하였다. 설탕의 1인당 소비량 역시 안정적인 증가세를 유지하여 1980년 1.6kg에서 2010년 5.6kg으로 30년간 2.5배 증가하여 연평균 증가율은 4.2%에 이르렀다. 변화추세로 보면 중국의 식물유 및 설탕의 1인당 소비량은 앞으로도 비교적 빠른 증가속도를 계속 유지할 것이다.

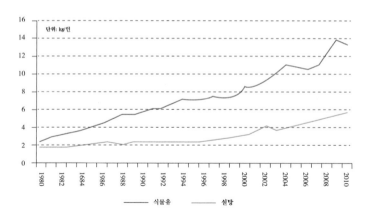

<그림 2.6> 1980-2010년 중국 식물유 및 설탕의 1인당 소비량의 변화

(3) 채소 및 과일 1인당 소비량의 변화

중국 채소의 1인당 소비량은 증가추세였지만 증가속도는 비교적 완만한 편이었으며 과일의 1인당 소비량은 비교적 빠른 속도로 증가하였다(그림 2.7 참조). 채소의 1인당 소비량은 1993년 138.7kg에서 2010년 175.4kg으로 연평균 1.4% 증가하여 증가속도는 비교적 완만하였다. 여기서 주목할 만한 것은 비록 중국의 1인당 채소 소비량 증가세가 완만했지만 채소의 소비구조는 가격이 낮고, 품종이 비교적 단일한 채소(예컨대 배추와 양배추) 소비에서 가격이 높고, 품종이 다양한 채소 소비로 분명히 변화되었다. 한편 과일의 1인당 소비량은 뚜렷한 성장세를 보여 1980년 6.3kg에서 2010년 55.9kg으로 30년간 약 8배나 늘어나 연평균 증가폭은 7.6%에 달하였다.

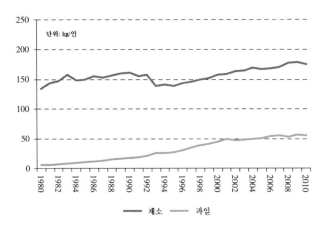

〈그림 2.7〉 1980-2010년 중국 채소 및 과일의 1인당 소비량의 변화

(4) 가축 및 가금육과 수산물 1인당 소비량의 변화

중국 가축 및 가금육과 수산물의 1인당 소비량은 1990년대 중후반부터 비교적 빠른 속도로 성장하였으며, 이와 같은 빠른 성장속도는 당분간 둔화될 조짐이 없다(그림 2.8 참조). 가축 및 가금육의 1인당 총 소비량은 1980년 12.6kg에서 2010년 48.9kg으로 안정적으로 연평균 약 5% 증가한 가운데 후반기(1995-2010년)의 증가속도는 전반기(1980-1995년)에 비해 빨랐다. 예컨대 돼지고기의 1인당 소비량은 1980년 10.8kg에서 1995년 17.4kg으로 점차 증가하여 15년간 61% 증가하였고, 1995-2000년간에는 보다 빠른 속도로 성장하여 2010년에는 32.2kg으로 15년간 85% 증가하였다. 비록 가금육과 소고기의 1인당 소비량은 돼지고기에 비해 현저히 낮고 그 증가추세가 돼지고기 증가추세와 대체로 일치하였지만 증가속도는 보다 빠른 편이었다. 한편 중국 수산물의 1인당 소비량은 빠른 속도로 지속 성장하였다. 수산물의 1인당 소비량은 1980년 2.0kg에서 2010년 21.1kg으로 지속적으로

성장하였으며, 연평균 증가율은 8.2%에 달하였다.

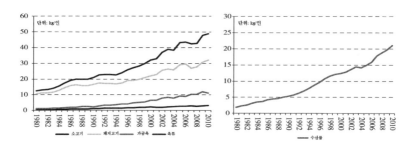

〈그림 2.8〉 1980-2010년 중국 가축과 가금육 및 수산물의 1인당 소비량 변화

(5) 우유 및 가금알 1인당 소비량의 변화

중국 우유의 1인당 소비량은 1990년대 후반 이후 획기적인 성장세가 나타난 반면, 가금알의 1인당 소비량은 상대적으로 안정적이었다(그림 2.9 참조). 소비량 증가속도를 분석해보면 중국의 우유 1인당 소비량 증가의 변화는 두 단계로 구분할 수 있다. 즉 1980-2000년간은 상대적으로 완만하게 증가하는 단계이며 2000-2010년간은 빠른 속도로 증가하는 단계이다. 1980-2000년간 우유의 1인당 소비량은 1980년 1.4kg에서 2000년 7.3kg으로 연평균 8.6% 증가하였다. 2000년 이후 우유의 1인당 소비량은 확연히 증가하여 2010년 26.9kg으로 연평균 17.8% 증가하였다. 가금의 1인당 소비량은 안정적으로 증가하여 1980년 1.8kg에서 2010년 12.1kg으로 연평균 6.6% 증가하였다.

중국의 식량안보와 농업의 해외진출전략

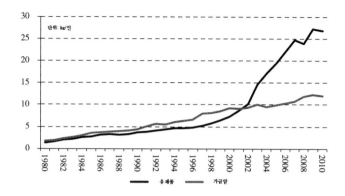

〈그림 2.9〉 1980-2010년 중국 유(乳)제품 및 가금알의 1인당 소비량 변화

2. 식량 총 수요 및 구조의 변화 추세

(1) 식량 총 수요량의 안정적인 증가와 동시에 수요구조도 뚜렷하게 변화되었음

일상용 식량소비 수요의 비율은 점차 하락되고 대두 및 옥수수 등의 수요비율은 뚜렷하게 증가되었다. 여기서 비축식량 변화 관련 데이터의 부족으로 식량 생산량에 순수입량을 합산하여 식량 총 수요량으로 한다. 즉 식량 재고량의 변화를 수요의 일부분으로 간주한다면 중국 식량[5] 총 수요량(그 중에서 벼는 쌀로 환산하여 계산함[6])은 1980년 2.9억 톤에서 2010년 5.5억 톤으로[7] 성장하였다. 그런 가운데 농작물 각 품목에 대한 수요량이 식량 총

---

5   여기서 식량은 쌀, 밀, 옥수수, 대두와 기타 곡물 및 서류(薯類)를 포함하고, 감자는 포함
    하지 않음.

6   쌀과 벼의 환산계수는 0.7임.

7   벼로 계산한다면 중국 식량 수요량은 1982년 약 3.2억 톤에서 2010년 6.0억 톤으로 증

수요량에서 차지하는 비율에서도 큰 변화가 일어났다(그림 2.10 참조). 즉 쌀, 밀, 기타 식량 소비가 식량 총 소비에서 차지하는 비율은 1980-1985년간 짧은 단계의 성장을 거친 후 계속 하락하여 1985년 79%에서 2010년 54%로 줄어들었다. 이와 반대로 대두 및 옥수수에 대한 소비가 식량 총 소비에서 차지하는 비율은 1985년 21%에서 2010년 45%로 현저히 증가되어 대두 및 옥수수 수요가 식량수요에서 차지하는 비율이 뚜렷한 상승세를 보이고 있으며 앞으로도 계속 높아질 것이다.

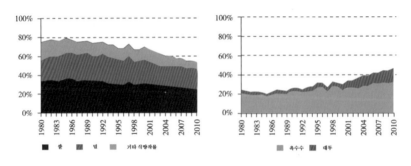

〈그림 2.10〉 1980-2010년 식량 총 수요량에 대한 품목별 식량작물의 수요 비율

(2) 공업용 및 사료용 식량수요는 신속히 증가하였음

대두는 주로 기름 생산하는 데 사용되며 기름을 짜낸 후 부산물인 두박이 중요한 사료원료이기 때문에 기타 작물처럼 단순하게 그 수요를 공업용 및 사료용 식량수요에 포함시키기 어려우므로 대두의 수요유형에 따라 기타 식량작물과 구분하여 계산한다.

가하였음.

중국의 식량안보와 농업의 해외진출전략

주민 식품수요구조의 현저한 변화에 따라 공업용 식량수요 및 사료용 식량수요는 빠른 속도로 증가하였다. 우선, 중국과학원 농업정책연구센터의 중국 농업정책분석 및 예측모형(CAPSiM)의 시계열 데이터 베이스에 의하면 중국 곡물(대두를 제외한 식량으로 쌀, 밀, 옥수수 및 기타 곡물 포함)의 일상용 식량수요, 사료용 식량수요, 공업용 식량수요, 기타 식량수요[8] 등의 수요량과 비율의 변화는 다음과 같다. 즉, 일상용 식량수요는 1996년 이전에 지속 증가하고 1980년 1.7억 톤에서 1996년 2.5억 톤 정도로 증가한 후 지속 감소되어 2010년 2.0억 톤으로 하락하였다. 아울러 기타 식량수요는 1980년 0.32억 톤에서 2010년 0.3억 톤으로 소폭 감소되었다. 하지만 사료용 식량수요와 공업용 식량수요는 비교적 빠른 속도로 증가한 가운데 사료용 식량수요(두박 제외)는 1980년 0.4억 톤에서 2010년 1.5억 톤 정도로 2.8배 증가하였고, 연평균 증가율은 4.5%에 달했다. 공업용 식량수요는 2000년 이전에 비교적 완만하게 증가하였지만 그 이후 증가속도는 확연히 높아져 2000년 0.3억 톤에서 2010년 0.85억 톤으로 10년간 2배 성장, 연평균 증가율은 11.8%에 이르렀다. 이에 따라 식량수요구조에도 뚜렷한 변화가 일어나 사료용 식량수요 및 공업용 식량수요의 비율은 1980년 20%에서 2010년 50%로 지속 증가되었으며 이러한 증가추세는 지속될 것이다. 반면에 일상용 식량수요 및 기타 식량수요의 비율은 지속 감소되어 각각 1980년 68%, 12%에서 2010년 43%, 7% 정도로 줄어들었다(그림 2.11 참조).

8   기타 수요에는 종자 수요와 소비 수요가 포함됨.

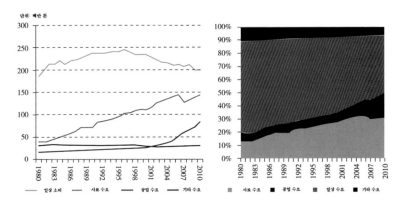

<그림 2.11> 1980-2010년 중국 식량작물(대두 제외)의 수요유형별 수요량 및 비율 변화

둘째, 식물유(대두유) 및 사료용 식량(두박)의 수요는 중국 대두 수요의 빠른 성장을 견인하는 2가지 주된 요인이다. 국내 대두 수요는 주로 식용 수요(예컨대 두부 등 식품 생산에 사용된 대두), 착유용 대두 수요와 기타 수요(종자 및 생산 후 손실 등)로 구성된다. 그 중에서 기타 수요량은 매우 적을 뿐만 아니라 소폭 감소되는 추세이며, 대두의 식용 수요는 안정적으로 증가하여 1980년 3.9백만 톤에서 2010년 12.5백만 톤으로 연평균 약 4% 증가하였다. 한편 착유용 대두 수요는 1996년 이후 빠른 속도로 증가하여 1996년 5.7백만 톤에서 2010년 56.2백만 톤으로 14년간 9배 가까이 증가하여 연평균 증가율은 17.7%에 달하였다. 이에 따라 착유용 대두가 대두 총 수요량에서 차지하는 비율은 1996년 40%에서 2010년 81%로 현저히 높아졌다. 착유용 대두는 대두유 외에 두박도 함께 생산하는데 두박은 중요한 단백질사료이며 착유용 대두 사용량의 빠른 증가에 따라 두박 생산량도 1996년 4.6백만 톤에서 2010년 43.8백만 톤으로 뚜렷이 증가되어 중국 목축업의 발전을 촉진하고 날로 증가하고 있는 고기, 가금알, 우유 및 수산물에

대한 국내 수요를 만족시키는 데 중요한 역할을 하였다(그림 2.12 참조).

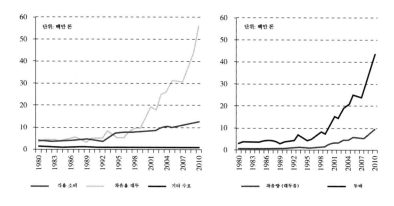

〈그림 2.12〉 1980-2010년 중국 대두 수요유형별 수요량의 변화

3. 식품소비구조 및 변화 현황

(1) 중국 식품열량 총 수요량은 성장에서 안정적인 발전단계로 진입하였음

중국의 1인당 식품열량 수요는 최근 수년간 대체로 안정된 상태를 유지하였다. 22가지 주요 식품열량의 1인당 섭취량은 1980년 1963cal/일에서 1990년 2300cal/일로 점차 증가한 후 대체로 2200-2300cal/일의 수준을 유지하였다. 만약 여기에 합산되어 있지 않은 일부 부식품 및 음료의 열량(약 300cal/일)을 포함한다면 총 섭취량은 대략 2500-2600cal/일의 수준을 유지하였다. 변화추세로 보면 중국의 1인당 식품열량 총 수요량은 이미 균형상태에 이르렀으며 앞으로도 안정적인 상태를 지속 유지할 것이다.

중국 1인당 칼로리 섭취량의 변화추세는 한국 및 일본과 대체적으로 일치한다(그림 2.13 참조). 한국의 1인당 칼로리 섭취량은 1961년 1895cal/일에서 1973년 2646cal/일로 증가한 후 대체로 큰 변화 없이 2700cal/일에서 오르내렸다. 일본의 1인당 식품열량 섭취량은 1961년 2077cal/일에서 1973년 2455cal/일로 증가하였고, 1973-2000년간 대체적으로 2500cal/일의 수준을 유지하였으며, 2000년 이후 소폭 감소추세가 나타났다. 여기서 언급해야 할 점은 한국 및 일본의 1인당 칼로리 섭취량은 중국에 비해 약간 높은 편이며, 이는 주로 일본 및 한국의 동물성 식품 및 설탕의 1인당 소비량이 중국보다 현저히 높고, 이러한 식품의 열량이 또한 비교적 높기 때문이다.

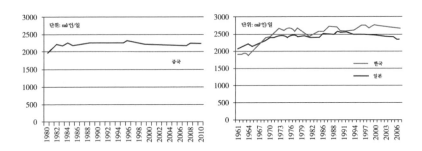

〈그림 2.13〉 중국·한국·일본의 1인당 식품열량 섭취량 변화

(2) 중국의 1인당 식품소비는 단계별 변화가 비교적 뚜렷하며 고기, 가금알, 유(乳)류 등 제품의 1인당 소비는 빠른 성장을 유지하였음

지난 30여 년간 경제성장과 시장 및 유통의 발전에 따라 중국의 식품소비구조에 현저한 변화가 일어난 가운데 단계별 변화의 특징도 뚜렷했다. 1980년부터 1990년대 초반까지는 쌀과 밀가루가 잡곡을 대체하고 부식품 소비가 점차 늘어나는 단계였다. 이 단계에서 쌀과 밀의 1인당 소비는 확연히 증가한 반면 잡곡(고구마 및 옥수수 등)의 1인당 일상용 직접 소비량은

중국의 식량안보와 농업의 해외진출전략

지속 감소됨과 동시에 고기, 가금, 가금알, 버터, 과일 등 고부가가치 농산물의 1인당 소비량은 안정적으로 증가하였다(그림 2.14 참조). 이와 같은 시기의 1인당 소비 변화를 중국의 식품소비 변화에 있어 첫 번째 단계로 간주할 수 있다. 그러나 1990년대 초반 이후 중국 1인당 식품소비 변화에 새로운 특징이 나타났다. 즉 쌀과 밀 등 곡물의 1인당 소비량은 안정적인 감소추세가 유지된 반면 채소, 과일, 식물유, 고기, 가금알, 우유 등 고부가가치 농산물의 1인당 소비량은 안정적인 증가에서 비교적 빠른 성장 단계로 전환되어 '고부가가치 농산물이 일상용 식량 또는 주요 식량품목을 대체하는 변화' 특징을 지니고 있어 이와 같은 1인당 소비 변화를 중국의 식품소비 변화에 두 번째 단계로 간주할 수 있다. 현재 중국 식품소비의 완만한 변화 및 특징으로 볼 때 중국의 과일, 식물유, 설탕, 고기, 가금알, 우유 등 고부가가치 농산물의 1인당 소비량은 아직 감소될 기미가 나타나지 않았으며 이는 향후 장기간 중국의 식품소비가 여전히 두 번째 단계에 처하게 될 것임을 의미한다.

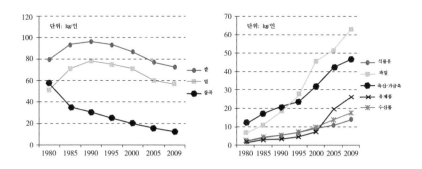

〈그림 2.14〉 1980-2009년 중국의 식품별 1인당 소비량 변화

한국 및 일본의 1인당 식품소비의 역사적 변화추세로 보면 중국은 앞으로 10-15년간 여전히 식품소비 변화의 두 번째 단계에 놓일 것이다. 즉 과일, 식물유, 설탕, 고기, 가금알, 우유 등 고부가가치 농산물의 1인당 소비량은 비교적 빠른 성장속도를 유지할 것이다(그림 2.15 참조). 세계은행의 세계경제발전지수(WDI) 데이터 베이스에 의해 일본, 한국 및 중국의 1인당 GDP를 2000년 불변가격으로 환산하면 다음과 같은 결과가 나타난다. 즉 중국 2010년의 1인당 GDP는 3379달러로 일본의 1950년대 말 수준(약 3315 달러), 한국의 1970년대 말 수준(약 3639 달러)에 해당된다. 하지만 현재 국제 농산물 무역환경이 1950년대와 1970년대에 비해 현저히 개선되어 국제농산물 무역량 및 취득가능성이 모두 제고되었기 때문에 중국 식품소비구조의 변화과정은 동등한 경제발전단계의 일본과 한국보다 빠른 편이다. 경제발전 수준이 동등한 일본과 한국에 비해 중국의 식품열량(cal), 단백질 및 지방의 소비구조는 모두 10년 정도 앞섰다. 즉 중국의 2010년 식품소비구조가 1960년대 말 1970년대 초반의 일본, 1980년대 말 1990년대 초반의 한국의 수준에 해당된다. 이 기간 동안 한국과 일본의 식품소비구조는 모두 빠르게 전환되어 곡물이 1인당 식품열량, 단백질, 지방 등의 섭취에서 차지하는 비율이 현저히 낮아지고 식물유와 동물성 식품의 비율은 급속히 증가되었다. 일본과 한국의 식품소비구조에 있어 그 단계 이후의 변화추세 및 현 단계의 중국과 일본 및 한국간의 1인당 소비구조의 차이에 따르면 향후 10-15년간 중국의 식물유와 동물성 식품의 1인당 소비는 여전히 비교적 빠른 성장세를 유지한 이후 1인당 식품소비가 완만히 증가하고 소비구조 역시 완만하게 변화되는 세 번째 단계로 진입할 것이다.

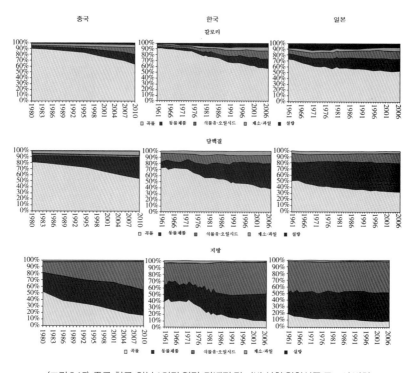

〈그림 2.15〉 중국·한국·일본 1인당 열량, 단백질 및 지방 섭취 원천식품 구조의 변화

제3절 중국 주요 농산물의 공급 및 수요 예측

1. 식량 공급 및 수요 예측방법에 대한 비교 및 평가

식량은 사람에게 가장 중요한 필수품이다. 중국 식량수요의 변화는 국내외 학자들의 많은 관심을 끌고 있다. 그러나 학자들이 채용한 분석방법과 데이터의 차이로 인해 미래 중국 식량 공급 및 수요 변화에 대한 판단

에 큰 차이가 나타났다. 본 절에서는 식량수요, 식량생산, 식량부족 등 3가지 측면에서 기존 연구결과에 대해 종합적으로 서술하고 비교하고자 한다. 아울러 여기서 지적해야 할 것은 각 연구에서 식량 정의(식량 품목 포함)에 대한 차이로 인해 연구결과가 서로 다르다는 점을 주의해야 한다. 본 연구는 〈표 2.8〉 또는 〈표 2.9〉의 주석부분에서 각 연구의 식량 정의에 대한 내용을 제시하였다.

(1) 식량 수요

기존 문헌의 연구결론에 따라 미래 중국 식량수요 예측방법은 1인당 영양섭취 추산법, 경험 및 추세 추정법, 예측모형 등 세 가지 유형의 방법으로 나눌 수 있다(표 2.8 참조).

첫 번째는 1인당 영양섭취추산법이다. 이 방법은 미래 경제발전단계, 1인당 식량수요량과 인구수에 의해 미래 가능한 식량수요변화를 계산하는 방법이다. 일부 정부 기록물과 학자들은 이 방법으로 미래 중국 식량수요를 추산하였으나 1인당 식품열량 섭취량 및 식품열량 원천이 다르기 때문에 식량수요 총량에 대한 추산에도 차이가 있고 특히 미래의 불확실성이 커짐에 따라 예측결과 간의 차이는 매우 뚜렷하다. 예를 들어, 柯柄生(2007)과 『국가 식량안보 중장기 계획(2008)』은 2020년 중국 식량수요가 5.5-5.7억 톤에 이를 것으로 예측했으나, 陈百明(2007)은 7억 톤으로 예측하여 1.3-1.5억 톤의 차이가 나타났다. 2030년의 수요 예측 차이는 더욱 컸다. 예를 들어 陈百明(2007)의 예측에 의하면 식량수요는 2030년 7.9억 톤으로 柯柄生(2007)이 예측한 5.7억 톤에 비해 2.2억 톤 더 많은 것으로 나타났다. L.Brown(1994)은 『세계관찰』에 '누가 중국을 먹이고 살리나?'란 논문을 발표하였는데 그 당시 커다란 반향과 논쟁을 일으켰다. 그는 주로 일본, 대만, 한국 등 국가 또는 지역의 식량수요변화에 근거하여 중국 미래 1인당 식량수요에 대한 가설을 세워 중국 식량수요는 2020년 5.5억 톤, 2030년 6.4억 톤에 이를 것으로 추산하였다. L.Brown(1994)은 미국 농업부(USDA)의 식량 정의를 채택하여 쌀, 밀, 옥수수, 수수, 좁쌀, 보리, 귀리 등만 식량에 포함시켰다.

두 번째는 종합판단법이다. 이 방법은 주로 식량수요의 역사적 변화에 근거하여 데이터 외삽(extrapolation) 또는 각종 식량의 수요변화분석을 토대로 향후 중국 식량 총 수요를 예측하는 방법이다. 예를 들면 程国强과 陈良彪(1998)는 인구성장, 도시와 농촌의 공간적 분포, 1인당 식량소비량 등 3가지 요인을 종합적으로 고려하여 중국의 2030년 일상용 식량, 사료용 식량, 종자용 식량, 공업용 식량, 손실된 식량 등 5가지 방면에서 식량수요를 분석 및 예측하여 2030년 중국 식량소비수요는 6.4억 톤을 돌파할 수 없다고 최종 판단하였다. 马晓河(1997)는 식량의 직접소비수요와 간접소비수요 모두 비교적 크게 증가하되 식량의 간접수요 증가가 직접수요 증가에 비해 확연히 빠를 것이며 식량 총 수요는 2030년 6.3-7.3억 톤에 달할 것으로 예측하였다. 陈锡康과 郭菊娥(1996)는 탄력계수법, 열량법, 식품수요법을 동시에 채택하여 2000년, 2020년, 2030년의 중국 식량수요량을 예측하였는데, 식량수요가 낮게 잡으면 2020년과 2030년에 각각 6.8억 톤과 7.4억 톤, 높게 잡으면 각각 7.0억 톤과 7.8억 톤에 이를 것으로 나타났다.

단위: 억 톤

2010년	2020년	2030년	연구문헌
1인당 영양섭취추산법			
5.5		6.4	中国的粮食问题白皮书(1996)
5.3	5.7		国家粮食安全中长期规划刚要(2008)
5.9		7.0	刘尙文(2004)
5.8	7.0	7.9	陈百明(2002)
	5.5	5.7	柯炳生(2007)
4.7 a	5.5 a	6.4 a	L.Brown(1994)
종합판단법			
		6.4 이하	程国强, 陈良彪(1998)
	5.9		高启杰(2004)
		6.3-7.3	马晓河(1997)
	6.8-7.0	7.4-7.8	陈锡康, 郭菊娥(1996)
예측모형			
	5.1 b		陈永福(2005)
	6.0		陆文聪, 李元龙, 祁慧博(2011)
	6.7		黃季焜, 杨军, 仇焕广(2011)
4.7 a	5.7 a		Rose Grant 외(1989)
5.1 4.5 a	5.9		黃季焜 외(1999)
4.4 a			USDA(1995)
5.0 a			World Bank(1990)
4.9			일본 해외경제협력기금(1993)
	6.0 a		FAO(2010)

주: 주석 없는 데이터에는 모두 중국 정부의 식량정의를 채택한 것으로 벼, 밀, 옥수수, 수수, 좁쌀 및 기타잡곡 외

중국의 식량안보와 농업의 해외진출전략

에 서류(薯類)와 두류(頭類)가 포함됨. 두류는 콩깍지를 제거한 건조한 두류를 가리키고, 서류는 고구마와 감자를 포함하되 토란과 카사바를 포함하지 않음. 5kg의 신선서류(薯類)는 1kg의 식량으로 환산함

a 곡물정의를 채택하여 벼, 밀, 옥수수와 기타 잡곡을 포함하며 그 중에서 벼는 모두 쌀로 환산함

b 쌀, 밀, 옥수수와 대두 등 네 종류의 작물을 포함함

세 번째 방법은 균형모형분석법이다. 이 방법은 식량 공급 및 수요에 영향을 미치는 여러 가지 요인에 대한 종합적인 고려와 미래 공급 및 수요 변화에 의해 식량수요를 예측하는 방법이다. 앞의 2가지 분석방법에 비해 균형모형분석에서 고려하는 요인은 보다 전반적이었으나 중요한 변수(예컨대 인구 증가, 소득 증가, 소득탄력성, 가격탄력성 등)에 관한 가설이 서로 다르기 때문에 균형모형의 분석결과 간에 비교적 큰 차이가 나타났다. 陆文聪, 李元龙, 祁慧博(2011)은 중국 및 세계 농업지역시장 균형모형(CMARMEM)을 이용하여 2020년 중국 식량수요는 6.0억 톤에 달할 것으로 예측하였지만 黃季焜 외(2011)는 중국 농업정책분석 및 예측모형(CAPSiM)을 이용하여 예측한 결과, 중국 식량수요는 2020년 6.7억 톤으로 나타났다.

1990년대 경에 2010년 중국의 식량수요에 대한 예측결과를 보면 미국 농업부(USDA, 1995)와 黃季焜 외(1999)의 예측결과 간의 실제편차는 그리 큰 편은 아니었다. 이를테면 USDA(1995)는 미국 기상예측모형(CPPA)을 이용하여 중국의 2010년 곡물수요가 4.4억 톤에 달할 것으로 예측하였고, 黃季焜 외(1999)는 조기의 CAPSiM모형을 이용하여 예측한 결과 2010년 식량수요는 5.1억 톤, 그 중에서 곡물수요는 4.5억 톤으로 나타났다. 하지만 Rose Grant 외(1989) 및 세계은행(1990)은 곡물수요를 그보다 현저히 높게 예측하였다.

(2) 식량 생산

수요 예측과 유사하게 식량생산 예측방법도 3가지 유형, 즉 자급률목표 충족 생산량 추산법, 경험 및 추세 추산법, 균형모형 등 3가지 방법으로 분류할 수 있다(표 2.9 참조).

첫 번째 방법은 자급률목표 충족 생산량 추산법이다. 이 방법은 주로 국내 수요변화에 의해 이미 정해진 식량안보 목표를 달성하기 위해 요구되는 국내 식량 생산량을 추산하는 방법이다. 예컨대 2008년 (중국)『국가 식량안보 중장기 계획』에서는 95% 이상의 식량자급률 목표를 제시함으로써 국내 식량 생산량이 2020년 5.4억 톤 이상 필요하다고 추산하였다. 卢良恕(2004)는 국가의 식품안보와 국민의 신체적 건강을 보장한다는 전제하에서 여러 부문 및 학문 분야의 전문가들을 조직하여 연구한 기초를 토대로 2010년, 2020년, 2030년 국내 식량 생산량은 각각 5.5억 톤, 6.6억 톤, 7.5억 톤이 필요하다고 지적하였다. 이와 같은 추산방법상의 특징으로 식량 생산량에 대한 예측결과는 미래의 식량 수요량과 자급률 목표와 직접 연관된다.

두 번째 방법은 경험 및 추세 추산법이다. 경험 및 추세 추산법은 주로 경험적인 판단 또는 과거 생산량 변화추세에 근거하여 미래 중국 식량 생산량에 대해 예측 및 분석하는 방법이다. 모든 예측 중에서 L.Brown(1994)의 중국 식량 생산량에 대한 예측이 가장 비관적이었는데 경제의 빠른 발전과 도시화 촉진에 따라 향후 중국 농경지 면적은 현저히 감소되어 식량 생산량은 증가할 수 없고 오히려 끊임없이 감소될 것이라고 예측하였다. 张晶(2011)은 현(縣) 단위의 농경지, 다모작지수, 전체 농작물 파종면적에서 식량작물 파종면적이 차지한 비율, 생산량 등에 대한 분석을 토대로 이러한 지표가 모두 최고수준에 도달할 경우 중국의 식량 생산량은 7.6억 톤에 달할 것으로 예측하였으나, 지표가 모두 최저수준일 경우 식량 생산량은 4.2억 톤에 불과할 것으로 예측하였다. 梁仕瑩 외(2008)는 3차 포물선모형, 회색예측모형, 조합예측법 등을 이용하여 중국의 지난 20년간의 식량 생산량을 모의하고 이에 따라 2010년과 2020년의 식량 생산량은 각각 4.2억 톤과 5.1억 톤에 달할 것으로 예측하였다. 丁晨芳(2007)은 C-D(콥 더글러스) 생산함수모형, 다중회귀모형, 지수평활모형을 가중치로 조합하여 2020년 식량생산량이 5.7억 톤에 달할 것으로 예측하였다. 陈锡康과 郭菊娥(1996)는 투입산출점유행렬법을 이용하여 중국의 2020년, 2030년 식량생산량은 각각 6.8억 톤, 7.3억 톤에 달할 것으로 예측하였다. 위의 분석에서 보여주는 바와 같이 연구자들의 미래에 대한 경험적 판단과 채택한 모의방법의 차이로 인해 예측결과에 큰 차이가 있다. 아울러 경험 및 추세에 대한 대다수의 추산방법은 식량 공급 및 수요에 영향을 미치는 요인에 대해 전반적이고 심층적인 분석이 부족함에 따라 예측결과의 신뢰성이 상대적으로 낮은 편이다.

　세 번째 방법은 균형모형법이다. 균형모형법은 연구가설이 서로 달라 향후 중국 식량에 대한 예측에도 비교적 큰 차이가 있다. 〈표 2.9〉에서 나타난 바와 같이 식량에 단지 옥수수, 대두, 쌀, 밀 등 네 종류의 농작물을 포함시켜 陈永福(2005)은 2020년의 식량 생산량을 4.4억 톤으로 예측하였고, 陆文聪 외(2011) 및 黄季焜 외(2011)는 중국의 식량 정의에 따라 2020년 중국의 식량 생산량을 각각 5.5억 톤, 5.8억 톤으로 예측하였다. 黄季焜 외(1999) 및 Rose Grant 외(1989)는 곡물정의에 의해 2010년 중국의 곡물 생산량(벼는 쌀로 환산함)을 4.4억 톤 정도로 예측하였는데 다른 연구에 비해 예측결과가 실제상황에 가장 근접하였다.

<표 2.9> 2010년 및 미래 식량생산에 대한 분석방법별 예측

단위: 억 톤

2010년	2020년	2030년	2035년	연구문헌
자급률 목표충족 생산량 추산법				
	5.4			国家粮食安全中长期规划刚要(2008)
	5.5			全国新增1000亿斤粮食生产能力规划(2009)
5.5	6.6	7.5		卢良恕(2004)
경험 및 추세 추산법				
3.2 a	2.9 a	2.7 a		L.Brown(1994)
	6.8	7.3		陈锡康, 郭菊娥(1996)
	5.7			丁晨芳(2007)
	5.4			蔡承智, 陈阜(2004)
4.2	5.1			梁仕莹 외(2008)
			높을 경우 7.6 낮을 경우 4.2	张晶(2011)
	5.1~5.2			许世卫(2009)
	4.9~5.2	5.0~5.4		柯炳生(2007)
		6.6		马晓河(1997)
균형모형				
	4.4 b			陈永福(2005)
	5.5			陆文聪, 李元龙, 祁慧博(2011)
	5.8			黄季焜, 杨军, 仇焕(2011)
4.5 a	5.4 a			Rose Grant 외(1989)
4.9 4.4 a	5.7			黄季焜 외(1999)
4.0 a				USDA(1995)
4.8 a				Wold Bank(1990)
3.9				일본 해외경제협력기금(1993)

중국의 식량안보와 농업의 해외진출전략

주: 주석 없는 데이터에는 모두 중국 정부의 식량 정의를 채택한 것으로 벼, 밀, 옥수수, 수수, 좁쌀 및 기타잡곡 외에 서류(薯類)와 두류(頭類)가 포함됨. 두류는 콩깍지를 제거한 건조한 두류를 가리키고, 서류는 고구마와 감자를 포함하되 토란과 카사바를 포함하지 않음. 5kg의 신선서류(薯類)는 1kg의 식량으로 환산함

a 곡물정의를 채택하여 벼, 밀, 옥수수와 기타 잡곡을 포함하며 그 중에서 벼는 모두 쌀로 환산함

b 쌀, 밀, 옥수수와 대두 등 4종류의 작물을 포함함

(3) 식량 부족

기존 연구에서는 모두 향후 중국의 식량 부족이 끊임없이 확대될 것으로 나타났지만 향후 식량 공급 및 수요의 예측결과에 현저한 차이가 있기 때문에 식량 부족량 예측에도 큰 차이가 나타났다. 식량의 부족량과 자급률 하락폭에 근거하여 연구결론을 다음과 같이 3가지 유형으로 분류할 수 있다(표 2.10 참조).

첫 번째 유형: 비관론(식량 생산량 증가는 완만하고 부족량은 매우 큼). 이와 같은 유형의 연구에는 L.Brown(1994)의 연구가 대표적인 연구로서 미래 수요의 지속적인 증가에 따라 중국 식량 부족량은 매우 클 뿐만 아니라 빠른 속도로 증가할 것으로 예측하였다. L.Brown(1994)은 FAO의 식량정의에 따를 경우 2010년, 2020년, 2030년 중국의 식량 부족량은 각각 1.5억 톤, 2.6억 톤, 3.7억 톤에 달할 것이고, 식량자급률은 각각 68%, 53%, 42%로 줄어들 것으로 예측하였다. 일본 해외경제협력기금(1993)은 역시 생산량을 비교적 낮은 수준으로 예측함으로써 중국의 2010년 식량 부족량은 1.0억 톤에 달할 것이고, 식량자급률은 80%에 불과할 것으로 예측하였다. 2010년 실제상황과 비교해 보면 상기와 같은 예측결과는 실제와 크게 맞지 않아 식량부족을 과대하게 예측한 면이 있다.

〈표 2.10〉 식량 수급 부족량(순수출, 억 톤) 및 자급률(%) 예측

2010년	2020년	2030년	연구문헌
-1.5 a (68%)	-2.6 a (53%)	-3.7 a (42%)	L.Brown(1994)
	-0.4 (93%)	-0.5 (91%)	柯炳生(2007)
		-0.7 - 0.3 (90-105%)	马晓河(1997)
	-0.7 b (86%)		陈永福(2005)
	-0.1 (99%)	-0.3 (96%)	陈锡康, 郭菊娥(1996)
	-0.5 (92%)		陆文聪, 李元龙, 祁慧博(2011)
	-0.9 (87%)		黄季焜, 杨军, 仇焕(2011)
-0.2 a (96%)	-0.3 a (95%)		Rose Grant 외(1989)
-0.27, -0.0 a (95%)	-0.30 (95%)		黄季焜 외(1999)
-1.0 (80%)			일본 해외경제협력기금(1993)

주: 주석 없는 데이터에는 모두 중국 정부의 식량 정의를 채택한 것으로 벼, 밀, 옥수수, 수수, 좁쌀 및 기타잡곡 외에 서류(薯類)와 두류(頭類)가 포함됨. 두류는 콩깍지를 제거한 건조한 두류를 가리키고, 서류는 고구마와 감자를 포함하되 토란과 카사바를 포함하지 않음. 5kg의 신선서류(薯類)는 1kg의 식량으로 환산함
a 곡물 정의를 채택하여 벼, 밀, 옥수수와 기타 잡곡을 포함하며 그 중에서 벼는 모두 쌀로 환산함
b 쌀, 밀, 옥수수와 대두 등 4종류의 작물을 포함함

두 번째 유형: 낙관론(식량 공급 및 수요는 대체로 균형을 이루고, 식량의 자급률은 비교적 높은 수준을 유지). 이와 같은 유형의 연구는 비록 중국의 식량 수요량은 앞으로 현저히 증가할 것이지만 식량 생산량 또한 비교적 빠른 속도로 증가함에 따라 공급 및 수요가 대체적으로 균형을 이뤄 식량 부족량은 적을 것으로 예측하였다. 예컨대 陈锡康과 郭菊娥(1996)은 중국의 식량 수요는 2030년 7.3억 톤에 달할 것이지만 국내 식량 생산량이 현저히 성장함에 따라 식량 부족량은 단지 0.3억 톤에 불과하고 식량자급률은 96%를 유지함으로써 국가 자급률목표인 95%보다 높을 것으로 예측하였다. 한편

중국의 식량안보와 농업의 해외진출전략

柯炳生(2007)과 马晓河(1997)는 모두 2030년 중국의 식량 부족량은 0.7억 톤 이내로 식량자급률은 90% 이상을 유지할 것으로 예측하였다.

세 번째 유형: 지속 긴장론(식량 공급 및 수요는 지속적으로 긴장상태로 자급률은 앞으로 확연히 낮아질 것임). 이와 같은 유형의 연구는 중국의 식량 생산량은 지속적으로 증가하지만 그 증가속도가 수요의 증가속도에 비해 낮음에 따라 식량 부족량은 점차 커지고 식량 공급 및 수요는 전반적으로 긴장상태에 처할 것으로 보았다. 예컨대 黃季焜 외(1999)는 중국의 식량 부족량은 2020년 0.9억 톤에 달할 것이고, 자급률은 87%로 떨어질 것으로 예측하였다. 陈永福(2005)은 쌀, 밀, 옥수수, 대두 등을 포함한 4가지 종류의 식량 부족량은 2020년 0.7억 톤에 달할 것이고 자급률은 86%로 내려갈 것으로 예측하였다.

2. 향후 식량 및 주요 식품의 공급 및 수요에 대한 예측 및 분석

(1) 연구방법과 주요 모형가설

여기서는 중국과학원 농업정책연구센터의 '중국 농업정책 분석 및 예측모형'(CAPSiM)을 채택하여 향후 25년간(2011-2035년) 중국 농산물 공급 및 수요에 대해 예측, 분석하고자 한다. CAPSiM모형의 주요 목표는 각종 정책과 외부충격이 중국 각종 농산물의 생산, 소비, 가격, 시장, 무역에 미치는 영향을 분석하고, 미래 중국 농산물의 공급, 수요, 무역, 시장가격 변동 추세를 예측하는 데 있다. 이러한 정책과 외부충격에는 국민경제에 관한 거시적 정책(화폐외환정책, 재정투자정책, 경제성장정책 등), 인구정책(산아제한정책과 도시화 발전정책 등), 시장발전정책, 국가투자정책(과학연구투자, 기술보급 투자, 수리사업투자 등), 농산물 가격정책, 농업생산재 가격정책, 무역정책, 그리고 각 부문 및 제품에 관한 정책들이 포함된다. CAPSiM모형의 이론적 프레임은 〈그림 2.16〉과 같다.

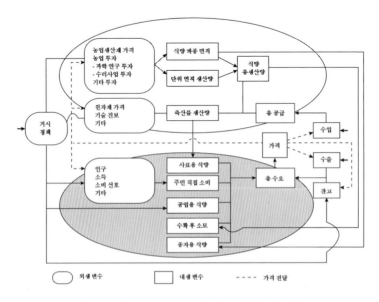

〈그림 2.16〉 CAPSiM모형의 이론적 프레임: 식량의 예시

CAPSiM모형은 중국 자체로 개발한 농업정책부문의 균형모형으로서 다음과 같은 몇 가지 주요 특징이 있다. 첫째는 모형의 이론적 기초이다. 모형의 각 매개변수는 이론적 요구에 부합된다. 예를 들면 수요의 탄력성 행렬과 공급의 탄력성행렬은 이론에서 요구되는 동질성(homogeneity)과 대칭성(symmetry)에 부합된다. 둘째는 모형의 실증적인 기초이다. 모형의 각종 탄력성의 대부분은 필자 및 공동 연구자의 연구결과이며 이러한 연구

중국의 식량안보와 농업의 해외진출전략

는 실제 데이터에 근거하여 계량모형에 의해 중국 농산물 공급 및 수요의 체계적인 모형을 추정하고, 이를 토대로 실제상황에 대한 모의 및 최적화의 결과를 적절히 수정하였다. 각종 탄력성은 예측 시기가 다름에 따라 변화되고 이러한 변화는 실증연구결과에 의해 결정된다. 셋째는 모형의 투명성이다. 모형 및 그에 따른 분석결과는 각종 영향요인이 농산물 공급, 수요 및 무역에 미치는 영향력의 크고 작음을 상세히 설명할 수 있다. 넷째는 모형의 종합성이다. 모형에서 고려된 요인 중에는 농산물 공급 및 수요 균형에 영향을 미치는 전통적인 요인(예컨대 가격)뿐만 아니라 경제전환기의 각종 새로운 중요한 영향요인들도 포함되어 있다. 이 모형을 통해 각종 정책이 농산물 시장에 미치는 영향을 단독 모의하거나 각종 조합에 의해 종합적으로 모의할 수도 있다. 다섯째는 모형의 체계성이다. 이 모형은 한 부문의 균형모형으로서 각 농산물의 개별적 모형으로 모의하는 것이 아니라 하나의 통합된 체계로 모의한다. 이는 어떤 한 종류의 농산물 공급 및 수요 균형에 영향을 미치는 요인이 농산물 간 가격 차이에 따른 대체효과와 기타 경제관계를 통해 다른 농산물 공급 및 수요 균형에 영향을 미칠 수 있기 때문이다. 여기서 균형이란 모든 농산물이 동시에 균형상태에 이르는 것을 의미한다.

현재 CAPSiM의 생산모형에는 벼, 밀, 옥수수, 고구마, 감자, 기타 잡곡, 대두, 목화, 유료작물, 당료작물, 채소, 과일, 박과류 및 기타 작물 등 14가지 농작물 제품이 포함된다. 축산물 및 수산물은 9가지 종류로 돼지고기, 소고기, 양고기, 가금육, 가금알, 유(乳)류, 어류, 새우 및 기타 수산물 등이 포함된다. 수요 시스템 중에서 소비품은 23가지 종류인데 쌀, 밀, 옥수수, 고구마, 감자, 기타 잡곡, 대두, 식용유, 설탕, 채소, 과일, 박과류, 돼지고기,

소고기, 양고기, 가금육, 가금알, 유(乳)류, 어류, 새우, 기타 수산물, 기타 식품과 모든 비식품이 포함된다.

(2) 모형에 따른 예측 및 분석 결과

식량 및 주요 작물, 축산물, 수산물의 생산, 수요, 무역에 대한 예측결과는 부표 2.1과 2.2를 참조할 수 있으며 주요 예측결과 분석은 다음과 같다.

〈1〉 식량 공급 및 수요의 변화

중국 식량수요 증가는 향후 25년간 국내 생산 증가에 비해 현저히 높아져 자급률은 계속 떨어질 것이다. 기존 농업생산자원, 정책, 기술진보, 수요 변화의 조건 하에서 중국의 식량수요는 2020년, 2035년 각각 6.7억 톤, 7.3억 톤, 식량 생산량은 2020년, 2035년 각각 5.8억 톤, 6.0억 톤에 달할 것이다.[9] 식량자급률은 지속 하락하여 2010년 91%에서 2020년 87%, 더 나아가 2035년 82%로 하락할 것이다.

일상용 식량 및 사료용 식량의 공급 및 수요 상황과 자급률에는 큰 차이가 있다. 향후 23년간 중국의 쌀은 완전 자급상태를 유지할 뿐만 아니라 약간의 수출도 가능할 것으로 보이며 자급률은 2020년, 2035년 각각 101%, 102% 정도에 이를 것이다. 밀은 앞으로도 여전히 비교적 높은 자급률을 유지할 것이며, 자급률은 2020년, 2035년 각각 99%, 100% 정도를 유지할 것이다. 하지만 중국의 옥수수 자급률은 크게 하락하여 생산량은 2020년, 2035년 각각 2.2억 톤, 2.6억 톤에 달할 것이다. 비록 생산량 증가

---

9   생산량, 수요량과 무역량의 비교를 위해 본 연구의 예측 데이터 중 벼는 모두 쌀로 환산함(환산계수는 0.7).

가 벼, 밀에 비해 뚜렷이 높지만 옥수수에 대한 총 수요가 2020년, 2035년 각각 2.4억 톤, 3.1억 톤에 이르러 수급부족량은 2020년, 2035년 각각 2000만 톤, 5000만 톤 정도에 달하고, 자급률은 2010년 99%에서 2020년 92%, 더 나아가 2035년 84% 정도로 떨어질 것이다. 대두 수급부족량은 보다 더 늘어나 2020년 대두수입량은 7000만 톤에 달해 자급률은 20%로 떨어질 것이며 2035년에는 대두 수입량은 9000만 톤 정도로 자급률은 17%까지 하락할 것이다.

〈2〉 설탕 공급 및 수요의 변화

중국의 설탕생산은 완만하게 성장하는 반면 소비는 비교적 빠르게 늘어나 수급부족량은 더욱 커질 것이다. 설탕 생산량은 2010년 14.2백만 톤에서 2020년 15.4백만 톤, 2035년 17.9백만 톤으로 증가될 것이다. 그러나 지속적인 경제성장에 따라 중국의 설탕 1인당 소비량은 현저히 늘어나 총 수요량은 2010년 14.6백만 톤에서 2020년 19.5백만 톤, 2035년 23.8백만 톤으로 증가될 것이다. 설탕 수요의 증가속도가 국내 생산의 증가속도에 비해 뚜렷하게 높기 때문에 수급부족량은 계속 커져 설탕 수입은 현저히 증가될 것이다. 설탕 수입은 2010년 177만 톤에서 2020년 425만 톤, 2035년 600만 톤으로 늘어날 것이다. 이에 따라 설탕 자급률은 2010년 89%에서 2020년 79%, 2035년 75%로 떨어질 것이다.

〈3〉 유료작물(대두 제외) 공급 및 수요의 변화

대두 외의 유료작물 생산과 수요는 같은 증가세를 유지하나 수급부족은 다소 확대될 것이다. 유료작물 생산량은 2010년 711만 톤에서 2020년 882만 톤, 2035년 992만 톤으로 증가될 것으로 예측된다. 아울러 중국의 유료작물 수요는 지속적으로 비교적 빠른 성장세를 유지해 총 수요는

2010년 772만 톤에서 2020년 957만 톤, 2035년 1094만 톤으로 늘어날 것이다. 유료작물 수급부족의 확대로 인해 수입은 2010년 53만 톤에서 2020년 79만 톤, 2035년 102만 톤 정도로 점차 증가될 것이다. 유료작물 자급률은 소폭 하락되어 2010년 94%에서 2020년 92%, 2035년 91% 정도로 떨어질 것이다.

〈4〉목화 공급 및 수요의 변화

중국의 목화생산은 비교적 빠른 속도로 성장하겠지만 수요의 성장 폭이 보다 더 뚜렷해 수급부족은 보다 더 확대될 것이다. 목화 생산량은 2010년 596만 톤에서 2020년 747만 톤, 2035년 916만 톤으로 증가될 것이다. 그러나 목화 수요의 증가가 보다 더 뚜렷해 수요량은 2010년 879만 톤에서 2020년 1209만 톤, 2035년 1645만 톤으로 증가되어 수급부족은 현저히 커질 것이다. 목화 수입은 2010년 284만 톤에서 2020년 462만 톤, 2035년 729만 톤 정도로 증가될 것이다. 목화 수입의 빠른 증가에 따라 목화 자급률은 2010년 68%에서 2020년 62%, 2035년 56%로 떨어져 국제시장 의존도가 확연히 높아질 것이다. 여기서 유의해야 할 점은 중국은 전 세계에서 가장 주요한 방직의류 생산 및 수출국으로서 수출된 방직의류제품에 포함된 목화를 제외하면 중국은 목화 순수출국이라고 할 수 있다. 목화 수입은 국내 방직의류업의 발전, 수출, 취업 등을 촉진하는 데 있어 적극적인 역할을 할 것이다.

〈5〉채소 및 과일 공급 및 수요의 변화

채소 생산량은 안정적으로 늘어날 뿐만 아니라 비교적 뚜렷한 수출 비교우위를 유지할 것이다. 채소 생산량은 2010년 307백만 톤에서 2020년 365백만 톤으로 증가될 것이다. 채소의 소비량은 성장세를 계속 유지하여 총 소비량은 2010년 235백만 톤에서 2020년 294백만 톤, 2035년 334백만 톤으로 증가될 것이다. 중국은 전 세계에서 가장 중요한 채소 수출국 중의 하나로 채소 수출은 앞으로도 계속 뚜렷한 비교우위를 유지할 것이다. 채소 수출에 있어 연평균 수출량은 2010-2020년간 600만 톤에서 2020-2035년간 760만 톤으로 증가하여 자급률은 102% 정도로 유지될 것이다.

중국의 과일(박과류 포함) 생산 및 소비량은 현저히 늘어나 수입과 수출은 모두 빠른 성장세를 유지할 것이다. 과일 생산량은 2010년 145백만 톤에서 2020년 190백만 톤, 2035년 231백만 톤으로 증가될 것이다. 과일 소비량은 2010년 145백만 톤에서 2020년 190백만 톤, 2035년 228백만 톤으로 증가될 것이다. 수출 위주인 채소무역과 달리 과일은 수입 및 수출 모두 뚜렷히 증가될 것이다. 과일 수입은 열대과일을 위주로 하여 수입량은 2010년 261만 톤에서 2020년 450만 톤과 2035년 1132만 톤으로 늘어날 것이고, 과일 수출은 사과, 배, 귤 등 온대과일을 위주로 하여 수출량은 2010년 300만 톤에서 2020년 500만 톤, 2035년 1350만 톤으로 증가될 것으로 예측된다. 수출과 수입이 동시에 빠른 속도로 성장하기 때문에 과일 순수출량은 소폭 증가되어 2010년 39만 톤에서 2020년 49만 톤, 2035년 217만 톤으로 증가될 것이다.

〈6〉 축산물 및 수산물 공급 및 수요의 변화

축산물 소비는 비교적 빠른 성장세를 지속 유지하는 가운데 소고기, 양고기, 유(乳)류제품의 성장폭이 가장 뚜렷하며, 유류제품 외에 다른 축산물의 공급 및 수요는 대체로 균형을 이룰 것이다. 2011-2020년간 돼지고기, 가금육, 소고기, 양고기, 가금알, 우유 등의 생산량은 각각 28%, 40%, 60%, 45%, 26%, 74% 성장할 것으로 예측되고, 2021-2035년간에는 중국의 축산물 생산 증가폭은 완만해져 각각 20%, 28%, 56%. 47%, 15%, 43%에 달할 것이다. 증가폭으로 보면 소고기, 양고기, 유류제품의 생산량 증가폭은 돼지고기, 가금육, 가금알에 비해 클 것이다. 한편 1인당 소득의 빠른 증가와 도시화의 향상에 따라 축산물 소비량은 보다 더 증가되어 2011-2020년 간 돼지고기, 가금육, 소고기, 양고기, 가금알, 우유의 소비량은 각각 28%, 41%, 62%, 47%, 26%, 79% 늘어나고, 2021-2035년간에는 20%, 28%, 63%, 51%, 15%, 62% 증가될 것이다. 축산물 공급 및 수요가 모두 비교적 빠른 성장세를 유지함에 따라 대부분 축산물은 대체적으로 수급균형을 이룰 것이다. 그 중에서도 돼지고기 및 가금알의 자급률은 100%, 가금육은 95% 정도로 유지될 것이다. 그러나 소고기, 양고기 자급률은 지속 하락하여 2010년 100%, 99%에서 2020년 99%, 98%로, 나아가 2035년에는 94%, 95%로 하락될 것이다. 유류제품의 수급부족은 현저히 커져 수입은 확연히 증가될 것이다. 유류제품의 수입(우유로 환산함)은 2010년 441만 톤에서 2020년 1025만 톤, 2035년 2542만 톤으로 증가되어 자급률은 2010년 90%에서 2020년 86%, 2035년 77%로 떨어질 것이다.

중국 수산물 수요 증가는 매우 뚜렷하지만 국내 생산으로 수요 증가를 충족시킬 수 있어 수산물 공급 및 수요는 균형을 이룰 뿐만 아니라 공급이 수요에 비해 다소 남을 것이다. 수산물(물고기, 새우, 게, 조개류) 생산량은 2010년 2584만 톤에서 2020년 4007만 톤, 2035년 5957만 톤으로 증가될 것이다. 수산물 소비 역시 현저히 증가하여 1인당 수산물 소비량(물고기, 새우, 게, 조개류)은 2010년 19kg에서 2020년 29kg, 2035년 41kg으로 증가될 것이다. 중국의 수산물 수출과 수입은 모두 확연히 증가될 것이나 순수출국 지위를 계속 유지하여 수급균형을 유지하는 한편 공급에 약간의 여유가 있

중국의 식량안보와 농업의 해외진출전략

을 것이다. 수산물 수입은 2010년 200만 톤에서 2020년 260만 톤, 2035년 561만 톤으로, 수산물 수출은 2010년 243만 톤에서 2020년 268만 톤, 2035년 630만 톤으로 증가될 것이다. 여기서 지적할 점은 중국에서 수입한 수산물 중 많은 부분은 가치가 낮은 사료용 어분으로 양적으로는 중국의 수산물 수출과 수입이 거의 비슷하지만 무역액으로 보면 수출이 수입에 비해 현저히 높다.

제4절 결론 및 정책적 제언

1. 주요 결론

중국의 농업은 이미 새로운 발전단계에 들어섰다. 지난 30여 년간 중국의 농산물 공급과 수요는 현저하게 성장하였고, 농산물 수급에 있어서 기본적으로 '총량적 균형, 풍년시 여유'를 유지하였다. 21세기 초 이래 특히 2005년 이후 농산물 공급과 수요는 새로운 단계에 들어섰고, 이는 '총량적 균형을 기본적으로 이루었으나 개별 생산물의 경우 현저한 수급부족'으로 표현되며 이러한 단계는 향후 중국 농업의 노멀(Normal)로 고착될 것이다.

2. 정책적 시사점

(1) 농산물의 구조적 부족에 대응하는 정책적 조정을 중요시하고, 전 세계 자원을 충분히 활용하여 국내 식량 및 식품의 전반적인 공급능력을 확보해야 함

국가의 농업투입정책을 전면적으로 분석 및 평가하여 국가의 기반시설과 과학기술 등에 대한 투입수준 및 투입구조를 농산물 수요와 생산구조 변화에 적응하도록 하고 중요한 수급부족 생산물(예컨대 옥수수, 대두, 목초와 목축산물 등)을 향후 투입에 있어 중점으로 삼아 국가 전반의 식량안보를 보장하고 개별 생산물의 심각한 수급부족을 완화해야 한다.

국내외 자원, 농산물 생산과 무역의 특징에 따라 생산물별로 합리적인 자급률 기준을 설정해야 한다. 중국의 식품소비구조의 고도화와 수요량의 빠른 성장에 따라 농산물수급은 '총량적으로 균형을 이루지만 구조적인 부족'은 중국의 농업자원이 갈수록 부족해지고 있는 필연적인 결과로 국내의 한정된 수자원과 토지자원을 효율적으로 이용하고, 식량안보에 있어 가장 중요한 생산물의 생산을 충분히 보장하는 것은 향후 중국 농업발전 전략과 농업정책의 중요한 내용이다.

적극적이고 효과적인 글로벌 농업자원개발 및 활용전략을 채택하여 중국 농산물의 공급을 보장하여야 한다. 전 세계의 농업자원은 아주 불균형적으로 배분되어 있으므로 중국은 세계 및 지역의 농산물 무역정책과 규칙의 제정 및 협상에 적극 참여하여 공정적, 합리적, 투명한 국제무역의 새로운 질서를 수립함으로써 세계 농산물 무역에 있어 신속하고 안정적인 발전을 보장하고, 발생 가능한 무역리스크를 효과적으로 감소시켜야 한다. 그 다음으로 보다 적극적인 글로벌 농업발전 및 투자전략을 채택하여 농업자원이 풍부한 지역 및 국가와의 농업기술 및 생산협력을 강화하고, 세계 농산물 공급수준을 제고하여 국내 부족한 농산물의 안정적인 공급을 보장해야 한다.

중국의 식량안보와 농업의 해외진출전략

(2) 새로운 시기의 중국 국정에 맞는 국가 식량발전전략을 수립하고 사료용 식량과 목초 재배업 발전을 중요시해야 함

향후 중국의 농산물 수요구조에는 뚜렷한 변화가 일어날 것이며 자연자원의 제한과 생산구조 변화의 제약을 받는 상황에서 새로운 시기 중국의 구체적인 국정상황에 따라 중국 식량안보가 직면하게 될 기회와 도전을 다시 면밀히 살펴 국가 식량안보의 목표와 전략을 적절히 조정하는 한편 국가 식량안보에 대한 신전략, 즉 4가지 전환, 4가지 목표의 신전략을 실시하여야 한다.

4가지 전환에 있어 첫 번째는 '식량안보'에서 '식품안보'로 관념을 전환하는 것으로 관심의 중점을 소비자의 식량수요 충족에서 갈수록 증가하고 있는 소비자의 식품다양성 및 영양성에 대한 수요를 만족시키는 것으로 전환하는 것이다. 두 번째는 관심의 중점을 '식량안보'에서 '일상용 식량안보'로 전환하는 것으로 위기 시 정치와 사회안정에 영향을 미칠 수 있는 쌀과 밀 등 중요한 농산물에 대한 자급률은 대체적으로 100% 정도를 견지하도록 한다. 세 번째는 목초 재배업 발전을 '생태환경 프로젝트'로 간주하는 것에서 '국가 식량안보와 축산물 공급을 보장'하는 중요한 방도로 인식하는 것으로 전환하는 것이다. 앞으로 반추동물 생산물에 대한 수요가 빠르게 늘어날 것이며 목초 재배업 발전에 대한 중시와 가속화는 옥수수 및 대두 등 사료용 식량 수요를 대체하고, 사료용 식량 수요에 대한 압력을 감소하는 한편 소, 양, 우유 등 반추동물 생산물의 공급을 제고하는 데 중요한 의미가 있다. 네 번째는 식량자급률을 시종일관 95% 이상으로 유지하는 것에서 정상적인 해에만 95% 이상 유지하는 것으로 전환한다. 즉 재고와 소량의 수입 증가를 통해 식량안보 수준을 높임으로써 비정상적인 해의 식량자급률을 3-5% 정도 적절히 낮출 수 있다.

2020년까지의 4가지 목표는 중국의 전반적인 식품자급률은 95% 이상으로 유지하고, 쌀과 밀의 자급률은 거의 100%, 옥수수의 자급률은 90% 이상을 유지하도록 노력하는 한편 축산물은 대체적으로 자급하는 것이다.

아울러 2030년까지의 4가지 목표는 중국의 전반적인 식품자급률은 90% 이상으로 유지하고, 쌀과 밀의 자급률은 거의 100%, 옥수수의 자급률은 85% 이상을 유지하도록 노력하는 한편 축산물은 대체로 자급하는 것이다.

(3) 농업에 대한 투입역량을 강화하여 농업생산의 종합적 능력을 향상시켜야 함

농업과학기술의 연구의 연구와 보급을 강화하고 농업기반시설에 대한 투자를 확대하여 중국의 식량생산의 종합적인 능력을 지속 향상시켜야 한다. 이에 따라 다음과 같은 몇 가지 중점 프로젝트의 실시 및 강화를 건의하고자 한다.

첫째, 국가 농업과학기술혁신 프로젝트를 실시해야 한다. 농업과학기술의 진보는 식량안보와 식품안전을 향상시키는 기술적인 보장이 된다. 국가중장기발전계획 및 『제12차 5개년 농업과학기술발전계획』에 따라 농업과학기술에 대한 투입을 강화하는 동시에 농업과학연구 및 보급시스템의 개혁을 효과적으로 추진하고, 유전자변형기술의 산업화 속도를 높임으로써 농업과학기술의 진보가 식량 및 기타 주요 농산물 생산 증가의 주요 원동력이 될 수 있도록 해야 한다.

농업과학기술 분야에 있어 중요 영역의 기초 및 첨단기술의 연구, 응용

개발을 강화하여 국가 농업과학기술 혁신능력을 향상시킨다. 식물유전자원 및 현대적 육종기술, 동물유전자원 및 현대적 육종기술, 자원절약형 농업기술, 농업생산 및 식품안전기술, 농업정보화 및 지능화 기술 등 영역의 기초연구와 응용연구, 첨단기술연구 및 보급을 미래 농업과학기술혁신의 중점 영역으로 삼아야 한다.

농업과학연구 및 기술보급 체제와 운영메커니즘에 대한 개혁을 보완해야 한다. 체제관리 방면에서 각 기구의 기능을 명확히 규정하고, 과학연구 및 기술보급과 농민들의 기술적 수요 간의 괴리현상을 방지해야 한다. 운영메커니즘 방면에서 국가 과학기술과 관련된 개혁정책을 시행하고, 효율적인 장려메커니즘을 구축하여 과학연구자 및 기술보급자의 적극성과 과학기술혁신능력을 향상시켜야 한다. 또한 농업과학기술혁신 인재전략을 실시하여 선도적 과학기술인재와 우수한 혁신집단을 육성, 유치해야 한다. 새로운 농업과학연구 및 보급에 대한 투입메커니즘의 구축을 도모하고, 공공과학연구 및 보급기구의 공익적 기능과 주체적 지위를 강화하는 한편 현대적 농업과학연구기업의 육성을 가속화해야 한다. 아울러 농업과학연구 및 기술보급에 대한 투자역량을 지속적으로 높여야 한다.

둘째, 국가 농업기반시설 갱신 및 보완 프로젝트를 실시해야 한다. 농업기반시설은 식량안보 및 식품안전을 보장해주는 물질적인 기반이다. 농업기반시설에 대한 투입을 강화해야 하며 특히, 식량 주생산지의 중저생산성 농경지를 개조하여 식량 및 기타 농산물의 공급능력과 자연재해 대응능력을 향상시켜 식량안보와 농산물시장의 안정성을 보장해야 한다. 국가 차원에서 다음과 같은 몇 가지 중요한 농업기반시설의 갱신 및 보완 프로젝트, 즉 농경지 수리기반시설 건설 프로젝트, 중저생산성 농경지 개조

프로젝트, 농산물 고부가가치화 가공 프로젝트, 농산물시장 물류시설 건설 프로젝트, 식품안전감독관리 및 경계시스템 조성 프로젝트 등을 실시해야 한다.

〈부표 2.1〉 2010년, 2020년, 2035년 주요 농작물 수급균형표(만 톤) 및 파종면적 변화 (천 ㏊)

	쌀	밀	옥수수	대두	목화	오일 시드	설탕	채소	과일
2010									
파종면적	29873	24257	32500	8516	4849	13890	1905	18999	19000
생산량	13703	11518	17725	1508	596	711	1420	30657	14578
재고변동	2093	521	-279	568	0	-15	130	0	0
수입	39	123	157	5480	284	53	177	37	261
수출	62	28	13	16	1	7	9	655	300
순수입	-23	95	144	5463	283	46	168	-618	-39
총수요	11587	11092	18148	6404	879	772	1457	30039	14539
주민 수요	9416	7359	1038	6174	–	713	748	23468	9433
1인당 소비량(kg)	74.6	55.0	7.8	46.1	–	5.3	5.6	175.4	70.5
사료용 식량수요	668	1684	11040	66	0	0	0	0	0
종사용 식량수요	221	591	119	86	0	15	0	0	0
공업용 식량수요	685	1007	5300	68	874	23	629	0	2275
생산 후 손실	597	451	650	10	5	21	80	6571	2830
자급률(%)	100	99	99	22	68	94	89	102	100

중국의 식량안보와 농업의 해외진출전략

	쌀	밀	옥수수	대두	목화	오일 시드	설탕	채소	과일
2020									
파종면적	25557	22067	34940	8282	5162	14686	1844	19144	19409
생산량	12357	11305	22215	1673	747	882	1538	36534	19008
수입	22	104	1995	6919	462	79	425	44	450
수출	112	33	7	13	0	5	9	654	500
순 수입	-90	71	1987	6906	462	75	415	-610	-49
총 수요	12267	11376	24203	8579	1209	957	1953	35924	18958
주민 수요	10122	7446	708	8332	-	896	1158	29353	12906
1인당 소비량(kg)	72.1	53.1	5.0	59.4	-	6.4	8.3	209.2	92.0
사료용 식량수요	565	1665	14913	66	0	0	0	0	0
종사용 식량수요	217	580	118	85	0	15	0	0	0
공업용 식량수요	795	1258	7845	87	1203	27	716	0	3450
생산 후 손실	568	428	618	10	5	20	80	6571	2602
자급률(%)	101	99	92	20	62	92	79	102	100
2035									
파종면적	22078	19869	37127	7899	5443	14571	1951	18566	18258
생산량	10976	10595	26200	1778	916	992	1788	40649	23103
수입	14	84	5041	8940	729	102	595	47	1132
수출	177	41	5	12	0	4	7	761	1350
순수입	-164	43	5036	8928	728	98	589	-714	-217
총수요	10812	10638	31236	10706	1645	1094	2376	39935	22886
주민 수요	8704	6514	389	10418	-	1028	1428	33364	15015
1인당 소비량(kg)	60.5	45.2	2.7	72.4	-	7.1	9.9	231.8	104.3
사료용 식량수요	377	1591	20592	80	0	0	0	0	0
종사용 식량수요	210	563	116	82	0	14	0	0	0
공업용 식량수요	994	1573	9565	117	1639	33	869	0	5374
생산 후 손실	527	397	574	9	5	19	80	6571	2497
자급률(%)	102	100	84	17	56	91	75	102	101

주: '-'는 목화를 직접 소비하지 않으며 목화제품(면포와 면옷 등)을 소비함을 뜻함

자료출처: CAPSiM 모의결과

<부표 2.2> 2010년, 2020년, 2035년 축산물 및 수산물 수급균형표 (만 톤)

	돼지고기	소고기	양고기	가금육	가금알	우유	수산물
2010							
생산량	4388	457	339	1429	1619	3159	2584
수입	20	2	6	77	5	441	200
수출	11	2	1	11	11	7	243
순수입	9	0	4	66	-6	433	-43
총수요	4397	457	343	1495	1613	3592	2541
주민수요	4312	450	291	1496	1613	3592	2542
1인당 소비량(kg)	32.2	3.4	2.2	11.2	12.1	26.8	19.0
자급률(%)	100	100	99	96	100	90	101
2020							
생산량	5614	733	492	2000	2037	5506	4007
수입	30	7	12	112	7	941	246
수출	11	1	1	11	8	3	283
순수입	19	7	11	102	-1	937	-37
총수요	5632	740	503	2102	2036	6443	3970
주민수요	5547	732	450	2102	2036	6443	3970
1인당 소비량(kg)	39.5	5.2	3.2	15.0	14.5	45.9	28.3
자급률(%)	100	99	98	95	100	87	101
2035							
생산량	6739	1142	724	2550	2342	7898	5957
수입	35	67	35	149	8	2542	561
수출	10	0	0	8	7	1	630
순수입	25	67	35	141	1	2541	-69
총수요	6764	1209	759	2691	2343	10438	5937
주민수요	6679	1202	719	2691	2343	10438	5937
1인당 소비량(kg)	46.4	8.3	5.0	18.7	16.3	72.5	41.2
자급률(%)	100	94	95	95	100	77	100

자료출처: CAPSiM 모의결과

본 장의 집필자 : 黃季焜 외(중국과학원 농업정책연구센터)

중국의 식량안보와 농업의 해외진출전략

세계 식량수급 및
중국 식량무역 발전 추세

제1절 세계 식량생산 현황 및 발전 추세

1. 1980년 이래 세계 곡물 및 오일시드 생산량은 지속적으로 증가해 왔음

유엔 식량농업기구(FAO) 통계에 따르면 1980-2010년간 세계 곡물(밀, 쌀, 옥수수, 수수, 보리, 귀리, 호밀 등이 포함되고, 대두는 제외됨) 총 생산량은 1980년 15.5억 톤에서 2010년 24.3억 톤으로 증가하여 연평균 증가율은 1.51%에 이르렀으며 대체로 변동하는 속에서 성장추세를 보였다. 1980-2010년간은 뚜렷하게 2단계로 구분되는 가운데 1980-2002년간은 안정적인 성장단계이며, 2003-2010년간은 빠른 성장단계이다. 1980-2002년간 세계 곡물 총 생산량은 4.8억 톤 증가하였고, 연평균 증가율은 1.23%에 이르렀으며, 2003-2010년간 세계 곡물 총 생산량은 4.0억 톤 증가하였고, 연평균 증가율은 2.27%에 달하였다. 곡물에 비해 오일시드(대두, 팜오일, 유채씨, 땅콩, 목화씨, 해바라기씨, 참깨, 아마씨 등 포함) 생산량은 더욱 빠른 성장세를 보여 1980-2010년간 오일시드 총 생산량은 1980년 2.3억 톤에서 2010년 7.5억 톤으로 연평균 증가율은 4.02%에 달하였다. 곡물과 같이 오일시드 생산량 변화에도 1980-2002년간 및 2003-2010년간의 2단계로 구분할 수 있다. 1980-2002년간 오일시드 총 생산량은 1980년 2.3억 톤에서 2002년 5.3억 톤으로 연평균 증가율은 3.87%에 이르렀으며, 2003-2010년간 오일시드 총 생산량은 2003년 5.3억 톤에서 2010년 7.5억 톤으로 연평균 증가율은 4.44%에 달하였다(그림 3.1 참조).

세계 곡물 및 오일시드 생산량 변화에 있어 또 하나의 특징으로는 오일시드 생산량이 식량 및 유료작물의 총 생산량에서 차지하는 비율이 지속 상승하여 1980년 13.1%에서 2010년 23.6%에 달하였다. 끊임없이 증가하는 수요와 높은 경작수익은 오일시드 생산량의 증가를 촉진하였다.

세계 곡물 및 오일시드 생산량 비율 변화의 주된 원인은 농작물 재배면적 변화에 있다. 1980-2002년간 세계 곡물 수확면적은 1980년 7.17억 ha에서 2002년 6.60억 ha로 줄어 전반적으로 하락세를 보였다. 본 연구에 따르면 1980-2002년간 식량가격은 전반적으로 비교적 안정적이었으며 곡물의 비교적 낮은 경작수익이 재배면적 감소의 중요한 원인이라 할 수 있다. 2003년부터 세계 곡물 재배면적은 성장세를 회복하기 시작하여 2008년 7.10억 ha로 2002년 대비 7.7% 증가하여 대체적으로 1989년 수준을 회복하였다. 같은 기간 세계 식량가격이 큰 폭으로 변동된 가운데 가격 바닥이 확연히 높아졌고, 비교적 높은 경작수익이 식량생산에 투입증가를 촉진하

여 곡물 생산량 증가에 있어 촉매역할을 하였다. 곡물과 달리 1980-2010년
간 유료작물의 재배면적은 지속 증가되었고 2003년 이후 증가속도가 현저
히 빨라졌다. 이는 같은 기간에 세계 오일시드 가격상승이 유료작물 재배
면적 증가에 뚜렷한 촉매역할을 하였다고 말할 수 있다(그림 3.2 참조).

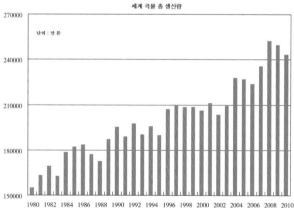

〈그림 3.1〉 1980-2010년 세계 곡물 및 오일시드 총 생산량

자료출처 : FAO

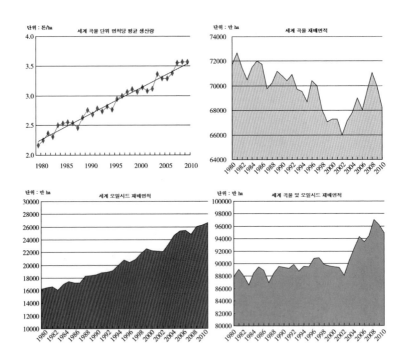

〈그림 3.2〉 1980-2010년 세계 곡물의 단위 면적당 평균 생산량 및 재배면적

자료출처 : FAO

2. 세계 곡물 및 유지 생산에 있어 집중 추세가 뚜렷함

아시아, 북미 및 유럽은 세계에서 곡물생산이 가장 집중된 3개 지역이다. 2010년 아시아의 곡물 생산량은 약 11.93억 톤으로 세계 곡물 총 생산량의 49.0%를 차지하였고, 북미의 곡물 생산량은 약 4.47억 톤으로 세계 곡물 총 생산량의 18.4%를 차지하였으며 유럽의 곡물 생산량은 약 4.06억 톤으로 세계 곡물 총 생산량의 16.7%를 차지하였다. 이들 3개 지역의 곡물

중국의 식량안보와 농업의 해외진출전략

생산량 합계는 약 20.45억 톤으로 세계 곡물 총 생산량에서 차지하는 비율은 84.1%에 달하였다.

1980-2010년간 세계 대부분 지역의 곡물생산량이 변동 속에서 상승세를 보였으나 유럽의 곡물생산량은 1980년 4.28억 톤에서 2010년 4.06억 톤으로 줄어들었으며 세계 곡물생산량에서 차지하는 비율이 1980년 27.6%에서 2010년 16.7%로 하락하였다. 1980년 유럽의 곡물 재배면적은 1.92억 ha에 달하였고 1999년에는 1.15억 ha로 줄어들었다. 유럽의 곡물 재배면적 감소에는 여러 가지 원인이 있다. 첫째, 사일리지(Silage) 및 오일시드 재배면적 증가에 따라 곡물 재배면적이 잠식되었다. 둘째, 도시화의 확장으로 농경지 면적이 전반적으로 감소되었다. 셋째, 동유럽에서 20세기 90년대에 개혁을 통해 식량재배에 대한 보조금을 취소함으로써 많은 토지가 묵히게 되었다. 북미의 곡물 재배면적도 감소되었지만 단위 면적당 생산량의 증가로 재배면적 감소의 영향이 상쇄되어 곡물 생산량은 1980년 3.11억 톤 정도에서 2010년 4.47억 톤 정도로 증가하였고, 세계 곡물 총 생산량에서 차지하는 비율은 1980년 20.1%에서 2010년 18.4%로 약간 하락하였다. 아시아의 곡물 생산량은 1980년 6.32억 톤 정도에서 2010년 약 11.93억 톤으로 대폭 증가하여 세계 곡물 생산량에서 차지하는 비율은 1980년 40.8%에서 2010년 49.0%로 상승하였다. 아프리카와 남미의 곡물 생산량은 상대적으로 낮은 수준이었지만 성장속도는 비교적 빠른 편이었으며 그 가운데 2010년 아프리카의 생산량은 약 1.56억 톤으로 1980년 대비 115% 증가하였고, 남미의 생산량은 약 1.53억 톤으로 1980년 대비 144% 증가하였다. 아프리카와 남미는 개발 가능한 농경지가 비교적 많기 때문에 향후 곡물 생산량 증가에 있어 잠재력이 있는 지역이다(표 3.1 및 3.2 참조).

<표 3.1> 1980-2010년 세계 각 지역의 곡물 생산량 추이

단위: 만 톤

연도	아프리카	북미	중미	남미	아시아	유럽	대양주	세계
1980	7261	31125	2418	6279	63199	42843	1720	154991
1981	7760	38175	2815	7392	65743	38755	2454	163238
1982	7189	38644	2354	8019	67592	43793	1511	169254
1983	6577	25510	2621	7173	74456	42995	3198	162695
1984	6602	35754	2722	7735	76904	45811	2976	178680
1985	8330	39536	3110	7721	75346	45295	2617	182124
1986	8858	37230	2642	7733	77322	46923	2523	183402
1987	8386	33213	2742	8268	76257	46030	2093	177153
1988	9588	24202	2498	8143	80100	45803	2270	172763
1989	9935	33233	2535	7873	83013	48061	2308	187127
1990	9341	36922	2965	6802	87286	49385	2395	195238
1991	10498	33385	2752	7399	86883	45953	1959	188972
1992	8952	40264	3120	8542	93063	40693	2603	197392
1993	10005	31051	2942	8458	93809	41297	2764	190444
1994	11041	40252	3065	8813	92339	38375	1628	195649
1995	9788	32694	3090	9183	94434	37617	2817	189774
1996	12514	39428	3341	9333	99688	39095	3658	207227
1997	11010	38613	3176	9916	99286	44120	3225	209535
1998	11559	40044	3285	9602	101675	38669	3423	208414
1999	11355	38963	3117	10077	103566	37598	3628	208493
2000	11166	39372	3196	10446	99633	38485	3534	206020
2001	11639	36837	3500	11398	100291	43141	3985	210996
2002	11902	33318	3286	10363	98488	43660	2000	203231
2003	13284	39743	3553	12543	100009	35571	4260	209175
2004	13204	43980	3621	12490	103829	47040	3543	227898
2005	14203	41740	3320	11822	108704	42804	4075	226846
2006	14962	38691	3640	11941	111831	40362	2024	223643
2007	13806	46323	3890	13953	115530	39197	2539	235451
2008	15337	45957	4088	14603	118236	50462	3625	252508
2009	15946	46879	3631	12724	119985	46593	3566	249545
2010	15633	44712	4030	15349	119255	40572	3455	243224

자료출처 : FAO

중국의 식량안보와 농업의 해외진출전략

단위: %

지역	1980	1990	2000	2010
아프리카	4.7	4.8	5.4	6.4
북미	20.1	18.9	19.1	18.4
중미	1.6	1.5	1.6	1.7
카리브해지역	0.1	0.1	0.1	0.1
남미	4.1	3.5	5.1	6.3
아시아	40.8	44.7	48.4	49.0
유럽	27.6	25.3	18.7	16.7
대양주	1.1	1.2	1.7	1.4
세계	100.0	100.0	100.0	100.0

자료출처 : FAO

3. 농업에 대한 투입이 세계 식량생산량 증가에 현저한 영향을 미침

세계 식량생산에 영향을 미치는 요인은 여러 가지가 있는데 대체로 5가지 요인이 포함된다. 첫째 요인은 자원으로 농경지 면적, 수자원 상황, 농업인구의 밀도 등이 포함된다. 둘째 요인은 농업에 대한 투입으로 과학기술의 연구 및 개발, 농업기반시설 및 농업기계에 대한 투자, 화학비료 및 농약의 사용 등이 포함된다. 셋째 요인은 기후변화, 넷째 요인은 농업정책, 다섯째 요인은 유효수요이다.

농경지 면적과 수자원 상황은 식량생산량을 결정하는 주된 요인이자 미래 식량생산량 성장공간을 제약하는 요인이다. 1980-2009년간 세계 농경지 면적은 증가하다가 감소하였으나 전반적으로 약간 증가하는 과정을 겪으면서 1980년 13.52억 ha에서 2009년 13.81억 ha로 누계 증가량은 2900

만 ha, 누계 증가폭은 2%에 달하였으나 같은 기간 인구 누계 증가폭 52%보다 훨씬 낮았다. 1980-1990년간은 세계 농경지 면적이 증가하는 단계로서 1980년 13.52억 ha에서 1990년 14.04억 ha로 누계 증가량은 5188만 ha에 달하였다. 1990-2009년간 세계 농경지 면적은 완만하게 감소되는 추세를 보였으며 1990년 14.04억 ha에서 2009년 13.81억 ha로 누계 감소량은 2300만 ha에 이르렀다(그림 3.3 참조). 기존 연구에서 나타난 바와 같이 공업화 및 도시화의 가속화는 세계 농경지 면적에 커다란 영향을 미쳤다. 현재 상황을 보면 농경지 면적이 감소되는 추세이지만 아직 식량생산에 영향을 미치지는 않았다. 그 주된 원인은 2003년 이래 세계 식량가격의 상승으로 농경지 경작수익이 높아져 농민들을 식량 및 유료작물 재배로 유인하였기 때문이다. 하지만 장기적으로 보면 농경지 자원의 제약으로 식량작물은 기타 경제작물과 농경지를 경쟁해야 함으로 경작공간은 결국 제약받기 마련이다. 수자원은 식량생산량을 결정하는 또 하나의 자연적 요인이며 1인당 경작지면적이 비교적 적은 아시아 지역에 있어 수자원이 식량생산량에 미치는 영향은 더욱 컸다. 최근 수년간의 발전상황을 보면 도시화 및 공업화 진척의 가속화에 따라 생활용수 및 공업용수가 급증하고 있으며 일부 지역에서 지하수를 과도하게 사용함에 따라 농업관개용수의 원가가 확연히 상승되어 식량생산을 제약하게 되었다.

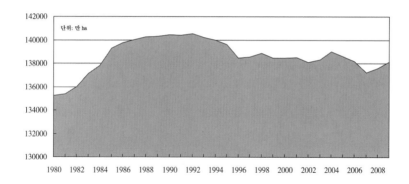

〈그림 3.3〉 1980-2008년 세계 농경지 면적 변화 추이

자료출처 : FAO

　농업에 대한 투입은 주로 단위 면적당 생산량을 통해 생산량에 영향을 미친다. 예컨대 종자의 개량, 농업기계의 응용, 화학비료 및 농약의 제한적 사용, 농경지 관개시설의 보급 등을 통해 단위 면적당 생산량을 향상시킬 수 있다. 종자에 대한 투입 및 보급이 식량 단위 면적당 생산량에 미치는 영향은 뚜렷하다. 예컨대 미국의 유전자 변형 옥수수가 1995/1996년도 미국 환경보호청(EPA)과 식품의약국(FDA)에 등록, 사용하기 시작하였고, 2000년 미국 유전자 변형 옥수수의 재배면적이 옥수수 재배 총 면적에서 차지하는 비율은 25%, 2007년에는 73%에 이르렀다. 유전자 변형 옥수수 사용 이전인 1980-1995년간 미국 옥수수의 재해저항력은 비교적 약하고 단위 면적당 생산량의 변동폭이 아주 클 뿐만 아니라 변동빈도도 비교적 높았다. 1983년, 1988년, 1993년과 1995년에 미국 옥수수의 단위 면적당 생산량은 비교적 큰 폭으로 하락하였다. 1996년 이후 미국 옥수수의 재해저항력이 향상되어 단위 면적당 생산량은 매년 안정적으로 성장하였다(그림 3.4 참조). 화학비료의 사용은 식량생산에 있어 촉매역할을 하였으며

아시아 인구밀집 지역에서는 화학비료의 사용으로 식량 단위 면적당 생산량이 확연히 증가되었다. 그러나 관련 연구에서 나타난 바와 같이 화학비료의 사용은 식량생산량 증가에 긍정적 영향을 미치지만 장기적으로 과도한 사용은 농경지 생태계환경의 파괴를 초래할 수 있다.

1980-2010년간 세계 곡물의 단위 면적당 평균 생산량은 1980년 2.16톤/ha에서 2010년 3.56톤/ha로 64.9% 증가하였다. 같은 기간 곡물 수확면적은 1980년 7.17억 ha에서 2010년 6.83억 ha로 감소폭은 4.8%에 달했다. 곡물 단위 면적당 생산량 증가에 힘입어 세계 곡물 생산량은 1980년 15.5억 톤에서 2010년 24.3억 톤으로 증가하였다. 단위 면적당 생산량이 곡물 생산량에 기여한 측면에서 볼 때 농업에 대한 투입 증가는 세계 식량문제를 해결해줄 수 있는 효과적인 방법이었다.

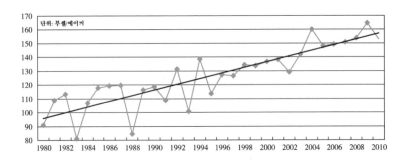

〈그림 3.4〉 1980-2010년 유전자변형기술의 보급으로 미국 옥수수의 단위 면적당 생산량 변화

자료출처 : 미국 농업부

농업정책도 식량생산에 중요한 영향을 미친다. 식량가격이 비교적 큰 폭으로 변동하면 생산자들은 비교적 큰 위험을 감당해야 한다. 농사를 짓

중국의 식량안보와 농업의 해외진출전략

는 농민에 대한 보조를 통해 농경지를 묵히는 현상을 효과적으로 방지할 수 있다. 유럽을 예로 들면 1980년 이래 유럽의 농경지 면적은 감소되어 1980-2009년간 농경지 면적의 누계 감소폭은 21.2%에 이르렀다(표 3.3 참조). 이러한 상황을 초래한 원인 중의 하나가 바로 동유럽에서 20세기 90년대에 개혁을 통해 식량재배 보조금을 없애 많은 농경지가 묵히게 되었기 때문이다. 반면 식량재배 보조금이 높은 프랑스와 독일은 농경지 면적이 대체로 감소되지 않고 심지어 프랑스의 농경지 면적은 5% 증가하였다(표 3.3 참조). 따라서 농업보조는 농민들이 농경지를 묵히는 것을 방지하는 효과적인 수단으로써 식량생산을 안정시키는 역할을 하였다고 말할 수 있다.

〈표 3.3〉 1980-2009년 유럽 농경지 면적 변화 비교

단위: 만 ha

	1980	1985	1990	1995	2000	2005	2009	1980-2009
프랑스	1747	1792	1800	1831	1844	1852	1835	5.0%
독일	1203	1196	1197	1184	1180	1190	1195	-0.7%
유럽	35273	35308	34899	29407	28759	27858	27797	-21.2%

자료출처 : FAO

　　수요와 생산은 서로 영향을 끼치며 최근 수 년간 유효수요의 증가는 식량 생산량에 현저한 영향을 미쳤다. 2003년 이래 바이오매스 에너지의 발전과 개발도상국의 소비능력 향상으로 세계 곡물 및 오일시드의 수요가 비교적 빠르게 성장하였으며 곡물 및 오일시드의 가격은 역사상 높은 수준에 이르러 재배수익은 향상되고, 농업에 대한 투입증가를 크게 자극하여 식량생산량 제고를 촉진하였다. 그러나 농업에 대한 투입 증가 배경에는 세계적인 높은 식량가격이 있었으며 가격변화에 따라 농업이익의 배분

구조도 변동될 것이다. 최종 효과 측면에서 보면 유효수요와 식량생산간에는 상호순환적인 영향을 미침으로써 식량 잉여분의 증가를 촉진하기 어려워 세계 식량은 여전히 공급부족 위협에 직면하게 될 것이다.

4. 향후 10년간 세계 식량생산량은 여전히 성장하지만 성장속도는 하락할 것임

OECD와 FAO는 향후 10년간 세계 농업생산량은 지속 증가할 것이지만 증가속도는 완만해져 농업생산 연평균 증가율은 1.7%로 2002-2010년간 2%를 초과한 것에 비해 낮을 것으로 예측하였다. 지속적으로 심각해지는 자원의 제약과 환경의 압력, 그리고 더욱 높아져 가는 생산원가가 식량생산을 제약할 것이다. 미래 10년간 개발도상국은 비교적 높은 농경지의 잠재력과 농업생산 효율성 향상에 의해 식량생산량을 제고할 것이다. 개발도상국의 농업생산량은 매년 1.9%씩 증가되는 반면 선진국 농업생산량 증가율은 1.2%에 불과할 것으로 예측된다. 농업생산량의 연 증가율은 하락하겠지만 같은 기간의 인구 증가율에 비해서는 여전히 높을 것이다.

향후 10년간 세계 곡물 생산량의 연간 증가율은 1.1%로 지난 10년간에 비해 증가속도가 완만해질 것이다. 재배면적 및 단위 면적당 생산량의 증가속도가 모두 완만해져 곡물 생산량 증가속도의 하락을 초래할 것이다. 2021년 세계 잡곡생산량은 13.59억 톤으로 연간 증가율은 1.5%에 달할 것이다. 그 중에서 아르헨티나, 브라질, 중국, 러시아, 우크라이나와 미국은 비교적 빠른 증가세를 보일 것이다. 잡곡 재배면적의 증가는 기타 작물에 비해 높을 것이며 2021년에는 2011년 대비 약 7% 증가할 것이다(표 3.4 참조). 그 중에서 브라질, 아르헨티나, 캐나다와 사하라 이남의 아프리카 지역의 증가속도가 상대적으로 빠를 것이다. 미국은 세계 옥수수 생산에 있어 여전히 주도적인 지위를 차지할 것이며 중국, 유럽연합(EU), 브라질, 아르헨티나, 인도, 멕시코와 캐나다 등의 옥수수 생산량도 계속 증가할 것이다. 2021년 세계 밀 생산량은 7.61억 톤으로 연간 증가율은 0.9%에 불과할 것이다(표 3.5 참조). 선진국은 전통적인 밀 생산지역으로서 앞으로 10년간 밀 생산량은 여전히 비교적 빠른 속도로 증가하여 세계 밀 증산에 대한 기여도는 59%에 이를 것이다. 한편 러시아, 우크라이나와 카자흐스탄은 밀 재배면적이 가장 빠르게 확장되는 지역이다. 2021년 세계의 쌀 생산량은 5.42억 톤으로 2011년 대비 약 6000만 톤 증가, 연간 증가율은 1.2%로 지난 10년간 2.5%보다 훨씬 낮을 것이다. 개발도상국 특히 인도, 캄보디아, 미얀마와 일부 아프리카 국가는 쌀 생산을 촉진하는 주요한 역할을 할 것이다. 중국은 농경지 및 수자원의 제한을 받아 2021년 쌀 생산량은 2011년 대비 600만 톤 감소될 것이다. 선진국의 쌀 생산량의 연간 증가율은 0.3%에 불과할 것으로 보이며 그 중에서 일본과 한국은 지속 하락세를 유지하고, EU의 경우 계속 안정적이며, 호주의 쌀 생산량은 앞으로 10년간 강우량 증가의 영향으로 다소 회복되는 한편, 미국의 쌀 생산량은 1.3%의 증가율을 유지할 것으로 예측된다. 수요의 고정적인 증가로 인해 세계 곡물공급에 있어 부족한 국면이 지속될 것이다.

<표 3.4> 미래 10년간 일부 국가 및 지역의 잡곡 수확면적의 변화

단위: 만 ha, %

국가 및 지역	2011	2015	2018	2021	10년간 변화율
호주	612	596	599	605	-1.2
캐나다	474	589	575	615	30.0
유럽연합	2996	2986	2981	2959	-1.2
미국	3683	3688	3729	3774	2.5
러시아	1519	1744	1762	1773	16.7
우크라이나	825	894	954	1013	22.9
아프리카	8330	8725	8930	9298	11.6
라틴아메리카·카리브해 지역	3649	3672	3764	3890	6.6
아시아	8953	9109	9180	9340	4.3

자료출처 : FAO

<표 3.5> 미래 10년간 일부 국가 및 지역의 밀 수확면적의 변화

단위: 만 ha, %

국가 및 지역	2011	2015	2018	2021	10년간 변화율
호주	1411	1341	1310	1280	-9.3
캐나다	854	918	950	973	13.8
유럽연합	2558	2596	2599	2605	1.9
미국	1849	1770	1768	1732	-6.3
러시아	2489	2579	2559	2618	5.2
우크라이나	669	749	784	819	22.5
아프리카	992	1002	1015	1058	6.7
라틴아메리카·카리브해 지역	873	957	980	987	13.2
아시아	8281	8313	8269	8329	0.6

자료출처 : FAO

세계 오일시드 생산량은 계속 증가하겠지만 농경지 개간비용의 상승, 환경 제한과 기타 작물과의 경쟁의 영향으로 향후 10년간 오일시드 재배 면적의 확장속도가 완만해져 생산량 증가를 제약할 것이다(표 3.6 참조).

중국의 식량안보와 농업의 해외진출전략

2021년 세계 오일시드 생산량은 2011년 대비 약 20% 증가할 것이다. 미국은 여전히 세계에서 가장 중요한 오일시드 생산국으로서 2021년 유료작물 파종면적이 2011년에 비해 7% 증가하고, 단위 면적당 생산량은 10% 상승할 것이다. 브라질과 아르헨티나의 경우 오일시드 생산량은 20% 증가하는 가운데 브라질의 생산량 증가는 대체로 재배면적의 확장을 기반으로 이뤄질 것이다. EU의 유채 재배면적은 현재 수준을 유지하나 단위 면적당 생산량의 향상으로 2021년 유채씨 생산량은 2011년 대비 15% 증가할 것으로 예측된다. 캐나다, 파라과이, 우크라이나, 러시아 등의 오일시드 생산량은 비교적 빠른 속도로 증가하여 세계 총 생산량에서 차지하는 비율은 상승할 것이다.

〈표 3.6〉 미래 10년간 일부 국가 및 지역의 오일시드 수확면적의 변화

단위: 만 ha, %

국가 및 지역	2011	2015	2018	2021	10년간 변화율
호주	232	247	260	274	18.0
캐나다	903	1006	1004	994	10.1
유럽연합	1166	1170	1173	1172	0.6
미국	3519	3668	3764	3846	9.3
러시아	785	827	851	871	10.9
우크라이나	701	777	834	890	27.0
아프리카	1498	1559	1586	1610	7.5
라틴아메리카·카리브해 지역	5315	5652	5859	6015	13.2
아시아	7133	7291	7387	7558	6.0

자료출처 : FAO

세계 식물유의 생산량은 계속 증가하는 가운데 브라질, 아르헨티나, 중국, 미국, 인도, 말레이시아와 인도네시아의 증가속도가 비교적 높아져 향

후 10년간 누계 증가율은 28%에 달해 세계 식물유 증산부분의 75%를 차지할 것이다. 인도네시아와 말레이시아는 세계 최대 식물유 생산국으로서 2021년 세계 식물유 생산량에서 차지하는 비율은 각각 20%와 14%에 이를 것으로 예측된다. 전반적으로 보면 앞으로 10년간 인도네시아와 말레이시아의 팜오일 생산량의 증가속도는 완만해질 것이며, 그 주요 원인은 인도네시아의 재배면적 확장이 제약될 가능성과 말레이시아의 노동력 부족에 있다.

제2절 세계 식량소비 현황 및 발전 추세

1. 2003년 이후 세계 곡물 및 오일시드 소비의 증가속도는 전반적으로 가속화됨

2010년 세계 7대 주요 곡물(밀, 쌀, 옥수수, 수수, 보리, 귀리, 호밀)의 총 소비량은 약 21.77억 톤으로 1980년 대비 약 7.69억 톤 증가하였으며 증가율은 54.6%에 달해 연평균 증가폭은 1.46%에 달하였다(표 3.7 참조). 2003년 이전 곡물소비 증가는 상대적으로 느렸으나 2003년 이후에는 전반적으로 비교적 빠른 증가속도를 보였다. 그 중 1980-2003년간 소비의 연평균 증가속도는 1.29%에 달하였으며 2003-2010년간의 연평균 증가율은 2.04%로 상승하였다. 이러한 상황이 나타난 것은 2003년 이후 세계 바이오 연료 생산에 있어 곡물 특히 옥수수에 대한 수요의 빠른 증가와 밀접한 관련이 있다. 그 외에 개발도상국 경제성장의 가속화, 1인당 식품소비량의 증가, 고기, 계란 및 우유 제품 수요의 증가, 사료용 식량 수요의 빠른 증가도 최근 10년 간 곡물소비의 비교적 빠른 증가에 있어 촉매역할을 하였다.

2010년 팜열매를 포함하지 않은 세계 7대 주요 오일시드(대두, 유채씨, 해바라기씨, 야자씨, 목화씨, 종려나무 열매, 땅콩)의 총 소비량은 약 4.43억 톤으로 1980년 대비 약 2.88억 톤 증가하였고, 누계 증가폭은 185.2%, 연간 증가폭은 3.55%로 곡물소비 증가에 비해 현저히 빨랐다(표 3.8 참조). 생산량 및 가격 변동이 비교적 커 오일시드 소비증가속도의 연간 변동폭도 비교적 컸으며 대체로 2003년을 분수령으로 그 전에는 속도가 상대적으로 완만하였고, 그 후에는 빨라졌다. 1980-2003년간 세계 7대 주요 오일시드의 총 소비량은 1980년 1.55억 톤에서 2003년 3.37억 톤으로 연간 증가폭은 3.42%에 이르렀다. 2003-2010년간 소비량은 2003년 3.37억 톤에서 2010년 4.43억 톤으로 연간 증가폭은 4.01%에 달하였다.

〈표 3.7〉 세계 7대 주요 곡물의 총 소비량

단위: 만 톤

연도	보리	옥수수	귀리	쌀	호밀	수수	밀	합계
1980	15762	41183	4251	27007	2440	5785	44343	140770
1981	15164	42123	4035	27846	2412	6670	44176	142424
1982	15585	42436	4448	27783	2676	6391	44785	144103
1983	16326	40664	4432	29260	3095	6246	46507	146529
1984	16315	42845	4541	29829	2962	6597	48408	151496
1985	16827	41767	4737	30678	3072	6564	48253	151898
1986	17310	44566	4510	30806	2821	6035	50847	156896
1987	17292	45635	4082	31203	3311	5972	53125	160620
1988	16522	45083	3593	32337	3069	5928	51668	158200
1989	16984	47553	3787	33539	3220	6040	52668	163791
1990	17445	47358	3841	34382	3370	5601	54948	166945
1991	16373	49437	3429	35079	2894	5587	55025	167824
1992	16224	50909	3408	35557	2891	6148	54647	169786
1993	16742	50716	3392	35924	2604	6106	54783	170267
1994	16403	53840	3304	36385	2441	5719	54380	172471
1995	15057	53185	3073	36658	2345	5634	54418	170369
1996	14859	55914	3011	37677	2179	6697	56495	176858
1997	14541	57367	2937	37754	2064	5822	57612	178098
1998	13967	58101	2649	38823	2022	5980	57703	179245
1999	13231	60048	2477	39755	2000	6019	58120	181648
2000	13396	60825	2547	39371	1888	5691	58514	182232
2001	13627	62170	2712	41251	2021	5884	58684	186349
2002	13691	62659	2610	40593	1972	5421	60283	187229
2003	14533	64880	2617	41130	1793	5897	58152	189001
2004	14364	68769	2542	40629	1731	5875	60540	194450
2005	14040	70593	2419	41137	1587	5927	61606	197309
2006	14339	72470	2328	41816	1367	5763	61795	199878
2007	13434	77249	2487	42587	1394	6447	61385	204984
2008	14344	78279	2438	43551	1642	6446	63654	210354
2009	14440	81684	2378	43557	1711	5625	65002	214397
2010	13449	85024	2107	44382	1252	6099	65369	217681

자료출처 : 미국 농업부

중국의 식량안보와 농업의 해외진출전략

〈표 3.8〉 세계 7대 주요 오일시드의 총 소비량

단위: 만 톤

연도	야자씨	목화씨	종려나무 열매	땅콩	유채씨	대두	해바라기씨	합계
1980	473	2402	141	1618	1132	8394	1385	15545
1981	456	2618	158	1946	1293	8734	1463	16667
1982	453	2608	181	1730	1485	9096	1637	17189
1983	369	2436	180	1855	1456	8601	1573	16469
1984	424	3248	215	1917	1666	8896	1780	18146
1985	533	2947	247	1987	1830	9261	1912	18718
1986	467	2645	240	2010	1986	10213	1880	19440
1987	438	3033	259	2048	2274	10102	2055	20209
1988	420	3152	270	2277	2224	9735	2015	20094
1989	504	3045	328	2178	2266	10412	2180	20913
1990	473	3213	325	2182	2599	10462	2256	21512
1991	458	3544	332	2194	2817	10929	2144	22418
1992	483	3092	384	2291	2537	11589	2132	22508
1993	488	2882	418	2458	2697	12081	2030	23053
1994	554	3219	443	2727	3005	13239	2325	25511
1995	507	3489	484	2767	3336	13167	2537	26286
1996	610	3361	517	2910	3134	13394	2440	26365
1997	548	3424	509	2714	3413	14506	2406	27520
1998	447	3242	562	2978	3479	15877	2616	29201
1999	548	3304	641	2924	4046	15931	2630	30023
2000	580	3344	697	3121	3871	17150	2331	31094
2001	513	3643	712	3345	3590	18433	2138	32375
2002	510	3403	764	3113	3380	19115	2325	32611
2003	536	3613	833	3242	3887	18939	2603	33654
2004	558	4518	942	3296	4330	20435	2565	36644
2005	560	4309	988	3283	4772	21602	2964	38477
2006	518	4611	1003	3099	4620	22487	2957	39293
2007	568	4562	1118	3250	4899	22949	2759	40106
2008	567	4139	1164	3404	5485	22090	3300	40149
2009	584	3911	1241	3347	5960	23784	3330	42157
2010	611	4293	1252	3524	6191	25130	3328	44330

자료출처 : 미국 농업부

2003년 이래 세계 오일시드 소비량의 빠른 증가에는 다음과 같은 요인의 영향이 있었다. 첫째, 개발도상국 경제성장속도가 빨라지고 음식구조에 비교적 큰 변화가 나타나 식용유, 고기, 계란, 유유 제품에 대한 수요가 상승함에 따라 오일시드 수요증가를 촉진하였다. 둘째, 유럽, 미국 및 남미 일부 국가에서 바이오 디젤 생산량이 빠르게 증가하여 오일시드에 대한 수요 증가를 촉발하였다.

2. 최근 10년간 곡물 및 오일시드의 공업용 소비 증가속도는 기타 분야의 소비 증가속도 보다 빠름

지난 30년간 세계 곡물 소비구조 변화에 있어 주로 바이오 연료를 비롯한 공업용 수요 증가가 비교적 빠르고 소비비중도 상승하였다. 한편 사료용 소비는 증가하였으나 소비비중은 다소 하락하였다. 1980-1990년간 세계 사료용 곡물 소비량이 전체 곡물 소비량에서 차지하는 평균 비율은 39.9%에 달하였으며 2000-2010년간 이 비율은 36.6%로 하락하였다. 구미 선진국의 바이오 연료 발전은 세계 곡물부족을 초래한 주된 원인이었다. 에탄올 연료에 소비된 옥수수를 예로 들면 옥수수 총 생산량에서 차지하는 비율이 2002년 약 4%에서 2010년 17.4%까지 상승하였다.

오일시드 소비는 식물유와 단백질 박 등 2가지 분야로 분류할 수 있다. 식물유 분야에서는 식용 소비와 공업용 소비가 모두 비교적 빠른 속도로 증가하였지만 최근 10년간 공업용 소비의 증가속도가 식용 소비의 증가속도에 비해 확연히 빨랐다. 1980-2000년간 세계 식물유의 공업용 소비가 국내 총 소비량에서 차지하는 비율은 평균 8.4%에 달하였고, 2000-2010년간

16.5%로 상승하였으며 그 중에서 2010년의 비율은 22.8%에 이르렀다. 지난 30년간 세계 식물유의 식용 소비 증가속도는 연평균 4.2%에 달하였으나 연평균 10.3%에 이르는 공업용 소비의 증가속도에 비해서는 느린 편이었다. 1980-2000년간 세계 식물유의 식용 소비가 국내 총 소비량에서 차지하는 비중은 평균 90.8%에 달하였으며 2000-2010년간 82.6%로 하락하였고 그 중에서 2010년의 비율은 76.5%였다. 단백질 박 분야에서는 1980-2010년간 사료용 소비가 전체 소비량에서 차지하는 비중은 98%에 달하였고, 연간 증가율은 4.05%에 이르렀다.

3. 구미 및 신흥경제권의 곡물 및 오일시드 소비가 세계 소비량에서 차지하는 비율은 비교적 빠른 속도로 상승하였음

곡물 및 오일시드 소비에 영향을 미치는 주된 요인에는 인구성장, 경제발전, 바이오 에너지의 발전 등이 포함된다. 인구성장 측면에서 보면 1980-2010년간 세계 인구의 연평균 증가율은 1.48%로 식량소비 증가에 있어 지속적인 촉진역할을 하였다. 경제성장 측면에서 소득 증가 및 도시화의 진전은 식품수요 증가와 식품소비구조의 업그레이드를 촉진함으로써 고기, 계란, 우유 및 식물유 수요가 증가되어 결국 곡물 및 오일시드에 대한 수요를 증가시켰다. 이와 같은 현상은 신흥경제권에서 비교적 뚜렷하게 나타났다. 중국과 인도를 예로 들면 2009년 중국과 인도의 1인당 식품 소비량은 각각 3036㎉/인/일, 2321㎉/인/일로 1980년 대비 각각 40.4%, 16.6% 증가하여 증가폭은 세계 수준인 13.6%와 미국의 15.9%보다 높았다. 하지만 절대량의 비교 측면에서 보면 중국과 인도의 1인당 식품소비량은 여전히 미국의 3688kcal/인/일 보다 훨씬 낮았고 빈곤 국가의 1인당 식품소비량의 증가폭은 13.3%에 불과하여 세계 평균증가폭보다 뒤떨어졌다(표 3.9 참조). 1인당 소비량의 증가를 비교해 보면 지난 30년간 신흥경제권이 세계 곡물 및 오일시드 소비량에서 차지하는 비율은 상승하였다. 바이오 에너지 성장 측면에서 보면 2003년 이후 구미 및 남미의 일부 오일시드 수출국에서 바이오 에너지 수요가 확연히 빠른 속도로 증가함에 따라 곡물 및 오일시드 소비의 빠른 증가를 유발하였다. 2002년 세계 바이오 연료 총 생산량은 약 1726만 톤에 이르렀고, 2010년에는 8525만 톤으로 2002년의 4.9배로 증가, 연간 증가율은 21.9%의 높은 수준에 달하였다(표 3.10 참조). 바이오 연료는 주로 에탄올 연료와 바이오 디젤이 포함되며 2002년 세계 에탄올 연료 생산량은 약 1600만 톤에 달했다. 그 중에서 약 819만 톤의 에탄올 연료는 사탕수수에서 생산되었고, 약 767만 톤의 에탄올 연료는 옥수수에서 생산되었다. 옥수수와 에탄올 비율로 추산하면 2002년 세계 에탄올 연료 소모에 사용된 옥수수는 약 2400만 톤으로 당해 연도 옥수수 생산량의 4%를 차지하였다. 2010년 세계 에탄올 연료 생산량은 약 6795만 톤이며 그 중에서 2044만 톤은 사탕수수에서 4576만 톤은 옥수수에서 생산되었다. 에탄올 연료 소모에 사용된 옥수수는 약 1.44억 톤으로 2002년의 거의 6배에 해당하였다. 2010년 세계 옥수수 총 생산량은 8.29억 톤이며 그 중에서 에탄올 소모에 사용된 옥수수가 약 17.4%에 달하였다. 2002년 세계 바이오 디젤의 생산량은 약 126만 톤이며 이에 소모된 유지는 약 126만 톤에 달하였고 그 중에서 식물유는 115만 톤으로 총 생산량의 1.2%를 차지하였다. 2010년 세계 바이오 디젤의 생산량은 1730만 톤으로 증가하였고 이에 소모된 유지는 1730만 톤에 달했으며 그 중에서 식물유는 약 1450만 톤으로 2002년의 12.6배로 증가했고, 식물유 총생산의 9.9%를 차지하였다.

〈표 3.9〉 1980-2009년 세계 및 일부 국가의 1인당 식품 소비량 비교

단위: kcal/인/일

	1980	1985	1990	1995	2000	2005	2009
중국	2163	2450	2562	2775	2867	2950	3036
인도	1990	2150	2185	2275	2264	2252	2321
미국	3183	3390	3507	3602	3804	3799	3688
빈곤 국가	2029	2030	2005	2014	2121	2235	2298
세계	2492	2589	2627	2679	2732	2787	2831

자료출처 : FAO

〈표 3.10〉 1991-2010년 세계 생물성 연료 생산량 추이

연도	1991	1992	1993	1994	1995	1996	1997	1998	1999	2000
백만 갤런	4328	4219	4239	4533	4883	5098	5571	5228	5162	4732
만 톤으로 환산	1278	1246	1253	1341	1445	1510	1650	1549	1531	1404

연도	2001	2002	2003	2004	2005	2006	2007	2008	2009	2010
백만 갤런	5139	5803	6940	8145	9356	12145	15781	21445	23925	28266
만 톤으로 환산	1526	1726	2066	2426	2799	3647	4751	6427	7214	8525

자료출처: F. O. Licht

위에서 언급한 요인들의 영향으로 지난 30년간 세계 곡물 및 오일시드의 소비구조에 주로 3가지 변화가 나타났다. 첫째, 구미 선진국과 남미 오일시드 수출국의 옥수수 및 식물유 소비가 현저히 증가하여 세계 총 소비에서 차지하는 비율이 상승하였다. 둘째, 신흥경제권의 곡물 및 오일시드 소비 역시 비교적 빠른 성장세를 보였고, 세계 총 소비에서 차지하는 비율은 상승하였다. 셋째, 높은 식량가격의 영향으로 빈곤 국가의 소비증가가

억제되어 세계 총 소비에서 차지하는 비율이 하락되었다.

4. 향후 10년간 세계 식량소비 발전 추세

(1) 영향 요인

향후 10년간 1인당 소득의 지속 증가, 인구 증가, 도시화의 촉진과 바이오 연료의 발전은 여전히 세계 곡물 및 오일시드 소비 증가의 주요 촉진제 역할을 할 것이다.

인구 증가는 지속적으로 식량 증가를 촉진할 것이다. OECD와 FAO 예측에 따르면 2012-2021년간 세계 인구의 연간 증가율은 1.02%로 지난 10년간의 1.17%에 비해 연간 증가속도는 완만해질 것이다. 그 중에서 아프리카 인구의 연간 증가율은 2.29%로 계속 비교적 빠른 속도로 증가될 것이다. 유럽 인구의 연간 증가율은 0.11%로 여전히 가장 느리게 증가되는 지역이 될 것이다.

향후 10년간 소득의 지속 증가와 도시화율의 제고로 주민의 음식구조가 계속 변화될 것이고, 가축 및 가금류 제품, 식물유에 대한 수요가 보다 증가되어 잡곡 및 오일시드의 수요상승을 유발할 것이다. 예측에 따르면 2021년 세계 가금육과 식물유의 소비량은 2011년 대비 각각 37%와 32% 증가할 것이다. 그 중에서 아시아, 라틴아메리카의 고기류 소비량은 비교적 빠른 속도로 증가할 것이다. 개발도상국의 우유류 소비 역시 빠른 속도로 증가할 것으로 예측에 따르면 2021년 개발도상국의 우유류 식품 소비량은 30% 증가할 것이다. 2013년 개발도상국의 우유 소비량은 선진국을 초월할 것으로 그 중에서 중국과 인도의 증가속도가 가장 빠를 것이다. 바이오 연료도 계속 발전될 것이며 2021년 세계 에탄올 연료와 바이오 디젤 생산량은 2011년에 비해 1배 증가할 것이다. 브라질, 미국과 EU는 여전히 바이오 연료 생산이 가장 집중된 지역이 될 것이다. 예측에 의하면 2021년 바이오 연료용 잡곡, 식물유와 사탕수수는 각각 2021년 총 생산량의 14%, 16%, 34%를 차지할 것이다.

2021년 세계 밀 소비량은 거의 7.55억 톤에 달할 것이고 그 중에서 식용 소비량은 총 소비량의 67%를 차지하여 현재 수준보다 2% 하락될 것으로 예측된다. 1인당 식용 소비는 65kg의 수준을 유지할 것이다. 2021년 밀의 사료용 소비량은 1.54억 톤으로 과거 평균수준의 증가속도보다 다소 낮을 것이며 총 소비량의 약 20%를 차지할 것이다. 선진국에서 바이오 연료 생산에 사용된 밀의 양은 상승할 것으로 전체 소비량에서 차지하는 비율이 현재의 0.09%에서 2021년 2.1%로 증가할 것이다. 그 중에서 EU는 밀을 사용하여 에탄올 생산을 촉진하는 주요 지역이 될 것이다.

사료 및 바이오연료 수요증가는 잡곡 소비증가를 촉진할 것으로 예측에 의하면 2021년 세계 잡곡소비는 13.6억 톤에 달해 2011년 대비 17% 증가할 것이다. 잡곡 수요 증가세는 여전히 강력하겠지만 향후 10년간 증가율은 지난 10년간보다 완만해 질 것이다. 2021년 잡곡의 식용 소비량은 2.4억 톤으로 2011년 보다 15% 증가할 것이다. 1인당 잡곡 식용소비량은 31kg 정도로 소폭 증가세를 보일 것이다. 2021년 잡곡의 사료용 소비량은 7.22억 톤에 달해 2011년 대비 거의 20% 증가할 것이다. 그 중에서 러시아, 중국과 미국의 소비량 증가가 가장 높아 증가율이 각각 58%, 47%, 24%에 달할 것이다. 2015년 이전 미국의 에탄올 연료에 소모된 옥수수는 여전히 증가되고, 2015년 이후에는 완만하게 감소될 것이다. 2021년 세계 에탄올 연료에 소모된 잡곡은 1.85억 톤으로 2011년 대비 30% 증가하여 세계 잡곡 생산량에서 차지하는 비율은 거의 14%에 달할 것이다. 그 중에서 미국의 에탄올 연료에 소비된 옥수수는 생산량의 40%를 차지할 것이다.

(2) 예측 결과

예측에 의하면 2021년 세계의 쌀 소비량은 5.42억 톤으로 2011년 대비 15% 증가할 것이다. 연간 증가속도는 이전의 1.7%에서 1.2%로 하락할 것이다. 쌀 소비증가에 있어 주된 촉매요인은 인구 및 1인당 소비증가가 될 것이다. 2021년 1인당 쌀의 식용 소비량은 59.9kg으로 2011년 대비 2.7kg 증가할 것이다. 쌀 소비에 있어 지역간 차이가 나타난 가운데 동남아 지역은 인구증가 및 소득상승의 영향으로 쌀 소비량의 연간 증가율은 1.1-2.5%에 이를 것이다. 아프리카는 인구증가 및 음식구조 변화의 영향으로 쌀 소비량의 연간 증가속도는 3.7%에 달할 것이다. 선진국의 쌀 소비량은 완만하게 증가하여 연간 증가율은 0.5%에 불과할 것이다.

향후 10년간 세계 식물유 소비의 연간 증가율은 2%로 예측되며 증가속도는 과거 10년간에 비해 현저히 하락할 것이다. 바이오 디젤산업에 소모된 팜오일의 양은 증가될 것이며 2021년 약 9%에 달하는 팜오일이 바이오 디젤 생산에 사용될 것이다. 선진국의 식용 소비와 공업용 소비가 국내 소비에서 차지하는 비율은 각각 27%와 73%에 달할 것이고 그 중에서 EU의 바이오 디젤 소비량은 국내 소비량의 51%를 차지하여 2009-2011년간의 40%보다 훨씬 높을 것이다. 미국의 바이오 디젤 소비량은 국내 소비량의 14%를 차지하여 소폭 상승세가 나타날 것이다. 선진국의 식물유 1인당 식용 소비량은 현재 수준을 유지할 것이고, 총 소비량의 증가는 주로 인구 증가의 영향을 받을 것이다. 개발도상국의 식용소비는 식물유 소비증가의 주된 촉매제가 될 것이나 식용소비 상승세가 느려지므로 연간 증가율은 완만해질 것이다. 브라질, 아르헨티나, 인도네시아, 말레이시아는 수출주도형 바이오 디젤산업의 지속 발전으로 공업용 수요의 증가가 촉진될 것이다.

제3절 세계 식량재고 현황 및 발전 추세

1. 1980년 이래 세계 곡물재고는 상승하다가 하락하는 과정을 겪음

지난 30년간 세계 곡물재고는 전반적으로 '상승, 높은 수준에서 변동, 하락' 3개 단계를 겪었다. 1980-1986년간 세계 곡물재고는 1980년 3.05억 톤에서 1986년 5.70억 톤으로 상승하였다. 1986-1999년간 세계 곡물재고는 4.37억 톤과 5.81억 톤 사이에서 변동하였다. 1999-2010년간 세계 곡물재고는 1999년 5.81억 톤에서 2010년 4.59억 톤으로 하락하였다. 최근 5년간 세계 곡물재고와 소비 간의 비율은 17.5-23%로 역사적으로 매우 낮은 수준에서 머물고 있다. 그 중 2006-2007년간은 유엔 식량농업기구에서 정한 식량안보 경계선인 18% 이하로 하락하였다.

세계 오일시드 재고는 대체로 '낮은 수준에서 변동, 변동하는 속에서 상승' 2개 단계를 겪었다. 그 중에서 1980-1996년간 재고는 1590만 톤과 2920만 톤 사이에서 변동하였다. 1996-2010년간 재고는 1996년 2120만 톤에서 2010년 8160만 톤으로 상승하였다. 최근 5년간 세계 오일시드 재고와 소비 간의 비율은 14-19% 사이에서 변동하였고, 전반적으로 곡물재고와 소비 간의 비율보다 낮기 때문에 오일시드 가격이 보다 더 쉽게 외부의 영향을 받았다.

세계 곡물 및 오일시드 재고 변화에 있어 생산량, 수요, 수출입 및 비축 정책 등 여러 가지 요인들이 영향을 미쳤다.

2. 향후 10년간 세계 식량재고의 발전 추세

향후 10년간 세계 곡물재고와 소비 간의 비율은 과거 평균수준보다 낮을 것으로 예측된다. 그 중에서 밀 재고는 2011-2021년간의 전반기에는 2005-2010년간의 평균수준보다 높고, 후반기에는 소폭 증가하여 2021년 2.19억 톤에 달해 2011년 대비 1890만 톤 증가할 것이다. 2021년 밀 주요 수출국의 재고와 국내소비 간의 비율은 32%로 2011년 수준보다 다소 낮겠지만 2007/2008년도의 식량위기 기간보다 거의 10% 높을 것이다. 수출까지 포함하면 2021년 밀 주요 수출국의 재고와 소비 간의 비율은 21%에 이를 것이다. 세계 잡곡재고는 위기수준에서 완만하게 상승하여 2021년 재고는 22.9억 톤으로 2011년 보다 4억 톤 증가할 것이며 재고의 증가는 미국과 브라질에서 나타날 것이다. 2021년 주요 잡곡 수출국의 재고와 국내소비 간의 비율은 완만하게 상승하여 16% 수준을 회복할 것이다. 하지만 여기서 유의해야 할 점은 수출까지 포함하면 향후 10년간 잡곡 주요 수출국의 재고와 소비 간의 비율은 줄곧 13%의 낮은 수준을 유지할 것이다. 2008년부터 세계의 쌀 재고는 생산량 증가 및 중국과 인도의 쌀 비축 증가의 영향으로 비교적 빠르게 증가할 것이다. 2013년 세계의 쌀 재고는 1.57

억 톤까지 증가한 후 완만하게 하락하여 2021년 1.45억 톤으로 감소될 것이다. 세계 쌀 재고 증가는 주로 중국과 인도에서 나타날 것이고 주요 쌀 수출국의 재고와 소비 간의 비율는 하락추세를 보일 것이다.

(1) 향후 10년간 옥수수 재고의 발전 추세

미국 농업부 예측에 의하면 2020/2021년도 세계 옥수수 재고는 1.38억 톤으로 2010/2011년도의 1.29억 톤에 비해 7% 증가하는 한편 세계 옥수수 재고와 소비 간의 비율은 13% 정도로 하락하여 2010/2011년도의 15.3%보다 낮을 것이다.

미국 농업부 예측에 따르면 2010년 이후 2-3년 내 미국 옥수수 재고는 계속 감소되고 이에 따라 재고와 소비 간의 비율도 하락할 것이다. 그 연후에 생산량 증가에 따라 재고는 점차 회복되어 재고와 소비 간의 비율도 역시 높아질 것이다. 2020년 미국 옥수수 재고와 소비 간의 비율은 10%보다 다소 낮을 것이다.

(2) 향후 10년간 쌀 재고의 발전 추세

미국 농업부 예측에 따르면 쌀 재고는 장기적으로 포물선과 유사한 추세가 나타날 것이다. 향후 10년간 세계 쌀 재고는 2014년 1.07억 톤의 최고 수준에 이를 것이며 2020년에는 9848만 톤으로 2010년의 재고량과 비슷할 것이다.

유엔 식량농업기구(FAO) 예측에 의하면 향후 10년간 세계 쌀 재고는 증가 후 감소될 것이다. 2010-2014년간 세계 쌀 재고는 지속 증가하여 2014년 1.42억 톤에 달할 것이다. 그 이후 쌀 소비 증가에 따라 신규 증산량으로 당해 연도 수요를 충분히 만족시킬 수 없어 재고를 사용함으로써 재고량이 감소하기 시작할 것이다. 2015년 세계 쌀 재고량은 1.41억 톤, 2020년에는 1.36억 톤으로 예측된다.

(3) 향후 10년간 밀 재고의 발전 추세

미국 농업부 예측에 따르면 2020년 세계의 밀 재고는 해마다 완만히 하락하여 2020년 세계 밀의 기말 재고는 1.69억 톤으로 2010년 대비 2% 하락할 것이다.

FAO 예측에 의하면 2020년 밀 재고는 2010년의 낮은 수준에 비해 약간 증가할 것이다. 독립국가연합(CIS)과 근동지역의 재고증가는 미국과 EU의 재고 감소를 상쇄할 것으로 예측된다. 중국의 재고는 6000만 톤 이하 규모를 유지할 것이다. 이런 상황에서 세계 밀 재고와 소비 간의 비율(수출 제외)은 2020년 거의 27%에 달하여 2009-2011년간의 평균치보다는 다소 낮지만 전 세계적으로 심각한 식량위기에 처했던 2007년의 수준보다는 3% 높을 것이다. 한편 수출부분이 고려될 경우, 2020년의 밀 재고와 소비 간의 비율은 16%에 이를 것이다.

(4) 향후 10년간 오일시드 재고의 발전 추세

최근 10년간 세계적으로 자연재해가 빈번하게 일어나 오일시드 생산량 변동이 비교적 컸지만 전반적으로 증가추세를 유지하였다. 세계 오일시드 소비수요가 지속적으로 증가하나 생산량 변동성 증가에 따라 향후 10년간 오일시드 기말 재고량은 소폭 변동하고, 재고와 소비 간의 비율은 하락추세를 보일 것이다.

중국의 식량안보와 농업의 해외진출전략

(5) 향후 10년간 식물유 재고의 발전 추세

세계 식물유 소비량의 지속적인 증가, 특히 개발도상국과 인구대국의 식물유 소비량이 빠르게 늘어남에 따라 각국은 식물유 안보에 대해 갈수록 중요시하고, 국가적 비축과 상업적 비축을 끊임없이 제고하였다. 향후 10년간 세계 식물유 재고량은 지속 증가세를 유지하나 재고와 소비 간의 비율은 하락추세를 보일 것이다.

제4절 세계 식량무역 현황 및 발전 추세

1. 세계 곡물 및 오일시드 수출의 비교적 빠른 증가는 각각 2000년과 1995년 이후에 나타남

1980-2000년간 세계 7대 주요 곡물(옥수수, 밀, 쌀, 보리, 귀리, 수수, 호밀)의 무역량은 전반적으로 증가하였으나 증가속도는 비교적 완만하여 총 수입량은 1980년 2.01억 톤에서 2000년 2.24억 톤으로 증가, 연간 증가폭은 0.53%에 달하였다. 2000-2010년간 곡물무역의 성장속도가 빨라져 총 수입량은 2000년 2.24억 톤에서 2010년 2.80억 톤으로 연간 증가폭은 2.27%에 이르렀다(표 3.11 참고). 오일시드 무역은 대체로 두 단계로 구분할 수 있으며 1980-1995년간 세계 오일시드 총 수입량이 1980년 3243만 톤에서 1995년 4195만 톤으로 연간 증가폭이 약 1.73%에 달하였고, 1995-2010년간 총 수입량은 1995년 4195만 톤에서 2010년 10401만 톤으로 연간 증가폭은 약 6.24%에 이르렀다(표 3.12 참조).

<표 3.11> 1980-2010년 세계 곡물 수입량 추이

단위: 만 톤

연도	보리	옥수수	귀리	쌀	호밀	수수	밀	합계
1980	1220	7426	71	1126	88	1252	8950	20133
1985	1741	5347	92	1031	59	946	8051	17266
1990	1927	5855	139	1059	134	757	9900	19772
1995	1333	6570	175	1813	174	629	9729	20424
2000	1631	7505	211	2221	77	760	9996	22400
2005	1755	8029	189	2648	62	534	11205	24421
2010	1436	9262	183	3271	46	672	13165	28034

자료출처 : 미국 농업부

<표 3.12> 1980-2010년 세계 오일시드 수입량 추이

단위: 만 톤

연도	야자씨	목화씨	종려나무 열매	땅콩	유채씨	대두	해바라기씨	합계
1980	38	20	13	113	236	2622	202	3243
1985	36	20	8	123	360	2733	192	3471
1990	26	57	4	136	454	2555	201	3433
1995	19	60	2	141	387	3246	340	4195
2000	11	134	10	178	699	5308	220	6559
2005	7	111	15	190	666	6409	140	7536
2010	14	86	4	222	1040	8881	156	10401

자료출처 : 미국 농업부

2. 세계 곡물 및 오일시드 무역에서 구미가 차지하는 비율은 하락추세를 보임

지난 30년간 세계 곡물 무역구조의 주요 변화를 보면 구미 선진국의 곡물수출액이 세계 총 수출액에서 차지하는 비율은 하락하였지만 여전히

중국의 식량안보와 농업의 해외진출전략

중요한 지위를 차지하였다. 1986년 미국과 EU의 곡물 수출액은 합산하여 108억 달러로 세계 곡물 총 수출액의 40%를 차지하였다. 2009년 미국과 EU의 곡물 수출액은 234억 달러로 세계 곡물 총 수출액에서 차지하는 비율은 29%로 하락하였다(표 3.13 참조). 지난 30년간 구미 국가 곡물 수요의 증가, 특히 미국 옥수수 수요의 상승이 수출을 억제하였다. 2000년 이후 미국 에탄올 연료산업에서 옥수수 수요가 빠른 속도로 증가하였고, 이는 구미 곡물 수출액의 하락과 비교적 일치하였다.

〈표 3.13〉 1980-2009년 구미 및 세계 곡물 수출액 변화 추이

단위: 억 달러

	1980	1986	1990	1995	2000	2005	2009
EU		37	51	40	33	31	58
미국	178	71	121	151	98	114	176
세계		270	365	424	354	460	809
구미의 비율(%)	406	40	47	45	37	31	29

자료출처 : FAO

오일시드 수출 면에서 보면, 남미 국가들은 갈수록 중요한 위치를 차지하고 있으며 미국은 여전히 중요한 위치를 유지하였으나 시장점유액은 하락세를 보였다(표 3.14 참조). 1980년 미국의 오일시드 수출액은 65.5억 달러로 세계 총 수출액의 68%를 차지하였다. 남미 3국(브라질, 아르헨티나, 파라과이)의 수출액은 11.3억 달러로 세계 총 수출액의 12%를 차지하였다. 2009년에는 미국 오일시드 수출액은 176.3억 달러로 세계 총 수출액에서 차지하는 비율은 37%로 하락하였다. 남미 3국의 수출액은 143.5억 달러로 세계 총 수출액에서 차지하는 비율은 30%까지 상승하였다. 그 가운데 2004-2008년간 남미 3국의 수출액은 78.7-174.9억 달러로 세계 총 수출액에서

차지하는 비율은 33-37%에 달해 미국의 31-33%를 초과하였다.

〈표 3.14〉 1980-2009년 세계 오일시드 수출액 변화 추이

단위: 억 달러, %

	1980	1986	1990	1995	2000	2005	2009
아르헨티나	6.6	6.4	8.2	8.8	10.0	24.3	19.5
브라질	4.2	2.5	9.1	7.8	21.9	53.8	114.9
파라과이	0.5	0.5	2.4	1.9	2.9	6.1	9.1
미국	65.5	46.6	38.9	59.2	58.2	71.2	176.3
세계	96.7	87.0	104.0	125.7	145.1	229.1	480.2
남미 3국의 비율	12	11	19	15	24	37	30
미국의 비율	68	54	37	47	40	31	37

자료출처 : FAO

말레이시아와 인도네시아 팜오일 수출량의 급성장에 힘입어 동남아가 세계 식물유 수출에서 차지하는 위치가 현저히 상승함에 따라 주도적인 지위를 점유하게 되었다. 1980년 말레이시아와 인도네시아 팜오일 수출량은 260만 톤으로 세계 식물유 총 수출량의 26%를 차지하였다. 2010년 두 나라의 팜오일 수출량은 3270만 톤으로 세계 식물유 총 수출량에서 차지하는 비율은 55%까지 상승하였다.

수입 면에서 보면 최근 10년간 중국의 대두 수입은 폭발적으로 성장하여 세계 최대 대두 수입국으로 부상하였고, 인도의 식물유 수입이 빠르게 증가하여 세계 최대 식물유 수입국이 되었다.

3. 국제 곡물 및 오일시드 무역의 주체는 여전히 비교적 집중 되어 있음

세계 곡물 및 오일시드 무역의 집중화 정도는 비교적 높으며 전통적으로 아처 대니얼스 미드랜드(ADM), 번기(Bunge), 카길(Cargill), 프랑스 루이 드레퓌스(Louis Dreyfus), 즉 소위 'ABCD'란 4대 곡물 메이저에서 지배해 왔으나 최근에 세계 무역주체에 변화가 나타나 새로 굴기한 아시아 식량무역 회사가 ABCD 4대 곡물 메이저의 지배적 지위에 도전하고 있다. 그 중에서 가장 빠르게 발전하고 있는 기업은 'NOW'로 불리우는 노블(Noble), 올람(Olam), 윌마(Wilmar) 등 3개 기업이다. 아시아 국가의 곡물 및 오일시드에 대한 소비능력의 향상, 세계 식물유 수출시장에서 동남아 국가의 굴기가 이 3개 기업의 발전을 촉진하였다.

국제 곡물 및 오일시드 무역에 연관된 체인이 비교적 길며 농민에 대한 신용대출, 화학비료 및 농약의 공급, 작물의 생산, 수확, 판매, 수송, 고객 확대 등이 포함된다. 오랜 역사를 지닌 다국적 기업은 위에서 나열한 체인에서 우위를 차지하여(표 3.15 참조) 객관적으로 농업생산 및 유통에 상당한 긍정적 역할을 하였다. 하지만 독점 정도가 비교적 높아 세계 식량가격 상승에 대해 회피할 수 없는 책임을 지고 있다. 브라질 농업연합회(CNA) 조사에 의하면 브라질 대두 수출의 84%가 아처 대니얼스 미드랜드(ADM), 번기(Bunge), 카길(Cargill), 프랑스 루이드레퓌스(Louis Dreyfus) 4대 곡물메이저에 의해 수매 및 수출되었다. 지나친 독점은 농민의 수익에 직접적인 영향을 미쳤다. 만약 브라질 농가들이 곡물메이저의 독점에서 벗어나 '독립적으로' 무역을 한다면 바로 자금, 운송, 고객 등 여러 가지 어려움에 직면하게 될 것이다.

4. 향후 10년간 신흥경제권의 무역점유율은 여전히
상승추세를 나타낼 것임

향후 10년간 전통적인 농업수출국, 예컨대 미국, 아르헨티나, 호주, 캐나다 등은 식량수출에 있어 여전히 중요한 위치를 차지할 것이고(표 3.15 참조), 신흥경제권은 향후 10년간 국제식량무역에서 차지하는 비율이 상승할 것이다. 그 중에서 브라질, 중국, 인도네시아, 태국, 러시아, 우크라이나 등은 농업에 대한 투입을 증가하여 식량무역을 촉진할 것이다. 예측에 따르면 2021년 개발도상국은 쌀, 오일시드, 팜오일, 단백질 박 등 분야에서 높은 수출점유율을 차지할 것이다. 세계 오일시드 수출은 전통 수출국인 미국, 브라질, 아르헨티나에 의해 지속 지배될 것이나 신흥 수출국인 우크라이나와 파라과이의 점유율은 상승할 것이다.

2021년 세계 밀과 잡곡 수출은 2011년 대비 각각 17%, 20% 증가하고, 쌀 수출은 30% 증가할 것으로 예측된다. 미국은 세계 옥수수 수출을 지속 주도할 것이고 향후 10년간 잡곡 수출 증가에 있어 중요한 영향을 미칠 것이며, 우크라이나와 아르헨티나는 빠르게 세계 잡곡무역시장에 진출할 것이다. 2021년 세계 밀 수출량은 1.52억 톤으로 2011년 대비 12% 증가할 것이다. 러시아, 우크라이나, 카자흐스탄이 밀 수출에서 차지하는 비율은 보다 더 증가하겠지만 이 지역의 급격한 생산량 변동으로 세계 무역과 가격의 변동성이 악화될 것이다. 러시아의 밀 수출은 세계 총 수출량에서 17%를 차지할 것이고, 카자흐스탄은 밀 수출점유율은 증가하겠지만 기반시설의 제약을 받아 잠재력을 발휘하지는 못할 것이다. 향후 10년간 세계 밀 수입의 증가량은 주로 중국, EU, 인도네시아, 이란에서 이뤄지고, 사료용 밀의 증가가 수입 수요를 촉진할 것이다. 2021년 세계 잡곡 수출량은 1.46억 톤으로 2011년 대비 22% 증가할 것이며 그 중 미국은 여전히 수출에서 주도적 지위를 차지하여 세계 잡곡수출시장의 43%를 차지할 것이다. 2021년 세계 쌀 무역량은 증가할 것이며 아프리카 수요의 지속적인 증가로 인한 생산과 수요 간의 격차 확대는 쌀 무역량 증가를 촉진하는 주된 촉매제 역할을 할 것이다. 현재 필리핀의 쌀 수입량은 비교적 크지만 만약 필리핀이 국내생산에 대한 장려정책을 계속 유지한다면 2021년 쌀 수입량은 현재보다 21% 감소될 것이다. 아시아는 여전히 최대 쌀 수출지역이 될 것이며 그 중에서 베트남은 태국을 대체하여 세계 최대 쌀 수출국으로 부상할 것이다. 인도의 수출량은 500만 톤에 달할 것이고, 미얀마, 캄보디아 등 아시아 기타 국가는 국제 쌀 시장에서 중요한 위치를 차지할 것이다.

〈표 3.15〉 2012년 세계 곡물 수출액 분포

단위: %

국가 및 지역	밀의 수출 비율	국가 및 지역	잡곡의 수출 비율
러시아	17	미국	43
미국	16	아르헨티나	17
캐나다	13	우크라이나	12
유럽연합	11	브라질	8
호주	11	호주	4
우크라이나	9	캐나다	4
카자흐스탄	8	EU	4
아르헨티나	6	기타	8
기타	9		

자료출처 : FAO

지난 10년간 세계 오일시드 무역의 연간 증가율은 6%를 초과하였다. 무역 규모의 확연한 확대로 인해 향후 10년간 증가율은 하락할 것이다. 중국은 식물유, 가축 및 가금 사료용 수요 증가 때문에 오일시드 수입은 여전히 비교적 많아 세계에서 가장 중요한 오일시드 수입국의 위치를 유지함에 따라 세계 유료수입의 50% 이상을 차지할 것이다. 하지만 지난 10년간에 비해 중국 오일시드 압착산업의 확장은 완만해져 오일시드 수입의 증가속도 또한 느려질 것이다. EU는 여전히 세계에서 두 번째로 큰 오일시드 수입국의 지위를 유지하겠지만 국내 생산량 증가가 일부 수요를 만족시켜 수입은 크게 늘어나지 않을 것이다. 향후 10년간 미국과 브라질의 오일시드 수출은 각각 12%, 9% 증가할 것이다. 아르헨티나의 수출세율은 대두유와 콩깻묵 수출에 유리하지만 대두 수출에 불리함에 따라 대두수출은 증가하기 어려워져 향후 대두수출은 현재 수준을 유지할 것으로 예측된다.

5. 향후 세계 식량 및 유지 무역은 지속 성장할 것임

(1) 향후 10년간 세계 옥수수 무역의 발전 추세

첫째, 향후 10년간 세계 옥수수 수출무역의 발전추세. 미국 농업부 예측에 의하면 2011-2020년간 세계 옥수수 총 수출량은 계속 증가하여 사상 최고 기록에 근접할 것이다. 그러나 처음 몇 년간은 대량의 사료용 밀과 옥수수 간 경쟁이 일어날 것이다. 2020/2021년도 세계 옥수수 수출량은 1.28억 톤으로 2010/2011년도의 9045만 톤에 비해 3740만 톤 증가하여 증가폭은 41%에 달할 것이다. 2020/2021년도 미국의 옥수수 수출량은 6100만 톤 정도로 2010/2011년도보다 1440만 톤 증가하여 증가폭은 31%에 이를

중국의 식량안보와 농업의 해외진출전략

것이다.

둘째, 향후 10년간 국제 옥수수 수입무역구조의 변화. 미국 농업부 예측에 따르면 현지의 잡곡으로 가축 및 가금업의 발전 수요를 충족시킬 수 없기 때문에 향후 잡곡 수입은 각 지역의 가축 및 가금업 발전과 밀접히 관련될 것이다. 잡곡 수입이 증가하는 지역에는 주로 북아프리카, 중동지역, 중국, 멕시코, 동남아 국가들이 포함될 것이다. 일본과 한국의 수입량은 비교적 크지만 앞으로 총 수입량은 상대적인 안정세를 유지할 것으로 예측된다.

2020년에 34%가 넘는 잡곡 수입 증가량은 북아프리카와 중동지역에서 소화해낼 것으로 그 원인은 인구 및 소득증가로 육류에 대한 수요가 많아지기 때문이다. 25%의 잡곡 수입 증가량은 멕시코에서 소화해낼 것이며 이는 육류에 대한 수요가 많아지기 때문으로 2020년 잡곡 수입량은 1400만 톤에 달할 것이다. 약 1/3에 해당하는 800만 톤 정도의 옥수수 수입 증가량은 중국에서 소화해낼 것으로 이는 국내 사료용 및 공업용 옥수수 수요가 많아지기 때문이다. 약 100만 톤에 달하는 잡곡 수입 증가량은 동남아지역에서 소화해낼 것이며 이는 현지 강력한 가축 및 가금 양식능력이 사료용 식량 공급을 초과하기 때문이다.

미국 농업부의 예측에 의하면 2020/2021년도 세계 옥수수 수입량은 1.28억 톤으로 2010/2011년도에 비해 41% 증가할 것이다. 이는 세계 수출 상황과 유사하다.

그 중에서 2020/2021년도 중국의 옥수수 수입량은 1600만 톤 정도로 2010/2011년도에 비해 1500만 톤 증가하여 증가폭은 1537%에 이를 것이고, 같은 기간 중국의 옥수수 수입량은 세계 총 수입량의 13%를 차지할 것이다.

만약 미국 농업부에서 예측한 데이터로 계산한다면 2010/2011-2020/2021년간 중국의 옥수수 수입 증가량(1500만 톤)은 같은 기간 세계 옥수수 생산 증가량(3740만 톤)의 40% 정도를 차지할 것이다. 2020/2021년도까지 세계 주요 옥수수 수출국의 수출량 증가속도는 중국의 옥수수 수입 증가속도보다 훨씬 낮을 것이다. 따라서 중국은 앞으로 미국에서 옥수수를 수입할 뿐만 아니라 아르헨티나, 브라질, 우크라이나 등 국가로부터 수입할 수도 있을 것이다. 그렇지만 중국은 국제시장에서 옥수수를 조달하는 데 있어 완만한 세계 무역량 증가속도로 인해 제약을 받을 것이다.

(2) 향후 10년간 세계 쌀 무역의 발전 추세

첫째, 향후 세계 쌀 무역량은 여전히 증가할 것이나 증가속도는 다소 하락할 것이다. 유엔 식량농업기구의 데이터에 의하면 향후 10년간 세계 쌀 무역량은 여전히 증가세를 유지할 것이다. 2020년 세계 쌀 수출량은 4120만 톤으로 2010년 대비 1040만 톤 증가하여 증가폭은 33.7%에 이를 것이다. 2011-2020년간 세계 쌀 수출량 증가율은 1.93%로 2001-2010년간의 증가율보다 0.17% 낮을 것이다.

둘째, 세계 쌀 무역구조는 불확실성이 존재할 것이다. 쌀 무역구조는 대체적으로 각 국의 쌀 산업정책에 달려있으며 산업정책이 안정될 경우 세계 쌀 무역구조는 전반적으로 안정을 유지할 것이다. 즉 현재 수출입 국가의 상황을 유지할 것이다. 하지만 여기서 지적해야 할 점은 쌀 무역구조에는 많은 불확실한 요인이 존재한다는 것이다. 예컨대 일부 쌀 생산 잠재력이 큰 국가는 산업정책과 생산여건으로 인해 생산이 낙후되었지만 일단 산업정책이 조정된다면 생산수준 제고에 따라 세계 무역에서 중요한 수출국 역할을 담당할 가능성이 있다. 다른 예를 들면 일부 국가의 쌀 생산은 이미 포화상태에 있으며 게다가 농업산업의 이전 등 정책이 예상됨으로 이러한 국가는 주요 쌀 수입국이 될 가능성이 있다.

(3) 향후 10년간 세계 밀 무역에 대한 예측

첫째, 수입 증가는 주로 개발도상국에 집중될 것이다. 미국 농업부 예측에 의하면 2012-2021년간 세계 밀(밀가루 포함) 무역량은 2000만 톤(15%) 증가하여 거의 1.57억 톤에 이를 것이다. 밀 수입 증가는 주로 개발도상국에 집중되며 이는 이들 국가의 소득과 인구 증가가 수요를 유발하기 때문이다. 가장 큰 수입증가 국가에는 아시아 국가, 서아프리카 경제공동체의 15개 국가, 기타 사하라 이남 아프리카 국가, 이집트, 인도네시아, 사우디아라비아, 아프리카와 중동지역의 기타 국가들이 포함된다. 이집트는 세계 최대 밀 수입국의 지위를 유지할 것이며 2021년 이집트의 밀 수입량은 1200만 톤이 넘을 것이다. 아프리카와 중동국가의 수입량은 900만 톤을 초과하여 세계 밀 무역 증가량의 48%를 차지할 것이다(그림 3.5 참조).

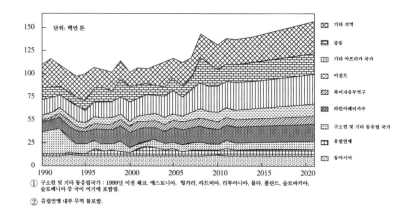

② 유럽연맹 내부 무역 불포함.

〈그림 3.5〉 1990-2020년 세계 밀 수입 상황

둘째, 밀 수출에 있어 다변화 추세가 나타날 것이다. 2021년 전통적인 5대 밀 수출국(미국, 호주, EU, 아르헨티나, 캐나다)의 수출량은 세계 총 수출량의 거의 62%를 차지하여 지난 10년간의 69%에 비해 훨씬 낮아질 것이다. 이는 주로 흑해지역의 수출량 증가로 5대 밀 수출국의 수출비율을 일부 점유하기 때문이다.

미국의 밀 수출량은 현재의 2280만 톤에서 2021년 2100만 톤으로 감소되어 세계 무역량에서 차지하는 비율은 16%에 미치지 못할 것이다. 전통적인 밀 수출대국 중에서 단지 아르헨티나와 EU의 밀 수출점유율이 상승할 것이다. 그 외에 러시아, 우크라이나, 카자흐스탄의 수출점유율이 제고되어 2021년 수출량은 세계 총 수출량의 30%를 차지할 것이다.

(4) 향후 10년간 세계 대두 및 유채씨 무역의 발전 추세

향후 10년간 세계 대두 무역량은 증가세를 계속 유지할 것이다. 그 중

중국의 식량안보와 농업의 해외진출전략

에서 중국은 여전히 세계 대두 무역량 증가를 촉진하는 주된 세력일 것이다. 최근 20년간의 대두 수입상황을 보면 앞으로 다른 국가의 대두 수입량은 대폭 증가하기 어려울 것이다. 2019/2020년도 세계 대두 수입량은 1억 톤을 초과할 것으로 그 중에서 중국의 수입량은 7000만 톤에 달하거나 심지어 초과하여 세계 대두 수입량에서 차지하는 비율은 70% 정도에 이를 것이다.

세계 유채씨 생산량이 계속해서 대폭 증가하기 어렵기 때문에 향후 10년간 세계 유채씨 무역량은 소폭 변동하는 속에서 증가할 가능성이 크다. 캐나다와 호주는 여전히 세계 유채씨의 주요 수출국이 될 것이다. 최근 몇 년간 우크라이나의 유채씨 재배면적과 생산량이 하락되었지만 소련지역의 유채씨 재배면적과 생산량 모두 증가추세를 보여 향후 10년간 주요 수출지역이 될 가능성도 있다.

세계 유채씨 생산량이 대폭 증가하기 어렵기 때문에 향후 세계 유채씨 수입량이 대폭 증가될 가능성은 높지 않으며 세계 유채씨 수입구조도 역시 커다란 변화가 없을 것이다. 중국, 일본, EU, 멕시코, 파키스탄, 아랍에미리트, 미국 등은 여전히 세계 주요 유채씨 수입국이 될 것이다. 중국의 유채씨 파종면적과 생산량이 지속 감소하는 반면 국내수요는 지속 증가함에 따라 향후 10년간 중국은 다시 세계 최대 유채씨 수입국으로 부상할 것이다.

(5) 향후 10년간 세계 식물유 무역의 발전 추세

세계 인구의 지속적 증가, 각국 경제의 지속 발전, 국민 생활수준의 지속적 향상 등의 영향으로 향후 10년간 세계 식물유 무역량은 증가세를 지속 유지할 것이며 팜오일은 향후 세계 식물유 무역량 증가에 있어 가장 중요한 유지(油脂)품목일 것이다.

세계적으로 대두유를 소비하는 국가가 아주 많기 때문에 향후 세계 대두유 수입에 대한 수요는 증가세를 지속 유지할 것이다. 그러나 대두유 수입량 증가는 주로 대두유 수출국의 생산량과 국내 공업용 소비수요의 제한을 받음에 따라 향후 10년간 세계 대두유 수입량의 대폭적인 증가 가능성은 높지 않을 것이다. 대두 수입 증가에 의해 국내 대두유 소비수요를 충족시키는 것은 대두유 수입량이 비교적 큰 일부 국가의 가장 중요한 선택이 될 것이다.

제5절 중국 식량무역과 국제식량시장 간의 상호 영향

1. 중국 식량무역이 세계 식량무역에서 차지하는 지위

제2차 세계 대전 이후 세계 곡물무역은 신속히 발전하여 무역량 증가속도가 생산량 증가속도보다 빨랐다. 1961년 세계 곡물 수출량은 0.81억 톤에 불과하였으나 2006년 사상 최고수준인 3.36억 톤에 달하였고 그 이후 해마다 감소하여 2012년 2.96억 톤으로 줄어들었다. 1961-2011년간 세계 곡물 수출량은 2.9배 증가, 연평균 증가율은 2.7%로 2.2%의 생산량 증가율보다 높았다. 최근 20년간 세계 곡물 수출량 증가속도가 완만해지고 연도 간의 변동이 비교적 크게 나타났다. 주요 곡물 수출국에서 바이오매스 에너지 발전에 주력함으로써 국제시장에서 곡물의 유효공급은 감소하

중국의 식량안보와 농업의 해외진출전략

였으며 특히, 2006년 이래 세계 곡물 수출량은 현저히 줄어 2012년은 2006년 대비 4000만 톤 감소하였다. 세계 주요 곡물수출국 중에서 아르헨티나의 수출량이 증가세를 유지한 것을 제외하고는 미국, 캐나다의 수출량은 대체로 안정되고, 유럽연합(EU), 러시아, 호주의 수출량은 뚜렷한 감소세를 보였다. 2006년 이후 기후변화 및 경제요인의 영향으로 EU, 호주 등 주요 수출국의 곡물 수출량이 대폭 감소되어 세계 곡물 유효공급의 변동폭은 보다 확대되었다. 그 이후 높은 식량가격의 영향으로 2008년 세계 곡물 수출량은 다소 회복되었다. 2010년에는 러시아와 우크라이나의 곡물 수출제한정책의 영향으로 세계 곡물 수출량이 소폭 감소되었고, 2011년 수출제한정책 철폐 후에는 수출량이 다시 2009년 수준을 회복하였다.

곡물 무역구조에서 밀은 곡물무역의 주체로서 세계 곡물 연간 총 무역량의 50% 정도를 차지하였고, 그 다음은 옥수수와 쌀이 각각 약 30%, 16%를 차지하였다. 밀 무역량은 2006년에 최고수준인 1.59억 톤에 이르렀고 그 후 무역량은 뚜렷하게 감소하여 2012년 1.35억 톤으로 2006년 대비 14.9% 줄어들었다. 그 중에서 밀의 주요 수출국인 EU, 캐나다와 영국의 밀 수출무역량이 각각 20%, 20%, 15% 감소하였다. EU는 『관세와 무역에 관한 일반협정』(GATT)과 『우루과이 라운드 농업 협상』의 제한으로 수출보조금을 감소하고 밀 수출허가제를 실시함으로써 밀의 재배면적, 생산량과 수출량이 해마다 감소되었다. 캐나다는 경제적 가치가 높은 유채 경작을 확대하여 밀 생산량이 대량 줄어들었다. 과학기술의 진보는 옥수수 정밀가공업의 발전을 촉진하여 옥수수 무역량의 뚜렷한 증가를 촉진하였다. 2012년 세계 옥수수 무역량은 9400만 톤에 달해 1991년 대비 44.6% 증가하였다. 쌀 무역량은 상대적으로 비교적 적은 편으로 2012년 세계 쌀 무역량은 3730만 톤에 이르러 1991년에 비해 1.6배 증가하였다.

(1) 대두 무역

중국 대두무역의 변화는 4대 식량품목 중에서 가장 크다. 1996년 이전 중국은 대두 순수출국이었으며 대두 수출의 연도간 변화도 안정적이었다. 1991년 대두 수출은 111만 톤으로 세계 대두 수출량에서 2.76%의 비율을 차지하였으나 1996년 중국 대두 수출입에 질적인 변화가 일어나 당해 연도 대두 수입은 110만 톤, 수출은 19만 톤으로 순수입은 91만 톤에 달하였다. 그 후 대두 수입량은 줄곧 급증하여 2006년 수입량은 2826만 톤으로 1996년의 26배에 달하였다. 2010년 중국 대두 수입량은 4712만 톤으로 국제시장에서 61%의 점유율을 차지하여 중국은 세계에서 대두 수입량이 가장 많은 국가가 되었다. 한편 중국으로 인해 세계 대두시장이 더욱 활발해져 2010년 세계 대두 무역량은 1997년 대비 6260만 톤 늘어나 4배나 증가하였다. 현재 중국 대두 재배면적이 대폭 감소됨에 따라 중국 대두 생산량이 국내 소비량의 20%에 불과하여 나머지 80%는 주로 수입에 의존하고 있다.

비록 중국의 대두 수입량이 막대하여 국제시장에서 50% 이상의 점유율을 차지하였지만 중국은 대두 가격에 대해 발언권이 없어 대두 가격을 수동적으로 받아들여야만 했다. 2003년 중국의 대두 수입은 2002년 대비 83% 증가한 2074.1만 톤에 달했으나 국제 대두가격은 2003년 7월 229달러/톤에서 2004년 4월에 377달러/톤까지 상승하였다.

국제시장에서 중국의 대두 수요를 시시각각 주시하고 있어 매번 대두 비축을 보충하기 위해 중국 국가식량국과 국가발전개혁위원회에서 국제 대두 구매 결정 시 국제대두시장 시세를 조회할 때마다 국제 대두가격은 바로 폭등하였다. 관련 자료에서 나타난 바와 같이 2011년 10월 11일 국가비축당국에서 대두 가격시세를 국제시장에 조회하는 당일 시카고 상품거래소의 대두선물 가격은 급등하였으며 그 중에서 거래가 가장 활약한 CBOT 11월 대두선물 종가는 58센트 상승, 상승폭은 4.9%에 달해 시장 가격이 폭등하였다. 하지만 중국의 국제 대두에 대한 수요가 필수적이기 때문에 국가비축당국에서는 폭등 후 가격으로 대두를 구입할 수 밖에 없었다. 이로써 국제 선물시장에서 중국 비축당국의 수입수요를 포획하는 국면이 형성되었다. 중국 대두 부족량은 매년 5000만 톤 이상에 달하며 이와 같은 막대한 부족은 국제시장에서 아주 큰 점유율을 차지하여 중국은 수동적으로 국제시장의 불합리적인 대두가격 결정방식을 받아들이는 것 외에는 다른 방법이 없었다. 따라서 세계 대두무역에 있어 중국에 대한 '대국효과'(large country effect)는 아주 불리하다.

(2) 옥수수 무역

개혁개방 이후 중국의 옥수수 수출은 점차 증가하기 시작하여 1992년 옥수수 수출은 1000만 톤을 초과하였다. 1995년과 1996년 국가정책조정의 영향으로 옥수수 수출은 각각 251만 톤과 197만 톤으로 대폭 줄어들었다. 1997년 옥수수 수출량은 다소 회복하기 시작하여 900만 톤으로 상승하였다. 2003년 옥수수 수출 톤당 44달러에 달하는 수출세금 환급과 대종을 이루는 곡물 수출에 대한 철도건설기금 감면정책에 따라 옥수수 수출은 사상 최고수준인 1547만 톤에 달하여 국제무역시장에서 20%의 점유율을 차지하였다. 그 이후 옥수수 수출은 감소세를 보였고, 연도간 변동도 비교적 크게 나타났다. 2004년 옥수수 수출은 232만 톤이고, 2005년에는 861만 톤으로 또 증가하였다가 2006년에 다시 307만 톤으로 줄어들었다. 국제정세와 국내 거시정책의 영향으로 2007년 옥수수 수출량은 최근 10년 이래 사상최저수준(56만 톤)으로 감소하였다. 전반적으로 보면 2007년 이전까지만 해도 중국은 국제 옥수수시장에서 순수출국이었다. 2008년 이후 중국은 옥수수 순수입국으로 전환되어 2008년 수입량은 158만 톤으로 국내 공급량의 0.95%, 국제무역량의 3.1%를 차지하였다. 2011년 옥수수 수입량은 175.36만 톤에 달해 국내 공급량의 0.90%, 국제무역량의 4.2%를 점유하였다. 2012년 중국의 옥수수 수입량은 520.8만 톤에 이르러 전년도 대비 거의 2배 증가하여 국제무역량의 6.2%를 차지하였다. 중국의 옥수수 수급상황의 변화는 바로 국제 옥수수시장의 파동을 일으켰다. 2008년 중국은 옥수수 순수출국에서 순수입국으로 전환되기 시작하자 국제시장 옥수수 가격은 1032위엔/톤에 이르러 2007년 대비 31%까지 상승하였다. 따라서 중국은 국제 옥수수 무역에서도 불리한 위치에 처해 있다고 볼 수 있다.

(3) 쌀 무역

최근 몇 년간 쌀 무역에 있어 중국은 대체적으로 균형을 유지하면서 다소 수출세를 보였다. 중국의 쌀 수출 대상 지역 및 국가는 경제 및 정치적 원인에 의해 매우 불안정적이기 때문에 수출의 연도간 변화도 크게 나타났다. 중국 쌀 수입량의 세계시장점유율은 비교적 낮았으며 연도간 변화역시 크게 나타났다. 중국은 쌀 무역에 있어 주로 품목구조의 조정과 정치 및 경제적 요인의 영향을 받았다. 전반적으로 보면 중국 쌀 무역에 있어 국제시장에서의 영향력은 크지 않았다.

중국의 식량안보와 농업의 해외진출전략

(4) 밀 무역

2007년 이전 중국은 밀 무역에 있어 순수입국으로서 수출량이 아주 적었으며 어떤 연도에는 대체로 수출이 없었다. 수출량이 가장 큰 2003년에도 수출량은 겨우 224만 톤에 불과하였다. 중국 밀 수출량이 국제 밀 시장에서 차지하는 점유율은 매우 낮아 2003년에도 2%에 불과하였다. 중국 밀 수입량은 2001년 이후 매년 감소하기 시작하여 2008년 50만 톤에 불과해 국제무역량에서 차지하는 비율도 1%에 못미쳐 20세기 90년대 중반의 10% 수준에 비해 훨씬 낮았다. 최근에 중국 밀 수입량은 대체로 국제 밀 무역량에서 2% 정도의 비교적 낮은 점유율을 차지하여 국제시장의 영향을 크게 받지 않았다.

2. 중국과 국제시장의 식량가격 비교

관세할당보호 및 최저수매가격 등 정책의 영향으로 중국의 곡물가격은 비교적 안정적이고, 수요증가, 가격정책 및 원가상승 등 요인으로 인해 최근 몇 년간에는 안정적인 상승세를 보였으며 국제시장 식량가격과의 차이가 점차 줄어들어 최근에는 국내가격이 국제 CIF 세후가격을 초과하였다.

(1) 쌀의 국내외 시장가격 비교

품목별로 보면 2008년 이래 여러 해에 걸쳐 국내 쌀 가격이 국제 쌀 CIF 세후가격보다 낮았고 2011년 이후 가격차이는 점차 줄어들었다(그림 3.6 참조). 국제시장 쌀 가격의 변동이 비교적 빈번하기 때문에 국제 쌀 CIF 세후가격과 국내 쌀가격 간의 차이도 비교적 빈번히 변화되었다. 2008년 식량위기 시 국제 쌀 가격은 폭등하여 국내 쌀 가격과의 차이는 4515위엔/톤으로 비교적 큰 편이었다. 그 후 국제 쌀 가격의 하락으로 국내 쌀 가격과의 차이는 점차 줄어들어 2009년 5월에 845위엔/톤으로 줄어든 후 600-800위엔/톤 사이에서 변동하였다. 2010년 초 국제 쌀 가격은 다시 상승하여 국내가격과의 차이는 한 때 1285위엔/톤까지 확대된 후 점차 줄어들었다. 2011년 2월 이후 국제가격의 하락으로 가격차이는 20위엔/톤으로 줄어들었고 6월에는 심지어 국내가격이 국제 CIF 세후가격보다 80위엔/톤 높았다. 국제가격이 다시 상승함에 따라 2011년 12월 가격차이는 다시 640위엔/톤으로 확대되었고, 그 이후 점차 줄어들어 현재 300위엔/톤 정도를 유지하고 있다.

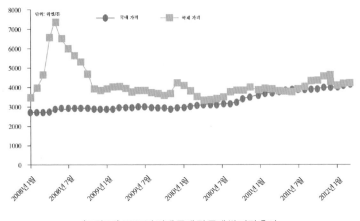

〈그림 3.6〉 2008년 이래 국내 및 국제 쌀 가격 추이

주 : 국내가격은 전국 늦벼 멥쌀(국가 1급 표준)의 균일 도매가격, 국제가격은 태국 방콕 쌀(25%의 쌀가루 포함)의 CIF 세후가격을 가리키며 2008년 1월 이래의 달러 환율은 당월 은행 기준가 가격의 평균가격으로 계산함

자료출처 : 中華糧網, FAO

중국의 식량안보와 농업의 해외진출전략

(2) 밀의 국내외 시장가격 비교

2009년 이래 국내 밀 가격의 안정적인 상승에 따라 국제가격과의 차이가 점차 줄어들었고 최근에는 이미 국제 CIF 세후가격을 초과하였다. 2008년 식량위기 시 국내가격과 국제가격 간의 차이가 2651위엔/톤으로 가장 컸으며 그 이후 국제가격의 하락에 따라 가격차이는 점차 줄어들어 2008년 12월에 심지어 국내가격이 국제가격보다 78위엔/톤 높았다. 그 후 국제가격이 다시 상승하여 가격차이도 다시 확대되었다. 국제 밀 가격의 하락에 따라 2009년 8-10월간 및 2010년 2-7월간 국내가격이 다시 국제가격보다 높았고 가격차이는 최고 192위엔/톤에 달하였다. 2010년 8월 러시아의 가뭄에 의한 밀 감산으로 국제가격은 폭등하여 국내가격과의 차이가 다시 확대되어 2011년 2월 666위엔/톤에 이르렀다. 세계 밀 생산상황이 호전됨에 따라 2011년 하반기 국제 밀 가격은 점차 하락되어 2011년 10월 이래 국제 CIF 세후가격은 계속 국내 판매지 가격보다 낮았고, 국제 밀의 경쟁력이 지속적으로 제고되었다. 국제 밀 CIF 세후가격과 국내 밀 판매지 가격 간의 차이는 2011년 10월 69위엔/톤에서 2012년 4월 347위엔/톤으로 확대된 후 5-6월간 점차 줄어들어 7월부터 CIF 세후가격이 국내 판매지 가격보다 높아져 2011년 11월 가격차이가 519위엔/톤으로 확대되었다가 12월에 367위엔/톤으로 줄어들었다(그림 3.7 참조).

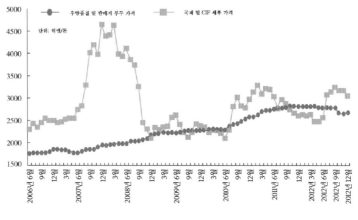

〈그림 3.7〉 2006년 이래 국내 및 국제 밀 가격 추이

주 : 국내 가격은 허난성(河南省) 식량도매시장 우량 밀의 가격이고, 국제가격은 미국 멕시코만 하드레드 겨울 밀의
가격임

자료출처 : 中華糧網, FAO

(3) 옥수수의 국내외 시장가격 비교

2003년 이래 국내 옥수수 가격은 줄곧 국제가격보다 낮았으나 2009년
1월 국내 옥수수 가격의 빠른 상승에 따라 국제가격과의 차이는 점차 줄어
들어 최근에는 이미 국제 CIF 세후가격을 넘어섰다. 2008년 식량위기 시
국내가격과 국제가격 간의 차이는 1819위엔/톤으로 가장 컸으며 그 이후
국제가격의 하락에 따라 가격차이는 점차 줄어들었다. 2009년 1월 국내 양
식규모의 빠른 확대 및 공업용 소비수요의 지속적인 강세로 인해 국내 옥
수수 가격이 빠르게 상승하였고, 심지어 2009년 8-9월간 및 2011년 6-7월
간 국내가격이 국제가격보다 높아 가격차이가 최고 167위엔/톤에 달하
였다. 그 이후 국제가격이 다시 상승함에 따라 가격차이는 다시 확대되어
2011년 4월 826위엔/톤에 이르렀다. 국제 옥수수 공급상황이 호전됨에 따

　　　　　　　　　　　중국의 식량안보와 농업의 해외진출전략

라 국제가격이 점차 하락하는 한편 국내가격이 지속 상승함에 따라 2012년 이래 가격차이는 20위엔/톤 이하의 수준을 유지하여 2012년 4월 국내가격이 국제가격보다 20위엔/톤 높았다. 2012년 7월 이후에는 국제가격의 상승에 따라 CIF 세후가격이 다시 국내 판매지 가격보다 높아져 11월에 가격차이가 281위엔/톤에 달했다가 12월에 200위엔/톤으로 줄어들었다(그림 3.8 참조).

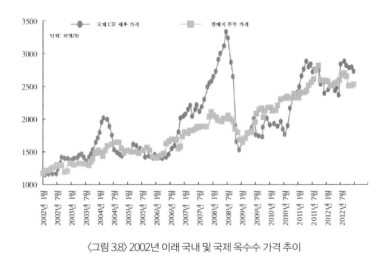

〈그림 3.8〉 2002년 이래 국내 및 국제 옥수수 가격 추이

주 : 국내 옥수수는 중급 옥수수이고 국제 옥수수는 미국의 제2호 노란 옥수수임

자료출처 : 中國糧食信息網, FAO

(4) 대두의 국내외 시장가격 비교

대두는 3%의 단일관세를 실시하고, 대외의존도가 비교적 높기 때문에 국내 대두 가격은 국제시장 추세와 대체적으로 일치하며 가격차이는 크지 않았다. 2005년 1-12월간 국제가격이 국내가격보다 높아 가격차이

는 4월에 최고 169위엔/톤에 달하였고, 다른 달에는 120위엔/톤 이하였다. 2006년 1-6월간에는 국내가격이 국제가격보다 높아 가격차이는 3월에 최고 54위엔/톤에 달하였고, 다른 달에는 7-50위엔/톤이었다. 2006년 7월에서 2008년 2월에 이르는 동안 국제가격은 다시 국내가격보다 높아 가격차이는 최고 236위엔에 달하였으며 다른 달의 가격차이는 80-200위엔/톤에서 변동하였다. 2008년 3월 이후 국내외 가격변화가 비교적 일치하였으며 2010년 1-10월간 국내가격이 다시 국제가격보다 높아 최고 가격차이는 342위엔/톤에 달하였다. 2010년 11월부터 2011년 3월에 이르는 동안 국제가격이 국내가격보다 다소 높았고, 4월 이후 변동은 비교적 일치하였다. 2011년 10월 이후 국내가격이 국제가격보다 지속적으로 높았고, 2012년 3월부터 국제 CIF 세후가격이 국내가격보다 높아져 7월에 가격차이는 861위엔/톤에 달하였다. 국제가격의 점차적인 하락으로 10월부터 국내가격이 다시 국제가격보다 높아져 현재 가격차이는 200위엔/톤 이하이다.

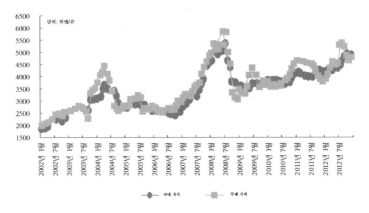

〈그림 3.9〉 2002년 이래 국내 및 국제 대두 가격 추이

주 : 국내가격은 도매가격이고 국제가격은 미국 제2호 대두의 가격임

자료출처 : 中國糧食信息網, FAO

　　　　　　　　　　　　중국의 식량안보와 농업의 해외진출전략

3. 국제 식량가격 변화가 중국 식량무역에 미치는 영향

식량은 예로부터 국가경제 및 국민생활과 관련된 중요한 전략적 물자로서 식량가격은 식품가격 나아가 전반적인 물가수준에 영향을 미치는 결정적인 요인이다. 국제금융위기 이후 중국은 통화팽창 압력을 줄이는 한편 물가의 전반적인 수준을 상대적인 안정을 유지하는 심각한 도전에 직면하게 되었고, 이러한 도전에 대응하는 근간은 국내 식량의 수급균형을 촉진하고, 국내 식량가격의 급상승을 회피하는 데 있었다. 그러나 경제 글로벌화의 배경 하에서 국제식량가격 변동은 무역, 자본 및 수급 예측 등 요인을 통해 국내 식량가격에 영향을 미치기 마련이다.

(1) 국제 식량가격 상승은 국내 식량가격에 막대한 상승압력을 가져옴

WTO 가입 후 중국의 식량무역자유화 추세는 강화되고, 국내외 식량시장의 동조화 국면이 이미 대체적으로 형성되었다. 국제 식량가격 상승은 식량무역과 대량 정보 확산의 방식으로 중국 식량가격 변동에 직간접적인 영향을 미쳤다. 세계 식량무역량, 공급 및 수요에 대한 예측 상황, 기후온난화 등의 정보는 중국에 빠르게 확산되고, 이는 각 방면에서 관심을 갖는 식량시장의 중요한 정보로서 어느 정도 중국 식량가격의 상승세를 가져왔다.

장기적으로 보면 국내 식량가격과 국제 식량가격은 일치하는 추세가 나타나며 세계 식량가격의 상승은 중국 식량가격의 상승을 유발하였고, 그 중에서 대두가 가장 확연하였다. 중국 주요 식량품목의 수입가격을 보면 2010년 7-8월간 세계 식량시장에서 밀, 옥수수의 가격이 대폭 상승하기 시작함에 따라 중국의 밀 증산에도 불구하고 12월 밀 가격이 여전히 13% 상승하였고, 국내 선물시장의 밀 가격이 이미 3000위엔/톤(2008년 이래 사상 최고 수준)에 달하였다. 2010년 10월에서 2011년 1월에 이르는 동안 미국은 기후와 공급 요인으로 옥수수 가격이 18% 상승하였고, 미국 옥수수의 수입에 따라 중국 옥수수 가격이 2010년 11월 시장에 출시된 이후 연속 급등하여 옥수수의 전국 평균수매가격이 2010년 10월 1854위엔/톤에서 2011년 3월 2014위엔/톤으로 상승하였다. 2010년 세계 옥수수 가격이 52% 폭등하였고, 밀 가격은 49% 상승하였으며 대두는 28% 증가하였다. 2011년 국제 식량가격의 지속적인 상승에 따라 국내 식량가격도 지속 상승하였다. 2010년 3월에서 2011년 3월에 이르는 동안 중국 식량가격은 20% 상승하였고, 2011년 중국 식량가격 상승세는 계속 유지되어 그 중에서 밀, 옥수수와 대두는 전년 동기 대비 각각 8.6%, 13.4%, 42.8% 상승하였다. 식량은 일종의 생활필수품으로서 가격의 대폭 상승에 따라 중국의 통화팽창은 커다란 압력에 직면하게 되었고, 국민의 생활부담도 크게 늘어났다.

(2) 중국 식량시장의 파동을 유발함

2010년 하반기 이래 세계 식량가격의 더 큰 상승은 식량수입 및 정보확산의 경로를 통해 국내 식량가격의 상승을 유발하였으며 나아가 중국 식량시장의 파동을 초래하였다. 이는 중국의 WTO 가입 이래 국내 식량시장에 대해 엄격히 WTO 규정에 따라 유통 및 개방을 시행함으로써 일부 식량품목의 대외의존도가 지속적으로 높아졌기 때문이다. 예컨대 중국의 대두 수입량이 세계 대두무역량에서 차지하는 비율이 지속 상승하였고, 세계 대두가격의 상승이 직접적으로 중국 대두시장을 요동치게 했으며 국제 식량가격 압력을 수입을 통해 중국 국내시장에 그대로 받아들였다. 중국 식량소비의 곡물수입 비중이 높지 않아 2011년 쌀, 밀, 옥수수의 수입량이 국내 소비에서 차지하는 비율은 각각 0.42%, 1.04%, 0.9%에 불과하였지만 식량수입의 증가속도는 아주 빨라 2012년 옥수수 수입의 증가속도가 196.99%에 달해 시장예측에 큰 영향을 미쳤다.

국내 식량 생산량이 지속 증가하는 배경에서도 국내 주요 식량품목의 선물가격이 확연히 상승하여 중국 식량시장 운영에 있어 전례없는 도전에 직면하게 되었다. 게다가 국제 식량가격이 국내 식량가격보다 높을 경우 중국은 커다란 수출압력을 받게 되고, 일부 국내 기업이 식량수매가격을 임의로 인상함으로써 국내의 정상적인 식량운영질서를 교란할 수 있다. 한편 국제 식량가격이 국내 식량가격보다 낮을 경우 대량의 저가 식량이 국내시장으로 밀려들어 정부가 식량가격 유지의 목적으로 수매하는 데 있어 충격을 받고, 농민의 이익과 농사에 대한 적극성을 저하시킬 수 있다. 세계 식량가격의 상승은 직간접적으로 중국 식량시장에 파동을 일으켰다. 한편으로는 중국 식량시장에서 정부의 조정압력이 커졌다. 예컨대 2008년 정부에서 국제 식량가격 충격에 대응하기 위해 대두, 옥수수 등에 대한 임시 비축을 확대함에 따라 국가 재정의 농업지원 지출이 확대되고, 국유 창고 저장능력도 심각한 도전에 직면하게 되었다. 다른 한편으로는 국내 식량시장의 정책주도적인 운영으로 정부에서 임시 비축과 최저수매가격을 통해 대부분 식량원을 통제하여 국내 식량시장 운영에 있어 아주 중요한 역할을 하게 되었다. 정부는 주요 식량품목에 대한 최저수매가, 임시비축, 식량의 시장가격 유지를 위한 수매 등 정책으로 전체 식량시장을 주도하였고, 나아가 중국의 거시 경제상황이 식량가격에 미치는 영향은 점점 더 커지게 되었다. 세계 식량가격의 상승은 식량 수입무역을 통해 중국 식량 시장의 정상적인 운영에 영향을 미칠 뿐만 아니라 중국 식량 수입무역에도 어느 정도 충격을 가져왔다.

4. 국제 식량시장이 국내시장에 미친 파급효과

WTO 가입에 따라 중국 국내 식량시장은 점차 대외적으로 개방되었다. 세계 식량가격 관련 정보는 중국시장에 충분히 전달되어 국내 식량수급에 영향을 미치며 나아가 시장메커니즘을 통하여 국내 식량가격에 영향을 끼쳤다. 국제 식량수급 예측, 농작물 생산상황 등에 관한 정보는 각 방면에 주목을 일으켜 국내시장 식량수급 변화를 초래함으로써 국내 식량가격에 변동을 가져왔다.

(1) 수입을 통해 중국 식량시장에 영향을 미침

식량 수입은 국제 식량가격이 국내 식량가격에 대해 영향을 미치는 하나의 중요한 경로이다. 국제시장에서 어떤 품목의 식량가격이 변화되면 수출입을 통해 국내 시장에서 이러한 식량품목 가격에 변화를 가져오게 된다. 중국 밀의 대외의존도가 비교적 낮기 때문에 중국 밀 가격과 국제 밀 가격 간의 연관성이 비교적 약해 국제 밀 가격의 영향도 비교적 작았다. 밀에 비해 중국의 쌀과 옥수수의 수출입량은 상대적으로 안정적이고, 세계 무역에서 일정한 위치를 점유하였다. 한편 대두는 수입량이 비교적 크기 때문에 국제시장의 영향이 매우 커 최근 몇 년간에 국내 대두의 시장가격은 국제시장가격과 대체적으로 같은 변화를 보였다.

(2) 중국 식량 수입무역에 일정한 충격을 가져옴

〈1〉 식량 무역환경에 영향을 미침

일부 국가에서 곡물제품 수출을 엄격히 제한함으로써 국제 식량무역은 크게 위축되었다. 미국과 러시아는 중국의 주요 식량 수입 대상국으로 러시아에서 2010년 하반기부터 2011년 상반기까지 실시한 밀 수출금지령은 간접적으로 중국의 밀 수입에 영향을 미쳤고, 미국은 가뭄 등 원인으로 밀, 옥수수가 감산되어 중국 식량공급에 간접적인 영향을 가져왔다. 인도네시아 정부가 2.8억에 달하는 식량보조금으로 식량수매를 확대함으로써 세계 식량공황을 격화시킨 것도 중국 식량수입에 간접적인 영향을 미쳤다. 세계 식량가격 추가 상승의 영향으로 중국 식량무역환경은 다음과 같이 지속적으로 악화되었다. 첫째, 세계금융위기, 유가 폭등, 미국 달러화의 평가절하 등 연관적 영향으로 국제 식량가격이 한층 더 상승되고, 전 세계적인 인플레이션이 발생해 경제가 심각한 타격을 받음에 따라 식량무역이 크게 억제되었다. 둘째, 중국은 농민 우대정책을 실시함으로써 중국 식량무역량이 감소되었다. 2008년 금융위기 발생 이후 국가에서 주요 식량제품의 최저수매가격을 대폭 인상함으로써 국내 식량가격이 국제 식량가격에 비해 크게 높아져 중국의 식량수출 우위를 크게 약화시켰다. 셋째, 중국은 2007년 말에 각종 식량관세정책을 시행하여 중국 식량무역환경에 아주 큰 영향을 미쳤다. 중국에서 주요 피곡 및 그 제분에 대해 5-25%의 임시수출관세 부과 시행을 공포함으로써 식량수출 동력이 크게 약화되고, 중국 주요 식량품목의 대외수출이 줄어들어 양질의 식량품목에 대한 수입수요가 크게 위축되었다.

뿐만 아니라 국제 식량무역기업의 가격조작도 무역환경의 악화를 격화시켰다. 세계적인 홍수, 가뭄 등 극단적인 기후가 식량의 대폭 감산을 유발하고, 식량무역국에서 이에 대한 과도한 반응은 국제 핫머니와 투기상에게 식량시장에서 가격을 조작하는 계기를 제공하였다. 2010년 하반기 이래 러시아에서 밀 수출금지령을 실시하고, 한국과 사우디 등 국가에서 밀을 대량 매점하는 한편 인도네시아와 방글라데시 등 국가에서도 쌀을 배로 매입하며 이집트에서 식량 사재기로 인해 정변까지 일어나 세계 식량무역환경은 그야말로 혼란에 빠졌다. 식량시장의 공황으로 인해 국제 투기상들은 줄곧 사람들이 소홀히 하는 밀, 쌀 등 품목의 선물투기로 가격을 상승시켰으며 국제 식량시장의 수급 및 가격정보는 국내 생산에 거대한 연쇄적 영향을 미쳤고, 중국의 가뭄은 핫머니 투기의 주요 대상이 되었다. 2011년 2월 14일 정저우(鄭州)의 경질 밀 선물가격이 사상 최고 기록인 3011위엔/톤에 이르렀고, 미국 밀 선물시장가격도 급상승하여 32개 월간 최고수준에 달하였다.

〈2〉 중국 식량 무역질서를 교란함

식량가격의 상승으로 인하여 중국은 보다 심각한 식량무역환경에 직면하게 되고, 식량의 수출입무역이 거꾸로 발전해 수입무역이 점차 수출무역을 대체하여 주도적인 지위를 차지함에 따라 식량 수입량이 지속적으로 증가하였다. 중국은 식량무역체제와 정책의 영향으로 역사상 오랜 기간 동안 세계 식량가격이 낮을수록 중국의 순수출은 증가했으며 세계 식량가격이 높을 수록 중국의 순수출은 오히려 감소하였다. 국제 식량가격은 1996년 269달러/톤에 달했으며 당시 중국의 식량 수출량은 142만 톤에 불과하였다. 2003년 국제 식량가격이 174.1달러/톤의 낮은 수준으로 하락하였으나 중국의 식량 수출량은 뜻밖에도 2230만 톤의 높은 수준에 이르렀다. 최근 몇 년간 상황은 뒤집히기 시작해 2007년 세계 식량가격 폭등시 중국은 수입을 대폭 감소하고, 수출을 대폭 증가하였다. 2007년 중국 식량수입은 3237만 톤으로 57.6% 감소하였고, 수출은 1032만 톤으로 64% 증가하였다. 2010년 국내 식량가격은 13% 상승하여 국제 식량가격의 상승폭인 29%에 비해 훨씬 낮았으나 기존 정책과 체제의 영향으로 인한 이와 같은 가격 상승폭의 차이가 수입원가 증가 및 수출수익 상승에 대한 기대를 높임으로써 중국 수출입무역의 흐름을 심각하게 왜곡하였다. 중국은 식량가격 상승에 대응하고, 국내 식량수급균형과 정상적인 식량 수출입무역의 흐름을 보장하기 위하여 2007년 12월 20일에 대두, 옥수수, 밀, 쌀 등 주요 피곡에 대한 수출관세 환급을 없애고, 2008년 1월 1일부터 피곡 및 그 제분에 대해 5-25%의 임시수출관세를 부과하는 한편 식량 수출할당제 관리를 실시하였다. 2008년 이래 위 정책들의 효과가 현저하게 나타나 2010년 중국 곡물 수출량은 124.3만 톤에 불과해 전년 동기 대비 9.2% 감소한 반면 수입량은 570.7만 톤으로 전년 동기 대비 106% 증가하였다. 2007년 830만 톤에 달하는 곡물 순수출에 비하면 2010년의 곡물 수출규모는 대폭 줄어들었다. 이로부터 중국의 식량정책이 어느 정도 수출을 감소시키는 반면 밀과 같은 일부 식량품목의 수입을 증가시켰다는 것을 알수 있다. 따라서 지속 상승하는 세계 식량가격과 수출입 질서가 교란된 국제 식량무역 환경에 직면한 중국은 점차 수입무역이 수출무역을 대체함으로써 수입무역이 주도적인 지위를 차지하게 되었다.

식량가격 상승은 중국 식량 수출입을 거꾸로 발전시켰을 뿐만 아니라 중국의 식량무역 질서를 교란하고, 농산물 무역수지적자를 지속적으로 확대시켰다. 중국 식량 수출입 수지적자는 최근 몇 년간 지속 확대되어 순수입량은 지속 증가되었다. 이는 세계 식량가격 상승 및 국제 식량공급 부족에 대한 예측과 밀접히 관련된다. 2012년 중국 농산물 수출입은 모두 비교적 빠르게 성장해 수출액은 632.89억 달러로 전년 대비 4.18% 증가하고, 수입액은 1124.79억 달러로 전년 대비 18.56% 증가하였다. 무역 수지적자는 491.90억 달러로 전년 대비 약 150억 달러 증가하였다. 2012년 중국 곡물 수입량은 1398만 톤으로 전년 대비 1.6배 증가하고, 밀, 옥수수와 쌀 등 3대 곡물품목의 수입은 빠르게 증가하여 수입량이 각각 370.1만 톤, 520.8만 톤, 236.9만 톤으로 각각 1.94배, 1.97배, 2.96배 증가하였다. 중국 식량수입량의 대폭 증가와 무역수지적자의 지속적인 확대는 국제 식량가격의 끊임없는 상승, 세계 식량공급에 대한 공황, 각국에서 지속 시행하는 무역보호조치와 밀접히 관련된다.

〈3〉 수입이 더욱 어려워짐

세계 식량가격의 상승은 식량무역환경을 악화시킴으로써 중국 식량 수입무역이 점차 주도적인 지위를 차지하게 되었지만 식량수입은 계속 어려워지고 있다. 세계 식량가격의 지속 상승과 석유가격의 계속 상승으로 인한 해상운송비용의 지속 증가는 중국이 식량수입을 통해 수급부족을 메우고, 국내 식량의 총량 균형을 유지하는 것을 직접적으로 제약하였다. 중국은 대두를 대량 수입해야 하는 반면 무역체제 등의 요인으로 국제 대두 거래가격에 대한 결정권이 없기 때문에 국제 대두가격이 2008년 12월 최저 290달러/톤에서 2011년 2월 최고 527달러/톤으로 상승했을 때 즉 대두가격 상승폭이 80%에 달한 상황에서도 여전히 어쩔 수 없이 고가의 대두를 대량 수입해야만 하였다. 고가의 대두를 수입하는 어려움을 줄이기 위해 중국 정부의 재정부담은 끊임없이 증가되었다. 2010년 대두 수입 평균

가격이 전년 대비 57% 증가함에 따라 중국은 전년 대비 약 80억 달러 증가된 재정지출을 통해 국내 대두수요를 만족시켜야 했다. 이는 중국의 농산물 무역수지적자를 대폭 확대시켰고, 대두 수입에 있어 어려움의 증가는 중국 식량무역에 직접적인 불리한 영향을 끼쳤다. 다시 밀의 예를 들어 2010년 하반기 이래 러시아는 가뭄으로 밀 생산량이 감소되어 장기적인 수출금지령을 시행하였고, 미국은 이상기후로 인해 밀 가격의 상승폭이 18%에 달하였다. 이에 따라 2010년 1-5월간 중국의 밀 수입량은 전년 대비 76% 감소하였다. 각국의 무역보호로 인한 국제 식량무역환경의 커다란 변화 때문에 중국의 밀 수입량은 대폭 축소되었다.

중국의 식량수급구조 및 지역 간 불균형은 여전히 두드러져 수입에 있어 어려움을 더했다. 식량생산 중심이 남방에서 북방으로 점차 이전되어 남방 일부 식량 판매지역의 식량수급부족이 점차 확대되고, 자연자원과 자연환경이 비교적 열악한 서부 및 서북부 일부 성(省)에서도 식량수급부족이 비교적 크게 나타났다. 세계 식량시장을 보면 식량 공급도 부족한 추세를 보인다. 따라서 세계 식량시장을 통해 일부 식량품목을 수입함으로써 국내 주요 식량품목 부족을 조절하는 것이 더욱 어려워졌다. 현재 세계 식량무역환경이 매우 복잡하고, 중국의 식량수입이 지속적으로 더 어려워지는 한편 인구 및 환경 등의 요인으로 식량 수요량이 끊임없이 증가되고 있기 때문에 식량수입을 통해 식량수급균형 조절을 실현하는 역할은 매우 중요하다.

세계 식량가격 상승은 중국 식량가격의 상승을 유발하여 중국 식량시장의 파동을 초래하고, 중국 식량수입무역에 충격을 줌으로써 식량수입무역환경이 악화되었다. 이에 따라 중국은 각종 식량무역 보호정책을 시행하여 식량시장을 강력히 관여하여 식량시장의 정상적인 운영에 어느 정도 영향을 미쳤다. 그러나 중국은 최근 몇 년간 줄곧 90% 이상의 식량자급률을 유지하였으며 2012년까지 식량 생산에 있어 '9년 연속 증산'을 실현하였다. 중국은 막대한 외화보유액과 위엔화의 강세로 국내 식량수급균형을 유지하고, 나아가 국내 식량생산능력의 보장을 통해 세계 식량가격 상승으로 인한 손해를 최저 수준으로 낮추는 데 있어 충분한 자신감을 가지고 있다.

제6절 미래 중국 식량무역 발전 추세

개혁개방 이래 중국 경제사회 발전과 종합적인 국력의 끊임없는 신장에 따라 식량생산이 세계가 주목할 만한 성과를 거두었고, 식량무역에 있어서도 국제시장의 시련을 견뎌냈다. 하지만 최근 특히 WTO 가입 이후 중국 농업발전은 새로운 단계에 들어섰고, 식량무역도 새로운 도전에 직면하게 되었다.

1. 중국 식량무역 변동의 특징

(1) 무역규모가 끊임없이 확대되고, 전반적으로 수입을 위주로 함

전반적으로 보면 중국 식량무역총량은 변동 속에서 증가하는 특징을 지니고 있다. 1995년 중국 식량무역총량은 2173만 톤이었으며 1996-1999년간 1300-1700만 톤으로 하락하고, 2000년 2760만 톤으로 급증한 후 2년간 대체적으로 이와 같은 수준을 유지하였다. 2003년 4000만 톤을 돌파한

4514만 톤에 이르렀고, 2004-2008년간 3500-4500만 톤 사이에서 변동하다가 2009년 4742만 톤, 2010년 6191만 톤으로 증가하였다. 2011년 5951만 톤으로 다소 감소한 후 2012년 7371만 톤으로 급증하였다. 무역총량은 변동 가운데에서 끊임없이 상승하였고, 2012년 무역총량은 1995년 대비 2.39배 증가하여 연평균 증가율이 7.40%에 달하였다.

식량수출 측면에서 중국 식량 수출량은 증가 후 감소하는 특징을 나타냈다. 1995-1996년간 식량 수출량은 100여 만 톤, 1997년 854만 톤으로 증가하였으며 2000년 1403만 톤으로 한층 더 증가하였다. 식량 수출량은 2003년 가장 큰 2231만 톤에 이른 후 등락하면서 줄어들었다. 2005년과 2007년 수출량은 비교적 높은 1000만 톤을 초과했으나 2008년 이후 수출량은 확연히 감소되어 2012년에는 133.7만 톤에 불과하였다. 식량수출량이 식량생산량에서 차지하는 비중은 작았으며 2003년 최고조에 이를 때에도 5.18%에 불과하고, 다른 해에는 1-4% 사이였으며 2008년 이후에는 대체적으로 0.5% 이하의 수준을 유지하였다.

식량수입 측면에서 중국 식량수입량은 감소 후 증가하는 특징을 나타냈다. 1995-2012년간 식량수입량은 1995년 최고수준인 2070만 톤에서 1999년 772만 톤으로 줄어들고, 2000년 이후 수입량은 비교적 빠른 속도로 증가하여 2003년 2283만 톤, 2005년 3289만 톤, 2009년 4560만 톤, 2010년 6050만 톤으로 증가하였으며 2011년 5808만 톤으로 다소 감소한 후 2012년 7237만 톤으로 증가하였다. 2012년 식량수입량은 1995년에 비해 2.5배 증가하여 연평균 증가율은 7.64%에 이르렀다. 비록 식량수입량은 끊임없이 증가했지만 식량 총 생산량에서 차지하는 비율은 높지 않았고, 대두를 제외한 곡물 수입량이 식량생산량에서 차지하는 비율은 최고 4.4%이었다가 현재는 2% 정도이다. WTO 가입 이후 대두 수입량은 비교적 빠른 속도로 증가함으로 식량수입량이 생산량에서 차지하는 비율은 1995년 4.44%에서 2012년 12.27%로 상승하였다.

중국 식량무역은 대부분 해에 순수입으로 나타났으며 순수입량은 감소하다가 증가하는 추세를 보였고, 규모는 확대 추세다. 중국 식량 순수입량은 1995년에 1976만 톤에 달한 후 지속 감소하고, 1997-1998년간, 2000년과 2002년에는 순수출을 보였으며 순수출량은 40-200만 톤에 달하였다. 2004년 이후 순수입량은 지속 증가하여 2008년 3663만 톤, 2009년 4397만 톤, 2011년 5665만 톤으로 증가하였고, 2012년 7103만 톤으로 급증하였다. 전반적으로 보면 중국의 식량수출 경쟁력이 비교적 약해 비교열위에 있으나 식량수입은 국내시장 수요의 촉진으로 지속 증가하였다.

(2) 무역품목구조는 불균형적이며 변동성은 비교적 큼

식량수출의 주요 품목인 밀, 옥수수, 쌀과 대두의 수출량 합계가 식량수출량에서 차지하는 비중은 상승 후 하락하는 추세를 보였다(그림 3.10 참조). 이 4가지 품목의 수출량 비율은 1995년 75.45%에 이른 후 다소 상승하여 2000년 최고수준인 98.8%에 달하였고, 2001-2007년간 모두 90% 이상의 비율을 유지하였으나 2008년 이후 다소 하락하여 2011년 83.56%까지 줄어들다가 2012년 다시 85.53%로 상승하였다. 곡물수출은 밀, 쌀과 옥수수를 위주로 이 3가지 품목의 수출량은 곡물 총 수출량에서 80% 이상의 비율을 차지하였다. 21세기에 들어선 이후 대부분 해의 곡물 수출은 수입보다 많았고 누계 수출량은 약 8326만 톤에 이르렀으며 수출량은 연도간에 크게 변동되었다. 곡물 수출품목은 밀, 쌀과 옥수수를 위주로 하며 곡물 총수출량에서 차지하는 비율은 대부분 해에 90% 이상에 달하였고, 최근 4년간 약간 하락하였지만 여전히 80% 이상을 유지하였다.

품목별로 보면 밀 수출량은 비교적 적어 식량 총 수출량에서 차지하는 비율은 하락하다가 상승하였다. 밀 수출량은 2007년 최고수준인 307만 톤에 달하였지만 대부분 해에는 100만 톤 이하였다. 밀 수출량이 식량 총 수출량에서 차지하는 비율은 1996년 39.41%에 이른 후 다소 하락하여 1997-2000년간에는 1-5% 사이의 비율을 유지하였고, 2001년 이후 변동 속에서 상승하였다. 2007년 29.81%에서 2008년 13.21%로 하락하다가 최근에 다소 상승하여 2011년 22.97%에 이르렀고, 2012년 21.38%로 약간 하락하였다.

쌀 수출량은 다소 감소하였으며 식량 총 수출량에서 차지하는 비율은 하락 후 상승하였다. 쌀 수출량은 100-300만 톤 사이에서 변동하다가 최근 4년간 100만 톤 이하로 감소하였다. 쌀 수출량이 식량 총 수출량에서 차지하는 비율은 하락하다가 상승하였으며 1998년 41.43%에 달한 후 해마다 하락하여 2003년 11.73%까지 하락하였고, 2004-2007년간 20% 이하에서 변동하다가 2008년 이후 다소 상승하여 41-45% 사이에서 오르내렸고, 2012년에 20.88%로 하락하였다.

옥수수 수출은 변동이 심했으며 곡물 수출에서 수출량이 가장 많은 품목에서 순수입 품목으로 전환됨에 따라 식량 총 수출량에서 차지하는 비율은 현저한 하락추세를 보였다. 중국 옥수수는 1997-2009년간 연속 14년 순수출을 유지한 가장 주요한 식량수출 품목이었다. 옥수수 수출량은 최고 1639만 톤에 이르렀으며 대부분 해에는 200-900만 톤 사이에서 변동하다가 최근 4년간 30만 톤 이하로 감소하였다. 옥수수 수출량이 식량 총 수출량에서 차지하는 비율은 1995-1996년간 15% 정도였으며 1997-2007년간 최고 81.61%에 달하였고, 대다수 해에는 40-80% 사이에서 오르내렸으며 2008-2011년간 10% 이하로 확연히 하락 후 2012년 19.24%로 상승하였다. 옥수수 수출량 변동은 아주 급격했는데 그 예로 옥수수 수출량은 2002년 95% 증가하다가 2004년에는 86% 감소하였고, 2005년 다시 2.7배 증가하였다. 옥수수 수출량 변동은 중국 곡물수출에 변동을 일으킨 주된 요인이다. 그러나 2004년부터 식량감산의 영향을 받아 국가에서 국내 식량시장을 조정하기 위해 옥수수 수출쿼터를 줄이는 동시에 옥수수 수출보조금을 취소함으로써 옥수수 수출은 변동 속에서 감소하는 추세를 보여 2010년에 순수입 품목이 되었다.

대두 수출량은 비교적 적어 식량 총 수출량에서 차지하는 비중은 높지 않았다. 대두 수출량은 일반적으로 10-50만 톤 사이에서 오르내렸고, 2008년 최고 48.5만 톤에 달한 후 다소 감소하여 2011년 21.4만 톤으로 줄어들었고, 2012년 32.1만 톤으로 증가하였다. 수출량이 식량 총 수출량에서 차지하는 비중은 1995년과 1996년에 각각 36.6%, 13.44%에 달하였으며 1997-2007년간에는 10% 이하의 수준을 유지하다가 2008년 이후 다소 상승하여 12-20% 사이에서 변동한 후 2012년에 24.02%에 이르렀다.

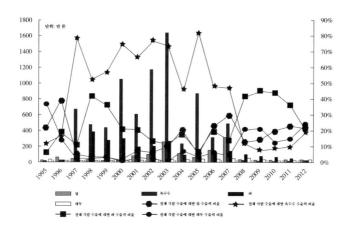

〈그림 3.10〉 1995-2012년 중국 식량 수출량 및 비율의 변화

자료출처 : 중국 세관 통계 데이터에 의해 작성함

　식량 수입에 있어 주된 품목은 대두였으며 최근 몇 년간 밀, 옥수수, 쌀의 비율이 다소 상승하였다. 식량수입에서 밀이 차지하는 비율은 1995년과 1996년 각각 56.17%, 69.42%로 비교적 높았다. 1997년 이후 대두가 주된 수입품목이 되어 식량수입에서 차지하는 비율은 1998년 40.9%에서 2003년 90.86%로 상승하였다. 2004-2006년간에는 67-89%로 다소 하락하였고, 2007년 이후 다시 90% 이상으로 상승하여 2011년 90.62%까지 이르렀다. 쌀, 밀과 옥수수의 수입량이 빠르게 증가함에 따라 2012년 대두가 식량수입에서 차지하는 비율은 80.68%로 하락하였다. 밀, 옥수수 및 쌀의 비율이 비교적 낮은 편이었으나 최근 몇 년간 다소 상승하여 2008년 각각 0.11%, 0.13%, 0.85%에서 2012년에는 5.11%, 7.20%, 3.27%로 상승하였다 (그림 3.11 참조).

　보리는 수입량이 가장 많은 곡물품목이었으며 최근에 옥수수와 밀의 수입량이 뚜렷하게 증가하였다. 21세기에 들어선 이후 중국의 곡물 수입 규모는 크지 않았으며 대다수 해에는 200-600만 톤이었으나 단 2004년과 2005년에 국내 식량감산으로 인해 수입량이 각각 975.4만 톤과 627.7만 톤으로 증가하였다. 곡물 수입품목에 있어 보리를 위주로 하여 대부분 해에 곡물 총 수입량의 50% 이상을 차지하였고, 최근에 이 비율이 다소 하락한 반면 옥수수와 밀의 수입량이 현저히 증가하였다. 옥수수 수입량은 2009년 이전에 몇 만 톤에 불과했으나 2009년 옥수수 감산에다 사료용 및 공업용 수요의 급증으로 인해 2010년 수입량이 157.3만 톤으로 급증하였고, 2011년 175.4만 톤, 2012년에 520.8만 톤으로 한층 더 증가하였다. 밀 수입량은 대다수 해에 100만 톤 이하였으나 단 2004년과 2005년에 국내 감산으로 각각 725.9만 톤과 354.4만 톤으로 증가하였고, 2009년 이후에 수입량이 확연히 증가하여 2012년에 370.1만 톤에 이르렀다.

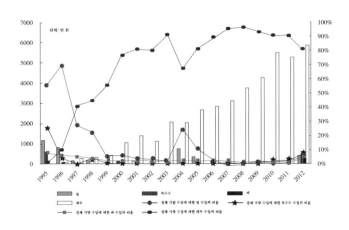

〈그림 3.11〉 1995-2012년 중국 식량 수입량 및 비율의 변화

자료출처 : 중국 세관 통계 데이터에 의해 정리함

중국의 식량안보와 농업의 해외진출전략

전반적으로 보면 중국의 주요 식량품목 무역구조는 불균형적이며 수출입 무역량의 변동폭도 비교적 크게 나타났다. 10여 년간 중국은 주로 옥수수, 쌀과 밀을 수출하였고, 대두를 주로 수입하였다. 옥수수와 쌀은 전반적으로 순수출 상태였고, 밀은 순수출과 순수입이 교체된 상태였으며 대두는 줄곧 순수입 상태였다. 그 중에서 옥수수 수출은 매년 하락하는 추세로 2010년에 처음으로 순수입으로 전환되어 수입규모도 지속 확대되었다. 쌀 수출량도 지속 감소되어 2011년 순수입으로 전환되었다. 최근에 국가에서 식량무역 조정강도를 끊임없이 강화함에 따라 옥수수, 쌀과 밀의 수출규모도 크게 줄어들었다.

(3) 수입 원천지는 집중되고, 수출시장은 상대적으로 분산됨

식량수입 원천지는 비교적 집중되며 주로 선진국에서 수입하였다. 식량은 토지 집약형 제품으로 세계 식량생산은 주로 토지자원이 풍부한 선진국에 집중되어 있다. 2012년 밀은 주로 호주, 미국, 캐나다로부터 수입되어 밀 총 수입량에서 94%의 비중을 차지하였다. 옥수수는 주로 미국에서 수입되며 옥수수 총 수입량의 98%를 차지하였다. 대두는 주로 미국, 브라질, 아르헨티나로부터 수입되며 대두 총 수입량의 96%에 이르렀다. 쌀은 주로 베트남, 파키스탄, 태국에서 수입되며 쌀 총 수입량에서 98%를 차지하였다.

식량 수출시장은 상대적으로 분산되어 주로 주변 아시아 국가 및 지역으로 수출되었다. 한국, 조선, 일본 및 중국 홍콩은 중국 식량수출의 가장 주요한 시장으로 2012년 중국에서 이 4개 시장에 대한 곡물 수출량은 곡물 총 수출량에서 84%를 차지하였다. 밀의 수출시장은 주로 조선, 홍콩이며 밀 총 수출량의 90% 이상을 차지하였다. 옥수수의 주요 수출시장은 조선으로 옥수수 총 수출량에서 차지하는 비율은 90% 이상에 달하였다. 대두 수출시장은 주로 한국, 미국, 일본 및 조선이며 대두 총 수출량에서 85% 이상을 차지하였다. 쌀의 주요 수출시장은 조선, 한국, 일본 및 중국 홍콩 지역으로 쌀 총 수출량에서 차지하는 비율이 80% 이상에 이르렀다. 최근 남아프리카 등 국가로의 쌀 수출이 다소 증가되었다.

2. 미래 중국 식량무역의 발전 추세

장기적으로 보면 중국의 인구증가, 국민생활수준 향상, 농경지 감소, 수자원 부족 등은 기본적으로 역전될 수 없는 상황이며 이로 인해 식량에 대한 기본적인 수요도 계속 증가할 것이다. 한편 중국 농가의 식량 생산규모가 비교적 작아 생산물자 및 기술장비의 낙후, 농업기반시설의 취약, 재해 대응능력 부족 등의 상황은 단기간 내 확연히 개선되기 어렵다. 이는 어느 정도로 식량생산의 발전을 제약할 것이다. 이러한 요인들로 인해 중국의 중장기 식량수급 균형에 대한 압력이 장기간 존재할 것이다. 따라서 국제시장에서 적절한 식량수입을 통해 국내 식량수급 부족을 보완하는 것이 필요하다.

(1) 식량무역의 전반적인 발전 추세

최근 몇 년간의 발전상황을 보면 중국은 이미 식량제품의 전면적인 순수입 시기에 진입했고, 이러한 추세는 갈수록 확연해질 것이다. 최근 중국 농산물 무역이 빠르게 증가하는 동시에 농산물 수입액이 수출액을 계속 초과하여 농산물 순수입국의 특징이 더욱 두드러졌다. 2011년 식량, 목화, 기름, 설탕 등 대종농산물이 전반적으로 순수입 상태가 된 이후 국내외 수급변화와 시장조정정책 등 종합적인 영향으로 2012년 주종 농산물 수입은 급증하여 농산물 무역수지적자가 대폭 확대되었고, 전반적으로 순수입 추세가 공고해졌다. 하지만 세계 농산물이 고가인 시대임에도 불구하고 중국의 대종농산물은 여전히 국제경쟁력이 약하다. WTO 가입 이후 2008년 식량위기 이전 대부분 해에 일부 주종 농산물의 CIF 세후가격은 이미 국내 판매지 가격보다 낮았고, 최근 몇 년간 국제 농산물 가격 상승은 객관적으로 중국 대종농산물이 보호받을 수 있는 공간을 제공하였다. 그러나 국내 생산비용의 빠른 상승에 따라 중국 주종 농산물의 경쟁력이 빠르게 하락했으며 현재 세계 농산물가격이 사상 최고 수준임에도 중국의 주종 농산물은 국내에서 조차 경쟁력이 갈수록 약해지고 있다. 장기적으로 보면 이와 같은 추세는 지속될 것이며 중국은 앞으로 협상에서 매우 제한된 정책적 공간에 대한 보호를 강화해야 할 뿐만 아니라 종합적 조치를 취해 농산물의 국제경쟁력을 전반적으로 향상시켜야 한다.

〈1〉 식량무역 의존도는 한층 더 높아질 것임

중국은 인구가 많고 농업자원의 1인당 점유수준이 낮은 현실의 제약으로 최근 식량 생산량이 지속적으로 안정된 증가세를 보였지만 수급부족은 줄곧 존재하여 식량수급의 빠듯한 균형 국면에서 벗어나지 못하고 있다. 앞으로 10년간 중국 식량수급부족은 여전히 존재할 뿐만 아니라 계속 확대될 추세이다. 인구증가, 공업화 및 도시화 진척의 가속화에 따라 중국의 기본적인 식량소비는 줄어들 가능성이 없이 계속 증가할 것이다. 하지만 식량생산은 수자원 및 토지자원 부족, 극한 기후 다발 등 농업생산 자원여건에 제약을 받을 것이며 더구나 농작 이익이 비교적 낮음으로 인해 농민들의 농작 적극성에 영향을 줘 지속적인 증산이 더욱 어려워질 것이다. 따라서 식량 국제무역은 중국의 식량 총량균형을 보장하는 데 있어 중요한 역할을 해야 하며 중국 식량의 무역의존도는 필연적으로 더욱 높아질 것이다.

중국 주요 식량품목을 보면 쌀과 밀의 생산은 예로부터 국가에서 가장 중시하여 자급률 확보를 요구한 품목으로서 수급에 있어 줄곧 기본적인 균형을 이루었고, 밀의 경우 최근에는 심지어 공급이 수요를 초과하는 상황이 나타났다. 향후 쌀과 밀의 수요가 감소되는 추세로 계속해서 완전 자급을 실현할 전망이다. 사료용 식량과 공업용 식량의 증가는 옥수수와 대두 수요의 빠른 증가를 촉발하였고, 특히 최근에 바이오 연료에 대한 수요증가로 옥수수와 대두 재배에 있어 경쟁이 점점 더 치열해졌다. 상대적으로 보면 대두 재배의 비교이익이 낮기 때문에 농민들로 하여금 대량으로 옥수수 재배로 전환되도록 유발하였다. 옥수수는 어느 정도 수급부족이 있으나 증산여력이 비교적 크며 지난 10년간 식량 파종면적이 연도별 변동은 있었지만 대체로 같았으며 그 중에서 옥수수만 파종면적이 35%로 대폭 증가하였고, 쌀, 밀, 대두는 다소 감소되었다. 한편 대두의 국내수요가 급증하여 수급부족이 가장 큰 품목이 되었다. 향후 10년간 이와 같은 추세는 지속될 것으로 예측된다. 따라서 쌀과 밀은 수출입에 있어 여전히 수급 부족 조절을 위주로 하고, 옥수수 수입은 증가세가 유지되며 대두는 지속적으로 국외에서 대량 수입이 필요할 것이다.

〈2〉 식량 자급과 수입 간 균형을 이루고 합리적인 수입량을 확정해야 함

중국은 예로부터 식량의 기본적인 자급보장을 강조해 왔고, 1996년에

95% 이상의 식량자급률 유지를 제시하였다. 2001-2011년간 중국 식량자급률은 95% 이상으로 안정되었다. 국제적인 경험에서 비추어 보면 국내 식량생산이 자국 수요량의 90%를 만족한다면 식량자급률이 비교적 높다고 말할 수 있다. 현재 일본의 곡물 자급률은 약 23%에 불과하며 멕시코와 브라질의 곡물 자급률은 각각 79%, 86%에 달한다. 미래 10년간 중국의 식량수급부족은 계속 확대될 것으로 95% 이상의 높은 자급률에 의존해 국가 식량안보를 보장하는 데 있어 압력이 증가됨에 따라 식량자급과 수입무역 간의 균형을 이루는 것은 국가식량안보를 확보하는 데 있어 중요한 의미가 있다. 따라서 국내 생산 및 공급을 강화하는 동시에 합리적인 수입량을 확정해야 한다.

이론적으로는 중국의 식량수입규모는 수요량의 15% 이하로 확정할 수 있다. 0-5%는 '부담이 없는 구간'이다. 중국의 과거 경험에 의하면 식량수입을 총 수요량의 5% 이하로 유지하면 식량안보에 영향을 주지 않을 뿐만 아니라 국제시장 공급에도 부담을 주지 않을 것이다. 6-10%는 '이상적인 구간'이다. 10%의 수입률은 절대다수 국가에서 안전선이라 말하며 총 수요의 6-10%에 달하는 식량을 국제시장을 통해 조달함으로써 국내 식량생산의 부담을 확연히 경감하고, 농업자원의 이용효율을 제고할 뿐만 아니라 중국 농업의 비교우위를 충분히 발휘할 수 있다. 11-15%는 '경고 구간'이다. 중국은 식량소비대국으로서 15%의 식량수입은 2.4억 명 인구의 식량, 즉 하나의 인구대국의 식량소비량에 상당하는 식량을 국제시장에 의해 해결해야 함을 의미한다. 이는 세계 식량시장에 일정한 충격을 줌으로써 아프리카와 같은 저개발, 저소득, 식품부족 국가의 식량수입에 영향을 미칠 것이다. 11-15%의 식량 수입률은 위험에 곧 직면한다는 것을 의미하지는 않지만 정부가 반드시 식량문제에 대해 경각심을 가지고 국내 농업 쇠퇴와 식량위기를 방지하는 한편 비교적 큰 국제여론 부담에 직면해야 함을 의미한다. 따라서 15%는 중국 식량수입규모의 경계선으로 삼아야 한다. 중국과 같은 인구대국이 이처럼 대규모의 식량을 수입하려면 충분한 외환지불능력이 있어야 할 뿐만 아니라 국제시장에서 식량수급 및 가격에 큰 변동이 발생하지 않도록 해야 한다. 이는 국제환경이 양호한 상황(예를 들면 국제정치 및 경제질서가 조화되고, 세계식량공급이 충분한 경우)이라면 아마도 가능하겠지만 위험성이 아주 클 것이다. 따라서 아무리 심각한 흉년일지라도 식량수입의존도는 15%라는 경계선을 넘어서서는 안된다.

(2) 식량무역구조의 변화 추세

중국의 다년간 식량수출입 경험에서 나타난 바와 같이 중국의 쌀과 옥수수는 식량품목 중에서 상대적인 비교우위에 있는 품목이고, 대두와 밀은 비교열위에 있는 품목이다. 따라서 비교우위 측면에서 고려한다면 중국은 마땅히 적당량의 쌀과 옥수수를 수출하고, 밀과 대두는 수입해야 한다.

첫째, 식량수입에 있어 밀을 위주로 해야 한다. 한편으로는 밀은 중요한 일상용 식량으로서 인구의 끊임없는 증가, 쌀을 대체하는 작용의 지속적 강화에 따라 국내 밀의 수급부족이 갈수록 커질 것이다. 다른 한편으로는 국제시장에서 밀 공급량이 비교적 크고, 수출국도 비교적 많아 수입원을 분산시켜 밀 수입위험을 감소시키는 데 비교적 유리함에 따라 중국에서 밀 수입을 증가시킬 수 있는 공간이 비교적 크다.

둘째, 옥수수 수입량을 적절히 통제해야 한다. 1980년대 중후반 이래 옥수수 생산량의 대폭 증가, 옥수수 총량균형에 약간의 잉여가 있는 상황

하에서 중국은 적극적인 수출을 이용하여 국내수요를 조절하고, 옥수수 수출을 촉진하였다. 하지만 최근 몇년간 중국의 옥수수 수출량은 매년 감소되고, 중국 국민생활수준의 지속적 향상에 따라 음식구조가 확연히 개선되어 고기, 가금알, 우유 제품 소비량이 상승세를 나타내는 한편 사료용 옥수수 수요량도 해마다 증가하는 추세이다. 아울러 최근 석유를 비롯한 에너지 부족에 따라 옥수수는 대체에너지인 에탄올의 생산원료이자 공업용 에너지원료로서 수요에 있어 확연한 증가세를 보이고 있다. 따라서 옥수수를 적절히 수입하여 국내 옥수수시장의 수급부족을 완화하는 것은 옥수수 시장가격의 안정에 유리할 것이다. 단 옥수수의 수입규모는 통제해야 한다.

셋째, 쌀은 주로 국내 생산에 의존하되 국제시장을 적절히 이용하여 수급부족을 조절해야 한다. 중국은 세계 최대 쌀 생산국이자 소비국으로 쌀 파종면적이 세계 총 파종면적에서 차지하는 비중이 20%에 달하고, 쌀 생산량은 세계 총 생산량의 30%를 차지하며 단위 면적당 생산량은 세계 평균수준의 1.6배에 이른다. 다년간 중국의 쌀 시장은 기본적으로 자급자족의 상황으로 수입량과 수출량 모두 비교적 낮은 수준을 유지하고, 쌀 수출입은 주로 품목 간 조절의 역할을 하였다. 그러나 최근에 국제시장의 쌀 공급량이 비교적 적은 한편 생산지는 비교적 집중되고, 가격이 밀보다 상대적으로 높아 중국이 쌀을 대량으로 수입하는 데 있어 불리하다. 따라서 중국은 기존 쌀 생산기지를 지속 공고히 함과 동시에 우위를 지닌 중서부지역과 북방지역, 특히 품질이 우수하고, 가격도 높은 북방지역의 쌀 생산을 대대적으로 발전시켜야 한다. 중국의 쌀 수출입 비중을 상대적으로 비교적 낮은 수준으로 유지하고, 쌀 수출입의 급격한 변동을 피하는 것이 중국 식량의 전반적인 안보를 보장하는 데 유리할 것이다.

　마지막으로 국외 양질의 대두를 대량 수입함과 동시에 국내 비유전자변형 대두의 비교우위를 최대한 발휘하여 수출에 나서야 한다. 중국은 1996년 대두 순수입국으로 전환된 이래 대두 수입량이 비교적 빠른 증가세를 유지하여 수입량이 1995년 29.39만 톤에서 2008년 3743.6만 톤으로 급증하였다. 중국의 대두 수입량이 비교적 많은 주된 원인은 국내 대두유 생산기업의 대두 수요가 막대하여 국내 생산으로써는 이와 같은 많은 수요를 충족시킬 수 없기 때문이다. 미국 등 대두 수출국에서 생산한 유전자변형 대두는 생산량이 많고, 출유율이 높으며 가격도 저렴해 중국 대두시장을 빠르게 점유하였다. 반면에 중국산 비유전자변형 대두는 생산량이 적고, 가격은 높으며 단백질 함량이 높으나 출유율이 비교적 낮아 시장경쟁력이 약하다. 따라서 중국은 국외에서 양질의 대두를 대량 수입함과 동시에 국산 비유전자변형 대두가 단백질 함량이 높은 우위를 최대한 발휘하여 일본, 한국 등 동아시아 국가들을 위주로 수출을 추진해야 한다. 중국은 이러한 기회를 잡아 비유전자변형 대두의 수출무역을 발전시켜야 한다.

　위에서 기술한 내용을 종합하여 장기적으로 보면 중국 인구의 끊임없는 증가와 국민 생활수준의 지속적인 향상에 따라 중국 식량수요의 고정적인 증가 추세는 기본적으로 역전될 수 없는 상황이다. 아울러 중국의 농경지 감소, 수자원 부족, 농가의 식량생산규모 과소, 물적 및 기술적 장비 낙후, 농업기반시설 취약, 재해 대응능력 부족 등 상황은 단기간내에 근본적으로 개선되기 어려움에 따라 식량생산 증가능력을 어느 정도 제한할 것이다. 이러한 요인들로 인해 중국의 중장기적 식량수급균형에 대한 압력은 줄곧 존재할 것이다. 따라서 국제시장에서의 적절한 식량 수출입을

중국의 식량안보와 농업의 해외진출전략

국내 식량수급 조절을 위한 중요한 수단으로 삼아야 한다. 하지만 중국 식량 소비량이 막대한 반면 국제시장 공급량은 한정되어 있음에 따라 중국은 식량수입의 합리적인 규모와 안전선을 반드시 확정해야 한다. 본 연구에 의하면 10% 이내의 식량수입률은 모두 합리적이며 이에 따라 10%는 중국 식량수입률의 안전선이라 할 수 있다. 아울러 중국 일부 식량품목의 비교우위를 최대한 발휘하여 국제시장에 수출을 촉진함으로써 품목 간 과부족을 조절하는 역할을 할 수 있을 뿐만 아니라 초과수익도 얻을 수 있다. 그러나 아무쪼록 중국은 반드시 국내 생산에 입각해 식량자급을 기본적으로 실현한다는 전제 하에서 식량무역을 통해 국내 식량수급부족을 보완하는 한편 비교우위를 발휘하여 외환보유액을 증가시켜 나가야 한다.

본 장의 집필자 : 尙强民, 韩一军

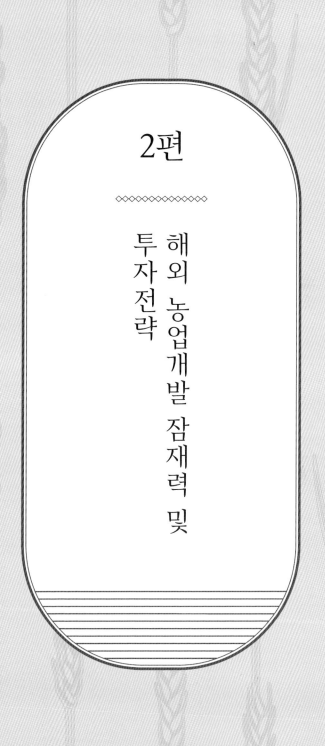

2편

◇◇◇◇◇◇◇◇◇◇◇◇

해외 농업개발 잠재력 및 투자전략

라틴아메리카 지역 농업개발 잠재력 및 투자전략

라틴아메리카 지역은 '라틴아메리카주와 카리브 지역'의 약칭이며 미국 이남의 미주지역을 가리킨다. 라틴아메리카 지역에는 총 33개 국가와 12개 미독립 지역이 포함되며 육지 총 면적은 약 2051.8만 ㎢에 달한다. 2012년 이 지역의 전체 인구는 6.1억 명, 1인당 GDP는 약 9498.5달러(달러 현재 가격 기준)에 달하였다.[1]

라틴아메리카 지역은 지리 위치에 따라 북쪽에서 남쪽으로 멕시코, 중앙아메리카, 카리브 및 남아메리카 등 4개 부분으로 구분할 수 있다. 멕시코는 지리 위치 상 북아메리카에 속하며 국토면적은 약 196.7만 ㎢에 달한다. 중앙아메리카는 멕시코 남쪽에서 콜롬비아 서북쪽에 이르는 좁고 긴 육지를 가리키며 육지면적은 약 54만 ㎢에 이른다. 카리브 지역은 대앤틸

---

1   CEPAL. Anuario estadístico de América Latina y el Caribe, 2013.

리스 제도, 소앤틸리스 제도와 바하마 제도 등으로 구성되며 섬 면적은 합계하여 24만 ㎢에 달한다. 남아메리카는 12개 국가와 1개 미독립 지역으로 구성되며 육지면적은 약 1797만 ㎢에 이른다.

라틴아메리카 지역은 농업자원이 풍부하고 개발 잠재력이 커 중·라 농업협력은 전망이 밝다. 중·라 농업협력은 주로 무역, 투자, 기술 등 분야에 집중될 것이고 양자 간 농업협력은 중국과 라틴아메리카 지역의 식량안보를 유지하는 데 있어 중요한 전략적 조치일 뿐만 아니라 세계 식량안보를 유지하는 중요한 조치이기도 한다.

제1절 라틴아메리카 지역 농업[2] 발전 현황

라틴아메리카 지역은 원래부터 '세계의 식량 창고'라 불렸다. FAO 통계에 따르면 2012년 라틴아메리카 지역의 곡물 수확면적과 생산량은 각각 약 5096만 ha와 2.0억 톤에 달하여 세계 곡물 총 수확면적과 총 생산량 중에서 차지하는 비율은 각각 7.2%와 8.0%에 이르렀고, 대두 수확면적과 생산량은 각각 약 4803만 ha와 1.2억 톤으로 세계 대두 총 수확면적과 총 생산량에서 차지하는 비율이 각각 45.7%와 49.7%에 달하였다.[3]

대두, 대두기름과 옥수수는 라틴아메리카 지역의 농산물 수출에 있어 주요 품목이다. 브라질, 아르헨티나, 파라과이, 우루과이는 각각 세계 제2,

---

2   본장에서 농업은 단지 농업재배업을 가리킴.

3   FAO 통계에 근거하여 계산함. http://faostat.fao.org/

중국의 식량안보와 농업의 해외진출전략

제3, 제4, 제6대 대두 수출국이다. 2011년 브라질의 대두 수출량은 3299만 톤, 아르헨티나는 1082만 톤, 파라과이는 501만 톤, 우루과이는 181만 톤에 달하였고, 이들 4개 국가의 대두 수출량 합계는 5063만 톤으로 세계 대두 총 수출량의 약 55.6%를 차지하였다. 아르헨티나, 브라질, 볼리비아와 파라과이는 각각 세계 제1, 제3, 제7, 제8대 대두기름 수출국이다. 2011년 아르헨티나의 대두기름 수출량은 442만 톤, 브라질은 174만 톤, 볼리비아는 24만 톤, 파라과이는 23만 톤에 달하였고 이들 4개 국가의 대두기름 수출량 합계는 663만 톤으로 세계 대두기름 총 수출량 중에서 66.3%의 비율을 차지하였다. 아르헨티나와 브라질은 각각 세계 제2, 제3대 옥수수 수출국이다. 2011년 아르헨티나의 옥수수 수출량은 1581만 톤, 브라질은 949만 톤에 이르렀고, 양국의 옥수수 수출량 합계는 2530만 톤으로 세계 옥수수 총 수출량의 약 23%를 차지하였다.[4]

1. 농업GDP 비율이 비교적 낮음

농업이 국민경제에서 차지하는 지위는 라틴아메리카 각국 간에 비교적 큰 차이가 나타났다(표 4.1 참조). 2005년의 달러 불변가격 기준으로 2012년 라틴아메리카 지역의 농업GDP는 약 1518억 달러로 이 지역 총 GDP(3만 5388억 달러)의 4.3%를 차지하였다. 국가 및 지역별로 보면, 멕시코의 농업GDP는 약 299억 달러로 멕시코 전체 GDP의 2.9%, 남아메리카 지역의 농업GDP는 약 1026억 달러로 이 지역 전체 GDP의 5.0%, 카리브 지역의

---

4   FAO 통계에 근거하여 계산함. http://faostat.fao.org/

농업GDP는 약 71억 달러로 이 지역 전체 GDP의 4.3%, 중앙아메리카 지역의 농업GDP는 약 122억 달러로 이 지역 전체 GDP의 9.2%를 차지하였다.

2. 농작물 생산의 집중도가 비교적 높음

2010년 6가지 주요 농작물[5]의 생산액 합계는 약 1186억 달러로 라틴아메리카 지역 농업 총 생산액 중에서 51%의 비율을 차지하였고, 수확면적은 약 1억여 ha로 라틴아메리카 지역 농경지 총 면적의 68%를 차지하였다.

옥수수, 쌀과 밀 3가지 식량작물의 생산액은 약 377억 달러, 수확면적은 약 3746만 ha, 생산량 합계는 약 1.5억 톤에 달하였다. 대두 생산액은 약 420억 달러, 수확면적은 약 4618만 ha, 생산량은 약 1.33억 톤에 이르렀다. 사탕수수와 커피 2가지 공업원료용 작물의 생산액은 약 389억 달러, 수확면적은 약 1849만 ha에 달했다. 옥수수, 대두, 사탕수수 3가지 작물의 수확면적 합계는 약 8776만 ha로 라틴아메리카 지역 농경지 총 면적 중에서 약 58.6%를 차지하였고, 생산액 합계는 약 928억 달러로 라틴아메리카 지역 농업GDP의 약 40%를 차지하였다(표 4.2 참조).

3. 농작물의 공간적 집중도가 비교적 높음

라틴아메리카 지역의 대부분 농경지는 식량작물, 유료작물과 공업원

---

5   역자주 : 6가지 주요 농작물은 대두, 옥수수, 사탕수수, 밀, 쌀, 커피를 가리킴.

중국의 식량안보와 농업의 해외진출전략

료용 작물 재배에 사용되며 6가지 농작물의 수확면적은 순차적으로 대두 4618만 ha, 옥수수 2684만 ha, 사탕수수 1294만 ha, 밀 882만 ha, 쌀 581만 ha, 커피 554만 ha에 달한다(표 4.2 참조).

〈표 4.1〉 2012년 라틴아메리카 지역 일부 국가의 주요 농업 지표

	토지 면적 (만 ha)	임지 (만 ha)	농업용지(만 ha)			다년생 작물	농경지/ 농업용 지(%)	농가 가구수 (만)	가구당 농업 용지 (ha)	GDP (억 달러)	농업 GDP (억 달 러)	농업 GDP 비중 (%)
			총면적	농경지	목장							
멕시코	19440	6496	10250	2480	7500	270	24	450	23	10275	299	2.9
중앙아메리카	5083	1976	1828	575	1024	229	31	172	11	1319	122	9.2
카리브	2115	689	1151	557	457	137	48	167	7	1660	71	4.3
아르헨티나	27367	2964	13285	3200	9985	100	24	28	480	2815	164	5.8
볼리비아	10833	5750	3682	360	3300	22	10	32	117	132	13	9.8
브라질	84594	52172	26450	6100	19600	750	23	522	51	11381	529	4.6
콜롬비아	11095	6060	4261	183	3915	163	4	120	36	2033	125	6.1
에콰도르	2484	1006	745	124	495	126	17	84	9	556	47	8.5
페루	12800	6814	2144	365	1700	79	17	170	13	1276	73	5.7
우루과이	1750	170	1486	164	1319	3	11	6	261	255	16	6.3
베네수엘라	8821	4656	2135	270	1800	65	13	50	43	1921	59	3.1
남아메리카 소계	174680	86793	57977	11359	45250	1368	20	1068	54	20369	1026	5.0
라틴아메리카 지역	201318	95954	71207	14971	54232	2004	21	1857	38	35388	1518	4.3

자료출처: ① 토지 면적, 농업용지와 농경지 면적: CEPAL. Anuario estadístico de América Latina y el Caribe, 2013. ② 농가 가구수와 가구당 농경지 면적 : Octavio Sotomayor, Adrián Rodríguez, Mônica Rodrigues. Competitividad, sostenibilidad e inclusión social en la agricultura: Nuevas direcciones en el diseño de políticas en América Latina y el Caribe, CEPAL. Santiago de Chile, diciembre de 2011, p.47 ③ GDP : CEPAL. Anuario estadístico de América Latina y el Caribe, 2011. ④ 임지 면적 : http://faostat.fao.org/ (2012년 8월 갱신 자료). ⑤ 농업 : http://faostat.fao.org/ (2012년 8월 갱신 자료). ⑥ 농가는 농업 생산 단위이며 개인, 가정, 농업생산업체와 조직 등이 여기에 포함됨

〈표 4.2〉 2010년 라틴아메리카 지역 주요 농작물의 생산액 수확면적 및 생산량

	생산액 (억 달러)	수확면적 (만 ha)	생산량 (만 톤)
식량작물			
옥수수	230	2846	11746
쌀	89	581	2595
밀	59	882	2950
소계	377	3746	14696
유료작물			
대두	420	4618	13301
공업원료용 작물			
사탕수수	278	1294	93902
커피	111	554	491
소계	389	1849	
합계	1186	10213	

자료출처: ① 목화의 수확면적 : CEPAL. Anuario estadístico de América Latina y el Caribe, 2011. 2009년 데이터. ② 기타자료: FAO 통계에 근거하여 계산함. http://faostat.fao.org/

　　공간적인 분포로 보면 농작물 재배 집중도가 비교적 높다. 대두는 주로 브라질, 아르헨티나, 파라과이 등 3개 국가에 집중되어 있으며 2010년 브라질의 대두 수확면적이 약 2333만 ha, 생산량은 약 6876만 톤, 아르헨티나의 수확면적이 약 1813만 ha, 생산량은 약 5268만 톤, 파라과이의 수확면적이 약 267만 ha, 생산량은 약 746만 톤에 달하였다. 이들 3개 국가의 대두 수확면적 합계는 약 4413만 ha로 라틴아메리카 지역 대두 총 수확면적(4634만 ha)의 95%를 차지하였고, 생산량 합계는 약 1억 2889만 톤으로 라틴아메리카 지역 대두 총 생산량(1억 3525만 톤)의 95%를 차지하였다.[6]

6　　FAO 통계에 근거하여 계산함. http://faostat.fao.org/

옥수수는 비록 라틴아메리카 지역에서 널리 재배되고 있지만 주로 브라질, 멕시코, 아르헨티나, 파라과이, 페루, 콜롬비아 등 6개 국가에 집중되어 있다. 2010년 이들 6개 국가의 옥수수 수확면적은 순차적으로 브라질 1268만 ha, 멕시코 715만 ha, 아르헨티나 290만 ha, 파라과이 79만 ha, 페루 50만 ha, 콜롬비아 46만 ha이며 옥수수 수확면적 합계는 약 2449만 ha로 라틴아메리카 지역 옥수수 총 수확면적의 68%를 차지하였다. 이들 6개 국가의 옥수수 생산량은 순차적으로 브라질 5539만 톤, 멕시코 2330만 톤, 아르헨티나 2267만 톤, 파라과이 311만 톤, 페루 154만 톤, 콜롬비아 153만 톤에 달하였으며 옥수수 생산량 합계는 약 1억 756만 톤으로 라틴아메리카 지역 옥수수 총 생산량 중에서 차지하는 비율은 76%에 이르렀다.[7]

쌀은 주로 브라질(272만 ha), 콜롬비아(46만 ha), 에콰도르(39만 ha), 페루(39만 ha), 베네수엘라(25만 ha), 아르헨티나(22만 ha), 볼리비아(19만 ha), 도미니카(19만 ha), 쿠바(18만 ha), 우루과이(16만 ha), 가이아나(13만 ha), 파나마(10만 ha) 등 12개 국가에 분포되어 있으며 수확면적 합계는 약 539만 ha로 라틴아메리카 지역 쌀 총 수확면적의 92%를 차지하였다. 2010년 이들 12개 국가의 쌀 생산량 합계는 약 2413만 톤으로 라틴아메리카 지역 쌀 총 생산량의 92%를 차지하였다. 쌀 생산량이 100만 톤을 넘은 국가는 7개로 브라질(1124만 톤), 페루(283만 톤), 콜롬비아(241만 톤), 에콰도르(171만 톤), 베네수엘라(125만 톤), 아르헨티나(124만 톤), 우루과이(115만 톤) 등이 포함된다.[8]

밀은 주로 아르헨티나(437만 ha), 브라질(218만 ha), 멕시코(68만 ha), 파라

---

7   FAO 통계에 근거하여 계산함. http://faostat.fao.org/

8   FAO 통계에 근거하여 계산함. http://faostat.fao.org/

과이(56만 ha), 우루과이(40만 ha), 칠레(26만 ha), 볼리비아(18만 ha), 페루(15만 ha) 등 8개 국가에 분포되어 있으며 수확면적 합계는 약 879만 ha로 라틴아메리카 지역 밀 총 수확면적의 93%를 차지하였다. 2010년 이들 8개 국가의 밀 생산량 합계는 약 2946만 톤이며 라틴아메리카 지역 밀 총 생산량의 89%를 차지하였고, 생산량이 100만 톤을 초과한 국가에는 아르헨티나(1492만 톤), 브라질(617만 톤), 멕시코(368만 톤), 칠레(152만 톤), 파라과이(140만 톤), 우루과이(130만 톤) 등이 포함된다.[9]

사탕수수는 라틴아메리카 지역에서 비교적으로 널리 재배되고 있는 가운데 주로 브라질(908만 ha), 멕시코(70만 ha), 쿠바(43만 ha), 콜롬비아(38만 ha), 아르헨티나(35만 ha), 과테말라(24만 ha) 등 6개 국가에 집중되어 있다. 이들 6개 국가의 사탕수수 수확면적 합계는 약 1118만 ha로 라틴아메리카 지역 사탕수수 총 수확면적의 86%를 차지하였다. 브라질의 사탕수수 수확면적은 라틴아메리카 지역뿐만 아니라 전 세계에서도 1위를 차지한다. 2010년 브라질에서 수확한 사탕수수는 7.2억여 톤에 이르렀다.[10]

라틴아메리카 지역의 대부분 국가는 커피를 재배하고 있지만 주로 브라질(216만 ha), 콜롬비아(75만 ha), 멕시코(74만 ha), 페루(35만 ha), 온두라스(27만 ha), 과테말라(25만 ha), 베네수엘라(19만 ha), 엘살바도르(15만 ha), 에콰도르(15만 ha), 도미니카(13만 ha), 니카라과(11만 ha) 등 11개 국가에 분포되어 있고, 수확면적 합계는 약 525만 ha에 이르러 라틴아메리카 지역 커피 총 수확면적의 95%를 치지하였다. 2010년 이들 11개 국가의 커피 원두 생

---

9   FAO 통계에 근거하여 계산함. http://faostat.fao.org/
10   FAO 통계에 근거하여 계산함. http://faostat.fao.org/

산량 합계는 약 473만 톤으로 라틴아메리카 지역 커피 원두 총 생산량의 96%를 차지하였으며 그 중 브라질은 291만 톤, 콜롬비아는 51만 톤, 페루는 27만 톤, 멕시코는 25만 톤, 온두라스는 23만 톤에 달하였다.[11]

4. 토지 소유에 있어 심각한 불공정

쿠바를 제외한 기타 라틴아메리카 지역 국가들은 기본적으로 토지사유제를 실행하고 있다.[12] 라틴아메리카 지역에는 약 1850여 만 가구의 농가(농업생산 단위)가 있으며 가구당 가경지 소유량은 38.3ha에 달한다. 대부분 농가는 멕시코와 남아메리카에 집중되어 있는 가운데 멕시코에 약 450만 가구의 농가가 있으며 가구당 가경지 소유량은 22.8ha에 달하고 남아메리카에 약 1068만 가구의 농가가 있으며 가구당 가경지 소유량은 54.3ha이다. 중앙아메리카 및 카리브 지역은 지리적으로 협소하고 인구가 상대적으로 많으므로 가구당 가경지 소유량은 비교적 적다. 중앙아메리카에 약 172만 가구의 농가가 있으며 가구당 가경지 소유량은 10.6ha, 카리브 지역에 약 167만 가구의 농가가 있으며 가구당 가경지 소유량은 6.9ha에 불과하다.

대부분 농가는 소규모 농가로서 가경지의 일부분을 소유하는 반면 한정되어 있는 소수의 대규모 농가는 가경지의 대부분을 소유하고 있다. 아르헨티나와 브라질을 예로 들어 다음과 같이 설명하고자 한다.

---

11   FAO 통계에 근거하여 계산함. http://faostat.fao.org/
12   멕시코에는 개인 토지, 농촌마을 토지, 협동조합(집체) 토지 등 3종류의 토지제도가 있으며 토지 사유화 개혁은 1992년부터 시작됨.

2002년 아르헨티나 농업 통계에 따르면 전국에 약 29.7만 가구의 농가가 있으며 그 중에서 가경지 소유량이 5ha 이하인 농가는 약 4만 가구로 총 농가 가구수의 16% 정도를 차지하지만 가경지소유량은 0.1%에 불과하였다. 5-100ha 가경지를 소유하는 농가는 약 9.6만 가구로 총 농가 가구수에서 차지하는 비율은 37%에 달하며 가경지 소유량은 1.3%에 달하였다. 100-1000ha 가경지를 소유하는 농가는 약 6.9만 가구로 총 농가 가구수의 27%를 차지하며 전국 가경지의 4.8%를 소유하였다. 1000-10000ha 가경지를 소유하는 농가는 약 4.8만 가구로 총 농가 가구수의 19%를 차지하며 전국 가경지의 54.9%를 차지하였다. 10000ha 이상 가경지를 소유하는 농가는 2787가구로 총 농가 가구수의 1.0%에 불과하지만 전국 가경지의 38.8%를 차지하였다. 이는 아르헨티나 전체 가경지 중 94% 이상의 가경지가 20%농가에 집중되고(1000ha 이상) 80%에 달하는 농가들이 소유한 가경지는 전국 가경지의 6%에 불과함을 의미한다.[13]

2006년 브라질 농업 통계에 따르면 전국에 약 491.9만 가구의 농가가 있으며 그 중 10ha 이하의 가경지를 소유한 농가는 약 247.7만 가구로 총 농가수의 50%를 차지하지만 소유한 가경지는 전국 가경지의 2%에 불과하였다. 10-100ha의 가경지를 소유한 농가는 약 197만 가구로 총 농가 가구수의 40%, 가경지 소유량은 전국 가경지의 19%에 달하였다. 100-1000ha의 가경지를 소유한 농가는 약 42.5만 가구로 총 농가 가구수의 9%, 전

13   Julio A. Berdegué and Ricardo Fuentealba. "Latin America: The State of Smallholders in Agriculture". Paper presented at the International Fund for Agricultural Development (IFAD) Conference on New Directions for Smallholder Agriculture 24-25 January, 2011, Rome, Italy. 관련 데이터에 근거하여 계산함.

국 가경지의 34%를 차지하였다. 1000-10000ha의 가경지를 소유한 농가는 약 4.5만 가구로 총 농가 가구수의 0.096%, 전국 가경지의 32%를 차지하였다. 1만 ha 이상의 가경지를 소유한 농가는 2022가구로 총 농가 가구수의 0.04%에 불과하지만 전국 가경지에서 차지한 비율은 12%에 이르렀다. 이는 브라질 90%의 농가들이 전국 21%의 가경지를 소유하는 반면 79%의 가경지가 10%에 불과하는 농가들 손에 쥐어 있음을 의미한다.[14]

전반적으로 보면 라틴아메리카 지역 60% 정도의 농가들은 소규모 농가이고 자급자족형 농가에 속하며 가정 소비 수요와 국내시장 수요를 충족시키는 것을 위주로 한다. 한편 40% 정도의 농가는 중대형규모의 농가로 농업생산의 상품화 또는 외향화 정도가 비교적 높고 대부분은 농장 또는 농원에 속한다.

5. 라틴아메리카 지역의 대부분 국가는 식량을 자급자족할 수 없음

라틴아메리카 지역은 '세계의 식량 창고'라고 불리지만 아르헨티나, 우루과이, 파라과이 등 3개 국가를 제외한 기타 국가들은 모두 식량 자급자족을 실현하지 못하였다. 2009-2011년간 라틴아메리카 지역의 연평균 식량 수입량은 5640여 만 톤이나 되며 그 중 남아메리카 수입량이 2800만

---

14   Julio A. Berdegué and Ricardo Fuentealba. "Latin America: The State of Smallholders in Agriculture". Paper presented at the International Fund for Agricultural Development (IFAD) Conference on New Directions for Smallholder Agriculture 24-25 January, 2011, Rome, Italy. 관련 데이터에 근거하여 계산함.

톤, 중앙아메리카는 540만 톤, 멕시코는 1800만 톤, 카리브 지역은 500만 톤에 달하였다.

남아메리카는 주로 밀(1300만 톤), 옥수수(880만 톤), 귀리(260만 톤), 중앙아메리카는 주로 옥수수(1000만 톤), 밀(470만 톤), 대두(370만 톤), 수수(250만 톤), 쌀(100만 톤), 멕시코는 주로 옥수수(740만 톤), 대두(340만 톤), 밀(300만 톤), 수수(250만 톤), 카리브 지역은 주로 밀(200만 톤), 옥수수(190만 톤), 쌀(100만 톤) 등을 수입하였다.

브라질은 농산물 수출대국이지만 2009-2011년간 연평균 980만 톤 식량을 수입하였으며 그 중 밀은 640만 톤, 귀리는 150만 톤, 옥수수는 120만 톤에 달하였다. 같은 기간 콜롬비아는 연평균 550만 톤 식량을 수입하였고, 베네수엘라, 페루, 칠레에서 수입한 식량은 각각 380만 톤, 350만 톤, 250만 톤에 이르렀다. 중앙아메리카 지역에서 과테말라는 140여 만 톤, 코스타리카는 130여 만 톤의 식량을 수입하였다. 카리브 지역에서 쿠바의 식량 수입량은 연평균 약 220만 톤에 이르고 도미니카의 식량 수입량은 연평균 약 150만 톤에 달하였다.[15]

6. 라틴아메리카 농업발전에 있어 책임은 무겁고 갈 길은 멀기만 함

(1) 증산 임무는 막중함

라틴아메리카 경제위원회(ECLA) 예측에 의하면 2012년 라틴아메리카

---

15   FAO 통계에 근거하여 계산함. http://faostat.fao.org/

지역의 인구는 6억 명을 넘을 것이고 2050년에 7.5억 명을 넘을 것이다.[16] 따라서 2012-2050년간 라틴아메리카 지역의 식량생산량이 80% 정도 증가해야만 소비수요를 만족시킬 수 있다. 그러나 라틴아메리카 지역의 농업생산력 성장은 오랫동안 완만하였으며 1961-2007년간 농업부문 전체 생산요소의 생산력 성장률이 연평균 1.9%에 불과하였다.[17] 농업생산 증가에 있어 주로 농경지 면적 확대에 의존하였는데 2000-2010년간 대두 생산량이 2000년 5734만 톤에서 2010년 1.33억 톤으로 증가하였으며 이는 수확면적이 2424만 ha에서 4634만 ha로 증가한 결과였다.[18]

(2) 빈곤 탈피 임무가 막중함

2010년 라틴아메리카 지역에는 약 1.85억 명의 빈곤인구가 있으며 총인구수에서 차지하는 비율이 31.4%에 달하였다. 그 중에서 1.22억 명의 빈곤인구가 도시에 거주하고(약 도시인구의 26% 차지), 0.63억 명의 빈곤인구는 농촌지역에 거주하고 있다(약 농촌인구의 52.6% 차지).[19] 농업은 농촌지역의 빈곤인구 생활을 보장하는 한편 소득원천의 역할을 한다. 아울러 라틴아메리카 지역의 빈곤가정에서는 가계소득 중 50-80%를 식품소비에 사용하며 최근 몇 년간 식량가격의 상승으로 인하여 라틴아메리카 지역의 빈곤

---

16   CEPAL. Anuario estadístico de América Latina y el Caribe, 2011.

17   Inter-American Development Bank. "Agriculture in Latin America by the numbers". www.iadb.org

18   2000년 데이터: CEPAL. Anuario estadístico de América Latina y el Caribe, 2011.

19   CEPAL. Anuario estadístico de América Latina y el Caribe, 2011. 관련 데이터에 근거하여 계산함.

가정이 비교적 큰 충격과 영향을 받게 되었다.[20]

(3) 식량안보 임무가 막중함

한편 라틴아메리카 지역의 33개 국가 중 30개 국가가 식량을 자급자족할 수 없어 매년 5640여 만 톤 식량을 수입해야만 한다. 2010년 말 현재 라틴아메리카 지역의 식품부족 인구는 약 5250만 명으로 이 지역 총 인구수의 약 9%를 차지하였다.[21] 다른 한편 라틴아메리카 지역에서 세계 식품의 11%를 생산하였고 농경지 보유량은 세계 농경지의 24%를 차지하였다.[22]

식량안보 문제를 유발한 근본적인 원인은 토지 소유에 있어 불공정 현상이 심각하고 식량안보를 주로 60% 정도의 소규모 농가에 의존하는 데 있다. 이들 소규모 농가의 토지여건은 열악하고 생산기술이 후진되며 생산량이 비교적 낮다. 중대형규모 농가의 상품화 및 외향화 정도가 비교적 높고 토지여건이 양호하며 주로 유료작물과 공업원료용 작물을 생산함으로써 식량생산 증가를 크게 제약하였다. 예를 들어 2010년 대두, 해바라기 2가지 유료작물과 사탕수수, 커피, 담배, 목화 4가지 경제작물의 수확면적 합계는 약 6885만 ha로 식량작물의 수확면적을 초과하였다.

라틴아메리카 경제위원회(ECLA)에서 지적한 바와 같이 라틴아메리카

---

20 Inter-American Development Bank. "Agriculture in Latin America by the numbers". www.iadb.org

21 FAO. Panorama de la seguridad alimentaria y nutricional de América Latina y el Caribe 2011.

22 Inter-American Development Bank. "Agriculture in Latin America by the numbers". www.iadb.org

지역의 농업개발 잠재력은 막대하다. 라틴아메리카 지역의 농업발전은 이 지역의 빈곤을 퇴치하고 식량안보 상황을 개선하는 데 기여를 할 수 있을 뿐만 아니라 세계 식량안보 및 식품보장에도 보다 많은 기여를 할 수 있을 것이다.

제2절 라틴아메리카 지역 농업개발 잠재력

2010년 말 현재 라틴아메리카 지역의 농경지 면적은 1.5억 ha 미만으로 농경지가 농업용지 중에서 차지한 비율은 21%에 불과하였다. 남아메리카 지역의 그 비중은 20%이며 그 중 콜롬비아는 4%에 불과하고 칠레는 8%, 볼리비아는 10%, 브라질과 아르헨티나는 각각 23%와 24%이다.

라틴아메리카 지역은 수자원이 풍부하여 수자원 총량이 연평균 약 18.4만억 ㎥에 달한다.[23] 수자원 분포에 따르면 라틴아메리카 지역 약 7775만 ha 토지가 관개될 수 있으나[24] 실제 관개면적은 2025만 ha 정도에 불과하며 그 중 남아메리카는 1212만 ha(브라질 약 450만 ha, 칠레 190만 ha, 아르헨티나 155만 ha, 페루 111만 ha), 멕시코는 약 630만 ha, 카리브 지역은 약 128만 ha(쿠바 87만 ha), 중앙아메리카는 약 54만 ha이다.[25]

---

23 FAO 통계에 근거하여 계산함. http://faostat.fao.org/
24 FAO 통계에 근거하여 계산함. http://faostat.fao.org/
25 CEPAL. Anuario estadístico de América Latina y el Caribe, 2011.

1. 라틴아메리카 지역 농업개발 잠재력 평가

라틴아메리카 지역의 토지자원은 매우 풍부하다. 이 지역은 약 7.12억 ha의 농업용지가 있으며 그 중에서 농경지는 약 1.5억 ha, 목장은 약 5.4억 ha, 임지는 약 9.6억 ha에 달한다. 일부 임지와 목장은 농경지로 개조될 수 있다. FAO 예측에 의하면 라틴아메리카 지역 약 4.21억 ha의 토지가 농경지로 개조 가능하다.[26]

본 연구는 옥수수, 밀, 쌀과 대두 4가지 농작물을 추출하여 라틴아메리카 지역 농업개발 잠재력 평가에 사용하고자 한다.

토지의 농업생산여건에 따라 토지를 3개 등급으로 분류할 수 있다. 즉 1등 토지는 I급 토지로, 2등 토지는 II급 토지로, 3등 토지는 III급 토지로 표시할 수 있다. I급 토지는 지세가 평탄하고, 지하수, 광, 열 등 여건이 양호하며 토양이 비옥하여 토지개발에 들어가는 투자가 비교적 적고 효과가 빨리 나타날 수 있다. II급 토지는 일정한 개량조치를 취해야만 생산 잠재력을 발휘할 수 있다. III급 토지는 지형, 해발, 경도, 광, 열, 지하수 등 불리한 요인의 제약으로 인해 생산량이 비교적 낮을 뿐만 아니라 불안정하기 때문에 대규모 농지기반 건설 또는 토양개량을 해야만 생산 잠재력을 발휘할 수 있다.

---

26 Jelle Bruinsma. World Agriculture towards 2015/2030: An FAO Perspective, Food and Agriculture Organization (FAO), 2003.

중국의 식량안보와 농업의 해외진출전략

(1) 옥수수 생산 잠재력

라틴아메리카 지역은 옥수수의 발원지로서 옥수수 재배가 비교적 광범위하다. 기타 농작물을 고려하지 않은 전제 하에서 라틴아메리카 지역 약 2억여 ha의 토지가 옥수수 재배에 사용될 수 있으며 옥수수 생산량이 12.8억 톤에 달할 수 있다. 그 중 남아메리카는 1.8억 ha 토지로 11.6억 톤 옥수수, 멕시코는 1200만 ha 토지로 8700만 톤 옥수수, 중앙아메리카는 227만 ha 토지로 1500만 톤 옥수수, 카리브 지역은 310만 ha 토지로 2000만 톤 옥수수를 생산할 수 있다.

옥수수 재배에 적합한 토지 중 Ⅰ급 토지는 총 2500만 ha로 비교적 적으며 Ⅱ급 토지는 약 8000만 ha, Ⅲ급 토지는 약 1억 ha에 달한다.

옥수수 재배에 적합한 토지 중 약 9300만 ha에 달하는 토지는 관개지로 개조될 수 있으며 9.6억 톤의 옥수수를 생산할 수 있다. 그 중에서 Ⅰ급 관개지는 약 3500만 ha, Ⅱ급 관개지는 약 3900만 ha, Ⅲ급 관개지는 약 1800만 ha에 달한다.

(2) 밀 생산 잠재력

현재 라틴아메리카 지역은 밀 재배면적이 비교적 적으나 밀 재배에 적합한 토지는 아주 풍부하다. 기타 농작물을 고려하지 않은 전제 하에서 라틴아메리카 지역에는 약 1.1억 ha에 달하는 토지가 밀 재배에 사용될 수 있으며 밀 생산량은 5억여 톤에 달할 수 있다. 그 중에서 남아메리카는 1억 ha의 토지로 4.9억 톤의 밀을 생산할 수 있고, 멕시코는 480만 ha 토지로 2000만 톤의 밀을 생산할 수 있다.

밀 재배에 적합한 토지 중 Ⅰ급 토지는 2600만 ha, Ⅱ급 토지는 약 4500

만 ha, III급 토지는 약 4200만 ha에 달한다.

밀 재배에 적합한 토지 중 약 5500만 ha의 토지는 관개지로 개조될 수 있으며 3.5억 톤의 밀을 생산할 수 있다. 그 중에서 I급 관개지는 약 1600만 ha, II급 관개지는 약 2700만 ha, III급 관개지는 약 1200만 ha에 이른다.

(3) 쌀 생산 잠재력

라틴아메리카 지역은 쌀 재배 여건이 아주 우월하다. 기타 농작물을 고려하지 않은 전제 하에서 라틴아메리카 지역에는 약 5.5억 ha에 달하는 토지가 쌀 재배에 적합하며 28억여 톤 쌀을 생산할 수 있다. 그 중 남아메리카는 5.2억 ha 토지로 26억 톤, 멕시코는 1300만 ha 토지로 7400만 톤, 중앙아메리카는 1200만 ha 토지로 6300만 톤, 카리브 지역은 740만 ha 토지로 3800만 톤의 쌀을 생산할 수 있다.

쌀 재배에 적합한 토지 중 I급 토지는 약 1억 ha, II급 토지는 약 2.3억 ha, III급 토지는 약 2.2억 ha에 달한다.

쌀 재배에 적합한 토지 중 약 2.8억 ha에 달하는 토지는 관개지로 개조될 수 있으며 18.7만 톤의 쌀을 생산할 수 있다. 그 중에서 I급 관개지는 약 5300만 ha, II급 관개지는 약 1.3억 ha, III급 관개지는 약 1억 ha에 이른다.

(4) 대두 생산 잠재력

현재 대두는 라틴아메리카 지역에서 재배면적이 가장 큰 농작물이다. 기타 농작물을 고려하지 않은 전제 하에서 라틴아메리카 지역에는 약 1.8억 ha에 달하는 토지가 대두 재배에 적합하며 대두 생산량은 4억 톤에 달할 수 있다. 그 중에서 남아메리카는 1.6억 ha 토지로 3.5억 톤, 멕시코는

1100만 ha 토지로 2700만 톤, 중앙아메리카는 260만 ha 토지로 600만 톤, 카리브 지역은 400만 ha 토지로 800만 톤의 대두를 생산할 수 있다.

대두 재배에 적합한 토지 중 Ⅰ급 토지는 약 1700만 ha, Ⅱ급 토지는 약 6100만 ha, Ⅲ급 토지는 약 1억 ha에 달한다.

대두 재배에 적합한 토지 중 약 7700만 ha에 달하는 토지는 관개지로 개조될 수 있으며 2.7억 톤 대두를 생산할 수 있다. 그 중에서 Ⅰ급 관개지는 약 2400만 ha, Ⅱ급 관개지는 약 3300만 ha, Ⅲ급 관개지는 약 1800만 ha에 이른다.

2. 라틴아메리카 지역 주요 국가의 농업개발 잠재력

멕시코, 쿠바, 아르헨티나, 볼리비아, 브라질, 콜롬비아, 에콰도르, 페루, 우루과이, 베네수엘라 등 10개 라틴아메리카 지역 국가의 농업개발 잠재력과 농업증산 잠재력은 비교적 크다.

본 연구는 토지를 Ⅰ급, Ⅱ급과 Ⅲ급으로 분류하여 옥수수, 밀, 쌀과 대두 4가지 농작물을 상대로 각국의 농업개발 잠재력을 평가하고자 한다.

(1) 멕시코 농업개발 잠재력

멕시코의 국토 면적은 약 196.4만 ㎢, 인구는 약 1.13억 명(2012년 예측), 도시화율은 78%에 달한다(2010년). 달러 현재 가격 기준으로 2012년 멕시코의 GDP는 약 1만 1816억 달러, 1인당 GDP는 약 10014달러이다.[27] 멕

---

27   CEPAL. Anuario estadístico de América Latina y el Caribe, 2013.

시코는 약 10250만 ha의 농업용지가 있으며 그 중에서 농경지 면적은 약 2480만 ha로 농업용지 중에서 차지하는 비율은 약 24%에 달한다. 멕시코 전국에 약 450만 가구의 농가가 있으며 가구당 농업용지는 23ha에 이른다.

〈1〉 옥수수 생산 잠재력

멕시코는 옥수수 재배에 적합한 한지가 약 1210만 ha로 8700만 톤의 옥수수를 생산할 수 있다. 그 중 Ⅰ급 토지는 약 335만 ha가 있으며 ha당 생산량은 9.7톤에 달하고 3200여 만 톤의 옥수수를 생산할 수 있다. Ⅱ급 토지는 약 380만 ha가 있으며 ha당 생산량은 7.6톤에 이르고 2900만 톤의 옥수수를 생산할 수 있다. Ⅲ급 토지는 약 490만 ha가 있으며 ha당 생산량은 5.2톤에 달하고 2500만 톤의 옥수수를 생산할 수 있다.

이들 한지 가운데 약 696만 ha에 달하는 한지는 관개여건이 구비되어 관개지로 개조될 수 있다. 그 중 Ⅰ급, Ⅱ급, Ⅲ급 관개지의 면적과 ha당 생산량은 각각 261.5만 ha와 12.5톤, 338.5만 ha와 10.5톤, 95.8만 ha와 7.8톤에 달하며 옥수수 생산량은 7500만 톤에 이를 수 있다(표 4.3 참조).

〈2〉 밀 생산 잠재력

멕시코는 밀 재배에 적합한 한지가 약 480만 ha로 1900만 톤의 밀을 생산할 수 있다. 그 중 Ⅰ급, Ⅱ급, Ⅲ급 토지의 면적과 ha당 생산량은 각각 124.5만 ha와 5.2톤, 194.6만 ha와 4.3톤, 161.6만 ha와 2.8톤에 달한다.

이들 한지 가운데 약 269.7만 ha에 달하는 한지는 관개여건이 구비되어 관개지로 개조될 수 있다. 그 중 Ⅰ급, Ⅱ급, Ⅲ급 관개지의 면적과 ha당 생산량은 각각 22.7만 ha와 8.1톤, 191.7만 ha와 5.5 톤, 55.2만 ha와 3.8톤에 이르며 밀 생산량은 1445만 톤에 달할 수 있다(표 4.4 참조).

중국의 식량안보와 농업의 해외진출전략

〈3〉쌀 생산 잠재력

멕시코는 쌀 재배에 적합한 한지가 약 1355만 ha로 7450만 톤의 쌀을 생산할 수 있다. 그 중 Ⅰ급, Ⅱ급, Ⅲ급 토지의 면적과 ha당 생산량은 각각 255만 ha와 7.7톤, 608만 ha와 5.9톤, 492만 ha와 3.8톤에 달한다.

이들 한지 가운데 약 1134 만 ha에 달하는 한지는 관개여건이 구비되어 관개지로 개조될 수 있다. 그 중 Ⅰ급, Ⅱ급, Ⅲ급 관개지의 면적과 ha당 생산량은 각각 236만 ha와 9.9톤, 668만 ha와 8.5톤, 230만 ha와 5.9톤에 달하며 쌀 생산량은 9300만 톤에 이를 수 있다(표 4.5 참조).

〈4〉대두 생산 잠재력

멕시코는 대두 재배에 적합한 한지가 약 1173만 ha로 2700만 톤의 대두를 생산할 수 있다. 그 중 Ⅰ급, Ⅱ급, Ⅲ급 토지의 면적과 ha당 생산량은 각각 319만 ha와 3.2톤, 378만 ha와 2.5톤, 475만 ha와 1.8톤에 달한다.

이들 한지 가운데 약 609만 ha에 달하는 한지는 관개여건이 구비되어 관개지로 개조될 수 있다. 그 중 Ⅰ급, Ⅱ급, Ⅲ급 관개지의 면적과 ha당 생산량은 각각 221만 ha와 4.0톤, 277만 ha와 3.2톤, 112만 ha와 2.3톤에 달하며 대두 생산량은 2022만 톤에 이를 수 있다(표 4.6 참조).

(2) 쿠바 농업 개발 잠재력

쿠바의 국토 면적은 약 11만 ㎢, 인구는 약 1121만 명(2012년 예측), 도시화율은 77.4%에 달한다(2010년). 달러 현재 가격 기준으로 2012년 쿠바의 GDP는 약 702억 달러, 1인당 GDP는 약 6288달러이다. 쿠바는 약 660만 ha의 농업용지가 있으며 그 중에서 농경지 면적은 약 357만 ha로 농업용지 중에서 차지하는 비중은 약 54%에 이른다. 농업 GDP가 전체 GDP 중에서

차지하는 비율은 약 4%에 달한다.[28]

쿠바의 기후조건은 옥수수, 쌀과 대두 재배에 비교적 적합하지만 밀 재배에는 적합하지 않다.

〈1〉옥수수 생산 잠재력

쿠바는 옥수수 재배에 적합한 한지가 약 267만 ha로 1900만 톤의 옥수수를 생산할 수 있다. 그 중 Ⅰ급, Ⅱ급, Ⅲ급 토지의 면적과 ha당 생산량은 각각 22만 ha와 9.8톤, 120만 ha와 8.3톤, 126만 ha와 6.0톤에 달한다.

이들 한지 가운데 약 73만 ha에 달하는 한지는 관개여건이 구비되어 관개지로 개조될 수 있다. 그 중 Ⅰ급 관개지는 없으며, Ⅱ급과 Ⅲ급 관개지 면적과 ha당 생산량은 각각 55만 ha와 9.6톤, 18만 ha와 6.6톤에 달하고 옥수수 생산량은 647만 톤에 이를 수 있다.

〈2〉쌀 생산 잠재력

쿠바는 쌀 재배에 적합한 한지가 약 508만 ha로 2700만 톤 쌀을 생산할 수 있다. 그 중 Ⅰ급, Ⅱ급, Ⅲ급 토지 면적과 ha당 생산량은 각각 149만 ha와 6.5톤, 240만 ha와 5.5톤, 119만 ha와 3.8톤에 달한다.

이들 한지 가운데 약 299만 ha에 달하는 한지는 관개여건이 구비되어 관개지로 개조될 수 있다. 그 중 Ⅰ급, Ⅱ급, Ⅲ급 관개지 면적과 ha당 생산량은 각각 160만 ha와 9.7톤, 105만 ha와 7.8톤, 34만 ha와 5.4톤에 달하며 쌀 생산량은 2550만 톤에 이를 수 있다.

〈3〉대두 생산 잠재력

쿠바는 대두 재배에 적합한 한지가 약 306만 ha로 640만 톤의 대두를

---

28   CEPAL. Anuario estadístico de América Latina y el Caribe, 2013.

생산할 수 있다. 그 중 Ⅰ급 토지는 없으며 Ⅱ급, Ⅲ급 토지의 면적과 ha당 생산량은 각각 136만 ha와 2.5톤, 170만 ha와 1.8톤에 달한다.

이들 한지 가운데 약 61만 ha에 달하는 한지는 관개여건이 구비되어 관개지로 개조될 수 있다. 그 중 Ⅰ급 관개지는 없으며, Ⅱ급과 Ⅲ급 관개지 면적과 ha당 생산량은 각각 44만 ha와 2.8톤, 17만 ha와 2.0톤에 달하고 대두 생산량은 158만 톤에 이를 수 있다.

〈표 4.3〉 라틴아메리카지역의 옥수수 생산 잠재력

구분	한지 면적 (만 ha)	한지 토지등급 I급	II급	III급	한지 ha당 생산량(톤) I급	II급	III급	한지 생산량 (만 톤)	관개지 면적 (만 ha)	관개지 토지등급 I급	II급	III급	관개지 ha당 생산량(톤) I급	II급	III급	관개지 생산량 (만 톤)
멕시코	1210.9	335.3	385.8	489.8	9.7	7.6	5.2	8706.5	695.8	261.5	338.5	95.8	12.5	10.5	7.8	7585.9
중앙아메리카	227.6	87.3	69.9	83.2	9.5	5.2	3.9	1518.6	58.6	9.2	33.8	15.3	8.9	6.4	4.5	367.2
카리브	310.0	21.6	134.9	153.5	9.8	7.8	5.3	2077.2	82.8	8.0	56.9	17.8	11.7	9.3	4.4	699.5
쿠바	267.3	21.6	119.5	126.2	9.8	8.3	6.0	1959.8	73.0	0	55.2	17.8	0	9.6	6.6	645.6
남아메리카	18773.4	2090.1	7412.8	9270.3	8.7	7.0	5.0	116201.6	8472.7	3305.5	3472.1	1695.4	12.2	10.0	7.2	87140.4
아르헨티나	5480.5	940.7	2448.9	2090.9	10.7	7.7	5.6	40682.1	4500.7	2414.2	1669.4	417.1	13.9	11.1	7.9	55408.4
볼리비아	1549.0	135.9	485.5	927.7	9.7	7.8	5.7	10402.0	593.0	102.6	277.7	212.7	11.7	9.4	7.0	5303.1
브라질	7789.6	479.9	2981.0	4328.7	9.9	8.0	5.7	53370.6	2073.7	469.2	910.1	694.4	11.9	9.6	6.8	18965.5
콜롬비아	136.3	0.6	19.6	116.0	6.9	7.6	5.3	764.6	26.5	0.8	11.7	14.8	12.2	10.9	7.8	243.4
에콰도르	204.8	37.1	83.2	84.4	7.8	5.5	5.3	1463.6	85.3	0.8	57.2	27.3	10.8	9.8	7.0	757.9
페루	96.1	21.7	33.9	40.5	7.6	5.5	4.7	541.8	69.0	33.8	27.3	8.0	11.7	9.4	6.9	708.9
우루과이	1056.6	113.4	451.6	491.6	9.4	6.8	4.9	6468.2	227.2	98.9	98.9	27.3	11.7	9.4	8.8	2742.4
베네수엘라	1728.0	164.9	569.5	993.6	8.2	6.8	5.7	12030.2	272.0	19.4	113.5	139.1	13.4	11.1	7.1	2660.7
라틴아메리카	20521.9	2534.3	8003.4	9996.8				128503.9	9309.9	3584.2	3901.3	1824.3				95792.9

주: ① 중앙아메리카 6개국: 코스타리카, 엘살바도르, 과테말라, 온두라스, 니카라과, 파나마. ② 카리브 5개국: 바하마, 쿠바, 도미니카, 아이티, 자메이카. ③ 남아메리카
12개 국가: 아르헨티나, 볼리비아, 브라질, 칠레, 콜롬비아, 에콰도르, 가이아나, 파라과이, 페루, 수리남, 우루과이, 베네수엘라

자료출처: FAO. Global Agro-ecological Assessment for Agriculture in 21st Century, 관련 데이터에 근거하여 계산함

중국의 식량안보와 농업의 해외진출전략

〈표 4.4〉 라틴아메리카지역의 밀 생산 잠재력

국가	한지 면적(만 ha)	한지 토지등급 I급	한지 토지등급 II급	한지 토지등급 III급	한지 ha당 생산량(톤) I급	한지 ha당 생산량(톤) II급	한지 ha당 생산량(톤) III급	한지 생산량(만 톤)	관개지 면적(만 ha)	관개지 토지등급 I급	관개지 토지등급 II급	관개지 토지등급 III급	관개지 ha당 생산량(톤) I급	관개지 ha당 생산량(톤) II급	관개지 ha당 생산량(톤) III급	관개지 생산량(만 톤)
멕시코	480.6	124.5	194.6	161.6	5.2	4.3	2.8	1934.8	269.7	22.7	191.7	55.2	8.1	5.5	3.8	1445.1
중앙아메리카	31.1	1.9	14.2	15.0				94.1	1.9	0.1	0.7	1.0				6.8
카리브	0.8			0.8			2.8	2.8								
쿠바																
남아메리카	10952.2	2537.7	4379.6	4034.7	5.9	4.8	3.5	49173.6	5311.4	1622.6	2525.7	1162.9	6.3	4.6	4.6	33507.1
아르헨티나	6049.9	1359.8	2757.0	1933.2	5.9	4.8	3.5	28011.8	4360.0	1485.9	2027.7	846.3	7.8	6.3	3.8	28318.6
볼리비아	135.9	25.1	48.7	62.0	5.8	3.8	2.6	494.3	62.2	26.9	26.0	9.3	10.1	6.3	3.1	470.6
브라질	2398.0	212.0	784.6	1401.4	5.0	4.2	3.2	8755.5	326.8		161.4	165.4		4.9	5.4	1299.9
콜롬비아	19.2	2.2	6.7	10.3	6.7	5.2	4.1	141.6	0.2		0.1	0.1		7.5	4.9	1.3
에콰도르	28.4	2.9	12.8	12.7	6.3	5.6	4.0	91.2	3.4	0.7	1.8	0.9	9.4	7.1	4.4	23.7
페루	114.3	17.2	41.6	55.6	6.1	5.0	3.4	503.2	55.9	11.7	29.9	14.2	9.6	6.6	5.0	371.5
우루과이	1366.9	914.6	394.2	61.0	6.4	5.0	3.6	8042.1	218.7	44.7	44.1	44.1	7.5	6.8	3.3	1439.0
베네수엘라	29.9	3.9	13.9	12.1	4.8	3.8	2.6	102.5	1.7		0.9	0.8		4.9		7.0
라틴아메리카	11464.7	2664.1	4588.4	4212.1				51205.3	5583.0	1645.4	2718.1	1219.1				34959.0

주 : ① 중앙아메리카 6개 국가 : 코스타리카, 엘살바도르, 과테말라, 온두라스, 니카라과, 파나마. ② 카리브 5개 국가 : 바하마, 쿠바, 도미니카, 해저, 자메이카.
③ 남아메리카 12개 국가 : 아르헨티나, 볼리비아, 브라질, 칠레, 콜롬비아, 에콰도르, 가이아나, 파라과이, 페루, 수리남, 우루과이, 베네수엘라.

자료출처 : FAO. Global Agro-ecological Assessment for Agriculture in 21st Century, 관련 데이터에 근거하여 계산함.

<표 4.5> 라틴아메리카 지역별 쌀 생산 잠재력

구분	한지								관개지							
	면적(만ha)	토지등급			ha당 생산량(톤)			생산량(만톤)	면적(만ha)	토지등급			ha당 생산량(톤)			생산량(만톤)
		I급	II급	III급	I급	II급	III급			I급	II급	III급	I급	II급	III급	
멕시코	1354.9	254.8	608.3	491.8	7.7	5.9	3.8	7456.6	1134.4	235.9	668.2	230.3	9.9	8.5	5.9	9357.4
중앙아메리카	1253.3	153.0	539.5	560.8				6350.9	399.7	40.8	231.4	127.3				2495.4
카리브	744.8	172.8	345.2	226.7				3844.7	428.8	215.8	162.5	50.6				3649.6
쿠바	508.3	149.4	239.7	119.1	6.5	5.5	3.8	2745.8	298.5	160.3	104.7	33.6	9.7	7.8	5.4	2557.3
남아메리카	52165.2	9677.2	21636.2	20851.4				263278.6	48882.2	11617.1	9459.5					171617.8
아르헨티나	463.1	2.1	85.2	375.7	4.4	4.4	3.2	1572.3	235.9	0.1	67.2	43.2		10.3	5.4	4378.3
볼리비아	4876.6	1461.0	2204.6	1211.1	4.4	5.8	4.0	28729.6	3085.5	131.6	1597.0	1721.3	8.3	7.9	5.5	23173.3
브라질	35454.0	6015.2	15032.2	14406.5	6.5	5.3	4.0	175362.1	3449.8	1065.1	5914.5	6097.0	7.3	6.1	4.5	71274.0
콜롬비아	2806.1	569.6	1000.6	1235.8	7.4	5.2	3.9	14187.1	1065.1	0.8	599.2	399.3	9.6	7.8	5.2	6733.3
에콰도르	171.9	19.5	53.1	99.3	7.4	4.9	3.8	774.7	99.2		67.2	43.2	9.8	8.0	5.2	762.8
페루	1589.2	11.4	406.0	1171.8	8.3	5.3	4.5	7450.5	110.5	0.1	67.2	43.2	9.8	7.9	5.5	656.1
우루과이	0.7			0.7			3.3	2.3	84.9		34.5	25.2	9.8	7.9	5.2	2266.2
베네수엘라	4151.7	1423.7	1690.0	1028.9			3.5	23660.7	254.8	25.1	76.1	0.2	9.5	7.5	5.2	1399.9
라틴아메리카	55518.2	10257.8	23129.2	22130.7	7.4	5.5	3.5	280930.8	5380.7	436	1237.7	757.2	9.5	7.9	5.3	187120.2

주 : ① 중앙아메리카 6개 국가 : 코스타리카, 엘살바도르, 과테말라, 온두라스, 니카라과, 파나마. ② 카리브 5개 국가 : 바하마, 쿠바, 도미니카, 아이티, 자메이카. ③ 남아메리카 12개 국가 : 아르헨티나, 볼리비아, 브라질, 칠레, 콜롬비아, 에콰도르, 가이아나, 파라과이, 페루, 수리남, 우루과이, 베네수엘라

자료출처 : FAO, Global Agro-ecological Assessment for Agriculture in 21st Century, 관련 데이터에 근거하여 개선함

〈표 4.6〉 라틴아메리카 지역의 대두 생산 잠재력

지역	한지								관개지							
	면적 (만 ha)	토지등급			ha당 생산량(톤)			생산량 (만 톤)	면적 (만 ha)	토지등급			ha당 생산량(톤)			생산량 (만 톤)
		I급	II급	III급	I급	II급	III급			I급	II급	III급	I급	II급	III급	
멕시코	1172.6	319.3	378.2	475.2	3.2	2.5	1.8	2797.2	609.3	220.8	276.9	111.6	4.0	3.2	2.3	2022.2
중앙아메리카	261.1	52.1	87.9	121.1		2.5	1.8	595.7	52.7	4.5	26.6	21.7				144.0
카리브	400.4		151.2	249.2				804.5	70.6	0	52.2	18.5				189.3
쿠바	306.0		135.8	170.2		2.5	1.8	639.0	60.9	0	44.2	16.8		2.8	2.0	158.0
남아메리카	16529.7	1331.8	5489.2	9708.9				35438.8	6977.1	2224.2	3011.3	1741.8				24430.3
아르헨티나	4103.6	750.0	2043.4	1310.3	3.3	2.6	1.9	10233.6	4237.6	1971.4	1729.9	536.3	4.6	3.7	2.6	16734.7
볼리비아	1724.0	94.9	432.5	1196.6	3.1	2.5	1.8	3509.5	426.7	23.8	182.2	220.7	3.6	3.1	2.2	1150.1
브라질	7429.5	383.1	2069.8	4976.6	3.1	2.4	1.8	15063.4	1453.5	120.6	654.8	678.1	3.6	3.1	2.3	4006.8
콜롬비아	244.4		14.9	229.5		2.5	1.7	417.4	26.0		10.9	15.1		3.1	2.2	67.9
에콰도르	177.7		90.0	87.7		2.7	1.9	408.2	82.9	3.1	43.0	36.7	3.5	2.9	2.1	214.2
페루	30.5		7.2	23.3		2.4	1.8	59.9	46.6	27.9	16.1	2.6	3.7	3.0	2.3	158.3
우루과이	290.6		110.2	180.4		2.2	1.8	558.8	8.9		43.0	121.4	4.3	3.4	2.5	608.8
베네수엘라	1861.7	91.3	479.3	1291.2	3.2	2.2	1.8	3758.9	223.7		102.3	121.4		3.0	2.2	572.0
라틴아메리카	18363.8	1703.2	6106.5	10554.4				39636.1	7709.7	2449.5	3367.0	1893.6				26785.9

주 : ① 중앙아메리카 6개 국가 : 코스타리카, 엘살바도르, 과테말라, 온두라스, 니카라과, 파나마. ② 카리브 5개 국가 : 바하마, 쿠바, 도미니카, 아이티, 자메이카. ③ 남아메리카
12개 국가 : 아르헨티나, 볼리비아, 브라질, 칠레, 콜롬비아, 에콰도르, 가이아나, 파라과이, 페루, 수리남, 우루과이, 베네수엘라

자료출처: FAO, Global Agro-ecological Assessment for Agriculture in 21st Century. 관련 데이터에 근거하여 재산출

(3) 아르헨티나 농업개발 잠재력

아르헨티나의 국토 면적은 약 278만 ㎢, 인구는 약 4152만 명(2012년 예측), 도시화율은 93.1%에 달한다(2010년). 달러 현재 가격 기준으로 2012년 아르헨티나의 GDP는 약 4770억 달러, 1인당 GDP는 약 11614달러이다.[29] 아르헨티나는 약 13285만 ha의 농업용지가 있으며 그 중에서 농경지 면적은 약 3200만 ha로 농업용지 중에서 차지하는 비중은 약 24%에 달한다.

〈1〉 옥수수 생산 잠재력

아르헨티나는 옥수수 재배에 적합한 한지가 약 5481만 ha로 4억 톤의 옥수수를 생산할 수 있다. 그 중 Ⅰ급, Ⅱ급, Ⅲ급 토지의 면적과 ha당 생산량은 각각 941만 ha와 10.7톤, 2449만 ha와 7.7톤, 2091만 ha와 5.6톤에 달한다.

이들 한지 가운데 약 4501만 ha에 달하는 한지는 관개여건이 구비되어 관개지로 개조될 수 있다. 그 중 Ⅰ급, Ⅱ급, Ⅲ급 관개지의 면적과 ha당 생산량은 각각 2414만 ha와 13.9톤, 1669만 ha와 11.2톤, 417만 ha와 7.9톤에 달하며 옥수수 생산량은 5.5억 톤에 이를 수 있다.

〈2〉 밀 생산 잠재력

아르헨티나는 밀 재배에 적합한 한지가 약 6050만 ha로 2.8억 톤 밀을 생산할 수 있다. 그 중 Ⅰ급, Ⅱ급, Ⅲ급 토지의 면적과 ha당 생산량은 각각 1360만 ha와 5.9톤, 2757만 ha와 4.8톤, 1933만 ha와 3.5톤에 달한다.

이들 한지 가운데 약 4360만 ha에 달하는 한지는 관개여건이 구비되어 관개지로 개조될 수 있다. 그 중 Ⅰ급, Ⅱ급, Ⅲ급 관개지의 면적과 ha당 생

---

29   CEPAL. Anuario estadístico de América Latina y el Caribe, 2013.

산량은 각각 1486만 ha와 7.8톤, 2028만 ha와 6.3톤, 846만 ha와 4.6톤에 달하며 밀 생산량은 2.8억 톤에 이를 수 있다.

〈3〉 쌀 생산 잠재력

아르헨티나는 쌀 재배에 적합한 한지가 약 463만 ha로 1500만 톤 쌀을 생산할 수 있다. 그 중 Ⅰ급, Ⅱ급, Ⅲ급 토지의 면적과 ha당 생산량은 각각 2만 ha와 4.4톤, 85만 ha와 4.4톤, 376만 ha와 3.2톤에 달한다.

이들 한지 가운데 약 4672만 ha에 달하는 한지는 관개여건이 구비되어 관개지로 개조될 수 있다. 그 중 Ⅰ급, Ⅱ급, Ⅲ급 관개지의 면적과 ha당 생산량은 각각 3086만 ha와 10.3톤, 1433만 ha와 7.9톤, 153만 ha와 5.4톤에 달하며 쌀 생산량은 4.4억 톤에 이를 수 있다.

〈4〉 대두 생산 잠재력

아르헨티나는 대두 재배에 적합한 한지가 약 4104만 ha로 1억 톤 대두를 생산할 수 있다. 그 중 Ⅰ급, Ⅱ급, Ⅲ급 토지의 면적과 ha당 생산량은 각각 750만 ha와 3.3톤, 2043만 ha와 2.6톤, 1310만 ha와 1.9톤에 달한다.

이들 한지 가운데 약 4238만 ha에 달하는 한지는 관개여건이 구비되어 관개지로 개조될 수 있다. 그 중 Ⅰ급, Ⅱ급, Ⅲ급 관개지의 면적과 ha당 생산량은 각각 1971만 ha와 4.6톤, 1730만 ha와 3.7톤, 536만 ha와 2.6톤에 달하며 대두 생산량은 1.7억 톤에 이를 수 있다.

(4) 볼리비아 농업 개발 잠재력

볼리비아의 국토 면적은 약 109.8만 ㎢, 인구는 약 1036만 명(2012년 예측), 도시화율은 66.4%에 달한다(2010년). 달러 현재 가격 기준으로 2010년 볼리비아의 GDP는 약 270억 달러, 1인당 GDP는 약 2625달러이다.[30] 볼리비아는 약 3682만 ha의 농업용지가 있으며 그 중에서 농경지 면적은 약 360만 ha로 농업용지 중에서 차지하는 비중은 약 10%에 달한다.

〈1〉 옥수수 생산 잠재력

볼리비아는 옥수수 재배에 적합한 한지가 약 1945만 ha로 1억 톤 옥수수를 생산할 수 있다. 그 중 I급, II급, III급 토지의 면적과 ha당 생산량은 각각 136만 ha와 9.7톤, 486만 ha와 7.8톤, 928만 ha와 5.7톤에 달한다.

이들 한지 가운데 약 593만 ha에 달하는 한지는 관개여건이 구비되어 관개지로 개조될 수 있다. 그 중 I급, II급, III급 관개지의 면적과 ha당 생산량은 각각 103만 ha와 11.7톤, 278만 ha와 9.4톤, 213만 ha와 7.0톤에 달하며 옥수수 생산량은 5300만 톤에 이를 수 있다.

〈2〉 밀 생산 잠재력

볼리비아는 밀 재배에 적합한 한지가 약 136만 ha로 494만 톤 밀을 생산할 수 있다. 그 중 I급, II급, III급 토지의 면적과 ha당 생산량은 각각 25만 ha와 5.8톤, 49만 ha와 3.8톤, 62만 ha와 2.6톤에 달한다.

이들 한지 가운데 약 62만 ha에 달하는 한지는 관개여건이 구비되어 관개지로 개조될 수 있다. 그 중 I급, II급, III급 관개지의 면적과 ha당 생산량은 각각 27만 ha와 10.1톤, 26만 ha와 6.3톤, 9만 ha와 3.8톤에 달하며 밀 생산량은 470만 톤에 이를 수 있다.

〈3〉 쌀 생산 잠재력

볼리비아는 쌀 재배에 적합한 한지가 약 4877만 ha로 2.8억 톤 쌀을 생

---

30   CEPAL. Anuario estadístico de América Latina y el Caribe, 2013.

산할 수 있다. 그 중 Ⅰ급, Ⅱ급, Ⅲ급 토지의 면적과 ha당 생산량은 각각 1461만 ha와 7.7톤, 2205만 ha와 5.8톤, 1211만 ha와 4.0톤에 달한다.

이들 한지 가운데 약 3450만 ha에 달하는 한지는 관개여건이 구비되어 관개지로 개조될 수 있다. 그 중 Ⅰ급, Ⅱ급, Ⅲ급 관개지의 면적과 ha당 생산량은 각각 132만 ha와 8.3톤, 1597만 ha와 7.9톤, 1721만 ha와 5.5톤에 달하며 쌀 생산량은 2.3억 톤에 이를 수 있다.

〈4〉 대두 생산 잠재력

볼리비아는 대두 재배에 적합한 한지가 약 1724만 ha로 3500만 톤 대두를 생산할 수 있다. 그 중 Ⅰ급, Ⅱ급, Ⅲ급 토지의 면적과 ha당 생산량은 각각 95만 ha와 3.1톤, 433만 ha와 2.5톤, 1197만 ha와 1.8톤에 달한다.

이들 한지 가운데 약 427만 ha에 달하는 한지는 관개여건이 구비되어 관개지로 개조될 수 있다. 그 중 Ⅰ급, Ⅱ급, Ⅲ급 관개지의 면적과 ha당 생산량은 각각 24만 ha와 3.6톤, 182만 ha와 3.1톤, 221만 ha와 2.2톤에 달하며 대두 생산량은 1150만 톤에 이를 수 있다.

(5) 브라질 농업개발 잠재력

브라질의 국토 면적은 약 851.5만 ㎢, 인구는 약 1.98억 명(2012년 예측), 도시화율은 85.0%에 달한다(2010년). 달러 현재 가격 기준으로 2010년 브라질의 GDP는 약 2만 2491억 달러, 1인당 GDP는 약 1만 1335달러이다.[31] 브라질은 약 2억 6450만 ha의 농업용지가 있으며 그 중에서 농경지 면적은 약 6100만 ha로 농업용지 중에서 차지하는 비중은 약 23%에 달한다.

---

31   CEPAL. Anuario estadístico de América Latina y el Caribe, 2013.

〈1〉 옥수수 생산 잠재력

브라질은 옥수수 재배에 적합한 한지가 약 7790만 ha로 5.3억 톤의 옥수수를 생산할 수 있다. 그 중 Ⅰ급, Ⅱ급, Ⅲ급 토지의 면적과 ha당 생산량은 각각 480만 ha와 9.9톤, 2981만 ha와 8.0톤, 4329만 ha와 5.7톤에 달한다.

이들 한지 가운데 약 2074만 ha에 달하는 한지는 관개여건이 구비되어 관개지로 개조될 수 있다. 그 중 Ⅰ급, Ⅱ급, Ⅲ급 관개지의 면적과 ha당 생산량은 각각 469만 ha와 11.9톤, 910만 ha와 9.6톤, 694만 ha와 6.8톤에 달하며 옥수수 생산량은 1.9억 톤에 이를 수 있다.

〈2〉 밀 생산 잠재력

브라질은 밀 재배에 적합한 한지가 약 2398만 ha로 8700만 톤의 밀을 생산할 수 있다. 그 중 Ⅰ급, Ⅱ급, Ⅲ급 토지의 면적과 ha당 생산량은 각각 212만 ha와 5.0톤, 785만 ha와 4.2톤, 1401만 ha와 3.2톤에 달한다.

이들 한지 가운데 약 327만 ha에 달하는 한지는 관개여건이 구비되어 관개지로 개조될 수 있다. 그 중 Ⅰ급 관개지는 없으며 Ⅱ급과 Ⅲ급 관개지의 면적과 ha당 생산량은 각각 161만 ha와 4.9톤, 165만 ha와 3.1톤에 달하며 밀 생산량은 1300만 톤에 이를 수 있다.

〈3〉 쌀 생산 잠재력

브라질은 쌀 재배에 적합한 한지가 약 3억 5454만 ha로 17.5억 톤의 쌀을 생산할 수 있다. 그 중 Ⅰ급, Ⅱ급, Ⅲ급 토지의 면적과 ha당 생산량은 각각 6015만 ha와 6.5톤, 1억 5032만 ha와 5.3톤, 1억 4407만 ha와 4.0톤에 달한다.

이들 한지 가운데 약 1억 3077만 ha에 달하는 한지는 관개여건이 구비되어 관개지로 개조될 수 있다. 그 중 Ⅰ급, Ⅱ급, Ⅲ급 관개지의 면적과 ha

중국의 식량안보와 농업의 해외진출전략

당 생산량은 각각 1065만 ha와 7.3톤, 5915만 ha와 6.1톤, 6097만 ha와 4.5톤에 달하며 쌀 생산량은 7.1억 톤에 이를 수 있다.

〈4〉 대두 생산 잠재력

브라질은 대두 재배에 적합한 한지가 약 7430만 ha로 1.5억 톤의 대두를 생산할 수 있다. 그 중 Ⅰ급, Ⅱ급, Ⅲ급 토지의 면적과 ha당 생산량은 각각 383만 ha와 3.1톤, 2070만 ha와 2.4톤, 4977만 ha와 1.8톤에 달한다.

이들 한지 가운데 약 1454만 ha에 달하는 한지는 관개여건이 구비되어 관개지로 개조될 수 있다. 그 중 Ⅰ급, Ⅱ급, Ⅲ급 관개지의 면적과 ha당 생산량은 각각 121만 ha와 3.6톤, 655만 ha와 3.1톤, 678만 ha와 2.3톤에 달하며 대두 생산량은 4000만 톤에 이를 수 있다.

(6) 콜롬비아 농업개발 잠재력

콜롬비아의 국토 면적은 약 114.2만 ㎢, 인구는 약 4756만 명(2012년 예측), 도시화율은 78.5%에 달한다(2010년). 달러 현재 가격 기준으로 2012년 콜롬비아의 GDP는 약 3705억 달러, 1인당 GDP는 약 7762달러이다.[32] 콜롬비아는 약 4261만 ha의 농업용지가 있으며 그 중 농경지 면적은 약 183만 ha로 농업용지 중에서 차지하는 비중은 약 4%에 달한다.

〈1〉 옥수수 생산 잠재력

콜롬비아는 옥수수 재배에 적합한 한지가 약 136만 ha로 770만 톤의 옥수수를 생산할 수 있다. 그 중 약 27만 ha에 달하는 한지는 관개여건이 구비되어 관개지로 개조될 수 있으며 옥수수 생산량은 240만 톤에 이를 수

---

32   CEPAL. Anuario estadístico de América Latina y el Caribe, 2013.

있다.

〈2〉 밀 생산 잠재력

콜롬비아는 밀 재배에 적합한 한지가 약 19만 ha로 90만 톤의 밀을 생산할 수 있다.

〈3〉 쌀 생산 잠재력

콜롬비아는 쌀 재배에 적합한 한지가 약 2806만 ha로 1.4억 톤의 쌀을 생산할 수 있다. 그 중 I급, II급, III급 토지의 면적과 ha당 생산량은 각각 570만 ha와 7.4톤, 1001만 ha와 5.2톤, 1236만 ha와 3.9톤에 달한다.

이들 한지 가운데 약 999만 ha에 달하는 한지는 관개여건이 구비되어 관개지로 개조될 수 있다. 그 중 I급, II급, III급 관개지의 면적과 ha당 생산량은 각각 1만 ha와 9.6톤, 599만 ha와 7.8톤, 399만 ha와 5.2톤에 달하며 쌀 생산량은 6700만 톤에 이를 수 있다.

〈4〉 대두 생산 잠재력

콜롬비아는 대두 재배에 적합한 한지가 약 244만 ha로 420만 톤의 대두를 생산할 수 있다.

(7) 에콰도르 농업개발 잠재력

에콰도르의 국토 면적은 약 25.6만 km², 인구는 약 1408만 명(2012년 예측), 도시화율은 65.0%에 달한다(2010년). 달러 현재 가격 기준으로 2012년 에콰도르의 GDP는 약 875억 달러, 1인당 GDP는 약 5639달러이다.[33] 에콰도르는 약 745만 ha의 농업용지가 있으며 그 중 농경지 면적은 약 124만

---

33   CEPAL. Anuario estadístico de América Latina y el Caribe, 2013.

ha로 농업용지 중에서 차지하는 비중은 약 17%에 달한다.

〈1〉옥수수 생산 잠재력

에콰도르는 옥수수 재배에 적합한 한지가 약 205만 ha로 1400만 톤의 옥수수를 생산할 수 있다. 그 중 약 85만 ha에 달하는 한지는 관개여건이 구비되어 관개지로 개조될 수 있으며 옥수수 생산량은 760만 톤에 이를 수 있다.

〈2〉밀 생산 잠재력

에콰도르는 밀 재배에 적합한 한지가 약 28만 ha로 140만 톤의 밀을 생산할 수 있다.

〈3〉쌀 생산 잠재력

에콰도르는 쌀 재배에 적합한 한지가 약 172만 ha로 770만 톤의 쌀을 생산할 수 있다. 이들 한지 가운데 약 111만 ha에 달하는 한지는 관개지로 개조될 수 있으며 쌀 생산량은 760만 톤에 이를 수 있다.

〈4〉대두 생산 잠재력

에콰도르는 대두 재배에 적합한 한지가 약 178만 ha로 400만 톤의 대두를 생산할 수 있다.

(8) 페루 농업개발 잠재력

페루의 국토 면적은 약 128.5만 ㎢, 인구는 약 3017만 명(2012년 예측), 도시화율은 73.4%에 달한다(2010년). 달러 현재 가격 기준으로 2012년 페루의 GDP는 약 2040억 달러, 1인당 GDP는 약 6811달러이다.[34] 페루는 약 2144

---

34   CEPAL. Anuario estadístico de América Latina y el Caribe, 2013.

만 ha의 농업용지가 있으며 그 중 농경지 면적은 약 365만 ha로 농업용지 중에서 차지하는 비중은 약 17%에 달한다.

〈1〉 옥수수 생산 잠재력

페루는 옥수수 재배에 적합한 한지가 약 96만 ha로 540만 톤의 옥수수를 생산할 수 있다. 그 중 약 69만 ha에 달하는 한지는 관개여건이 구비되어 관개지로 개조될 수 있으며 옥수수 생산량은 700만 톤에 이를 수 있다.

〈2〉 밀 생산 잠재력

페루는 밀 재배에 적합한 한지가 약 114만 ha로 500만 톤의 밀을 생산할 수 있다. 그 중 약 56만에 달하는 한지는 관개여건이 구비되어 관개지로 개조될 수 있으며 밀 생산량은 370만 톤에 이를 수 있다.

〈3〉 쌀 생산 잠재력

페루는 쌀 재배에 적합한 한지가 약 1589만 ha로 7400만 톤의 쌀을 생산할 수 있다. 그 중 Ⅰ급, Ⅱ급, Ⅲ급 토지의 면적과 ha당 생산량은 각각 11만 ha와 8.3톤, 406만 ha와 5.3톤, 1172만 ha와 4.5톤에 달한다.

이들 한지 가운데 약 85만 ha에 달하는 한지는 관개여건이 구비되어 관개지로 개조될 수 있으며 쌀 생산량은 650만 톤에 이를 수 있다.

〈4〉 대두 생산 잠재력

페루는 약 47만 ha의 토지가 관개지로 개조될 수 있으며 대두 재배에 사용하여 160만 톤의 대두를 생산할 수 있다.

(9) 우루과이 농업개발 잠재력

우루과이의 국토 면적은 약 17.6만 ㎢, 인구는 약 339만 명(2012년 예측), 도시화율은 92.4%에 달한다(2010년). 달러 현재 가격 기준으로 2012년 우루과이의 GDP는 약 499억 달러, 1인당 GDP는 약 14703달러이다.[35] 우루과이는 약 1486만 ha의 농업용지가 있으며 그 중 농경지 면적은 약 164만 ha로 농업용지 중에서 차지하는 비중은 약 3%에 달한다.

〈1〉 옥수수 생산 잠재력

우루과이는 옥수수 재배에 적합한 한지가 약 1057만 ha로 6500만 톤의 옥수수를 생산할 수 있다. 그 중 Ⅰ급, Ⅱ급, Ⅲ급 토지의 면적과 ha당 생산량은 각각 113만 ha와 8.7톤, 452만 ha와 6.8톤, 492만 ha와 4.9톤에 달한다.

이들 한지 가운데 약 277만 ha에 달하는 한지는 관개여건이 구비되어 관개지로 개조될 수 있다. 그 중 Ⅰ급, Ⅱ급, Ⅲ급 관개지의 면적과 ha당 생산량은 각각 114만 ha와 13.4톤, 99만 ha와 11.1 톤, 15만 ha와 8.8 톤에 달하며 옥수수 생산량은 2700만 톤에 이를 수 있다.

〈2〉 밀 생산 잠재력

우루과이는 밀 재배에 적합한 한지가 약 1370만 ha로 8000만 톤의 밀을 생산할 수 있다. 그 중 Ⅰ급, Ⅱ급, Ⅲ급 토지의 면적과 ha당 생산량은 각각 915만 ha와 6.4톤, 394만 ha와 5.0톤, 61만 ha와 3.6톤에 달한다.

이들 한지 가운데 약 219만 ha에 달하는 한지는 관개여건이 구비되어 관개지로 개조될 수 있다. 그 중 Ⅰ급, Ⅱ급, Ⅲ급 관개지의 면적과 ha당 생산량은 각각 45만 ha와 7.5톤, 130만 ha와 6.8톤, 44만 ha와 5.0톤에 달하며 밀 생산량은 1400만 톤에 이를 수 있다.

〈3〉 쌀 생산 잠재력

우루과이는 약 179만 ha의 토지가 관개지로 개조될 수 있으며 쌀 재배

---

35   CEPAL. Anuario estadístico de América Latina y el Caribe. 2013.

에 사용하여 2200만 톤의 쌀을 생산할 수 있다.

〈4〉대두 생산 잠재력

우루과이는 대두 재배에 적합한 한지가 약 291만 ha로 560만 톤의 대두를 생산할 수 있다. 이들 한지 가운데 약 195만 ha에 달하는 한지는 관개지로 개조될 수 있으며 6000만 톤의 대두를 생산할 수 있다.

(10) 베네수엘라 농업개발 잠재력

베네수엘라의 국토 면적은 약 91.2만 k㎡, 인구는 약 2995만 명(2012년 예측), 도시화율은 93.6%에 달한다(2010년). 달러 현재 가격 기준으로 2012년 베네수엘라의 GDP는 약 3813억 달러, 1인당 GDP는 약 12734달러이다.[36] 베네수엘라는 약 2135만 ha의 농업용지가 있으며 그 중 농경지 면적은 약 270만 ha로 농업용지 중에서 차지하는 비중은 약 13%에 달한다.

〈1〉옥수수 생산 잠재력

베네수엘라는 옥수수 재배에 적합한 한지가 약 1728만 ha로 1.2억 톤의 옥수수를 생산할 수 있다. 그 중 Ⅰ급, Ⅱ급, Ⅲ급 토지의 면적과 ha당 생산량은 각각 165만 ha와 10.5톤, 570만 ha와 8.2톤, 994만 ha와 5.7톤에 달한다.

이들 한지 가운데 약 308만 ha에 달하는 한지는 관개여건이 구비되어 관개지로 개조될 수 있다. 그 중 Ⅰ급, Ⅱ급, Ⅲ급 관개지의 면적과 ha당 생산량은 각각 19만 ha와 11.7톤, 149만 ha와 9.7톤, 139만 ha와 7.1톤에 달하며 옥수수 생산량은 2600만 톤에 이를 수 있다.

---

36   CEPAL. Anuario estadístico de América Latina y el Caribe, 2013.

〈2〉밀 생산 잠재력

베네수엘라는 밀 재배에 적합한 한지가 약 30만 ha로 100만 톤의 밀을
생산할 수 있다.

〈3〉쌀 생산 잠재력

베네수엘라는 쌀 재배에 적합한 한지가 약 4152만 ha로 2.4억 톤의 쌀
을 생산할 수 있다. 그 중 Ⅰ급, Ⅱ급, Ⅲ급 토지의 면적과 ha당 생산량은
각각 1424만 ha와 7.4톤, 1699만 ha와 5.5톤, 1029만 ha와 3.5톤에 달한다.

이들 한지 가운데 약 2039만 ha에 달하는 한지는 관개여건이 구비되어
관개지로 개조될 수 있다. 그 중 Ⅰ급, Ⅱ급, Ⅲ급 관개지의 면적과 ha당 생
산량은 각각 44만 ha와 9.9톤, 1238만 ha와 7.9톤, 757만 ha와 5.3톤에 달하
며 쌀 생산량은 1.4억 톤에 이를 수 있다.

〈4〉대두 생산 잠재력

베네수엘라는 대두 재배에 적합한 한지가 약 1862만 ha로 3700만 톤의
대두를 생산할 수 있다. 그 중 Ⅰ급, Ⅱ급, Ⅲ급 토지의 면적과 ha당 생산량
은 각각 91만 ha와 3.2톤, 479만 ha와 2.5톤, 1291만 ha와 1.8톤에 달한다.

3. 라틴아메리카 지역 주요 국가의 중단기 농업 증산 잠재력

중단기 농업 증산 잠재력은 기존 기술조건과 투자능력으로 미래 10-20
년간 실현 가능한 증산 잠재력을 의미한다.

농업 증산 잠재력은 주로 농경지 면적과 단위 면적당 생산량의 두 가
지 요인에 의해 결정된다. 1990-2010년간 아르헨티나의 대두 수확면적은
1990년 496만 ha에서 2010년 1813만 ha로, ha당 생산량은 2.2톤에서 2.9톤

으로, 대두 생산량은 1070만 톤에서 5268만 톤으로 증가하고, 생산량 증가분 중 89%는 농경지 면적의 확대, 11%는 단위 면적당 생산량 증가에 기인하였다. 옥수수 수확면적은 1990년 156만 ha에서 2010년 290만 ha로, ha당 생산량은 3.5톤에서 7.8톤으로, 옥수수 생산량은 540만 톤에서 2268만 톤으로 증가하고, 생산량 증가분 중 41%는 농경지 면적의 확대, 59%는 단위 면적당 생산량 증가에 기인하였다. 같은 기간 브라질의 대두 수확면적은 1990년 1149만 ha에서 2010년 2333만 ha로, ha당 생산량은 1.7톤에서 2.9톤으로, 대두 생산량은 1990만 톤에서 6876만 톤으로 증가하고, 생산량 증가분 중 59%는 농경지 면적의 확대, 41%는 단위 면적당 생산량 증가에 기인하였다. 옥수수 수확면적은 1990년 1139만 ha에서 2010년 1268만 ha로, ha당 생산량은 1.9톤에서 4.4톤으로, 옥수수 생산량은 2135만 톤에서 5539만 톤으로 증가하고, 생산량 증가분 중 8%는 농경지 면적의 확대, 92%는 단위 면적당 생산량 증가에 기인하였다. 같은 기간 멕시코의 옥수수 수확면적은 기본적으로 710-740만 ha 선에서 안정되고, ha당 생산량은 1990년 2.0톤에서 2010년 3.3톤으로, 옥수수 생산량은 1464만 톤에서 2330만 톤으로 증가하였으며 생산량 증가분은 거의 모두 단위 면적당 생산량 증가에 기인하였다.[37] 다음은 농경지 면적 확대와 단위 면적당 생산량 증가의 두 가지 차원에서 라틴아메리카 지역 주요 국가의 중단기 농업 증산 잠재력에 대해 간략하게 평가하고자 한다(표 4.7 참조).

---

37   FAO 통계에 근거하여 계산함. http://faostat.fao.org/

〈표 4.7〉 라틴아메리카 지역 주요 국가의 중단기 농업 증산 잠재력 평가

		농경지 면적 (만 ha)				ha당 생산량 (톤)				2012년 생산량 (만 ha)
		2012년 수확면적	농경지 증가 잠재력			2012년 ha당 생산량	ha당 생산량 증가 잠재력			
			한지		관개지		한지		관개지	
			I급	II급	I급		I급	II급	I급	
아르헨티나	옥수수	369.6	941			5.7	10.7			2120
	쌀	23.5			3086	6.7			10.3	157
	대두	1757.7	750	2043		2.3	3.3	2.6		4010
	밀	301.9	1360			2.7	5.9			820
볼리비아	옥수수	33.5	136			3	9.7			101
	쌀	16.5	1461			2.7	7.7			44
	대두	109	95	433		2.2	3.1	2.5		220
	밀	16	25	49		1.3	5.8	3.8		20
브라질	옥수수	1419.8	480	2981		5	9.9	8		7107
	쌀	241.3	6015			4.8	6.5			1155
	대두	2497.5	383	2070		2.6	3.1	2.4		6585
	밀	191.3	212	785		2.3	5	4.2		442
콜롬비아	옥수수	53	1	20	27	3.4	9.6	7.6	12.3	183
	쌀	47.3	570			4.1	7.4			196
	대두	3.2		15		2.7		2.5		8.7
	밀	0.4	2	7		1.6	6.7	5.2		0.7
쿠바	옥수수	15.4	22	120		2.3	9.8	8.3		36
	쌀	20.3	149	240		3.2	6.5	5.5		64

		농경지 면적 (만 ha)				ha당 생산량 (톤)				2012년 생산량 (만 ha)
		2012년 수확면적	농경지 증가 잠재력			2012년 ha당 생산량	ha당 생산량 증가 잠재력			
			한지		관개지		한지		관개지	
			I급	II급	I급		I급	II급	I급	
에콰도르	옥수수	39.7	37	83		3.1	9.4	7.8		124
	쌀	37.1	20	53		4.2	7.4	4.9		157
	대두	4.5		90		1.7		2.7		7.5
	밀	0.9	3	13		0.8	6.3	5.6		0.7
멕시코	옥수수	692.4	335	386		3.2	9.7	7.6		2207
	쌀	3.2	255			5.6	7.7			18
	대두	14.2	319			1.7	3.2			18
	일	57.9	125	195		5.7	6.3	5.2		327
페루	옥수수	50.6	22	34		3.3	7.6	5.5		168
	쌀	39	11	406	25	7.7	8.3	5.3	9.8	302
	대두	0.1		7		1.8		2.4		0.2
	밀	15.2	17	42		1.5	6.1	5		23
우루과이	옥수수	13.7	113			4	8.7			55
	쌀	18.1			179	79			9.5	143
	대두	113		110	121	2.7		2.2	3.4	300
	밀	35	915			2.9	6.4			100
베네수엘라	옥수수	70	165			4.3	10.5			300
	쌀	23.5	1424			5.7	7.4			133
	대두	2	91	479		1.7	3.2	2.5		3.4
	밀	0.07	4	14		0.3	4.8	3.8		0.02

자료출처: 2012년 수확면적, ha당 생산량과 생산량은 FAO 통계에 근거하여 계산함. http://faostat.fao.org/

중국의 식량안보와 농업의 해외진출전략

(1) 아르헨티나

〈1〉 옥수수

아르헨티나는 전국 약 941만 ha의 Ⅰ급 한지가 옥수수 재배에 적합하며 2012년 370만 ha에 달하는 옥수수 수확면적이 기본적으로 Ⅰ급 한지에 속한다. 따라서 중단기적으로 약 570만 ha의 Ⅰ급 한지가 옥수수 재배면적 확대에 사용될 수 있다. Ⅰ급 한지의 ha당 옥수수 생산량 잠재력은 10.7톤, 2012년 ha당 생산량은 5.7톤이며 중단기적으로 ha당 생산량을 5톤 증가시킬 수 있는 잠재력이 있다.

〈2〉 쌀

아르헨티나는 전국에 약 3100만 ha의 Ⅰ급 관개지가 쌀 재배에 적합하며 2012년 24만 ha에 달하는 쌀 수확면적이 기본적으로 Ⅰ급 관개지에 속한다. 따라서 중단기적으로 약 3000여 만 ha의 토지가 Ⅰ급 관개지로 개조되어 쌀 재배에 사용될 수 있다. Ⅰ급 관개지의 ha당 쌀 생산량 잠재력은 10.3톤, 2012년 ha당 생산량은 6.7톤이며 중단기적으로 ha당 생산량을 3.6톤 정도 증가시킬 수 있는 잠재력을 가지고 있다.

〈3〉 대두

아르헨티나는 전국에 약 750만 ha의 Ⅰ급 한지와 2043만 ha의 Ⅱ급 한지가 대두 재배에 적합하며 Ⅰ급과 Ⅱ급 한지의 합계 면적은 약 2793만 ha에 달한다. 2012년 1758만 ha에 달하는 대두 수확면적은 기본적으로 모두 한지에 속한다. 따라서 중단기적으로 1000만 ha의 한지(주로 Ⅱ급 한지)가 대두 재배에 사용될 수 있다. 2012년 ha당 대두 생산량은 2.3톤으로 이미 Ⅰ급 한지의 ha당 생산량 잠재력에 근접하였다. 따라서 중단기적으로 대두 증산은 주로 농경지 면적 확대에 의존할 것이다.

〈4〉 밀

아르헨티나는 전국에 약 1360만 ha의 Ⅰ급 한지가 밀 재배에 적합하며 2012년 820만 ha에 달하는 밀 수확면적은 기본적으로 Ⅰ급 한지에 속한다. 따라서 중단기적으로 약 540만 ha의 Ⅰ급 한지가 밀 재배면적 확대에 사용될 수 있다. Ⅰ급 한지의 ha당 밀 생산량 잠재력은 5.9톤, 2012년 ha당 생산량은 2.7톤이며 중단기적으로 ha당 생산량을 3.2톤 증가시킬 수 있는 잠재력이 있다.

(2) 볼리비아

〈1〉 옥수수

볼리비아는 전국에 약 136만 ha의 Ⅰ급 한지가 옥수수 재배에 적합하며 2012년 옥수수 수확면적은 약 34만 ha에 이른다. 따라서 중단기적으로 약 100만 ha의 Ⅰ급 한지가 옥수수 재배면적 확대에 사용될 수 있다. Ⅰ급 한지의 ha당 생산량 잠재력은 9.7톤, 2012년 ha당 생산량은 3.0톤이며 중단기적으로 ha당 생산량을 6.7톤 증가시킬 수 있는 잠재력을 가지고 있다.

〈2〉 쌀

볼리비아는 전국에 약 1416만 ha의 Ⅰ급 한지가 쌀 재배에 적합하다. 2012년 쌀 수확면적은 16.5만 ha에 불과하며 기본적으로 모두 Ⅰ급 한지에 속한다. 따라서 중단기적으로 약 1400만 ha의 Ⅰ급 한지가 쌀 재배면적 확대에 사용될 수 있다. Ⅰ급 한지의 ha당 쌀 생산량 잠재력은 7.7톤, 2012년 ha당 생산량은 2.7톤이며 중단기적으로 ha당 생산량을 5.0톤 증가시킬 수 있는 잠재력이 있다.

중국의 식량안보와 농업의 해외진출전략

〈3〉 대두

볼리비아는 전국에 약 95만 ha의 Ⅰ급 한지와 433만 ha의 Ⅱ급 한지가 대두 재배에 적합하며 Ⅰ급, Ⅱ급 한지의 합계 면적은 약 528만 ha에 달한다. 2012년 대두 수확면적은 109만 ha이며 기본적으로 모두 Ⅰ급 한지에 속한다. 따라서 중단기적으로 약 420만 ha의 한지가 대두 재배면적 확대에 사용될 수 있다. Ⅰ급 한지의 ha당 대두 생산량 잠재력은 3.1톤, Ⅱ급 한지의 그것은 2.5톤, 2012년 대두 ha당 생산량은 2.2톤이며 중단기적으로 ha당 생산량 증가 잠재력이 여전히 남아 있다.

〈4〉 밀

볼리비아는 전국에 약 25만 ha의 Ⅰ급 한지와 49만 ha의 Ⅱ급 한지가 밀 재배에 적합하며 Ⅰ급과 Ⅱ급 한지의 합계 면적은 약 74만 ha에 이른다. 2012년 밀 수확면적은 16만 ha이며 기본적으로 모두 한지에 속한다. 따라서 중단기적으로 약 58만 ha의 한지가 밀 재배면적 확대에 사용될 수 있다. Ⅰ급 한지의 ha당 밀 생산량 잠재력은 5.8톤, Ⅱ급 한지의 그것은 3.8톤, 2012년 ha당 밀 생산량은 1.3톤이며 중단기적으로 ha당 생산량 증가 잠재력이 여전히 남아 있다.

(3) 브라질

〈1〉 옥수수

브라질은 전국에 약 480만 ha의 Ⅰ급 한지와 2981만 ha의 Ⅱ급 한지가 옥수수 재배에 적합하며 Ⅰ급과 Ⅱ급 한지의 합한 면적은 약 3461만 ha에 달한다. 2012년 옥수수 수확면적은 1420만 ha이며 기본적으로 모두 한지에 속한다. 따라서 중단기적으로 약 2000만 ha의 한지가 옥수수 재배면적 확대에 사용될 수 있다. Ⅰ급 한지의 ha당 옥수수 생산량 잠재력은 9.9톤, Ⅱ급 한지의 그것은 8.0톤, 2012년 옥수수 ha당 생산량은 5.0톤이며 중단기적으로 생산량 증가 잠재력이 여전히 남아 있다.

〈2〉 쌀

브라질은 전국에 약 6015만 ha의 Ⅰ급 한지가 쌀 재배에 적합하며 2012년 241만 ha에 달하는 쌀 수확면적은 기본적으로 Ⅰ급 한지에 속한다. 따라서 중단기적으로 약 5800만 ha의 Ⅰ급 한지가 쌀 재배면적 확대에 사용될 수 있다. Ⅰ급 한지의 ha당 쌀 생산량 잠재력은 6.5톤, 2012년 ha당 생산량은 4.8톤이며 중단기적으로 ha당 생산량은 1.7톤 향상될 수 있는 잠재력이 있다.

〈3〉 대두

브라질은 전국에 약 383만 ha의 Ⅰ급 한지와 2070만 ha의 Ⅱ급 한지가 대두 재배에 적합하며 Ⅰ급과 Ⅱ급 한지의 합계 면적은 약 2453만 ha에 달한다. 2012년 대두 수확면적은 2497만 ha이며 대두 재배에 적합한 Ⅰ급과 Ⅱ급 한지는 이미 거의 다 개발되었다. Ⅰ급 한지의 ha당 대두 생산량 잠재력은 3.1톤, Ⅱ급 한지의 그것은 2.4톤, 2012년 ha당 생산량은 2.6톤으로 이미 생산량 잠재력에 근접하였다. 따라서 중단기적으로 브라질 대두 생산량 증가에 있어 주된 조치방안으로는 Ⅲ급 한지의 개발이다. 브라질은 약 4976만 ha의 Ⅲ급 한지가 대두 재배에 적합하며 ha당 생산량 잠재력이 1.8톤에 이른다.

〈4〉 밀

브라질은 전국에 약 212만 ha의 Ⅰ급 한지와 785만 ha의 Ⅱ급 한지가 밀 재배에 적합하며 Ⅰ급과 Ⅱ급 한지의 합계 면적은 약 997만 ha에 이른

중국의 식량안보와 농업의 해외진출전략

다. 2010년 밀 수확면적은 191만 ha이며 기본적으로 모두 한지에 속한다. 따라서 중단기적으로 약 800만 ha의 한지가 밀 재배면적 확대에 사용될 수 있다. Ⅰ급 한지의 ha당 밀 생산량 잠재력은 5.0톤, Ⅱ급 한지의 그것은 4.2톤, 2012년 ha당 밀 생산량은 2.3톤이며 중단기적으로 생산량 증가 잠재력이 여전히 남아 있다.

(4) 콜롬비아

〈1〉 옥수수

콜롬비아는 전국에 약 1만 ha의 Ⅰ급 한지, 20만 ha의 Ⅱ급 한지와 27만 ha의 Ⅰ급 관개지가 옥수수 재배에 적합하며 이들 3종류의 토지면적 합계는 약 48만 ha에 이른다. 2012년 옥수수 수확면적은 53만 ha로 중단기적으로 옥수수 재배면적 확대 여지가 한정되어 있다. Ⅰ급 한지의 ha당 옥수수 생산량 잠재력은 9.6톤, Ⅱ급 한지의 그것은 7.6톤, Ⅰ급 관개지의 그것은 12.3톤, 2012년 ha당 옥수수 생산량은 3.4톤이며 중단기적으로 생산량 증가 잠재력이 비교적 크다.

〈2〉 쌀

콜롬비아는 전국에 약 570만 ha의 Ⅰ급 한지가 쌀 재배에 적합하며 2012년 47만 ha에 달하는 쌀 수확면적은 기본적으로 Ⅰ급 한지에 속한다. 따라서 중단기에 약 520만 ha의 Ⅰ급 한지가 쌀 재배면적 확대에 사용될 수 있다. Ⅰ급 한지의 ha당 쌀 생산량 잠재력은 7.4톤, 2012년 ha당 생산량은 4.1톤이며 중단기적으로 ha당 3.3톤 생산량을 증가시킬 수 있는 잠재력을 가지고 있다.

〈3〉 대두

콜롬비아는 전국에 약 15만 ha의 Ⅱ급 한지가 대두 재배에 적합하며 2012년 3만 ha에 달하는 대두 수확면적은 기본적으로 한지에 속한다. 따라서 중단기적으로 약 12만 ha의 Ⅱ급 한지가 대두 재배면적 확대에 사용될 수 있다. Ⅱ급 한지의 ha당 대두 생산량 잠재력은 2.5톤, 2012년 ha당 생산량은 2.7톤으로 중단기적으로 대두 생산량 증가 잠재력이 한정되어 있다.

〈4〉 밀

콜롬비아는 전국에 약 2만 ha의 Ⅰ급 한지, 7만 ha의 Ⅱ급 한지가 밀 재배에 적합하며 이들 2종류의 한지면적 합계가 약 9만 ha에 달한다. 2010년 밀 수확면적은 0.4만 ha이며 기본적으로 모두 한지에 속한다. 따라서 중단기적으로 약 8.6만 ha의 한지가 밀 재배면적 확대에 사용될 수 있다. Ⅰ급 한지의 ha당 밀 생산량 잠재력은 6.7톤, Ⅱ급 한지의 그것은 5.2톤, 2012년 ha당 밀 생산량은 1.6톤이며 중단기적으로 생산량 증가 잠재력이 비교적 크다.

(5) 쿠바

〈1〉 옥수수

쿠바는 전국에 약 22만 ha의 Ⅰ급 한지, 120만 ha의 Ⅱ급 한지가 옥수수 재배에 적합하며 이들 2종류의 토지면적 합계는 약 142만 ha에 달한다. 2012년 옥수수 수확면적은 15.4만 ha이며 기본적으로 한지에 속해 중단기적으로 약 127만 ha의 한지가 옥수수 재배면적 확대에 사용될 수 있다. Ⅰ급 한지의 ha당 옥수수 생산량 잠재력은 9.8톤, Ⅱ급 한지의 그것은 8.3톤, 2012년 ha당 옥수수 생산량은 2.3톤이며 중단기적으로 생산량 증가 잠재력이 비교적 크다.

〈2〉쌀

쿠바는 전국에 약 149만 ha의 Ⅰ급 한지와 240만 ha의 Ⅱ급 한지가 쌀 재배에 적합하며 이들 2종류의 한지면적 합계는 약 389만 ha에 이른다. 2012년 쌀 수확면적은 20만 ha이며 중단기적으로 약 370만 ha의 한지가 쌀 재배면적 확대에 사용될 수 있다. Ⅰ급 한지의 ha당 쌀 생산량 잠재력은 6.5톤, Ⅱ급 한지의 그것은 5.5톤, 2012년 ha당 쌀 생산량은 3.2톤이며 중단 기적으로 생산량 증가 잠재력은 비교적 크다.

(6) 에콰도르

〈1〉옥수수

에콰도르는 전국에 약 37만 ha의 Ⅰ급 한지, 83만 ha의 Ⅱ급 한지가 옥 수수 재배에 적합하며 이들 2종류의 토지면적 합계는 약 120만 ha에 이른 다. 2012년 옥수수 수확면적은 40만 ha이며 기본적으로 한지에 해당되어 중단기적으로 약 80만 ha의 한지가 옥수수 재배면적 확대에 사용될 수 있 다. Ⅰ급 한지의 ha당 옥수수 생산량 잠재력은 9.4톤, Ⅱ급 한지의 그것은 7.8톤, 2012년 옥수수 ha당 생산량은 3.1톤이며 중단기적으로 생산량 증가 잠재력이 비교적 크다.

〈2〉쌀

에콰도르는 전국에 약 20만 ha의 Ⅰ급 한지와 53만 ha의 Ⅱ급 한지가 쌀 재배에 적합하며 이들 2종류의 한지면적 합계는 약 73만 ha에 달한다. 2012년 쌀 수확면적은 37만 ha이며 중단기적으로 약 36만 ha의 한지가 쌀 재배면적 확대에 사용될 수 있다. Ⅰ급 한지의 ha당 쌀 생산량 잠재력은

7.4톤, Ⅱ급 한지의 그것은 4.9톤, 2012년 ha당 쌀 생산량은 4.2톤이며 중단기적으로 생산량 향상 잠재력이 여전히 남아 있다.

〈3〉대두

에콰도르는 전국에 약 90만 ha의 Ⅱ급 한지가 대두 재배에 적합하며 2012년 4.5만 ha에 달하는 대두 수확면적은 기본적으로 한지에 속한다. 따라서 중단기적으로 약 85만 ha의 Ⅱ급 한지가 대두 재배면적 확대에 사용될 수 있다. Ⅱ급 한지의 ha당 대두 생산량 잠재력은 2.7톤, 2012년 ha당 생산량은 1.7톤이며 중단기적으로 대두 생산량 증가 잠재력이 남아 있다.

〈4〉밀

에콰도르는 전국에 약 3만 ha의 Ⅰ급 한지, 13만 ha의 Ⅱ급 한지가 밀 재배에 적합하며 이들 2종류의 한지면적 합계는 약 16만 ha에 달한다. 2012년 밀 수확면적은 1만 ha 정도이며 모두 한지에 속한다. 따라서 중단기적으로 약 15만 ha 한지가 밀 재배면적 확대에 사용될 수 있다. Ⅰ급 한지의 ha당 밀 생산량 잠재력은 6.3톤, Ⅱ급 한지의 그것은 5.6톤, 2012년 ha당 밀 생산량은 0.8톤이며 중단기적으로 생산량 향상 잠재력이 비교적 크다.

(7) 멕시코

〈1〉옥수수

멕시코는 전국에 약 335만 ha의 Ⅰ급 한지, 386만 ha의 Ⅱ급 한지가 옥수수 재배에 적합하며 이들 2종류의 한지면적 합계는 약 721만 ha에 달한다. 2012년 옥수수 수확면적은 692만 ha이며 중단기적으로 옥수수 수확면적 확대 여지는 제한되어 있다. Ⅰ급 한지의 ha당 옥수수 생산량 잠재력은 9.7톤, Ⅱ급 한지의 그것은 7.6톤, 2012년 ha당 옥수수 생산량은 3.2톤이며 중단기적으로 생산량 증가 잠재력이 비교적 크다.

〈2〉 쌀

멕시코는 전국에 약 255만 ha의 Ⅰ급 한지가 쌀 재배에 적합하며 2012년 쌀 수확면적은 3만 ha 정도로 중단기적으로 약 250만 ha의 한지가 쌀 재배면적 확대에 사용될 수 있다. Ⅰ급 한지의 ha당 쌀 생산량 잠재력은 7.7톤, 2012년 ha당 쌀 생산량은 5.6톤이며 중단기적으로 ha당 생산량 향상 잠재력은 2.1톤에 달한다.

〈3〉 대두

멕시코는 전국에 약 319만 ha의 Ⅰ급 한지가 대두 재배에 적합하며 2012년 14만 ha에 달하는 대두 수확면적은 기본적으로 한지에 속한다. 따라서 중단기적으로 약 300만 ha의 Ⅰ급 한지가 대두 재배면적 확대에 사용될 수 있다. Ⅰ급 한지의 ha당 대두 생산량 잠재력은 3.2톤, 2010년 ha당 생산량은 1.7톤이며 중단기적으로 대두 생산량 증가 잠재력이 여전히 남아 있다.

〈4〉 밀

멕시코는 전국에 약 125만 ha의 Ⅰ급 한지, 195만 ha의 Ⅱ급 한지가 밀 재배에 적합하며 이들 2종류의 한지면적 합계는 약 320만 ha에 달한다. 2012년 밀 수확면적은 58만 ha이며 중단기적으로 약 260만 ha의 한지가 밀 재배면적 확대에 사용될 수 있다. Ⅰ급 한지의 ha당 밀 생산량 잠재력은 6.3톤, Ⅱ급 한지의 그것은 5.2톤, 2012년 ha당 밀 생산량은 5.7톤으로 이미 생산량 잠재력에 근접하거나 심지어 초과하였다. 따라서 중단기적으로 생산량 확대는 주로 재배면적 확대에 의존할 수 밖에 없다.

(8) 페루

〈1〉 옥수수

페루는 전국에 약 22만 ha의 I급 한지, 34만 ha의 II급 한지가 옥수수 재배에 적합하며 이들 2종류의 한지면적 합계는 약 56만 ha에 달한다. 2012년 옥수수 수확면적은 51만 ha이며 중단기적으로 옥수수 수확면적 확대 여지는 제한되어 있다. I급 한지의 ha당 옥수수 생산량 잠재력은 7.6톤, II급 한지의 그것은 5.5톤, 2010년 ha당 옥수수 생산량은 3.3톤이며 중단기적으로 생산량 증가 잠재력이 비교적 크다.

〈2〉 쌀

페루는 전국에 약 11만 ha의 I급 한지, 25만 ha의 관개지가 쌀 재배에 적합하며 이들 2종류의 토지면적 합계는 36만 ha에 이른다. 2012년 쌀 수확면적이 39만 ha이며 기본적으로 I급 한지와 관개지에 속해 중단기적으로 쌀 재배면적 확대 여지가 제한되어 있다. I급 한지의 ha당 쌀 생산량 잠재력은 8.3톤, 관개지의 그것은 9.8톤, 2012년 ha당 생산량은 7.7톤이며 중단기적으로 생산량 증가 잠재력은 제한되어 있다. 전국적으로 약 406만 ha에 달하는 II급 한지가 쌀 재배에 적합하며 생산량 잠재력은 5.3톤/ha이다. 따라서 쌀 생산량 증가를 위한 주요 조치방안은 II급 한지의 개발이다.

〈3〉 대두

페루는 전국에 약 7만 ha의 II급 한지가 대두 재배에 적합하며 대두의 생산량 잠재력은 2.4톤/ha이다.

〈4〉 밀

페루는 전국에 약 17만 ha의 I급 한지, 42만 ha의 II급 한지가 밀 재배에 적합하며 이들 2종류의 한지면적 합계는 약 59만 ha에 달한다. 2012년 밀 수확면적은 15만 ha이며 중단기적으로 약 44만 ha의 한지가 밀 재배면적 확대에 사용될 수 있다. Ⅰ급 한지의 밀 생산량 잠재력은 6.1톤/ha, Ⅱ급 한지의 그것은 5.0톤/ha, 2012년 ha당 밀 생산량은 1.5톤이며 중단기적으로 생산량 증가 잠재력은 비교적 크다.

(9) 우루과이

〈1〉 옥수수

우루과이는 전국에 약 113만 ha의 Ⅰ급 한지가 옥수수 재배에 적합하고 2012년 옥수수 수확면적은 14만 ha이며 중단기적으로 약 100만 ha의 Ⅰ급 한지가 옥수수 재배면적 확대에 사용될 수 있다. Ⅰ급 한지의 옥수수 생산량 잠재력은 8.7톤/ha, 2012년 옥수수 ha당 생산량은 4.0톤이며 중단기적으로 생산량 증가 잠재력이 비교적 크다.

〈2〉 쌀

우루과이는 전국에 약 179만 ha의 관개지가 쌀 재배에 적합하고 2012년 쌀 수확면적은 18만 ha이며 중단기적으로 약 160만 ha의 토지가 관개지로 개조되어 쌀 재배면적 확대에 사용할 수 있다. 관개지의 쌀 생산량 잠재력은 9.5톤/ha, 2012년 ha당 쌀 생산량은 7.9톤이며 중단기적으로 생산량 증가 잠재력이 비교적 크다.

〈3〉 대두

우루과이는 전국에 약 110만 ha의 Ⅱ급 한지가 대두 재배에 적합하며 2012년 대두 수확면적은 113만 ha에 달한다. Ⅱ급 한지의 대두 생산량 잠재력은 2.2톤/ha, 2012년 ha당 생산량은 2.7톤이다. 따라서 앞으로 대두 생산량 증가는 주로 Ⅲ급 한지 개발에 의존하게 될 것으로 보인다.

〈4〉밀

우루과이는 전국에 약 915만 ha의 Ⅰ급 한지가 밀 재배에 적합하고 2012년 밀 수확면적은 35만 ha이며 중단기적으로 약 875만 ha의 한지가 밀 재배면적 확대에 사용될 수 있다. Ⅰ급 한지의 밀 생산량 잠재력은 6.4톤/ha, 2012년 ha당 밀 생산량은 2.9톤이며 중단기적으로 밀 생산량 증가 잠재력은 비교적 크다.

(10) 베네수엘라

〈1〉옥수수

베네수엘라는 전국에 약 165만 ha의 Ⅰ급 한지가 옥수수 재배에 적합하고 2012년 옥수수 수확면적은 70만 ha이며 중단기적으로 약 95만 ha의 Ⅰ급 한지가 옥수수 재배면적 확대에 사용될 수 있다. Ⅰ급 한지의 옥수수 생산량 잠재력은 10.5톤/ha, 2012년 ha당 옥수수 생산량은 4.3톤이며 중단기적으로 생산량 증가 잠재력이 비교적 크다.

〈2〉쌀

베네수엘라는 전국에 약 1424만 ha의 Ⅰ급 한지가 쌀 재배에 적합하고 2012년 쌀 수확면적은 24만 ha이며 중단기적으로 약 1400만 ha의 Ⅰ급 한지가 쌀 재배면적 확대에 사용될 수 있다. Ⅰ급 한지의 쌀 생산량 잠재력은 7.4톤/ha, 2012년 ha당 쌀 생산량은 5.7톤이며 중단기적으로 생산량 증가 잠재력이 있다.

〈3〉대두

베네수엘라는 전국에 약 91만 ha의 Ⅰ급 한지, 479만 ha의 Ⅱ급 한지가 대두 재배에 적합하며 이들 2종류의 한지면적 합계는 570만 ha에 달한다.

중국의 식량안보와 농업의 해외진출전략

2012년 대두 수확면적은 2만 ha이며 중단기적으로 약 570만 ha의 한지가 대두 재배면적 확대에 사용될 수 있다. Ⅰ급 한지의 대두 생산량 잠재력은 3.2톤/ha, Ⅱ급 한지의 그것은 2.5톤/ha, 2012년 ha당 대두 생산량은 1.7톤이며 중단기적으로 생산량 증가 잠재력이 있다.

〈4〉밀

베네수엘라는 전국에 약 4만 ha의 Ⅰ급 한지, 14만 ha의 Ⅱ급 한지가 밀 재배에 적합하며 이들 2종류의 한지면적 합계는 18만 ha에 달한다. 2012년 밀 수확면적은 700ha에 불과하여 중단기적으로 약 18만 ha의 한지가 밀 재배면적 확대에 사용될 수 있다. Ⅰ급 한지의 밀 생산량 잠재력은 4.8톤/ha, Ⅱ급 한지의 그것은 3.8톤/ha, 2012년 ha당 밀 생산량은 0.3톤이며 중단기적으로 생산량 증가 잠재력이 비교적 크다.

제3절 라틴아메리카 지역 주요 국가의 농업 투자환경

본 절은 주로 외국자본 정책, 경영환경, 토지시장, 산업기반, 농경지자원, 생산재, 무역기반 등 7가지 분야에서 라틴아메리카 지역 주요 국가의 농업투자환경에 대해 평가하고자 한다.

1. 전반적인 평가

〈표 4.9〉에서 나열한 7가지 분야의 주요 평가지표의 평가치가 높을수록 투자환경이 좋다. 라틴아메리카 지역 10개 주요 국가 중에서 브라질의

평가치가 22.02로 가장 높으며 이는 브라질의 농업투자환경이 가장 좋다는 것을 의미한다. 우루과이는 17.28로 2위, 볼리비아는 13.65로 3위, 아르헨티나는 12.59로 4위를 차지하였다. 페루, 콜롬비아, 에콰도르, 베네수엘라, 멕시코의 평가치는 5-8위 사이에 있으며 쿠바는 2.09에 불과하다.

2. 라틴아메리카 지역 주요 국가의 농업 투자환경

라틴아메리카 지역 각 주요 국가의 농업투자환경에 있어 차이가 비교적 크며 본 연구는 다음과 같은 7가지 분야에서 국가별로 간략하게 소개하고자 한다(표 4.8 참조).

(1) 브라질

외국자본 정책에 있어 항공, 매스미디어, 의료 등 외의 기타 분야는 외국 자본에 개방하고 외국 자본은 내국민대우를 받는다. 농업부문은 외국 자본에 대해 완전 개방하여 외국 자본이 매입, 임차, 협력 등 방식으로 토지를 취득하는 것을 허용한다.

경영환경에서 브라질은 전 세계 185개 경제체 중에서 130위, 라틴아메리카 지역 33개 경제체 중 28위를 차지하여 개선할 여지가 있다.

토지시장에서 브라질은 외국 자본이 농업생산용 토지를 매입하는 것을 허용한다. 브라질은 연방국가로서 각 주의 자율적인 토지관리 권한이 비교적 큰 편이다. 연방정부 규정에 따르면 외국 자본의 토지 매입 상한선은 5000ha이며 각 주에서 외국 자본에 매각한 토지가 각 주 농경지 면적에서 차지하는 비중이 25%를 초과할 수 없고, 만약 외국 자본이 변경지역의

토지를 매입하려면 사전에 국가안전위원회의 허가를 받아야 한다.[38]

　브라질 토지법에 의하면 브라질 농촌지역의 토지는 세 부분 즉, 개인토지, 집체토지, 공공토지(국유토지)로 나뉘어진다. 개인토지는 개인재산으로서 불가침하며 자유롭게 거래할 수 있다. 집체토지는 주로 원주민과 흑인 등 마을 또는 공동체에서 소유하는 토지로 전체 집단 구성원들이 공유하고 영구적으로 사용 또는 임대할 수는 있으나 저당 또는 거래할 수는 없다. 공공토지는 정부에서 소유하는 토지이다. 대부분의 토지는 개인토지이고 전체 토지면적에서 73%의 비중을 차지하며 집체토지는 약 12%, 공공토지는 약 15%를 차지한다. 개인토지의 집중도는 비교적 높은데 1%의 인구가 소유하는 토지가 45%를 차지한다.[39]

　산업기반 분야에서 브라질은 약 17%의 노동력이 농업부분에 취업하고 15%의 인구가 농촌지역에 거주함으로써 농업노동력은 비교적 풍부하다. 2006-2010년간 농경지 개발 투입의 연평균 성장률은 2.3%로 라틴아메리카 지역에서 비교적 높은 편이고 증가된 투입이 주로 대두 재배면적 확대에 사용됨으로써 같은 기간 대두 수확면적이 2205만 ha에서 2333만 ha로 128만 ha 늘어났다. 옥수수의 수확면적은 126만 ha에서 127만 ha로 단 1만 헥트르 증가하여 기본적으로 안정적이었다. 밀의 수확면적은 156만 ha에서 218만 ha로 62만 ha를 증가하였고 쌀은 297만 ha에서 272만 ha로 25만 ha 감소하였다. 물류성과 지표는 3으로 중간 수준에 있으며 농산물 수

38　　USAID. Property Rights and Resource Governance: Brazil, 2011.

39　　USAID. Property Rights and Resource Governance: Brazil, 2011.

송을 어느 정도 제약하였다.[40]

농경지자원 분야에서 브라질은 약 8835만 ha에 달하는 Ⅰ급 한지와 Ⅱ급 한지가 중단기적으로 개발될 수 있다.

관개지 분야에서 브라질은 약 2908만 ha의 농경지가 관개 잠재력이 있으나[41] 현재 관개지는 450만 ha에 불과함으로써[42] 전국적으로 약 2485만 ha의 농경지가 관개지로 개조될 수 있다.

생산재 분야에서 2007-2011년간 화학비료의 연평균 사용량은 약 151 kg/ha에 달하였다. 2002-2006년간 화학비료의 연평균 총 사용량은 약 927만 톤, 2007-2010년간은 979만 톤에 이르며 질소비료, 인산비료, 칼륨비료의 사용량은 각각 1/3를 차지하였다.[43]

무역기반 분야에서 대두의 수출기반은 비교적 튼튼하며 2007-2010년간 대두 생산량은 국내 소비량의 1.8배 정도(180%), 옥수수는 1.15배에 달함으로써 대두와 옥수수 생산량이 늘어나면 수출량도 증가될 수 있다. 쌀은 단지 자급(국내 생산량과 소비량 간의 비율은 100%)할 수 있음으로써 쌀 생산량이 증가되면 여유분은 수출할 여력이 생길 수 있다. 밀은 자급(국내 생산량과 소비량 간의 비율은 44%)할 수 없으며 밀의 연평균 소비량은 약 115만 톤, 국내 생산량은 약 52만 톤, 수입량은 약 63만 톤에 달한다.[44]

---

40 FAO 통계에 근거하여 계산함. http://faostat.fao.org

41 FAO 통계에 근거하여 계산함. http://www.fao.org/nr/water/aquastat/data/query/results.html

42 CEPAL. Anuario estadístico de América Latina y el Caribe, 2011.

43 FAO통계에 근거하여 계산함. http://faostat.fao.org

44 FAO 통계에 근거하여 계산함. http://faostat.fao.org

<표 4.8> 라틴아메리카 지역 주요 국가의 농업 투자환경 평가지표

		아르헨티나	볼리비아	브라질	콜롬비아	쿠바	에콰도르	멕시코	페루	우루과이	베네수엘라
외국자본정책	제한 없음	√		√	√		√		√	√	√
	제한 있음		√			√		√			
	금지										
경영환경	185개 경제체 중의 순위	124	155	130	45		139	48	43	89	180
토지시장	시장화	√		√	√		√			√	√
	제한 있음		√					√	√		
	금지					√					
산업기반	농업취업 비중 (%, 2010년)	1	36	17	18	19	29	13	31	11	9
	농촌인구 비중 (%, 2010년)	6.9	33.6	15	21.5	22.6	35	22	26.6	7.6	6.4
	물류성과지표 (1-5, 1 최저, 5 최고, 2012년)	3	1	3	3	2	3	3	3	3	2
	2006-2010년간 농경지개발투입 연평균 성장률(%)	2.1	3.1	2.3	-0.4	-0.4	-0.4	-0.1	0	1.3	0.5
농경지자원	중단기 개발가능한 I급 및 II급 한지 (만 ha)	2533	2039	8835	520	490	211	812	434	986	2083
	중단기 개발가능한 관개지(만 ha)	463	185	2485	569	183	228	347	522	154	112
생산재	2007-2011년간 화학비료 사용량 (kg/ha)	41	6	151	510	30	192	63	95	138	152

		아르헨티나	볼리비아	브라질	콜롬비아	쿠바	에콰도르	멕시코	페루	우루과이	베네수엘라
무역기반	2007-2010년간 밀 생산량/국내 소비량 (%)	195	32	44	2	0	2	77	13	275	1
	2007-2010년간 쌀 생산량/국내 소비량(%)	228	95	100	95	43	100	25	99	886	97
	2007-2010년간 옥수수 생산량/국내 소비량 (%)	290	97	115	34	31	70	70	51	78	93
	2007-2010년간 대두 생산량/국내 소비량 (%)	141	101	180	16	0	99	3	3	1258	50

자료출처: ①경영환경 : 세계은행, 『2013년 경영환경보고서 : 중소기업에 대해 보다 지혜롭게 감독』, 워싱턴 D.C., 세계은행그룹, 2013년. ② 농업취업 비중 : CEPAL. Anuario estadístico de América Latina y el Caribe, 2011. ③ 농촌인구 비중: CEPAL 통계 데이터에 근거하여 계산함. CEPAL. Anuario estadístico de América Latina y el Caribe, 2011. ④ 물류성과지표: 세계은행,『세계발전지표』, http://databank.worldbank.org/ddp/. ⑤ 2007-2011년간 토지개발 투입의 연평균 성장률과 농기계 장비 투입의 연평균 증가율: FAO 통계에 근거하여 계산함. http://faostat.fao.org. ⑥ 중단기 개발 가능한 I급 및 II급 한지: 〈표 2.5〉 데이터에 근거하여 계산함. ⑦ 중단기 개발 가능한 관개지=관개 잠재력 있는 토지 면적 - 기존 관개면적. 관개 잠재력 있는 토지 면적: http://www.fao.org/nr/water/aquastat/data/query/results.html. 기존 관개면적: CEPAL. Anuario estadístico de América Latina y el Caribe, 2011. ⑧ 화학비료 사용량: 세계은행, 『세계발전지표』, http://databank.worldbank.org/ddp/ ⑨ 각국의 옥수수, 밀, 쌀 및 대두 순수출량이 자국 생산량에 대한 비중: FAO, 『Food Balance Sheets』, http://faostat.fao.org

(2) 우루과이

외국자본 정책에 있어 항공분야 외의 다른 분야는 외국자본에 개방하고 외국자본은 내국민대우를 받는다. 농업부문은 외국자본에 완전 개방하여 매입, 임차, 협력 등 방식으로 토지를 취득하는 것을 허용한다.

경영환경에서 우루과이는 전 세계 185개 경제체 중에서 89위, 라틴아메리카 지역 33개 경제체 중 14위로 중간수준에 있다.

	외자정책	경영환경	토지시장	산업기반	농경지 자원	생산재	무역기반	합계
브라질	0.56	0.39	2.5	4.22	14.06	0.12	0.17	22.02
우루과이	0.56	0.67	2.5	2.76	1.33	0.13	9.33	17.28
볼리비아	0.56	0.21	1.25	6.46	2.51	2.99	-0.33	13.65
아르헨티나	0.56	0.43	2.5	3.56	3.56	0.44	2.02	12.59
페루	0.56	1	2.5	3.08	1.45	0.19	-1.04	7.74
콜롬비아	0.56	0.98	2.5	1.98	1.63	0.04	-1.13	6.56
에콰도르	0.56	0.32	2.5	2.94	0.66	0.09	-0.57	6.5
베네수엘라	0.56	0.03	2.5	1.61	2.41	0.12	-1	6.23
멕시코	0.28	0.96	1.25	2.08	1.52	0.29	-1	5.38
쿠바	0.28	0	0	1.79	0.87	0.6	-1.45	2.09

　　토지시장에서 우루과이는 외국자본이 농업생산용 토지를 매입하는 것을 허용한다. 우루과이 2000년 농업통계에 따르면 전국에 약 5.7만 가구의 농가가 있으며 그 중에서 10ha 이상의 토지를 소유하는 농가가 약 1.3만 가구로 가구당 토지 소유량은 약 5ha, 10-100ha 토지를 소유하는 농가는 약 2.3만 가구로 가구당 토지 소유량이 약 37ha, 100-1000ha 토지를 소유하는 농가는 약 1.7만 가구로 가구당 토지 소유량은 341ha, 1000-1500ha 토지를 소유하는 농가가 약 3750가구로 가구당 토지 소유량이 1940ha, 5000-10000ha 토지를 소유하는 농가는 약 228가구로 가구당 토지 소유량은 6600ha, 1만 ha 이상의 토지를 소유하는 농가가 56가구로 가구당 토지 소유량이 1만 6400ha에 이른다.[45]

45　　Julio A. Berdegué and Ricardo Fuentealba. "Latin America: The State of Smallholders in Agriculture". paper presented at the IFAD Conference on New Directions for Smallholder Agriculture 24-25 January, 2011.

산업기반 분야에서 우루과이는 약 11%의 노동력이 농업부분에 취업하며 7.6%의 인구가 농촌지역에 거주한다. 2006-2010년간 농경지 개발 투입의 연평균 성장률은 1.3%에 이르렀다. 물류성과 지표는 3으로 중간 수준에 있으며 농산물 수송을 어느 정도로 제약하였다.[46]

농경지자원 분야에서 우루과이는 약 986 만 ha에 달하는 Ⅰ급 한지와 Ⅱ급 한지가 중단기적으로 개발될 수 있다.

관개지 분야에서 우루과이는 약 176만 ha의 농경지가 관개잠재력이 있으나[47] 현재 관개지는 22만 ha에 불과함으로써[48] 전국에 약 154만 ha의 농경지가 관개지로 개조될 수 있다.

생산재 분야에서 2007-2011년간 화학비료 연평균 사용량은 약 138kg/ha에 달하였다. 2002-2006년간 화학비료 연평균 총 사용량은 약 18만 톤, 2007-2010년간은 22만 톤에 달하며 질소비료 사용량은 50% 정도를 차지하였다.[49]

무역기반 분야에서 대두의 수출기반은 비교적 튼튼하며 2007-2010년간 대두 생산량은 국내 소비량의 12.6배 정도(1258%), 쌀은 8.86배, 밀은 2.75배에 달함으로써 대두, 쌀과 밀의 생산량이 늘어나면 수출량도 증가될 수 있다. 옥수수는 자급(국내 생산량과 소비량 간의 비율은 78%)할 수 없으나 부족한 부분은 국내 옥수수 증산으로 보충될 수 있다.[50]

---

46   FAO 통계에 근거하여 계산함. http://faostat.fao.org

47   FAO 통계 데이터, http://www.fao.org/nr/water/aquastat/data/query/results.html

48   CEPAL. Anuario estadístico de América Latina y el Caribe, 2011.

49   FAO 통계에 근거하여 계산함. http://faostat.fao.org

50   FAO 통계에 근거하여 계산함. http://faostat.fao.org

(3) 볼리비아

외국자본 정책에 있어 볼리비아는 외국자본에 대한 제한이 비교적 많으며 예를 들면 석유와 천연가스, 광업, 전신, 전력 등 분야에서 외국자본은 지주 위치를 차지할 수 없다. 농업부문은 외국자본에 완전 개방하여 외국자본이 매입, 임차, 협력 등 방식으로 토지를 취득하는 것을 허용하지만 외국자본이 변경선 50km의 범위 내에서 토지를 구입하는 것은 제한한다.

토지시장에서 볼리비아는 외국자본이 농업생산용 토지를 매입하는 것을 허용한다. 볼리비아의 토지는 개인토지, 집체토지와 국유토지 등 세 종류로 나뉘어지며 토지집중도는 비교적 높아 10%의 농가가 전국의 약 90%에 이르는 토지를 소유하고 있다.[51] 20세기 90년대 중반 이후 볼리비아 정부는 토지 배분의 강도를 높였으며 개혁의 주요 목표는 대규모 토지소유 제도를 취소하고 중소규모 농가를 발전시키는 데 있었다. 1996-2009년간 볼리비아 정부는 4085만여 ha에 달하는 토지를 다시 배분하거나 확인하였다. 그 중에서 기업, 중형 지주, 소형 지주, 개인 농가의 토지는 개인소유 토지이고 농촌마을과 원주민 마을의 토지는 집체토지이며, 국유토지는 주로 환경보호와 생물 다양화에 사용된다. 개인토지 규모는 5000ha를 초과할 수 없으며 정부는 수요에 따라 초과부분을 유상환수하여 토지배분에 사용할 수 있다(표 4.10 참조).

2008-2010년간 볼리비아에서는 약 795건의 토지거래가 이루어졌는데[52] 주

---

51   USAID. Property Rights and Resource Governance: Bolivia. 2011.

52   Fernando Soto Baquero, Sergio Gómez. Dinámicas del Mercado de la Tierra en América Latina y el Caribe: Concentración y Extranjerización, FAO, 2012.

로 Varas, Cochabamba, Chuquisaca, Santa Cruz 등 성에 집중되어 있다. Santa Cruz성은 볼리비아 동부에 위치하며 브라질과 인접하여 최근 몇 년간 브라질 농업기업에서 이 성의 토지를 구입하여 대두를 재배하고 있다.

산업기반 분야에서 볼리비아는 약 36%의 노동력이 농업부분에 취업하고 33.6%의 인구가 농촌지역에 거주함으로써 농업노동력은 풍부하다. 2006-2010년간 농경지 개발 투입의 연평균 성장률은 3.1%에 이르렀으며 라틴아메리카 지역 10개 국가에서 1위를 차지하였다. 물류성과 지표는 1로 최저 수준에 속하며 농산물 수송을 심각하게 제약하고 있다.[53]

〈표 4.10〉 1996-2009년 볼리비아의 토지 배분구조

	수량 (개)	토지 면적 (ha)
기업	655	1342677
중형 지주	1620	665330
소형 지주	179469	1778695
농촌 마을	10625	4915568
개인 농가	4296	686
원주민 마을	260	16804907
국유토지		15346670
합계	196925	40854533

자료출처 : Fernando Soto Baquero, Sergio Gómez. Dinámicas del Mercado de la Tierra en América Latina y el Caribe: Concentración y Extranjerización, FAO. 2012

농경지자원 분야에서 볼리비아는 약 2039만 ha에 달하는 Ⅰ급 한지와 Ⅱ급 한지가 중단기적으로 개발될 수 있다.

53   FAO 통계에 근거하여 계산함. http://faostat.fao.org

관개지 분야에서 볼리비아는 약 200만 ha의 농경지가 관개잠재력이 있으나[54] 현재 관개지는 15만 ha에 불과함으로써[55] 전국에 약 185만 ha의 농경지가 관개지로 개조될 수 있다.

생산재 분야에서 2007-2011년간 화학비료 연평균 사용량은 약 6kg/ha에 불과하였다. 2002-2006년간 화학비료 연평균 총 사용량이 약 1.8만 톤, 2007-2010년간은 2.5만 톤으로 증가하였고 질소비료 사용량은 약 60%를 차지하였다.[56]

무역기반 분야에서 대두는 수출기반이 구비되어 있다. 2007-2010년간 대두 생산량과 국내 소비량 간의 비율은 101%로 자급하고도 약간 남을 여지가 있어 대두가 증산되면 수출이 증가될 수 있다. 한편 옥수수, 쌀과 밀은 자급(국내 생산량과 소비량 간의 비율은 100% 미만)할 수 없으나 부족한 부분은 국내 옥수수 증산으로 보충될 수 있다.[57]

(4) 아르헨티나

외국자본 정책에 있어 아르헨티나의 개방정도가 비교적 높으며 항공과 매스미디어 등 분야를 제외한 다른 분야는 외국자본의 진입을 허용하고 지원한다. 농업부문은 외국자본에 완전 개방하여 매입, 임차, 협력 등 방식으로 토지를 취득하는 것을 허용한다.

---

54 FAO 통계에 근거하여 계산함. http://www.fao.org/nr/water/aquastat/data/query/results.html

55 CEPAL. Anuario estadístico de América Latina y el Caribe, 2011.

56 FAO 통계에 근거하여 계산함. http://faostat.fao.org

57 FAO 통계에 근거하여 계산함. http://faostat.fao.org

경영환경에서 아르헨티나는 전 세계 185개 경제체 중에서 124위, 라틴 아메리카 지역 33개 경제체 중에서 26위로 개선할 여지가 있다.

토지시장에서 아르헨티나는 외국자본이 농업생산용 토지를 매입하는 것을 허용한다. 아르헨티나는 1994년 『헌법』 수정 후 연방국가로 변경되어 각 성의 자율적인 토지관리 권한이 비교적 크다. 연방정부 규정에 따르면 외국자본의 토지 매입 상한선은 2000ha이고 각 주에서 외국자본에 매각한 토지가 농경지 면적에서 차지하는 비중이 20%를 초과할 수 없으며 만약 외국자본이 변경지역의 토지를 매입하려면 사전에 국가안전위원회의 허가를 받아야 한다.[58]

개인토지가 전체 토지 면적의 약 87%, 국유 또는 공공토지는 약 13%를 차지한다.[59] 2010년 현재 외국자본의 독자기업이 구입한 토지는 672만 ha, 합자기업이 구입한 토지는 122만 ha에 이른다.[60]

산업기반 분야에서 아르헨티나는 1%에 불과한 노동력이 농업부분에 취업하고 6.9%의 인구가 농촌지역에 거주함으로서써 농업노동력이 비교적 부족하다. 2006-2010년간 농경지 개발 투입의 연평균 성장률은 2.1%로 라틴아메리카 지역에서 비교적 높은 수준에 속하며 증가된 투입이 주로 대두 재배면적 확대에 사용됨으로써 같은 기간 대두 수확면적은 1403만

58   USAID. Property Rights and Resource Governance: Brazil, 2011.

59   Marcelo Sili, Luciana Soumoulou. The Issue of Land in Argentina: Conflicts and Dynamics of Use, Holdings and Concentration. International Fund for Agricultural Development (IFAD), Rome, Italy, 2011.

60   Fernando Soto Baquero, Sergio Gómez. Dinámicas del Mercado de la Tierra en América Latina y el Caribe: Concentración y Extranjerización, FAO, 2012.

ha에서 1813만 ha로 410만 ha 증가하였다. 물류성과 지표는 3으로 중간 수준에 속하며 창고 저장 및 수송 능력 부족은 농산물 수송을 어느 정도 제약하고 있다.[61]

농경지자원 분야에서 아르헨티나는 약 2533만 ha에 달하는 Ⅰ급 및 Ⅱ급 한지가 중단기적으로 개발될 수 있다.

관개지 분야에서 아르헨티나는 약 618만 ha의 농경지가 관개잠재력이 있으나[62] 현재 관개지는 155만 ha에 불과함으로써[63] 전국에 약 463만 ha의 농경지가 관개지로 개조될 수 있다.

생산재 분야에서 2007-2011년간 화학비료 연평균 사용량은 약 41kg/ha에 달하였다. 2002-2006년간 화학비료 연평균 총 사용량은 약 131만 톤, 2007-2010년간은 133만 톤으로 증가하였고 질소비료 사용량은 약 69%를 차지하였다.[64]

무역기반 분야에서 옥수수, 쌀, 밀, 대두는 수출기반이 비교적 견고하며 2007-2010년간 옥수수 생산량은 국내 소비량의 2.9배 정도, 쌀은 2.28배, 밀은 1.95배, 대두는 1.41배에 달함으로써 이러한 농작물의 증산은 수출량을 증가시킬 수 있다.

61   FAO 통계에 근거하여 계산함. http://faostat.fao.org
62   FAO 통계에 근거하여 계산함. http://www.fao.org/nr/water/aquastat/data/query/results.html
63   CEPAL. Anuario estadístico de América Latina y el Caribe, 2011.
64   FAO 통계에 근거하여 계산함. http://faostat.fao.org

(5) 페루

외국자본 정책에 있어 페루의 개방정도가 비교적 높으며 항공 등 소수 분야를 제외한 다른 분야는 외국자본의 진입을 허용하고 지원한다. 농업 부문은 외국자본에 완전 개방하여 매입, 임차, 협력 등 방식으로 토지를 취득하는 것을 허용한다.

경영환경에서 페루는 전 세계 185개 경제체 중에서 43위, 라틴아메리카 지역 33개 경제체 중에서 3위로 비교적 높은 수준이다.

토지시장에서 페루는 외국자본이 농업생산용 토지를 매입하는 것을 허용한다. 페루 농업부 예측에 따르면 전국에 약 360만 가구의 농촌주민, 7422개의 농촌마을과 원주민 마을이 있다.[65] 토지소유량 5ha 미만의 농가들이 164만 ha의 토지를 소유하여 농업용 토지의 약 30%, 토지소유량이 5-20ha에 이르는 농가들이 약 198만 ha의 토지를 소유하여 농업용 토지의 약 36%, 토지소유량이 20-100ha에 이르는 농가들이 약 124만 ha의 토지를 소유하여 농업용 토지의 약 23%, 토지소유량이 100ha 이상인 농가들이 약 62만 ha의 토지를 소유하여 농업용 토지의 약 11%를 차지하고 있다.[66]

페루정부는 토지의 과도한 집중을 억제하기 위하여 개인소유 토지의 수량을 제한하고 있다. 예를 들어 연해지역은 50ha, 내륙지역은 30ha로 제한되어 있다. 외국자본의 농업부문 진입을 지원하기 위해 1991년에 『농업에 대한 외국자본 투자촉진법』을 공포하였으며 외국자본 또는 외국인 토

---

65   USAID. Property Rights and Resource Governance: Peru, 2011.

66   Fernando Soto Baquero, Sergio Gómez. Dinámicas del Mercado de la Tierra en América Latina y el Caribe: Concentración y Extranjerización, FAO, 2012.

지 소유량의 상한선을 1000ha로 규정하였다.[67]

산업기반 분야에서 페루는 31%에 달하는 노동력이 농업부분에 취업하고 26.6%의 인구가 농촌지역에 거주함으로써 농업노동력은 풍부하다. 2006-2010년간 농경지 개발 투입 연평균 성장률은 제로로 거의 증가하지 않았다. 물류성과 지표는 3으로 중간 수준에 속하며 창고 저장 및 수송 능력 부족은 농산물 수송을 어느 정도 제약하였다.

농경지자원 분야에서 페루는 약 434만 ha에 달하는 Ⅰ급 및 Ⅱ급 한지가 중단기적으로 개발될 수 있다.

관개지 분야에서 페루는 약 641만 ha의 농경지가 관개잠재력이 있으나[68] 현재 관개지는 119만 ha에 불과함으로[69] 전국에 약 522만 ha의 농경지가 관개지로 개조될 수 있다.

생산재 분야에서 2007-2011년간 화학비료 연평균 사용량은 약 95kg/ha에 달하였다. 2002-2006년간 화학비료 연평균 총 사용량은 약 32만 톤, 2007-2010년간은 36만 톤으로 증가하였고 질소비료 사용량은 약 65%를 차지하였다.[70]

무역기반 분야에서 옥수수, 쌀, 밀, 대두는 자급할 수 없고 특히 대두와 밀은 수입 의존도가 높다. 대두의 국내 생산량이 국내 소비수요에 대한 만

67   Fernando Soto Baquero, Sergio Gómez. Dinámicas del Mercado de la Tierra en América Latina y el Caribe: Concentración y Extranjerización, FAO, 2012.

68   FAO 통계에 근거하여 계산함. http://www.fao.org/nr/water/aquastat/data/query/results.html

69   CEPAL. Anuario estadístico de América Latina y el Caribe, 2011.

70   FAO 통계에 근거하여 계산함. http://faostat.fao.org

족도는 3%, 밀은 13%에 불과하다.

(6) 콜롬비아

외국자본 정책에 있어 콜롬비아의 개방정도가 비교적 높으며 텔레비전 방송국을 제외한 다른 분야는 외국자본에 완전 개방하고 있다. 농업부문은 외국자본에 개방하여 매입, 임차, 협력 등 방식으로 토지를 취득하는 것을 허용한다.

경영환경에서 비록 콜롬비아는 '콜롬비아 혁명무장역량'(FARC) 등 유격대가 있지만 전 세계 185개 경제체 중에서 45위, 라틴아메리카 지역 33개 경제체 중에서 4위로 비교적 높은 수준에 있다.

토지시장에서 콜롬비아는 외국자본이 농업생산용 토지를 매입하는 것을 허용한다. 콜롬비아 농촌지역의 토지는 국유토지, 개인토지, 집체토지 등 세 가지로 나뉘어진다. 집체토지는 주로 원주민, 아프리카계 거주지 및 협동조합의 토지를 의미한다. 개인토지는 자유롭게 거래할 수 있으며 국유토지와 집체토지는 자유롭게 거래할 수 없다. 농촌지역에 있어 개인토지는 52%, 원주민 거주지 토지는 23%, 국유토지는 22%, 아프리카계 거주지 토지는 3%에 이른다.[71] 토지집중도가 비교적 높으며 농가 총 가구수에서 대형농가 비중은 2%에 불과하나 전국 52%의 토지를 소유하고 있고 78.3%에 달하는 소형농가의 토지 소유량은 10.5%에 불과한 수준이다.[72]

---

71   USAID. Property Rights and Resource Governance: Colombia, 2011.

72   Fernando Soto Baquero, Sergio Gómez. Dinámicas del Mercado de la Tierra en América Latina y el Caribe: Concentración y Extranjerización, FAO, 2012.

중국의 식량안보와 농업의 해외진출전략

산업기반 분야에서 콜롬비아는 18%에 달하는 노동력이 농업부분에 취업하고 21.5%의 인구가 농촌지역에 거주함으로써 농업노동력은 비교적 풍부하다. 2006-2010년간 농경지 개발 투입 연평균 성장률은 -0.4%로 마이너스 성장을 기록하였다. 물류성과 지표는 3으로 중간 수준에 속하며 창고 저장 및 수송 능력 부족은 농산물 수송을 어느 정도로 제약하고 있다.

농경지자원 분야에서 콜롬비아는 약 520만 ha에 달하는 I급 및 II급 한지가 중단기적으로 개발될 수 있다.

관개지 분야에서 콜롬비아는 약 659만 ha의 농경지가 관개잠재력이 있으나[73] 현재 관개지는 90만 ha에 불과함으로써[74] 전국에 약 569만 ha의 농경지가 관개지로 개조될 수 있다.

생산재 분야에서 2007-2011년간 화학비료 연평균 사용량은 약 510kg/ha에 달해 라틴아메리카 지역 10개 국가 중에서 1위를 차지하였다. 2002-2006년간 화학비료 연평균 총 사용량은 약 86만 톤, 2007-2010년간은 96만 톤으로 증가하였고 질소비료 사용량은 약 54%를 차지하였다.[75]

무역기반 분야에서 옥수수, 쌀, 밀, 대두는 자급할 수 없고 특히 대두와 밀은 수입 의존도가 높다. 밀의 국내 생산량은 국내 소비수요의 2%밖에 만족하지 못하며 대두의 국내 수요 만족도는 16%에 불과하다.

73   FAO 통계에 근거하여 계산함. http://www.fao.org/nr/water/aquastat/data/query/results.html

74   CEPAL. Anuario estadístico de América Latina y el Caribe, 2011.

75   FAO 통계에 근거하여 계산함. http://faostat.fao.org

(7) 에콰도르

외국자본 정책에 있어 에콰도르는 에너지, 철도수송, 매스미디어 등 분야를 제외한 다른 분야는 외국자본에 개방한다. 농업부문은 외국자본에 완전 개방하여 매입, 임차, 협력 등 방식으로 토지를 취득하는 것을 허용한다.

경영환경에서 전 세계 185개 경제체 중에서 139위, 라틴아메리카 지역 33개 경제체 중에서 29위로 개선할 여지가 있다.

토지시장에서 에콰도르는 외국자본이 농업생산용 토지를 매입하는 것을 허용한다. 2008년 헌법에 의하면 에콰도르 농촌지역의 토지는 국유토지, 개인토지, 집체토지(마을, 원주민 거주지, 아프리카계 거주지, 협동조합 등의 토지) 등 세 가지로 나뉘어진다. 토지 소유권 확인 및 토지 등록 작업이 여전히 진행 중에 있으나 진행속도는 더디다. 전국에 약 84만 가구의 농가가 있으며 토지소유량 5ha 미만의 농가는 농가 총 가구수의 63%로 토지의 6%, 토지소유량 5-100ha에 달하는 농가가 농가 총 가구수의 36%로 토지의 65%, 토지소유량 100ha 이상인 농가는 농가 총 가구수의 1%로 토지의 29%를 소유하고 있다.[76] 대형 농가는 주로 경제작물을 재배하며 예를 들어 35개의 바나나 농장에서 40489ha의 토지, 7개의 사탕수수 농장에서 68268ha의 토지를 소유하고 있다.[77]

산업기반 분야에서 에콰도르는 29%에 달하는 노동력이 농업부분에 취업하고 35%의 인구가 농촌지역에 거주함으로서써 농업노동력은 비교적

---

76 USAID. Property Rights and Resource Governance: Ecuador, 2011.

77 Fernando Soto Baquero, Sergio Gómez. Dinámicas del Mercado de la Tierra en América Latina y el Caribe: Concentración y Extranjerización, FAO, 2012.

　　　　　　중국의 식량안보와 농업의 해외진출전략

풍부하다. 2006-2010년간 농경지 개발 투입 연평균 성장률은 -0.4%로 마이너스 성장을 기록하였다. 물류성과 지표는 3으로 중간 수준에 속하며 창고 저장 및 수송 능력 부족은 농산물 수송을 어느 정도로 제약하고 있다.

농경지자원 분야에서 에콰도르는 약 211만 ha에 달하는 Ⅰ급 및 Ⅱ급 한지가 중단기적으로 개발될 수 있다.

관개지 분야에서 에콰도르는 약 314.5만 ha의 농경지가 관개잠재력이 있으나[78] 현재 관개지는 86.5만 ha에 불과함으로써[79] 전국에 약 228만 ha의 농경지가 관개지로 개조될 수 있다.

생산재 분야에서 2007-2011년간 화학비료 연평균 사용량은 약 192kg/ha에 달하며 라틴아메리카 지역 10개 국가 중에서 비교적 높은 수준에 있다. 2002-2006년간 화학비료 연평균 총 사용량은 약 23만 톤, 2007-2010년간은 26만 톤으로 증가하였고 질소비료 사용량은 약 65%를 차지하였다.[80]

무역기반 분야에서 쌀은 자급할 수 있고, 대두도 기본적으로 자급할 수 있다. 옥수수와 밀은 자급할 수가 없는데 밀의 국내 생산량은 국내 소비수요의 2%밖에 만족시키지 못하며 옥수수는 국내 소비수요의 70%를 만족시킬 수 있다.

(8) 베네수엘라

외국자본 정책에 있어 베네수엘라는 외국자본에 대한 제한이 비교적

---

78   FAO 통계에 근거하여 계산함. http://www.fao.org/nr/water/aquastat/data/query/results.html

79   CEPAL. Anuario estadístico de América Latina y el Caribe, 2011.

80   FAO 통계에 근거하여 계산함. http://faostat.fao.org

많지만 농업부문은 외국자본에 완전 개방하여 매입, 임차, 협력 등 방식으로 토지를 취득하는 것을 허용한다.

경영환경에서 베네수엘라는 전 세계 185개 경제체 중에서 180위, 라틴 아메리카 지역 33개 경제체 중에서 33위로 비교적 낮은 수준이다.

토지시장에서 베네수엘라는 외국자본이 농업생산용 토지를 구입하는 것을 허용한다. 베네수엘라 토지제도에 있어 뚜렷한 특징으로는 '하나의 나라에 두 가지 제도'이다. 즉 토지는 국유토지와 개인토지로 나뉘어진다. 농촌지역 42%의 토지는 국유토지이며 58%의 토지가 개인토지이다. 정부가 마을, 협동조합, 공동체, 기업에게 배분한 토지는 모두 국유토지에 해당한다. 최근 몇 년간 베네수엘라 정부는 일부 방치된 개인토지를 국유화시켰다. 개인토지는 자유롭게 거래할 수 있으나 국유토지는 자유롭게 거래할 수 없다. 베네수엘라의 토지 집중도는 여전히 현저하여 600가구의 대형 토지 소유자가 전국 25%의 토지를 소유하고 있고 규모가 가장 큰 농업업체에서 소유한 토지는 20만 ha에 이른다.[81]

산업기반 분야에서 베네수엘라는 9%에 달하는 노동력이 농업부분에 취업하고 6.4 %의 인구가 농촌지역에 거주함으로써 농업노동력은 비교적 부족하다. 2006-2010년간 농경지 개발 투입 연평균 성장률은 0.5%에 이른다. 물류성과 지표는 2로 창고 저장 및 수송 능력 부족으로 인해 농산물 수송에 대한 제약이 확연하다.

농경지자원 분야에서 베네수엘라는 2083만 ha에 달하는 Ⅰ급 및 Ⅱ급

81   Annie Stålberg. Agrarian reform in Venezuela: defensible from a socio-economic perspective?, Swedish University of Agricultural Science, Thesis No: 447, Uppsala, 2006.

한지가 중단기적으로 개발될 수 있다.

관개지 분야에서 베네수엘라는 약 170만 ha의 농경지가 관개잠재력이 있으나[82] 현재 관개지는 58만 ha에 불과함으로써[83] 전국에 약 112만 ha의 농경지가 관개지로 개조될 수 있다.

생산재 분야에서 2007-2011년간 화학비료 연평균 사용량은 약 152kg /ha에 달한다. 2002-2006년간 화학비료 연평균 총 사용량은 약 41만 톤, 2007-2010년간 43만 톤이며 질소비료 사용량은 약 65%를 차지하였다.[84]

무역기반 분야에서 쌀은 기본적으로 자급할 수 있고, 옥수수, 밀, 대두는 자급할 수 없다. 밀의 국내 생산량은 단지 국내 소비수요의 1% 밖에 만족시키지 못하며 대두는 국내 소비수요의 50%를 만족시킬 수 있다.

(9) 멕시코

외국자본 정책에 있어 멕시코의 개방정도는 비교적 높지만 농업부문에 있어서는 외국자본 진입을 제한한다.

경영환경에서 멕시코는 전 세계 185개 경제체 중에서 48위, 라틴아메리카 지역 33개 경제체 중에서 5위를 차지한다.

토지시장에서 멕시코는 외국자본이 농업생산용 토지를 구입하는 것을 허용하지만 지분은 49%를 넘을 수 없다.

멕시코 토지제도에 있어 뚜렷한 특징으로는 '하나의 나라에 두 가지 제

---

82 FAO 통계에 근거하여 계산함. http://www.fao.org/nr/water/aquastat/data/query/results.html

83 CEPAL. Anuario estadístico de América Latina y el Caribe, 2011.

84 FAO 통계에 근거하여 계산함. http://faostat.fao.org

도'이며 토지는 마을토지와 개인토지로 구분된다. 1992년 멕시코는 마을 토지에 대해 재차 사유화를 실시하였지만 자유로운 거래에는 여전히 많은 제약과 제한을 받는다. 예를 들어 마을 구성원이 토지를 매각하려면 반드시 51% 이상 구성원들의 동의를 받아야 한다. 하지만 마을 구성원은 자신의 토지를 임대하거나 자신의 토지로 타인과 합작경영할 수도 있다. 멕시코 전국 약 3만 1518개 마을에서 소유한 토지는 1.06억 ha로 토지 총 면적의 54%를 차지하며 약 161만 가구의 개인소유주가 소유한 토지는 7000만 ha로 토지 총 면적의 36%를 차지한다.[85]

산업기반 분야에서 멕시코는 13%에 달하는 노동력이 농업부분에 취업하고 22%의 인구가 농촌지역에 거주하고 있다. 2006-2010년간 농경지 개발 투입 연평균 성장률은 -0.2%에 이른다. 물류성과 지표는 3으로 창고 저장 및 수송 능력 부족은 어느 정도 농산물 수송을 제약하고 있다.

농경지자원 분야에서 멕시코는 812만 ha에 달하는 Ⅰ급 및 Ⅱ급 한지가 중단기적으로 개발될 수 있다.

관개지 분야에서 멕시코는 약 977만 ha의 농경지가 관개 잠재력이 있으며[86] 현재 관개지는 이미 630만 ha에 달함으로써[87] 전국에 약 347만 ha의 농경지가 관개지로 개조될 수 있다.

생산재 분야에서 2007-2011년간 화학비료 연평균 사용량은 약 63kg/

85 Fernando Soto Baquero, Sergio Gómez. Dinámicas del Mercado de la Tierra en América Latina y el Caribe: Concentración y Extranjerización, FAO, 2012.

86 FAO 통계에 의해 계산함. http://www.fao.org/nr/water/aquastat/data/query/results.html.

87 CEPAL. Anuario estadístico de América Latina y el Caribe, 2011.

ha에 달한다. 최근 몇 년간 화학비료 사용량은 다소 감소되어 2002-2006년간 화학비료 연평균 총 사용량은 약 168만 톤, 2007-2010년간 148만 톤이며 질소비료 사용량은 약 81%를 차지하였다.[88]

무역기반 분야에서 밀, 대두, 쌀, 옥수수는 자급할 수 없는데 대두의 국내 생산량은 국내 소비수요의 3%밖에 만족시키지 못하며 쌀은 국내 소비수요의 25%, 옥수수는 국내 소비수요의 70%, 밀은 국내 소비수요의 77%를 만족시킬 수 있다.

(10) 쿠바

쿠바의 개방정도는 비교적 낮으며 비록 『외국자본법』(제77호 법률)에서 의료, 교육, 군수산업을 제외한 다른 분야에 외국자본이 진입하는 것을 허용하지만 외국자본 진입에 제한이 비교적 많다. 농업부문은 외국자본 진입을 허용하고 지원하지만 토지 매입은 금지하고 있다.

쿠바 전국에 약 166만 ha의 농업용지가 있는 가운데 국유토지는 237만 ha로 36%, 집체토지는 303만 ha로 46%, 개인농가 토지는 121만 ha로 18%를 차지한다.[89]

산업기반 분야에서 쿠바는 19%에 달하는 노동력이 농업부분에 취업하고 22.6%의 인구가 농촌지역에 거주한다. 2006-2010년간 농경지 개발투입 연평균 성장률은 -0.4%에 이른다. 물류성과 지표는 2로 창고 저장 및 수송

---

88   FAO 통계에 근거하여 계산함. http://faostat.fao.org

89   Cuba. Anuario Estadístico de Cuba 2010, Oficina Nacional de Estadística e Información, Julio de 2011.

능력 부족으로 농산물 수송을 크게 제약하고 있다.

농경지자원 분야에서 쿠바는 490만 ha에 달하는 Ⅰ급 및 Ⅱ급 한지가 중단기적으로 개발될 수 있다.

관개지 분야에서 쿠바는 약 270만 ha의 농경지가 관개잠재력이 있으며[90] 현재 관개지는 이미 87만 ha에 달함으로써[91] 전국에 약 183만 ha의 농경지가 관개지로 개조될 수 있다.

생산재 분야에서 2007-2011년간 화학비료 연평균 사용량은 약 30kg/ha에 달한다. 2002-2006년간 화학비료 연평균 총 사용량은 약 8만 톤, 2007-2010년간 11만 톤으로 증가하였으며 질소비료 사용량은 약 43%를 차지하였다.[92]

무역기반 분야에서 옥수수, 밀, 쌀, 대두는 모두 자급할 수 없고, 밀과 대두는 거의 모두 수입에 의존한다. 옥수수의 국내 생산량은 국내 소비수요의 31%, 쌀은 국내 소비수요의 43%를 충족시킬 수 있다.

제4절 중국과 라틴아메리카지역 간의 농업협력 및 투자전략

유엔 식량농업기구(FAO) 예측에 의하면 2012-2015년간 라틴아메리카

---

90   FAO 통계에 근거하여 계산함. http://www.fao.org/nr/water/aquastat/data/query/results.html

91   CEPAL. Anuario estadístico de América Latina y el Caribe, 2011.

92   FAO 통계에 근거하여 계산함. http://faostat.fao.org

지역의 식량 생산량 연평균 성장률은 1.8%, 2016-2030년간 식량 생산량 연평균 성장률은 1.6%에 이를 것으로 보인다. 2012-2030년간 농경지 면적 증가분의 식량 증산에 대한 기여도는 34%, 단위 면적당 생산량 향상의 식량 증산에 대한 기여도는 66%에 미칠 것이다(표 4.11 참조).[93]

1. 농업협력 및 투자전략 목표

FAO의 예측자료와 라틴아메리카 지역 실제 상황과 조합하여 2012-2030년간 라틴아메리카 지역의 식량 증산 추세에 대해 예측한 결과, 라틴아메리카 지역은 1400만 ha의 신규 농경지가 옥수수, 밀, 쌀, 대두 등 식량작물 재배에 사용되어 식량 생산량이 1.14억 톤 증가할 것이다.

라틴아메리카 지역 10개 주요 국가의 농경지 면적 합계는 라틴아메리카 지역 농경지 총 면적의 약 93%를 차지함에 따라 신규 농경지 면적은 주로 이들 국가에 집중될 것이다. 2012-2030년간 이들 10개 국가의 신규 농경지 면적 합계는 약 1260만 ha, 신규 식량 생산량은 1.1억 톤에 이를 것이다.

신규 농경지 면적 순위를 보면 브라질은 570만 ha로 가장 많고, 아르헨티나는 299만 ha로 2위, 멕시코는 232만 ha로 3위, 그 다음은 순차적으로 볼리비아, 페루 각각 34만 ha, 베네수엘라 25만 ha, 쿠바 24만 ha, 콜롬비아 17만 ha, 우루과이 15만 ha, 에콰도르 12만 ha이다.

브라질의 식량 증산량은 5481만 톤으로 가장 많고, 아르헨티나는 3543

---

93   Jelle Bruinsma (Edited). World agriculture towards 2015/2030: An FAO Perspective, Earthscan Publications Ltd, London, 2003.

만 톤으로 2위, 멕시코는 1060만 톤으로 3위를 차지하고 있고 그 다음은 순차적으로 우루과이 186만 톤, 페루 179만 톤, 콜롬비아 156만 톤, 베네수엘라 133만 톤, 볼리비아 130만 톤, 에콰도르 107만 톤, 쿠바는 30만 톤이다(표 4.12 참조).

〈표 4.11〉 2012-2030년 라틴마메리카 지역 식량 증산 추세 예측

	2012-2015				2016-2030		2012-2030
	연평균 성장률(%)	2012	2015	2012-2015	연평균 성장률(%)	2030	
식량 생산량(만 톤)	1.8				1.6		
옥수수(만 톤)		12173	12842	669		16555	4382
쌀(만 톤)		2689	2837	148		3657	968
밀(만 톤)		3057	3225	168		4157	1100
대두(만 톤)		13784	14542	758		18747	4963
합계(만 톤)		31703	33446	1743		43116	11413
농경지 면적(만 ha)	0.61	15300	15600	300	0.54	16700	1400
ha당 생산량 (2012년=100)	1.19				1.06		
농경지 면적 확대의 식량생산 증가에 대한 기여도 (%)	34						
ha당 생산량 향상의 식량생산 증가에 대한 기여도 (%)	66						

중국의 식량안보와 농업의 해외진출전략

	신규 농경지 면적(만 ha)	신규 식량생산량(만 톤)
브라질	570	5481
아르헨티나	299	3543
멕시코	232	1060
볼리비아	34	130
페루	34	179
베네수엘라	25	133
쿠바	24	30
콜롬비아	17	156
우루과이	15	186
에콰도르	12	107
합계	1262	11005

2. 중국과 라틴아메리카 지역 간 농업협력전략 : 현지 내수용 식량기지의 공동 건설

라틴아메리카 지역 10개 주요 국가 중에서 식량을 자급할 수 없는 국가는 멕시코, 쿠바, 에콰도르, 콜롬비아, 베네수엘라, 페루, 볼리비아 등 7개 국가이다. 2012-2030년간 이들 국가의 식량생산에 있어 주요 목표는 식량생산량을 증가하여 식량자급을 실현하고 식량안보를 보장하는 데 있다.

중국과 라틴아메리카 지역 간의 협력은 주로 정부 간 협력이며 중국과 라틴아메리카 지역 7개 국가에서 다음과 같은 조치를 취할 것을 건의하고자 한다.

첫째, 협력을 통하여 7개 농업과학기술개발연구 및 보급 센터(각 국에 1개 센터)를 설립하고, 생산량이 높은 양질의 농작물 품종을 도입 및 보급해야 한다.

둘째, 양자간에 특혜차관을 제공하여 농지기반 건설과 개발에 사용하도록 해야 한다.

셋째, 쿠바, 에콰도르, 볼리비아 등 국가에게 농업지원금을 제공하여 이들 국가의 농업을 발전시키도록 하여야 한다.

넷째, 중국 기업들의 이들 국가에 대한 투자를 장려하여 농업가공시범 단지와 농업투자단지를 설립하도록 하여야 한다.

3. 중국의 대 라틴아메리카 지역의 농업투자전략 : 식량비축을 위주로 하고 농지비축을 부차적으로 함

대형 식량 반출 기지 조성에 있어 브라질, 아르헨티나, 우루과이 등 3개 국가는 중점 투자 대상국이며 기본적인 투자방식은 식량 비축을 위주로 하고 농지 비축을 부차적으로 한다.

(1) '식량 비축'

'식량 비축'이란 이들 3개 국가, 특히 브라질과 아르헨티나의 주요 식 량생산 지역에 투자하여 식량 매입, 저장 시설 및 식량가공공장을 건설하는 것을 의미한다. 이와 같은 조치는 다음과 같은 3가지의 장점을 가지고 있다.

첫째, 투자는 적지만 효과가 빨리 나타나고, 리스크가 낮다. 토지 매입 또는 임차로 식량을 재배하는 것과 비교하면 식량 매입 및 저장시설을 건설하는 데 필요한 투자는 훨씬 적으며 건설이 끝나면 바로 매입할 수 있고 매입이 끝나면 바로 비축할 수 있으며 식량이 자기 손에 비축되어 있기 때문에 남의 집 밭에 재배되어 있는 것보다 훨씬 안전하다.

둘째, 다국적 기업과 현지 농업 이익집단 간의 이해관계를 조화롭게 처치하는 데 도움이 된다. 식량 매입 및 저장 시설을 통하여 현지 농가 및 농업기업의 식량 재배면적 확대를 유도할 수 있어 생산량을 증가시키고 보다 많은 이익을 창출 및 공유하는 동시에 필요할 경우 국제 대형 식량기업에게도 식량 매입 및 저장 서비스를 유상 제공할 수 있다.

셋째, 현지 정부, 학계, 상공업계, 주민의 우려를 줄이는 데 도움이 된다.

(2) '농지 비축'

'농지 비축'이란 토지를 대규모로 매입 또는 임차하여 반출할 식량 재배에 사용하는 것을 뜻한다. 브라질, 아르헨티나, 우루과이 등 3개 국가에서 대규모로 농지를 비축하는 데 있어 보편적이고 현실적인 문제가 있다. 즉 농업 기반시설 투입에 있어 부담이 엄청 크기 때문에 해외진출 농업기업들이 이를 감당하기 어렵다. 비록 감당할 수 있고 투입가능할지라도 단기비용이 높음으로 심각한 적자경영에 빠질 수 있다. 게다가 외국의 토지제도와 국내 토지제도 간의 커다란 차이 때문에 해외 농업투자 프로젝트가 국내 융자지원을 받기 힘들다. 다시 말하면 '농지비축' 방식에 있어 세가지 어려움이 있는데 그것은 토지 매입의 어려움, 투자의 어려움, 융자의 어려움 등이다.

따라서 '농지 비축'에 있어 특별한 해외 농업투자 지원정책이 필요하다.

첫째, '토지 임차에 의한 농지 비축'을 장려하고 여건이 갖춰진 지역에 대해서는 '토지 매입에 의한 농지 비축'을 지원한다.

둘째, 농지 기반건설과 농업생산 기반시설 건설을 양자 또는 다자 간 협력 메커니즘에 포함시킨다. 기반시설의 '스필오버 효과'와 외부효과가 아주 크고 '무임승차' 문제가 뚜렷하며 중국 기업에서 투자하여 조성한 관개시스템과 기반시설은 기타 인근 생산자들도 이로부터 이득을 얻을 수가 있다. 따라서 대상국의 중앙정부든 지방정부든 모두 이러한 투자의 외부효과를 직시하여 중국 기업의 농지 기반건설 및 농업 기반시설 건설에 특혜정책 또는 제도를 마련해 주어야 한다.

셋째, 해외 농업기반시설 건설은 국내 농업지원정책의 혜택을 누릴 수 있어야 한다. 만약 국유기업이 해외에서 대규모 농경지를 매입했다면 대상국의 법률에 따라 이들 토지는 영구적으로 중국 국유기업에서 소유하게 된다. 시각을 바꿔서 본다면 이런한 토지들도 중국 국유자산이며 국내 국유자산과 동등한 대우를 받아야 한다. 다시 말하면 국유기업의 해외 '농지비축'에 대한 농업기반시설 투입은 반드시 국내 농지기반시설 투입과 동일시하여야 한다. 중국 정부는 해마다 국내 농지기반시설 건설에 무려 천억 위엔대에 달하는 자금을 투입하고 있는데 그 중에서 몇십억 또는 몇 백억 자금을 별도의 예산을 편성하여 해외 '국유 농지' 기반건설에 투입하는 것은 이론적 측면에서든 실천적 측면에서든 모두 다 옳고 바람직하다고 할 수 있다.

본 장의 집필자 : 谢文泽(중국사회과학원 라틴아메리카주 연구소)

러시아 농업개발 잠재력 및
투자전략

러시아는 농업자원이 풍부하고 개발 잠재력이 아주 크다. 러시아 농업에 대한 투자는 중국 해외진출전략을 원활하게 실행하고 농촌 과잉 노동력을 이전하며 러시아와의 협력영역을 한층 더 확장할 뿐만 아니라 국가 식량안보를 보장하는 데 있어서도 중요한 의미가 있다.

제1절 러시아 농업자원 상황

1. 토지자원

(1) 국토자원

러시아는 유럽 동부와 아시아 북부에 위치하며 유라시아 대륙에 걸쳐 동서 간 최대거리 9000㎞, 남북 간 최대거리 4000㎞, 면적은 1707.54만 ㎢로 전 세계에서 국토면적이 가장 큰 국가이며 지구에서 사람이 거주하는 육지면적의 11.4%를 차지하고 있다. 러시아는 고위도와 중위도 지역에 위치하며 기후는 복잡, 다양하고 기후 차이가 클 뿐만 아니라 북온대 및 아한대 대륙성 기후에 속해 겨울이 길고 한량하며 여름은 짧고 온난하다.

(2) 농경지자원

러시아의 2.2억 ha에 달하는 농업용지 중에서 농경지의 면적은 약 1.34억 ha로 전 세계 농경지 면적의 8%를 차지한다. 그 중에서 약 1/4에 이르는 농경지는 방치된 상태이다. 러시아의 1인당 농경지 면적은 0.84ha인 반면 중국의 1인당 농경지 면적은 0.07ha에 불과하여 러시아의 1인당 농경지 면적은 중국의 10.9배이다. 또한 러시아는 7260만 ha의 초원 목장이 있다. 러시아의 토지자원은 아주 풍부하지만 공간적 분포가 불균형적이고 많은 면적의 토지가 아직 미개간 상태에 있으므로 토지자원의 개발 잠재력이 아주 크다. 러시아는 세계에서 면적이 가장 큰 흑토 지대가 있으며 모스크바를 중심으로 한 흑토 지대, 돈 강 유역, 볼가 강 연안과 외캅카스 지역은 러시아의 주요 농업지역이다.

(3) 식물자원

러시아는 다양한 식물이 있으며 그 중 현화 식물, 속새강 식물, 양치강 식물 등 고등식물이 수만 종이 있으며 전역에 선태 식물도 있다. 하등식물은 주로 조류와 지의류가 있으며 그 외에 진균 식물도 있다.

2. 수자원

러시아의 수자원은 아주 풍부하며 세계 수자원의 1/15을 차지하고 있고 교차되는 강물, 밀집한 호수가 있을 뿐만 아니라 상당한 지하수와 빙하수가 있다. 그러나 러시아 수자원의 지역적 분포는 아주 불균형적이라 북부지역은 수량이 많고 남부지역은 수량이 적다.

(1) 강물

러시아의 가장 주요한 수자원은 강물이며 국내에 수로가 종횡으로 흐르고 크고 작은 강이 300여 만 줄기나 있다. 그 중에서 100㎞이상의 강이 4000여 줄기, 500㎞ 이상의 큰 강이 260줄기가 있다. 러시아의 강은 수원이 매우 멀고 흐름이 매우 길며 수량이 많아 수력 자원이 풍부하다. 러시아의 강물 유량은 424.6만 ㎥에 달하며 세계 강물 총 유량의 10%에 상당하다. 또한 러시아의 강물은 경류와 외류지역은 크고 내류지역은 작다.

(2) 호수

러시아 국내에 호수가 무려 20여 만 개나 있다. 비교적 큰 호수로는 카스피 해, 바이칼 호, 라도가 호, 오네가 호와 타밀 호 등이 있다. 러시아와 이란 사이에 위치한 세계 최대 함수호인 카스피 해의 면적은 37.1만 ㎢에 달한다. 바아칼 호는 러시아에서 두 번째로 큰 호수로 면적이 31000여 ㎢에 이른다. 러시아 서북부에 위치한 라도가 호는 러시아 유럽부분의 최대 호수, 전체 러시아의 세 번째로 큰 호수이며 면적은 1.77만 ㎢, 저수량은 908㎦이다. 중·러 국경지대 상류에 있는 싱카이호의 면적은 4190㎢, 최심부는 10.6m, 저수량은 16.5㎦로 극동 지역에서 가장 큰 호수이다.

(3) 지하수

러시아에는 지하 담수자원이 상당히 풍부하다. 여러 종류의 지하수 중에서 섭취하기 가장 편리한 것은 자분수이며 식수로서 전국 수요량의 20% 정도를 만족시킬 수 있다. 지하수는 러시아 주민들의 생활에 있어 필수적인 자연자원이며 도시 수돗물의 원천은 주로 지하수이다. 모스크바 교외의 지하수와 북캅카스 요양원의 지하수는 모두 다 광천수이다.

(4) 빙하

러시아의 빙하는 북극해 제도, 캅카스 산맥, 우랄 산맥, 알타이 산맥, 시베리아 동북부와 사얀 산맥 등 지역에 널리 분포하고 있다. 그 중에서 가장 큰 빙하는 북극해 제도에 있다. 캅카스 산맥과 러시아 기타 산맥에 있는 산악 빙하는 아주 중요한 경제적 의미가 있으며 이러한 규모가 그다지 크지 않은 빙하는 많은 강물을 보급하고 있다.

3. 삼림자원

(1) 삼림자원 분포

러시아의 삼림 총 면적은 약 8.6억 ha, 삼림률은 50.5%, 목재 저장량은 약 820억 ㎥로 세계 목재 저장량의 약 1/5을 차지한다. 러시아의 목재 비축은 주로 시베리아와 극동지역에 집중되어 있으며 삼림자원은 전국의 82%, 삼림 피복면적은 전체 러시아의 80%, 목재 저장량은 76%, 유럽부분의 삼림자원은 전국의 17.6%를 차지한다. 러시아 동부지역의 삼림은 대부분 낙엽송, 홍송, 가문비나무, 전나무 등 진귀한 침엽수림과 자작나무, 참나무, 느릅나무와 가래나무 등 활엽수림 등이다.

(2) 삼림개발 및 활용

러시아의 삼림자원 중에서 성숙한 삼림과 과성숙한 삼림의 비중이 비교적 높은 반면 목재가공업 노동력이 부족하고 벌채량과 축적량 간 비율의 불균형으로 인해 삼림자원의 대량 낭비를 초래하고 있다. 기술자가 부족하고 목재가공업이 후진적이기 때문에 러시아는 목재 정밀가공업이 많이 발전되지 않은 반면 원목을 많이 수출하고 있다. 러시아 삼림자원은 양적으로 보면 성장추세이며 목재 비축의 연평균 성장량은 10억 ㎥로 벌채 잠재력은 아주 크다.

4. 어업자원

(1) 담수어업 자원

러시아 국내에 강물과 호수가 아주 많고 담수어류자원이 풍부하다. 어업자원은 주로 볼가 강, 오비 강, 예니세이 강, 레나 강, 바이칼 호, 싱카이 호 등 강물, 호수와 저수지에 집중되어 있으며 주된 어류는 잉어, 연어, 창꼬치, 붕어, 자치 등이다.

(2) 해양어업 자원

러시아의 해양어업 자원은 주로 극동지역에 집중되어 있다. 극동지역은 해안선이 길고 어업자원이 풍부하다. 축치해, 베링해, 오호츠크 해를 포함한 각 해역의 어업자원이 아주 풍부하다. 러시아의 200해리에 달하는 태평양 해역에 2000여 종의 수생생물이 있으며 약 2600만 톤의 물고기와 해산물이 있다. 그 중에서 대구과 물고기는 1600만 톤, 청어과 물고기는 300만 톤에 이른다. 그 외에 새우, 게, 소라와 해삼 등을 포함한 205만 톤의 비어류 해산물이 있으며 해산물의 연간 어획 허가량은 450만 톤에 달한다.

5. 노동력자원

(1) 인구 및 분포

러시아의 인구 총수는 1.452억 명으로 세계 제7위에 있다. 그 중에서 1.064억 명의 인구는 도시인구로 73%를 차지하고, 3880만 명의 인구는 농촌인구로 27%를 차지한다. 적령 노동력 인구는 8900만 명으로 국민 전체의 61%를 차지한다. 노동력 연령 이하 인구는 2630만 명으로 국민 전체의 21%를 차지하고 있다. 성별로 보면 여성이 러시아 국민 총수의 53.5%, 남성은 46.5%를 차지한다. 러시아의 인구 분포는 아주 불균형적으로 유럽부분의 인구는 전국 인구의 약 4/5를 차지하는 반면 동부의 대부분 지역은 인구밀도가 1명/㎢에 불과하다. 인구밀도는 8.3명/㎢로 세계 각 국 및 지역에서 209위를 차지하고 있다. 농업노동력은 약 840만 명으로 농업노동력 1명당 15.7ha의 농경지를 점유하고 있다.

(2) 노동력 소질

러시아 국민의 교육수준은 매우 높아 식자율은 99.5%에 이르며 중등 및 그 이상의 교육수준 인구는 도시의 경우 85% 이상, 농촌의 경우 65% 이상에 달한다. 러시아 기술 노동자와 전문가의 수준은 서양 선진국의 평균수준과 비슷하여 농업기계의 사용 및 보수에 대한 기반기술과 보급여건을 구비하고 있다.

(3) 노동력 수요 상황

세계은행의 예측에 의하면 러시아 인구는 2015년 1.345억 명으로 감소되어 세계 9위로 떨어지고 중국의 1/10에 미치지 못할 것이다. 러시아는 매년 70-80만 명의 외래 노동력이 필요하며 시베리아와 극동지역의 노동력 부족은 더욱 심각하다. 러시아 농업경제의 경기회복에 따라 노동력 부족 문제는 더욱 더 뚜렷해질 것이다. 러시아 국가통계국의 예측에 의하면 2015년 러시아 유럽부분의 농촌인구는 2001년 대비 7.8% 감소하고 그 중에서 흑토 지대의 농촌인구는 15.2% 줄어들며 농업 자연조건이 가장 좋은 남부지역의 농촌인구도 3.1% 감소될 것으로 보인다. 시베리아 지역은 100ha당 농경지의 노동자가 3명에 불과하고 전체 러시아의 평균치도 4명에 불과하다.

제2절 러시아 농업정책

1. 보조정책

국내 농업발전을 지원하기 위해 러시아는 농업분야에 대해 대량의 보조를 실시하고 있다. 러시아의 농업보조정책에는 주로 농업보조 국내지원정책, 농산물 시장 진입허가 정책, 농산물 수출보조정책 등이 있다. 러시아 농업보조는 주로 화학비료 보조, 농민대여보조, 일부 농산물에 대한 부가가치세 징수 면제 등에 집중되어 있다. 정부예산은 아마와 대마 재배자에게 보조를 실시하는 것 외에 곡물, 감자와 기타 농산물에 대한 보조를 제공하고 있다. 러시아 농업의 경쟁력을 강화하기 위해 러시아 정부는 농민에게 대여보조를 제공한다. 농업보조 제공 시에는 본국 농민 또는 본국 공민이 지배주주인 농업생산업체에 국한된다. 외국인이 러시아에 투자하여 농업생산을 실시하는 데 있어 러시아 정부에서 제공하는 각종 특혜조건을 누릴 수 없다. 러시아는 WTO 가입 시 농산물에 대한 수출보조를 모두 취소할 것이고 2012년부터 매년 농업보조금 총 금액은 90억 달러를 초과하지 않으며 2018년에 농업보조를 44억 달러로 줄일 것이라고 승낙하였다. 러시아에서 화학비료 등의 가격에 대한 국가보조가 WTO 원칙과 충돌되기 때문에 러시아 정부는 관련 보조정책을 수정할 것이며 종자 및 화학비료 등에 대한 보조는 농민의 파종면적에 따라 자금을 지불할 것이다.

2. 신용정책

러시아의 농업상품 생산자는 신용기구, 농업소비신용합작사에서 평등하게 신용대출을 받을 수 있으며 정부는 농업기업 대출에 대해 일정금액의 보조를 제공한다. 러시아 농업은행은 2000년에 설립되었고 러시아에서 네 번째로 큰 은행이며 100% 주식을 국가에서 소유하고 있다. 이 은행은 전문적으로 농업 및 공업 종합체 기업에게 융자해주고 있으며 농업에 제공하는 대출금이 전체 상업은행 농업 대출금의 40%를 차지한다. 러시아 농업은행은 전국 80%의 지역에서 역할을 발휘하여 농업생산경영의 순조로운 발전을 위한 제도적인 보장을 구축하였다. 최근 몇 년간 국가의 농업 계획에서 규정한 우선적 발전방향에 부응하기 위해 농업은행은 농업에 대한 지원강도를 높였다. 국가 농업계획에 따라 정부의 자금 방출은 주로 러시아 농업은행과 러시아 농업기계임대공사에 대한 자금 투입을 통하여 농업기업에 대한 융자능력을 강화시키는 방식으로 이루어졌다. 2011년 러시아 농업은행은 9036.97억 루블의 자금을 제공하였다. 그 외에 러시아 저축은행에서도 농업기업에게 대부금을 공급하고 있다.

3. 세수정책

2004년 1월 1일부터 효력이 발생되는 『러시아 연방세 법전』 규정에 따르면 러시아 연방의 농산물 생산자는 두 가지 세수제도, 즉 일반세수제도와 통일농업세제도에 의해 세금을 납부할 수 있다. 농업 생산자, 자가 생산 농산물(및 초급 가공제품)의 매출액이 총 수입의 70% 이상을 차지하는 생산자는 통일농업세를 납부해야 한다(소비세, 배부세를 납부하는 생산자, 지사 또는 상주대표기구를 설립한 생산자 제외). 통일농업세의 세율은 연말 순수입의 6% 이다. 만약 생산자가 통일농업세 방식으로 납세한다면 소득세, 부가가치세, 재산세, 통일사회세 등을 납부할 필요가 없으나 양로보험 등 법률에 정해진 강제성 세수는 반드시 납부하여야 한다.

4. 식량유통정책

시장경제의 건설 및 완비를 위해 러시아는 식량 시장을 개방하였으나 시장화 과정에서 국가에서 관련 법률제도를 제때에 수립하지 못하였기 때문에 식량 매입과 식량 거래에 있어 질서가 비교적 혼란 상태였고 토지 사유화 이후 계약에 따른 식량 매입의 양과 질이 보장되기 어려웠으며 대부분 식량은 비정규적인 경로를 통해 시장유통 단계로 진입하였다. 러시아 식량유통에 있어 과점현상이 심각하여 15% 이상의 식품판매시장, 대도시의 경우 50% 이상의 식품판매시장이 대형 판매네트워크에 의해 통제를 받고 있다. 2009년 3월 20일 러시아 대통령 메드베데프가 연합식량공사 설립에 관한 대통령령에 정식 서명하였다. 이 법령 규정에 의하면 연합식량공사는 주로 러시아 국내 식량 매입 및 판매, 식량 수출과 식량저장, 항구시설의 신규 건설 및 현대적인 개조에 주력할 것이다. 한편 러시아 정부는 산하의 식량시장조정주식회사의 100%의 주식을 새로 설립한 연합식량공사에 투입하고, 이와 동시에 31개 식량기업에서 보유하고 있는 주식을 연합식량공사에 자본금으로 투입하였다.

제3절 러시아 농업 투자환경

1. 러시아 농업 발전 현황

농업생산 현황. 2006-2011년간 러시아 농업제품의 연평균 성장속도는

중국의 식량안보와 농업의 해외진출전략

3.2%, 음료와 담배제품을 포함한 식품의 연평균 성장속도는 4.1%에 달하였다. 2006년에 비해 2011년의 곡물 총 수확량은 8%, 해바라기 씨는 40%, 사탕무는 46% 증가하였다. 2006년에 비해 2010년의 가축제품 생산량은 30% 증가하였으며 그 중에서 돼지고기는 35.6%, 가금고기는 69.9% 증가하였다. 2011년 러시아의 국내총생산은 15250억 달러로 전년 동기 대비 4.2% 증가하였고, 농업생산액은 전년 동기 대비 14% 증가하였다. 러시아는 세계 식량생산 대국으로서 2011년 식량생산량은 9420만 톤, 수출은 2700만 톤(표 5.1 참조)에 달한다. 러시아는 식량생산 및 수출대국일 뿐만 아니라 대량의 미개간 토지가 아직 남아있어 식량증산 잠재력이 아주 크다.

〈표 5.1〉 러시아 식량 생산량 및 수출량(곡물)

단위: 만 톤

연도	생산량	수출량
2005	7800	1300
2006	7800	1600
2007	8200	2800
2008	10820	2100
2009	9710	2140
2010	6100	1500
2011	9420	2700

자료출처: ① 생산량 데이터는 러시아 연방 국가통계국의 공식 웹 사이트의 데이터임. ② 2006~2008년간 식량 수출량은 FAO와 러시아 연방 국가통계국의 공식 웹 사이트의 데이터로 예측한 수치임. ③ 2009~2011년간 식량 수출량은 러시아 리아 노보스티 통신, 러시아 농업부 지도자의 연설자료에서 발췌함. ④ 러시아 농업 통계연도는 7월 1일부터 익년 6월 30일까지임.

선진국에 비해 러시아의 농업기술과 공예는 낙후되었는데 그 원인으로는 농업상품 생산자의 소득수준이 낮아 현대화와 혁신적인 발전으로 전환을 실현하기 어렵고, 농업 및 식품공업의 기계화 생산이 정체되어 농업

기계설비 측면에서 수입에 의존하고 있기 때문이다. 기반시설이 완비되지 못한 상태에서 농업상품 생산자의 시장진입이 제한을 받고 농산물 생산 및 판매 단계에 있어 독점적인 무역이 성행하고 합작조직의 발전이 완만한 상황이다. 기존 노동방식의 발전이 더딘 상황하에서 농촌인구의 취업률과 농촌노동력 가격이 하락하고 전반적인 자금보장도 부족하다.

(1) 농업분야의 외국자본 유치

『러시아 연방 농업용 토지 유통법』은 외국기업의 농업재배용 토지에 대해 다음과 같이 규정하고 있다. 즉 법정자본금 50% 이상을 소유하는 외국인 또는 법인은 임대방식으로 농업용 토지를 소유할 수 있으며 임대기간은 49년을 초과할 수 없다. 러시아 『토지법』은 외국인과 업체, 그리고 외국지분이 50% 이상을 차지하는 러시아 업체에서 농업용 토지를 소유하는 것을 금지하고 있지만 외국업체의 자회사에서 러시아의 농업용 토지를 소유하는 것은 금지하지 않았다. 러시아 농업시장시세연구소의 데이터에 의하면 196개의 개인지주농업회사(국유기업과 합병한 기업 제외)에서 러시아 전체 농경지를 통제하고 있다.

(2) 농업발전계획

2012년 7월 러시아는 『2013-2020년간 농업발전 연방계획』을 공포하였는데 이에 따르면 2020년까지 농산물의 연평균 성장속도는 2.4-2.5% 이상, 음료 및 담배제품을 포함한 식품생산의 연평균 성장속도는 4.3-5%에 이를 것이다. 식량생산량은 2006-2010년간 연평균 85.2만 톤에서 125만 톤으로 46.7% 증가, 사탕무는 27.1만 톤에서 42만 톤으로 55% 증가, 해바라기씨는

중국의 식량안보와 농업의 해외진출전략

6.3만 톤에서 7.5만 톤으로 19% 증가, 가축 및 가금은 14.1만 톤으로 34.3% 증가, 우유는 36만 톤으로 13.2% 증가할 것이다. 이와 같은 목표를 실현하기 위해 국가재정은 2.28만억 루블을 지출할 것이고, 그 중 연방중앙예산에서 1.509만억 루블을 출자하고 지방예산에서 7700억 루블을 출자할 것이다.

2. 농업 기반시설

(1) 도로교통 상황

러시아는 우월하고 편리한 교통조건이 구비되어 있고 육지교통, 내수운수, 해상운수, 항공운수와 파이프 운수 등은 비교적 발달되어 있다. 농업교통은 주로 도로, 철도와 관련되며 러시아의 도로 총 길이는 90.7만 ㎞이며 도로밀도는 프랑스, 리투아니아와 미국의 1/25-1/10에 불과하다. 그 중에서 경면도로의 길이는 75만 ㎞로 도로 총 길이의 82.7%를 차지한다. 철도운영노선의 총 길이는 약 8.6만 ㎞이며 그 중에서 전기화 철도의 길이는 4만 ㎞에 이른다. 러시아의 교통시설은 전반적으로 완비되었지만 수 십 년간 투자부족으로 인하여 기존 시설의 품질이 많이 떨어져 있는 상태로 대부분의 러시아 항구, 공항, 철도와 발전소는 이미 45-50년의 역사가 있어 노화현상이 아주 뚜렷하다.

(2) 농경지 수리시설

러시아의 농업용 토지는 널리 분포되어 농경지 수리시설에 필요한 투입이 많으며 기존 기반시설의 노화가 심각한 상태이다. 러시아 경제불황의 영향을 받아 농경지 수리시설에 대한 투입이 부족하고 건설 후 사용하기 시작한 관개지와 배간지가 농업용 토지 총 면적에서 차지하는 비중은 하락세를 보이고 있다. 기존의 대부분 관개지와 배간지도 오랫동안 보수되지 않아 효율을 발휘하지 못하여 농업생산능력을 크게 감소시켰다. 농경지 수리시설의 농업생산 추진역할이 끊임없이 약화되고 있으며 농업생산은 기본적으로 기후조건에 따라 결정된다. 기후조건이 좋으면 농업생산량도 높아지고 기후조건이 나쁘면 농업생산량도 감소된다. 기후조건은 러시아 식량 증산 또는 감산의 주요 원인이 된다.

(3) 기계화 수준

러시아는 국토 면적이 넓은 농업대국으로 농업지역의 기후는 적절하고 지세가 평탄하며 토질이 비옥하여 기계화생산에 아주 적합하다. 농업생산력을 지속 향상시키고 현대농업의 발전 수요를 만족시키기 위하여 러시아는 최근 몇 년간 농업기계화 전략을 확고히 실시하여 중앙, 각 연방주체와 지방을 포함하는 다층 농업기계 발전관리체제를 구축하여 농업기계화의 수준을 높이고 농업의 지속 가능한 발전을 추진해 왔다. 최근 몇 년간 러시아의 농업기계 총량은 감소추세를 보였으며 2010년 말 현재 각종 수확기는 24만 대, 트랙터는 31만 대, 판종기는 13만 대, 경운기는 12만 대를 보유하고 있다.

3. 농산물 및 부업 생산물의 생산 종합원가

(1) 재배업 생산원가

러시아 토지와 에너지 가격이 저렴하여 1년간 1묘당 토지 임대료는 위엔화로 환산하면 10위엔, 1묘당 토지 매입가격은 282위엔에 불과하고 1kW당 전기 가격은 0.2위엔, 1톤당 석탄 가격은 80위엔, 1인당 천연가스비는 2.7위엔/월이며 농업용수는 무료라 농업투자 효익이 높다. 러시아에서 농산물을 생산하면 생산원가가 낮고 제품 가격이 높을 뿐만 아니라 생산량의 증산 공간도 아주 크다. 우량품종 사용, 합리적인 재배, 제초제 사용 등과 같은 세 가지 조치를 취한다면 밀의 1묘당 생산량은 400kg 정도, 옥수수는 800kg 정도로 기존 1묘당 생산량의 5-10배에 달할 것이다. 식량의 1묘당 평균 생산량은 약 300근(1근=500g, 역자주)으로 중국의 절반에도 못 미치고 미국의 1/3를 조금 넘는 수준이다. 화학비료의 사용량은 중국에 비해 아주 적으며 2008년을 예로 들면 중국의 질소, 인산, 칼륨 비료의 1000ha당 사용량은 각각 634.6톤, 234.4톤, 167톤이며 러시아의 사용량은 각각 15.7톤, 5.6톤, 3.8톤이다. 만약 황무지에 농장을 새로 건설한다면 급수 및 송전 시설의 설치, 농업기계의 매입 또는 임대, 기반시설 건설 및 인적 비용 등을 포함하여 면적의 차이에 따라 약 몇 만 위엔에서 백만 위엔 정도의 투자가 소요된다.

(2) 양식업 생산상황

목축업은 러시아 농업 중의 중요한 구성부분으로 목축업의 생산액은 농업 총 생산액 중에서 55%를 차지한다. 러시아는 초원 면적이 광활하고 사료자원이 풍부하여 소, 돼지, 양, 가금, 말, 잠 양식업을 포함하는 목축업이 발전하기 좋은 환경을 가지고 있다. 사회에서 보편적으로 관심을 가지고 있는 동물 전염병 예방치료 및 식품안전문제에 대해 정부는 엄격한 동물 전염병 예방제도를 제정하여 양식장마다 엄격한 방역계획을 세우고 전문직 수의를 배치하며 방역주사를 정기적으로 실시하는 등 종합적인 예방 및 치료 조치를 취함으로써 동물 전염병과 식품안전문제를 예방하였다.

4. 산업사슬 조성 상황

(1) 농작물 개량과 신제품 육성

러시아에는 약 100여 개의 연구기구(지방연구기구 포함)가 육종사업에 종사하고 있으며 최근 30년간 전국에 수 천 개의 농작물 신품종(교잡종 포함)을 제공하여 생산 분야에 보급 및 응용을 하였다. 러시아 대부분 지역은 춥고 가뭄 지역이고 게다가 산성토양이기 때문에 내건성, 내한성, 내산성 농작물 풍종의 육종작업이 중요하다. 비록 러시아 농업은 위기에 처해 있지만 과학기술 역량이 충족하고 농업재배기술의 많은 면에서 여전히 세계 선두자리를 차지하고 있다. 상트페테르부르크(Vavilov) 농작물 재배연구소는 세계 제2위의 국가급 농작물유전자 은행이 있으며 육종 전문가에게 대량의 진귀한 육종재료를 제공하고 있다. 러시아는 매년 약 250-300개의 품종(또는 교잡종)을 지역적 실험에 투입한다. 장기적인 종자 선택 및 육성과정을 거쳐 이미 세계적으로 유명한 내건성 내한성 우량품종을 육성하였다. 2011년 5월 16일 러시아 농업부는 『2020년 이전 러시아 육종 및 우량품종 발전전략』을 공포하였다. 이 전략에서 러시아 농업용 토지의 우량품종 사용률 증가를 주요 임무로, 2020년까지 러시아 75%의 농업용 토지에 자체 연구개발한 우량품종 사용을 목표로 제시하였다. 이 목표를 실현하기 위해 러시아는 기존 육종재료와 기술 기반시설의 90%를 쇄신해야 하고 우량품종과 교잡종의 생산능력을 30% 증가시키며 연구개발 및 육종분야의 지식재산권 비중을 45%로 높혀야 한다.

(2) 농업생태 보호

러시아는 농업경제와 지속가능한 발전 문제에 대한 연구를 아주 중시하며 비록 현재 많은 문제를 해결해야 하지만 국민들의 환경보호 의식은 매우 강하고 국가차원에서도 국가법률로 많은 자연보호구를 지정하였으며 많은 공익적인 임지, 공원, 생물보호구 등은 소유제의 사유화 개조에 포함되지 않았다. 러시아의 『환경보호법』에 따르면 농업프로젝트에 대한 환경보호 측면에서의 요구는 다음가 같다. 즉 토지, 토양, 수질, 동식물 및 기타 생물의 경영활동으로 인한 손해 방지를 중점적으로 고려해야 한다. 경영자는 생산, 저장, 가공 및 기타 활동에서 환경보호 관련 요구를 준수하여야 한다. 농업 프로젝트는 필요한 위생 방호구역과 토양, 수질, 공기 청정설비를 구비해야 한다. 토양개조부터 프로젝트의 각 단계를 걸쳐 모두 수자원을 절약하고 토양, 용지, 삼림과 기타 동식물을 보호해야 하며 토양개조에 있어 생태환경 악화, 자연생태 시스템의 기능 파괴를 초래하지 않도록 하여야 한다.

(3) 동물 사양 및 도살

동물 사양은 소, 돼지와 양을 위주로 하며 동물사양 총량은 다년간 변화가 크지 않고 육류, 우유류는 수입에 의해 생산량 부족분을 보완하였다. 매년 육류 수입은 약 300만 톤(소비량의 약 30%), 우유류 수입은 약 700만 톤(소비량의 약 20%)에 이른다. 2010년 사육 중인 소는 2000만 마리, 돼지는 1720만 마리, 양은 2180만 마리이며 도살장에 공급될 소, 돼지, 양 고기 생산량은 각각 708.8만 톤, 230.1만 톤, 282.4만 톤에 달한다.

5. 식량무역정책

(1) 관세정책

러시아는 18년간의 협상을 거쳐 2012년 8월 22일 WTO에 정식 가입하였다. WTO 가입 후 러시아는 수입관세를 내리고 수출관세를 제한하여 전반적인 관세수준은 2011년의 10%에서 7.8%로 하락할 것이며 그 중에서 농산물의 전반적인 관세는 13.2%에서 10.8%로 하락할 것이다. 러시아는 소고기, 돼지고기, 가금고기와 일부 유청제품에 대한 관세 할당을 계속 보류할 것이다. 그 중에서 소고기의 할당 내 관세는 15%, 할당 외 관세는 55%이다. 돼지고기의 할당 내 관세는 0%, 할당 외 관세는 65%이며 2020년 1월 1일 부터 25%의 통일적인 최고세율을 실시할 것이다. 특정 가금제품의 할당 내 관세는 25%, 할당 외 관세는 80%이며 일부 유청제품의 할당 내 관세는 10%, 할당 외 관세는 15%가 될 것이다.

(2) 할당관리, 무역장벽과 제한 조치

러시아는 자신의 이익보호를 위하여 그린장벽을 설치하고 농산물 수입 관련 법률법규가 복잡하며 변화가 많을 뿐만 아니라 인증제도 절차가 번거롭고 상품인증에 있어 국제기준을 준수하지 않고, 러시아 자체 기준을 따르며 상품에 따라 서로 다른 기준으로 인증을 하여 절차 또한 번거롭다. 외국 경쟁자가 본국의 농업생산에 미치는 부정적인 영향을 최소화하고 국가식량안보를 보장하기 위하여 러시아 정부는 특별 수입관세를 규정하고 전문적인 보호조치와 반덤핑 조치를 취함으로써 농산물 수입을 통제한다. 러시아 수입에 있어 최대 비중을 차지하는 농산물은 육류 및 관련 제품이며 수입할당정책을 통해 육류수입을 감소시키고 있다. 일부 특별 상품에 대해 수입 허가제도를 실시하며 상품에 따라 서로 다른 관리기구에서 허가를 내준다. 이들 특별상품에는 화학비료, 농약, 종축 등이 포함된다.

(3) 검사 및 검역정책

관세보호 외에 러시아는 식물검역, 동물질병, 기술적인 이유로 수입을 제한한다. 러시아 법률 규정에 의하면 가공, 처리, 저장시설 등이 러시아 연방수의와 식물위생감독국의 검사를 거쳐 수출허가를 받은 기업에서 생산한 육류제품만 러시아로 수출할 수 있다. 관련 검사비용은 수출기업에서 부담해야 한다. 러시아 식물검역 규정에 따르면 수입상은 수입화물이 수출국을 떠나기 전에 러시아 연방수의와 식물위생감독국에서 발급한 수입식물검역 허가증을 받아야 한다. 화물 도착 시 러시아 검역기관은 수입식물과 적재도구에 대해 검역하며 검역합격 후 검역증서와 러시아 식물검역증서를 발급한다. 증서를 받은 후 화물주는 통관수속을 거쳐 화물을 러시아로 수입할 수 있다.

제4절 러시아 농업 투자 리스크

1. 중국과 러시아 간의 관계

(1) 중국과 러시아의 정치관계

최근 중·러 양국 간 전략적 협력 파트너 관계의 안정적인 발전과 양국 고위층 간 상호 방문의 적극적인 추진에 따라 중국과 러시아 간의 정치 및 전략적 믿음은 한층 더 깊어지고 있으며 각 분야에서 실속 있는 협력은 끊임없이 확대되고 있고 인문적 교류는 날이 갈수록 밀접해지는 등 양국관계 발전에 있어 커다란 성과를 거두었다. 중국과 러시아는 중대한 국제문제 처리에 있어 서로 깊은 믿음을 가지며 양국관계는 역사상 가장 좋은 시기에 놓여 있다. 아태지역의 정치 및 경제적인 중요성이 높아짐에 따라 러시아의 극동지역 개발에 대한 긴박감이 뚜렷하게 강해졌다. 중국 동북진흥과 러시아 극동지역 개발은 서로 연결되어 있어 중국과 러시아 양국 변경지역의 경제협력 수준을 전면적으로 높이는 동시에 중국과 러시아 양국에서 공동 참여하는 동북아지역 경제협력의 전략적인 기반이 형성되었다.

(2) 중국과 러시아의 경제무역 관계

복잡하고 심각한 국제경제 형세에도 불구하고 중국과 러시아의 경제무역협력 수준은 성장가도를 달렸다. 2011년 중국과 러시아 간의 무역액은 전년 동기 대비 42.7% 성장하여 792.5억 달러에 이르렀다. 상무부 통계에 의하면 2011년 현재 중국의 대 러시아 농업투자는 1.3억 달러, 노무수출은 9809명, 농경지 도급면적은 294만 묘에 이른다. 중국의 대 러시아 농업

투자액, 노무수출인구, 농경지 도급수량 등의 실제적인 수치는 상무부 통계치보다 훨씬 높다. 중국의 대 러시아 농업협력 프로젝트의 전반적인 수준은 높지 않으며 주로 농산물 무역과 노무협력이며 대 러시아 투자와 경제기술협력 프로젝트는 많지 않고 협력주체는 지방과 중소기업을 위주로 하고 있으며 대기업의 참여가 비교적 적고 기술수준도 비교적 낮다. 향후 중국과 러시아는 무역협력에 있어 구조적인 조정과 성장방식의 전환에 지속적으로 주력하고, 양국 지도자가 제시한 무역목표를 실현함으로써 양국 간의 무역액은 2015년 1000억 달러, 2020년에는 2000억 달러에 이를 것이다.

2. 러시아의 정치체제 및 정치형세

(1) 정치체제

1993년 『러시아 연방헌법』 발효 이후 러시아는 대통령 권력을 주도로 하는 다당제 삼권분리 정치체제를 수립하였다. 이와 같은 체제에 있어 대통령은 국가 원수로서 국가 행정권력의 소유자이고 러시아 국민들이 평등과 직접적인 원칙에 따라 익명투표방식으로 선거하며 2012년 3월부터 러시아 대통령의 임기는 4년에서 6년으로 조정되었다. 연방위원회와 국가의회로 구성된 연방의회는 러시아 연방 대표와 입법기관으로서 연방정부가 집행권력을 가지고 있고 정부는 연방예산을 국가의회에 제출해야 하며 법원은 사법권이 있다. 검찰원은 독립적으로 현행 법률의 집행상황에 대해 검찰한다.

(2) 정치형세

2000년 3월 26일 푸틴이 러시아 대통령으로 당선된 이후 사회정치 형세 안정에 주력하여 수직적인 권력시스템을 점차적으로 구축함과 동시에 통일 러시아당을 다각적으로 개조 및 공고히 하여 통일 러시아당의 힘이 갈수록 강대해지게 되었다. 2011년 12월 4일 제6차 러시아 국가의회 선거가 순조롭게 진행되었다. 통일 러시아당, 러시아공산당, 공정러시아당과 러시아자유민주당은 의회에 진출하였다. 2011년 말 러시아 국가의회에 대한 대규모 항의활동이 일어났지만 러시아 국내 정치국면은 변화되지 않았다. 2012년 3월 4일 푸틴이 러시아연방 대통령으로 당선되고 5월 7일에 취임선서를 한 후 곧바로 메드베데프를 지명하여 정부총리를 맡도록 하였다. 5월 8일 국가의회는 메드베데프에 대한 총리지명을 비준하였다. 현재 러시아의 정치국면은 비교적 안정된 시기에 진입하였다

3. 자연재해 발생 상황

(1) 수재 및 우박

러시아 통계자료에 의하면 매년 수재면적은 50만 ㎢, 심각한 수재면적은 15만 ㎢에 이르며 300개 도시, 수 만 개 농촌마을과 약 700만 ha의 농경지가 포함된다. 수재 빈발지역은 아무르 강, 예니세이 강 유역, 사할린 섬과 자바이칼지역, 중부와 남부에 있는 우랄지역, 볼가 강 하류, 북캅카스지역 등이다.

중국의 식량안보와 농업의 해외진출전략

(2) 한재 및 화재

러시아는 고위도에 위치하고 있기 때문에 열량자원이 부족하다. 북부는 기온이 낮고 습하며 남부는 기온이 비교적 높고 강우량이 적어 가뭄이 주기적으로 나타난다. 수자원, 열자원과 토지자원의 지역적 분포의 불균형으로 인하여 농업 자연재해(예컨대 가뭄, 서리 피해, 모래바람 등)가 빈발하여 농업생산에 불리한 영향을 미쳐 농업생산은 불안정적이다. 특히 남방 농업지역의 주기적인 가뭄은 농업생산에 위협이 아주 크기 때문에 식량생산에 있어 불안정을 초래하는 직접적인 원인 중의 하나이다. 러시아 통계자료에 의하면 80%의 화재는 주민 주택에서 발생하며 화재로 인한 사망인구는 백만 인구당 100명이 넘어 미국에 비해 6배나 높다. 2010년 러시아의 43개 연방체를 휩쓴 심각한 가뭄으로 인해 피해면적이 전국 농경지 면적의 60% 이상에 달하여 농공업 종합체의 투자환경, 농업생산 발전, 농산물 수출입균형 등 방면에 불리한 영향을 미쳤다.

(3) 지진 및 해일

러시아는 지진대가 많으며 20%의 국토가 지진대에 위치하고 있고, 2000만 명의 인구가 지진대에서 생활하고 있다. 관련 통계자료에 의하면 최근 500년간 지구상의 지진으로 인한 사망 인구는 450만 명이 넘는다. 러시아 대부분의 지진은 캄차카와 남부 쿠릴 열도 지역에서 발생하였다.

4. 토지사용제도와 토지 이해관계자의 입장

(1) 토지사용제도의 변혁

소련이 해체된 이후 러시아는 집단농장과 국영농장에 대해 토지 사유화 개혁을 실시하였고, 2001년 10월에 반포한 『러시아연방 토지법전』에서 농업용 토지를 포함한 토지는 사유화를 실시할 수 있다고 명확히 규정하였다. 토지 사유화 개혁을 통하여 약 2/3의 집단농장과 국영농장의 토지와 재산을 형식적 또는 실질적으로 농민 또는 노동집단에 나누어 주고 집단적, 합작적, 주식 또는 개인적인 농업기업을 설립하였다.

(2) 토지사용에 대한 국가의 입장

러시아 중앙정부는 투자환경 개선에 의한 외국자본 유치를 경제발전을 추진하는 중요한 수단으로 삼는다. 러시아 대통령은 각 연방지역에 외국자본 유치 대표를 설치하고 외국자본 유치를 위한 특혜정책을 제공하였다. 농업용 토지 사용권 양도의 가속화를 위하여 2002년 러시아는 『농업용 토지 사용권 양도법』을 공포하였는데 이 법률에 의하면 외국인, 외국법인, 외국자본 지분이 50%가 넘는 합자기업은 러시아 토지를 임대할 수 있고 임대기간은 49년이다. 아울러 러시아 정부는 본국 기업에서 외국자본을 활용하여 경작에 적합한 황무지를 개발하는 것을 장려하였다.

(3) 토지사용에 대한 지방정부의 입장

외국자본을 유치하여 농업개발을 추진하는 데 있어 러시아 지방정부 또한 많은 특혜정책을 시행하였다. 일부 지방정부는 토지 무료 임대 또는

중국의 식량안보와 농업의 해외진출전략

저가 임대료 정책을 시행하였고 임대료는 ha당 최저 25루블에 불과하며 임대기간은 5-10년, 최장 49년으로 연장할 수 있다. 기업 소득세는 35%에서 24%로, 개인소득세는 13%로 낮추었다. 일부 지방정부는 특별조치를 취하였는데, 예를 들어 외국 기업이 독자 또는 합자방식으로 경영하는 대형 시범농장을 설립하여 현지 토지를 도급하여 채소생산 등을 발전할 수 있게 하였다.

(4) 토지사용에 대한 농장과 집단농장의 입장

러시아 정부는 토지사용 관리제도를 적극적으로 완비하고 토지 임대와 경매 메커니즘을 모색하는 한편 규모화된 대형농장의 발전을 유도하였다. 현재 농업경영주체는 집단농장, 가정농장, 일정 규모의 토지를 분배받은 농민들이며 외국 투자자는 집단농장 또는 농장주의 토지를 직접 임대하여 농업생산 경영에 종사할 수 있다.

제5절 중국 대 러시아 농업 투자전략

1. 투자 목표

중국의 대 러시아 농업협력 발전에 있어 적절한 조치는 상무부, 농업부, 재정부에서 공포한 『농업의 해외진출 전략 시행 가속화에 관한 몇 가지 의견』을 지도로 하고 대 러시아 농업협력을 중국 농업에 있어 국제시장 개척의 일환으로 양국 농업생산의 상호 보완적 특징에 입각하여 정부

지도와 조정을 강화하며 중국 기업이 러시아에 진출하여 재배, 양식, 어업, 농산물 가공 등 경제기술 협력을 전개하는 것을 장려하는 한편 러시아에 대한 투자를 확대하고 농업의 현대화와 종합개발을 발전시키며, 일부 중점 시범 프로젝트에 대해 적절한 자금지원을 제공한다. 아울러 점진적, 적극적, 안정적인 원칙에 따라 대 러시아 농업투자협력을 추진하고 해외 농업개발과 국내 수출거점 건설을 함께 추진하여 농산물 무역협력 및 농업기술 교류의 공동 발전, 대외 농업협력과 기타 분야 협력 간의 조화로운 국면을 조성하는 것이다. 2020년에 이르러 대 러시아 농업 투자액은 10억 달러, 경작토지는 1500만 묘, 노무 수출은 5만 명, 식량 반송은 100만 톤에 이를 것이고, 대 러시아 농산물 수출입은 대폭 증가하고 농업기술교류는 확대되며 기술교류의 내용과 형식이 더욱 풍부해지는 한편 성과가 더욱 뚜렷해지고 중·러 양국 간 협력에 있어 상호 보완과 동반성장을 실현할 것이다.

2. 대 러시아 농업 투자 협력의 중점

(1) 중점 업종

중국의 대 러시아 농업투자협력은 러시아의 풍부한 토지자원을 활용하여 해외 농업개발을 실행하고 재배업을 크게 발전시키며 생산된 식량을 국내로 반송함으로써 식량공급능력을 강화하여 국가 식량안보 보장에 기여해야 한다. 재배업 중에서 대두, 옥수수, 쌀 재배를 향후 대 러시아 농업협력의 중점 업종으로 삼아야 한다. 러시아의 연간 쌀 생산량은 자국의 시장수요를 만족시키지 못해 매년 30-40만 톤의 쌀을 수입해야 한다. 러시아의 대두 연간 생산량은 40만 톤 정도로 1990년 이후 거의 절반이 감소되어 국산 대두로 자국 수요를 만족시키지 못하고 있다. 2012년 러시아의 옥수수 생산량은 약 650만 톤으로 200만 톤 정도가 부족하다. 이들 세 가지 농작물은 윤작이 가능하고 러시아 농업발전 요구에 부합할 뿐만 아니라 토양이 굳어지는 것을 감소시키고 토지 생산력을 향상시켜 생산량을 증가시킬 수 있다. 중국과 러시아의 관련 과학연구원 또는 연구소 간 농업기술협력을 더욱 강화하고 러시아에 대두, 옥수수, 쌀 우량종 육성기지를 건설하여 종자 수출의 어려움을 철저히 해결해야 한다.

(2) 중점 지역

중국은 러시아 극동지역과 인접하고 여러 항구를 통해 러시아와 연결되어 식량 반송, 농기계 및 노무자의 출입국 등에 유리하다. 러시아 극동지역은 인구가 적고 토지가 많으며 대부분 농경지는 묵혀 있어 1/3의 농경지가 다년간 방치된 상태이다. 그 중에서 연해주에 개간 가능한 황무지가 142만 ha이고 30%의 토지가 토질이 비옥하고 방치된 농경지이며 아무르주의 방치된 농경지가 130만 ha에 이른다. 2012년 1월 러시아 경제발전부 부부장인 알렉산더가 기자회견에서 러시아 극동지역 수백만 ha의 토지를 장기적으로 외국인에게 임대하여 세계식량안보에 더욱 큰 기여를 할 것이라고 말했다. 러시아에서 임대하는 농업용 토지는 연해주, 하바롭스크주, 아무르주에 국한되며 임대 가능한 농업용 토지의 총 면적은 약 15-20만 ha에 달한다. 2012년 9월 APEC 정상회의가 블라디보스토크에서 열렸으며 러시아가 식량안보를 회의의 주요 의제로 포함시킨 목적은 아태지역에 식량수출을 확대하여 중요한 식량공급상이 되고자 하는 데 있다.

3. 투자방식

(1) 해외 농업재배거점 건설

러시아의 양호한 생태환경과 자연환경을 활용하여 대형 기업의 대 러시아 농업개발에 있어 시범 및 선도 역할을 하여야 한다. 러시아 현지 정부 또는 기업과 농업협력협정을 체결하고 농경지 면적이 크고 토질이 좋은 지역을 선택하여 러시아 현지 생산기준과 시장수요에 따라 일정 수량의 재배기지를 건설해야 한다. 각 기지는 5만 묘 이상의 규모 그 중 집중 재배 면적은 5000묘에 달해야 하고 대두, 옥수수, 쌀 등 친환경 농산물과 유기농산물 생산을 발전시켜 극동지역과 러시아 국내 기타 지역 시장 공급 외에 농업자원이 상대적으로 부족한 한국과 일본에 수출할 수 있다. 대 러시아 농업협력 선두 기업의 역할을 발휘하고 정부지도와 지원정책 제정을 통하여 대 러시아 농업투자개발공사 또는 농업합작연맹을 설립하는 한편 대규모의 대 러시아 농업개발집단그룹과 다국적 기업을 육성해야 한다. 아울러 소규모의 대 러시아 농업개발기업들을 통합시켜 경작과 운영을 통일적으로 조직하여 그룹화, 규범화, 현대화를 실현해야 한다.

(2) 해외 양식업 생산거점 건설

러시아가 중국 육류제품에 대해 제한을 하는 상황에서 중국 기업은 생산재와 기술 등 우위를 충분히 발휘하여 러시아에서 농장, 목장을 임대 또는 매입하여 가축과 가금 양식을 진행할 수 있다. 위험을 회피하고 대 러시아 농업개발의 성과를 높이기 위해 양식업 발전을 장려 및 지원함으로써 재배농업과 양식업의 유기적인 결합을 통해 산업체인을 확장시킴으로써 대 러시아 농업협력에 있어서 재배업과 양식업 간의 조화로운 발전을 도모해야 한다. 중국의 대 러시아 농업 재배면적이 비교적 큰 하바롭스크주, 연해주, 유태인 자치주 등 지역에 돼지, 소, 가금 등 양식장을 건설하고 대 러시아 농업투자기업에서 생산한 식량으로 사료 등 초급제품을 가공하여 일부 식량을 소화시키는 한편 식량 판매의 어려움을 완화시켜야 한다.

(3) 해외 농업부산물 가공거점 건설

식량재배 프로젝트를 발전시키는 동시에 해외 농업개발의 중점을 식량재배 위주에서 농산물 정밀가공으로의 확장을 추진하여 초보적인 개발에서 심층적인 개발로 발전해야 한다. 러시아의 시장수요와 정책 지향에 따라 러시아 현지의 공장과 기존 설비를 활용하여 식량가공, 사료가공, 육류가공 등의 종합발전 프로젝트를 추진해야 하며 저장, 신선도 유지, 가공, 운수와 마케팅 시스템 건설을 강화하고 관련 산업 간의 조화로운 발전을 추진하며 규모화 경영을 시행해야 한다. 러시아의 농업시설과 농업자원을 충분히 활용하고 중국의 선진농업기술과 농업생산수단의 우위를 발휘하며 중국의 대 러시아 농업투자기업에서 생산한 식량, 축산물을 정밀하게 가공하여 러시아 국내에서 판매하거나 중국 국내로 역수출할 수 있다. 러시아에 농업 부산물 가공기지를 건설함으로써 각종 제한과 관세장벽을 회피할 수 있을 뿐만 아니라 러시아에서 외국자본 기업 또는 합자기업에 대한 제품판매, 설비수입 등에 관한 특혜정책을 누릴 수도 있다.

호혜원칙에 입각하고 재배업 기지, 양식업 기지, 가공업 기지 등 '3가지의 기지' 건설을 통하여 재배업, 양식업, 가공업을 유기적으로 결합시켜 중국과 러시아 농업협력에 있어 충실하고 신속한 발전을 촉진하여야 한다.

4. 지원정책

(1) 재정정책

대 러시아 농업투자기금을 설립하여 일부 규모가 크고, 농업 관련 산업 체인이 길며 생산기지 건설이 가능하고 농산물을 국내로 반송가능한 프로젝트에 대해 중점 지원해야 한다. 해외 농업 관련 기업은 국내 우량종에 대한 보조, 식량에 대한 직접보조, 농자재에 대한 종합보조 등의 정책을 누릴 수 있어야 한다. 외국에 기증 또는 지원해 주는 농업기계는 국가 농업기계 매입 보조정책을 누리는 가운데 100마력 이하의 농기계는 1대당 매입금액의 30%, 100마력 이상의 대형 농기계 및 건조기는 1대당 12만 위엔, 200마력 이상의 트랙터는 1대당 20만 위엔을 보조한다. 노무훈련에 대한 보조금 한도를 증가하여 해외 농업협력 인원의 자질을 높여야 한다. 러시아에 설립한 대두와 벼의 종자 육성기지에 정책적 지원를 제공해야 한다.

(2) 금융정책

중·러 투자기금의 지원역할을 충분히 발휘하여 대 러시아 농업협력의 혁신적인 발전을 추진해야 한다. 담보지원을 강화하고 국가 수출입은행, 국가 개발은행, 수출신용보험회사 등 정책금융기구에서 대 러시아 농업협력 프로젝트에 대한 신용보험 지원을 적극적으로 추진해야 하며 조건에 부합되고 합법적인 담보를 제공할 수 있는 농업과학기술협력 프로젝트에 대해 우선적으로 농업과학기술협력 대부금을 지출해야 한다. 중·러 간 결제 서비스 시스템의 구축과 완비를 촉진하여 대 러시아 농업협력의 신속한 발전을 위한 자금보장과 금융서비스를 제공해야 한다. 기업의 해외

자산이 은행 및 담보회사의 확인을 통과한 조건 하에서 국내에서 대 러시아 농업투자용 대부금을 취득할 수 있어야 한다. 금융기구는 신용에 대한 지원역할을 충분히 발휘해야 하며 시장전망이 밝고, 농업과학기술 수준이 높으며 경영성과가 좋은 기업에게 신용지원을 향상시켜야 한다. 중·러 농업경제협력에 참여하는 기업에서 기업채권 발행을 통한 프로젝트 융자를 지원해야 한다. 각급 상업은행과 농업발전은행은 대부와 융자 면에서 외국에서 농업개발에 종사하는 기업에게 편리를 제공해야 하며 문턱을 낮추고 절차를 간소화하는 한편 해외 농업개발기업의 자금문제를 완화시켜야 한다.

(3) 투자정책

이중과세를 피해야 하며 아직 이중과세방지협정을 체결하지 않은 국가와 지역에서 법인세, 소득세를 이미 납부한 해외 농업투자기업에 대해 국내에서 납세액을 공제해야 한다. 생산재, 설비 등을 수출해야 하는 해외 농업투자 프로젝트에 대해 통관 편리를 제공하여 수출 단계의 세액을 감면해야 한다. 러시아에서 식량창고, 건조시설을 건설하는 기업의 선행투자에 상응하는 자금지원을 제공해야 한다.

(4) 대외무역정책

대외무역 발전자금 등 정책성 자금은 대 러시아 농업협력기업에 치중해야 하고 선두기업의 대 러시아 농업협력에 있어 발생한 선행 비용, 노동자 훈련, 식량반송, 대부금 이자 등에 대해 보조를 제공하여 옥수수, 대두, 쌀과 밀의 반송할당지표를 보장해야 한다. 기업이 러시아에서 안정적인 상품식량 생산기지를 건설하는 것을 지원하고 해외 식량 반송규모를 확대하며 노무협력 프로젝트에 해당되는 러시아산 대두 수입을 세관 면세수입 상품목록에 포함시켜야 한다. 대 러시아 협력 프로젝트에 소요되는 기계부품을 경영하는 자와 농업재배에 종사하는 자에게 통관의 편리를 제공해야 한다. 농업개발 프로젝트의 선행 및 반송 비용에 대한 허가 절차를 간소화하고 기업이 신고하기 편하도록 해야 한다.

(5) 검사 및 검역정책

대 러시아 농업투자 협력생산에 소요되는 농기계, 화학비료, 종자 등 농업용 물자 수출에 대하여 우선적인 검역 신고 및 검역 실시, 신속 통관 등 편리를 제공하고 검사검역 비용을 반값으로 면제해야 한다. 기업이 해외에서 생산한 대두 및 옥수수 반입에 대해 추출검사를 실시하고 검역심사, 검사감독 등 방면에서 편리한 조치를 취하며 쌀, 밀에 대한 위험성 검역분석작업 효율을 높여 가능한 빨리 반입하도록 해야 한다. 기업이 재배, 양식에 있어 국제기준을 준수하도록 지도하고 품질안전감시와 측정시스템을 구축 및 완비하도록 지원하며 러시아 현지 검사검역부문과 협조하여 관련 문제를 적시에 해결하도록 해야 한다. 출입국 인원에게 신체검사 서비스를 제공하고 노무단체에게는 신체검사 예약 서비스를 제공해야 한다.

본 장의 집필자 : 邱玉泉

중앙아시아 국가 농업개발 잠재력 및 투자전략

제1절 중앙아시아 국가 농업자원 상황

1. 지리적 환경과 기후조건이 상대적으로 유리함

중앙아시아 5국은 동쪽으로 중국의 신지양(新疆) 위구르 자치구와 인접하고, 남쪽으로 이란, 아프가니스탄, 북쪽으로 러시아와 인접하며 서쪽으로 러시아 및 아제르바이잔과 바다를 사이에 두고 마주보고 있다. 중앙아시아 5국의 총 면적은 400.65만 ㎢이며, 그 중 카자흐스탄은 272.49만 ㎢, 투르크메니스탄은 49.12만 ㎢, 우즈베키스탄은 44.74만 ㎢, 키르기스스탄은 19.99만 ㎢, 타지키스탄은 14.31만 ㎢에 달한다.

중앙아시아 5국은 바다에서 멀리 떨어진 내륙에 위치하고 있으며 모두 항구가 없어 해외 시장과의 교류가 어렵다. 평원, 구릉 위주의 지형으로 동남부는 높고, 서북부는 낮으며, 광활한 사막을 가지고 있다. 동부와 남부는 고원으로 둘러싸여 있고, 북부만이 서시베리아 평원과 연결되어 있어 매우 건조하며 온대 대륙성 건조 혹은 반건조 기후에 속한다. 겨울과 여름이 분명하고, 추위와 더위의 차이가 크다. 겨울은 춥고 길며, 봄의 기온은 비교적 늦지만 빠르게 상승한다. 여름은 기온이 비교적 높고, 낮 기온은 보통 27℃ 이상이다. 큰 내륙 호수 연안지역 외에는 보통 15℃ 정도의 비교적 큰 일교차가 있다. 열량자원과 일조여건은 중국 신지양(新疆) 위구르 자치구에 비해 약간 부족하나 강수량은 약간 많다. 연평균 일조시간은 2000-3000시간으로 일조량이 충분하고 양분이 풍부하며 농작물 성장에 아주 유리하는 가운데 양질의 식량, 목화, 채소와 과일 등 성장에 특히 유리하다.

2. 토지자원이 전반적으로 풍부하며 카자흐스탄은 특히 두드러짐

중앙아시아 5국의 토지 총 면적은 약 3.9억 ha이며 그 중에서 농업용지가 72.1%(약 2.81억 ha)를 차지하고, 농경지와 목장은 각각 8.0%, 63.9%를 차지하며, 1인당 농경지는 약 0.5ha로 중국(0.1)과 아시아 평균수준(0.1) 보다 높다.

중앙아시아 5국 중에서 카자흐스탄의 토지자원이 가장 풍부하다. 카자흐스탄 국가 농업부의 데이터에 의하면 카자흐스탄의 농업용지는 2.226억 ha로 중앙아시아 지역 농업용지의 79% 정도를 차지하고 있다. 그 중 농경지는 2400만 ha로 10.8%를 차지하고, 목장은 5만 ha로 2.2%를 차지하고 있으며, 초원은 1.89억 ha로 85%를 차지한다. 또한 식생 분포가 분명하며 삼림과 초원 10%, 사막과 반사막 60%, 산간지역이 5%를 차지한다.[1] 2012년 농작물 경작 면적은 2120만 ha로 2011년과 비슷하다.[2] FAO 통계에 따르면 카자흐스탄의 1인당 농경지는 약 1.5ha에 달한다(표 6.1 참조).

〈표 6.1〉 2009년 중앙아시아 5국 토지자원 개요

	총 토지 면적 (천 ha)	토지 구성(%)				1인당 농경지 (ha)
		농업용지	영구농작물	가경지	목장	
카자흐스탄	269970	77.2	0.0	8.7	68.5	1.5
키르기스스탄	19180	55.4	0.4	6.7	48.3	0.2
타지키스탄	13996	33.9	1.0	5.3	27.7	0.1
투르크메니스탄	46993	69.4	0.1	3.9	65.3	0.4
우즈베키스탄	42540	62.6	0.8	10.1	51.7	0.2
합계/평균	392679	72.1	0.2	8.0	63.9	0.3

자료출처: FAO. 2012년 통계연감. FAO홈페이지 http://issuu.com/faosyb/docs/fao_statistical_yearbook_2012_issuu/46#print

중앙아시아 기타 4국의 토지자원은 카자흐스탄보다 크게 작지만 1인당 농경지 면적은 모두 중국을 초과하거나 중국과 비슷하다. 투르크메니스탄 농경지는 230만 ha이며 1인당 농경지는 0.44ha에 달한다. 키르기스스탄 농경지는 120.91만 ha, 1인당 농경지는 0.23ha에 이르고,[3] 우즈베키스탄

---

1   자료출처: 카자흐스탄 농업부 홈페이지 http://www.minagri.kz/index.php?option=com_content&view=article&id=307&Itemid=112&lang=ru. 검색날짜: 2012년 9월 14일.

2   자료출처: 카자흐스탄 농업 발전 현황 및 전망, 주 카자흐스탄 중국 대사관 경제상무처 홈페이지 http://kz.mofcom.gov.cn/aarticle/ztdy/201205/20120508102711.html. 검색날짜: 2012년 9월 14일.

3   자료출처: 키르기스스탄 농업부 홈페이지 http://www.agroprod.kg/modules.php?name=Pages&page=115. 검색날짜: 2012년 9월 16일.

농경지는 400만 ha, 1인당 농경지는 0.17ha에 이르며, 타지키스탄 농경지는 71.42ha, 1인당 농경지는 0.11ha에 이른다.

3. 농촌 인구 비중은 느리게 증가하나 농업 인구 비중은 지속적으로 감소함

중국과 아시아 평균수준에 비해 중앙아시아 인구 증가는 완만하다. 최근 20년간 카자흐스탄 인구의 완만한 감소추세 외에 기타 중앙아시아 국가의 인구는 모두 해마다 증가하고 있다. 그 중에서 우즈베키스탄과 타지키스탄의 인구 증가속도는 비교적 빠르다. 우즈베키스탄은 중앙아시아 지역의 인구 대국이다. 2012년 4월 1일 현재 우즈베키스탄의 상주 인구는 2963.7만 명이[4] 넘는다.

중앙아시아 5국은 인구밀도가 낮고 인구분포가 아주 불균형적이며 출생률과 자연성장률은 높고, 인구 저령화의 특징을 지니고 있다. 중앙아시아 5국의 평균 인구밀도는 37.9명/㎢로(표 6.3 참조) 중국과 아시아 평균수준보다 훨씬 낮다. 중앙아시아 5국 중에서 우즈베키스탄 인구밀도가 61.9명/㎢로 가장 높고, 카자흐스탄은 5.9명/㎢로 가장 낮다. 각국의 인구 출생률은 일반적으로 30‰ 정도이며 인구 자연증가율은 25‰이다. 중앙아시아 국가의 가정은 보통 2-4명의 아이를 양육한다.

---

4   자료출처: 우즈베키스탄 상주 인구 2960만 돌파. 주 우즈베키스탄 중국 대사관 경제상무처 홈페이지 http://uz.mofcom.gov.cn/aarticle/jmxw/201205/20120508133812. html. 검색날짜: 2012년 9월 16일.

중앙아시아 5국의 농촌 인구수는 완만한 성장을 기록하여 2010년 총 인구의 57.7%를 차지하였다. 그 중에서 타지키스탄(73.5%)과 우즈베키스탄 (63.1%)의 농촌 인구 비율은 비교적 높고, 카자흐스탄의 경우 41.5%로[5] 가장 낮다(표 6.2 참조). 하지만 농촌 인구 중 농업 종사 인구의 비율은 높지 않다. 2010년 중앙아시아 농업 인구는 약 1290만 명으로 21.2%를 차지하였다. 그 중에서 카자흐스탄의 농업 인구 비율은 15.6%, 키르기스스탄은 20.8%, 타지키스탄은 27.4%, 투르크메니스탄은 29.7%, 우즈베키스탄은 21.4%를 차지하고 있다. 이와 같은 상황이 발생하게 된 주요 원인은 농업의 완만한 발전, 대량 농촌 인구가 농업생산에 의해 생활수요를 만족시키지 못하기 때문에 도시로 가거나 외국으로 나가 일하는 것을 선택하였기 때문이다.

2008년 금융위기 발생 이후 중앙아시아 국가의 젊은 노동력이 외국으로 유출되는 상황이 더욱 뚜렷해졌다. 우즈베키스탄, 타지키스탄, 키르기스스탄의 러시아에서 일하는 근로자는 약 100만 명을 초과하였고, 연평균 국내로의 송금액은 20억 달러를 넘었다. 러시아 외에 우즈베키스탄, 타지키스탄과 키르기스스탄 3국의 일부 노동력은 또한 카자흐스탄에서 일하는 것을 선택하기도 하였다.

---

5   자료출처: FAO 2012년 통계연감, FAO홈페이지 http://issuu.com/faosyb/docs/fao_statistical_yearbook_2012_issuu/46#print. 여기서 사용한 데이터는 중앙아시아 국가에서 발표한 데이터와 다소 차이가 있음. 카자흐스탄 농업부(http://www.minagri.kz/index.php?option=com_content&view=article&id=307&Itemid=112&lang=ru)에 따르면 카자흐스탄 농촌 인구는 730만 명으로 총 인구의 47.2%를 차지하고, 키르기스스탄 농업부(http://www.agroprod.kg/modules.php?name=Pages&page=115)에 따르면 키르기스스탄 농촌 인구는 266.86만 명으로 총 인구의 50.56%를 차지하며, 주 우즈베키스탄 중국 대사관 경제상무처(http://uz.mofcom.gov.cn/aarticle/jmxw/201205/20120508133812.html)에 따르면 우즈베키스탄 농촌 인구는 1446.03만 명으로 총 인구의 48.8%를 차지함.

중앙아시아 국가의 젊은 노동력이 외지로 나가 일하는 것은 비교적 일반적이며, 농업생산 자체가 계절성을 지니고 있어 아이들과 학생들이 농업생산, 특히 목화 수확에 참여하는 일은 중앙아시아 국가에서 비교적 보편적인 일이다.[6]

〈표 6.2〉 1995년과 2010년 중앙아시아 5국 인구, 여성 및 농촌 인구 현황

	총 인구(천 명)		여성의 비중(%)		농촌 인구의 비중(%)	
	1995	2010	1995	2010	1995	2010
카자흐스탄	15926	15753	51.7	52.4	44.1	41.5
키르기스스탄	4592	5550	50.8	50.6	63.7	63.4
타지키스탄	5775	7075	50.0	50.5	71.1	73.5
투르크메니스탄	4187	5177	50.6	50.7	54.7	50.5
우즈베키스탄	22919	27794	50.4	50.3	61.6	63.1
합계/평균	53399	61349	50.8	50.9	57.0	57.7

자료출처 : FAO 홈페이지 http://www.fao.org

〈표 6.3〉 2000년과 2010년 중앙아시아 5국 농촌 인구 개요

	농촌 인구		도시 인구		인구 밀도	평균수명	순 이전 (천 명)
	비중(%)	연평균 성장률(%)	비중(%)	연평균 성장률(%)	㎢당 인구 (명)	연령(세)	
	2010	2000-2010	2010	2000-2010	2010	2010	2010
카자흐스탄	41.5	0	58.5	0.9	5.9	65.8	-100
키르기스스탄	65.4	1.2	34.6	1	26.7	66.7	-75
타지키스탄	73.7	1.4	26.3	1.3	48.1	66.4	-200
투르크메니스탄	50.5	0.7	49.5	2.2	10.3	64.7	-25
우즈베키스탄	63.8	1.3	36.2	0.8	61.3	67.4	-400
합계/평균	58.1	1	41.9	1	37.9	66.6	-800

자료출처: FAO 2012년 통계연감 http://issuu.com/faosyb/docs/fao_statistical_yearbook_2012_issuu/46#print

6   FAO 2012년 통계연감에 따르면 7-14세 아이들 가운데 농업생산에 참여하는 인구 비율은 타지키스탄 8.9%, 키르기스스탄 5.2%, 우즈베키스탄 5.1%, 카자흐스탄 3.2%임.

4. 수자원이 비교적 풍부하나 지역적 분포가 불균형하여 수급난이 심함

중앙아시아 지역의 농업은 관개농업을 위주로 하고 있어 수자원은 중앙아시아 지역 농업발전의 핵심적인 요건이다. 수자원은 하천, 호수, 빙하, 지하수 등을 포함하여 다양한 형태로 존재한다. 중앙아시아 지역은 강수량이 적고 증발량이 크다. 카자흐스탄의 연간 강수량은 150-320㎜이다.[7] 따라서 중앙아시아 국가는 황무지 개간, 식량생산 발전과정에서 대량의 지표수를 이용한다. 빙하가 해빙된 물로 형성된 두 개 내륙성 강, 즉 시르다리야 강과 아무다리야 강은 농업생산과 주민생활에서 중요한 역할을 하고 있어 '젖줄'로 불리고 있다. 지표수는 중앙아시아 국가 및 지역에 따라 분포가 불균형적이고 수량은 계절의 영향을 비교적 크게 받는다. 그 외에 중앙아시아 국가들은 국경 하천 자원 분배에 갈등[8]이 있어 낭비와 오염[9]이

---

7   자료출처: 카자흐스탄 농업부 홈페이지 http://www.minagri.kz/index.php?option =com_content&view=article&id=307&Itemid=112&lang=ru. 검색날짜: 2012년 9월 14일.

8   국경 지대의 하천 자원 분배에 있어 하류의 우즈베키스탄은 상류의 타지키스탄과 키르기스스탄의 대형 수력발전소 건설에 강력히 반대하는 한편 타지키스탄과 키르기스스탄은 이것을 자국의 국가 발전전략으로 간주하고 있어 이들 국가는 매우 대립적인 입장을 취하고 있음.

9   세계은행, 미국 중앙정보국(CIA) 등 관련 연구보고서에서는 중앙아시아 지역의 수자원 낭비는 약 1/3, 심지어 더 많이 낭비되는 것으로 추정하였고, 유엔 개발계획기구(UNDP) 2005년 중앙아시아 인적자원 발전 보고서에서는 중앙아시아 각국의 수자원 낭비가 상승추세를 보여 2005년에 이 지역 GDP의 3%(약 17억 달러)를 차지했다고 지적하였으며, 카자흐스탄 대통령 전략연구소의 연구보고서에서는 국내 농업기업 중 2%만이 배수 여과시스템을 갖추고 있다고 지적하였음. Экономика Казахстана в условиях модернизации и интеграции/Под общ.ред. Б.К. Султанова. - Алматы: КИСИ

심각하고, 이러한 요인들로 인해 농업용수 사용에 어려움을 초래하고 있다.

중앙아시아 지역의 연간 1인당 수자원량은 비교적 많다. 우즈베키스탄을 제외한 기타 중앙아시아 국가의 연간 1인당 수자원은 모두 중국보다 많다. 2009년 카자흐스탄의 연간 1인당 수자원은 6919㎥, 키르기스스탄은 4379㎥, 타지키스탄은 2356㎥, 우즈베키스탄은 1858㎥에 이른다(표 6.4 참조).

중앙아시아 5국은 상류 국가와 하류 국가로 구분할 수 있다. 시르다리야 강과 아무다리야 강 상류에 있는 키르기스스탄과 타지키스탄의 수자원은 상대적으로 풍부하고 연평균 강수량은 모두 500㎜를 넘지만 양국의 국토면적은 크지 않고 농경지 면적은 작아 수자원 활용도는 높지 않다.

이 2개 강 중하류에 있는 우즈베키스탄과 투르크메니스탄은 수자원 사용량이 비교적 많고, 관개 농업용 수자원은 각각 중앙아시아 관개 농업용 수자원의 54%와 22%를 차지하고 있어 두 나라가 직면한 수자원 부족 문제는 비교적 두드러진 상황에 처해 있다.[10] 한편 카자흐스탄의 수자원 소요량은 세 번째로 많지만 농업용 토지면적이 크기 때문에 수자원과 토지자원의 조합에 있어 매우 뚜렷한 우위를 가지고 있다.

при Президенте PK, 2012. http://www.kisi.kz/img/docs/5861.pdf. 검색날짜: 2012년 10월 10일.

10 UNDP WATER GOVERNANCE FACILITY at SIWI, Jakob Granit, Anders Jägerskog, Rebecca Löfgren, Andy Bullock, George de Gooijer, Stuart Pettigrew and Andreas Lindström, Regional Water Intelligence Report Central Asia, Baseline Report, Stockholm, March 2010. http://www.watergovernance.org/.../Reports/ Paper-15. 검색날짜: 2012년 10월 7일.

	수자원		관개			
	m³/명	m³/명	관개 잠재력 (천 ha)	기계 관개 면적(천 ha)	지하수의 기계 관개 면적 비율(%)	기계 관개 토지의 실제 관개 비율(%)
	1992	2009	2008	2008	2008	2008
카자흐스탄	6670	6919	3768	3556	5	65
키르기스스탄	5156	4379	2274	1077	1	100
타지키스탄	2895	2356	755	719	9	100
투르크메니스탄	6368	4964	2353	1744	3	100
우즈베키스탄	2345	1858	4915	4223	6	100

자료출처: FAO 2012년 통계연감 FAO 홈페이지

http://issuu.com/faosyb/docs/fao_statistical_yearbook_2012_issuu/46#print

제2절 중앙아시아 국가 외국자본 도입 정책

1. 카자흐스탄의 외국자본 도입 정책

카자흐스탄의 공업 및 신기술부 산하의 투자위원회는 카자흐스탄의 투자 주무부서이다.

2003년에 반포한 『투자법』에 의하면 카자흐스탄은 외국기업에게 농업, 임업, 어업 및 양식업을 포함한 국가에서 우선적으로 발전시키려는 영역에 투자하도록 장려한다.

『투자법』의 외국자본에 대한 보호는 주로 다음과 같다. 외국 투자 프로젝트에 필요한 모든 기계 및 부대 설비에 대해 수입관세를 면제하고, 외국 투자자에게 토지, 건축물, 시설, 기계설비 등을 포함한 실물을 증여한다.

2010년 카자흐스탄 정부는 『2010-2014년 공업혁신발전 국가계획』을 반포하여 자본도입정책과 재정예산을 비자원 영역으로 기울이기 시작하였다. 이 계획에서 제기한 일련의 관련 정책을 보면, 국가에서 우선적으로 발전하려는 영역에 투자하는 경우 정부는 사정에 따라 투자자와 투자특혜 조항을 체결하고, 외국 전문가에게 무료로 입국할 수 있도록 비자 발급의 특별 절차를 제공하며, 경제특구에 투자한 프로젝트에 대해서는 국제적으로 통용되는 세수 절차를 채택하고(이 계획에서 규정한 기준에 부합되는 기업은 특혜를 받을 수 있음), 외국 노동력 수입을 위한 특별 시스템은 적시적인 가동이 가능하다.[11]

투자 방식에 있어 『투자법』은 다음과 같이 규정하고 있다. 외국투자기업은 규정된 금액, 절차 및 기한에 따라 법정 준비금을 준비해야 한다. 외국 투자자는 기업의 법정 준비금 투자에 있어 화폐 방식으로 출자할 수도 있고 건축물, 공장건물, 설비 및 기타 실물재산, 수자원, 토지자원 및 기타 자연자원의 사용권과 기타 재산권(지적재산권 포함) 등 방식으로도 출자가 가능하다. 만약 외국 투자자가 카자흐스탄 본국의 기업을 합병하거나 상장 회사의 주식을 매입하려면 반드시 카자흐스탄 반독점 위원회에게 주식회사 합병 또는 인수 신청서를 제출해야 한다.

2009년 1월 1일 카자흐스탄은 『카자흐스탄 세법전』의 실시로 기존의 외국 투자자에 대한 세금 특혜정책을 모두 취소하였으나, 투자자의 생산용 설비 수입에 대한 관세 면제, 외국 투자자에 대한 토지사용, 부동산, 기

11 　카자흐스탄 외자유치 현황 및 정책, 주 카자흐스탄 중국 대사관 경제상무처 홈페이지 http://kz.mofcom.gov.cn/aarticle/ztdy/201110/20111007781979.html. 검색날짜: 2012년 10월 5일.

계설비, 컴퓨터, 측정기구, 교통수단(승용차 제외) 등이 포함되는 일회적인 물질적 지원은 보류되었다. 한편 이 세법전은 비원료 품목에 대한 세금 부담을 줄이고, 원료 품목에 대한 세금 부담을 증가하게 하고, 중소기업에 대해서는 비교적 많은 우대조치를 제공하고 있다.

카자흐스탄 세금제도는 속지주의를 따르며 카자흐스탄 경내에서 소득이 발생하면 카자흐스탄 국민이나 주민의 여부를 따지지 않고 납세 의무가 생긴다.

『세법』의 규정에 의하면 토지 소유권과 토지 장기사용권 소유자 또는 초기에 임시적으로 토지를 무상 사용하는 조직(법인 또는 자연인)은 모두 토지세의 납세 대상이다. 농업용지의 세율은 토지 품질에 따라 등급을 나누어 납세하고, 최저 품질 초원(1급)의 ha당 세금은 0.48텡게이며, 토지의 품질이 높을 수록 세금이 높다. 농업용 토지를 자연인에게 제공하여 건물을 세우고, 가내 수공업, 원예 재배 등에 종사하는 경우 0.5ha 이하일 때 0.01ha당 20텡게, 0.5ha 초과 부분부터 0.01ha당 100텡게를 징수한다. 주민 주택용지의 세율은 도시에 따라 다르다. 『세법』의 규정에 의하면 토지의 효과적인 이용을 장려하기 위해 토지에 따라 점진적인 토지사용세를 징수하며, 세율은 0.1-0.5%으로 서로 다르다. 기존의 농업세는 계속 유지하고, 농업생산에 종사하는 법인에게 세금의 70%를 감면하며, 농산물 가공기업에게는 부가가치세의 70%를 감면해준다. 법인은 스스로 토지세 금액을 계산하여 매년 2월 20일, 5월 20일, 8월 20일, 11월 20일 이전에 세금을 납부해야 한다. 자연인의 토지세는 세무기관에 의해 계산되며 자연인은 매년 10

월 1일 이전에 토지세를 납부해야 한다.[12]

1999년 12월 10일 카자흐스탄은『노동법』을, 2004년 2월 28일『노동 안 전 및 보호법』을 반포하였다. 이 법률들에서 외국투자기업에게 종업원 고 용 시 관련된 계약, 보험, 근무 및 휴가시간, 사회보조, 임금 등에 관한 요구 를 규정하였다.

카자흐스탄은 외국인 근로자에게 엄격한 허가제도를 실시하고 있다. 카자흐스탄에서 근로하는 외국인은 반드시 노동부문에서 발급하는 허가 증을 취득해야 하고, 그렇지 않으면 벌금 혹은 구속되며, 심지어 추방될 수 도 있다. 외국인 근로자 수에 대해서는 총량적으로 통제하고, 주별로 할당 을 배분한다.

2003년 카자흐스탄은『토지법』을 반포하였으며 이 법의 규정에 따르 면 카자흐스탄 국민은 개인이 농업용 토지, 공업용 토지, 상업용 토지와 주 택용 토지를 소유할 수 있으나 외국의 개인과 기업은 토지를 임대만 가능 하며 그 기간은 10년을 초과할 수 없다.

2. 키르기스스탄의 외국자본 도입 정책

키르기스스탄의 경제조절부와 기타 부문, 국가관리위원회와 행정기구 는 공동으로 외국 직접투자의 도입 방침, 우선적인 투자 방향을 확립하고, 외국자본의 사용 정책을 제정한다.

---

12   중국 상무부 국제무역경제합작연구원, 상무부 투자촉진사무국, 주 카자흐스탄 중국 대사 관 경제상무처.『대외투자 합작 국가(지역)별 가이드: 카자흐스탄』 2011년판.

키르기스스탄은 외국자본에 대해 내국민대우를 하며, 산업에 대한 특별한 장려정책이 없으나 4개 자유경제구에 대해서는 지역적인 장려정책이 제정되어 있다. 예컨대 세금 우대, 수출쿼터 및 허가증 면제, 토지와 공장건물 임대에 특혜 가격 적용 등이다. 키르기스스탄 자유경제구에 등록한 외자기업 외에 기타 외자기업은 일반적으로 세금우대 혜택을 받을 수 없다. 외국 투자자의 모든 합법적인 소득은 모두 외국 투자자에게 귀속되고, 키르기스스탄에서 취득한 경영 이익 및 임직원 임금은 자유롭게 해외로 송금할 수 있고, 송금액은 제한이 없다. 외자기업은 법률에 의해 자율적인 경영권을 가질 수 있다.

키르기스스탄에서 근무하는 외국인과 무국적자는 노동 취업 및 이민부에 등록해야 하고 규정과 절차에 따라 근무허가를 취득해야 한다. 키르기스스탄 정부 규정에 의하면 외국 노동력 모집 허가를 받은 기업에서만 외국 국적 노동자를 고용할 수 있다. 기업은 외국 국적 노동자 고용 허가증과 고용 쿼터에 의해 외국 국적 노동자 근무허가증을 신청할 수 있다. 기업의 외국 경영자, 외국 전문가의 근무허가증 유효기한은 1년이며 매년 연장할 수 있다. 외국 직원 근무허가증의 총 유효기한은 2년을 초과할 수 없으며, 외국 개인 기업주는 3년을 초과할 수 없다.[13]

외국인은 키르기스스탄에서 부동산을 매입할 수 있는 권한이 있으나 토지 소유권(토지 사용권 취득 가능)을 취득할 수 있는 권한은 없다. 외국 자연인은 키르기스스탄에서 주택을 매입할 수 있는 권한이 없으나 키르기스

---

13   중국 상무부 국제무역경제합작연구원, 상무부 투자촉진사무국, 주 카자흐스탄 중국 대사관 경제상무처, 『대외투자 합작 국가(지역)별 가이드: 키르기스스탄』 2011년판.

스탄에서 등록된 외국 법인은 규정된 절차에 따라 주택을 구매할 수 있다.

3. 타지키스탄의 외국자본 도입 정책

타지키스탄의 투자 주관부문은 투자와 국유자산관리위원회 및 경제무역부 외자관리국이다.

농업과 농산물 정밀가공은 타지키스탄에서 장려하는 중점 투자분야이다. 투자를 장려하기 위해 타지키스탄 정부는 세금우대, 경제특구 등 장려정책을 제정하였다.

타지키스탄 『노동법』은 고용자와 비고용자 각자의 권리 및 의무, 근무시간, 휴가, 국가사회보험 보조 등 사항을 규정하였다.

2001년 12월에 반포한 『외국 노동 이민 시행방법』 규정에 따르면 일부 타지키스탄 국민만 맡을 수 있는 직무 혹은 특별 업종 외에 외국인은 근로계약에 의거하여 근로 활동을 할 수 있다. 529호 정부령에 의하면 2008년 10월 31일부터 외국 근로자에 대해 취업허가증 제도를 실시하는 한편 외자기업에서 근무하는 외국 근로자의 비율은 30%를 넘을 수 없다.

타지키스탄 『토지법』 규정에 의하면 토지는 국가에 속하며 매매할 수 없고 임대만 가능하며, 지역에 따라 평균 토지세를 징수한다. 외국 투자자와 외자기업은 법에 의거하여 일정 기한 내에 토지를 사용(임대 포함)할 수 있다. 현행 법률은 토지사용기한을 최장 10년으로 규정하고 있다.

4. 투르크메니스탄의 외국자본 도입 정책

투르크메니스탄 정부 내각과 권한 위탁 기관인 경제발전부가 공동으로 외국 투자자의 투르크메니스탄에 대한 투자활동을 관리하는 책임을 지고 있다.

투르크메니스탄은 광산자원 개발과 가공, 방직, 기반시설 건설, 관광 등 산업에 대한 투자를 장려하고, 어업과, 식품 생산과 판매 등 산업에 대해서는 허가증 관리제도를 실행하고 있다.

투르크메니스탄은 속인세(屬人稅)제를 실시하고 있다. 투르크메니스탄 정부는 구체적인 산업에 대한 전문적인 투자장려정책은 수립되어 있지 않다. 『외국투자법』 규정에 의하면 외국자본이 누릴 수 있는 우대정책에는 관세 특혜, 수출입 제품에 관한 특혜, 세금 감면, 비자 신청절차 간소화 제도 등이 포함된다. 그 외에 투르크메니스탄의 외국 투자 관련 법률 변화에 따라 외국 투자자가 누리고 있던 법률상의 특혜가 감소될 경우 외국 투자자는 그의 투자등록 시 적용됐던 법률을 10년 동안 변화하지 않도록 요구할 수 있는 권한이 있다.

한편 투르크메니스탄 『노동법』은 근로계약, 근로시간, 급여, 사회보험 등 사항에 대해서도 규정하고 있다.

『외국 국민 투르크메니스탄 임시근무 조례』에 따르면 외국 국민이 투르크메니스탄에서 근무하려면 반드시 노동허가를 받아야 하고, 투루크메니스탄 이민국은 본국 국민의 우선적인 결원보충 원칙과 외국인 고용인원 수가 직원 전체의 30%를 초과하지 않은 원칙에 의해 노동허가를 발급한다. 허가의 유효기한은 1년이며 연장 기한은 일반적으로 1년을 초과하지 않는다. 노동허가는 다른 고용주에게 양도할 수 없다. 투르크메니스탄에서 임시로 근무하는 외국 국민이 이직을 하려면 반드시 투르크메니스탄 이민국의 허가를 받아야 한다. 외국 국민은 근로관계에 있어 투르크메니스탄 국민과 동등한 권리를 누리며 또한 동등한 의무를 지어야 한다.

2004년 10월 25일 투르크메니스탄 제15차 대국민회의 기간 동안 투르크메니스탄 전직 대통령인 니야조프가 2004년 11월 1일부터 시행되는 신(新)『토지법』에 서명 승인을 하여, 예전에 시행했던 토지 관련 법률을 폐지하였다. 신『토지법』에 의하면 외국 국민, 법인, 외국과 국제조직은 투르크메니스탄에서 토지의 임대만 가능하며, 반드시 투르크메니스탄 대통령의 허가를 받아야 한다. 토지 임대자는 투르크메니스탄 내각에서 권한을 부여한 국가 관리기관이다. 오직 투르크메니스탄 내각 또는 권한을 부여받은 기관만이 임대자로 외국 국민, 법인, 외국과 국제조직에게 토지를 제공할 수 있다. 게다가 외국 국민, 법인, 외국과 국제조직에게 임대한 토지는 건축과 기타 비농업 수요에 사용하거나 임시적인 상업과 생활서비스 장소, 창고, 주차장 등 시설을 조성하는 데만 사용할 수 있다. 임대 토지의 경계를 정하는 것과 임대계약의 등록 업무는 국가 토지자원 관리기관에서 처리한다.[14]

---

14   중국 상무부 국제무역경제합작연구원, 상무부 투자촉진사무국, 주 카자흐스탄 중국 대사관 경제상무처. 『대외투자 합작 국가(지역)별 가이드: 투르크메니스탄』 2011년판.

5. 우즈베키스탄의 외국자본 도입 정책

우즈베키스탄의 투자 및 외국 투자 주관 부서는 주로 대외경제무역부, 경제부와 재정부이다. 대형 투자 유치 프로젝트는 이 3개 부서의 심사를 거친 후 우즈베키스탄 내각의 승인을 받아야 한다.

우즈베키스탄의 투자협력 관련 법률로는 『투자활동법』, 『대외경제활동법』, 『외국인 투자법』, 『제품배분법』, 『임대법』, 『외국투자자 권익보장 및 보호조치법』이 있다. 이들 법률의 핵심내용은 투자 및 수익의 재투자 장려, 완제품 수출을 장려하는 것이다.

우즈베키스탄은 속지세제를 실시하고 있다. 우즈베키스탄은 외진 지역에 투자한 외자기업에게 여러 가지 세제 상의 우대정책을 제공한다. 예컨대 법인 소득세, 법인 재산세, 공공시설 및 사회 기반시설 발전세, 통일세, 공화국 도로기금 강제료 등을 감면해 주고 있다. 우대를 누릴 수 있는 전제조건으로는 외국 자본이 고정자산 투자에서 차지한 비중이 50% 이상이고, 고정자산 투입물은 자유롭게 환전이 가능한 화폐 또는 신형기술의 공정설비, 우대 수익의 재투자 등이 있으며, 그 외에 정부 담보가 없어야 한다. 우대를 받을 수 있는 산업에는 가금육 및 가금알의 산업화생산, 식품, 우유 및 육류 등 가공산업이 포함된다.

우대를 받을 수 있는 지역은 카라칼 파크스탄공화국, 지자흐 주, 카슈카 다리아 주, 시르다리야 주, 수르한다리야 주, 호례즘 주, 나보이 주, 아디잔 주, 나망간 주, 페르가나 주의 농업 인구 거주 지역이다.

우대를 누릴 수 있는 기간은 투자액 30-300만 달러 시 3년, 투자액 300-1000만 달러 시 5년, 투자액 1000만 달러 이상 시 7년이다.

우즈베키스탄 『노동법』은 노동계약의 기한, 해고절차, 개인 노동허가증, 수습기간, 휴가, 임금, 사회보험기금 등 문제에 대해 구체적으로 규정하고 있다.

우즈베키스탄 법률 규정에 의하면 계약과 협의에 따라 우즈베키스탄에서 근무하는 외국 국민이 3개 월 이상의 비자를 받으려면 반드시 먼저 우즈베키스탄 노동부문에서 발급하는 노동 허가증을 받아야 하며, 허가증을 발급받은 후 비자를 신청하여 체류할 수 있다. 노동 허가의 유효기간은 모두 1년 이하이다. 취업비자는 주로 S-3기술서비스 비자와 E취업비자의 두 종류가 있으며 기한은 모두 1년 이하이다.

우즈베키스탄 대통령령 649호에서는 외국 투자자가 우즈베키스탄의 토지를 사용하려면 토지 사용허가를 신청해야 한다고 규정하고 있다. 내각령 282호에 의하면 토지 사용허가는 우즈베키스탄 지질부문에서 구성한 위원회에서 심사를 진행하고, 내각의 승인을 받아야 한다. 토지 사용허가 취득 후 토지를 사용하는 조직은 토지 소유자와 계약을 체결해야 하며, 또한 현지 정부에 승인을 신청해야 한다. 내각령 735호에 따르면 계약 체결 후 토지를 사용하는 조직은 우즈베키스탄 지질부문에 토지 사용 등록을 신청해야 한다. 외자기업의 경우, 토지 수용 방식은 토지 사용 시간에 따라 토지 임시 수용과 영구 수용으로 나눌 수 있다. 임시 수용 시 토지 사용기한은 3년이다. 실제 수용 과정에서는 수용기간이 1년이며 만기 후 연장 수속을 밟아야 한다. 외국 투자자는 계약 체결 방식으로 토지 사용권을 취득할 수 있다. 토지를 사용하는 법인조직은 계약에 따라 토지 소유자에게 비용을 지불해야 한다. 영구 수용 시 토지 사용기한은 3-10년이다. 10년 만기 후 연장 수속을 할 수 있으며, 연장 방법은 임시 수용과 기본적으로 동일하다. 서로 다른 점은 토지를 사용하는 법인조직은 내각령 N282호 규정에 따라 세무부문에 세금을 납부해야 한다. 그리고 내각령 736호 규정에 따라 관련 국가기관에 등록해야 한다.

제3절 중앙아시아 국가 투자환경

1. 농업 기반시설 노후화

농업 기반시설은 여러 종류를 포함하고 있으나 일반적으로 생산성 기반시설과 사회성 기반시설과 같이 두 종류로 구분할 수 있다. 농업생산에 직접적인 서비스를 제공하는 기반시설은 생산성 기반시설에 속한다. 노동활동의 정상적인 진행을 보증하고 노동력 재생산을 추진하며 노동자 생활수준을 향상시키는 기반시설은 사회성 기반시설에 속한다.[15] FAO의 평가지표(최저 1, 최고 5)에 따르면 중앙아시아 국가의 농업 기반시설은 2-3사이로 중국의 수준보다 낮다. 중앙아시아 국가 농업의 물질적 기술기반이 아주 약하다. 농업기계화 정도를 예로 들어보면 중앙아시아 5국의 2002년 농업 고정자산 중에서 농기계의 비중은 각각 카자흐스탄 3%, 키르기스스탄 8%, 타지키스탄 3%, 투르크메니스탄 3%, 우즈베키스탄 4%이고,[16] 정상적

---

15 乔木森. 略论苏联的农业基础设施. 世界农业, 1985년 제4호, http://euroasia.cass.cn/news/146290.htm. 검색날짜: 2012년 10월 3일.
16 布娲鹣·阿布拉. 中亚五国农业及与中国农业的互补性分析. 农业经济问题, 2008년 제3호.

인 상황에서 농기계의 수명은 7-10년이지만 카자흐스탄의 농기계는 이미 평균 13-14년 사용되었으며 현재 70% 이상의 농기계가 1991년 이전에 제작된 것이다.[17] 중앙아시아 국가의 농업생산은 기본적으로 관개시설에 의존하고 있어[18] 관개시설의 부족으로 농업발전에 제약을 받았다.[19] 2009년 카자흐스탄 농업부장 A·Kurishbaye가 이스탄불에서 열린 제5차 세계 수자원 포럼에서 카자흐스탄의 관개 면적은 1993년 이래 43% 감소하여 현재는 130만 ha라고 발표하였다. 카자흐스탄에서 수자원을 이용하여 농업을 종사하는 기업은 오직 17%에 불과하다.[20] 2007년 키르기스스탄 농경지 관개용수는 4.51억 ㎥로 실제로 관개가 필요한 농경지의 69.5%를 차지하고 오직 28%의 관개시설만이 보수되었다.[21] 농업화학 서비스 분야에서 화학비료와 농약의 수량과 품질은 농업에 필요한 수요를 만족시키지 못하고 있다. 자금 부족으로 인해 우즈베키스탄, 타지키스탄, 키르기스스탄은 농업생산에서 화학비료와 농약의 사용량이 비교적 적다. 카자흐스탄은 과학법칙을 무시하고 광물성 비료를 남용하여 현재 식량 파종면적(1200만 ha로 1.8억 묘(1묘=666.6m²)로 환산됨)에서 매년 300만 톤의 곡물을 적게 수확하게

17   카자흐스탄 농업부 홈페이지 http://www.minagri.kz/index.php?option=com_content&view=article&id=307&Itemid=112&lang=ru. 검색날짜: 2012년 9월 14일.

18   미국 중앙정보국(CIA) 자료에 따르면 중앙아시아 국가는 80% 이상의 담수자원이 농업 관개에 사용되고 있음.

19   2001-2005년간 카자흐스탄 물 수송 과정에서 평균 소모된 물은 50.51 × 108㎥에 달함. 吳森 외. 哈薩克斯坦水资源利用. 干旱区地理, 2010년 제33권 제2호 참조.

20   『Экономика Казахстана в условиях модернизации и интеграции』 /Под общ. ред. Б.К. Султанова. - Алматы: КИСИ при Президенте РК, 2012.

21   彭文进. 中国与中亚国家农业合作的潜力. 俄罗斯中亚东欧市场, 2012년 제1호.

되었다. 카자흐스탄 정부는『2010-2014년 농공업 종합체 발전계획』을 시행하였는데, 그 목적은 농업 화학화에 있다. 즉 정부는 각 지역의 현지 사정에 맞게 광물성 비료를 사용하고, 작물을 보호하며 절수 습윤 유지와 하이테크 기술을 활용한 농작물 다양화 재배에 보조금을 지급한다. 카자흐스탄은 환경보호에 유리한 생물학적 방법인 아닌 화학적 방법으로 메뚜기를 박멸한다.

한편 농업 서비스의 낙후와 농기계 부품의 부족으로 인해 우즈베키스탄의 농기계 노화는 매우 심각하다. 조면기의 노화로 조면의 효율을 저하시켰고, 조면율은 신지양(新疆) 위구르 자치구의 평균 35%보다 낮은 약 32%에 불과하다. 착유 시설의 노후화로 목화씨의 기름 추출 비율은 10-15%에 불과하며 중국의 23%보다 훨씬 낮다. 농업 운송 분야에서는 구소련 시절에 연방에 가맹되어 있던 모든 공화국의 도로와 철도는 모두 구소련 중앙정부에서 통일적으로 설계하였지만 중앙아시아 각국의 독립으로 인해 기존의 교통시스템이 무너지고 각 나라에서 소유한 교통기반시설은 지리멸렬되고 말았다. 게다가 구소련 시절의 도로, 철도, 설비의 보수는 통일적으로 진행하며, 기관차, 기차 차실, 철도 레일, 침목 등을 생산 수리하는 철도기술 관련 공장은 기본적으로 러시아와 우크라이나에 집중되어, 중앙아시아 국가는 일반적으로 철도설비의 보수시설은 부족하고, 현재 소유하고 있는 각 수리공장의 보수능력은 매우 낮다. 따라서 중앙아시아 국가의 교통기반시설은 보편적으로 노후화되고, 새로 건설된 철도와 도로의 통행 능력도 비교적 약하여[22] 농업 운송은 날씨와 교통 상황의 영향을 비

22 　투르크메니스탄의 예를 보면, 2006년에 개통한 아슈하바트-카라쿰-다쇼구즈 구간의 간

교적 크게 받는다.

카자흐스탄의 도로망은 독립국가연합(CIS) 중에서 러시아 다음가는 국가지만 도로는 전반적으로 평탄하지 못하고 도로상황이 비교적 나쁘며 대부분은 포장도로이다. 현재 전국 90%의 농업기업은 도로를 활용하여 농산물을 운송할 수 있다.[23] 철도는 전국 70%의 화물을 운송하지만 그 중에서 69%의 철도시설이 노후화되고 마모가 매우 심각하다.

도로 운송은 키르기스스탄의 주요 운수방식이며 전국 화물 운송량의 95%, 여객 수송량의 98%를 차지한다. 키르기스스탄 국내 각종 도로의 총길이는 3만 4000㎞, 도시 내부와 농촌 마을 내부의 도로는 1만 8800㎞, 도로(국경 통과 도로 제외)의 총길이는 1만 6500㎞에 달하며, 그 중에서 아스팔트도로는 약 5000㎞, 모랫길은 1만 ㎞, 흙길은 1600㎞이다. 등급으로 구분하면 국제적 도로는 4163㎞, 국도는 5678㎞, 지방도로는 8969㎞에 달한다.[24] 키르기스스탄의 철도운송은 발달되지 않았다. 타지키스탄 경내 면적의 93%가 산지이고, 교통은 도로 위주로 하며 1급 도로는 없고, 2급 도로는 1.1%에 불과하며 대부분 도로는 4급, 5급 도로이다. 대부분 도로는 구소련 시절에 건설되었고, 오랫동안 보수를 하지 못해 도로 상황이 매우 좋

선 철도의 길이는 540㎞이며 열차 통행 최고 시속이 오직 60㎞에 불과하여 편도에 20시간이 소요됨.

23 Экономика Казахстана в условиях модернизации и интеграции/Под общ. ред. Б.К. Султанова. ‑ Алматы: КИСИ при Президенте РК, 2012. http://www.kisi.kz/img/docs/5861.pdf. 검색날짜: 2012년 10월 10일.

24 吉尔吉斯斯坦公路运输业调研. 주 키르기스스탄 중국 대사관 경제상무처 홈페이지 http://kg.mofcom.gov.cn/aarticle/ztdy/201005/20100506911126.html. 검색날짜: 2012년 10월 5일.

지 않다.

우즈베키스탄의 도로 운송은 총 운송량의 90%를 차지하고, 94%의 도로는 포장 도로이다. 전력, 통신, 난방 등 분야에서 카자흐스탄은 전력자원의 공간적 분포가 불균형적이고, 남부와 서부는 전력을 수입해야 한다. 전국에 전력시설 사용이 가능한 농업기업은 52%에 불과하며, 전화 사용이 가능한 농업기업은 50%, 인터넷 사용이 가능한 농업기업은 8%, 난방 사용이 가능한 농업기업은 10%, 천연가스 사용이 가능한 농업기업은 3%에 불과하다.[25] 타지키스탄과 키르기스스탄의 전력은 계절의 영향을 받아 여름에는 수력 발전량이 남지만, 겨울에는 발전량이 부족하여 수입에 의존해야 한다. 타지키스탄 수도 두샨베는 겨울에 자주 정전된다. 투르크메니스탄은 40%의 전력을 수출한다. 우즈베키스탄의 전력은 자급자족할 수 있으며 외국으로 소량 수출한다.

2. 종합적인 비용

(1) 카자흐스탄

중국 상무부에서 발표한 자료에 의하면 카자흐스탄의 물, 전기, 가스 가격은 상대적으로 낮다. 공업용 전기는 0.078달러/kWh, 민간용 전기는 0.066달러/kWh, 공업용 물은 0.17달러/톤, 민간용 물은 0.296달러/톤, 민간용 온수는 2.86달러/톤, 공업용 난방은 11.5-25.3달러/㎉, 민간용 난방은

---

25   Экономика Казахстана в условиях модернизации и интегра¬ции/Под общ. ред. Б.К. Султанова. - Алматы: КИСИ при Президен¬те РК, 2012. http://www.kisi.kz/img/docs/5861.pdf. 검색날짜: 2012년 10월 10일.

0.33달러/㎉, 공업용 액화 천연가스는 0.47달러/kg, 민간용 액화 천연가스는 0.81달러/kg이다.[26]

2010년 카자흐스탄 국민의 월평균 임금은 약 526달러이다. 최근 몇 년간 광산물 개발 지역의 임금이 빠른 증가로 인해 지역 간 고용 임금 차이는 점차 늘어나고 있다. 서부와 서남부 근로자의 평균 임금은 전국 평균보다 높고, 기타 지역은 전국 평균보다 낮다. 임금 수준별로 보면 동부지역, 남부지역, 북부지역 순으로 임금이 높다.[27] 카자흐스탄의 농업생산 종사자의 소득은 기타 산업 종사자 소득의 50% 정도이다. 그 중에서 대부분 근로자의 일자리가 안정적이지 못하다.[28] 2010년 카자흐스탄 전국 신규 주택의 평균 판매가격은 963달러/㎡이다.[29]

카자흐스탄의 건축자재 생산은 불균형적이다. 카자흐스탄에서 생산하는 석면, 천연흙과 모래, 건축용 모르타르, 석회와 석고, 백악과 백운석, 점토와 고령토, 콘크리트 및 제품, 석고판, 문과 창문, 창틀 등 건축자재의 자체 생산 비율은 92.7% 이상으로 건축산업의 수요를 만족시킬 수 있다. 벽돌과 시멘트의 자체 생산비율은 각각 88.8%, 88%로 시장수요를 만족시

---

26   중국 상무부 국제무역경제합작연구원, 상무부 투자촉진사무국, 주 카자흐스탄 중국 대사관 경제상무처. 『대외투자 합작 국가(지역)별 가이드: 카자흐스탄』 2011년판 참조.

27   Экономика Казахстана в условиях модернизации и интеграˉции/Под общ. ред. Б.К. Султанова. - Алматы: КИСИ при Президенˉте РК, 2012. http://www.kisi.kz/img/docs/5861.pdf. 검색날짜: 2012년 10월 10일.

28   Алтынбек Молдашев. "Агропромышленный комплекс Казахстана в условиях Единого Экономического Пространства", Казахстан в глобальных процессах №2 2012.

29   중국 상무부 국제무역경제합작연구원, 상무부 투자촉진사무국, 주 카자흐스탄 중국 대사관 경제상무처. 『대외투자 합작 국가(지역)별 가이드: 카자흐스탄』 2011년판.

킬 수 있다. 세면대, 금속관, 나사무늬강(철사와 철근)의 자체 생산 비율은 각각 61.2%, 42.5%, 17%로 생산량이 매우 부족하여 외국으로부터 대량 수입이 필요하다. 판유리와 타일은 완전 수입에 의존한다.[30] 직경 20㎜의 강재 가격은 약 670달러/톤, 모래는 약 58.9-69달러/톤, 시멘트는 약 95-118.6달러/톤이다.[31]

카자흐스탄 국내 물류 비용은 선진국의 수 배에 달하며, 완제품 원가에서 차지하는 비중은 25%이다.[32] 현재 카자흐스탄 대두의 1톤당 생산원가는 140-160달러이며, 카자흐스탄 잠빌 주 주정부 소재지인 타라즈에서 중국 변경까지의 운송비용은 1톤당 13-14달러에 이른다.[33]

(2) 키르기스스탄

키르기스스탄의 민간용 물 가격은 0.10달러/㎥, 공업용수는 0.17달러/㎥, 민간용 전기는 0.01달러/kWh, 공업용 전기는 0.03달러/kWh, 민간용 천연가스는 0.3달러/㎥, 고업용 천연가스는 0.39달러/㎥이다. 2010년 키르기스스탄 직장인의 월평균 임금은 155달러이다. 수도 비슈케크 시내 상가용 건물 가격은 300-600달러/㎡, 사무실 가격은 240-500달러/㎡에 달한다.

---

30 哈萨克斯坦建材行业潜力巨大. 주 카자흐스탄 중국 대사관 경제상무처 홈페이지 http://kz.mofcom.gov.cn/aarticle/ztdy/201205/20120508148919.html. 검색날짜: 2012년 10월 5일.

31 중국 상무부 국제무역경제합작연구원, 상무부 투자촉진사무국, 주 카자흐스탄 중국 대사관 경제상무처. 『대외투자 합작 국가(지역)별 가이드: 카자흐스탄』 2011년판.

32 哈萨克斯坦发展运输物流助工业化进程. 주 카자흐스탄 중국 대사관 경제상무처 홈페이지 http://kz.mofcom.gov.cn/aarticle/ztdy/201205/20120508136491.html. 검색날짜: 2012년 10월 5일.

33 彭文进. 中国与中亚国家农业合作的潜力. 俄罗斯中亚东欧市场, 2012년 제1호.

2010년 키르기스스탄 시멘트의 시장 평균가격은 145달러/톤, 철근은 800 달러/톤, 자갈은 10달러/㎥에 이른다.[34]

(3) 타지키스탄

타지키스탄의 물, 전기, 가스의 가격은 비교적 낮으나, 공급 부족으로 겨울철에 전기나 가스가 끊기는 상황이 자주 발생하며, 수질은 비교적 나쁘다. 민간용수 가격은 평균 1인당 0.56달러, 민간용 전기는 0.02달러/kWh, 민간용 가스는 약 1.25달러/kg이다. 공상업 용수는 0.32달러/㎥, 전기는 약 0.05달러/kWh, 가스는 약 1.25달러/kg이다.

타지키스탄은 노동력 자원이 풍부하지만 전문적인 수준은 높지 않다. 2010년 전국의 월평균 임금은 약 80.60달러이다. 농업, 임업과 어업 종사자의 평균 임금은 각각 약 24달러, 39달러, 43달러이다. 2011년 1월 이 나라 수도 두샨베 시중 건물의 건축 원가는 평균 1000달러/㎥, 교외는 300-500달러/㎥이다.[35]

(4) 투르크메니스탄

투르크메니스탄의 물, 전기, 가스 공급은 충분하며, 주민에게 일정 한도 내에서 무료로 공급한다. 공업용수는 0.27달러/㎥, 공업용 전기는 0.0275달러/kWh, 공업용 천연가스는 35달러/㎥이다. 2010년 전국 1인당 월

---

34   중국 상무부 국제무역경제합작연구원, 상무부 투자촉진사무국, 주 키르기스스탄 중국 대사관 경제상무처. 『대외투자 합작 국가(지역)별 가이드: 키르기스스탄』 2011년판 참조.

35   중국 상무부 국제무역경제합작연구원, 상무부 투자촉진사무국, 주 타지키스탄 중국 대사관 경제상무처. 『대외투자 합작 국가(지역)별 가이드: 타지키스탄』 2011년판 참조.

중국의 식량안보와 농업의 해외진출전략

평균 임금은 약 248달러이다. 사회보장보험 세금은 임금의 20%를 차지한다. 투르크메니스탄의 토지는 대외에 판매하지 않고, 외교기구는 토지를 임대할 수 있으며, 임대가격은 2달러/㎡/년이다. 2009년말 수도인 아슈하바트 시내의 아파트 임대료는 8-10달러/㎡/월, 사무실 임대료는 평균 40달러/㎡/월이다. 투르크메니스탄 국내에 필요한 강재, PVC 등 건축재료는 주로 수입에 의존하고 시멘트, 모래, 석재 등은 주로 현지에서 조달한다. 2009년말 주요 건축자재의 가격은 시멘트 105달러/톤, 철근 800달러/톤, 석재 15달러/㎡, 목재 300달러/㎥이다.[36]

(5) 우즈베키스탄

중국 상무부에서 발표한 자료에 따르면 현재 우즈베키스탄 수도 타슈켄트시 주민의 수도물 사용 가격은 약 0.066달러/㎡, 온수는 약 0.77달러/㎡이며 기업 및 기구의 수도물 사용 가격은 약 0.104달러/㎡이다. 민간용 전기는 약 0.047달러/kWh이며 중앙난방은 약 0.24달러/㎡이다. 임금수준은 비교적 낮으며 2010년 국민 평균임금은 약 370달러/월이다. 우즈베키스탄 정부 주관부문은 외국 노동자에게 허가심사제도를 실시하고 프로젝트에 따라 입국한 관리자, 기술자에게 일정 수량의 노동허가를 발급한다. 외국 근로자의 노동허가에 대한 심사 및 승인 절차가 복잡하지만, 허가 취득은 카자흐스탄 보다 상대적으로 쉽다. 현재 타슈켄트 교외의 토지가격

---

36 중국 상무부 국제무역경제합작연구원, 상무부 투자촉진사무국, 주 투르크메니스탄 중국 대사관 경제상무처. 『대외투자 합작 국가(지역)별 가이드: 투르크메니스탄』 2011년판 참조.

은 약 0.5달러/㎡이며 시내 부동산 가격은 500-1000달러/㎡이다.[37] 2011년 4월 이 나라 중고 부동산 시장의 평균가격은 500-508달러/㎡, 전년 동기 대비 1.7% 하락하였다.[38] 직경 10㎜의 강재 가격은 약 850달러/톤, 시멘트는 150달러/톤, 콘크리트는 약 90달러/㎡, 모래는 14달러/㎡, 목재는 350달러/㎡이다.[39]

3. 농업 산업사슬 조성 현황

산업사슬은 기업 내부 또는 기업 간에 최종적으로 판매되는 제품 생산 또는 서비스를 제공하는 과정에서 발생하는 모든 가치 창출 활동을 가리키며, 이는 제품 생산이나 서비스를 제공하는 과정에서 원재료부터 최종 소비품에 이르기까지의 모든 단계를 포함하고 있다. 농업 산업사슬은 농산물 생산과 밀접한 관련이 있는 산업군의 공급과 수요로 이루어진 네트워크의 구조를 가리킨다. 이런 구조 중에는 농업생산을 위한 과학연구, 농자재 공급 등 전방산업 부문과 농작물 재배, 가축 및 가금 양식 등 중간산업 부문, 그리고 농산물을 원료로 한 가공, 저장, 운송, 판매 등 후방산업 부문들이 포함된다.[40]

37   중국 상무부 국제무역경제합작연구원, 상무부 투자촉진사무국, 주 카자흐스탄 중국 대사관 경제상무처. 『대외투자 합작 국가(지역)별 가이드: 우즈베키스탄』 2011년판.

38   乌兹别克房地产市场. 주 카자흐스탄 중국 대사관 경제상무처 홈페이지 http://uz.mofcom. gov.cn/aarticle/ztdy/200812/20081205956814.html. 검색날짜: 2012년 10월 5일.

39   중국 상무부 국제무역경제합작연구원, 상무부 투자촉진사무국, 주 우즈베키스탄 중국 대사관 경제상무처. 『대외투자 합작 국가(지역)별 가이드: 우즈베키스탄』 2011년판.

40   张利庠. 农业企业的产业链. http://www.doc88.com/p-38067976894.html. 검색날

(1) 농업에 대한 투자와 과학연구

각 나라마다 농업발전의 중요성을 알고 있지만, 농업 자체에서 발생하는 이익이 매우 적기 때문에 중앙아시아 각국의 재정 및 외국자본은 주로 광산물 개발 등 이익이 큰 산업으로 유입되고 있다. 이 때문에 농업에 대한 자본 투입과 농업 자본저량의 증가가 완만하며, 심지어 일부 국가는 하락하고 있다. 1999년 이후 농업은 점차 회복되기 시작했으며, 농업에 대한 자본 투입 상황이 다소 개선되었다. 2000년 외국 직접투자 실제 이용액은 15.068억 달러이며, 2009년에는 159.148억 달러로 증가하였다. 구체적으로 보면 중앙아시아 국가에서 유치한 외국 직접투자가 하락세를 보인 타지키스탄을 제외하고, 모두 10배 이상의 증가세를 보였다. 카자흐스탄은 경제발전이 비교적 빠르고, 농업에 대한 자본 투입이 상대적으로 많다. 2010년 농업에 대한 자본 투입은 1110억 텡게(약 7.55억 달러)로 2000년 대비 15배 증가하였다. 한편 농업 분야에서 유치한 투자의 비중은 크지 않다. 2010년 카자흐스탄 농업분야의 투자유치액은 888억 텡게(약 6억 달러)로 투자유치 총액의 1.9%에 불과하였다.[41] 2000년 중앙아시아 국가의 농업자본 저량은 950.66억 달러이며 2007년에는 1031.49억 달러로 증가하였다. 키르기스스탄을 제외한 기타 중앙아시아 국가의 농업자본 저량은 모두 소폭 증가하였다.[42] 농업에 대한 자본 투입 부족으로 인해 기반시설이 오랫동안 보수

짜: 2012년 10월 8일.

[41] Алтынбек Молдашев. "Агропромышленный комплекс Казахстана в услов иях Единого Экономического Пространства", Казахстан в глобальных пр оцессах №2 2012.

[42] 자료출처: FAO 2012년 통계연감. FAO 홈페이지 http://issuu.com/faosyb/docs/

되지 못하고, 농업기술은 정체되어 있으며, 농업에 대한 대출과 보험체제도 불건전하여 농업생산 리스크가 비교적 크다. 세계은행 관련 자료에 따르면 카자흐스탄 농업 대출 수요를 보수적으로 추정했을 때 매년 10억 달러가 부족하다.

중앙아시아 국가의 농업과학연구시스템은 구소련 해체 이후 빠르게 쇠락하였고, 농업과학기술연구기구는 과학연구자금 부족, 빈약한 설비 및 노후화, 과학연구 인재의 대량 유실, 기존 과학연구자의 전문지식과 영어 능력 부족으로 대외 과학연구교류에 있어 어려움을 겪고 있다. 이런 상황은 농업생산력 수준을 직접 저하시키게 되었다. 예를 들면 카자흐스탄 농업생산에 종사하는 노동자가 1인당 매년 창출한 가치는 오직 6500달러에 불과한 반면 선진국의 그 지표는 5-6만 달러에 달한다.[43]

키르기스탄은 목축업 연구기구가 6개이며, 목장 관리, 사료작물 재배와 사료품질 향상을 중점적으로 연구한다. 이들 연구기구는 가금과 돼지 사육에 대한 과학연구 능력이 모두 부족하여 현재 주요 업무는 목장 작물의 화학성분 분석에 그치고 있다. 자금과 설비의 부족으로 가축사육 관련 연구가 없고 기본적인 전문지식 보급 활동도 역시 없으며 과학연구 인력을 위한 전문지식과 영어 훈련이 부족하다.

타지키스탄은 목축업 연구기구가 5개가 있으며 모두 국가가 소유한 공공서비스기구이다. 이 5개 연구기구의 주요 임무는 목축업 생산지식을 제

fao_statistical_yearbook_2012_issuu/46#print. 검색날짜: 2012년 9월 16일.

43   Алтынбек Молдашев. "Агропромышленный комплекс Казахстана в услов
      иях Единого Экономического Пространства", Казахстан в глобальных пр
      оцессах №2 2012.

공 보급하며, 목장 관리 및 사료품질 향상 문제를 중점 연구한다. 주요 연구대상은 저작류 가축이고, 그 다음으로 가금류를 연구하며, 돼지 사육은 연구하지 않고 있다. 이들 연구기구에서 소유하고 있는 실험설비는 종류가 많지 않고, 이미 20여년 이상 사용했으며, 실험실 공간도 부족하다. 이들 연구기구는 주로 외국 지원에 의지해 연구를 진행하지만 대부분 연구자들이 영어능력 미비로 대외 과학기술교류활동을 제한하였다.[44]

(2) 농자재 공급

농자재 공급 부족은 중앙아시아 국가 농업발전을 제약하고 있는 오래된 문제이며 특히 키르기스스탄과 타지키스탄 양국은 대부분 국제 지원에 많이 의존하여 농자재 부족을 벌충해 왔다. 2007년 키르기스스탄의 농업, 수리 및 가공 공업부 추정에 따르면 2007년 키르기스스탄의 화학비료 수요량은 36.8만 톤에 이를 것이며 그 중에서 질소비료는 18.74만 톤, 인산비료는 12.04만 톤, 칼륨 비료는 6.02만 톤이다. 한편 농약 수요량은 561.5톤에 이르나 보장률은 24%에 불과하다. 그 외에 종자 소독제 수요량은 150.5톤, 보장률은 18%, 제초제 수요량은 226톤, 보장률은 25%, 살충제와 진드기 제거제 수요량은 129톤, 보장률은 54%이다.[45] 2006년 타지키스탄

44 Хариндер П.С.Маккар(в сотрудничестве с Абдул Баки Мехрабан, субрегиональны й офис ФАО по Центральной Азии). "Состояние научных исследований и раз работок в области питания животных в Таджикистане, Кыргызстане и Азербайджан". Животноводство и охрана здоровья животных ФАО. Рабо чий документ. http://www.cacaari.org/filesarchive/publications/I2582R_ex-summary.pdf. 검색날짜: 2012년 10월 10일.
45 吉尔吉斯需大量进口农药和化肥. http://www.fert.cn/news/2007/10/12/200710129

은 화학비료 수요량의 70%만을 공급할 수 있었으며, 연료는 수요의 30%만 공급할 수 있었다.[46] 중앙아시아 기타 3국의 형편은 이보다 조금 좋은 편이었다. 우즈베키스탄의 농업기계 생산과 서비스는 빠르게 발전하였다. 우즈베키 농업기계회사 산하의 11개 농기계 제조기업은 2009년에 모두 사유화되었고, 우즈베키 농기계 임대회사는 우즈베키스탄의 최대 임대회사이다.

중앙아시아 국가의 농업육종기술은 매우 낙후 되었다. 예를 들면 키르기스스탄의 밀 종자는 매년 전년도의 상품 밀 종자 중에서 선별하고 글루텔린률은 카자흐스탄 밀 보다 18% 낮으며 생산된 밀가루는 제빵용 원료로 사용할 수 없다.[47]

(3) 농작물 재배 및 판매

중앙아시아 5국은 독립 이후 모두 식량생산을 중시하였다. 카자흐스탄은 세계 식량생산 및 수출 대국이다. 카자흐스탄에서 생산한 식량 중에서 밀은 80% 이상을 차지한다. 최근 몇 년간 식량작물 재배 다양화 및 식량 수출 다각화 문제를 중시하여 밀과 보리 외에 다른 일부 유료작물도 재배하기 시작하였다. 중앙아시아 기타 4국은 식량 자급자족을 발전목표로 삼고 독립 이후 해마다 목화와 기타 작물의 재배면적을 감소시키고, 밀 재배

52199381.shtml. 검색날짜: 2012년 10월 11일.

46   塔吉克斯坦农资供应不足, 棉花单产受威胁. http://futures.jrj.com.cn/2006/05/000001490489.shtml. 검색날짜: 2012년 10월 11일.

47   中国与中亚国家农产品贸易潜力分析. http://www.sinosure.com.cn/sinosure/xwzx/rdzt/ckyj/ckdt/xyzt/ncpxy/148976.html. 검색날짜: 2012년 10월 3일.

면적을 증가하였다. 하지만 목화 수출은 중요한 외화 수입원이자 농업 전통에 부합하기 때문에 중앙아시아 국가는 모두 일정 수량의 목화 재배면적을 유지하고 있다.

최근 몇 년간 카자흐스탄의 연평균 식량 생산량은 1700-1900만 톤이며 국내시장 소비는 900-1100만 톤, 연평균 수출량은 500만 톤, 수입량은 약 4만 톤(부록 참조)이다. 카자흐스탄의 주요 식량생산지역은 북부에 있다. 북부 3개 주(아크모린 주, 코스타나 주, 북카자흐스탄 주)의 식량생산량은 카자흐스탄 총생산량의 75%를 차지한다.[48]

중앙아시아 국가 중 카자흐스탄에서 생산한 밀과 밀가루의 품질만이 제빵 수요를 만족시킬 수 밖에 없기 때문에 중앙아시아 기타 4국은 모두 카자흐스탄으로부터 밀 또는 밀가루를 수입해야 한다. 우즈베키스탄의 연간 식량 생산량은 350만 톤, 수입량은 100여 만 톤이다. 키르기스스탄과 타지키스탄은 장기적으로 식량부족 문제가 있는 국가로 매년 러시아와 카자흐스탄으로부터 수십 만 톤의 밀과 밀가루를 수입해야 한다.

우즈베키스탄과 투르크메니스탄 외에 중앙아시아 기타 국가의 농민은 농업생산에 있어 일정한 자율성을 가지고 있어 이익이 더 많고, 가격이 상대적으로 안정된 작물을 선택하여 재배할 수 있다. 이와 같은 상황에서 농작물 품종은 밀과 보리 외에도 옥수수, 감자, 완두, 해바라기, 유채, 아마씨, 홍화 등으로 다양해지고 있지만 콩류 재배는 아주 적다.

48　哈萨克斯坦粮食、小麦及面粉生产与出口简况. 중국 상무부 홈페이지 http://www.mofcom.gov.cn/aarticle/i/dxfw/jlyd/201203/20120308030601.html. 검색날짜: 2012년 9월 17일.

〈표 6.5〉 1992년과 2010년 중앙아시아 국가 농작물 재배 면적

단위: 천 ha

국가	1992			2010		
	밀	보리	유료작물	밀	보리	유료작물
카자흐스탄	13700	5600	360	13100	1300	1250
키르기스스탄	250	260	2	380	12	15
타지키스탄	183	60	0	343	70	6
투르크메니스탄	197	61	0	850	53	0
우즈베키스탄	630	304	3	1420	105	16

자료출처: M.K. Сулейменов. Куда идет сельское хозяйство Центральной Азии? http://kazakh-zerno.kz/ zerno.kz/index.php?option=com_content&task=view&id=62749&Itemid=108

중앙아시아 5개 국은 세계에서 가장 중요한 목화 생산지역 중의 하나이다. 목화는 우즈베키스탄, 투르크메니스탄과 타지키스탄 등 국가 농업의 주력산업이다. 우즈베키스탄은 세계에서 다섯 번째로 큰 목화 생산국이며 원면의 연간 생산량은 약 350-370만 톤, 조면은 100-120만 톤이다. 그 중에서 근 80%를 수출하며 주로 유럽으로 수출한다. 목화 재배면적은 1992년부터 현재까지 평균 150만 ha의 수준을 유지하였고, 목화 품질은 우수하며, 주요 품목은 중섬유 육지면과 장섬유면이다.[49] 투르크메니스탄의 목화 재배면적은 50여 만 ha이며 연간 생산량은 100여 만 톤이다. 타지키스탄의 목화 재배면적은 20여 만 ha이고 연간 생산량은 40여 만 톤에 이른다. 카자흐스탄의 목화 재배면적은 10여 만 ha이며 연간 생산량은 20여 만 톤에 달한다. 키르기스스탄의 목화 재배면적은 5만 ha에 불과하며 연간 생산량

---

49   农业. 주 우즈베키스탄 중국 대사관 경제상무처 홈페이지 http://uz.mofcom.gov.cn/aarticle/ddgk/zwrenkou/200209/20020900039993.html. 검색날짜: 2012년 9월 17일.

은 약 10만 톤이다.

중앙아시아 각국의 채소와 과일 생산량은 오랫동안 국내 수요를 만족시킬 수 없어 수입에 의존하고 있다. 그러나 최근 몇 년간 비닐하우스 재배기술 도입 등 조치로 채소와 과일 생산량이 비교적 빠르게 증가하였다. 우즈베키스탄은 중앙아시아 국가 중에서 과채류의 수출 대국이며, 매년 채소와 과일 생산량은 800여 만 톤이며 그 중에서 약 20%를 수출한다.

(4) 가축과 가금 양식 및 판매

중앙아시아 5국은 유구한 목축업 역사를 가지고 있으며 목축업은 양, 소, 말 등 사육을 위주로 하고, 누에와 가금 양식도 일정한 비중을 차지하고 있으며 구소련 시절에 주요 축산물 생산지역이었다. 식량 생산을 발전시키기 위해 카자흐스탄, 키르기스스탄과 타지키스탄은 사료작물 재배면적을 대폭 감축하고, 목축업을 국유경제에서 가정경제로 전환함으로써 목축업의 몰락을 초래하였다.

최근 몇 년간 카자흐스탄은 목축업에 대한 강력한 지원을 실시함으로써 목축업은 다소 개선되었다. 2011년 카자흐스탄의 큰뿔가축 생산량은 570만 마리로 전년 동기 대비 7.6% 감소, 양 생산량은 1540만 마리로 전년 동기 대비 0.6% 증가, 돼지 생산량은 120만 마리로 전년 동기 대비 9% 감소, 말 생산량은 160만 마리로 전년 동기 대비 1.5% 증가, 낙타 생산량은 160만 마리로 전년 동기 대비 0.4% 감소, 가금류 생산량은 3280만 마리로 전년 동기 대비 0.4% 증가하였다. 육류 생산량은 93.67만 톤, 계란은 약 37억 개로 모두 전년도와 비슷하며, 우유 생산량은 518.63만 톤으로 전년 동

기 대비 3% 하락하였다.[50]

키르기스스탄 목축업은 농업 중에서 중요한 비중을 차지하며, 국내 44%의 토지자원이 목장으로 목축업 발전에 사용되지만 생산력은 낮다. 가축 사육은 계절 변화에 따라 영향을 크게 받으므로 가축 생존만을 유지할 수 있을 뿐, 생산량 향상의 여지는 없다. 대부분 가축의 사육과 관리는 낙후되어 있고, 동계에는 가축 사료 공급이 부족하다.

타지키스탄 목축업 생산액은 농업 생산액의 30%를 차지하며 사료 공급 부족은 목축업 발전을 저해하는 주요 요인이다. 현재 소유한 목장으로 가축에게 오직 필요량의 50%의 사료만 공급할 수 있다. 타지키스탄 목축업 생산력은 독립국가연합(CIS) 중에서 가장 낮으며 타지키스탄 국내에서 생산한 닭고기와 계란은 수요의 90%밖에 만족시킬 수 없어 나머지 10%는 러시아, 이란 등 국가에서 수입한다.

투르크메니스탄과 우즈베키스탄은 사유화 개혁 전개와 동시에 농업생산에 대해 지속적인 국가의 엄격한 감독과 통제로 목축업의 지속적인 발전을 이끌었다.

중앙아시아 국가의 돼지 사육은 아주 독특하다. 구소련 해체 이후 매우 많은 러시아인이 중앙아시아 국가를 떠나게 되었고, 이로 인해 급속한 시장수요의 감소로 양돈업은 매우 빠르게 사양산업이 되었다. 그 중에서 타지키스탄의 양돈업은 거의 사장되었다.

---

50 "Аналитические материалы об итогах социально-экономического раз вития агропромышленного комплекса страны за 2011 год". http://www. minagri.kz/ru/news/1465/. 검색날짜: 2012년 10월 14일.

<표 6.6> 1992년 및 2010년 중앙아시아 국가 가축 수량

단위: 백만 마리

국가	소		양		돼지		가금류	
	1992	2010	1992	2010	1992	2010	1992	2010
카자흐스탄	9.1	6.1	34.6	17.4	3.0	1.3	59	33
키르기스스탄	1.2	1.3	9.5	4.8	0.4	0.1	12	4
타지키스탄	1.4	1.0	3.4	4.2	0.1	0	7	4
투르크메니스탄	0.8	2.2	5.6	16.3	0.2	0	8	15
우즈베키스탄	5.1	8.5	9.2	14.5	0.7	0.1	34	35

자료출처: M.K.Сулейменов. Куда идет сельское хозяйство Центральной Азии? http://kazakh-zerno.kz/index.php? option=com_content&task=view&id=62749&Itemid=108

<표 6.7> 1992년과 2010년 중앙아시아 국가 육류 및 유제품 생산량

국가	우유(백만 톤)			육류(천 톤)		
	1992	2010	1992년 대비(%)	1992	2010	1992년 대비(%)
카자흐스탄	5.2	5.3	102	1243	911	73
키르기스스탄	1.0	1.3	130	225	182	81
타지키스탄	0.5	0.6	120	69	72	104
투르크메니스탄	0.5	2.2	440	60	300	500
우즈베키스탄	3.7	6.1	165	466	815	175

자료출처 : M.K. Сулейменов. Куда идет сельское хозяйство Центральной Азии? http://kazakh-zerno.kz/index.php? option=com_content&task=view&id=62749&Itemid=108

(5) 농산물 가공, 저장, 운송 및 무역

중앙아시아 국가는 농산물 가공, 저장 및 운송 분야에 일정한 기반이 있으나 독립 후에는 자금, 기술, 설비, 저장시설의 부족, 품질 감독 시스템의 미비 등 문제에 직면하게 되었다. 중앙아시아 국가의 대부분 농산물 가공기업은 구소련 시절에 국가에서 투자하여 설립한 것이며 독립 후 이들 기업은 기본적으로 사유화가 되었다. 하지만 오랜 기간의 사용으로 인한 생산시설 노후화, 시설 보수 부족, 많은 에너지 소모, 낡은 생산 공정, 높은 원가, 낮은 효율, 제품 단일화, 원료와 에너지 및 부품 공급 부족 등으로 생산이 불안정하다. 한편 이들 기업의 자금 부족, 판매 부진 등 원인으로 해마다 대량의 과일과 채소를 적시에 구매, 가공하지 못하여 낭비를 초래하게 되었고, 현재 소유하고 있는 제품도 포장과 가공공정기술의 낙후로 국제경쟁력은 약하다.

카자흐스탄의 실존한 농산물 가공기업은 2300여 개로 주로 음료를 포함한 식품을 생산한다. 그 중에서 식량 가공기업이 31%를 차지하고, 육류 가공기업은 9.6%, 우유 가공기업은 14.2%, 과채류 가공기업은 8.1%, 기름 가공기업은 6.8%, 음료 생산기업은 17%이다. 매년 농산물 가공업 생산액이 증가함에도 불구하고, 주요 농업 원료 가공의 비중은 여전히 매우 낮다. 구체적인 비중은 육류가공 24.2%, 우유가공 30.4%, 식량가공 29.4%, 과채류 가공 2.4%이다. 이와 같은 상황이 초래된 주요 원인은 낮은 원재료 품질, 충분히 활용되지 못한 가공능력, 기술설비 노후화이다. 결국 카자흐스탄에서 생산된 농산물과 가공품은 국내시장과 국제시장에서 모두 경쟁력이 높지 않다.[51]

키르기스스탄의 실존한 농산물 가공능력과 시설의 기술수준은 농산물 가공 수요를 만족시키기에 매우 부족하여, 농산물 가공업의 외국투자를 장려하는 것은 매우 중요한 산업의 하나다. 키르기스스탄 정부는 종자, 종

---

51 Аналитические материалы об итогах социально-экономического раз вития агропромышленного комплекса страны за 2011 год. http://www. minagri.kz/ru/news/1465/. 검색날짜: 2012년 10월 14일.

축, 종금(種禽) 생산에 종사하는 기업의 화학비료, 농약 및 기타 자재 수입에 대해 세수 혜택(부가가치세 면제)을 제공함으로써 농산물 수출을 장려한다.

비교하여 보면 카자흐스탄의 농산물 자급자족 정도는 비교적 높으며, 설탕, 식물성 기름, 가금류와 채소 및 과일 등 외에 주요 농산물은 자급자족할 수 있다. 카자흐스탄은 세계 10대 밀 수출국 중의 하나이다. 2011년 카자흐스탄 밀 수출량은 289만 톤, 밀가루 수출량은 190만 톤이다.[52] 농산물 총 수출액 중 목화가 15%, 피혁과 실크가 25%를 차지하였다.[53] 2010년 우즈베키스탄 목화 수출액은 14.7억 달러로 전년 대비 46% 증가하여 총 수출액의 11.3%를 차지하였다.[54] 2011년 우즈베키스탄 목화 재배 소득은 13.65억 달러를 초과하여 전년 대비 25% 증가하였다.[55] 목화 외에 우즈베키스탄은 채소와 과일을 수출하는 한편 밀과 밀가루, 설탕, 식물성 기름과 찻잎을 수입한다. 키르기스스탄은 과일, 완두, 목화를 수출하고, 밀과 밀가루, 식물성 기름과 육류를 수입한다. 타지키스탄은 목화 및 채소와 과일을 수출하고, 밀과 밀가루, 설탕, 식물성 기름과 육류를 수입한다. 투르크메니

---

52 哈萨克斯坦粮食、小麦及面粉生产与出口简况. 중국 상무부 홈페이지 http://www.mofcom.gov.cn/aarticle/i/dxfw/jlyd/201203/20120308030601.html. 검색날짜: 2012년 9월 17일.

53 자료출처: 카자흐스탄 농업부 홈페이지 http://www.minagri.kz/index.php?option=com_content&view=article&id=307&Itemid=112&lang=ru. 검색날짜: 2012년 9월 14일.

54 农业. 주 우즈베키스탄 중국 대사관 경제상무처 홈페이지 http://uz.mofcom.gov.cn/aarticle/ddgk/zwrenkou/200209/20020900039993.html. 검색날짜: 2012년 9월 17일.

55 2012년 우즈베키스탄 목화 생산량은 335만 톤으로 예측되고, 그 중 50%가 국가에서 수매함. 우즈베키스탄 중국대사관 경제상무처 홈페이지 http://uz.mofcom.gov.cn/aarticle/jmxw/201206/20120608176897.html. 검색날짜: 2012년 9월 17일.

스탄은 목화를 수출하고, 밀과 밀가루, 식물성 기름과 육류를 수입한다.

4. 무역정책

(1) 카자흐스탄

카자흐스탄의 무역 관련 주요 법률은『세관사무법』,『조세법』,『외환조절법』,『허가증법』,『표준법』,『보조금 및 반보조금법』,『반덤핑법』,『특허법』,『상표 서비스 표기 및 원산지 명칭법』,『불공정경쟁법』,『은행법』,『전신법』,『곡물법』,『반독점 및 가격법』등이 있다. 카자흐스탄 무역공업부는 수출입무역을 관리하는 주요 부문이다. 카자흐스탄 재정부 산하의 세관감독관리위원회는 주로 카자흐스탄 세관법률 실행, 세관 절차 수속, 관세 징수, 세관 감독 및 관리를 실시하고, 세관 통계를 수행한다.

카자흐스탄 관세 징수에는 종가세, 종량세, 혼합세 세 가지 방식이 있다. 수입 관세 세율은 일반적으로 해마다 한번씩 조정하며, 2005년 종가세 세율은 제로에서 100%까지 다양하고, 95% 이상의 수입 화물의 종가세율은 15%이며 가중평균세율은 약 8.6%이다. 관세 외에도 수입 부가가치세를 징수하며 과세 기준은 수입 화물의 통관가치와 관세의 합계액이며 세율은 15%이다. 각종 주류 및 알콜, 담배, 케비아, 휘발유(항공용 휘발유 제외), 디젤, 자동차 등 일부 소비품에 대해 소비세를 추가 징수하고, 그 외에 카자흐스탄은 또한 수입 화물에 대해 건당 50유로 또는 70유로의 통관비용을 징수한다.

카자흐스탄은 무역권을 전면 개방하여 자연인과 법인이 모두 대외무역에 종사할 수 있다. 무기, 탄약, 약품 등 11개 종류 상품에 대한 수입제

중국의 식량안보와 농업의 해외진출전략

한을 실시하는 외에 기타 상품은 모두 자유롭게 수입할 수 있으며 쿼터 및 허가증 제한도 받지 않는다. 카자흐스탄은 수출 장려정책을 실행한다. 무기, 탄약 등 9개 종류 상품은 허가증 취득이 필요하며, 이를 제외한 기타 상품은 모두 자유롭게 수출할 수 있다. 『세관사무법』에 의하면 일부 동물 모피 및 폐금속 수출에 대해 수출관세를 징수하는 외에 기타 상품에 대해서는 수출관세와 부가가치세를 면제한다. 일반적으로 수입 상품에 대해 원산지 증명을 요구하지 않지만 카자흐스탄『세관사무법』제 14조 규정에 따라 다음과 같은 상황에서 수입 상품은 반드시 원산지증명서를 제출해야 한다. ① 수입화물에 대해 관세혜택이 필요할 때, ② 일부 국가에서 수입한 화물이 비관세 조치 적용 필요 시, 카자흐스탄 세관에서 수입화물이 해당 국가에서 생산되었다고 인정 필요 시, ③ 카자흐스탄이 가입한 국제협정과 자연환경 보호, 주민건강, 소비자 권리 보호, 사회질서 유지, 국가안전 및 카자흐스탄 국가이익 보호에 관한 중요한 법률에서 이에 대한 규정이 있을 시.[56]

(2) 키르키스스탄

키르기스스탄 경제 및 반독점 정책부(이하 '경제 반독점부'로 약칭)는 국가 세무, 반독점, 투자, 대외무역, 허가증, 국유자산 및 광산물 자원 정책, 계량 및 인증, 무역, 기업발전과 기업활동 최적화 등 분야의 법률을 제정 시행하는 국가 중앙정부 기관이다. 키르기스스탄은 상품 수출에 대해 무관세를

---

56 哈萨克斯坦贸易管理制度. 주 카자흐스탄 중국 대사관 경제상무처 홈페이지 http://kz. mofcom.gov.cn/aarticle/ddfg/waimao/200708/20070805050222.html. 검색날짜: 2012년 10월 14일.

실시하고, 일부 상품 수출에 대해 수출허가증 관리를 실시한다. 키르기스스탄 국내 자유경제구에서 생산한 상품 수출 시 쿼터와 허가증의 제한을 받지 않는다. 키르기스스탄은 1998년에 WTO의 정식 회원국이 되었다. 키르기스스탄에서 생산한 상품은 유럽 및 북미 국가로 수출 시 쿼터의 제한을 받지 않는다. 키르기스스탄은 수입 상품에 대해 관세, 부가가치세와 소비세를 징수한다. 원산지 표시를 하지 않은 수입 상품에 대해서는 두 배의 관세를 징수한다. 자유경제구의 수입 상품에 대해 관세 및 부가가치세를 면제한다. 최근 몇 년간 WTO 요구에 따라 키르기스스탄은 수입관세를 몇 차례 조정하였다. 현재까지 수입관세의 평균수준은 비교적 낮다(5%). 세율은 완제품, 반제품, 원재료 순으로 적어진다. 수입에 대해 무관세를 실시하는 상품은 대부분 키르기스스탄에서 부족한 자원성 상품이다. 예를 들면 원유, 종자, 종축, 약품과 일부 전기기계설비가 이에 해당된다.

키르기스스탄은 구소련의 기준(GOST)을 계속 사용하여 국제적으로 통용되는 기준과는 차이가 있다. 키르기스스탄에서 수출하는 상품은 국제시장 진입 시 국제표준의 검사를 다시해야 한다. 키르기스스탄의 수입관세는 전반적으로 낮지만 특정 제품 분야는 여전히 높은 관세를 유지하고 있다. 국내에서 중점적으로 보호하는 산업이 충분히 생산할 수 있는 상품, 예컨대 육류, 우유제품, 농산물, 방직품에 대한 수입관세는 높다. 키르기스스탄은 수입 대상국에 대해 차이를 두고 있다.

① 키르기스스탄과 자유무역협정을 체결하였거나 관세동맹을 맺은 독립연합국가(CIS)의 대부분 상품에 대해 무관세를 실시하고 부가가치세를 면제한다.

② WTO 회원국에 대해 최혜국대우를 실시한다.

③ 다른 국가에 대해서는 혜택국 정책을 실시한다. 키르기스스탄은 무기, 귀금속, 담배, 알콜 등을 포함한 19가지 상품에 대해 수출 및 수입 허가증 관리를 실시하고, 활축, 식물성 제약 원료 등을 포함한 19가지 상품에 대해서는 수출허가증 관리를 실시하며, 알콜 제품 생산용 에탄올에 대해서는 쿼터제를 실시한다.

(3) 타지키스탄

타지키스탄의 모든 대외 경제무역 활동은 타지키스탄 경제 및 무역부에서 책임지고 관리한다. 타지키스탄 주요 대외 무역 관련 법률은『대외경제활동법』,『세관 정관』등이 있다.『대외경제활동법』은 대외무역활동에 대해 상세히 규정하고,『세관정관』은 수출입 세관에 대해 구체적인 요구를 규정하고 있다. 타지키스탄은 비교적 자유로운 대외무역정책을 실시하고, 기업법인과, 자연인 모두 수출입 무역에 종사할 수 있으며, 일반 상품은 모두 자유롭게 경영할 수 있다. 허가증, 쿼터 제한을 받는 수출 상품에는 금, 알루미늄, 목화, 담배, 피혁, 일부 야생동물과 조류 등이 포함된다. 허가증과 쿼터 제한을 받는 수입 상품에는 밀, 밀가루, 보크사이트, 석유류 상품, 경제작물, 관상용 초본식물(종자 포함) 및 잠종, 유독 물질, 식물 보호용 화학물품, 화학비료, 약품 및 의료기술용품, 무선 전자기기 및 고주파장비 등이 포함된다. 동물제품 수출입 시 반드시 관련 서면신청을 30일 전에 제출해야 하고, 활축 수출입 시 반드시 60일 전에 관련 신청을 제출해야 하며, 국가 검역국은 검역 전문가를 파견하여 동물에 대해 전면적인 검역을 진행한다. 종자, 식물, 식물 가공품의 수입 및 수출 시 반드시 식물 검역증서를 발급 받아야 한다. 수출업자는 상품 수출 시 반드시 30일 전에 식

물검역부문에 서면 신청하고, 상품과 관련된 모든 정보를 제출해야 한다.[57]

(4) 투르크메니스탄

투르크메니스탄의 대외무역 주관 기구는 무역 및 대외경제 연락부이다. 국가 상품 및 원료 거래소는 투르크메니스탄 수출입 무역과 시장수급 간 관계를 조정하는 중요한 경제부문이다. 무역 관련 주요 법률에는 『대외경제활동법』, 『무역법』, 『수출입상품 관세 징수 규정』 등이 있다. 투르크메니스탄은 자국 상품 수출에 대해 계획적인 쿼터제 관리를 실시하고 국가에서 전적으로 경영한다. 즉 국가에서 상품의 실제 생산량과 국내수요에 따라 당해 수출계획을 확정하고 모든 수출상품을 통일적으로 국가 상품 및 원료 거래소에서 경매한다. 투르크메니스탄은 주로 관세 조치를 통해 수입에 대해 관리 및 조절하는 한편 담배 및 주류 제품, 자동차, 화공제품에 대해서는 허가증 관리제도를 실시한다. 그 외에 투르크메니스탄 국유기업과 상품 공급계약을 체결할 경우에도 똑같이 국가 상품 및 원료 거래소, 재정부 등 기관의 심사 및 등록을 거쳐야 한다. 대부분 상품에 대한 수입관세 세율은 2%, 수출관세 세율은 5%이다. 투르크메스탄은 생육, 식물성 기름, 밀, 쌀, 설탕 등 상품에 대해 수입관세를 면제하고 수입량 제한이 없다. 봉제품, 니트류, 신발, 옷감, 담배, 알콜음료, 승용차, 광천수 등에 대해 수출관세를 면제하고 수출량 제한이 없다.[58]

---

57 중국 상무부 국제무역경제합작연구원, 상무부 투자촉진사무국, 주 타지키스탄 중국 대사관 경제상무처. 『대외투자 합작 국가(지역)별 가이드: 타지키스탄』 2011년판 참조.

58 중국 상무부 국제무역경제합작연구원, 상무부 투자촉진사무국, 주 투르크메니스탄 중국 대사관 경제상무처. 『대외투자 합작 국가(지역)별 가이드: 투르크메니스탄』 2011년판 참조.

(5) 우즈베키스탄

우즈베키스탄 대외경제 연락, 투자 및 무역부는 무역 주무부서이다. 주요 무역법규로는『대외경제활동법』,『수출감독법』,『보호조치, 반덤핑 및 보상관세법』과『관세세율법』등이 있다. 우즈베키스탄은 계획적인 무역자유화 정책을 시행하고 있고, 종가관세, 종량관세와 조합관세 등 세 가지 관세를 실시하고 있다.

『관세 세율법』규정에 의하면 우즈베키스탄과 최혜국대우 협정을 체결한 국가 상품에 대한 최고 수입 관세 세율은 법률에서 확정하고, 우즈베키스탄과 최혜국대우 협정을 체결하지 않은 국가의 상품 또는 원산지가 표시되어 있지 않은 상품에 대해서는 관세 세율을 배로 인상한다. 우즈베키스탄은 현재까지 이미 44개 국가와 최혜국대우 협정을 체결하였고, 그 중에 중국도 포함되어 있다. 한편 우즈베키스탄은 벨로루시, 그루지야, 카자흐스탄, 키르기스스탄, 몰도바, 러시아, 투르크메니스탄, 우크라이나, 타지키스탄, 아제르바이잔 등과『자유무역구 설립에 관한 협정』을 체결하여 수입 관세를 징수하지 않는다. 또한 우즈베키스탄은 WTO의 특혜세율체계를 채택하지 않고 있다.

1997년 10월 10일 우즈베키스탄은 수출 금지 상품 리스트를 확정하였고, 그 중에는 식량, 밀, 호밀, 보리, 귀리, 쌀, 옥수수 및 메밀, 그리고 각종 빵류 식품, 밀가루, 낟알, 가축류, 가금류, 육류 및 식용 육류 도살 부산물, 설탕, 그 외에 예술, 역사, 과학 및 기타 높은 문화적 가치가 있는 골동품, 또한 식물성 기름, 제혁 원료, 모피 원료, 비철 금속 폐기물 및 부산물, 양잠

용 천연누에, 실크 원료, 실크 폐기물 등이 포함된다.[59]

제4절 중앙아시아 국가 투자 리스크

중국은 중앙아시아 국가와 외교관계를 가장 먼저 맺은 국가 중의 하나이다. 중앙아시아 국가 독립 이래 중국과 중앙아시아 국가 간의 관계는 줄곧 안정적이며 순조롭게 발전하고 있다. 중국과 이웃 나라인 카자흐스탄, 키르기스스탄, 타지키스탄과 모두 국경 문제를 해결하였다. 2005년 중국과 카자흐스탄은 전략적 파트너 관계를 맺었고, 2012년에는 우즈베키스탄과 전략적 파트너 관계를 맺었다. 중국은 오랫동안 키르기스스탄, 타지키스탄과의 선린 우호 관계, 중국과 투르크메니스탄 간의 우호 협력 관계는 끊임없이 발전해 왔다. 중국에서 견지해온 '세 가지 이웃'(화목한 이웃, 부유한 이웃, 안정된 이웃)정책은 중앙아시아 국가의 인정을 받았고, 중국이 중앙아시아에 대한 이미지는 끊임없이 개선되고 있다. 최근 몇 년간 중국의 중앙아시아 국가에 대한 투자액은 빠르게 증가하고, 이에 따라 투자 리스크는 날이 갈수록 중국의 중시를 받고 있다.

---

59 중국 상무부 국제무역경제합작연구원, 상무부 투자촉진사무국, 주 우즈베키스탄 중국 대사관 경제상무처. 『대외투자 합작 국가(지역)별 가이드: 우즈베키스탄』 2011년판 참조.

중국의 식량안보와 농업의 해외진출전략

1. 정치적 리스크

정치적 리스크란 투자 대상국에서 내란, 전쟁과 비정상적인 정권 교체로 인한 투자환경에 전반적인 불확실성이 나타나는 것을 가리킨다. 중앙아시아 국가는 가까운 시일 내에 이러한 상황이 나타날 가능성은 크지 않지만 그 중에 부분적으로 잠재한 리스크는 여전히 주목할 필요가 있다.

우선 카자흐스탄과 우즈베키스탄의 정권 교체 문제이다. 양국 대통령은 모두 다 장기적으로 집권하였고 나이는 이미 70세를 넘었다. 카자흐스탄은 2016년에 차기 대통령 선거를 진행하기로 확정하였고, 우즈베키스탄은 2014년에 차기 대통령 선거를 진행하기로 확정하였다. 양국 대통령은 차기 대통령 선거 전에 반드시 정권 교체 준비를 잘해야 하며, 적당한 시기에 각 계에서 모두 다 받아들일 수 있는 후임자를 추천해야 한다. 만약 그렇지 않으면 정치적 혼란을 초래할 수 있다.

그 다음은 타지키스탄 Rakhmon 정권의 안정성 문제이다. 최근 몇 년간 타지키스탄 국내외 불법 무장 반군은 정부군에게 싸움을 걸고 있으며, 이는 해외에서 Rakhmon 대통령의 지위 안정성 여부에 대한 우려를 초래하였다. 2010년 하반기 정부군은 라슈트 산골짜기에 있는 불법 무장 반군의 소굴을 소탕하였다. 2012년 타지키스탄 정부군은 남부 불법 무장 반군을 소탕하여 남부지역에 대한 통제를 강화하였다. 2013년 타지키스탄의 대통령 선거를 통해 Rakhmon 대통령의 연임이 예상되지만 불법 무장 반군과 극단적인 이슬람 세력은 타지키스탄과 아프가니스탄이 인접한 유리한 조건을 이용하여 지속적으로 분규 사건을 일으킬 가능성이 여전히 남아 있다.

마지막으로는 키르기스스탄 Atambayev 정권의 안정성 문제이다. 키르기스스탄은 두 차례의 '혁명'을 겪은 후 정권 및 사회의 안정, 민족 간 및 남북 간 갈등의 해결, 경제 발전, 정부에 대한 민중의 신임 회복이 시급하다. 하지만 이 모든 것은 Atambayev 대통령에게 어려운 과제이다. Atambayev 대통령이 취임 후 키르기스스탄 국내 형세의 발전 상황은 이러한 문제들이 아직 해결되지 못했음을 말해주고 있다. 권력 분립 및 견제라는 의회제도 아래에서 Atambayev 대통령은 아주 많은 분야에서 모두 큰 성과를 거두기 힘들며, 이는 그의 정권 안정성과 직접 관련된다.

2. 사회적 리스크

사회적 리스크란 사회적인 갈등의 격화로 인한 일부 지역의 충돌과 혼란을 뜻한다. 중앙아시아 국가 독립 20년 이래 사회적인 불만정서가 끊임없이 누적되어 많은 리스크를 배태하였다.

사회적인 불만정서는 아주 많은 분야에서 기인되며 그 중에서 체제가 핵심적인 요인이다. 중앙아시아 국가 독립 20년 이래 국가 및 개인에게 가장 큰 변화는 바로 체제의 변화이다. 중앙아시아 5국은 모두 다 구소련 시기의 정치, 경제 및 사회제도를 포기하고, 헌법에 민주, 법치, 시장경제국가의 건설을 명문 규정하였다. 하지만 체제 전환과 국가 건설의 병행은 아주 어렵다. 중앙아시아 국가의 정치체제 개혁은 처음부터 끝까지 정권의 안전을 가장 앞에 두었고, 국민에게 권력을 이양하는 문제에 있어 종종 보수적이며 신중한 모습을 보였다. 이는 국민들의 높은 기대치와 현실과의 괴리를 크게 하였다. 게다가 관료주의, 빈부격차, 친인척 등용, 부패 등 요인 때문에 정권과 국민 간의 거리가 점점 더 멀어지게 되었다. 2011년 말

중국의 식량안보와 농업의 해외진출전략

카자흐스탄에서 발생한 Zhanaozen 사건은 중앙아시아 국가의 정국 안정과 사회 안정 간의 괴리가 크다는 것을 말해주고 있으며, 정국 안정이 곧 사회 안정을 의미하지는 않는다.

세속 제도와 종교 전통 간의 관계는 중앙아시아 국가들이 시종 직면해야 할 난제이다. 중앙아시아 국가 중 타지키스탄의 이슬람화 현상은 가장 뚜렷하다. 타지키스탄은 이슬람 정당의 존재를 허용하는 유일한 국가이며, 헌법에서 국가 세속화 관련 규정을 취소하였고, 학교에서 이슬람교 교리를 공개적으로 가르친다. 하지만 이슬람화 현상 자체는 양날의 검과 같다. 독립 초기에 이슬람화는 중앙아시아 국가의 전통문화 부흥, 민족 단결 강화, 정권 공고화에 대해 적극적인 역할을 하였지만, 중앙아시아 국가 정부는 얼마 되지 않아 일반적으로 이슬람화에 대해 경계태도를 취하였고, 최근 몇 년간 잇따라 이슬람교의 발전을 제한하는 법률 및 법규를 시행하여 일부 이슬람교 단체와 무슬림의 불만을 야기하였다.

민족 관계 문제는 또한 사회적인 갈등을 일으키는 중요한 요인이다. 중앙아시아 국가는 일반적으로 주요 민족과 소수 민족(러시아족 포함) 간의 관계 문제를 처리해야 한다. 그 중에서 가장 심각한 문제는 키르기스스탄의 키르기스족과 우즈베키족 간의 갈등이며, 1999년과 2010년 두 차례의 유혈 사태가 발생하였다. 중앙아시아 국가 주요 민족 간에 국경선, 토지, 수자원 등 분쟁 때문에 관계가 화목하지 못한 상황이다.

그 밖에 일부 중앙아시아 국가는 지역 간의 빈부격차, 토착민과 외래인 간의 갈등, 언어정책, 노사분쟁 등 문제에 직면하고 있다. 이러한 문제들은 반대파 또는 외부 세력의 이용 및 과장으로 인해 사회적 충돌을 일으키기 쉽다.

3. 정책적 리스크

정책적 리스크는 다음과 같은 몇 가지 상황을 뜻한다. 첫째, 중앙아시아 국가 정부의 경제법규 및 정책이 변화되어 외국인투자에 부정적인 영향을 미친다. 둘째, 외부 세력, 중앙아시아 국가의 반대파와 민족주의자가 중국 문제를 이용하여 중앙아시아 국가 정부에게 압력을 가함으로써 중앙아시아 국가에 대한 중국 기업의 투자가 어려움에 몰린다. 셋째, 정책 입안자의 교체 때문에 중국 기업의 투자를 좌절시킨다.

중앙아시아 국가는 독립된 시간이 길지 않고 법규 및 정책의 변화가 비교적 빈번함으로 투자에 일정한 리스크를 가져다 주고 있다. 일부 우대정책은 오직 서면에 머물러 있고 시행과정에서 각종 저항을 부딪치고 있다. 최근 몇 년간 중앙아시아 국가의 경제력은 독립 초기에 비해 아주 크게 향상되었고, 외국자본 유치에 있어 예전처럼 절박하지 않고, 민족주의와 무역보호주의가 대두하고 있다. 중앙아시아 국가 정부는 종종 단기적인 기회주의 노선을 택하고, 비자 발급 쿼터 축소, 기업의 환경보호 기준 향상, 기업의 사회적인 의무 증가(예컨대 외자 기업의 소재국 주민 고용, 소재국 시설 및 자원 사용 등을 강요함) 등과 같이 투자자 권익을 손상시키는 조치를 통해 정부의 소득을 증가시키고, 심지어 법률 수정, 세율 향상, 프로젝트 재심사 등 조치를 통해 일부 종전에 외자기업에게 제공했던 전략적인 자원 프로젝트를 다시 국가소유로 회수하고 있다.

대금 결제난과 투자 수익금 반환에 어려운 문제는 중앙아시아 지역에 투자한 기업이 당면하고 있는 오래된 문제이다. 중국 기업이 중앙아시아 지역에 투자한 프로젝트는 대부분 투자비용이 높고, 생산주기가 길며, 투

중국의 식량안보와 농업의 해외진출전략

자 회수 기간도 긴 프로젝트이다. 이들 기업이 자본, 인력, 시설 투입 단계를 넘기고 이익 발생 단계에 들어서면 종종 여러 가지 어려움에 부딪치게 된다. 예컨대 중앙아시아 국가의 정부 관료 및 지방 세력은 기업을 간섭하고, 각종 명목으로 기업을 갈취하며, 수익금 반환에 있어 기업을 괴롭힌다. 그 외에 협력 파트너가 계약을 불이행하고, 부채를 체납하며, 이에 대한 소송할 곳이 없는 등 어려움도 있다. 기업들은 종종 이러한 어려움에 대응할 수 없어 부득이하게 파산을 선청한다.

중국과 중앙아시아 국가 간의 경제협력은 날이 갈수록 밀접해져 중앙아시아 국가 정부 관료와 국민들이 중국에 대해 인식이 좋아지고, 호감이 생기고 있지만, 다른 한편으로는 일부 외부세력, 중앙아시아 국가 반대파와 민족주의자의 경계와 불만을 초래하고 있다. 그들은 중국 위협론을 부추기고, 중국 투자활동에 부정적인 영향을 줌으로써 중앙아시아 국가 정부가 중국 정부와 호혜적인 계약을 체결했음에도 불구하고 중국 투자자는 투자를 유보하거나 포기할 수밖에 없다. 농업 투자 분야에서 보면 토지를 임대하고 식량을 재배하는 과정에서 나타난 저항이 가장 뚜렷하다. 외국 및 중앙아시아 국가의 일부 매체는 소문만 듣고 과장 기사를 보도하여 중국과 중앙아시아 국가 간의 평등적이고 자발적이며 호혜적인 협력 관계의 실체를 무시하고, 중국의 이미지를 헐뜯고 자원 선점론, 생태파괴 및 환경오염론, 경제종속론, 이민 위협론 등을 퍼뜨리고 있다.

중앙아시아 국가 요직에 있는 인사의 변동이 비교적 빈번하여 협력 프로젝트 진척에 직접적인 영향을 미친다. 프로젝트 담당자 또는 협력 파트너 법인의 변경으로 인해 사전 작업이 허사로 돌아가고, 심지어 협력 관계의 중단을 초래할 수 있다.

4. 경제적 리스크

경제적 리스크란 다음과 같은 몇 가지 상황을 뜻한다.

첫째, 중앙아시아 국가의 경제구조가 단일하고, 경제 발전에 있어 외부 시장의 영향을 비교적 많이 받으며 전반적인 경제환경이 불안정하다. 특히 세계경제위기의 지속적인 확산은 중앙아시아 국가 경제구조에 일정한 충격을 주었다. 예컨대 외부 시장의 중앙아시아 국가 무역에 대한 수요가 감소되어 중앙아시아 국가 수입과 수출에 직접적인 영향을 미쳤다. 다른 예로서 국제 에너지, 식량 등 벌크상품 가격 인상은 카자흐스탄과 같은 에너지, 식량 수출국에게 유리한 요인이 되었으며, 무역량은 같거나 심지어 감소되었지만 무역액은 오히려 증가하였다. 하지만 타지키스탄, 키르기스스탄과 같은 에너지 및 식량 수입국에게는 설상가상이 되어 이들 국가 재정에 부담이 가중되었다. 국제경제 정세의 불안정은 투자자의 확신에 의심을 줄 수 있으며 결국은 투자 부족을 초래하여 경제성장의 동력을 잃게 된다.

둘째, 중앙아시아 5국은 모두 많은 채무 부담을 지고 있으며 부채 상환능력 면에서 잠재적인 위험이 있다. 2011년 카자흐스탄 중앙은행 연간 보고서에 의하면 현재 카자흐스탄의 대외채무는 1238억 달러로 동기 GDP 1862억 달러의 약 66%를 차지한다. 타지키스탄과 키르기스스탄은 기본적으로 외국 지원에 의존하며 채무상환능력이 없다. 2011년 상반기 키르기스스탄의 외채 총액은 27.02억 달러로 GDP의 58.1%를 차지하였다.

셋째, 중앙아시아 국가의 금융시장은 충분히 성장하지 못하여 외부 위험 저항능력이 한계가 있으며, 자금거래가 불편함으로써 자금의 순조로운

중국의 식량안보와 농업의 해외진출전략

연결을 보증하기 어렵다. 또한 국제금융위기가 지속 확산되는 상황에서 유로화와 달러화가 본화폐에 비해 평가 절하되어 중앙아시아 국가의 외화 보유고 가치의 감소가 초래될 것이고, 단기자본의 유동성이 심해지며, 본 국의 금융시스템에 충격을 줌으로써 국내의 인플레이션이 격화될 수 있다. 이에 따라 중앙아시아 국가의 국내 생산재와 소비재 가격이 인상될 것이며 투자 원가의 상승을 초래할 것이다.

넷째, 우즈베키스탄은 장기적인 외화 부족에 직면하고 있어 금리와 환율이 불안정하고, 공식 환율과 암시장 환율의 차이가 커 투자에 위험이 있다.

5. 자연적 리스크

중앙아시아 국가의 생태환경은 비교적 취약하며, 기후변화는 중앙아시아 농업에 새로운 위협이 되는 가운데 가뭄, 더위, 추위, 강풍, 홍수, 지진 등 자연재해는 농업생산에 아주 큰 영향을 미쳤다. 비합리적인 용수는 수자원의 감소, 수질 오염과 토양의 알칼리화, 사막화, 수식 등을 초래하였다. 목장의 효과적인 관리가 부족하고, 과도한 방목으로 인해 목장은 퇴화되었다. 중앙아시아 국가는 식수의 수질이 비교적 나쁘고, 식품안전, 위생 분야는 많은 문제가 있어 유행성 질병의 예방이 비교적 어렵다. 중앙아시아 지역은 유라시아대륙의 오지에 위치하고 있기 때문에 구제역, 우역, 메뚜기 재해, 밀 생산에 흔히 발생하는 질병 등 농작물과 가축을 해치는 각종 전염병이 이 지역으로 확산되기 쉽다. 또한 중앙아시아 국가들은 구소련 시절에서 남겨둔 아직 제대로 처리되지 못한 핵폐기물 저장고, 우라늄 미광 등 강한 오염성을 지닌 생산 비축 시설들이 남아 있고, 중앙아시아 국가 자체의 광산물 개발과 오염이 많은 원자재 가공 산업을 비교적 많이 보유하고 있다. 이러한 유해 물질은 모두 토양과 식생을 화학 및 방사능 오염에 이르게 한다

6. 기타 리스크

농업 생산 자체의 특성이 농업 투자에 어느 정도의 위험을 가지게 한다. 농업 생산 주기가 길고, 특히 자연조건의 영향을 많이 받아 통제불가능한 요소가 비교적 많고, 시장의 불확실성으로 인해 투입과 산출 간의 인과관계가 어느 정도 우연적인 요인의 영향을 받아 경영성과를 예측하기 어렵고, 경제적 효과도 항상 변화한다. 또한 농업 생산 활동은 생산 과정이 분산되고, 생산 환경이 열악하며 경영관리가 어려운 등 특징이 있다.

중앙아시아 국가 서로간의 관계, 중앙아시아 국가와 러시아 간의 관계는 모두 다 비교적 복잡하고, 중앙아시아 국가 정부와 기업들의 의사결정도 종종 외부 세력의 영향을 받으므로 투자 활동에 영향을 미친다. 중국 투자자가 중앙아시아 국가에서 진행하는 협력사업은 외부 세력의 간섭으로 전력, 휘발유, 건축 재료, 용수, 식품 등 생산재 및 소비재를 제때에 수입하지 못하거나 영토 분쟁, 수자원 분쟁, 대국 간의 견제 등 정치적 요인 때문에 투자 프로젝트가 진행될 수 없어 연기되거나 중단되었다.

그 외에 중앙아시아 국가는 대부분 경제발전 수준이 높지 않고, 인구 증가가 비교적 빠른 데다 주민 취업이 어렵고, 사회적 문제가 비교적 많기 때문에 치안이 불안하다. 중국 기업의 해외 주재원은 소득이 상대적으로

높고, 현지 사회환경에 익숙하지 않으며 언어, 외모, 생활습관 등이 현지인과 차이가 매우 많이 나기 때문에 종종 범죄자들의 범행 대상이 되고 있다. 중국 기업의 해외 주재원이 중앙아시아 국가에서 납치 또는 약탈을 당하는 사건이 종종 발생한다.

마지막으로 중국 기업과 주재원 스스로의 문제가 투자에 위험을 초래할 수 있다. 예컨대 중국 기업 간의 부당경쟁, 일부 주재원의 자율성 부족으로 현지인의 반감을 초래한다. 또한 일부 주재원은 문제 발생 시 법률과 행정적인 방법을 통해 문제를 해결하려 하지 않고, 금전으로 문제를 해결하려 한다. 그 결과 현지 경찰과 불량배들이 중국 기업과 중국인을 협박하는 현상이 날로 심각해지고 있다.

제5절 중국 대 중앙아시아지역 투자전략

1. 중국 대 중앙아시아지역 투자 목표

중앙아시아 국가는 중국 주변 선린 안전 지대 구축에 있어 중요한 고리이다. 다시 말하면 이들 국가는 중국 서쪽에 선린 안전 지대를 이루고 있다. 중앙아시아와의 선린 안전 지대를 잘 이끌어 나가는 것은 중국 내부 안정과 발전, 대외적인 국가 이익 보호에 중요한 의의가 있다. 따라서 중국의 대 중앙아시아 지역의 투자 행위는 우선 중국 외교정책의 전반적인 구도에 따라야 한다. 이 전제 하에서 투자 자체의 수익과 리스크를 고려해야 한다.

투자 목표는 세 가지 차원으로 구분할 수 있다. 우선 국가 또는 국가를 대표하는 국가 정부기관 차원에서 말한다면 투자는 중국과 중앙아시아 국가 간의 우호관계를 촉진하고, 상호 정치적인 신뢰를 증진하며 중앙아시아 지역의 안정과 발전을 촉진하여 중국 서부 지역의 안정과 발전을 촉진해야 한다. 중국 실정과 연계하여 중앙아시아 농업분야에 대한 투자는 중국 국내 농업자원 부족을 완화시키고, 일부 농산물에 대한 수입 의존도를 낮추며 국내 식량안전과 식품안전을 촉진하여 국내 농산물 수출 기업과의 치열한 경쟁을 피할 수 있어야 한다. 아울러 투자 대상국의 수요를 고려하여 쌍방 이익의 공동점을 찾아 협력방향을 확정하고 그에 부합하는 협력계획을 세워야 한다.

둘째, 기업 입장에선 중앙아시아 지역에서 농업 투자 목표는 주로 다음과 같은 세 가지 분야에 집중된다.

① 저렴한 생산재(수자원, 토지자원, 광열 자원 등)와 생산요소(에너지와 환경소모)를 얻는 것이다.

② 상품(농산물, 화학비료, 농약, 농기계)과 기술의 판매시장 또는 유통경로를 얻는 것이다.

③ 투자 대상국에서 제공하는 우대정책의 활용이다. 기업이 투자목표를 확정하기 전에 우선 투자 대상국에 대한 본국의 외교정책, 전반적인 투자계획과 장려정책을 이해하고 자신의 투자가 국가에서 제정한 전반적인 투자계획에 부합하도록 하여 국가의 장려정책을 충분히 활용해야 한다. 그 다음으로 기업은 또한 투자 대상국의 실정과 투자 무역 정책을 이해하고, 시장조사를 충분히 하여 리스크 예방 계획을 사전에 만들어 그에 부합하는 조치를 취해야 한다. 마지막으로 기업은 경제효율을 추구하는 동시에 사회적 이익도 함께 고

려해야 한다. 그래야만 기업에서 정한 투자목표가 실행 가능성을 가진다.

셋째, 현재 개인이 투자의 주체로서 중앙아시아 국가에 진출하여 농장주의 신분으로 농업을 경영하는 경우는 많지 않지만, 일부 개인 투자자는 아주 좋은 효과를 거두었다. 개인의 경우 투자의 장점은 투자가 작고, 리스크가 낮으며, 투자 프로젝트 선택에 있어 유연성이 있고 편리하다. 단점은 자금이 한정되고 산업 연계 고리가 미비하여 산업사슬 구축과 규모경제효과를 이루기 어렵다. 한편 개인 투자자가 투자 목표를 세우는 구상은 위에서 기술한 기업의 경우와 기본적으로 비슷하다.

2. 중국 대 중앙아시아지역 투자 중점

현재 중국과 중앙아시아 간의 농업 합작은 아직 걸음마 단계이며 합작 분야는 농산물 무역, 농산물 가공, 농작물 재배, 농업 기술 수출, 농기계 수출 등 분야에 집중되어 있다.

중앙아시아 5국 가운데 중국과 타지키스탄 간의 농업 합작 진척이 비교적 빠른 편이다. 2010년 6월 중·타 양국은 중국 신지양(新疆)과 타지키스탄 협력 강화에 관한 협정을 체결하였고, 2011년 8월『중·타 농업협력 양해각서』를 체결하였으며, 2012년 4월 24일 중·타 농업협력위원회 제1차 회의를 베이징(北京)에서 개최하였다. 중·타 양국은 벼 재배와 농기계 등 분야에서 협력을 순조롭게 추친하여, 좋은 성과를 거두었다. 한편 중국과 카자흐스탄은『양국 농업협력 양해각서』와『동식물 검역협력 협정』의 틀 아래 농산물 무역, 농산물 가공, 동식물 검역, 공동 메뚜기 퇴치 등 분야에서 효과적인 협력을 진행하였다. 중국과 우즈베키스탄은 토양 개량, 농업 관개 등 분야에서 적극적인 협력을 진행하고 있다. 중국과 키르기스스탄은 주로 농작물 재배, 농산물 가공, 양식 등 분야에서 적극적인 협력을 진행하고 있다.

그 외에 중국과 중앙아시아 5국과는 '상하이(上海)협력기구'의 틀 아래에서도 농업 협력을 전개하고 있다. 2007년 '상하이협력기구' 제6차 총리회의에서 회원국 간 농업협력을 활성화하기로 결정한 바가 있었다. 몇 년간의 준비를 거쳐 2010년 6월 타슈켄트에서 『상하이협력기구 회원국 정부 간 농업협력협정』이 체결되었고, 같은 해 10월 '상하이 협력기구' 제1차 농업장관회의가 베이징에서 개최되었으며 『상하이 협력기구 회원국 상설 농업 실무팀 업무 조례』가 승인되었다. 2011년 8월 상하이(上海)협력기구 일부 회원국의 농업장관들은 농업 합작의 구체적인 방안에 대해 토론하였다.

현재 중앙아시아 국가들은 중국과 농업합작을 추진하는 데 있어 모두 강한 의지를 보이고 있다. 타지키스탄은 농업기술과 종자 등 분야에서 계속 중국의 지지와 도움을 받고자 하며, 인력 양성, 농기계, 목화, 벼 농사 등 분야에서는 교류와 협력을 더욱 강화하길 희망한다.[60] 카자흐스탄은 중국의 유력한 대기업이 자국 농업에 투자하고, 중국에 더 많은 농산물을 수출하며, 자국의 농작물 다양화를 촉진하고, 농산물 수입 의존도를 줄일 뿐만 아니라 선진 농업기술을 도입함으로써 토양 비옥도와 농업 생산성을 향상시키기를 희망하고 있다. 키르기스스탄은 중국이 자국에다 농업기술시범

---

60   农业部部长韩长赋与塔吉克斯坦农业部长举行会谈. http://www.gov.cn/gzdt/2011-08/23/content_1930709.htm. 검색날짜: 2012년 10월 7일.

센터를 건립하고,[61] 목화 재배 분야에서 협력을 전개하여, 중국의 우량 종자 품종과 선진적인 재배기술의 도입을 통해 농업 생산 효율과 생산량을 향상시킬 수 있기를 바라고 있다.[62] 우즈베키스탄과 투르크메니스탄은 중국에서 선진적인 농산물 가공기술을 도입하여 '원료 생산—완제품 생산—수출'이 통합되는 산업사슬의 구축을 위한 농업 협력 확대를 적극 검토하고 있다.

중국의 농업발전 수준과 대외투자 능력은 어느 정도로 중앙아시아 국가의 농업분야의 발전 수요를 만족시킬 수 있다. 따라서 중앙아시아 농업 분야에 대한 투자는 다방면에서 추진할 수 있다. 한편 기존 합작 분야에서는 농산물 무역, 농산물 가공, 농작물 재배, 농업 기술 및 농기계 수출 등에서 계속 합작의 잠재력을 발굴하고, 합작 경험을 결집하며 협력의 모범을 수립함으로써 선진적인 합작 경험을 보급해야 한다. 또한 농촌과 농업기반시설, 농업 생태 환경, 현대 농업 시범기지, 농업 자원 보호 등을 포함하는 기타 분야에서 투자 협력을 시도할 수 있다. 이러한 기타 분야에서 중앙아시아 국가는 모두 비교적 낙후되어 있는 상황이며 만약 중국이 투자를 통해 그들을 발전시킬 수 있다면 이러한 기타 분야에 대한 합작을 촉진하는 데 유리할 것이다. 아울러 대상국 수요 차이에 따라 대처해야 한다. 예컨대 타지키스탄에 대해서는 농업 기술자 양성, 농기계 수출, 선진 육종 기술 제공, 농업 과학기술 시범원 조성 등 협력을 더욱 심화시킬 수 있다. 카

61   农业部副部长会见吉尔吉斯斯坦第一副总理一行. http://www.gov.cn/gzdt/2009-06/12/content_1338499.htm. 검색날짜: 2012년 10월 8일.

62   吉尔吉斯斯坦农业部希望与中国在棉花生产领域扩大合作. http://www.shac.gov.cn/zxzx/xwkd/gjxw/201103/t20110318_1290274.htm. 검색날짜: 2012년 10월 8일.

자흐스탄에 대해서는 농산물 무역, 농산물 가공, 동식물 검역, 메뚜기 퇴치, 식물 보호 등 분야에서 협력을 심화시킬 수 있다. 카자흐스탄과 키르기스스탄에 대해서는 토지를 임대하여 식량 재배 분야에서 획기적인 발전을 이루어야 한다. 우즈베키스탄과 투르크메니스탄에 대해서는 농업 과학기술 시범단지의 건설, 선진 농업기술의 수출, 농업기술인력의 양성 등 분야에서 계속 노력해야 한다.

3. 중국 대 중앙아시아지역 투자 방식

투자 방식은 일반적으로 직접투자, 간접투자, 대출, 원조 등 형식으로 나눌 수 있다. 중국은 중앙아시아 농업에 대한 투자 규모가 아직 작기 때문에 투자 방식은 전체 투자 상황과 거의 유사하다. 중국의 중앙아시아 5국에 대한 투자 방식은 서로 다르며 그 주요 원인은 5국의 자원 수준, 경제발전 수준, 시장개방 정도, 경제정책에 있어 아주 큰 차이가 있기 때문이다. 중국의 대 카자흐스탄 투자는 직접투자 방식을 위주로 하고, 우즈베키스탄에 대한 투자는 정부 간 차관을 위주로 하여 직접투자 규모는 비교적 작다. 중국의 대 키르기스스탄 투자는 주로 직접투자와 무상원조 방식이다. 중국의 대 타지키스탄 투자는 원조를 위주로 하고, 대 투르크메니스탄 투자는 직접투자를 위주로 한다.

중국의 대 중앙아시아 투자는 합자 투자를 위주로 하고, 독자 투자의 비중은 비교적 작다. 그 주요 원인은 중앙아시아 국가에서 합자투자 방식을 장려하고, 합자 투자가 투자 리스크를 분산시킬 수 있으며 협력 파트너의 자원과 시장우위를 활용할 수 있을 뿐만 아니라 경영과정에서 현지 이

해관계자와의 불필요한 마찰을 회피하는 데 유리하기 때문이다. 그 외에 중국의 대 중앙아시아 투자는 또한 프로젝트 도급, 인수합병 등 방식이 있고, 현금 대신 실물 출자 방식으로 투자할 수 있으며, 기술, 서비스 등 무형 자산 출자 방식으로도 투자할 수 있다.

농업 투자 자체가 비교적 민감하다. 중앙아시아 국가들은 시장개방도가 높지 않고, 법규 체계가 완비되지 않아 정부의 의사결정은 종종 외부 세력과 국내 사정에 영향을 받으므로 중국과의 농업 협력에 있어서 소망이 있는 한편 우려도 있다. 이런 상황에 대해 중국 정부와 기업은 투자 방식에서 우선적으로 합자투자 방식을 선택할 필요가 있고, 조건이 적절한 현지 기업과의 협력뿐 아니라 국제 우수 기업들과의 협력을 통해 가능한 정치적 요인의 부정적인 영향을 줄이고, 경영 위험을 분산시키며 각 자의 자원, 자본, 기술 및 생산성 우위를 결부시켜 농업 국제화 경영을 고려할 필요가 있다. 또한 다른 나라들의 해외투자 경험을 참고해 투자하기 전에 리스크 방어 보험에 가입하고 자금 유동성을 확보해야 한다.

4. 중국 대 중앙아시아지역 투자 지원정책

중앙아시아 국가에 대한 농업투자는 중요한 전략적 의미를 가지고 있다. 중앙아시아 국가의 정치, 경제 및 사회의 구조적인 문제와 농업 투자 자체가 지니고 있는 특징으로 중국 기업과 개인이 중앙아시아 지역에 대한 농업 투자에는 이미 일정한 리스크가 내포하고 있음을 뜻한다. 따라서 정부는 농업 투자에 대해 정책적 유도, 법률적 보호, 제도적 보장, 세수 및 융자의 정책적 혜택, 정보 및 컨설팅 서비스를 제공할 필요가 있다.

중국 『농업발전 제12차 5개년 계획』은 농업 기업의 해외투자를 더욱 많이 지원하겠다고 밝혔다. 이 계획에 따르면 정부는 기업을 위한 토대를 마련해 농업의 대외협력과 교류를 확대하고, 해외 농업, 임업, 어업, 광업에 투자한 기업에게는 최고 3000만 위엔의 정부 보조금을 지원한다. 한편 정부는 해외진출 기업에 대해 정부 담보를 제공하여 기업의 뒷걱정을 덜어줄 필요가 있다. 현재 중앙아시아 지역의 투자 경우를 보면 대형 합작 사업은 주로 정부 주선으로 중국 수출입은행의 우대 대출이나 정부의 원조를 통해 가동되고, 경영 과정에 있어서는 어느 정도로 정부의 지원을 받아 현안을 해결하게 되었다. 따라서 농업협력에 있어 정부의 자금, 안전 등에 대한 보장은 기업에 중요한 의의가 있다.

현재 중국의 대 중앙아시아 투자 주체 가운데 국유기업이 주도하고 있다. 국유기업은 인적 및 물적 자원이 충분하고, 중앙아시아 지역에서 경영 성과가 비교적 좋아 국가에 큰 공헌을 하고 있는 한편 문제점도 적지 않다. 소수 민영기업은 자금과 실력 면에서 국유기업 보다 못하지만 조기 진입한 데다가 작고, 빠르고, 융통성 있는 우위를 충분히 발휘할 수 있기 때문에 평판이 매우 좋다. 정부는 기업의 해외 투자에 대해 정책적 유도와 효율적인 관리를 하고, 외교, 금융과 정책 면에서 능력 있는 해외진출 민영기업에게 힘을 기울이고 이미 성과가 있고, 평판이 좋은 개인 투자자를 적극 지원하고, 크고 강하게 성장 할 수 있도록 도와줌으로써 투자 주체의 다원화를 촉진해야 한다.

중국의 중앙아시아 농업 분야의 투자 주체는 아직 많지 않고, 투자 규모도 그리 크지 않다. 정부는 각 투자 주체 간의 협조를 강화하며, 현지에 진출한 중국 기업 간의 악성 경쟁을 막고, 투자 구조의 다변화를 촉진하는 한편 투자 분야의 집중화 문제가 없도록 해야 한다.

한편 중국 신지양(新疆)의 기업과 관련 기관은 중앙아시아 국가와 농업 협력을 전개하는 데 앞장서고 있다. 그들은 카자흐스탄과 합작하여 농산물 무역, 농산물 가공, 화학비료 생산, 농기계 생산, 농업 기술 교육, 농업 금융 등 다양한 분야에서 협력하고 있다. 현재 중앙아시아 지역에서 농산품 가공업을 하고 있는 국유기업은 주로 카자흐스탄의 독자기업인 신지양(新疆) '신캉(新康)' 토마토 제품 공장이 있으며, 농기계 분야 협력에서는 카자흐스탄에서 트랙터 조립을 종사하는 중국 제일 트랙터 그룹이 있고, 화학비료 생산 협력에서는 무기비료 생산을 종사하는 신지양(新疆) 농지 개간 그룹과 카자흐스탄과의 합자기업이 있으며, 농업자원 개발에서는 타지키스탄에서 식량 생산에 종사하는 민영기업인 허난 경연은해 종자 회사(河南经研银海种业有限公司)가 있다. 그 외에 신지양(新疆) 농업과학원은 일찍이 중앙아시아 국가를 대상으로 기술교육 서비스를 전개하였다. 중국 대외원조 프로젝트로서 허난(河南) 과기대학교는 키르기스스탄에 농업과 축산업 기술 전수를 주요 임무로 하는 중국어학교 및 옥수수, 목화, 밀 등 농작물 육종 및 시범기지인 '키·중 농목업기술연구센터'를 건립하였다. 중국은 연구 역량을 조직하여 위에서 기술한 투자 프로젝트의 경험을 분석 연구함으로써 향후 투자 협력 전개를 위한 경험을 제공하여 참고가 되도록 해야 한다.

부록:

카자흐스탄 농업생산액 추이

단위: 백만 텡게

연도	농업 생산액	재배업	목축업	기타
1990	50.8	29.2	19.9	1.7
1991	77.8	38.6	36.6	2.6
1992	924.5	674	202.5	48
1993	6055.8	3541.1	1907.3	607.4
1994	113760.9	73330.3	33767.6	6663
1995	209267.6	107409.4	91681.2	10177
1996	289371.6	168930.1	110169.9	10271.6
1997	308966.7	170605.2	131627.4	6734.1
1998	250372.7	106576.8	141785.1	2010.8
1999	334969.9	177703.4	157266.5	—
2000	402046.5	223503.7	178542.8	—
2001	533639.1	325770	207869.1	—
2002	559174.9	321466.1	235924.3	1784.5
2003	615368.5	351448.7	259497.2	4422.6
2004	698832.9	384542.2	307423.8	6866.9
2005	763843.4	391138.5	363403.2	9301.7
2006	825557	413666.9	407545.2	4344.9
2007	1089384	608392.3	476276	4715.7
2008	1404492.6	770239.6	628601	5652
2009	1641352.4	932305.1	703174.5	5872.8
2010	1442630.1	662652.6	774105.8	5871.7
2011	2286042.3	1337194.4	942384.3	6463.6

주 : 텡게는 카자흐스탄의 화폐 명칭임. 1텡게=0.0340위엔

본 장의 집필자 : 赵会荣(중국사회과학원 러시아·동유럽·중앙아시아연구소)

중국의 식량안보와 농업의 해외진출전략

아프리카 지역 농업개발 잠재력 및 투자전략

제1절 남부아프리카 농업개발 잠재력 및 투자

남부아프리카에는 앙골라, 잠비아, 말라위, 모잠비크, 짐바브웨, 보츠와나, 나미비아, 남아프리카, 스와질란드, 레소토, 마다가스카르, 모리셔스, 코모로 등 13개 국가와 레위니옹 섬(프랑스), 세인트헬레나 섬(영국) 및 어센션 섬과 트리스탄·다쿠냐 제도 등을 포함한다. 남아프리카의 면적은 661만 ㎢, 인구는 약 1억 명에 달한다. 남아프리카는 국가 간의 경제발전 수준이 차이가 크고, 아프리카의 중요한 자당, 양모, 담배 생산지이며 주로 옥수수, 밀, 서류(薯類), 쌀 등 식량작물과 담배, 커피, 사탕수수, 캐슈너트, 향료 등 경제작물을 생산한다. 가축은 양과 소를 위주로 하고, 양모, 새끼 양모피를 많이 생산하고 수출한다. 대서양 연안은 어업이 발달한 지역이다.

말라위는 아프리카 최대 담배 수출국으로 화이트 벌리 담배(white burley)

품질이 우수하여 세계 담배계에서 명성을 얻고 있다. 말라위 호수와 시레 강 상류는 중요한 어류 생산지이다. 모잠비크의 탄탈 매장량은 약 750만 톤으로 세계 1위를 차지한다. 어업자원이 풍부하며 왕새우, 패(조개)류 등 수산물을 많이 생산한다. 캐슈너트, 목화, 설탕, 사이잘삼 등은 전통적인 수출상품이다. 보츠와나의 다이아몬드 매장량과 생산량은 모두 세계 선두 위치를 차지하고, 석탄 매장량은 170억 톤에 이른다. 축산업은 소 사육을 위주로 하고, 부차적으로 양을 사육하며, 대형 도축장과 육류 가공공장이 있어 농업 생산액의 80%를 차지한다. 나미비아는 해안선 길이가 1600㎞ 로 세계에서 어업자원이 가장 풍부한 나라 중 하나로, 어획량이 세계 10위 안에 있으며, 주로 대구, 참치, 정어리, 랍스터, 게 등을 생산하고, 그 중의 90%를 수출한다. 나미비아는 목축업이 비교적 발달하며, 생산한 자줏빛 스웨이드는 세계적으로 유명하고, 2010년 다이아몬드의 생산량은 147만 캐럿에 달한다. 레소트는 아프리카에서 유명한 앙고라 생산지이다. 마다가 스카르는 세계에서 네 번째로 큰 섬으로 해안선 길이는 5000㎞이며, 각종 물고기와 새우, 해삼, 게 등을 생산한다. 경작 가능한 지역은 880만 ㏊이며, 이미 경작 중에 있는 농경지는 280만 ㏊이다. 마다가스카르의 바닐라 생산 과 수출은 세계 1위로 전 세계 총 생산량의 약 2/3를 차지한다. 마다가스 카르에는 희귀동물이 많으며 일부 동식물은 마다가스카르에만 있다. 모리 셔스의 해안선 길이는 약 250㎞이며, 120만 ㎢의 경제 수역이 있다. 제당 업은 모리셔스의 전통산업으로 2010년 자당 생산량은 452.5만 톤이다. 모 리셔스는 관광업이 발달하며 역외 금융업을 적극적으로 발전시키고 있다. 짐바브웨는 자연자원이 풍부하고, 경지 면적은 3328만 ㏊이다. 주로 옥수 수, 담배, 목화, 화훼 등을 생산하며 축산업은 소 사육을 위주로 한다. 코모

중국의 식량안보와 농업의 해외진출전략

로는 어업자원이 풍부하며 주요 어종은 참치와 홍어, 청어가 있다. 하지만 도구가 낙후되어 있어 근해에서만 어획할 수 있다.

1. 남아프리카 공화국

(1) 자원 상황

아프리카 대륙의 최남단에 위치해 있는 남아프리카 공화국(이하 "남아공"으로 약칭)의 육지 면적은 121만 9090㎢로 그 동쪽과 남쪽, 서쪽 삼면은 인도양과 대서양에 둘러싸여 있으며, 해안선은 3000㎞이다. 남아공은 인도양과 대서양 해운의 요충지에 있으며 서남단의 희망봉은 예로부터 가장 분주한 해상 통로 중 하나로 '서방 해상 생명선'으로 불린다. 남아공은 세계에서 유일하게 3개의 수도를 가진 나라로 프리토리아는 행정수도, 케이프타운은 입법수도, 블룸폰테인은 사법수도이다.

남아공의 농업은 비교적 발달되어 있고, 경지 면적은 1536만 ha, 가경지 면적은 토지의 13%를 차지하며, 가경지 중 약 300만 ha만이 비교적 비옥하고, 나머지는 대부분 목장과 초원이다. 농업 생산은 기후 변화의 영향을 뚜렷하게 받고, 강우량이 많지 않아 전국 2/3 이상 지역은 가뭄지역이다. 농촌 인구는 전국 인구의 약 45%를 차지하고, 그 중 농업 인구는 전체 인구의 약 15%를 차지한다. 옥수수는 남아공 주민의 주식으로 연간 생산량은 600-1300만 톤 사이에서 변동한다. 통조림 식품, 담배, 술, 커피와 음료의 품질은 국제기준에 부합하고 포도주는 국제적으로 명성을 떨치고 있다. 삼림은 전체 토지의 6%를 차지하고 감귤류를 고급화하여 세계에서 유명한 과일주스 브랜드의 중요한 원료로 사용되고 있다. 목축업이 비교적 발달하고 주로 서부에 집중되어 있으며 가축 종류는 주로 소, 면양, 염소, 돼지 등으로 보어 염소는 세계적으로 유명하다. 주요 가금류는 타조와 육계이다. 주요 상품은 가금알, 소고기, 생우유, 유제품, 양고기, 돼지고기, 면양모 등이 있다. 필요한 육류는 85% 자급하고 15%는 나미비아, 보츠와나, 스와질란드 등 이웃나라와 호주, 뉴질랜드 및 일부 유럽 국가에서 수입한다. 면양모의 생산량이 많아 세계에서 네 번째로 큰 면양모 수출국이다. 남아공은 약 2.8만여 명이 해양 어로업을 하는데, 주로 섭조개, 송어, 굴, 케이프 대구 등을 어획한다. 그 외에 남아공 양봉업의 연간 생산액은 약 2000만 랜드(1남아공 랜드=0.5902위엔)에 이른다.

또한 남아공의 자연자원은 풍부하여 2007년 이미 확인된 지하자원 매장량은 황금 3만 6000톤(세계 총 매장량의 40.1%, 이하 상동), 백금족 금속 7만 톤(87.7%), 망간 40억 톤(80%), 크롬 55억 톤(72.4%)으로 세계 5대 광물 생산국 중의 하나이다.

(2) 농업투자 관련 정책

중국과 남아공 정부는 1997년 말 『투자보호협정』을 체결하였고, 2004년에는 『이중과세방지협정』을 맺었다. 남아공에서 농업투자를 하는 경우 또한 다음과 같은 정책에 유의해야 한다.

『기술지원 계획』: 남아공에 투자한 기업에 대해 남아공 정부는 3년 동안 노동자 기술 훈련비의 50%(건축 원가 제외)에 해당하는 교육 보조금을 지원하며, 보조금 총액은 해당 프로젝트 총 급여액의 30%를 넘을 수 없다.

『핵심 인프라 계획』: 다음 요구 중 하나에 부합하는 경우, 주무기관의 승인을 받아 투자 프로젝트의 핵심 역할과 전략적 의미를 가지고 있는 핵심 인프라에 대해 남아공 정부는 프로젝트 소재지 정부 또는 투자자에게 건설 원가의 최고 50%에 해당하는 건설 보조금을 지원한다.

『중소기업발전계획』: 주요 장려조치는 다음과 같다. 남아공 정부는 합격 승인을 받은 자산에 대해 첫 2년 동안은 투자 보조금을 지급하고, 임금과 생산원가의 합계액이 30%보다 높을 경우, 3년차의 추가 투자 보조금을 지급한다. 2000만 랜드에 미만한 신(新)기계설비(상용차 제외) 투자에 대해서는 최고 15만 달러의 '외자 보조금'을 지급하고, 500만 랜드 미만한 신(新)기계설비(상용차 제외) 투자에 대해서는 최고 5만 달러의 '외자 보조금'을 지급한다.

『외국인투자 보조금』: 남아공 정부는 남아프리카 관세동맹(SACU)과 남아프리카 개발공동체(SADC) 회원국을 제외한 모든 외국 투자자에게 신(新)기계설비 투자액의 15%에 해당하는 현금 보조금을 지원할 수 있으며, 보조금의 최고 한도는 1대 당 300만 랜드이다. 단 이 보조금은 해외에서 남아공으로 도입한 기계설비에 사용되어야 한다.

(3) 투자환경 평가

남아공은 중위 소득의 개발도상국으로 아프리카 최대 경제체이며 영향력이 가장 큰 국가 중의 하나이다. 남아공 GDP는 사하라 이남 아프리카 국가 총 GDP의 약 1/3을 차지하여 지역경제 발전에 주도적인 역할을 하고 있다. 하지만 국민경제 각 부문의 발전 수준은 지역적으로 불균형하여 도시와 농촌, 흑인과 백인 이른바 이원적 경제구조의 특징이 뚜렷하다. 남아공의 국내 저축률은 16%에 불과하여 발전자금은 외자에 크게 의존한다. 남아공 경제는 해외 수요에 크게 의존한다. 2011년 말 이래 세계경제 발전

속도는 다시 둔화되어 남아프리카 광물 등 대종상품에 대한 수요량이 감소하여 남아공의 경제는 다시 어려움을 겪었다. 남아공의 외채 규모는 크며, 2011년 외채 총액은 473.4억 달러이다.

남아공은 재정과 경제, 법률, 통신, 에너지, 교통이 발달하여 완벽한 하드 인프라와 주식 거래 시장을 갖추고 있다. 남아공은 2010년에 브릭스(BRICS)에 가입하여 브라질, 러시아, 인도, 중국과의 경제무역 협력을 더욱 강화하였다.

남아공은 아프리카에서 가장 완벽한 교통운송시스템을 가지고 있어 자국 및 이웃 국가의 경제발전에서 중요한 역할을 하고 있다. 교통운송은 철도와 도로를 위주로 하고, 항공운송의 발전이 빠르다. 최근 몇 년간 도시 및 경제개발구의 교통 인프라 건설을 강화하였고, 항공 및 도로를 운영하는 국영기업의 사유화는 이미 실행 단계에 들어섰다. 남아공의 정보통신 기술산업의 발전은 비교적 빠르며 그 발전 수준은 세계 20위에 이른다.

남아공의 제조업은 모든 분야를 다 갖추었고, 기술은 선진적이며, 생산액은 GDP의 16%를 차지한다. 철강공업은 남아공 제조업의 기간산업으로 6개 대형 종합철강회사와 130여 개의 철강생산기업이 있다. 건축업의 발전은 비교적 빠르나 설비가 노후하고 기술직 노동자 부족 등 문제가 비교적 두드러지고 있다. 에너지산업은 기초가 튼실하고, 기술은 비교적 선진적이며 생산액은 남아공 GDP의 약 15%를 차지한다. 전력공업이 비교적 발달하여 발전량은 아프리카 전체 발전량의 2/3를 차지하고, 그 중 약 92%가 화력발전이며, 세계적으로 전기요금이 가장 낮은 국가 중 하나이다. 요하네스버그는 세계적으로 생활비가 가장 낮은 대도시의 하나이며, 도쿄 생활비의 1/4에 불과하다. 남아공은 약 700만 명의 인구가 각종 의료 보장 시스템에 가입해 있고, 만약 정부가 지정한 공립병원에 가면 무료로 진료를 받을 수 있다.

남아공은 자유무역제도를 실시하며 WTO 창립 회원국이다. EU와 미국 등은 남아공의 전통적인 무역 파트너였지만 최근 몇 년간은 아시아와 중동 등 지역과의 교역도 지속적으로 증가하고 있다. 과거 남아공은 수입대체정책을 실시했지만 현재는 수출촉진정책으로 전환하였다. 수출촉진정책의 주요 내용은 수출 장려, 관세장벽 축소, 경제구조 조정 등을 시행함으로써 남아공 경제구조를 외향적 경제구조로 전환시킨다는 것이다. 현재 남아공의 농산물 평균 관세율은 9.1%이며 비농산물 평균 관세율은 5.3%이다.

(4) 투자 리스크

첫째, 1998년 중국과 남아공 수교 이래 양국간의 관계 발전은 순조롭고, 양국 지도층의 교류가 긴밀하며, 입법 기구 및 정당 간 교류가 활발할 뿐만 아니라 문화, 교육, 미디어, 관광, 종교, 군사 등 분야의 교류 및 협력도 새로운 진전을 보였다. 중국과 남아공의 무역도 빠르게 발전하고 있다. 2004년 6월 남아공은 중국의 시장경제 지위를 인정하였다. 중국은 남아공의 최대 무역 파트너이고, 남아공은 아프리카 지역에서 중국의 최대 무역 파트너이다. 2012년 중국과 남아공의 무역액은 599.5억 달러이며 그 중에서 중국의 수입액은 446.2억 달러, 수출액은 153.3억 달러이다. 2008년 1월 양국은 외교부 간 전략적 회담 체제를 수립하였고, 2008년 4월, 2009년 9월, 2010년 11월에 3회의 전략적 회담을 개최하였다. 2010년 8월 남아공 주마 대통령의 중국 방문 기간에 양국 정상은 『중국·남아공 전방위 전략적 파트너 관계 구축에 관한 베이징(北京) 선언』을 공동 서명하고, 양국 관계를 전방위 전략적 파트너 관계로 격상시켰다.

둘째, 남아공은 개혁 전환기에 있어 남아공에 대한 농업 투자가 직면하고 있는 각종 리스크는 여전히 무시할 수 없다. ① 남아공 개혁은 다수 흑인의 이익 보호와 관련되어 있기 때문에 정부는 최근 몇 년간 주요 경제분야에 대해 국유화하는 경향이 있다. ② 남아공은 최근 몇 년간 회사법과 세제 개혁, 환경보호 등 여러 분야에 걸친 개혁을 준비하고 있기 때문에 기업 경영에 미치는 입법 압력은 만만치 않을 것이다. ③ 남아공의 치안 상황이 좋지 않고, 민간에 흩어져 있는 총기가 수백만 자루로 세계에서 범죄율이 가장 높은 국가 중의 하나이며, 강도와 살인 등 악성범죄 사건이 빈발하고 있다. ④ 잠재적인 파업 운동이 남아공 사업활동의 비용을 증가시킬 것이다. ⑤ 에이즈는 현재 남아공이 직면하고 있는 심각한 사회문제 중의 하나이며 에이즈 감염률은 10.5%에 달한다. ⑥ 남아공의 농업은 강수량의 영향을 비교적 많이 받고 있으며, 가뭄은 남아공에서 보편적으로 발생하는 자연재해이다.

셋째, 1994년 남아공 인종분리제도가 끝났을 때 전국 농업용지의 근 90%가 백인 수중에 있었다. 모든 국민이 평등하게 토지를 취득할 수 있도록 하기 위해 남아공은 신정부 설립 초기부터 토지개혁을 시작하여 토지 반환 및 재배분 등 조치를 취하였다. 정부의 목표는 자발적인 매매 원칙에 따라 약 20년에 걸쳐 전국 30%의 농경지를 흑인에게 배분하는 데 있지만 토지 개혁 진전은 순조롭지 않았다. 토지 재분배 진도가 늦어지면서 토지 정책의 불확실성을 초래하여 일부 백인 농장주는 추가 농업 투입을 꺼리고, 심지어 일부 농장주는 자금과 기술을 다른 나라로 이전하기도 하였다.

남아공의 전국 토지는 가경지, 영구적 농작물 용지, 기타용 토지 등 세 가지 유형으로 나누어진다. 외국인이 남아공에 투자할 경우, 개인 소유 토지, 국가 소유 토지, 성(省)소유 토지, 시(市)소유 토지, 준국가 소유 토지 등 다양한 토지를 선택할 수 있다. 이러한 토지는 모두 정상적인 경로를 통해 취득할 수 있고, 사업용 토지로 사용할 수 있다.

(5) 농업투자전략에 대한 건의

남아공의 경제법 집행은 어느 정도로 형사법 집행보다 엄격하다. 중국 기업이 남아공에 투자할 경우, 법을 준수하고, 법에 따라 일을 처리하며 집행 당사자와 교류하는 것을 배워야 한다. 남아공의 실업률은 장기간 고공행진을 계속하여 지난 30년간 줄곧 20% 선을 넘어섰고, 만약 취업 포기자까지 포함한다면 실제 실업률은 35% 이상일 수도 있기 때문에 남아공은 내국인 고용 보호가 심해져 중국 노동력의 남아공 시장 진입이 어려워지고 있다. 또한 남아공에서 비즈니스 활동을 할 경우 신변 안전에 주의해야 한다.

따라서 농업 투자 분야 선택에 있어 구체적인 건의는 다음과 같다.

① 소형 관개시설을 조성하여 밭 농업 및 절수관개 협력을 전개한다.

② 양계장, 농산물 및 사료 가공처리를 위한 가공기업을 설립하여 남아공의 투자 혜택을 누리면서 현지에 일자리를 창출해 준다.

③ 농업기술의 교육 훈련과 축산업 기술의 공동 연구를 강화하고, 옥수수 육종 및 재배 연구를 진행한다.

2. 잠비아

(1) 자원 상황

잠비아는 아프리카 중남부 내륙 국가로 해구가 없고, 면적은 75만 2614 ㎢이며 대부분 지역은 해발 1000-1500m에 이른다. 열대 초원 기후에 속하며, 5-8월은 건조하고 선선하며, 12월부터 이듬해 4월까지는 장마철이다. 연평균 기온은 21℃이다. 인구는 1129만 명이고, 공용어는 영어이며 또한 31종의 민족 언어가 있다. 전국은 9개 성과 68개 현으로 나누어져 있다.

잠비아가 이미 개발한 가경지 면적은 620만 ha로 전체 가경지의 14%에 불과하다. 토지가 비옥하고 기후가 온화하여 여러 종류의 농작물이 성장하기에 적합하다. 주요 농작물은 옥수수이며, 또한 땅콩, 목화, 담배 등이 있다. 전국에서 삼림이 45%를 차지하고 있으며, 상업적 개발과 수출할 수 있는 목재는 25종에 이른다. 자연자원이 풍부하고, 이미 확인된 구리 매장량은 30여억 톤으로 세계의 6%를 차지하여 예로부터 '동광의 나라'로 불렸다. 코발트는 구리의 부수적인 광물로 매장량은 35만 톤이며 세계 2위를 차지하고 있다.

잠비아 경내에는 하천이 많고 수로망이 밀집하여 수자원이 아주 풍부하다. 주요 강으로는 잠베지강, 카퓨강, 루아풀라강, 루앙와강 등이 있고, 주요 호수로는 카리바호, 므웨루호, 방궤울루호, 탕가니카호 등이 있으며 이들 하천과 호수의 저수량은 아주 풍부하다. 또한 잠비아는 남아프리카 전체 지하수 자원의 45%를 보유하고 있고, 연간 재생 가능 수자원의 총량은 1050억 ㎥이며, 1인당 수자원량은 8607억 ㎥이다. 강, 호수 및 지하수의 수량이 매우 많을 뿐만 아니라 수질도 비교적 좋아 친환경 농작물 생산에

중국의 식량안보와 농업의 해외진출전략

이용할 수 있다. 삼림 점유율은 45%이다.

(2) 농업투자 관련 정책

잠비아는 가장 후진국이자 과대한 채무를 지고 있는 최빈국이다. 경제는 농업과 광업을 위주로 한다. 외국자본의 농업생산 진출을 장려하기 위해 잠비아 정부는 특혜적인 농업투자정책을 제정하였다. 현행 세법에 따르면 농업 투자자는 창업 첫 5년 동안 소득세를 면제 받을 수 있고, 6년차의 신규 이익도 면세 혜택을 받을 수 있다. 농업용 기계 설비는 첫 2년 동안 매년 50%의 감가상각률로 계산할 수 있으며 농업생산 개선에 투입한 자금에 대해서는 첫 5년 동안 매년 20%의 감가상각률로 계산할 수 있다. 농기구, 비료, 휘발유, 디젤유 등 수입은 관세와 부가가치세를 면제받을 수 있다. 농장의 농지 평탄화, 농지 정리, 토양침식 방지, 착정, 대기 및 지질 탐사, 저수 등 사업에 투입한 자본은 100%의 세전 공제를 받을 수 있다. 커피, 바나나, 감귤 또는 유사한 식물을 재배하는 기업의 경우 자본성 지출의 10%는 세전 공제를 누릴 수 있다. 농업 소득세율은 15%로 상업 소득세율의 절반에 불과하다.

기타 장려 정책으로는 채광과 농업에 쓰이는 대부분의 자본재와 기계 설비에 대한 관세를 면제하고, 기타 자본재와 설비에 대해서는 5%의 관세를 부과한다.

잠비아 『투자법』 규정에 따르면 투자자의 재산 소유권은 보장받을 수 있으며, 국회가 관련 법률을 통과하지 않으면 국가는 어떤 투자기업도 국유화할 수 없다.

(3) 투자환경 평가

잠비아의 투자 환경은 상대적으로 자유롭고 관대하며, 투자자가 모든 경제분야에 투자할 수 있도록 허용한다.

잠비아의 교통은 철도를 위주로 하고, 도로는 그 다음이다. 철도의 총 길이는 2100㎞이며, 탄자니아와 잠비아 간의 철도(잠비아 경내는 886㎞)와 기타 일부 철도 노선으로 구성된다. 잠비아 국내 승객 및 화물 운송의 75%가 철도에 의존한다. 탄자니아 외에 잠비아는 짐바브웨, 콩고(Kinshasa)와 철도로 연결되어 있다. 도로의 총 길이는 3.73만 ㎞이며 그 중에서 아스팔트 도로는 6580㎞에 이른다. 도로 운송량은 잠비아 승객과 화물 운송에서 모두 2위를 차지하며, 잠비아 국내 승객과 화물 총 운송량의 약 15%를 차지한다. 전국에 18개의 공항이 있으며, 루사카, 은돌라, 리빙스턴, 므푸웨이에는 국제공항이 있다. 수력발전은 전국 발전기 장치 용량의 92%, 발전량의 99%를 차지하며 전력이 부족한 해도 가끔 있다.

잠비아의 광업은 비교적 발달하였으나 제조업은 비교적 낙후되었다. 잠비아의 경작지는 관개시스템이 보편적으로 부족하여 농작물의 재해 저항능력이 비교적 약하다.

잠비아의 교육이 상대적으로 낙후되어, 전국 초등학교 평균 모 입학률은 60% 안팎에 불과하고, 농촌은 더 낮아져 노동력의 문화 수준이 낮다. 현재 전국적으로 약 50%의 노동력이 실업 상태에 있으며 노동력 가격이 저렴하고, 농업 분야 일반 노동자의 월 임금은 70달러 정도이다. 잠비아 사람들은 비교적 힘든 일을 견디어 낼 수 있어서 노동집약적 산업에 종사하기에 적합하다. 잠비아는 전체 국민 무료 진료 제도를 실시하지만 재정 부족 때문에 의사와 약품이 부족하고, 병원은 사람들로 가득 찼다. 중국은 이

중국의 식량안보와 농업의 해외진출전략

미 15차례의 의료팀을 파견하여 잠비아에 원조하였다.

잠비아는 자유무역정책을 실시한다. 정부는 옥수수, 원목, 멸종위기의 동물과 식물, 석유, 비료 등 소수 상품의 수출, 국가안전 위해, 사회도덕, 종교신앙에 위배되는 수입 통제를 실시하는 것 외에 기타 상품의 수출입 수량과 금액에 대해서는 제한을 두지 않는다. 한편 잠비아는 멸종위기 중에 있는 야생동식물에 대한 보호조치가 매우 엄격하다. 예컨대 상아, 코뿔소 뿔의 불법 거래에 대한 단속이 매우 강력하여 소형 공예품일지라도 거래를 허용하지 않는다. 많은 중국인과 화교들이 이에 대해 그다지 중시하지 않아 현지 경찰에 억류되거나 기소된 적이 있었다.

(4) 투자 리스크

첫째, 1964년 중국과 잠비아가 수교 이후 양국 지도자는 여러 차례 상호 방문하여 양국 관계의 발전이 순조롭고, 정통적으로 우의가 두텁다. 중국과 잠비아 양국 정부는 1996년 6월에 『투자장려 및 보장협정』을 체결하였지만 아직 『이중과세방지협정』을 체결하지 않았다. 중국은 잠비아에 많은 원조를 했고, 그 중에서 탄자니아와 잠비아 간의 철도가 가장 큰 원조 프로젝트이다. 1972년 중국이 유엔 대표권을 회복했을 때 잠비아는 공동 제안국 중 하나였다.

최근 몇 년간 국제정세와 잠비아 국내정세가 복잡하여 잠비아에서 투자하는 기업은 여러 가지 부정적인 영향을 받기 쉽다. 2012년 8월 잠비아 (중국 투자) Collum 탄광에서 발생한 소란 사건은 중국의 잠비아 투자 기업이 경영관리 및 노사관계 등에 있어 현실적 문제에 직면하고 있음을 말해 주고 있다.

둘째, 잠비아는 아프리카에서 투자환경이 비교적 좋은 국가이다. 잠비아는 주변 국가들과의 관계가 좋으며 역사상 기타 국가와 전쟁이 일어난 적이 없다. 잠비아는 민주 체제를 시행하고 있고, 개방적이고 자유적인 경제정책을 시행하며 사회 치안 상황이 전반적으로 좋아 쿠데타와 대규모 내란이 발생할 가능성이 적다. 잠비아는 가격 통제를 실시하지 않으며 제품가격은 시장의 수급관계에 의해 결정된다. 잠비아는 외환 통제가 없어 외국 투자자는 투자해서 얻은 이익을 자유롭게 송금할 수 있다. 금리와 환율은 시장의 공급과 수요의 관계에서 결정되며 절대 다수 제품의 수출입은 통제가 없다. 잠비아의 범죄율은 최근 몇 년간 계속 상승하고 있으며 강도 사건이 많이 발생하고 있다. 만약 잠비아에서 장기적으로 비즈니스를 하거나 생활하려면 총기를 들고 방에 침입하는 강도에 주의해야 하며 이와 같은 강도는 보통 사람을 해치지 않아 맹목적인 저항을 건의하지는 않는다.

셋째, 잠비아는 강수량이 비교적 충분하며 일부 지역은 수해가 비교적 심각하다. 에이즈, 말라리아가 특히 심각하며 세계적으로 에이즈 감염률이 가장 높은 국가 중 하나이다. 15-19세 인구 중 에이즈 환자 및 바이러스 보유자는 17%이다. 매년 5만 명에 가까운 사람들이 말라리아로 사망하는데 그 중 대부분이 어린아이다.

넷째, 잠비아의 토지는 일반적으로 토지 관개시스템이 부족하고, 농작물의 재해 저항력이 약하다. 잠비아의 토지는 두 가지로 분류되며 그 중에서 국유지가 토지 전체의 6%를 차지하고, 현지 추장이 관할하는 전통 토지는 94%를 차지한다. 전통지역에서 토지를 취득하려면 반드시 소재지 추장의 서면 동의와 소재지 정부의 승인을 받아야 한다. 토지가 야생동물관리구 내에 있으면 국가공원과 야생동물관리국 국장의 특별 승인을 받아야 한다.

다섯째, 잠비아의 토지 구입 및 양도 가격은 비교적 저렴하며, 토지 거래시장에는 대량의 성숙한 농장들이 매물 리스트에 올라와 있다. 잠비아의 법률에 의하면 모든 토지는 임대 방식을 채택하여 1차 임대 기한은 99년이며, 99년을 더 임대할 수 있다. 임차인은 임대기한이 끝나기 전에 다른 사람에게도 임대할 수 있다. 잠비아 정부는 농업발전을 위해 중앙성(省) 북부의 Mkushi Farming Block(MFB) 경작구와 Tazara Corridor(TC) 회랑을 개방하여 외국 투자자가 대규모로 개발하도록 하였다. MFB의 면적은 20만 ha이며, 그 중 11만 ha는 가경지이며, 5만 ha는 관개에 적합하다. 각 대형 농장의 평균 면적은 1000ha로 옥수수, 대두, 밀 등의 재배가 가능하다. Tazara Corridor(TC) 회랑은 Mkushi와 Nakonde 구간 810㎞ 길이의 철도 연선 양변의 각각 30-40㎞ 범위를 가리키고, 면적은 450만 ha이며, 그 중에서 약 100만 ha는 가경지이다. 이 두 개의 농업구는 모두 다 탄자니아와 잠비아 간 철도 연선에 위치하며 토지가 비옥하고, 자연조건이 양호하며 운송이 편리하여 상업화 농장 발전에 비교적 적합하다.

(5) 농업투자전략에 대한 건의

잠비아는 영국 식민지였고, 백인 관습에 속하여, 백인 문화와 관리방식을 쉽게 받아들인다. 따라서 농장 지배인은 반드시 비교적 높은 외국어 수준을 구비하고, 영국식 사고방식에 익숙해야 한다. 현재 잠비아에 투자한 중국인 농장의 개발 경험을 보면, 중국과 잠비아 직원의 비율은 1:10 정도로 유지하는 것이 비교적 적합하다. 잠비아에 투자하는 경우 특히 환율 리스크에 유의해야 한다. 잠비아는 외환통제를 하지 않아 기업은 일상적인 경영에서 항상 환율 변동을 주시해야 하고, 달러화로 저금하는 것이 좋다.

농업 투자에 대한 구체적 건의는 다음과 같다.

① 중국과 잠비아의 농장 투자 협력을 강화하고, 잠비아 농업의 규모화 경영 수준을 향상시켜 현지인에게 보다 많은 취업 기회를 제공하며, 사회공익사업을 확대하여 중국 기업의 이미지를 제고한다.

② 농경지 수리시설 등 기반시설 조성, 농업기술 보급과 농민에 대한 기술 교육에 있어 협력을 강화해야 하며, 특히 농지 관개와 비료 관리, 병충해 예방과 퇴치, 작물 재배에 대한 교육을 강화하여, 잠비아 소형 농가의 농작물 생산기술 수준을 향상시켜야 한다.

③ 백인 농장의 경쟁을 중시해야 한다. 잠비아의 백인 농장 수는 전국 상업용 농장의 5%에 불과하지만 식량생산은 국내시장의 50% 정도를 차지한다. 잠비아의 목화 재배는 주문식 재배를 하며 국제적인 대기업에서 독점한다. 백인 농장은 목화를 매우 소량만 재배하며, 외자기업은 극빈 자경농에게 목화 종자와 화학비료 등 생산재를 제공하는 한편 매우 낮은 가격으로 목화를 환매한다.

3. 앙골라

(1) 자원 상황

앙골라는 아프리카 서남부에 위치하며 면적은 124만 6700㎢에 이른다. 수도는 루안다이고, 공용어는 포르투갈어이다. 서쪽은 대서양과 인접하며 해안선의 총 길이는 1650㎞이다. 대부분 지역은 열대 초원 기후에 속하고, 연평균 기온은 22℃이며 남부는 아열대 기후에 속한다.

앙골라는 토지가 비옥하고 하천이 밀집하여 농업 발전의 자연조건이 양호하다. 가경지 총 면적은 350만 ha이고, 목장 면적은 670만 ha이다. 북부는 경제작물 생산 지역이며 주로 커피, 사이잘삼, 사탕수수, 목화, 땅콩 등 작물을 재배한다. 중부 고원과 서남부 지역은 식량 생산 지역이며 주로 옥수수, 타피오카, 쌀, 밀, 감자, 두류 등 작물을 재배한다. 식량을 자급하지 못하며, 2011년 식량 총 생산량은 140만 톤으로 약 200만 톤이 부족하다. 어업자원이 풍부하고, 어장의 자연조건이 양호하여 연중 작업을 할 수 있다. 삼림 면적은 5300만 ha이며 오목, 아프리카 백단목, 자단목 등 진귀한 목재를 생산한다.

앙골라의 석유, 천연가스와 광산자원은 풍부하며 2006년에 석유수출국기구(OPEC)에 가입하였다. 이미 확인된 석유의 가채 매장량은 131억 배럴이 넘으며, 천연가스 매장량은 7조 ㎥에 달한다. 다이아몬드 매장량은 1.8억 캐럿, 철광 매장량은 17억 톤, 망간광 매장량은 1억 톤, 인산염 매장량은 2억 톤이다.

(2) 농업투자 관련 정책

앙골라는 식량 자급을 경제발전 다원화의 중요한 전략적 과제 중의 하나로 삼고, 특혜적인 토지 임대와 농업 세수정책, 수입 농기구의 세수감면 및 세금환급 정책을 시행하여 국제협력을 통해 자국 농업생산 수준과 식량 생산량 향상을 도모하고 있다.

앙골라 정부는 『외국인투자법』, 『외국인투자법 시행세칙』 등 일련의 외국자본에 관한 법률 및 법규를 반포하였다. 법률에 의하면 정부는 농촌 재배업 및 양식업, 농산물 가공업, 경공업, 방직업 및 기타 민용 제조업 투자에 대해 다음과 같은 특혜정책을 제공한다. 즉 설비와 원재료 수입관세를 면제하고, 첫 3년 기간에는 공업세를 면제하며 경영소득 재투자 시 소득세를 면제한다.

생산형 프로젝트 투자에 대해 세수우대를 제공한다. 즉 외국의 투자 프로젝트 중 구매한 부동산의 양도세를 면제하고, 수익이 발생한 다음 해부터 5년간 공업세의 50%를 면제하며, 투자 프로젝트 전용 설비와 원료의 수입관세를 면제한다. 그 외에 농업 인프라 건설 프로젝트에 대해 일정한 특혜 대출을 제공하여 수리시스템 관리 및 보수, 농업발전 방안 수립, 농업 기계화 및 기술교육, 가금양식 기업화, 소 및 양의 사육 등 분야의 투자에 대해 장려한다.

외자의 내륙지역 투자를 장려하기 위해 앙골라 정부는 루안다 외 기타 지역의 에너지개발, 수도 건설, 민간용 건물 건설, 농목업 생산, 가공업, 어업과 인프라 건설 분야에 대한 투자는 8-15년간의 자금 사용 면세 혜택을 받도록 규정하였고, 세수우대는 리스크 정도에 따라 지역마다 차이가 있다.

(3) 투자환경 평가

앙골라는 가장 후진국에 속하며, 시장경제체제를 실시하고 일정한 공업기반이 있지만 여러 해 계속되는 전쟁으로 말미암아 인프라가 파괴되어 경제발전에 심각한 영향을 받았다. 2002년 내전이 끝난 후 정부는 경제 회복과 사회 발전, 경제 구조 조정, 인프라 대량 확충, 국가 경제와 민생 우선의 사회 발전 프로젝트에 주력하였다. 한편 앙골라는 대외 경제무역 협력을 적극 전개하여 국가의 재건을 위해 외자 유치에 노력함으로써 아프리카 최대 자금 유치국 중의 하나로 성장하였다.

앙골라의 교통은 도로 운송을 위주로 한다. 다년간의 내전으로 교통시설이 심각하게 파괴되었는데 앙골라 정부 추산에 따르면 교통시설의 복구와 재건에 약 100억 달러의 비용이 소요될 것으로 예상된다. 도로의 총 길이는 7.3만 ㎞이며 그 중 1.8만 ㎞는 아스팔트 도로이며, 나머지는 비포장 도로이고, 간선 도로의 총 길이는 2.5만 ㎞이다. 철도의 총 주행 거리는 2800㎞이다. 앙골라 항공사는 국제민간항공기구(ICAO)의 구성원이며, 항공 승객과 화물 운송량은 아프리카에서 5위를 차지한다. 전국에 총 32개의 공항이 있다. 앙골라는 현재 전력이 수요에 비해 매우 부족하며, 수도를 포함한 많은 도시와 지방은 모두 정상적인 일상 전기 사용을 보장하지 못하고 있다.

2010년 앙골라의 보유 노동력은 798만 명이며, 그 중 85%는 농업 노동력이고, 15%는 공업 및 서비스 노동력이다. 전후의 경제 재건으로 앙골라는 현지 노동력에 대한 수요량이 크고, 기술직 숙련 노동자가 부족하다. 현재 일반 노동자의 하루 임금은 800-1000콴자(콴자는 앙골라의 화폐명, 1콴자=0.01달러)이며, 승용차 기사의 월급은 500달러 정도(사회보험 등 기타 비용 포함)이며, 화물차 기사의 월급은 700달러 정도이다. 앙골라 화폐 가치는 불안정적이며, 환율변동이 비교적 커 투자리스크를 증대시킬 수 있다.

『앙골라 무역법』은 대외무역 관리의 기본법이다. 이 법에 의거하여 앙골라 무역부는 2000년 제75호 『수출입상품 관리법』과 2000년 제76호 『대외무역 관리조례』를 반포하였다. 앙골라 수입 법규의 규정에 의하면 비축용 부품 및 부속품 또는 유사 물품, 약품, 설비와 원재료 외에 기타 모든 물품의 수입은 허가증 관리를 받아야 한다. 황금의 수출입은 앙골라 국가은행에서 독점하며, 개인과 외국 기업은 단지 황금 장신구의 형식으로 황금을 소지할 수밖에 없다. 앙골라로부터 수출하는 많은 상품은 수출 관세를 납부해야 하며 평균 세율은 4% 가까이 된다. 원유와 커피는 수출 관세를 면제 받을 수 있다. 『앙골라 관세세칙』 규정에 의하면 생활필수품의 수입 세율은 5-15%로 비교적 낮고, 농업용 물자의 수입 세율은 10% 이하이다.

(4) 투자 리스크

첫째, 중국과 앙골라는 1983년에 수교하였다. 수교 이래 양국 관계의 발전이 순조롭고, 각 분야의 교류 및 협력은 지속적으로 확대되어 양국은 국제 및 지역의 업무에서 양호한 협조 및 협동 관계를 유지하고 있다. 2010년 11월 중국과 앙골라는 전략적 파트너 관계 수립을 선포하였다. 2012년 양국의 무역액은 375.74억 달러이며, 그 중 중국의 수출액은 40.4억 달러, 수입액은 335.34억 달러이다.

둘째, 내전 종료 후 앙골라 정세는 안정적이다. 앙골라 정부는 전후 복구사업을 추진하고, 국가의 평화 및 통일을 공고히 하는 강력한 조치를 취하여 통제능력이 강하다. 그러나 내전으로 인해 앙골라의 인프라가 취약해지고, 전쟁으로 도로와 철도의 운송이 크게 파손되었으며 시설도 노후해졌다. 농촌 발전에 있어 전란이 남긴 많은 지뢰를 제거해야 하고, 많은 농촌지역은 식수, 전기 등 기본적인 생활시설조차 갖추어지지 않았다. 앙골라 정부의 행정 효율은 낮다. 앙골라 투자 시 사회안전문제에 주의해야 한다.

셋째, 앙골라는 경제구조가 단순하고, 경제 발전은 석유와 다이아몬드 산업에 과도하게 의존하는 한편 외국시장에 또한 지나치게 의존하고 있어 국제경제 환경 변화의 영향을 쉽게 받는다. 국내 소비 수준이 낮고, 민간투자 능력이 약하며 공공투자의 민간투자 구축효과가 뚜렷한데, 이는 모두

중국의 식량안보와 농업의 해외진출전략

경제발전을 제약하고, 주민들의 생활수준 향상을 더욱 제약하였다. 실업률은 고공행진을 하고 있으며, 빈곤률이 비교적 높고, 빈부격차가 비교적 크다. 인플레이션율이 지속적으로 비교적 높아 2010-2012년간 각각 14.5%, 13.5%, 11.3%에 달하였다.

넷째, 장마철에 연속적인 폭우로 인해 고원 지대에 주기적으로 발생하는 수해는 앙골라의 주요 자연재해이다. 대량 강수는 모기와 곤충의 번식을 조장하여 말라리아와 같은 '악성 열병'이 앙골라의 '슈퍼 지방병'이 되었고, 이는 앙골라의 인구가 적은 원인 중의 하나이다. 앙골라는 전국적으로 무료 진료를 실시한다. 중국 정부는 2009년부터 앙골라에 의료 지원팀을 파견하고 있다.

다섯째, 앙골라의 헌법은 모든 토지를 국가 소유로 규정하고 있다. 앙골라에 등록한 외자기업은 현지 성(省)정부에 임시용 토지를 신청할 수 있으며, 최대기한이 60년인 상업(건축)용지도 신청할 수 있다. 상업(건축)용지의 경우 반드시 시공 허가증을 신청한 후에야 성(省)토지국, 도시 관리국에서 건물 소유권 수속을 밟을 수 있다. 기타 기업 또는 개인으로부터 토지를 구입하는 경우에는 토지 소유권, 지상 건물 소유권, 토지 용도를 확인해야 한다. 농업과 축산업 용지의 경우 토지의 용도를 변경할 수 없다.

(5) 농업투자전략에 대한 건의

앙골라에 진출하여 농업 투자를 하는 경우, 시장 현황과 잠재력을 파악하고, 협력 파트너의 자질, 신용도, 자산, 은행평가 등을 확인할 뿐만 아니라 토지 사용권의 확인도 중요시 해야 한다. 부자인 티를 내지 않고, 필요시 경비원을 고용하여 수행하게 해야 한다. 업무 중 포르투갈어를 많이 사용해야 한다. 구체적인 건의는 다음과 같다.

① 중·앙 양국 농업종합개발 시범단지와 시범농장을 건설하고, 농산물 가공업에 대한 투자 협력을 강화해야 한다.

② 농업 인프라 건설의 협력(수리, 농업, 위생, 교육, 교통 등 프로젝트 포함)을 강화하여, 앙골라 농업생산조건을 개선해야 한다.

③ 농업기술 보급과 농업기술자 교육을 강화하여 앙골라 농업 노동력의 자질을 향상시키고, 농기구 도매시장과 생활소비품시장 등을 조성해야 한다.

제2절 동부아프리카 농업개발 잠재력 및 투자

동부아프리카는 에티오피아, 에리트레아, 소말리아, 지부티, 케냐, 탄자니아, 우간다, 르완다, 부룬디, 세이셸을 포함한다. 동아프리카의 면적은 약 370만 ㎢이며, 인구는 약 1.3억 명이다. 대부분 반투어계 흑인으로 남부에 분포하며, 그 다음으로는 암하라족, 게라족, 소말리아인으로 북부에 분포해 있다. 북부는 아프리카의 가장 높은 곳인 에티오피아 고원이고, 남부는 동아프리카 고원이며 인도양 연안에 협소한 평원이 있고, 동아프리카 지구대는 동아프리카 고원 중부와 서부를 관통한다. 동아프리카는 세계 커피 총 생산량의 약 14%, 사이잘삼 총 생산량의 25% 이상을 차지하며, 라일락 공급량은 세계의 80% 이상을 차지한다. 찻잎, 사탕수수, 목화 생산량도 아프리카에서 중요한 지위를 차지한다.

에티오피아는 수자원이 풍부하고, 청나일 강의 발원지로 '동아프리카의 급수탑'으로 알려져 있고 깨끗한 물의 비율이 60%를 초과한다. 전국 농경지 면적은 16.5만 ㎢이고, 커피의 연평균 생산량은 33만 톤 정도로 전 세계 총 생산량의 15%를 차지한다. 에리트레아는 홍해 남단에 있고, 해안선은 길이가 1350㎞이며, 섬이 많고, 연간 해삼 어획량은 180톤에 이른다. 소말리아는 아프리카 대륙에서 가장 긴 해안선이 있으며, 해안선의 총 길이는 3200㎞이며 어업자원이 풍부하다. 소말리아의 유향 생산량은 연간 600톤, 몰약은 연간 200톤에 달하여 각각 전 세계 생산량의 1/2를 차지한다. 또한 소말리아는 낙타를 가장 많이 양식하는 국가이다. 지부티는 아프리카 동북부 아덴만 서안에 있으며, 홍해가 인도양에 유입하는 요충지인 바브엘만데브 해협에 있다. 우간다는 자연조건이 비교적 좋고 토양이 비옥하다. 강수량이 풍부하고, 기후가 적당하다. 남쪽에 아프리카 최대 담수호인 빅토리아호수의 수역을 절반 가까이 보유하고 있으며, 어업자원이 풍부하고 어류 제품은 우간다의 가장 중요한 수출 품목이다. 세이셜의 영해 면적은 약 40㎢이고, 전속 경제구의 면적은 140만 ㎢이며, 참치 등 어업자원이 아주 풍부하다. 본 절은 탄자니아와 케냐를 중심으로 소개한다.

1. 탄자니아

(1) 자원 상황

탄자니아는 고대 인류 발원지 중 하나로 면적은 94만 5087㎢이며, 탕가니카(대륙)과 잰지바르(섬)으로 구성되며 그 중에서 잰지바르의 면적은 2657㎢에 이른다. 탄자니아 동쪽은 인도양과 인접하며, 대륙 해안선의 총 길이는 840㎞이다. 삼림 면적은 약 4400만 ha로 국토 면적의 45%를 차지하며, 앙골라 자단목, 오목, 마호가니, 메밀, 잣, 밤나무 등을 생산한다. 수력자원은 풍부하고 발전 잠재력은 4.78억 kW를 넘는다.

탄자니아 전국의 가경지 면적은 3940만 ha이며, 이미 경작하고 있는 면적은 620만 ha이다. 이미 경작하고 있는 농경지 중의 85%는 소형 농가와 전통 목축민들에 의해 사용된다. 소형 농가의 1인당 토지 소유량은 0.2-2.0 ha이다. 농업은 재배업, 임업, 어업, 목축업을 위주로 한다. 주요 농작물은 옥수수, 밀, 쌀, 수수, 좁쌀, 타피오카 등이고, 주요 경제작물은 커피, 목화, 사이잘삼, 캐슈너트, 라일락, 찻잎, 담배, 제충국 등이며, 그 중에서 사이잘삼과 라일락 생산량은 세계 1위를 차지한다. 평년작의 경우 식량은 겨우 자급하는 수준이다.

(2) 농업 투자 관련 정책

최근 몇 년간 탄자니아는 양호한 투자환경을 조성하는 데 주력하고 있으며, 일련의 투자 촉진 및 보호 법규를 제정하고 시행하였다. 예컨대 1997년 탄자니아 정부는 새로운 『탄자니아 투자법』을 공포하였다. 2000년 정부 부서간 협력 위원회를 설립하여, 전문적으로 외국 자본 유치정책을 연구하였고, 2002년 4월에는 『수출가공구 법안』을 통과하였다. 현재는 『토지법』과 『노동법』을 제정 및 개정하여, 투자자들이 적시에 토지 취득을 할 수 있도록 하고 있으며, 시장경제의 원칙에 따라 기업의 합법적인 권익을 보장하고 있다. 2011년 1월 탄자니아 정부는 '남부 농업발전 회랑'으로 불리는 청사진을 제시하여, 외국자본이 재배, 유제품 가공 등 농업분야에 투자하도록 유도하였다. 그 외에도 탄자니아는 세계은행 외국투자보험기구, 다자간 투자보호기구 등에 가입하는 등 외국자본 보호를 약속하였다.

탄자니아 정부는 주로 세수정책 제정을 통해 외국 투자자의 농업 투자를 유치한다. 투자액 30만 달러 이상의 외국 독자 또는 합자기업은 탄자니아 투자센터에 '투자특혜증서'(Certificate of Incentives)를 신청하여 다음과 같은 특혜정책을 누릴 수 있다. 외자기업은 100%의 투자금 반환을 누릴 수 있다. 즉 투자기업은 5년 내에 투자 회수되기 전의 수익은 소득세를 면제받을 수 있고, 그 후의 소득세 세율은 30%이다. 농업분야 투자는 자본재의 수입관세를 면제한다. 외국 주주의 배당금은 자유롭게 송금할 수 있다. 각 기업은 5개의 외국인 근무허가증을 가질 수 있다. 이자원천세를 면제하며 주식배당 원천세는 주식배당의 10%로 한다. 수출가공구 내 기업은 주식배당 원천세를 면제한다.

탄자니아는 벌목, 목재 가공업 등에 대한 외국 투자를 금지하며 원목을 원재료로 하는 산업은 관광 및 자연자원부의 승인을 받아야 한다.

중국과 탄자니아는 아직 『양자간 투자보호협정』과 『이중과세방지협정』을 체결하지 않았다.

(3) 투자환경 평가

탄자니아는 공업 기초가 약하고, 공업생산액은 GDP의 8%를 차지한다. 제조업은 농산물 가공과 방직, 식품가공, 피혁, 제화, 압연, 알루미늄 가공, 시멘트, 제지, 타이어, 화학비료, 정유, 자동차 조립, 농기구 제조 등을 포함한 수입대체형 경공업을 위주로 한다. 잰지바르의 공업은 주로 농산물 가공이며 야자 가공공장이 있다.

탄자니아의 농업 인프라 발전은 낙후되었고, 도로 교통, 전력, 통신시설의 발전도 낙후되어 있으며, 대부분의 외딴 농촌 지역은 도로가 없다. 전국적으로 전력 공급이 부족하고, 전기를 사용할 수 있는 국민은 전체 국민의 10%에 불과하다. 농촌 지역은 일반적으로 전력이 부족하고, 외딴 농촌 지역은 전력공급이 없으며, 일반적으로 일부 규모가 비교적 큰 농장 외에는 수리관개시설이 부족하다. 농업 생산재가 부족하고, 농약과 화학비료 생산공장이 없어 화학비료와 농약은 전부 수입에 의존하기 때문에 가격이 비교적 높다. 정부는 단지 농업 생산재 운송 비용에 대해 일부 보조금을 제공하고 있다. 탄자니아 70%의 경작은 호미에 의존하고, 20%는 소와 쟁기에 의존하며, 기계에 대한 의존도는 10%에 불과하다. 농업 기계화의 낮은 수준, 농업 인프라 낙후, 생산재 부족 등 문제는 탄자니아 농업의 전반적인 발전에 있어 주된 제약 요인이다.

탄자니아는 아프리카에서 문맹률이 가장 낮은 국가이며, 성인의 문맹 퇴치율은 90.4%에 달한다. 탄자니아인은 낙관적이고 활달하며, 친절하여 손님 방문 시 일반적으로 설탕, 차 등을 선물한다. 생활은 나태하고 산만하며, 업무 효율이 낮다. 일요일에는 보통 교회에 가서 예배를 한다.

현재 탄자니아는 자유무역체제를 시행하고 있다. 수입제한은 이미 취소되고(건강 및 안전을 고려해 설정한 제한 제외), 수출입 절차가 많이 간소화되었으며, 단일 경로로 전통성 곡물을 수출하는 국면은 이미 타파되었다. 과거 국내 시장에서 일부 상품에 대한 통제는 이미 취소되고, 대부분 상품에 대한 가격 통제도 폐기되었다(석유제품 제외). 농산물 가격은 과거의 지정적 가격에서 지도적 가격으로 전환하였다. 수입세는 상품이 국가경제와 국민 생활에서 차지하는 중요성 정도에 따라 면세, 감세 10%, 20%, 30% 등 네 가지로 분류된다. 약품, 원재료, 농업용 트랙터, 호미, 화학비료 등 기본필수품은 수입세를 면제한다. 탄자니아는 상인들이 비전통적 상품(커피, 목화,

캐슈너트 등 전통적 상품은 여전히 국영기업에서 독점)을 수출하는 것을 장려하며 수출상품은 35%의 외환 할당을 인출할 수 있다.

(4) 투자 리스크

첫째, 중국과 탄자니아 수교 이래 양국 관계는 친밀하고, 인적 왕래가 빈번하다. 중국은 1964년부터 탄자니아에 각종 원조를 제공하기 시작하였으며, 주요 원조 건설 프로젝트는 탄자니아와 잠비아 간의 철도, Mba Larry 농장, Ma Hongda 제당공장 등이다. 중국과 탄자니아의 상호 이익적인 협력은 1981년부터 시작되었고, 현재 총 40여 개의 중국 기업이 탄자니아에서 용역 도급 업무를 진행하고 있다.

둘째, 최근 몇 년간 탄자니아의 정국은 비교적 안정적이고, 사회치안이 전반적으로 양호하다. 또한 탄자니아는 WTO 및 기타 여러 지역적 경제기구의 회원국이며, 시장 잠재력이 매우 크다. 동아프리카 공동체(EAC)의 회원국으로 탄자니아의 우월한 지리적 위치는 주변 국가로 진출하는 데 유리함으로 탄자니아에 투자하는 것이 전략적 의미가 있다. 특히 주목해야 할 것은 탄자니아는 이미 미국, EU 등과 시장개발 관련 협정을 체결하였다는 점이다. 따라서 탄자니아에 투자하여 생산한 제품을 미국, 유럽으로 빠르고 편리하게 수출할 수 있다.

셋째, 탄자니아는 말라리아, 에이즈, 폐결핵 등이 많이 발생하는 지역이며, 농업 노동력이 받는 피해는 매우 크다. 매년 말라리아 및 관련 질병으로 인한 사망자는 10만 명에 이른다. 그 외에 체제파리가 전파하는 기면증, 사상충 등 일부 지방병의 발병률이 비교적 높다. 위생시설이 낙후되어 매년 우기는 장티푸스, 콜레라 등 질병이 많이 발생하는 시기다.

넷째, 탄자니아 농업은 기본적으로 날씨와 기후 조건에 의지하고, 홍수와 침수 재해에 대한 방제조치가 없고, 농작물 조해, 충해에 효과적인 방제 수단이 없다. 식용 농산물이 수확되기 전에 도둑질하는 현상이 비교적 심각하다.

다섯째, 탄자니아는 이미 농업 사유화 개혁을 완성하였으나 개인이 소유한 것은 토지 사용권으로 매년 정부에 토지사용료를 납부해야 한다. 농업 토지의 최고 사용기한은 99년이며, 만기가 되면 정부에 사용권을 다시 신청해야 한다. 투자용 토지는 개인 소유자와 협상하여 사용권을 구입해야 한다. 농업 투자의 경우, 토지 정리와 농작물 재배에 투입되는 자금은 그 해에 상각할 수 있고, 설비 감가상각의 방식은 비교적 원활하며, 위생시설 개선, 급수, 도로시설에 대한 지출은 비용으로 세전에 공제할 수 있다. 소득세의 심사 평가 기한은 7년에서 3년으로 축소되었다.

(5) 농업 투자전략에 대한 건의

중국의 탄자니아 농업 투자기업은 현지와의 긴밀한 관계를 유지하고, 갈등 또는 분쟁이 발생하면 협상을 통해 해결해야 하며, 양호한 투자분위기를 공동 조성하여 기업의 투자효과를 향상시켜야 한다. 구체적인 건의는 다음과 같다.

① 농산물 심층가공 협력을 강화해야 한다. 협력의 중점은 농축과일주스와 과일 및 채소 통조림, 가축과 야생 동물의 육류 가공 및 포장, 유제품 가공(연유, 분유, 영아 우유, 버터, 마가린, 아이스크림, 요구르트, 치즈) 등 분야이다.

② 한약재의 협력 개발을 할 수 있다. 탄자니아는 양생동식물 자원이

풍부하며, 독특한 천연 약재 품종이 매우 많다. 중국 기업은 현지 기업과 협력 개발을 통해 한약 제약 원료의 공급원을 확장할 수 있다.

③ 현지 목화를 이용하여 방직기업을 설립하여 방직품의 생산량을 증가시킬 수 있다. 방직기업은 또한 미국 정부의 아프리카 성장 및 기회 법안(AGOA), 탄자니아가 유럽 국가와 체결한 무기 이외의 모든 제품 협정(EBA)을 활용할 수 있다. 이 두 개 협정은 탄자니아에 대한 쿼터와 기타 장벽을 제거하여 탄자니아 방직품 및 기타 농산물의 미국과 유럽시장 수출을 촉진할 수 있다.

④ 도로, 시장 및 저장시설 등 농업 인프라 건설에 대한 투자 협력을 강화해야 한다.

2. 케냐

(1) 자원 상황

케냐는 아프리카 동부에 있으며 동아프리카 지구대는 캐냐 남북을 종관하고 있고, 면적은 58만 2646㎢에 달한다. 해안선의 총 길이는 536㎞에 이른다. 삼림 면적은 8.7만 ㎢, 삼림률은 15%, 임목 저장량은 9.5억 톤에 이른다. 케냐 경내에 높은 산이 많고, 평균 해발은 1500m이다.

농업은 케냐 국민경제의 버팀목으로 가경지 면적은 약 10.48만 ㎢이며, 이미 경작한 농경지는 73%를 차지하고, 주로 서남부에 집중되어 있다. 주요 식량작물은 옥수수, 밀과 쌀이다. 평년작의 경우, 옥수수는 기본적으로 자급할 수 있고, 밀과 쌀은 수입에 크게 의존한다. 주요 경제작물은 커피, 찻잎, 사탕수수, 제충국과 원예제품이다.

케냐는 현재 아프리카 최대 생화 수출국이며 EU시장의 31-36%를 차지한다. 케냐는 세계 최대 제충국 생산국이며, 생산량은 세계 총 생산량의 80%를 차지한다. 어업자원이 풍부하고, 대부분 어획량은 경내에 있는 담수호로부터 생산된다. 그 중에서 빅토리아호의 어획량은 어업 총 생산량의 90%를 차지한다.

(2) 농업투자 관련 정책

케냐 정부는 줄곧 외국자본의 유치 및 활용에 대해 중시하여, 1964년에 『외국인 투자보호법』을 반포하였고, 이미 중국을 포함한 10여 개 국가와 양자간 투자보호협정을 체결하였다. 2005년에 새로운 『투자촉진법』을 반포하여 외국 투자를 다시 유치하였다. 현재 케냐 투자 법규는 비교적 완비되어 30여 개의 법률법규에 의해 외국 투자자의 이익을 보호하고 있다. 예컨대 케냐 『수출가공구법』은 기업 소득세 감면, 이익 송금, 수입관세 면제, 외화 관리, 인프라 건설, 수속 처리 등 측면에서 외자기업에 대한 특혜대우를 규정하였다.

케냐는 세계에서 단순 세칙을 시행하는 소수의 나라 중 하나이며, 관세는 대부분 종가세이다.

중국과 케냐는 『투자보호협정』을 체결하였으며, 양국 경제무역위원회 체제를 확립하였다.

(3) 투자환경 평가

케냐는 사하라 이남 아프리카에 경제적 기초가 비교적 좋은 나라 중 하나로 민간경제를 주체로 하는 '혼합경제' 체제를 시행하며, 민간경제는 전체 국민경제에서 70% 이상을 차지한다.

케냐는 외국 직접투자의 편리화 정도가 비교적 낮고, 공업의 협동 생산 능력은 비교적 약하다. 인프라의 건설이 낙후되고, 항공업과 이동통신업의 발전이 비교적 빠른 것을 제외하고, 전기 공급, 급수, 전신, 도로, 철도, 항구 등 인프라는 비교적 낙후되어 경제발전을 제약하는 장애요인이 되었다. 케냐는 최근 몇 년간 채무 부담이 매우 크며 경제발전을 제약하는 중요한 요소 중의 하나가 되었다. 현재 일본은 케냐의 최대 채권국으로 케냐 채무 총액의 50% 정도 차지한다. 케냐 정부의 행정 효율은 낮다.

케냐는 노동력 자원이 풍부하고, 노동법규 및 규범이 완비된 고용제도를 실시한다. 국민의 평균 임금은 비교적 낮고, 기초 생활 지출은 가계 지출의 절대적인 비중을 차지한다.

케냐의 대외무역 관련 관리제도는 주로『동부아프리카 세관관리법』,『관세 및 화물세법』,『부가가치세법』,『수출가공구법』,『표준법』,『관세 및 화물 무역법』등 법규 중에 나타나 있고, 투자 관련 관리제도는『외국자본 보호법』,『무역 허가법』,『투자추진법』등 법안에서 구현된다. 케냐의 무역 및 투자 관련 정부관리부서로는 주로 무역산업부, 재정부, 투자국, 세관 등이 있다. 이들 부서는 대외무역 및 투자제도의 제정 및 집행에 대한 감독과 관리를 책임진다. 2006년 6월 15일 케냐는『허가증법』(법안 취소 및 개정)을 반포하였다. 이 법안은 목화, 곡물, 동물 가죽, 모, 피혁 등 제품에 대한 수입허가증 제도를 취소하였다. 케냐 정부는 수입상품에 대해 일괄적으로 2.75%의 수입 수수료를 징수한다. 케냐 동식물 검사 검역국은 수입 농산물에 대해 1%의 서비스 수수료를 추가로 징수한다. 한편『허가증법』은 목화, 곡물, 동물 가죽, 모, 피혁, 육류 등 제품에 대한 수출허가증을 취소하였다.

(4) 투자 리스크

첫째, 중국과 케냐 간의 왕래는 역사가 길며, 옛날 정화(鄭和)가 서쪽 바다로 진출했을 때 케냐 해변 도시 몸바사와 말린디에 가본 적이 있다. 1963년 양국이 수교하였고, 1978년 중국 개혁개방 이후 양국 관계는 더욱 긴밀해지고 있다.

둘째, 케냐는 사하라 이남 아프리카에서 정국이 가장 안정적인 국가 중 하나이다. 케냐 독립 이후 경제는 비교적 빠른 속도로 발전하여 아프리카에서 경제상황이 비교적 양호한 국가 중 하나가 되었다. 그러나 사회 치안 상황은 전반적으로 좋지 않고, 범죄율이 높으며, 사이비 종교의 사회적 폐해가 비교적 크다. 부족 간에 토지, 목장, 수원의 분쟁으로 인한 충돌이 종종 발생한다.

셋째, 케냐 정부는 예로부터 비기술직 노동력의 진입을 제한하고, 엄격한 근무허가제도를 실시하여 투자자는 고급관리직, 특수 기능직 혹은 현지에서 고용할 수 없는 업무의 분야에만 외국 국적의 직원을 고용할 수 있다.

넷째, 삼림의 파괴가 심각하기 때문에 최근 몇 년간 가뭄과 홍수 등 재해가 비교적 심하다. 일반 국민의 의료조건이 나쁘며, 평균 수명은 46.4세에 불과하고, 아동과 영아의 사망률은 각각 9.2%와 6%에 이른다. 케냐는 에이즈 발병률이 높은 지역으로 에이즈 인구 비중은 2000년 13.4%, 2010년에는 6.2%이다. 말라리아, 콜레라, 황열, 리프트밸리열 등의 발병률은 비교적 높다.

다섯째, 케냐『토지관리법』은 모든 농업용지는 외국인 및 비주민 기업과의 매매, 양도, 임대, 저당과 같은 거래(대통령 특허 부분 제외)를 모두 금지한다. 외국 투자자에 대해서는 다음과 같이 규정하고 있다. 즉 외국 투자자는 임대를 통해 토지 사용권을 얻을 수 있으며, 최고 임대 기한은 99년이다. 케냐는 토지 구입자에 대한 법률적인 보호가 부족하기 때문에 케냐에서 토지 구입 시 반드시 조심해야 한다.

(5) 농업투자 전략에 대한 건의

케냐에서 농업 투자를 하는 경우 융통성 있는 경영 마인드를 가져야 할 뿐만 아니라 위험 예방 의식도 있어야 한다. 케냐인은 서방의 소비문화에 깊이 영향을 받아, 일상 업무에서 주의를 기울여, 만약 필요하지 않으면 단호하게 거절해야 하며, 그렇지 않으면 상대방의 기분을 상하게 할 것이다. 구체적인 건의는 다음과 같다.

① 원예업은 잠재력 있는 투자 프로젝트이다. 화훼, 프랑스 강낭콩, 파인애플, 버섯, 파파야, 아보카도, 패션 프루트, 각종 박과, 당근 등 생산 및 수출 분야에 비교적 많은 투자 기회가 있다.

② 각종 농업서비스 분야에 진출한다. 예컨대 종자 생산, 농약과 살충제 제조, 수의 서비스, 저수지 건설, 착정, 관개시스템 설치 및 서비스, 냉장시설, 원예제품 및 기타 상하기 쉬운 식품의 냉장운송 등 분야이다.

③ 농산물 가공 분야에 진출한다. 식용유와 버터, 쇼트닝, 마가린, 해바라기 기름, 채유, 목화씨 기름, 참기름 등을 포함한 기타 유류, 그 외에 설탕, 찻잎, 육류 및 유제품의 생산 및 가공 분야에도 비교적 많은 투자기회가 있다.

④ 가금 생산 분야에 진출한다. 현지 소비용 닭 부화 산업은 아직 미개발 단계에 있다.

⑤ 어업에 진출한다. 인도양과 빅토리아호는 어류자원이 풍부하다. 현재 케냐의 심해어 어획, 새우와 송어의 양식은 아직 시작단계에 있으나 발전속도는 빠르다. 어류 가공과 어업 인프라 분야(냉장 운송, 냉장 등)에 투자기회가 있다.

⑥ 피혁 및 피혁제품 분야에 진출한다. 캐냐의 대부분 피혁은 초벌 가공을 거친 후 바로 수출되므로 피혁 정밀가공, 특히 구두와 피혁제품 가공은 투자 잠재력이 있다.

⑦ 가축 사육 분야에 진출한다. 식용 가축과 젖소 사육의 잠재력이 비교적 크다. 케냐 우유산업은 최근 몇 년간 생산력 향상이 뚜렷하며, 우유제품 가공에 투자 기회가 있다. 그 외에 타조와 악어 양식과 같은 새로운 투자 분야가 떠오르고 있으며, 양봉과 꿀 가공 협력을 강화할 필요가 있다.

제3절 서부아프리카 농업개발 잠재력 및 투자

서아프리카는 모리타니아, 서사하라, 세네갈, 감비아, 말리, 부르키나파소, 기니, 기니비사우, 카보베르데, 시에라리온, 라이베리아, 코트디부아르, 가나, 토고, 베냉, 니제르, 나이지리아, 카나리아 제도(스페인) 등을 포함한다. 서아프리카의 면적은 약 656만 ㎢에 이른다. 인구는 약 1.5억 명이며, 그 중 흑인은 총 인구의 약 85%를 차지하고, 나머지는 대부분 아라비아인이다. 서아프리카 북부는 사하라 사막이고, 중부는 수단 초원이며, 남부는 기니 고원이고, 연해지역에 협소한 평원이 있다. 서아프리카의 다이아몬드 생산량은 세계 총 생산량의 12%, 보크사이트 생산량은 아프리카 총 생산량의 90% 이상, 코코아와 종려나무 열매 생산량은 모두 세계 총 생산량의 50% 이상, 종려유는 약 38%, 땅콩은 약 11% 차지한다. 커피, 천연고무는 세계에서 일정한 지위를 가지고 있다.

모리타니아 해역은 서아프리카 어장의 중요 구성 부분으로 저장량은 400만 톤, 연간 어획량은 약 90만 톤에 달한다. 세네갈의 주요 경제작물은 땅콩과 목화이며, 땅콩 재배 면적은 약 106만 ha로 대부분은 수출한다. 말리의 면적은 124만 ㎢이며, 가경지 면적은 3000만 ha, 이미 경작하고 있는 면적은 350만 ha이다. 모리타니아는 아프리카의 주요 목화 생산국이자 최대 황금 수출국이다. 부르키나파소의 농경지 면적은 327만 ha로 가경지 면적의 1/3을 차지하며, 주요 식량작물은 쌀, 좁쌀, 옥수수와 타피오카, 주요 경제작물은 목화, 땅콩, 참깨와 크레타과 등이 있다. 기니는 자원이 풍부하여 '지질의 기적'이라 불린다. 기니의 보크사이트 저장량은 400억 톤으로 추측되며, 그 중 290억 톤은 이미 확인되었으며, 세계에서 이미 확인된 보크사이트 저장량의 30%를 차지한다. 기니의 삼림 면적은 1450만 ha이며, 동남부에 매우 큰 면적의 원시삼림이 있어 홍목, 흑단 등 진귀 목재를 많이 생산한다. 기니비사우는 어업과 삼림자원이 풍부하고, 삼림률은 60%이다. 2008년 캐슈너트의 생산량은 11만 톤이다. 카보베르데는 73.4만 ㎢에 달하는 배타적 경제수역이 있어 어업자원이 비교적 풍부하며, 아직 전부 개발되지 못한 상태이다. 시에라리온은 어업자원이 풍부하고, 주로 방카어, 참치, 조기, 청어와 대하 등을 생산하며, 또한 홍목, 붉은 새우 나무 등도 많이 생산한다. 라이베리아의 삼림률은 약 59%이며, 2000여 종류의 식물, 600여 종류의 조류, 125개 종류의 포유동물이 있다. 홍목 등 진귀한 목재를 많이 생산하고, 주요 경제작물은 고무이다. 가나는 광물자원이 풍부하고, 황금 약 17.5억 온스, 다이아몬드 약 1억 캐럿, 망간은 4900만 톤에 이르는 매장량이 있다. 코코아의 연간 생산량은 60만 톤 정도로 세계 2위를 차지한다. 가나의 어업자원은 풍부하고, 참치와 새우류는 주요 수출품이다. 베냉은 어업자원이 풍부하고, 해양 어류는 약 257종에 달한다. 니제르의 면적은 126.7만 ㎢, 인구는 100만 명에 불과하며, 가경지는 1724만 ha로 이미 경작 중인 농경지는 588만 ha이다. 식량생산량이 안정적이지 않으며, 주요 식량작물은 좁쌀, 수수, 저류, 두류 등이 있다. 본 절은 나이지리아와 코트디부아르를 중심으로 소개한다.

1. 나이지리아

(1) 자원 상황

나이지리아는 아프리카 서부에 위치하며, 남쪽은 대서양 기니만과 인접하고, 동북쪽은 차드호(Lake Chad)를 사이에 두고 차드와 마주보고 있고, 면적은 92만 3768㎢이다. 국경선의 총 길이는 약 4035㎞, 해안선의 총 길이는 약 800㎞이다. 나이지리아는 수계가 발달하고, 하천이 많다. 니제르강의 나이지리아 경내 구간 길이는 1400㎞이고, 강수량이 풍부하며, 연해지역은 비가 많이 내리며 수력 잠재량은 950만 ㎾이다. 삼림률은 17%이고, 대부분 진귀한 홍목, 홍색 및 백색 경목이며, 티크 생산량은 세계의 선두에 선다. 현재 20만 ㎢의 티크 용재림이 채벌을 기다리고 있다. 열대 목재의 생산량은 세계 2위를 차지한다.

나이지리아의 전국 인구는 1.68억 명 이상(2011년)으로 아프리카 제1의 인구 대국이다. 가경지는 8120만 ha이며, 이미 경작 중인 농경지는 3400만 ha에 이른다. 나이지리아는 독립 초기에 농업국가였으며, 주요 식량작물은 수수, 옥수수, 쌀, 곡류, 타피오카, 주요 경제작물은 기름 야자, 코코아, 목화, 유료작물, 커피, 고무와 열대 과일 등이다. 석유산업이 발전하기 시작하면서 농업은 점차적으로 경시되고, 넓은 면적의 토지가 황폐화되었으며, 농산물의 생산량은 점점 줄어들고 있다. 최근 몇 년간 정부에서 농업 투입을 증가함에 따라 농작물 생산량이 증가되고 있으며, 연평균 증가율은 7% 이상에 이른다. 그러나 식량은 자급자족할 수 없어 매년 대량을 수입해야 한다. 코코아의 생산량은 13-17.5만 톤을 유지하고 있다.

나이지리아는 자원이 풍부하다. 이미 확인된 지하자원은 30여 가지이며, 주로 석유, 천연가스, 주석, 석탄, 석회석 등이 있다. 이미 확인된 천연가스 매장량은 5.3억 ㎥, 석탄 매장량은 27.5억 톤에 달한다.

(2) 농업투자 관련 정책

『나이지리아 투자촉진위원회령』(1995)은 정부에서 국내외 투자를 규범화하고 장려하는 가장 중요한 법령이다. 나이지리아 투자촉진위원회에서 최근에 배포한 투자 가이드에 따르면 농업투자의 우선 분야는 다음과 같다.

① 농업 생산, 특히 땅콩, 목화, 코코아, 기름 야자의 생산, 어업과 임업 생산.

② 농산물 가공, 농산물 저장 시설.

③ 농업 생산재의 공급 및 판매.

④ 농업 기계화와 농업 설비(불도저, 트랙터 등) 이용, 토지 정리 및 평탄화 서비스 포함.

⑤ 농업 지원 분야, 농업 연구 및 연구자금 지원 포함.

⑥ 수자원 개발, 특히 하천을 따라 관개 및 홍수 방지 시설 건설.

⑦ 물을 막는 흙 댐의 건설, 착정.

⑧ 농지 현장 가공(예컨대 탈곡) 또는 농작물 심층 가공, 소규모 기계화 기술 개발.

나이지리아 정부는 농업투자에 대해 다음과 같은 특혜정책을 제공한다.

① 기업 소득세. 석유 분야 외에 모든 분야의 기업 소득세 세율은 30% 이다.

② 일부 농업 산업에 선도 지위를 수여한다. 나이지리아 정부는 국가 경제발전에 중요한 의미가 있는 일부 산업 또는 제품에 선도 지위를 부여하고 선도 산업에 투자하는 기업에게 면세 혜택을 제공한다. 이는 투자 기업이 생산 시작단계의 몇 년간에 합리적인 이익을 얻고 재생산을 확대하는 데 사용하도록 하기 위한 것이다. 선도 산업에 투자한 기업은 5년 동안의 면세기간을 누릴 수 있고, 경제 후진 지역에 대한 투자는 7년 동안의 면세기간을 누릴 수 있다. 선도 지위를 취득하려면 합자기업 또는 외국인 단독투자 기업의 경우 최소 500만 나이라(나이지리아 화폐), 현지 기업은 최소 15만 나이라의 자본을 투입해야 한다. 선도 지위를 신청하려는 기업은 생산 가동 후 1년 내에 신청해야 한다. 현재 나이지리아 정부는 총 69개 산업에 선도 지위를 승인하였고, 그 중에서 농업분야의 선도 지위 산업은 11개이다 (표 7.1 참조).

중국의 식량안보와 농업의 해외진출전략

<표 7.1> 농업 분야 중 선도 지위를 누리는 산업 및 제품

순번	선도 산업	선도 제품
1	농작물 및 과일 재배, 가공 및 저장	통조림 식품, 과일, 차, 커피, 정제 설탕, 토마토 케첩
2	합성 유제품	버터, 치즈, 액체 우유 및 분유, 아이스크림
3	심해 어획 및 가공, 근해 어류 어획	저장 가능한 해산물, 어류 및 새우
4	현지 밀가루 가공	밀가루 및 폐기물
5	고무 재배 및 가공	고무
6	아라비아 고무 재배 및 가공	아라비아 고무
7	기름 야자 재배 및 가공	야자 기름, 야자 씨
8	대규모 기계화 농업	밀, 옥수수, 쌀, 수수
9	500마리 이상 규모의 양우장, 양돈장	500마리 이상의 소, 돼지
10	내륙 지역 대규모 양어장	어류, 새우
11	농축 과일주스 생산	농축 식품/과일주스

자료출처: 나이지리아 투자촉진위원회

(3) 투자환경 평가

나이지리아는 전력, 통신, 급수, 교통운송 등 인프라의 건설 및 개선 속도가 완만하여 경제발전의 장애요인이 되었다. 이는 자국 산업의 국제경쟁력을 저하시킬 뿐만 아니라 외국 투자자의 경영 비용도 증가시켰다.

나이지리아는 농업기술이 낙후하고, 농업기술 보급이 느리며, 품종 갱신이 아주 느려, 교잡종의 응용 범위가 한정되었다. 농작물 품종의 선택과 육성, 농업재배, 경작, 관개, 식량 수매와 저장, 양식업 관리 및 기술 등 분야가 모두 낙후되어 대부분 농촌 지역은 아직 많이 심고 적은 수확을 올리는 경작시기에 처해 있다.

나이지리아는 노동력 자원이 풍부하지만 자질이 비교적 낮아 성인의 식자율은 57%에 불과하다. 전문기술자와 관리자는 매우 부족하고, 노동력의 숙련도는 매우 낮다. 나이지리아에서 공장을 세우려면 투자자는 자국의 기술 및 관리자를 나이지리아로 파견할 필요가 있고, 또한 현지 노동자에 대해서도 전면적으로 교육을 실시해야 한다.

〈표 7.2〉 나이지리아 연방정부 수입금지 농산물 리스트

순번	농산물 명칭
1	생화
2	신선한 과일과 말린 과일
3	돼지고기 및 돼지고기 제품, 소고기 및 소고기 제품, 면양 고기, 새끼 양 고기, 염소 고기
4	식물성 기름과 지방(공업원료용 아마씨, 조미 기름과 수소 첨가 식물성 기름 제외)
5	살아 있거나 죽은 조류(가금 포함)
6	새알
7	타피오카 및 타피오카 제품
8	옥수수, 수수, 조
9	소맥분
10	코코아 기름, 코코아 가루, 코코아 떡
11	소매용 포장 과일주스
12	사탕(국내에서 생산할 수 없는 초콜릿 제외)
13	마카로니/밀가루
14	과자
15	가미, 가당 또는 기타 단 물질을 첨가한 물, 광천수, 사이다, 기타 사카린을 첨가하지 않은 음료
16	광천수와 사이다, 무가미, 무가당 또는 기타 단물질 무첨가
17	맥주

중국과 나이지리아는 이미 무역, 경제, 과학기술협력, 투자보호 등에 관한 협정을 체결하였고, 또한 경제무역연합위원회를 설립하였다.

최근 몇 년간 나이지리아 정부는 여러 차례 수입 금지령을 발표하여 40여 가지 제품의 수입을 금지했으며, 그 중에서 농산물은 17가지에 달한다(표 7.2 참조). 나이지리아는 2012년 7월 1일부터 밀가루의 수입 관세를 종전 35%에서 100%로, 밀은 5%에서 20%로, 현미는 5%에서 30%로, 백미는 10%에서 50%로, 쌀은 40%에서 50%로 각각 인상하였고, 앞으로 쌀과 화학비료 등 수입에 대해서도 금지할 것이다.

(4) 투자 리스크

첫째, 중국과 나이지리아는 1971년 수교 이래 우호적인 협력관계가 순조롭게 발전해 왔다. 2005년 4월 오바산조 대통령이 중국을 방문하였고, 양국 지도자는 전략적 파트너 관계 구축에 관한 합의를 이루었다. 2009년 중국과 나이지리아는 처음으로 전략적 회담을 하였다. 중국과 나이지리아는 무역, 경제, 과학기술 협력 및 투자 보호 등에 관한 협정을 체결하였고, 또한 경제무역연합위원회를 설립하였다. 2012년 중·나 양국 간의 무역액은 105.7억 달러에 이르는 가운데 중국의 수출은 93억 달러, 수입은 12.7억 달러에 달했다. 중국의 수출품은 주로 전기기계와 건축자재이며, 수입품은 주로 원유와 액화천연가스 등이다.

둘째, 나이지리아 라고스 상공연합회(LCCI)에서 최근 발표한 경영환경 보고는 나이지리아 현재의 경영 및 투자환경에 대해 단계적 평가를 하였다. 이 보고의 평가를 보면, 나이지리아의 안보정세는 날로 심각해지고, 투자자들의 나이지리아 경제에 대한 확신이 부족하다. 정부의 입찰과 조달에 있어 부패가 성행하고, 뇌물을 강요하는 풍조가 만간기업을 뒷걸음질 치게 만들었다. 경제에 대한 관리에 있어 정부 부서마다 규정이 다르고 통일적이지 못하다.

셋째, 나이지리아는 천혜의 자연조건을 가지고 있어, 지진, 해일, 태풍, 홍수 등 자연재해는 극히 드물다. 나이지리아는 빈곤화 현상이 날로 심각해지고, 의료 조건이 비교적 열악하며, 아프리카에서 가장 큰 소아마비 발병국으로 아프리카 발병자의 약 85%를 차지한다. 에이즈, 뇌염, 사상충증 등도 비교적 심각하다. 2010년 11개 주에서 콜레라 전염병이 폭발적으로 발생 및 유행하여 700여 명이 사망하였다.

넷째, 1978년 나이지리아는 『토지사용법』을 반포하여, 봉건 지주와 추장의 토지 소유권과 분양권을 분명하게 폐지하였으나, 나이지리아 토지소유제도와 토지세습의 상속습관으로 인해 소수의 사람이 다수의 토지를 소유하고 있으며, 일반 농가의 토지는 적고 분산되어 있다. 나이지리아는 토지 처분 및 양도에 대한 제한이 매우 많고, 시장 유동성과 투명성이 부족하고, 토지 몰수에 따른 보상은 투자자에게 매우 불리하다. 또한 토지취득절차는 아주 복잡하고, 수수료가 비교적 높다.

(5) 농업투자전략에 대한 건의

① 중·나 경제무역연합위원회의 시스템과 양국 정부 대표단 상호 방문 계기를 충분히 활용하여 실력 있는 중국 기업이 독자 또는 합자의 방식으로 나이지리아에 농산품 생산 또는 가공기업을 설립하는 것을 강력히 지원해야 한다.

② 농업기술 지원을 계속하여 나이지리아에 대한 교육 규모를 확대하

여 나이지리아의 농업생산 발전을 더욱 촉진해야 한다.

③ 중·나 농업의 남남협력(South South cooperation)을 더욱 발전시켜야 하며 쌀, 옥수수의 다면적 재배, 농업, 목축업, 어업 제품의 건조 및 가공, 메탄가스 탱크와 절약형 부뚜막의 보급, 양봉 시설의 개량, 양봉 기술 및 벌꿀 제품 가공기술의 개량 등을 중점으로 삼아야 한다.

④ 중국 기업이 양국 농산물 무역을 확대하는 것을 장려 지원하고, 중국 기업의 대 나이지리아 옥수수 전분, 과일주스 등 농산품 수출을 추진하는 한편 나이지리아로부터 참깨, 아라비아 고무, 코코아, 타피오카, 야자 기름, 소가죽, 양가죽, 돼지가죽 및 기타 피혁 등 농산품 수입을 확대함으로써 나이지리아의 무역적자를 줄여야 한다.

⑤ 중국 기업이 나이지리아에서 대형 농장을 설립하여 식량을 재배하고, 대체 에너지 또는 중국이 수입하는 주요 농산물을 생산하는 것을 중점으로 장려해야 한다.

⑥ 중국 기업은 나이지리아 토지개발, 양어, 해양 어획, 목축업과 농산물 가공에 중점적으로 참여해야 한다.

2. 코트디부아르

(1) 자원 상황

코트디부아르(상아 해안)는 아프리카 서부에 위치하고 있다. 남쪽은 대서양 기니만과 인접하고, 해안선의 총 길이는 550㎞, 면적은 32만 2463㎢에 달하며, 공용어는 프랑스어이다.

농업은 코트디부아르의 경제기반이며, 전국의 가경지 면적은 802만 ha

에 달하고, 주요 경제작물인 코코아와 커피의 재배면적은 전국 가경지 면적의 60%를 차지한다. 코코아 생산량과 수출량은 모두 세계 1위로 세계 총 공급량의 40%에 달한다. 커피 생산량은 세계 12위, 캐슈너트 수출량은 세계 3위를 차지한다. 식량은 자급자족할 수 없고, 주요 식량작물은 옥수수, 좁쌀, 수수, 쌀, 타피오카, 마 등이다. 삼림 면적은 1960년에는 1500만 ha였지만, 현재는 250만 ha 밖에 남지 않았다. 목재는 줄곧 코트디부아르의 주요 수출제품이며, 목재 수출량은 아프리카에서 3위를 차지한다. 어업 생산액은 농업 총 생산액의 7%를 차지하며 취업인구는 7만 명에 달한다.

주요 지하자원은 다이아몬드, 황금, 망간, 니켈, 우라늄, 철 및 석유이다. 이미 확인된 석유 저장량은 약 2.5억 배럴(2010년), 천연가스 매장량은 283.2억 ㎥(2010년), 철광석은 15억 톤, 보크사이트는 12억 톤, 니켈은 4.4억 톤, 망간은 3500만 톤에 이른다.

(2) 농업투자 관련 정책

코트디부아르는 전문적인 투자법을 제정하여 외국 투자자에게 아주 많은 특혜를 준다. 예컨대 '세 가지 면제, 두 가지 감면'을 시행하여 투자 문턱을 낮추고, 원스톱 서비스를 제공한다. 농업, 목축업, 어업 투자는 다음과 같은 특혜를 누릴 수 있다. 투자 지역에 따라 특혜가 다르며, 코트디부아르 남부, 즉 A지역에 대한 투자는 5년간의 특혜 기간을 누릴 수 있고, 북부 B지역에 대한 투자는 8년간의 특혜 기간을 누릴 수 있다. 또한 특혜는 투자프로젝트 실시 단계와 투자프로젝트 개발 단계의 두 단계로 구성된다. 특혜 기간 내에는 공상 소득세 또는 비상업 소득세, 영업세, 면허세의 50%를 면제 받을 수 있다. 특혜 기간의 마지막 2년에는 정상적으로 납

중국의 식량안보와 농업의 해외진출전략

부해야 하는 모든 세금의 25%를 면제 받을 수 있다.

(3) 투자환경 평가

코트디부아르는 아프리카에서 교통이 가장 발달한 국가 중 하나이며, 해운과 도로가 특히 발달하다. 아비장항은 서아프리카 최대의 천혜 양항과 아프리카 최대 컨테이너 부두이며, 또한 부르키나파소, 말리 등 서아프리카 내륙 국가의 주요 출해구와 화물 진출입 집결지이다. 상페드로항은 제2대 항구로 주로 목재, 코코아 등을 운송한다.

코트디부아르의 공업은 농산물 가공을 위주로 하며, 그 다음은 면 방직업, 정유, 화공, 건축재료와 목재가공 등이다. 최근 몇 년간 코트디부아르의 전력 발전은 자금 부족으로, 전력 생산능력이 사회의 수요를 만족시키지 못하고 있다.

코트디부아르는 자유무역제도를 실시하며, 국가 안전과 공공위생을 훼손하는 무기, 탄약, 유독제품 및 물자(유독 쓰레기 등)의 수입과 원목의 수출 금지 외에 기타 상품은 모두 다 자유롭게 수출입할 수 있다. 무역 관련 주요 법규는 『상품교역 관리조항』, 『수출입관리조항』, 『무역허가법』, 『가격관리조항』, 『경쟁관리조항』, 『국제중재법』, 『세법』, 『국가 수출금지령』 등이 있다.

(4) 투자 리스크

첫째, 1983년 중국과 코트디부아르 수교 이래 양국의 우호적인 협력관계는 순조롭게 발전해 왔다. 양국은 『경제협력협정』, 『과학기술협력협정』, 『무역협정』, 『문화협력협정』 등을 체결하였다. 2012년 양국 간의 무역액은

9.46억 달러이며, 그 중에서 중국의 수출은 8.04억 달러, 수입은 1.24억 달러이다.

둘째, 코트디부아르는 서아프리카 열대 국가 중 가장 번창한 국가 중 하나이지만, 정치 부패, 개혁 부족, 국내 소란과 빈번한 내전으로 인해 경제가 부진하다. 2010년 12월 중순에 시작한 코트디부아르 선거 후 발생한 폭력사건은 많은 사람의 사망을 초래하였다. 전란이 남긴 문제가 많다. 전 대통령 그바그보가 체포되어 우아타라가 취임한 후 정세가 전반적으로 안정되었다.

셋째, 코트디부아르 중남부는 열대 우림 기후이며, 무덥고 습하다. 북부는 열대 초원과 열대 사막 기후이며, 건조하고 무덥다. 장마철에 수해가 있는 것 외에 태풍, 지진 등 기타 자연재해는 거의 없다. 에이즈의 전파 속도가 빠르며, 2009년 에이즈 감염률은 3.4%에 이르렀다. 유엔개발계획(UNDP)에서 공포한 『2010년 인류발전보고』에 따르면 코트디부아르의 인류 발전 지수는 세계 169개 국가 중 149위를 차지한다.

넷째, 코트디부아르의 토지소유제 형식은 비교적 혼란스러우며, 원주민 지주 소유, 외래 자본가 소유, 국가 소유, 단체 소유 등 여러 가지 형식이 있다. 국내외 정치 및 경제 정세의 영향을 받아 토지문제는 종종 충돌과 전쟁을 야기하는 근원이 되며, 평화로운 시대일지라도 농업 심지어 전체 국민경제 발전에 직접적인 영향을 미친다. 1998년에 제정한 『토지법』은 기본적으로 사용되지 않는다. 농촌 토지의 임대 및 양도는 대부분의 경우 민간 구두 협의의 형식을 취하고 있다.

(5) 농업투자전략에 대한 건의

① 투자 협력을 통해 쌀 재배기지와 농장을 개발한다.

② 농산물 가공에 투자하여 농산물 원료 공급기지를 조성한다. 특히 고무와 코코아는 부가가치를 높이고, 이익을 향상시켜야 한다.

③ 어업 제품에 투자와 개발을 한다. 코트디부아르는 해양자원이 풍부할 뿐만 아니라, 지중해와 대서양 동해안에 비해 기후조건이 우수하다. 기니만, 특히 코트디부아르 부근 해역은 바람이 작고, 파도가 잠잠하여 태풍, 지진과 해일의 위협을 받지 않아 어업 어획, 해양 양식업의 발전 전망이 밝다.

④ 대형 도축장과 양계장을 설립한다. 코트디부아르 전국 1800만 인구 중 무슬림이 1/2을 차지함으로써 소고기, 양고기, 닭고기의 수요량이 많다. 코트디부아르 대형 도축장의 시설이 낙후되어 대량의 소고기, 양고기, 닭고기는 말리, 부르키나파소로부터 수입한다. 중국이 목축업 전문화 생산, 규모화 경영 면에서 가지고 있는 기술과 경험은 코트디부아르와의 협력에서 서로 보완할 수 있다.

⑤ 임업 개발을 한다. 코트디부아르는 최근 몇 년간 모든 인공림의 원목 수출을 허용한다고 규정하였다. 게다가 중국은 코트디부아르와 『임업협력협정』을 체결하였으므로 중국 기업의 임업 개발 협력을 위한 법률 상의 보장과 편리를 제공할 수 있다.

⑥ 코트디부아르 대나무자원을 개발하여 펄프를 생산한다. 코트디부아르는 대나무자원이 풍부하며, 선진적인 바이오 제지방법으로 펄프 생산원가를 낮출 수 있다. 운임을 더하여 계산해도 이윤 공간이 여전히 크다. 이는 중국 국내 펄프 부족문제를 완화시킬 수 있다.

⑦ 융자협력을 전개하여 농업협력에 금융 보장을 제공한다.

제4절 중부아프리카 농업개발 잠재력 및 투자

중부아프리카는 차드, 중앙아프리카 공화국(이하 중앙아프리카로 약칭), 카메룬, 적도 기니, 가봉, 콩고공화국, 콩고민주공화국, 상투메 프린시페 등을 포함하며 면적은 536만 ㎢, 인구는 약 5600만 명, 전체 인구 중 남부에 분포된 반투계 흑인이 약 80%를 차지하고, 나머지는 북부에 분포된 수단 어계 흑인이다. 중부아프리카의 북부는 사하라 사막이고, 중부는 수단 초원이며, 남부는 콩고 분지, 서남부는 기니 고원이다. 중부아프리카의 다이아몬드 생산량은 세계 총 생산량의 30% 정도를 차지하며, 망간 광석은 세계 총 생산량의 12%를 차지한다. 농업에서 종려유, 종려나무의 열매, 천연고무, 코코아 등은 아주 중요하다.

차드의 면적은 128.4만 ㎢이고, 가경지 면적은 5200만 ha이며, 이미 경작 중인 농경지 면적은 700만 ha에 이른다. 주요 식량작물은 수수, 옥수수, 좁쌀 등이고, 또 소량의 쌀과 밀이 있다. 주요 경제작물은 목화이며, 전국약 1/4의 인구가 목화 재배에 종사한다. 차드는 중부아프리카 지역의 주요 축산물 생산 국가이며, 40%의 노동력이 목축업에 종사한다. 중앙아프리카는 진귀한 열대 목재를 많이 생산하고, 수력자원이 풍부하며, 북부와 동부는 코끼리, 코뿔소 등 야생동물 자원이 있다. 카메룬은 지리 위치와 자연조건이 우수하고, 예부터 '중부아프리카의 곡식 창고'란 이름이 있었으며, 삼림 면적은 2240만 ha이고, 수력자원이 풍부하다. 카메룬의 연간 코코아 생산량은 23만 톤으로 세계에서 5위를 차지하며, 연간 바나나 수출량은 30만 톤으로 세계 8위를 차지한다. 가봉의 망간 매장량은 2억 톤으로 세계에서 이미 확인된 매장량의 1/4을 차지하고, 니오브(niobium) 매장량은 약 40만 톤으로 세계 총 생산량의 5%를 차지한다. 가봉은 400여 가지의 상업 수목이 있으며 오쿠메(Okoume)나무의 저장량은 1.3억 ㎥로 세계 1위를 차지한다. 콩고공화국의 가경지 면적은 1000만 ha이며, 이미 경작 중인 농경지 면적은 약 20만 ha에 이른다. 가봉의 칼리암염 매장량은 약 수십억 톤이고, 삼림 면적은 2200만 ha이며, 주요 수출 품목은 새우나무 등이다. 상투메 프린시페의 확인된 석유 매장량은 약 60-100억 배럴에 이르며, 주요 경제작물은 코코아, 코프라, 커피, 종려 나무 열매 등이다. 본 절에서는 콩고민주공화국과 적도 기니를 중심으로 소개한다.

1. 콩고민주공화국

(1) 자원 상황

콩고민주공화국(이하 콩고로 약칭)은 아프리카 중서부에 위치하며, 적도가 콩고의 중북부를 횡으로 관통하고, 약칭은 콩고(Kinshasa)이며, 20세기에 한 동안 '자이르'로 칭한 바가 있었다. 콩고의 면적은 234.5㎢이고, 삼림률은 53%으로 약 12.5억 ha에 이르고, 아프리카 열대 삼림 면적의 50%를 차지한다. 그 중 8000만 ha는 채벌이 가능하고, 연평균 채벌 가능한 목재는 600만 ㎥이지만, 현재의 채벌량은 62만 ha에 불과하다. 콩고는 오목, 홍목, 화리목, 황칠목 등 22가지의 진귀한 목재를 많이 생산한다. 수력자원은 풍부하며, 개발 가능한 수력전기 잠재량은 1억 kW로 아프리카 수력전기 자원의 37%, 세계의 6%를 차지하지만 현재 개발량은 2%에 불과하다. 해안선 길이는 37km이다.

콩고는 한동안 아프리카의 농업 대국이었으며, 우수한 자연조건은 농업생산에 아주 적합하다. 전국 가경지 면적은 1.2억 ha, 이미 경작 중인 농경지 면적은 근 600만 ha에 이른다. 주요 식량작물은 옥수수, 쌀, 타피오카, 두류 등이 있으며. 주요 경제작물은 종려, 코코아, 고무, 커피, 사탕수수, 목화, 담배, 찻잎 등이 있다. 식량은 자급자족할 수 없어 매년 쌀, 옥수수 등 각종 식량을 100만 톤 정도 수입하는 한편 소량의 경제작물을 수출한다(표 7.3 참조). 목축업과 어업은 기본적으로 낙후된 원시상태에 있고, 단지 소규모의 양식과 어획을 하며, 대도시와 중간도시의 육류와 어류 공급은 기본적으로 수입에 의존한다.

〈표 7.3〉 2005-2010년 콩고 주요 경제작물 수출량

	2005	2006	2007	2008	2009	2010
커피(t)	8192	8155	4202	15051	9070	9879
코코아(t)	1289	950	217	76	14	57
고무(t)	5578	3269	5250	–	–	–
종려유(t)	17531	13024	6016	7176	3937	685
원목(㎥)	117845	150505	213308	140711	107415	185063
제재(㎥)	30062	25253	35959	46650	40538	21475

자료출처: 콩고 중앙은행.

콩고는 자연자원이 풍부하여 예부터 '세계의 원료 창고', '중부아프리카의 보석', '지질의 기적'이라 칭하였다. 전국에 여러 가지 비철금속, 희소금속, 비금속 광산이 있다.

중국의 식량안보와 농업의 해외진출전략

(2) 농업투자 관련 정책

콩고의 『투자법』은 외국 투자자들이 콩고에 투자 시 이해해야 하는 주요 법규이다. 농업은 콩고에서 투자를 장려하는 분야다. 기업은 콩고에서 대형 프로젝트, 특히 농업개발 프로젝트에 투자하려면 협상을 통해 상응하는 특혜정책(관세 감면 등)을 누릴 수 있다. 하지만 콩고는 정부 부서 간의 커뮤니케이션과 협조의 부족으로 기업에서 누릴 수 있는 특혜정책을 효과적으로 집행하지 못하여, 기업의 경영활동에 많은 방해와 어려움을 줄 수 있다. 콩고는 조세부담이 비교적 크고, 세목이 많으며 특히 불법요금, 불법벌금 등 현상이 매우 심각하다. 따라서 기업은 경영원가 계산 시 이와 같이 예측할 수 없는 인위적인 요인을 충분히 감안하여 특혜정책에 대한 기대를 적당히 조정해야 한다.

(3) 투자환경 평가

콩고는 유엔에서 공포한 세계에서 가장 낙후된 국가 중 하나이며, 2010년 7월 세계은행과 국제통화기금(IMF)은 콩고가 이미 과중한 부채 최빈국 감채 선에 도달했다고 선포하여 콩고의 약 123억 달러의 외채를 감면하였다. 하지만 해마다 이어지는 전란으로 인해 콩고의 경제는 회복되기 어렵고, 국가 재건의 임무가 막중하다. 콩고의 공업은 주로 식품, 방직, 제화, 화학, 제약, 전기, 자동차 조립, 목재 가공, 건축재 등이며, 일정한 규모가 있는 기업은 제분소, 맥주공장, 시멘트 공장 뿐이다.

내하항운과 항공수송은 중요한 위치를 차지하고, 육로수송은 낙후되어 있다. 전국 도로의 총 길이는 14.5만 ㎞, 국가급 도로는 2.7만 ㎞에 이르며, 그 중 아스팔트 길은 2400㎞에 달하고, 대부분 도로는 일정 정도 이상 파손되었다. 철도의 총 길이는 6111㎞이며, 그 중 전기화 철도는 858㎞에 달한다.

콩고 정부는 부정부패가 심각하며, 행정 능률이 저하되어 있고, 법률 및 금융 시스템이 완비되지 못했다. 정부의 국가 경제에 대한 관리 능력이 부족하여 시장에 충분한 믿음을 주지 못하고, 거시경제의 불안정한 요인이 많다. 금융시스템은 낙후와 취약으로 기업의 투자와 자본시장에 불리하다.

중국과 콩고는 1973년, 1988년, 1999년에 『무역협정』을 3차례 체결하였다. 이 『협정』에 의하면 양국은 무역에 있어 교환가능통화로 지불하며, 상호 최혜국 대우를 한다. 1984년 양국 정부는 경제, 무역, 기술 협력 종합위원회 설립에 관한 협정을 체결하였으며, 현재까지 8차례의 회의를 개최하였다. 2007년 11월, 2010년 1월과 5월, 양국 정부는 외교문서를 교환하였다. 이 문서에 의하면 중국은 콩고에서 생산하여 중국으로 수출하는 일부 제품에 대해 제로관세의 대우를 한다. 2011년 8월 양국 정부는 『투자추진과 보호에 관한 협정』을 체결하였다.

최근 몇 년간 콩고 국내 정세가 안정됨에 따라 양국의 무역은 빠르게 증가하고 있다. 중국 세관 통계에 따르면 2012년 양국 무역 총액은 43.55억 달러이며 그 중 중국의 수입은 35.17억 달러, 수출은 9.2억 달러이다. 현재 중국은 콩고의 최대 수출시장이자 두 번째로 큰 수입국이다.

(4) 투자 리스크

첫째, 1961년 2월 20일 중국과 콩고는 수교하였으며, 9월 18일에 사고로 인해 수교관계가 중단되었다. 1972년 11월 24일 양국은 관계 정상화를 이루었고, 그 후 양국 지도자의 상호 방문은 계속되었다. 1997년 12월 로랑 데지레 카빌라 대통령이 중국을 방문하였다. 조제프 카빌라 대통령은 집권 후 2002년, 2005년에 두 차례 중국을 방문하였으며, 2008년 중국 베이징 올림픽 개막식에 참석하였다. 2012년 2월 콩고 민주인민당 총서기가 중국을 방문하였다.

둘째, 조제프 카빌라 대통령 취임 후 콩고의 평화 진척은 국제사회의 강력한 추진에 힘입어 다시 진행되었고, 외국 군부대는 잇따라 철수하였으며, 유엔 콩고 안정화 특별사업단(MONUC)의 콩고 배치는 전반적으로 순조로운 진전을 이루었다. 현재 콩고는 정세가 기본적으로 안정되고, 주류사회의 심리는 안정과 발전을 추구하고 혼란을 반대한다.

셋째, 콩고의 의료 조건은 비교적 열악하고, 평균 수명은 45세이다. 주요 전염병은 말라리아, 에이즈, 나병, 폐결핵, 콜레라, 혼수병, 장티푸스, 에볼라, 주혈흡충 등이다. 콩고 투자 시 화산 분출 등 자연재해에 유의해야 한다.

넷째, 중국 기업은 콩고에 투자하는 경우, 특히 다음과 같은 리스크를 중시하고 예방해야 한다. 첫째, 정보 비대칭 리스크이다. 콩고 현지 기업은 일반적으로 자금이 부족하고, 실력이 약하며, 중국과의 거리가 멀어 운송 시간이 길고 정보 채널이 원활하지 않아 커뮤니케이션이 불편하고 시장에 대한 상호 이해가 깊지 않다. 둘째, 행정 장애 리스크이다. 셋째, 신병 안전 리스크이다. 콩고 동부 불법 무장으로 인한 안전상 잠재된 불안전 요인이 여전히 존재함과 동시에 사회치안이 일반적으로 나쁘고, 폭력사건이 늘 발생한다. 넷째, 서양의 간섭 리스크이다. 콩고는 자원이 풍부하고 전략적 지위가 중요하여 대국의 쟁탈이 치열하다. 2008년과 2010년 중국 기업의 콩고 투자에 있어 두 번 모두 서양의 방해로 인해 실패하였다. 이에 대해 중국 기업은 조심해야 한다. 다섯째, 콩고의 실업 문제가 심각하다. 전국 15-24세 도시 젊은이의 실업률은 32%에 이르고, 95%의 농촌 인구는 취업 부족 문제가 있다.

(5) 농업투자전략에 대한 건의

콩고 농업투자 시 투자환경에 대해 객관적으로 평가하고, 법률환경의 복잡함에 적응하며, 기업 등록 작업을 충분히 준비해야 할 뿐만 아니라 특혜정책에 대한 기대를 적절하게 조정하고, 사회책임을 이행하며, 평등한 관계에 기초한 협력을 추진해야 한다. 투자 중점은 다음과 같이 건의한다.

① 농업 투자자의 능력 향상, 인프라 건설, 기술시범과 교육, 농업 생산재의 공급 등을 우선으로 한다.

② 식량, 채소 재배시범기지를 조성한다.

③ 종려, 타피오카 등 협력개발기지를 건설한다.

④ 임업 개발에 협력한다.

2. 적도 기니

(1) 자원 상황

적도 기니는 아프리카 중부에 위치하며, 서쪽은 대서양과 인접하고, 육지 면적은 2만 8051㎢이다. 그 중 대륙부분은 2만 6017㎢이고, 도서는 2034㎢이며 해안선 길이는 482㎞이다. 삼림률은 한때 80%에 달한 바 있었으나 그 후에는 관리부실, 과도한 채벌로 인해 46%로 하락되었다. 원목 생산량은 2000년 70.82만 ㎥에서 2008년 40만 ㎥로 감소하고, 그 중 약 90%는 수출되었는데, 주로 아시아로 수출하였다.

적도 기니의 가경지 면적은 약 85만 ha이고, 70%의 노동인구가 농업에 종사한다. 주요 식량작물은 타피오카, 토란, 옥수수 등이며, 식량은 자급자족할 수 없다. 주요 경제작물은 코코아와 커피이다.

적도 기니는 30만 ㎢에 달하는 배타적 경제수역이 있으며 참치, 아프리카 조기, 대하 등을 생산하지만 실제어획량은 높지 않다.

적도 기니는 자연자원이 풍부하고 천연가스와 원유 매장량은 각각 400억 ㎥와 56억 배럴에 달한다. 2009년 원유의 일일 생산량은 46.2만 배럴이다.

(2) 농업투자 관련 정책

적도 기니의 투자법은 외국 자본의 투자방식에 대해 제한을 두지 않는다. 자금, 기술과 설비는 모두 다 출자방식으로 할 수 있다. 적도 기니 정부는 어업, 제염업, 가축 양식, 코코아 죽, 종려유, 농산물 수입, 식품, 임업 가공 등 산업에 대한 외국인 투자를 장려한다.

적도 기니는 외국 투자자에게 다음과 같은 특혜정책을 제공한다.

① 외국 투자 기업은 적도 기니에 새로운 취업기회를 창출할 경우, 기업 근로자 총 임금의 50%를 기업 소득세에서 공제할 수 있고, 세수 특혜의 최대 기한은 18년이다.

② 외국 투자 기업의 적도 기니 노동자에 대한 교육비 총액의 200%를 기업 소득세에서 공제할 수 있고, 세수특혜의 최대 기한은 18년이다.

③ 비전통상품의 수출을 추진하는 기업은 적도 기니 경제부에서 발급

한 전문 신용장을 받을 수 있고, 이 신용장은 재정세와 관세를 납부할 수 있으며, 최대 납부 금액은 기업에서 비전통 상품 수출 추진을 위한 은행대부금 총액의 15%, 신용장의 유효기한은 최고 18년이다.

적도 기니 정부는 대도시 이외 지역에 대한 투자, 그리고 지방 정부에서 승인하고 실시하는 프로젝트에 대한 투자에 특혜대우를 다음과 같이 준다.

① 소득세, 매상세, 관세 및 낙후 지역에 대한 기타 세수 외에 니머지 각종 세수는 전부 면제한다.

② 적도 기니 현지인이 외국기업에 투자하는 경우, 그 투자액이 기업 총자본의 50%를 초과한 부분은 소득세 감면의 특혜를 누릴 수 있으며, 기업 자본의 변동사항은 적도 기니 계획부에 등록해야 한다.

(3) 투자환경 평가

석유 수입을 위주로 하는 재정수입의 지속 증가에 따라 정부는 인프라에 대한 투자를 끊임없이 증가하고 있다. 공항, 전력, 수리, 도로, 항구, 운동장과 체육관, 공공시설 등 분야에 대한 투자를 해마다 증가함으로써 국내의 낙후된 인프라를 개선하고 있다. 현재 적도 기니는 철도가 없다.

불리한 요인으로는 적도 기니는 세계에서 가장 낙후된 국가 중 하나이며, 경제구조가 지나치게 단순하여 국민소득의 90%가 석유산업에 의존하므로 경제발전은 국제 원유가격 변동에 영향을 받기 쉽다. 은행과 금융시스템은 상대적으로 취약하고 인플레이션이 여전히 심각하다. 전력 공급이 부족하여 자주 정전된다.

적도 기니는 노동력 자원이 아주 풍족하고, 일반 노동자는 공급이 넘치지만 기술과 경험이 있는 노동자는 부족하다.

적도 기니는 자유무역정책을 실시하며, 수입쿼터의 제한이 없다. 적도 기니는 아직 WTO에 가입하지 않았지만 WTO의 옵서버이다. 적도 기니는 중부아프리카 경제 및 통화 동맹(CEMAC)의 회원국과 중부아프리카 경제공동체(ECCAS)의 회원국으로서 기타 회원국으로부터 수입하는 제품에 대해 관세를 면제한다. 적도 기니는 목재와 코코아 수출에 있어 허가증 관리제도를 실시한다.

(4) 투자 리스크

첫째, 중국과 적도 기니는 1970년 수교 이래 양국 관계는 순조롭게 발전해 왔다. 최근 몇 년간 양국 지도자의 왕래가 밀접하고 정치적인 상호 신뢰는 강화되었다. 적도 기니 대통령 오비앙은 중국을 다섯 번이나 방문하였다. 2012년 양국의 무역액은 21.2억 달러이고, 그 중에서 중국의 수출은 3.62억 달러, 수입은 18.21억 달러이다.

둘째, 적도 기니는 아프리카에서 치안이 가장 양호한 국가 중 하나이며, 오비앙 대통령 집권 이래 국내정세가 안정되고, 경제는 지속적으로 고속 발전하였다. 국민 생활여건은 크게 개선되고, 생활수준도 비교적 크게 향상되었다. 적도 기니는 형사범죄가 드물지만 2008년 봄에 중국 노동자 유혈 사건이 발생하였다.

셋째, 적도 기니는 지진, 태풍 등 중대한 자연재해가 없고, 주로 말라리아, 장티푸스, 결핵 등 질병이 유행한다. 최근 몇 년간 에이즈가 적도 기니에서 빠르게 퍼지고 있다.

넷째, 적도 기니 토지는 대부분 개인 소유이며, 매매가 가능하다.

(5) 농업투자전략에 대한 건의

① 농업합작 시범구와 열대 농업생산 협력을 전개한다.

② 도로, 저수지, 전기 등 농업 인프라 건설 투자에 협력한다.

③ 농산물 및 해산물 가공과 저장 분야의 협력을 진행한다.

④ 농업기술 교육 및 훈련에 협력한다.

⑤ 채소의 재배, 가공, 판매의 일체화 투자에 협력하고, 식량, 과일, 화
   훼 및 기타 경제작물 시장 개발에 협력하며, 농업 기계화 투자에 협
   력한다.

제5절 북부아프리카 농업개발 잠재력 및 투자

북부아프리카는 이집트, 수단, 남수단, 리비아, 튀니지, 알제리, 모로코,
아소르스 제도(포르투갈), 마데이라 제도(포르투갈) 등을 포함한다. 그 중 이
집트, 수단과 리비아는 또한 동북 아프리카로 불리우고, 기타 국가와 지
역은 서북 아프리카로 불리운다. 북아프리카 면적은 820만 ㎢이고, 인구
는 약 1.2억 명이며, 그 중 아라비아인이 약 70%를 차지한다. 서북부는 아
틀라스산맥이고, 동남부는 수단초원의 일부이며, 지중해와 대서양 연안에
협소한 평원이 있고, 기타 지역은 대부분 사하라사막에 속한다. 북부아프
리카는 상당한 농산물이 세계에서 중요한 위치를 차지하고 있다. 이를테
면 목화 생산량은 세계 총 생산량의 약 5%를 차지하고, 아라비아 고무는
80% 이상을 차지하며, 그 외에도 코르크, 올리브유, 감귤, 포도, 대추야자,
무화과 등이 있다.

이집트는 아시아와 아프리카에 걸쳐 있어 지리적 위치가 중요하고, 상대적으로 완벽한 공업, 농업, 서비스업 체계를 이루고 있으며, 세계에서 가장 큰 식품 수입국의 하나이다. 이집트는 주로 목화, 감자와 쌀을 수출한다. 남수단은 석유자원이 풍부하고, 1인당 가경지는 6ha이며, 토지가 비옥하여 대규모 농업, 임업, 목축업 발전에 적합하지만 농업은 원시상태에 있어 기본적으로 날씨와 기후조건에 의존한다. 삼림률은 36%이며, 열대 경목을 많이 생산한다. 리비아는 이미 확인된 석유 매장량은 430억 배럴에 이른다. 해안선 길이는 1900㎞이고, 근해 수산물은 주로 참치, 정어리, 해면동물 등이 있으며, 목장 면적은 850만 ha, 가축 사육량은 약 1160만 마리로 주로 소, 양, 낙타 등이 있다. 튀니지는 해안선 길이가 1300㎞이며, 가경지의 면적은 900만 ha에 이르지만, 관개지는 약 34.5만 ha 밖에 없다. 튀지지의 올리브유 생산량은 세계 총 생산량의 4-9%를 차지한다. 본 절은 수단, 모로코와 알제리를 중심으로 소개한다.

1. 수단 공화국

(1) 자원 상황

수단은 아프리카 동북부, 홍해 서안에 위치하며, 총 면적은 188만 ㎢로 아프리카에서 세 번째로 큰 국가(2011년 남수단 공화국이 독립하기 전에는 면적이 1위로 큰 국가이며 그 후에는 3위로 떨어짐)이고, 해안선 길이는 약 720㎞에 이른다.

수단은 자원이 풍부하고, 주요 광물자원의 매장량은 철 약 3억 톤, 동 900만 톤, 크롬 70만 톤, 은 약 9000톤, 석유 약 5억 톤에 이른다. 가경지 면적은 8400만 ha이며, 이미 경작중인 농경지 면적은 1680만 ha이다. 삼림 면적은 약 6400만 ha로 전국 국토 면적의 23.3%를 차지한다. 수력자원이 풍부하고, 담수 수역은 200만 ha에 이른다.

수단은 유엔에서 선포한 세계에서 가장 낙후된 국가 중 하나이며, 경제 구조가 단순하여 농업과 목축업을 위주로 하고, 자연 의존도와 외국원조 의존도가 높다. 농업인구는 전국 총 인구의 80%를 차지한다. 가경지 면적은 8000만 ha에 이르지만 가경지 이용률은 21%에 불과하다. 농작물은 주로 수수, 조, 옥수수와 밀이다. 경제작물은 농업생산에서 중요한 지위를 차지하고, 농산물 총 수출액의 66%를 차지한다. 주로 목화, 땅콩, 참깨와 아라비아 고무 등이 있으며, 대부분은 수출한다. 장섬유 목화의 생산량은 이집트 다음가는 국가로 2위를 차지한다. 땅콩 생산량은 세계 4위, 참깨 수출량은 세계의 50% 정도를 차지한다. 아라비아 고무의 재배면적은 504만 ha, 연평균 생산량은 약 3만 톤으로 세계 총 생산량의 60-80%를 차지한다.

(2) 농업투자 관련 정책

수단 정부는 농업의 중요성을 인식하고, '농업을 수단의 영구적인 석유'로 삼고 있다. 2005년부터 수단 정부는 농업 투입을 증가하고, 일련의 농업부흥계획과 투자 장려정책을 제시하며, 국제농업협력을 적극적으로 전개하여 수단을 '세계의 식량 창고'로 건설하고 있다. 수단『투자장려법』(2007년 수정)의 규정에 의하면 농업, 동물생산은 투자를 장려하는 분야로 특혜대우를 제공하고, 상업성 생산 또는 투자 경영활동이 가동되는 그 날로부터 최소 10년 동안 영업세를 면제하며, 또한 적당히 연기할 수도 있다.

중국과 수단은『소득에 대한 이중과세방지 및 탈세방지 협정』을 체결하였다.

(3) 투자환경 평가

최근 몇 년간 수단의 인프라는 개선되었다. 철도의 총 길이는 5978km이고, 도로의 총 길이는 1만 1900km이며, 그 중 아스팔트 도로는 4320km에 이른다. 원양 상업어선은 10척으로 총 적재량은 12.2만 톤이다. 내륙 하천항로의 총 길이는 5310km이며, 선박은 300여 척에 이른다.

수단은 경제구조가 단순하고, 농업과 목축업을 위주로 하며, 공업이 낙후되어 있다. 주요 공업은 방직, 제당, 제혁, 식품가공, 제마, 담배와 시멘트 등이 있다.

수단은 법률 법규와 제도 규칙이 불완비하여, 무역 및 투자 협력을 할 때 다음과 같은 몇 가지 문제를 주의해야 한다. 첫째, 수단 정부 부서의 행정 효율이 떨어지고, 노동증, 거주증의 처리가 어렵다. 둘째, 관련 부서가 세율과 세수를 자의적으로 변동한다. 셋째, 일부 상인의 신용도가 낮다.

수단은 수출입무역에 대해 다음과 같이 규정하고 있다. 수출은 종가세를 실시하며, 목화와 아라비아 고무의 세율은 10%, 기타 제품은 5%이다. 이 밖에 항구는 또한 1.2%의 부두세를 징수하고, 국내 항공의 세율은 1%이다. 수출에 대한 수량과 쿼터의 제한이 없다. 수입에 있어 이슬람 교리와 국가안전 때문에 제한하는 주류, 마약, 도박용 도구, 무기와 탄약 외에 기타 상품의 수입은 어떠한 수량적인 제한도 받지 않는다. 일반적으로 수입 허가증은 필요 없으며, 112가지 상품에 대해 55-150%의 부가세를 징수한다. 찻잎, 커피, 분유, 대추야자 말림, 연초, 담배 포장재료, 석유에 대해 2%의 소비세를 징수하고, 그 외의 기타 대부분 수입상품에 대해 10%의 소비세를 징수하며, 약품은 소비세를 면제한다. 항구는 2%의 부두세를 징수하고, 국내 항공은 1.2%의 세수를 징수한다.

(4) 투자 리스크

첫째, 중국과 수단은 1959년 수교하였고, 현재 문화, 기술, 의료, 스포츠, 군사, 석유, 건축, 육교, 방직 등 분야에서 다년간 우호적인 협력을 하였다. 농업은 양국 협력의 핵심이며 자원의 보완적 농업협력은 양국의 호혜적 원칙에 부합한다. 수단은 중국에 목화, 아라비아 고무, 참깨, 땅콩 등 농산물을 수출하고, 축산물 무역량은 상대적으로 적다. 수단은 중국으로부터 주로 농기계, 식량, 방직품 및 기타 공업 및 농업 생산도구와 설비를 수입한다. 2012년 양국의 무역액은 42.2억 달러이며, 그 중 중국의 수출액은 21.8억 달러, 수입액은 20.4억 달러이다.

둘째, 오랫동안의 내전으로 인해 수단의 인프라 건설은 부족하고, 교통운송망과 공공시설이 낙후되어 있다. 게다가 서양 국가의 수단에 대한 경제제재가 아직 끝나지 않았기 때문에 수단의 외국자본 유치능력은 비교적 크게 제한받고 있다. 그 외에 부족 간의 충돌, 납치 등 사건이 종종 발생함으로써 외자기업에 경영리스크를 더하고 있다. 예컨대 2012년 1월 28일 중국 수력발전그룹(中國水電集團)의 수단 코르도판주 도로 건설 프로젝트 공사현장은 현지 반정부 무장단체('수단인민해방운동')의 습격으로 29명 중국 직원이 이 무장단체에 납치를 당하였고, 그 중 한 명 직원은 불행히도 총에 맞아 숨졌다.

셋째, 2001년 유엔 안전보장이사회는 수단에 대한 제재를 취소하였지만, 미국은 아직도 수단을 테러리즘을 지지하는 국가 블랙리스트에서 삭제하지 않았고, 여전히 수단에 대한 경제제재를 유지하고 있다. 남수단 독립 이후 수단과 남수단은 전란이 다시 일어났고, 국경분쟁이 종종 발생하므로 안전이 우려된다.

넷째, 수단은 생태이행대(ecotone)에 있어 가뭄, 수해와 사막화 등 기후성 재난의 피해를 보기 쉽다. 수단은 위생조건이 나쁘고, 말라리아, 뇌막염, 리프트계곡열 등 전염병이 유행한다. 수단은 전체 국민 무료 의료서비스를 실시한다.

다섯째, 수단은 토지자원이 풍부하고 외국의 수단 농업투자에 대해 적극적인 태도를 취하며, 중점적으로 지지하는 전략적 프로제트에 소요되는 토지를 무상으로 제공한다. 중국 산동루면(山東魯棉)그룹은 수단 남부의 알카다리프주 정부와 초회 10만 묘(1묘=666.67㎡)의 농지임대계약을 체결하여, 현지의 양호한 자연조건을 활용한 농업기술협력, 재배 및 가공 프로젝트를 진행하고 있다. 지앙쑤중화이(江蘇中淮)건설그룹은 35.3ha에 달하는 토지의 99년간 경영권을 매입하여, 레저 관광, 재배, 양식을 통합시킨 다기능 농장을 설립하였다. 산동탠왠(山東天源)방직회사는 수단에서 66.7ha 토지의 경영권을 매입하여, 목화 방직공장을 건설하였다. 그 외에 중왠(中原), 라우두(老杜), 가우왠(高原), 라우왜(老岳), 라우양(老楊) 등 농장은 주로 채소 재배, 산란계와 육계 사육, 농산물 배송을 운영하며, 이들 농장은 규모가 크지 않지만 수단에 진출한 중국인에게 식사 어려움을 해결해줄 수 있는 한편 대량의 중국 채소 품종을 수단에 정착시켰고, 수단 현지인에게 취업기회도 만들어 주었다.

(5) 농업투자전략에 대한 건의

중국 기업이 수단에서 경제무역활동을 전개하는 경우, 사전의 연구조사와 준비작업을 충분히 해야 한다. 첫째, 금융 및 투자 리스크를 적극 예방하여 외화 수입의 안전성을 확보해야 한다. 둘째, 상업신용을 중시하고, 수출상품 품질을 보장해야 한다. 셋째, 수단의 관습과 소비관념을 이해해야 한다. 넷째, 수단 투자 시 현지 법률을 지키고, 현지 풍습과 종교신앙을 존중해야 한다. 그 외에 수단의 실업률은 23%로 아주 높으며, 일반 노동자의 진입을 장려하지 않기 때문에 일반 노동자는 수단의 취업허가와 거주비자를 받기 어렵다. 수단의 기후는 무덥고, 건조하며, 조건이 아주 가혹하므로 수단 투자 시 심리적 준비를 해야 한다.

중국과 수단의 농업협력은 전망이 밝고, 양국의 농업협력은 수단 현지의 '배불리 먹고, 잘 먹는 문제'를 해결할 수 있을 뿐만 아니라, 산업사슬의 확장, 더 많은 부가가치의 창출 등 분야에서 큰 성과를 이룰 수도 있다. 구체적인 건의는 다음과 같다.

① 현지 농업원조와 상업적 협력이 병행하는 협력방식을 진일보 보완하고, 농업개발 시범단지와 대형 농장을 조성하여 목화 재배 및 가공, 거여목 재배, 채소 생산, 농기계 보급 등 분야의 협력을 강화하며, 우량종 번식, 생산시범, 기술교육을 통해 수단 농업생산 수준 향상에 도움을 주어야 한다.

② 농산물과 축산물의 심층가공, 재생에너지와 관개농업 프로젝트 협력을 강화한다.

③ 농업기술 보급 및 교육을 강화하고 수단 농업 노동력의 생산성을 향상시킨다.

④ 고급농업전문가를 파견하여 수단 농업발전계획 등에 대해 지도 및 교육을 실시한다.

2. 모로코

(1) 자원 상황

모로코는 아프리카 서북단에 위치하며 북쪽은 지브롤터 해협을 사이에 두고 스페인과 마주보고 있으며 지중해의 대서양 입해구에 있다. 해안선의 총 길이는 1700㎞, 면적은 45.9만 ㎢(서사하라 지역 제외), 인구는 약 3100만 명에 이른다. 공용어는 아라비아어이고, 통용어는 프랑스어이며, 이슬람교를 믿는다. 1984년 모로코는 아프리카통일기구(OAU, 아프리카동맹의 전신)에서 '서사하라 국가'를 인정하므로 이 기구에서 탈퇴하였다.

모로코의 농업은 날씨와 기후조건에 의지하여, 생산량의 변화가 비교적 크고, 식량을 자급자족할 수 없다. 농업 인구는 전국 인구의 약 50%를 차지하며, 2009년 농업 생산액은 약 250.6억 달러로 GDP의 26.9%를 차지한다. 가경지 면적은 925.6만 ha, 이미 경작중인 농경지 면적은 근 700만 ha, 관개지 면적은 100만 ha에 달한다. 식량 재배 면적은 558만 ha에 이르고, 주요 농작물은 밀, 보리, 옥수수, 채소, 과일 등이 있다. 모로코는 올리브, 감귤 수출에 있어 세계 2위의 자리를 차지하여 2009년 올리브 생산량은 85만 톤, 올리브유 생산량은 8.5만 톤, 수출은 1600톤에 이르렀고, 감귤 생산량은 128만 톤, 수출량은 48.2만 톤에 달하였다.

모로코는 어업자원이 풍부하며, 어획량은 아프리카에서 1위를 차지하고, 참치 수출량은 세계 1위를 차지한다. 모로코는 세계에서 어획량이 가장 큰 국가 중 하나로 현재 근해 어선은 2609척, 원양 어선은 500척, 어업 종사자는 40만 명에 이르며, 수출수익은 10억 달러이고, 90%는 일본으로 수출한다. 모로코는 목축업이 비교적 발달하며, 목초와 목장은 2029만 ㏊, 사육 중인 가축은 2505만 마리, 소고기와 양고기 생산량은 35만 톤, 가금육 생산량은 37만 톤에 달한다.

모로코의 인산염 매장량은 1100억 톤으로 세계 총 매장량의 75%를 차지하며, 연간 생산량은 2740만 톤에 이른다. 인산염 생산의 99%가 KHOURIBGA 지역에 집중되어 있다. 2009년 인산비료 생산량은 1800만 톤, 수출량은 574만 톤, 수출액은 6.6억 달러에 이르렀다. 인산염 파생 상품의 수출량은 419만 톤, 수출액은 17.4억 달러에 이른다. 오일 셰일 매장량은 1000억 톤 이상으로 원유 함량은 60억 톤에 달한다.

(2) 농업투자 관련 정책

모로코는 외국인 투자를 장려하며, 특히 20세기 80년대 이후 외국인 투자의 장려 및 추진을 우선적인 정책 중의 하나로 삼아 『투자법』과 『투자가이드』를 반포, 외환관리를 완화시키고 투자절차를 간소화하여 외국투자자의 이익을 보호하였다.

2005년 모로코는 『국가 공업신(新)전략 10년계획』을 제정하여, 농산물 가공, 해산물 가공을 우선적으로 발전 및 장려하는 투자 분야로 삼았다. 가뭄에 대응하고, 식량 자급자족을 실현하기 위해 모로코 정부는 오랫동안 일련의 농업투자 장려정책을 실시하였다. 예컨대 2020년 전에 각종 농업세수를 면제하고, 농업설비 수입관세를 면제한다. 또한 농기계 구매 시 국가의 '농업발전기금'에서 보조를 받을 수 있고, 구체적 보조비율은 기계설비 성질에 따라 다를 수 있다. 한편 모로코는 중국의 사막화 방지 및 퇴치 경험을 배우고 싶어 한다.

그 외에 2008년 모로코는『친환경 모로코 계획』을 수립하여 농업생산 기술을 향상시키고자 하였다. 2005년 빈곤문제를 해결하고, 지속 가능한 발전을 실현하는『국가인문발전계획』을 가동하였으며 또한 100억 디람(약 11.7억 달러)의 전용기금을 설립하였다.

(3) 투자환경 평가

모로코는 육상교통이 발달하여 국내 운송업 중에서 주도적인 지위를 차지하고, 90%의 여객운송과 75%의 화물운송은 육상교통에 의해 완성된다. 모로코는 양호한 유선 및 무선 통신시스템을 가지고 있다. 1996년 12월 알제리와 모로코를 경과하여 스페인과 포르투갈에 이르는 마그레브·유럽 천연가스 파이프라인이 정식으로 개통되었고, 파이프라인의 총 길이는 1385㎞이며, 초기에 매년 90억 ㎥에 이르는 천연가스를 수송할 수 있고, 모로코는 매년 10억 ㎥의 천연가스를 얻을 수 있다.

모로코는 공업이 낙후되어 있고, 주로 농업식품가공, 채광, 의류 방직, 피혁 가공, 화공 의약과 전기 및 야금 공업 등이 있다.

모로코는 비교적 개방적인 무역정책을 실시하며, 90여 개 국가 및 지역과 무역 거래가 있고, 주요 무역 파트너는 유럽 국가로 모로코 수출입 총액의 71%를 차지하며, 그 중 프랑스는 모로코의 최대 무역파트너이다. 2004년 모로코는 튀니지, 이집트, 요르단과『Agadir 협정』을 체결하여 4개 국의 자유무역구 설립을 선포하였다. 같은 해 모로코는 미국, 터키와 각각『자유무역협정』을 체결하였다. 2006년 1월『모로코·미국 자유무역협정』이 정식으로 효력을 발생하기 시작하였다.

(4) 투자 리스크

첫째, 중국과 모로코는 1958년 수교 이래 양국 관계가 지속적으로 발전해 왔다. 양국의 왕래는 빈번하고, 국제사무에서 양호한 협력을 이루었다. 2006년 4월 후진타오(胡錦濤) 주석은 모로코를 공식 방문하였다. 2010년 모로코는 정식으로 중국의 시장경제 지위를 인정하였다. 2012년 4월 중국과 모로코는 『중국·모로코 경제기술협력협정』을 체결하였다.

둘째, 모로코는 경제기반이 취약하고, 세계은행, 아프리카개발은행, 세계경제포럼에서 공동 발표한 『2009년 아프리카 경쟁력 보고서』에 따르면 모로코는 아프리카 경쟁력 순위에서 5위를 차지했다.

셋째, 모로코는 입헌 군주제를 실시하며, 현재는 기본적으로 안정된 상태이다. 2011년 2월 20일 모로코 민중은 민주화 시위를 하였다. 2011년 3월 9일 무하마드 6세 국왕은 전면적인 헌정 개혁을 선포하였다. 2011년 7월 1일 모로코는 『신(新)헌법초안』에 대한 국민투표를 실시하여 98.49%의 찬성표를 얻었다. 중동 혼란 정세, 테러리즘 등 문제의 영향 때문에 안전문제는 낙관적이지 않다.

넷째, 가뭄은 모로코 농업생산을 제약하는 구조적 요인이다. 모로코는 농업투자 예산의 50% 이상을 댐 건설 프로젝트에 투입하고 있으며, 현재 저수지는 이미 90여 개에 달한다. 그 외에 모로코는 에너지가 부족하며, 약 95%의 에너지는 수입에 의존한다. 모로코에서 토지를 매입하여 투자 프로젝트에 사용하는 경우, 등록세를 면제한다.

다섯째, 외국투자자는 농업용 토지를 임대할 수 있으며, 모로코 협력파트너와 함께 합자기업을 설립하는 경우, 토지를 매입할 수 있다.

(5) 농업투자전략에 대한 건의

① 사막화 방지 및 퇴치, 한지 농업생산, 생명공학기술 등을 포함하는 건조 및 반건조 지역의 생태농업에 대한 연구를 전개한다.

② 식품가공, 쌀 재배, 채소 재배 등 분야에 투자한다.

③ 소형 농기구의 생산, 보급 및 활용에 투자한다.

④ 농촌 인프라 건설에 투자한다.

⑤ 인산비료 협력개발, 어업협력과 해산물 가공, 농업기술 교육과 인적 교류 등에 투자한다.

3. 알제리

(1) 자원 상황

알제리는 아프리카 서북부에 있으며, 북쪽은 지중해와 인접하고, 국토 면적은 238만 ㎢로 아프리카에서 국토 면적이 가장 넓은 국가이다. 해안선 길이는 약 1200㎞이고, 해안 평원과 구릉 면적은 약 4만 ㎢로 알제리에서 가장 부유한 경제작물 생산지역이다. 알제리 하천은 계절성 특징이 나타나며, 여름에 물이 마르고, 겨울과 봄에는 물이 흐른다. 하천 중 슐레프강은 약 700㎞으로 가장 길다. 사막 면적은 국토 면적의 85%를 차지한다.

알제리의 확인된 석유 매장량은 15억 톤에 이르며, 주로 사하라 경질유이고, 유질은 유성이 비교적 높다. 천연가스 매장량은 4.28조 ㎥이고, 석유 및 가스 제품은 대부분 수출한다. 기타 지하자원은 주로 철, 납, 아연, 우라늄, 동, 금, 인산염 등이다.

알제리 농업은 기본적으로 날씨와 기후에 의존하고 기후 변화가 농업 생산량에 비교적 큰 영향을 미친다. 주요 농산물은 식량(밀, 보리, 귀리, 두류), 채소, 포도, 감귤, 대추야자 등이다. 가경지 면적은 7500만 ha이며, 경작중인 면적은 약 846만 ha로 국토 면적의 3%를 차지하고, 그 중 식량을 생산하는 농경지는 306만 ha, 과수림은 57.7만 ha, 포도원은 8.2만 ha, 채소 밭은 16만 ha이다. 식량 생산량은 변화가 비교적 크고, 식량, 우유, 기름, 설탕 수입에 있어 세계 10대 국가 중의 하나이다. 삼림률은 11%이고 코르크 생산량은 세계 3위를 차지한다. 전국의 목장 면적은 3200만 ha에 이른다. 어업 자원은 근해에 집중되며 연간 어획량은 50만 톤이다.

(2) 농업투자 관련 정책

2006년 알제리는 『투자법』 개정안을 공포하여, 2001년의 『투자법』을 수정 및 보완하였다. 신법안은 여러 가지 투자특혜정책을 규정하였으며, 또한 투자특혜정책을 3개 부분으로 분류하였다. 그 주요 내용은 다음과 같다.

〈1〉 법률 규정에 부합하는 모든 투자 프로젝트에 대한 특혜정책

이 특혜정책은 법률 규정에 부합하는 모든 투자 프로젝트에 적용된다. 알제리 투자발전국에 투자 프로젝트를 신청하여 승인을 받은 후, 프로젝트 건설 단계에서 일련의 세수 특혜를 누릴 수 있다. 예컨대 프로젝트에 직접 사용하는 수입 물품 및 서비스의 관세, 현지에서 매입한 물품 및 서비스의 부가가치세, 프로젝트 건설 범위 내에서 매입한 모든 부동산의 유상 양도세 등의 면제 특혜를 받을 수 있다. 생산 가동 후 3년 내(세무기관의 확인서 필요)에 기업 이익세(IBS)와 직업활동세(TAP) 면제의 특혜를 누릴 수 있다.

　　　　　　　　　　중국의 식량안보와 농업의 해외진출전략

〈2〉 국가에서 중점 지원하는 지역에 투자한 프로젝트에 대한 특혜정책

국가에서 중점 지원하는 지역에 투자한 프로젝트는 투자 범위 내에서 매입한 모든 부동산의 유상 양도세 및 투자에 직접 사용하는 수입 설비의 관세를 면제 받을 수 있다. 자본 등록 및 증자 시의 등록세는 2‰의 세율로 징수한다. 프로젝트에 따른 인프라 건설 비용은 국가투자발전국의 가격 평가를 받은 후, 해당 비용의 전부 또는 일부를 국가에서 부담한다. 생산 가동 후(세무기관의 확인서 필요), 10년 동안 기업의 이익세(IBS)와 직업활동세(TAP)를 면제받을 수 있고, 프로젝트에 사용하는 부동산은 매입한 날부터 10년간의 토지세를 면제받을 수 있다. 또한 생산활동에 유리하거나 생산활동을 개선시킬 수 있다는 전제에서 결손금 이월 및 감가상각 기한 연장과 같은 별도의 특혜를 누릴 수 있다.

〈3〉 국민경제 발전에 유익한 투자 프로젝트에 대한 특혜정책

국민경제 발전에 유익한 투자 프로젝트는 투자발전국에서 국가를 대표하여 투자자와 협상하여 관련 협의를 체결하고, 국가투자위원회의 승인을 거친 후 상응하는 특혜정책을 받을 수 있다. 프로젝트 실시 단계(최장 5년)에 있어 투자에 사용하는 제품 및 서비스의 수입관세 또는 현지 구입 시 부과되는 모든 세수를 면제받을 수 있다. 프로젝트와 관련된 부동산 양도세 및 합법적인 공고 게재의 등록세를 면제받을 수 있고, 자본 등록 및 증자의 동록세를 면제받을 수 있다. 프로젝트에 소요되는 부동산의 토지세도 면제받을 수 있다. 생산 가동 후(세무기관의 확인서 필요) 최대 10년 동안의 기업 이익세를 면제받을 수 있다.

그 외에 신법안은 투자자 특혜 신청에 대한 알제리 국가투자발전국의 답변시간을 단축시켰다. 즉 국민경제 발전에 특별한 이익이 있는 프로젝

트 외에, 프로젝트 실시 단계의 특혜 신청에 대해 72시간 내에 답변하고, 생산 단계의 특혜 신청에 대해서는 10일 내에 답변한다. 또한 알제리 국가 투자위원회 결의에 의하면 상기와 같은 프로젝트는 별도의 특혜도 누릴 수 있다.

한편 2009년 알제리 정부는 외국인투자에 대해 다음과 같이 새로운 규정을 제정하였다. 즉 외국인 직접투자 프로젝트는 모두 알제리 합작 측에서 지배해야 한다. 하지만 알제리 합작 측에서 지배하는 지분은 몇몇 기업에서 나누어 소유할 수 있어 외국투자자는 여전히 최대 지분을 유지할 수 있다.

알제리 법률 규정에 따르면 알제리 국적이든 외국 국적이든, 법인이든 자연인이든 알제리 국내에서 주체 사업(기업 총 매출의 60% 이상 차지하는 사업)에 2년 이상 종사한 자이면 차별없이 모두 주민으로 취급받아 법률 면에서 알제리 국민과 동등한 대우를 받을 수 있다.

(3) 투자환경 평가

알제리 육로운송은 도로를 위주로 하며, 도로 적재량은 83%를 차지하고, 철도는 17%를 차지하며, 철도는 주로 북부에 집중되어 있다. 알제리는 45개 항구가 있고, 최대 항구는 알제리항이다. 알제리는 또한 53개 공항이 있으며, 현재는 20개 국가와 연결하는 50여 개 국제항로를 개설하였다. 알제리는 9개 가스 운송 파이프라인이 있으며, 총 길이는 4699㎞이다.

알제리의 경제규모는 아프리카에서 남아공에 이어 2위를 차지한다. 공업은 석유와 가스를 위주로 하고, 철강, 야금, 기계, 전력 등 기타 공업은 발달하지 않는다. 알제리는 농산물 가공시설이 낙후하고, 공업화 수준이 낮다.

노동력은 전반적으로 과잉상태이며, 노동력 자질이 높지 않고, 기술수준이 비교적 낮으며, 청장년 관리인재가 부족하다.

농업경작 규모가 작고 분산되어 있어, 다면적 기계화 조업에 불리하고, 개인 농업과 협동조합(EAC) 형식의 농업이 가경지의 78%를 차지한다. 농업인구가 노령화되고, 교육수준이 낮다. 정부의 행정능률이 낮고, 계획경제의 특징이 뚜렷하다.

2009년 알제리 정부는 일련의 정책을 반포하여 대외무역을 바로잡고, 현지 기업을 지원하여 자국 공업을 발전시키기 위해 수입을 제한하였다. 중국 기업 수출에 영향을 미칠 주요 정책은 다음과 같다.

① 무역 분쟁, 밀수, 위조 등 여러 가지 원인으로 알제리 수입 화물의 항구 정체 시간이 긴 문제가 심각하고, 수많은 화물이 항구에서 직접 소각처리되기도 한다.

② 수입 화물 통관 시 반드시 공식적인 합격증서가 있어야 하며, 이 증서는 수출국 유관 부문에서 발급한 것이어야 한다.

③ 알제리에서 수입업에 종사하는 모든 외국 기업에는 반드시 알제리 자연인 또는 법인의 출자금이 있어야 하며, 알제리 측이 최저 30%의 지분을 소유해야 한다. 이 정책은 2009년 3월 1일부터 시행되었다.

④ 외국 상품의 수입을 줄이고, 현지 생산을 장려하기 위해 알제리 정부는 국제 및 국내 입찰을 통해 사무용 기계와 가구를 조달할 경우, 국산 상품을 우선 고려하며, 조달 상품 중 국산 상품이 최고 15%를 차지할 수 있다. 한편 공사, 서비스, 연구, 공업 및 의료용 설비가 포함된 모든 설비 조달 시 국산 상품 또는 서비스를 우선적으로 고려하는 가운데 국산 상품 또는 서비스 품질은 적어도 외국 입찰 기업

의 상품과 서비스 수준과 동등해야 하며, 국산 상품의 비율은 최고 15%까지 차지할 수 있다. 이와 같은 조치는 국제 및 국내 입찰에 적용될 뿐만 아니라 협상방식의 입찰에도 적용된다.

(4) 투자 리스크

첫째, 중국과 알제리의 우의는 견고하다. 양국은 1958년 수교 이후 우호적인 관계를 계속 발전해 왔고, 2004년에는 전략적 협력관계를 수립하였다. 양국 정부는 농업, 위생, 과학기술, 경제기술, 투자 보호와 촉진, 이중과세 및 탈세 방지 등 여러 분야 협력에 대한 협정을 체결하였고, '경제·무역·과학기술 종합위원회' 체제를 설립하였다. 2012년 양국의 무역액은 77.3억 달러이고, 그 중 중국의 수출은 54.16억 달러, 수입은 23.14억 달러이다.

둘째, 알제리는 공화제도를 실시하는 국가이다. 최근 몇 년간 북아프리카의 이집트, 튀니지, 리비아 등 국가에서 잇따라 소란이 발생함에 따라 알제리도 어느 정도 연루되었으나 그 영향은 크지 않았다. 알제리 정부는 일련의 조치를 취한 후 정세가 안정되었고, 현재 북아프리카 대국 중에서 정세가 가장 안정된 국가이다.

셋째, 알제리는 무료 의료제도를 실시하여 진료 시 약간의 병원접수비만 지불하며, 약품은 스스로 약국에서 구입하고, 입원 후의 진료 비용은 전부 면제된다. 알제리 산간지역은 지진이 있고, 장마철에는 산사태와 홍수 등 재해가 있으며, 강렬한 아프리카 열풍이 있는데, 특히 여름철에는 바람 속에 흙먼지와 모래가 뒤섞여 있다.

넷째, 알제리는 개인소유 토지가 비교적 적고, 농업용지는 개인이 점유할 수 없다. 2011년 8월 15일 알제리는 새로운 농촌 토지법을 통과하여 새로운 토지 사용방식과 조건을 규정하였다. 농민은 18개월 내에 국가토지사무실(ONTA)에 기한 있는 토지 임대 사용권을 다시 등록 신청해야 한다. 신청기한이 초과한 경우, 사용권 포기로 간주하여 토지를 회수하여 기타 농민에게 임대할 수 있다. 한편 신토지법은 농민에게 보다 많은 토지 경영 자주권을 부여한 가운데 농민은 은행대출을 신청할 수 있고, 외국 자본과 파트너 관계도 맺을 수 있다.

(5) 농업투자전략에 대한 건의

알제리에서 농업투자를 하는 경우 현지 주민과의 관계를 밀접히 해야 하고, 현지 무슬림 풍속을 존중하며, 종교를 가지고 장난해서는 안 된다. 구체적인 건의는 다음과 같다.

① 전형적인 농경지를 선택하여 토양을 개량하고, 농업관개시설을 보완해야 한다. 농작물과 채소의 우량품종을 도입하여 재배 실험을 해야 하고, 재배 실험이 성공하면 바로 육종하여 농업과학연구기지, 재배시범기지와 우량종공급기지를 설립하며, 농업기술교육을 전개함과 동시에 농업경험을 보급해야 한다.

② 농산물 가공을 통해 부가가치를 창출하고 수출을 촉진해야 한다. 부가가치 창출과 수출 증대의 잠재력이 있는 품목으로는 대추야자, 포도주, 제철 채소, 과일, 유전자 변형 농산물 등이 있다. 그 외에도 도축공장을 설립하여 육류 제품의 부가가치를 높이고, 수출을 증대해야 한다.

③ 현지 시장에 공급하는 농산물을 개발하고, 유제품 가공공장과 밀가

루 가공공장을 설립해야 한다.

④ 묘포, 종자생산, 농기구 제조공장과 같은 농업 관련 분야에 대한 투자도 고려해야 한다.

본 장의 집필자: 高伟 (중국 외교부 연구실)

중국의 식량안보와 농업의 해외진출전략

3편

※※※※※※※※※※※※※※※

중국 농업 해외진출 전략

중국 농업 해외진출의
전략적 배치와 조치

농업 해외진출 전략은 중국이 실행하는 해외진출 전략의 중요한 구성 요소이며 중국 주요 농산물의 효과적인 공급 및 국가 식량안보를 보장하는 중대한 조치이다. 최근 몇 년간 중국 농업의 해외진출은 상당한 효과를 거두고 있으나 여전히 모색하는 초기 단계라 여러 가지 미해결된 문제가 남아 있다. 향후 10-20년간 중국은 농업 해외진출에 있어 수많은 도전에 직면하겠지만 외부환경은 전반적으로 유리해 기회를 잘 포착하고, 농업 해외진출의 전략적 배치를 명확히 하는 한편 국가적 차원에서 전반적으로 계획하고 지지하여 농업 해외진출의 속도를 높여야 한다.

제1절 중국 농업 해외진출 현황 및 성과

농업 해외진출은 주로 해외에서 전개되는 농업 분야에 대한 직접투자 (FDI) 활동을 의미한다. 2007년 중국 중앙정부 1호 문건에서 '농업 해외진출전략 실행에 관한 촉진'을 처음으로 제기한 이래 중국의 해외농업투자 규모는 끊임없이 확대되고 있으며 다음과 같은 특징을 나타내고 있다.

1. 투자 규모의 신속한 확대

2004-2012년간 농업의 대외직접투자액은 289억 달러에서 1461억 달러로 4배 증가, 연간 성장률이 225%에 달하였다. 특히 국경 지대에 위치한 성(省)이 주변 국가에 대한 농업투자 증가속도가 비교적 빨랐다. 예컨대 헤이룽지앙(黑龍江)성의 대 러시아 농업개발 면적은 2005년 210만 묘에서 2011년 690만 묘로 증가하였다. 그 중에서 헤이룽지앙 농업개간그룹(黑龍江農墾)의 총 개발면적은 150만 묘이며 투자액은 15억 위엔을 넘어서 식량 생산 누계가 9.5억 kg을 초과하였다.

2. 투자 대상 지역의 지속 확대

통계에 의하면 2012년 5월까지 중국이 해외에 설립한 농업기업수는 598개로 93개 국가(지역)와 농업협력을 전개하고 있다. 예컨대 중국 농업발전그룹공사(中國農業發展集團公司) 등 기업은 약 10개의 아프리카 국가에 투자하여 재배 및 양식업 분야에서 협력을 전개하였다. 중국원양어업(中國

遠洋漁業)은 이미 해외에 약 130개 거점(대표처), 합자기업 및 후방보급기지를 세워 원양어업 자원이 공해어업 자원에서 차지하는 비율이 2001년 1%에서 현재 6%로 성장하였다.

3. 투자방식의 점진적 다원화

대외직접투자는 주로 2가지 방식 즉 그린필드형 투자와 인수합병(M&A) 투자로 이루어진다. 중국 기업의 해외 농업투자 방식은 대체로 그린필드형 투자로서 독자방식으로 투자대상국에 진출하는 경우가 비교적 많고, 초기단계 투자 중 대부분이 농업생산부분에 집중한 후 점차 가공, 저장, 운송 등으로 발전하는 추세이다. 예컨대 헤이룽지양성이 러시아에 세운 해외 식량 및 채소재배, 축산양식 및 농산물가공 기지 가운데 중점 프로젝트가 2005년 70개에서 2011년 172개로 발전하였다. 최근 몇 년간에는 중국 기업의 실력이 커짐에 따라 해외 인수합병 등 투자방식이 점차 증가하는 추세이다. 2011년에 오유유업(澳優乳業)이 네덜란드 Hyproca유업그룹의 51%의 주식을 매수하여 지배주주가 되었으며 2013년에는 쌍후이(雙滙)그룹이 71억 달러를 투자하여 세계에서 가장 큰 돼지 생산 및 돼지고기 공급기업인 Smithfield 식품회사를 인수하였다.

4. 농업 산업사슬의 점진적 확장

중국은 해외 농업투자개발의 대상 품목에 있어 초기단계의 식량에서부터 돼지고기, 유제품, 과일, 채소, 목재, 설탕, 주류, 수산 등 품목으로 점차 확대하였다. 농업의 부문별로는 최초의 재배업에서 양식업, 유업, 식품가공업, 저장물류업으로 점차 발전되어 산업부문의 다원화를 초보적으로 실현하였고, 산업의 사슬이 확장되었다. 예컨대 헤이룽지앙성의 해외농업 개발 프로젝트 가운데 재배, 양식, 가공이 일체화된 종합개발 프로젝트의 비중이 이미 30% 이상을 차지하였다.

전반적으로 보면 중국 농업의 해외진출 추세는 비교적 양호하여 전 세계 농업자원에 대한 배치능력을 제고하였고, 중국의 농업발전 공간을 확대하였으며 투자대상국의 농산물 공급을 증가시키는 한편 현지의 시장수요를 만족시켜 고용을 창출하였다. 조사결과에 따르면 현재 중국의 해외진출기업이 해외에서 생산한 식량 등 농산물은 주로 현지 시장에서 판매되거나 제3국 시장으로 수출되어 국내로의 반입량은 아주 적은 편이다. 따라서 현재의 경우 중국 농업 해외진출이 식량안보에 미치는 영향은 극히 미미하다.

제2절 중국 농업 해외진출의 주요 문제점

현재 중국 농업 해외진출은 대체적으로 기업의 자발적 행위로 이루어져 투자의 부문과 지역이 분산되어 기업성장이라는 목표와 국가식량안보라는 목표 간의 연관관계가 부족하며 몇 가지 해결되지 않은 문제에 직면해 있다.

중국의 식량안보와 농업의 해외진출전략

1. 농업의 대외직접투자 규모가 전반적으로 적으며 투자주체는 작고 분산되며 약함

현재 농업의 대외직접투자액은 중국 전체 대외직접투자액의 1.07%에 불과하여 일본의 7%에 비해 매우 낮은 수준이다. 중국 농업의 해외투자는 중소기업 위주로 대기업이 비교적 적고, 단일 프로젝트의 투자규모도 평균 수십만 달러 정도에 불과하다. 예컨대 헤이룽지앙에서 해외 농업개발 및 경영에 종사하는 주체 중 개인이 러시아에서 개발, 경영하는 면적이 거의 30%에 달하는 반면 기업이 개발 주체로 개발한 면적은 절반에 미치지 못할 뿐 아니라 대부분이 중소기업이다.

2. 대부분의 농업투자 프로젝트가 생산부문에 편중되어 농업 전체 산업사슬에 대한 지배능력이 취약함

다국적 대형 농업기업은 농업생산부문에 대한 투자는 적고, 절대다수의 경우 종자, 화학비료, 농약 등 농업의 후방산업부문과 가공, 물류, 무역 등 농업의 전방산업부문에 투자한다. 이들 기업은 통상 주문방식으로 진출 대상국 농가의 농산물을 수매한다. 한편 중국 기업의 경우, 해외 농업개발의 초기단계로서 투자가 주로 농업생산부문에 편중되어 농산물 가공에 대한 투자는 부족하고, 저장, 물류 및 무역에 대한 지배능력이 취약하며 해외 인수합병이 상대적으로 적을 뿐만 아니라 대부분 투자의 리스크가 크고 이윤율이 비교적 낮은 농업 산업사슬 밑단에 놓여 있다.

3. 자금 부족 문제가 심각함

첫째, 재정지원이 부족하다. 중국은 해외 농업투자에 대한 지원자금이 설립되지 않았을 뿐만 아니라 세수와 관련된 우대정책도 부족한 상황이다. 둘째, 금융지원이 부족하다. 해외투자에 대한 자금 확대 지원제도가 없고, 해외농업투자의 리스크가 높으며 투자회수주기가 길기 때문에 대부분 기업이 융자에 어려움을 겪고 있다. 많은 기업이 해외투자에 있어 여전히 자기자금을 위주로 해 자금규모가 작은 편임에 따라 국제경쟁력 제고에 어려움이 있다.

4. 위험 대처능력이 비교적 약함

해외투자는 위험성이 높은 분야이며 그 중에서 농업의 해외투자 위험성은 특히 높다. 이러한 고위험성에 대비하여 중국 기업의 대응 및 방어능력은 비교적 약하다. 첫 번째의 위험은 투자대상국의 정치적 위험이다. 일부 개발도상국에 있어 자원은 풍부하지만 정치적 환경은 불안정하고, 정국 변화도 크다. 두 번째의 위험은 투자대상국의 보호무역주의이다. 일부 국가는 중국 농업투자에 대한 경계심이 크며 특히 중국 국유기업에 대해 더욱 그러하다. 세 번째의 위험은 국제경제환경의 변화이다. 농업 해외진출 프로젝트의 경우 건설과 생산주기가 비교적 길어 농산물 가격 및 환율 변동이 비교적 크다. 네 번째의 위험은 투자자가 매수 또는 임대한 토지에 대한 대상국의 규제가 점점 많아지는 것이다. 이는 중국 해외농업투자가 초기단계 투자와 완전히 다른 환경에 직면하게 되어 토지임대 비용과 투

중국의 식량안보와 농업의 해외진출전략

자 불확실성을 증가시키게 되었다. 예컨대 필리핀 국내 정치환경의 변화로 인해 헤이룽지앙 농업개간그룹이 이미 계약한 100만 ha 토지개간 프로젝트가 일시중지된 바 있었다.

5. 국내 정책지원 강도 및 서비스 능력이 확연히 부족함

국가 유관기관은 농업 해외진출에 대해 일정한 지원정책을 마련하였으나 체계성이 미비하여 지원역량이 부족하다. 첫째, 세수우대정책이 불완전하다. 중국은 일부 국가와 아직 '이중과세방지협정'을 체결하지 않아 해외에서 생산하여 국내로 반송하는 농산물에 대한 관세 및 부가가치세 부과 등 이중과세문제가 여전히 존재하고 있다. 둘째, 정보수집 및 서비스 능력이 부족하다. 중국은 FAO에 상주한 대표처 외에 단지 미국, 필리핀 등 대사관에 농업참사관을 두고 있어 국제농업 관련정보 수집 및 서비스가 기업의 수요를 만족시킬 수가 없다. 셋째, 해외농업투자에 대한 인센티브 체제를 마련하지 못하고 있다. 특히 해외농업투자 세금환급, 장려, 대출보조 등 방면에서 인센티브 체제가 부족하다. 넷째, 국유기업의 전략적 해외농업투자 프로젝트 촉진을 위한 심사평가 및 인센티브제도가 불완전하다. 국가의 국유기업에 대한 현행 심사평가제도는 일년에 한 번씩 평가하는 방식으로써 규모가 크고, 투자회수기간이 비교적 긴 해외농업투자가 기업에 비교적 큰 부담을 가져다 줌으로써 기업의 해외진출을 제약하고 있다. 다섯째, 관리체제 면에서도 일정한 문제가 존재한다. 국가의 '농업해외진출산업 부서간 합동지도위원회'가 발휘할 수 있는 역할에 한계가 있으며 여러 부서간 분산화 관리, 소통이 원활하지 않는 등 문제들이 여전히 남아 있다.

제3절 중국 농업 해외진출의 전략적 배치

중국 농업발전자원 제약의 격화, 농산물 수급의 불균형, 농업의 국제시장 의존도가 지속 증가하는 상황에서 농업의 해외진출을 가속화시키는 것은 한층 더 필요하고 긴박하다. 따라서 농업 해외진출의 전략적 위상을 보다 명확히 하고, 해외진출의 중점 지역을 확정하는 한편 적절한 투자방식을 선택해야 한다.

1. 농업 해외진출의 전략적 위상 명확화

현재 농업 해외진출에 대한 목소리는 높아지고 있으나 해외진출의 목적과 역할에 대한 이해에 있어서는 큰 차이가 있다. 예를 들면 일부는 해외진출을 통해 해외 토지를 활용하여 국내 토지자원의 부족을 보완해야 한다고 주장하고, 다른 일부는 전 세계의 식량부족을 걱정하여 해외진출을 통해 해외 식량자원을 지배해야 한다고 주장하는 한편 또 다른 일부는 해외진출을 활용하면 다국적 식량기업을 피할 수 있어 낮은 가격으로 식량을 확보할 수 있다고 주장한다. 만약에 실제와 맞지 않은 과도한 기대에 기반한다면 농업의 해외진출은 시행착오를 겪을 수 있고, 심지어 막대한 대가를 치러야 할 수도 있다. 여기서 새로운 시기에 중국 농업 해외진출에 대한 전략적 위상에는 다음과 같은 3가지 측면이 포함되어야 한다.

첫째, 해외농업자원을 활용하여 국내에 부족한 품목 수입원에 대한 지배능력을 강화해야 한다. 밀, 쌀 등 일상용 식량은 주로 국내시장에 의존하여 공급을 충족시키는 하는 한편 오일시드, 옥수수, 설탕 등 부족한 농산물은 국제시장 및 해외자원을 십분 활용하여 국내 수요를 충족시켜야만 한다. 해외농업자원 개발에 대한 주도권을 장악하고, 전 세계 농업산업사슬에 대한 지배력을 강화해야만 단순한 농산물수입이 가져오는 위험을 방비, 조정 및 제거할 수가 있다. 중국의 부족한 농산물수입 규모가 지속 확대되는 상황에서 농업의 대외직접투자 규모를 확대하고, 해외에서 국내에 부족한 농산물의 예비공급거점을 구축하는 한편 해외농업자원 수입에 대한 안정성과 자주성을 보장해야 한다.

둘째, 전 세계 농업시장경쟁에 참여하여 중국 농업기업의 국제경쟁력을 높여야 한다. 현재 소수의 다국적 농업기업이 전 세계 농업시장을 독점하고 있으며 중국 농업 관련기업의 국제화경영 및 관리능력은 부족하다. 예를 들면 중량(中糧)그룹의 경우 2012년 판매수입이 2819억 달러로 세계 다국적 곡물 메이저기업 중 1위인 Cargill의 21% 수준에 불과하며 규모가 작고, 국제경쟁력도 높지 못한 편이다. 대기업을 중국이 추진하는 농업 해외진출전략의 매개체로 삼아 이들 기업의 그린필드형 투자 및 인수합병투자 등 방식에 의한 해외 농업종합개발, 농산물가공, 저장 및 운송, 시장마케팅 등 전개를 장려하고 다국적 경영을 중점으로 한 전 세계에 식량, 식용유, 식품 등 산업의 산업사슬 체계를 구축하여 중국 자체의 기업을 국제적 대형농업기업으로 육성하고 국제 식량메이저기업의 독점을 타파하는 한편 전 세계 농업시장에 대한 경쟁력을 제고해야 한다.

셋째, 농업기술 수출을 확대하여 개발도상국의 식량생산능력을 제고해야 한다. 중국 농업은 기술방면에서 현저한 우위를 가지고 있다. 이는 중국의 외교관계에 있어 중요하고 유리한 자원으로서 이를 잘 활용해야 한다. 대외투자 확대를 통해 중국 농업기술 수출을 촉진하고, 투자 대상국에 농업기술관련 실험, 시범 및 인력양성센터를 세워 투자 대상국의 농업기술 수준 및 생산능력 제고를 지원함으로써 대상국의 농산물 공급을 증가시키는 것은 중국이 책임감 있는 대국이라는 이미지를 심어주는 데 유리할 것이다. 또한 이는 중국 외교 및 정치에 많은 이익을 가져다 줄 것이며 국제영향력 또한 증진시킴으로써 일부 해외 언론에서 중국의 아프리카 농업투자를 '울타리를 치는 신(新)식민주의'로 바라보는 편견을 없애고, 중국의 발전 측면에 있어 평화로운 국제환경을 조성하는 데 유리할 것이다.

2. 농업 해외진출의 중점 지역 확정

투자 대상국(지역) 선택에 있어 우선적으로 토지자원이 풍부하고, 생산조건이 양호하며, 국내 식량자급률이 비교적 높을 뿐만 아니라 토지소유권이 명확하고 중국과 비교적 거리가 근접한 국가와 지역을 고려해야 한다.

첫째는 주변국가로 특히 러시아 극동지역, 중앙아시아, 라오스, 캄보디아, 미얀마 등 국가이다. 러시아의 농업용지는 22억 ha로 농경지가 약 1.34억 ha이며 거의 1/4이 아직 유휴상태로 남아있다. 중앙아시아 5개국은 토지자원이 풍부하며 농업용지가 약 2.8억 ha로 토지개발정도가 높지 않다. 라오스, 캄보디아, 미얀마 3개국의 경우 아직 개발되지 않은 이용가능한 경작지가 1800만 ha에 달한다. 이러한 국가들의 농업개발 잠재력은 크고, 중국과 농업합작개발에 대한 바람이 강할 뿐만 아니라 중국과 지리적으로 인접해 있어 중국의 인력과 농업생산재가 진출하고, 현지 생산 농산물을 국내로 반입하는 데 있어 가장 유망하다. 또한 중국 기업이 이들 나라에서 이미 어느 정도 투자기반을 조성하였으므로 단기 및 중장기적 투자의 중점으로 삼아 토지개발과 농산물가공 및 저장물류체계 수립을 통해 중국의 중요한 '해외 곡창' 지대로 만들어야 한다.

둘째는 남미 브라질, 아르헨티나 등 농업자원 및 식량 생산 대국이다. 유엔 식량농업기구(FAO) 통계에 따르면 라틴아메리카 지역의 약 4.2억 ha 토지는 농경지로 개조할 수 있어 잠재력이 아주 큰 편이다. 이들 국가는 중국의 주요한 대두, 오일시드의 수입원천이자 다국적기업의 투자밀집지역이지만 무역, 물류, 가공 등에서 여전히 투자기회가 남아 있음에 따라 중기적인 투자중점지역으로 삼아 향후 중요한 해외 오일시드, 옥수수 공급기지로 발전시켜야 한다.

셋째는 남부 아프리카의 토지자원 대국이다. 아프리카의 경작가능면적은 8.1억 ha, 기경작 면적은 2.1억 ha이며 기경작 면적 중 실제 이용토지 면적은 1/4에 불과하다. 아프리카의 개간지수는 6.4%로 세계 평균수준인 11%보다 훨씬 낮다. 아프리카 국가의 농업개발에 대한 잠재력은 크지만 농업생산 조건이 부족하고, 농업기술이 낙후하며 투자환경에 대한 개선이 필요할 뿐만 아니라 투자위험성도 작지 않음에 따라 장기적인 투자를 고려할 수는 있지만 단기적으로는 주로 농업합작과 원조를 강화하여 이들 국가의 식량생산능력 제고를 지원해야 한다.

넷째는 북미, 유럽연합(EU), 호주 등 선진국이다. 이들 국가의 농업 현대화수준이 높고, 대형 다국적 농업기업이 밀집해 있음에 따라 중국 기업의 외국 농업기업에 대한 지분출자를 장려하는 한편 기회를 노려 인수합병을 추진함으로써 중국의 기술관리수준 및 국제화경영의 참여능력을 제고해야 한다.

3. 적절한 투자방식 선택

중국 농업 해외진출에 대한 투자방식 선택에 있어 4가지 원칙을 견지해야 한다. 첫째는 식량비축을 위주로 하고 농지비축을 보조로 하여 투자 리스크를 낮춰 투자효율을 제고한다. 둘째, 대외원조와 농업 해외진출을 긴밀히 연계하여 원조를 통해 먼저 길을 내면 투자가 뒤따르게 한다. 셋째는 주로 농산물 공급사슬, 가공, 저장 및 운송, 마케팅 등 비재배업 및 양식업 부문에 대한 투자를 목표로 한다. 넷째, 투자 대상국의 환경 기준을 준수하여 부정적인 영향을 가능한 한 최소화한다.

제4절 중국 농업 해외진출 실행을 위한 전략적 조치

1. 해외 투자주체의 육성

첫째, 농업 및 식량 관련 국유기업의 주도적인 역할을 충분히 발휘해야 한다. 중량그룹, 농업개간 기업 등의 해외투자를 장려하고, 창고 저장 및 물류시설을 건설하는 한편 생산, 수매, 창고 저장, 운송에서부터 무역가공에 이르는 전 세계적인 식량, 식용유, 식품의 생산유통 네트워크를 구축해야 한다. 둘째, 민영기업의 적극성을 유도해야 한다. 민영기업의 우위를 충분히 발휘하고, 해외 식량생산 산업사슬 연관부문에 대한 민영기업과 산업기금 투자의 적극성을 장려하여 민영기업과 산업기금이 강대해지도록 지원해야 한다. 셋째, 기업들의 공동투자를 장려해야 한다. 국유기업과 민영기업간 지분합작, 공동기금 설립, 공동단지 건설 등 방식으로 협력을 전개함으로써 국가의지와 기업이익이 결합될 수 있도록 해야 한다. 넷째, 기업의 사회적 책임을 강화한다. 해외투자기업과 이해관계자 간의 협력을 지원 및 유도하여 현지 농민의 소득 증대, 사회적 의무 이행, 좋은 이미지 수립을 이끌어 나가야 한다.

2. 농업 해외진출 정책지원체계의 보완

첫째, 재정지원역량을 확대하는 것이다. 국가에서 해외 농업투자 전용기금을 만들어 해외 농업개발을 지원할 것을 건의한다.

둘째, 금융지원을 확실하게 강화해야 한다. 신용대출, 이자보조 및 외환차입지원을 확대하여 기업의 자금조달 비용을 낮춰야 한다. 적격 기업의 기업채권 발행을 지지하고, 국내 및 국제자본금융시장에 진입할 수 있도록 융자경로를 확대해야 한다. 대규모 인수합병의 기회가 나타날 경우 국가는 국부펀드를 통해 출자하여 장기 무이자 또는 저리대출 등의 방식을 통해 대규모 자금을 기업측에 지원해야 한다.

셋째, 세수정책의 보완이다. 해외 농업투자 목표국가와 가능한 빨리 이중과세방지협정을 체결하는 한편 협정이 체결되어 있지 않은 국가 및 지역의 해외농산물 반입에 대해 수입관세 및 부가가치세를 감면해야 할 것이다. 농업 대외투자 프로젝트에 필요한 생산재, 기계설비 등에 대해 수출

관세를 낮추거나 감면해야 한다.

넷째, 농업무역투자 협상을 적극적으로 추진한다. 해외 농업자원개발을 양자간 또는 다자간 경제무역협상의 틀에 포함시켜 외교적 담판과 협상을 통해 이중과세, 인력비자기한의 과부족, 노무자에 대한 제한, 입국 생산재에 대한 높은 관세, 생산물 반출 시 높은 과세 등의 문제를 해결해야 한다.

다섯째, 해외 농업투자에 대한 보험시스템을 수립 및 보완한다. 각 보험회사의 보험적용범위 확대를 장려하고, 보험한도를 높여 해외 농업투자가 당면하고 있는 각종 리스크를 낮춰야 한다.

여섯째, 해외농산물 반입에 대한 그린통로를 설치하여 식량, 목화, 오일, 설탕 반입 시 우선적인 검정, 세관 검사 및 통관을 실시한다.

일곱째, 정보지원과 서비스를 강화한다. 해외 주재 기구 및 정보서비스 네트워크를 보완하고, 리스크 평가 메커니즘을 수립한다. 해외 농업개발 관련 기업연합회를 조직하고, 교류 및 서비스 플랫폼을 구축한다. 재외중국인과 화교들이 설립한 중개서비스기구를 십분 활용하여 해외 투자기업을 위한 투자환경 평가, 법률, 자문 등 서비스를 제공함으로써 투자 리스크를 줄이도록 한다.

3. 농업 해외진출 조직 및 관리감독의 강화

첫째, 건전한 농업 해외진출 관리 서비스 기구를 구축한다. '농업해외진출 부서간 협동 지도위원회'의 기능을 보완하여 정부의 각 부서간 소통과 협조를 강화하고, 해외 농업개발 중 상존하는 여러 부서간 분산관리, 각 부서의 자기 중심의 부실한 행정처리 문제를 해결해야 한다.

둘째, 국가 차원에서 투자 대상국과 통일적이고 호혜적인 농업투자 전략적 협력계획을 수립하고, 양자간 안정된 농업협력 프레임워크를 구축한다. 환경 및 식품위생기준 분야에서 투자 대상국과 협력을 강화하고, 협력 프로젝트에 대한 효과적인 관리감독을 시행하며 정책의 투명성을 제고하는 한편 투자자를 공평하게 대우해야 한다.

셋째, 국유기업의 전략적이고, 투자회수기간이 비교적 긴 해외투자프로젝트에 대해서는 심사평가정책에 있어 다른 것과 구분하여 대우해야 할 것이다.

본 장의 집필자 : 韩俊, 金三林, 伍振军

중국 어업 해외진출 사례

21세기는 해양의 세기다. 해양은 지구 표면 면적의 71%를 차지한다. 해양 속에는 풍부한 생물 자원이 매장되어 있으며 해양이 인류에게 음식물을 제공하는 능력은 육지의 생산능력을 훨씬 능가한다. 해양 생물자원 개발은 전체 해양개발에서 매우 특수한 지위와 역할을 차지하고 있고 세계 연해 국가들의 높은 관심을 갈수록 끌고 있다. 어업은 해양 생물자원 개발의 주요하고 전통적인 방식이다. 해양의 연결성, 해양 생물자원의 유동성 및 공해자원 공유성의 특성과 장비와 기술의 끊임없는 발전에 따라 원양어업은 광활한 해양에서 생물자원 개발에 있어 주력이 되었다. 개혁개방 이래 중국 중앙정부의 지원과 시장의 주도 아래 중국 원양어업은 무에서 시작하여 나날이 발전하고 있으며 세계적으로 주요한 원양어업 국가 중의 하나로 성장하였다. 이는 중국 육지의 자원환경 제약을 완화하고 경제사회의 지속가능한 발전을 촉진하는 데 있어 중요한 역할을 하였다. 중

중국의 식량안보와 농업의 해외진출전략

국 원양어업은 자원개발, 정치외교 및 경제발전이 일체화되어 중국적인 특색을 지닌 해양자원의 전략적인 개발의 길을 개척하게 되었고, 중국의 외향적 경제에 있어 하나의 새로운 주역으로 성장하였으며 중국 해외진출 전략의 중요한 요소가 되었다.

제1절 중국 어업 해외진출의 전개과정

개혁개방 이전에는 중국의 해양어업이 정치, 경제 및 기술 등의 제약으로 인해 기본적으로 인근 해역 자원의 개발과 이용에만 의존하여 내부 지향적인 발전의 길을 걸어왔다. 중국은 세계 원양 어업이 크게 발전한 '황금시대'인 20세기 50-60년대와 세계 해양 어업자원 이용을 재분배하는 70년대 중기를 잇따라 실기하여 국제 어업자원 개발의 큰 무대에서 활약하지 못하였다. 개혁개방은 중국 원양어업에 발전의 계기를 마련하였으며 이러한 개혁개방의 기세를 타 중국 원양어업은 백지상태에서 시작하여 무에서 유로, 소규모에서 대규모로 발전의 여정을 거쳐왔으며 세계 원양어업의 중요한 세력으로 성장하였다.

1. 태동 단계 (1981-1985년) : 어업 해외진출이 '백지상태'를 돌파

1981년 초 스페인 라스팔마스에서 생활하는 화교가 현지 해역의 어업자원 상황과 어로현황을 소개하였으며 조국에서 어선을 보내 생산하는 것을 제안하여 중앙 지도자의 높은 관심을 불러 일으켰다. 1982년 중국 농목어업부 산하의 수산국과 중국 해양어업총사(中國海洋漁業總公司)는 조사연구를 시작했다. 1983년 5월 완리(萬里) 부총리가 전국 해양어업공작회의에서 상황을 보고받을 때 "가까운 시일 내에 원양어업에 약진이 있어야 한다."라고 한 후, 농목어업부는 중국의 외국 주재 대사관에 공문을 발송하여 대사관이 소재한 국가와의 어업협력 가능성에 대한 연구를 위탁하였으며 이는 경제무역부문의 전폭적인 지지를 얻었다. 1983-1984년 전후로 유관 국가에 15개의 고찰단을 파견하여 어업 조사를 한 결과 우선 서아프리카에서 어업 협력을 전개하는 것이 적합하다고 판단하였고 잇따라 기니비사우와 조업협정을 체결하였으며 이탈리아의 스다고(Shida Gao)회사와 합작하여 라스팔마스에 중다 어업공사(中達漁業有限公司)를 설립하였다. 또한 세네갈에서 중사이 어업회사(中塞漁業有限公司) 등을 설립하였고 제1차 원양어업선대를 기획, 조직하는 데 착수하였다. 선대는 12척의 생산어선과 한 척의 냉장운송선으로 구성되었고 3월 10일에 중국 푸지앤(福建)성 푸저우(福州)시 마워이항(馬尾港)에서 출항하여 50일, 1만 해리의 항해를 거쳐 4월 29일에 서아프리카 해역에 도착하여 기니비사우와 세네갈, 시에라리온 등 국가와 어업협력을 전개하였다. 이 원정은 중국 어업에 있어 해외진출의 서막을 열었고 중국 어업이 농업부문에서 가장 먼저 해외진출을 실현하였으며 또한 중국 어업이 이때부터 세계로 나아갔음을 상징한다. 1985년 3월 11일 중국 공산당 중앙위원회와 국무원이 발행한『정책 완화 및 수산업발전 가속화에 관한 지침』에서 "중국 원양어업 선대를 신속히 조직하고 세계 어업자원으로 시야를 넓혀 원양어업을 발전시킨다."라고 하는 명확한 요구를 명시함으로써 정책적으로 원양어업의 발전방향을 확실히 하였고 중국 어업 해외진출의 관문을 열었다.

중국의 식량안보와 농업의 해외진출전략

2. 확장 발전 단계(1985-1999년) :
   세계 주요 원양어업 국가 반열에 들어섬

20세기 80년대 이래 서방 선진국들의 원양 어업이 잇달아 아프리카 등 해역에서 물러났다. 90년대에 들어서서 선진국들의 원양어업은 노동력 원가상승 등으로 인해 점차 위축되었다. 중국은 노동자원이 풍부하고 인건비가 상대적으로 낮아 원양어업 발전에 있어 일정한 정도의 비교우위를 가지고 있었다. 국제 원양어업 구조의 커다란 조정 하에서 중국 원양어업은 이 기회를 잡아 15년간의 고된 노력 끝에 장족의 발전을 이루었다. 1999년에 이르러 중국 원양어업 기업은 60여 개, 조업어선 1652척, 원양어업 총 생산량은 90만 톤에 달해 연간 성장률이 51.8%에 이르렀다. 중국과의 원양어업 협력국가는 서아프리카 몇 개 국가에서 전 세계 39개 국으로 발전하였고 조업방식도 단일한 쌍끌이 저인망 작업에서 저인망, 낚시 및 후릿그물 등 다양한 조업으로 발전하였다(표 9.1 참조). 중국 원양어업의 능력이 끊임없이 발전하여 중국의 외향적 경제에 새로운 활력을 불어 넣었으며 세계 주요 원양어업 국가의 반열에 들어서게 되었다. 이 단계에서 중국 원양어업 발전의 주요 특징은 과양성 어업(다른 나라의 배타적 경제수역 내에서 조업을 하며, 타국 관할해역의 어업자원을 이용함을 지칭)을 위주로 하는 것이었으며 그 비중은 90% 이상에 달했다. 대부분의 어선은 원래 근해에서 조업하던 어선으로 장비가 낡고 기술이 낙후되어 대양성 어업(공해어업 자원 이용)의 조업에는 적합하지 않았다. 이는 중국 대양성 어업의 발전을 더디게 하여 대양성 어업의 생산량이 세계 공해 총 생산량의 1%에도 못미치는 결과를 초래하게 되었다.

〈표 9.1〉 1985-1999년 중국 원양어업 성장 추이

	1985	1999	연평균 증가율 (%)
해외파견 원양어선 (척)	13	1652	41.3
어업 합작 국가 (개)	2	39	23.6
원양어업 생산량 (만 톤)	0.26	90	51.8
총 생산액 (억 위엔)	0.10	43	54.2
직접 종사인원 (만 인)	0.03	3.6	42.3

3. 최적화 조정 단계(2000년-현재):
산업구조를 최적화하여 원양어업 강국으로 약진

중국 원양어업의 초기 발전 단계에서 과양성어업에 지나치게 의존함에 따라 어선이 낡고 낙후하며 조업방식도 단일할 뿐만 아니라 산업구조도 불합리하여 원양어업이 국제 경쟁에 대응하기 어려웠다. 특히 1994년 『유엔 해양법조약』이 발효된 이후 갈수록 많은 나라들이 조약에 가입하였다. 연해 국가들은 잇달아 자국의 어업자원에 대한 관리와 보호를 강화하였고 각국의 200해리 배타적 경제수역 내의 관리체제가 나날이 완비되었으며 어업협력에 대한 문턱도 갈수록 높아지는 한편 그 조건도 날이 갈수록 엄격해짐에 따라 중국 과양성어업의 발전공간은 점차 줄어들었으며 개발의 난이도 또한 더해졌다. 동시에 공해 어업자원은 여전히 일정한 개발 잠재력을 지니고 있어 선진국은 자신의 이익을 위해 국제기구와 지역조직의 힘을 이용하거나 조종하여 할당제 관리, 보호무역조치, 기술장벽 등 수단을 통해 개발도상국의 대양성 어업발전을 제한하였고 이로 인해 세계

공해 어업자원을 쟁탈하는 구도가 형성되기 시작하였다. 빠른 시일 내에 중국 대양성 공해 어업이 차지하는 비중을 높이고 해양 권익을 쟁취하기 위해 중국 농업부는 유관 부문과 함께『중국 원양어업발전 종합계획(2001-2010년)』을 제정함으로써 중국 원양어업구조에 대해 전략적인 조정·배치를 실시하였고, '과양성 어업의 안정적 발전과 대양성 어업의 우선적 발전'이라는 발전방향을 확정하였다. 즉 발전의 중심을 대서양, 인도양, 태평양의 공해 어업자원을 개발 및 이용하는 데에 두고 부가가치가 높은 참치류, 오징어, 중상층 어류를 중점 개발, 이용하는 한편 조업방식과 대상 측면에서는 저인망 조업을 안정화시키고 적극적으로 낚시, 후릿그물 등의 조업방식을 발전시키며 공해 어선의 구매와 제조, 설비 수입, 자원탐사 등 방면에 상응하는 지원정책을 마련하여 원양어업 기업의 적극성을 대대적으로 불러 일으켰으며 이로 인해 중국 공해 어업이 획기적인 발전을 거두게 되었다. 2003년 중국 원양어업 총 생산량은 100만 톤 이상으로 뛰어올랐고 2004년에는 125만 톤에 달하였다. 그 중에서 대양성 어선은 745척, 생산량은 58만 톤으로 각각 41.8%와 46.4% 비중을 차지하였다. 2011년에 중국 원양어업 기업은 총 116개, 허가된 조업 어선은 2227척, 총 생산량과 총 생산액은 각각 114.8만 톤과 125.9억 위엔이며 조업 해역은 37개 국의 배타적 경제수역 및 태평양, 대서양, 인도양 공해와 남극 해역에 분포되어 있고 해외에 약 130개 기지(연락사무소), 합작기업, 후방 보급기지를 구축하였다. 그 중 과양성 조업어선은 1376척, 생산량과 생산액은 각각 57.7만 톤과 60.2억 위엔이며 대양성 조업어선은 851척, 생산량과 생산액은 각각 57.1만 톤과 65.6억 위엔에 달해 각각 49.7%, 52.1%의 비중을 차지함으로써 과양성 어업이 주도하는 국면에서 기본적으로 벗어나게 되었다.

제2절 중국 어업 해외진출 현황, 성과 및 경험

26년 동안의 악전고투를 걸쳐 중국 원영어업은 장족의 발전을 거두었고 세계 주요 원양어업 국가의 반열에 들어섰으며 해외진출 전략을 성공적으로 실시한 모범 중의 하나가 되었다. 또한 중국 원양어업은 자원개발, 정치외교 및 경제발전이 서로 조화되어 중국적인 특색을 지닌 해양자원개발의 길을 개척하게 되었다.

1. 산업 현황

첫째, 산업 규모가 끊임없이 확대되었다. 현재 중국 원양어업 어선의 규모는 1600척 이상, 총 생산량과 총 생산액은 100만 톤과 100억 위엔 이상으로 안정되었으며 공해어업 자원에서 차지하는 비중은 2001년의 1%에서 현재 6%로 높아졌다. 그 중에서 오징어 생산량은 30-40만 톤으로 세계 최대의 오징어 생산국이 되었고, 참치 생산량은 15-17만 톤으로 2001년보다 4배 늘어났으며, 전갱이 생산량은 제로에서 최고 14만 톤으로 증가되어 동남태평양 공해에서 전갱이의 주요 어획국이 되었다. 서아프리카에서의 어업 생산량은 19만 톤으로 2001년에 비해 58% 증가하였다. 다른 품종과 지역에서의 어획량도 빠른 발전을 이루었다.

둘째, 자원개발 능력이 현저히 제고되었다. 21세기 이래 참치잡이용 후릿그물을 보유한 어선을 적극적으로 수입한 결과 중국 원양어업의 대형 어선 수량도 빠르게 증가하였고 선박 종류는 더욱 완비되었다. 공해에서의 조업 해역이 한층 더 확장되어 동남태평양 어장을 개발하였으며 남극의 크릴새우 개발도 실질적인 발전을 거두어 어획물의 종류도 전통적인 하층 어류자원에서 가다랭이, 전갱이 등 3대양의 10여 개 중요한 원양 어업 종류로 확대되었다. 초저온 참치잡이 롱라인어선(long line-fishing boat)은 2001년 41척에서 현재 136척으로 늘어났고 대형 참치잡이 후릿그물 어선은 2001년 한 척도 없는 상태에서 현재 12척으로 발전되었으며 대형 저인망 어선도 14척으로 기본적으로 개선되었다. 2011년 정교한 조직과 면밀한 준비를 거쳐 중국에서 5척의 대형 저인망 가공 어선단을 남극 해역으로 보내 크릴새우 어획생산에 투입한 결과 크릴새우 총 어획량이 1만 6000톤에 달해 어획과 선상가공의 동시 진행을 기본적으로 실현하였다. 아울러 탐사어획하는 해역에 대한 크릴새우 자원상황, 생물특성, 어장분포 및 생태환경을 파악하기 시작하였으며 생산조직, 안전운항, 과학연구, 환경보호 등 여러 방면에서 모두 실천적인 경험을 쌓았다. 이는 중국이 남극의 생물자원을 개발, 이용하는 데 실질적인 발걸음을 내딛었다는 것을 의미한다.

셋째, 산업구조가 갈수록 최적화되었다. 단일한 저인망 조업에서 끌기, 낚기, 둘러치기 조업 등 다양한 방식으로 전환되었고 소형 어선에서 대형 현대화 선단으로 변화되었으며 대양성 어업은 획기적인 발전을 이루어 비중이 절반 정도까지 증가하였다. 어업 발전은 수산물 가공업의 발전을 이끌었으며 산업구조도 현저하게 최적화되었다.

2. 주요 성과

첫째, 양질의 수산물 공급이 증가되었고 국민의 음식 구조가 개선되었으며 국가 음식물 안전 보장 수준이 효과적으로 제고되었다. 빠른 인구 증가와 생활수준 제고에 따라 양질의 음식에 대한 수요가 끊임없이 증가하였다. 특히 양질의 동물성 단백질에 대한 수요가 증가하였다. 1985년 중국이 어업 해외진출 전략을 실시한 이후부터 20여 년간 근 천만 톤에 달하는 양질의 수산물을 획득하여 국내로 운송한 결과 중국 사회에 풍부하고 많은 양질의 수산물을 제공함에 따라 국민들의 '장바구니'가 풍성해져 시장 안정에 긍정적인 역할을 하였다.

둘째, 국제 해양자원 개발과 관리 추세에 적응하였고 개발 공간을 확대하였으며 공해상의 권익을 효과적으로 보호하였다. 최근 몇 년간에는 해양개발을 통해 음식물, 자원, 항로, 수익성 확보에 대한 열기가 높아지고 있다. 즉 해양자원 쟁탈, 해양공간 통제를 주요 내용으로 하는 국제 해양 쟁탈전이 끊임없이 새롭고 다양한 방식으로 전개되고 있으며 공해 생물자원 개발, 이용규칙 제정 등 방면에서 경쟁이 날로 치열해지고 있다. 원양어선은 유동적인 국토이고 중국 주권의 확장을 상징하며 국가의 영향력과 해양 권익에 대한 구체적인 구현이라고 할 수 있다. 국제 어업자원의 관리규칙은 '소유 즉 권익'이며 자원 쿼터는 과거 생산량과 현재 생산상황에 의하여 분배된다. 원양 어업에 참여한 시간이 이르면 이를수록 과거 생산량이 더욱 늘어나고 실제 보유하고 있는 생산능력도 더욱 강해져 국제 어업자원의 쿼터분배와 해양권익 획득 방면에서의 발언권이 더욱 더 커지게 된다. 해양권익의 보호와 국제규칙 제정에 효과적으로 참여하기 위해 중국은 8개의 정부 간 국제어업관리기구에 가입하였고 어업활동과 연관된 20여 개의 양자간 및 다자간 국제기구에 참여하였다. 이로서 기존의 국제 어업관리체제 하에서 순조로운 발전을 기본적으로 실현하였고 국제 어업자원 할당 보유에 성공하였으며 국제 어업규칙 제정에 대한 영향력이 더욱 커지게 되었다. 중국의 '제11차 5개년 계획' 기간 동안 원양어업 구조조정을 가속화하였고 공해 과양성 어업 위주에서 대양성 어업 위주로 전환하여 공해 어업자원의 점유율을 6%로 제고하였다.

셋째, 중국의 해외자원 개발능력과 시장 개발능력을 제고하였고 협력 분야를 넓혔으며 유관 국가와 우호적인 협력관계를 효과적으로 촉진하였다. 새로운 세기에 들어서서 양호한 다자간 및 양자간 협력 환경을 조성하기 위해 중국 정부는 유관 국가와 14개의 양자 정부간 어업협력 협정을 체결하였고 6개의 부문별 어업협력 협의서를 체결하였다. 중국은 양자 및 다자 협력을 통해 매년 4만 척이 넘는 대형어선을 안배하여 어획할 수 있는 기회를 가지게 되었고 양자간 및 다자간 규칙의 관리를 통한 어획능력은 중국 전체 해양 어획능력의 절반을 차지하였다. 중국 원양어업이 대외적으로 협력한 국가는 대부분 경제가 발달되지 못하고 어업이 경제의 주요 버팀목이 되는 국가들이다. 중국 기업은 현지 기업과 협력하여 어업자원을 개발하고 밀접한 경제무역 관계를 맺음으로써 외교관계를 공고히 하여 '민간 대사'로 칭송받았다. 중국 외교의 보조 역할로서 원양어업은 중국과 서아프리카 국가, 인도양의 섬 나라, 남태평양의 섬 나라와 협력관계를 강화하였다. 중국의 원양어업 기업은 정부 간 어업협정과 부문 간 어업 협의서의 이행을 통해 위에서 기술한 지역의 국가들과 협력하여 조업활동을 전개하였을 뿐만 아니라 육지 어업시설 건설에 투자를 통해 현지 인력 취업과 어업기술의 업그레이드를 촉진함으로써 현지 경제발전을 이끌어 우호적인 관계를 증진시켰다. 중국 원양어업 기업은 아프리카와 남태평양 지역에서 한때 중국과 단교한 국가들과도 여전히 어업협력 관계를 유지함으로써 현지 정부와의 연계를 강화하여 최종적으로 외교관계를 회복하는 데 중요한 역할을 하게 되었다.

　뿐만 아니라 20여 년 동안 현지 국가에서 돌발적인 전란, 쿠데타, 재해가 발생할 때마다 중국 원양어업의 외국 주재 기지와 선대는 외교부의 통일된 지휘에 따라 즉시 선박과 인력을 동원하여 긴급 구조를 실행하여 외국 주재 대사관 인원과 화교들의 안전한 철수를 도왔고 국가 재산의 안전을 보호하는 데 중요한 역할을 하였다. 그 결과로 외교부의 격려와 표창도 받았다. 예를 들면 예멘, 시에라리온, 기니비사우 등 국가에서 돌발적 전란 발생 시 중국 농업발전그룹(中國農業發展集團)의 어선이 중국 외교인원과 기타 인원을 긴급 구조했을 뿐만 아니라 다른 나라 교민들의 철수도 도와줌으로써 인도적인 배려를 해주었다.

3. 주요 경험

　첫째는 중국 중앙정부의 높은 관심과 강력한 정책추진이다. 원양어업은 중앙 지도자의 직접적인 관심과 정책상의 직접적인 추진으로 시작되었다. 21세기 들어서 국무원은 『중국 원양어업발전에 관한 종합계획(2001-2010년)』을 비준하였다. 중국 공산당 제17기 중앙위원회 제3차 전체회의 보고에서 "원양어업을 지지하고 강건하게 한다"라는 것을 한층 더 명확히 하였고 이는 중앙정부의 원양어업 발전에 대한 중시와 기대를 보여주었다. 후진타오(胡錦濤) 주석과 원지아바오(溫家寶) 총리 등 당과 국가 지도자들은 잇달아 원양어업 해외기지를 여러 차례 시찰한 적이 있었고 원양어업 발전에 대한 중요한 지시를 통해 원양어업에 대한 중국 공산당과 국무원의 높은 관심과 친밀한 배려를 보여주었다. 중국의 종합적 국력이 강해짐에 따라 중국 정부는 원양어업 발전을 위한 조선 보조금, 경유 보조금, 조세 감면, 자원 탐색과 어획 등과 같은 지원정책을 실시하여 약 3억 위엔의 어선 건조 자본금을 보조하여 88척의 어선 건조에 지원하였으며 63척의 대형 중고 원양어선을 수입하여 전갱이, 오징어 등 공해 자원어장을 성공적으로 개발하였다.

둘째는 자주적인 발전과 창의적인 도입을 결부시켜 발전하는 방식이다. 20세기 80-90년대 중국 기업은 저인망 어업기술과 설비의 우위를 발휘함으로써 국내 어선을 적절하게 개조, 수리하여 해외에서 생산작업을 진행함에 따라 중국의 과양성 어업은 빠른 발전을 거두게 되었다. 21세기에 들어서 투자비용이 크고 기술수준이 높으며 국제적인 관리가 엄격한 공해 조업어선에 대해 많은 기업들이 주로 중고 어선을 채택하여 개발 능력을 신속히 증진시켰으며 투자가 적고, 효과가 빨리 나타나며 효익이 좋은 발전 경로를 모색하게 되었다.

셋째는 산학연을 서로 연계하여 발전하는 방식이다. 2000년 이래 기업을 위주로 하고 교육, 과학연구 부문의 기술을 지지대로 하며 정부가 지원하는 산학연 모델을 채택하여 동남태평양 전갱이, 인도양 오징어, 서북태평양 꽁치 등 10여 개의 자원과 어장을 개발하였고 조사, 개발 및 응용을 병행하는 방식을 채용함으로써 과학연구성과를 빠르게 생산력으로 전환시켰다.

넷째는 개방적이고 실용적인 국제협력의 방향과 방법이다. 중국은 다자간 협력에 있어 국제 어업자원 관리활동에 적극적으로 참여하였고 국제 규칙 제정에 있어 중국 어업의 이익을 쟁취하였으며 토론과 협상을 통해 점진적으로 중국 어업의 할당량을 높여 대양성 어업의 신속한 발전을 촉진하였다. 중국은 양자 간 협력에 있어 호혜적인 원칙 아래 협력, 합작, 투자 등 다양한 방식을 유연하게 취하였고 다양한 형식의 어업 협력을 전개하여 비교적 안정적인 협력관계를 수립하였다.

제3절 중국 어업 해외진출의 도전과 기회

1. 중국 원양어업 발전이 직면한 외부 도전

첫째, 국제 해양정세가 갈수록 심각해지고 있다. 국제 사회의 공해 어업자원에 대한 관리가 갈수록 엄격해지고 있으며 중요 어업자원에 대한 조업 할당량은 이미 단계적으로 배분이 완료되었다. 해안 국가들은 잇달아 어업 협력정책을 조정하였으며 중국의 어획 허가증을 구매하는 협력 방식에 대해 더 이상 만족하지 않고 중국에게 항구, 가공공장 및 냉동창고 건설 등 육상시설 투자를 요구하는 한편 취업문제 해결과 현지 경제발전을 이끄는 데 협조할 것을 요구하였다. 따라서 중국 기업의 다른 국가와의 협력 비용 및 어려움이 커지고 있다.

둘째, 국제 해양어업 자원개발의 경쟁이 갈수록 치열해지고 있다. 전통적인 원양어업 강국은 정치 및 해양 전략을 고려하는 입장에서 최선을 다해 기득권을 지켰고 국제 및 지역 어업관리 기구의 힘을 빌려 신흥 원양어업 국가의 발전을 억제하였다. 이와 동시에 자금, 기술 등 우위를 활용하여 발전 공간을 쟁탈하였다.

셋째, 생태 및 환경보호 문제가 원양어업 발전에 대해 보다 높은 기술

기준과 요구를 제기하였다. 국제 사회의 환경보호 의식이 높아짐에 따라 원양어선 생산에 있어 친환경적 어획방식을 채택하는 한편 바다 거북과 바닷새 등 기타 생물에 대한 그릇된 어획을 삼가하고 해양 생태환경을 보호할 것을 요구하였다. 아울러 탄소 배출 감소 및 에너지 소모를 줄이기 위해 원양어선에 대한 고효율 에너지 절약 설비 및 기술 사용을 통해 에너지 소모를 줄이고 에너지 사용 효율을 높일 것을 요구하였다.

2. 중국 원양어업 발전의 내부 문제

중국 원양어업은 선진 어업 국가와 여전히 현저한 차이가 존재하고 중국 경제의 급속한 발전과 원양어업 현대화 건설의 전반적인 목표에 맞지 않다. 주요 문제는 다음과 같다.

첫째, 장비가 노후하고 국내 보조설비의 능력이 부족하다. 현재 중국은 초보적 규모의 원양어업 선대를 보유하고 있지만 선령이 모두 오래되었고 기술 수준이 낙후되었으며 생산효율이 낮아 현대 원양어업의 국제경쟁에 대응하기 어렵다. 초저온 참치잡이 롱라인(long line)어선, 저인망 가공어선, 참치잡이 후릿그물 어선 중 50% 이상의 선령이 20년을 넘었다. 과양성 조업어선은 대부분 20세기 70-80년대에 설계, 건조된 근해 선박으로서 그 중 서아프리카에서 조업하는 어선 중 1/3의 선령이 20년이 넘었다. 중국은 이미 초저온 참치잡이 롱라인 어선 등과 같은 대형 원양어선을 건조할 수 있지만 이에 맞는 어획장비 및 초저온 냉동유닛 장치는 주로 수입에 의지하고 있다.

둘째, 산업 사슬이 완비되지 못하고 기지의 건설이 정체되었다. 중국 원양어업 산업은 주로 어획과 생산에 집중되어 있는 반면 이와 연관된 가공, 물류, 마케팅 등 산업사슬이 완비되어 있지 않음에 따라 제품의 부가가치가 낮다. 중국 원양어업 선대는 해외 종합적인 어업기지가 모두 부족하여 어선의 수리와 건조, 후방보급, 가공 판매 등 방면에서 제약을 많이 받고 있으며 이는 생산원가와 불안정성을 높이게 되었다.

셋째, 과학기술의 투입이 부족하고 기술의 뒷받침이 약하다. 오랫동안 원양어업에 대한 과학기술의 투입이 비교적 적었고 국제 어업자원 등에 대한 기초적인 조사연구도 부족하였으며 주요 어업자원 분포, 변화의 규칙, 어장에 대한 파악이 정확하지 못하여 정부 정책 및 기업 개발에 근거를 제공하기가 어려웠다. 또한 어선, 선박용 설비, 그물과 어획기술의 연구에 대한 관심이 부족하였다. 과학기술 혁신을 위한 국가급 과학연구 플랫폼의 부재가 중국과 선진 원양어업 국가 간 주요 격차 중의 하나가 되었다.

3. 원양어업의 진일보한 발전에 대한 유리한 요인

20여 년 동안의 발전을 거쳐 중국 원양어업 산업의 내실과 외부환경에 심각한 변화가 일어났다. 중국의 종합적인 실력이 전반적으로 증가하여 대외 어업협력 전개에 좋은 발판을 제공하였다. 전 세계적인 원양어업의 인수합병 및 재편성은 중국 원양어업 발전을 위한 절호의 기회를 제공하여 향후 몇 년간은 중국 원양어업이 발전할 수 있는 중요하고도 좋은 시기가 될 것이다.

첫째, 중국 원양어업 발전의 경쟁우위가 계속 유지될 것이다. 중국은 다른 개발도상국에 비해 높은 수준의 장비와 기술력을 갖추고 있을 뿐만 아니라 선진국보다 훨씬 풍부한 인력자원과 저렴한 노동력을 가지고 있어 원양어업의 발전 공간을 확보하려는 치열한 경쟁 속에서 비교우위를 가지게 된다.

둘째, 공해 어업자원은 여전히 개발이용 잠재력을 가지고 있다. 중상층 어류, 연체동물, 남극 크릴새우 등 자원은 아직 충분히 인식되거나 이용되지 못한 상황에 처해 있어 광범위한 개발 전망을 가지고 있다. 전통적인 원양어업 국가의 어획 규모가 점차 축소되거나 물러남에 따라 중국은 그 빈자리를 매우고 공해 자원의 할당량을 늘릴 수 있는 가능성이 있다.

셋째, 양자간 어업협력이 장기적이고 안정적으로 발전할 것이다. 아프리카, 동남 아시아 등 저개발지역 연안국의 어업자원은 아직 충분히 개발, 이용되지 않았고 이 국가들은 상당 기간 내에 독립적으로 어업자원을 개발할 능력이 없음에 따라 협력파트너를 찾아 공동 개발할 필요가 있다. 중국은 이러한 국가들과 양호한 협력기반이 있어 상호 이익을 가져다 주는 어업협력을 전개할 여지가 있다.

넷째, 양질의 수산물 시장은 광범위한 발전 공간이 있다. 인구 증가와 생활수준의 향상, 국민들의 수산물 영양가치에 대한 인식이 점점 높아짐에 따라 양질의 수산물에 대한 시장 수요량과 소비자가 점점 확대될 것이다. 이와 동시에 가치가 높은 어류에 대한 선진국의 수요가 대부분 원양어업 공급에 의존하고 있기 때문에 이는 원양어업 발전에 동력을 제공할 것이다.

제4절 세계 주요 원양어업 국가의 지원정책

대외경제가 발달한 선진국은 원양어업을 전략적 산업으로 삼아 정치, 경제, 외교 등 다양한 수단을 동원하여 원양어업 자원의 권익과 할당량을 유지하고 확대하는 데 주력하고 있다. 국제수산기구(IFO) 통계에 따르면 선진국들은 원양어업에 대해 암암리에 보조금을 지급하고 있으며 전 세계적으로 어업에 지급한 보조금 총액은 매년 150-540억 달러에 이르고 가장 보수적인 통계에 의해도 전 세계 어업 보조금은 100-150억 달러에 달해 전세계 어획항구 출하액의 15-20%를 차지한다. 원양어업 발전은 수많은 국가의 발전전략에 있어 중요한 부분일 뿐만 아니라 많은 국가들이 발전전략을 실현하는 중요한 실행 수단이라고 할 수 있다. 미국, 유럽연합(EU), 일본, 한국 등 국가는 해양 어업자원 쟁탈을 위해 정부가 나서고 기업이 운영하는 방식을 취하고 있으며 외교적인 담판을 통해 정부가 집중 출자하여 기업이 입어권(入漁權)[1]을 획득하고 있다. 유럽연합은 매년 어업 예산의 1/3(약 2억 5200만 달러)을 원양어업 기업들이 타국의 배타적 경제수역에서 어획할 수 있도록 입어료(fishing fees)를 지불하는 데 사용하고 있다. 일본, 유럽연합 등은 어업 참사관과 어업 사절단을 설치하는 한편 외교적 우위를 이용하여 어업기업들이 가지고 있는 경쟁우위를 유지하고 있다.

---

1   역자주: 입어권은 다른 나라가 점유권을 갖고 있는 특정한 어장에서 어업을 할 수 있는 권리를 가리킴.

1. 일본

일본은 세계에서 중요한 원양어업 국가로서 1988년에 원양어업 생산량이 163만 톤으로 사상 최대치를 기록한 이후 매년 감소하고 있다. 1983-1987년간, 일본이 어업협력에 사용한 자금은 250억 달러이고 1988-1992년간에는 두 배로 증가한 500억 달러에 달하였다. 일본 정부도 민간조직의 투자를 장려한다. 1988년에 해외어업재단은 해외 43개 국가와 지역에 1억 700만 달러를 투자해 어업협력 기업을 설립하여 원양어업의 빠른 발전을 촉진시켰다. 원양어업 발전이 어려운 시기에 직면했을 때 일본 정부는 원양어업의 전략적인 조정에 적극적으로 나섰고 대양성 공해 원양어업 자원의 지속가능한 이용이라는 기반 하에 이용되지 않았거나 이용도가 낮은 새로운 자원개발에 노력을 기울이는 한편 신기술 연구에 힘썼다. 이와 동시에 각 연안국가, 국제기구와 어업협력을 강화하였고 각종 어업자원에 대한 조사를 진행하였으며 원격 탐지기술을 활용하여 원양어업 생산을 이끌었다. 세계 석유위기와 200해리 배타적 경제수역의 영향 하에 일본 정부는 원양어업에 대한 보조금을 늘렸다. 20세기 90년대 일본 어업 부문에서는 매년 100만 달러를 원양어업 입어(入漁)협의에 사용하였는데 이는 주로 서태평양의 많은 섬나라 및 다른 개발도상국 연안 수역에서의 입어권을 취득하기 위한 것이었다. 이 밖에도 100만 달러를 해외원조에 사용하였는데 이 역시 지속적인 어획권을 확보하는 데 그 목적이 있었다.

일본 정부는 매년 원양어업에 대한 전용보조금을 확보하였으며 규범적인 장기 효력이 있는 보조금 및 저금리 대출 보상체제를 마련하였다. 정부에서 출자하여 중고 어선을 구입하였고 어선마다 선주에게 2억 엔을 보조하는 방식으로 기업의 선박 갱신을 지원하여 효율성을 높였으며 어선이 다른 국가에 재판매되는 것을 제한함으로써 일본 기업과의 경쟁을 피하게 했을 뿐만 아니라 일본 자국기업을 지원함으로써 경쟁력 또한 제고하였다. 일본 수산청 산하 수산종합연구센터는 일본 원양 참치잡이 후릿그물 어선이 인도양에서 재조업하고 지속가능한 조업어장을 확보하기 위해 2006년에 인도양의 원양 참치잡이 후릿그물 어업에 관한 5년간 조사계획을 제정하였다. 이 계획의 실행을 위해 일본에서는 새로 건조한 원양 참치잡이 후릿그물 어업을 위한 탐사·어획·조사 어선, 즉 제3대 닛폰마루(총 741톤)를 탐사·어획·조사의 어선으로 삼아 인도양에서 탐사, 어획 및 조사를 실시하였다.

2. 한국

원양어업 발전 초기 단계인 20세기 60년대에 한국 정부는 적극적으로 해외 차관을 도입하고 프랑스, 이탈리아 재단과 어업협의서를 체결하여 3380만 달러의 대출을 받아 91척의 원양 참치잡이 롱라인(long line)어선과 저인망 어선을 구매하였다. 또한 정부는 어업기업에게 대출, 투자하였으며 외화를 벌어들일 수 있고 정부가 정한 연간 수출액을 달성한 기업에게 우대 대출을 제공하였다. 정부 투자는 1972년 314억 원에서 1982년 3677.6억 원으로 10배나 증가하였다. 원양어업 발전을 위한 전용 대출은 1985년 420억 원이었으며 1991년에 14억 원을 추가하였고 1992년에는 25억 원을 더 늘렸다. 한국 정부는 1000억 원의 자금을 마련하여 원양어업 자금 부족 문제를 해결함으로써 해외자원의 연 생산총액이 200억 원 수준 이상을 유

중국의 식량안보와 농업의 해외진출전략

지하도록 운영하였다. 2002년 말에 한국은 13개 연안국가와 어업협의서를 체결하였고 어획비용을 지불하고 합작방식으로 입어(入漁)허가를 받았다. 한국 어선이 협력과 합작방식으로 다른 나라 수역 조업에 진입한 국가로는 뉴질랜드, 수리남, 기니, 오만, 마셜, 앙골라, 멕시코, 나우루, 가봉, 포클랜드 제도, 인도네시아, 페루, 우루과이, 마다가스카르 등이 있다. 이 밖에 정부는 세금 감면정책을 실시하였고 어선, 어구의 수입세를 면제하였으며 특히 연근해 연료 부가가치세 10%, 특별 소비세 9%를 전액 면제하였는데 단지 이 조치로 어민들은 1년에 419억 원의 지출을 줄일 수 있었다. 1992년 3월 1일부터 15가지 어획용 물자(어망, 낚시찌, 집어등, 자동 위상변조 낚시기계, 폴리에틸렌 등)에 대하여 제로세율(zero rates)을 적용하였다. 원양어업에 대한 한국 정부의 높은 관심과 지원에 힘입어 1978년에 원양어선이 973척에 이르렀다. 후기에 선박의 갱신으로 인해 수량이 다소 감소되었지만 선박의 최대 적재량은 매년 증가하였다. 현재 선박은 800척을 유지하고 있고 연간 생산량은 70만 톤 가량이다.

외향적 어업의 안정을 위하여 한국 정부는 2013년 말까지 2655억 원(약 15억 6600만 위엔)을 투자하여 원양어획 등에 대해 지원할 계획이고 16개 국가 및 지역과 협력하여 어업자원에 대한 조사를 전개할 계획이며 연해 발전도상국가와 해산물 가공, 양식 및 판매 등 면에서의 협력을 조건으로 어업허가를 받아 원양어업 자원을 확보할 예정이다. 한국 정부는 해마다 원양어업 생산에 대한 보조와 융자비율을 높였고 매년 50억 원이 넘는 대출에 대해 1억 달러의 경비지원을 제공하도록 규정하였다. 수출로 외화를 번 기업에게는 우대대출을 해주고 어선, 어구의 수입 관세, 연료 부가가치세 및 일부 특별소비세를 면제해 준다. 한국은 또한 국내의 연구력을 통합 조정하여 한국해양연구원, 한국해양수산개발원 및 한국해양수산기술진흥원 등을 설립함으로써 원양어업에 대한 과학연구를 전개하고 있다.

3. 유럽연합

원양어업 발전을 위해 유럽연합은 비유럽연합 국가와 많은 협의를 이루었는데 그 중에는 상호입어, 입어 및 무역 협의, 비용지불 협의 등이 포함되어 있다. 1990년대 유럽연합은 서아프리카의 카보베르데, 감비아, 적도기니, 기니, 기니비사우, 모로코, 시에라리온, 동아프리카의 마다가스카르, 모잠비크, 탄자니아 등 국가들과 입어협의서를 체결하였다. 유럽연합은 매년 3억 5000만 달러에 이르는 입어 비용을 지불하고 있다. 이러한 자금은 입어하는 국가에 지불하는 것이 아니라 제3국 정부에게 지불하는 것이다. 1996년 유럽연합과 모리타니는 5년간의 입어 및 무역 협의서를 체결하여 유럽연합은 350백만 달러 가치의 수산물 수입을 승인하였으며 모리타니는 유럽연합에게 모리타니 근해에서 240척 어선이 조업할 수 있게 허가하였다. 2001년 유럽연합과 모리타니는 신어업 협정을 다시 맺었는데 그 기간은 2006년까지로 모리타니 해역에서 두족류 어획 어선이 원래의 42척에서 55척으로 증가되었고 유럽연합의 롱라인 어선을 원래의 56척에서 67척으로 늘렸으며 갑각류 어선 적재량도 확대되었다.

뿐만 아니라 유럽연합은 모로코와 제한된 어업협의서를 체결하여 일부 유럽 선대가 모로코 수역에서 조업할 수 있도록 허가하였는데 협정 기간은 2년(2002-2003년), 보조금은 1억 2500만 유로로 정하였다. 유럽연합과 모로코 간 2001-2004년 어업협정에서는 스페인, 프랑스, 이탈리아 40척의

중국의 식량안보와 농업의 해외진출전략

참치잡이 후릿그물 어선과 25척의 참치잡이 롱라인 어선이 모로코 수역에서 작업할 수 있게 허가하였다. 그 외에 유럽연합은 에스토니아, 라트비아, 슬로베니아 및 슬로바키아와 어류 및 그 생산품에 관한 자유무역협정 등을 체결하였다.

상기된 원양어업 국가와 지역은 원양 수산물의 국내로의 운송에 대해 모두 면세정책을 실시하고 있다.

제5절 중국 원양어업 발전촉진을 위한 정책적 제언

원양어업을 크게 발전시키고 공해 대양의 생물자원을 충분히 개발, 활용하는 것은 양질의 동물성 단백질에 대한 지속적인 공급을 해결할 수 있는 중요한 수단으로써 인구 증가와 토지자원 간의 모순을 완화하고 근해 자원개발에 대한 압력을 줄이며 자원 대체를 실현하는 전략적 수단이라 할 수 있다. 중국의 '제12차 5개년 계획' 및 그 이후 중국 원양어업 발전의 중점은 국제 경쟁력을 지닌 원양어업 기업을 육성하고 현대화된 원양어업 선대, 합리적인 구조 및 완벽한 보조설비가 구비된 원양어업 기지를 건설하는 한편 국제 어업관리체계에 걸맞는 관리제도를 완비하는 것이다. 원양어업의 연간 생산량과 생산액을 꾸준히 증가시키고 대양성 어업의 비중을 제고하는 데 있어 중요한 점은 다음과 같은 '5대 체계'를 구축하는 것이다.

1. 현대적인 어업장비 체계

노후화된 원양어선의 갱신을 지원하고 국제 할당량의 제한을 받지 않으면서도 국제 혹은 양자 어업협정에 부합하는 어선 및 냉장, 가공, 운수선 등의 보조적인 어선을 건조하여 점진적으로 현대화, 전문화, 기능이 완비된 원양선대를 구축해야 한다. 해외 어업 항구, 가공공장, 냉동창고 등 기초적인 시설에 대한 건설을 가속화하고 해외 지원기지를 건립해야 한다. 원양어획 생산품에 대한 국내로의 운송을 장려하고 시장 개발에 박차를 가하며 유명브랜드를 육성하는 한편 저온 운송 체계와 국내외 판매망을 완비해야 한다.

2. 완벽한 정책지원 체계

원양어업 정책지원 체계를 완벽히 하고 어선건조, 자원조사 및 남극 해양생물 자원개발 등에 대한 자금 지원을 확대하며 중점 지역의 입어료와 해외기지 건설에 대한 보조금을 증가해야 한다. 첫째는 기존의 원양어업 지원정책을 유지한다. 세금 감면, 원양어업 경유 보조, 인프라 건설에 대한 투자금의 대출 어음할인 정책 등을 포함하여 남극 해양생물 자원개발 및 이용 프로젝트에 대한 지원 강도를 높여야 한다. 둘째는 원양어선 건조에 대한 자본보조 정책을 조정하고 완비해야 한다. 원양어선 보조금 대상인 어선의 종류와 범위 및 비율을 적절히 넓히고 어선의 갱신 개조를 지원하며 어선건조 자본금의 보조 범위를 확대하여 참치생산용 어선, 전문 오징어잡이 어선, 중대형 저인망 어선 및 냉장, 가공, 운송선을 모두 건조 자본금 보조의 범위에 포함시키고 보조기준을 높이며 보조금 지급 절차를 간소화한다. 셋째는 원양어업 기지건설을 국가 지원범위에 포함시키는 것이다. 아프리카 및 남태평양의 섬나라에 대한 중국의 원조 정책에 대해 전면적인 계획을 세우고 경제원조와 해외 어업자원 개발의 상호 연계를 추진함과 동시에 원양어업 기지의 기초시설 건설을 국가 재정지원 대상에 포함시켜 자금보조를 하여야 한다. 기존 정책을 연구하여 수정하고 해외투자와 기지건설과 같은 방식을 통해 입어 허가를 받은 어선들을 원양어업 관리범주에 포함시켜 상응한 지원정책의 혜택을 누리게 하여야 한다.

3. 강력한 과학기술 지원 체계

각 대양 및 주요 연안국에 대한 관리조치, 어장 자원과 개발 잠재력에 대한 분석연구를 강화하고 어업자원 조사연구에 대한 경비지원을 확대해야 한다. 기존의 원양어업 자원 탐사 어획 비용을 증가하고 공해와 중국의 중점 입어국가 해역의 어업자원에 대한 탐사 어획에 관한 조사를 지속적으로 전개하며 자원 변동과 어장 형성의 규칙을 파악해야 한다. 원양어선, 신형 어구, 어획법 및 선박용 설비에 대한 개발연구를 강화하고 원양제품의 가공, 유통, 무역에 관한 정보수집 및 분석을 강화하며 원양어업 관련 과학연구기관을 거점으로 삼고 중견기업을 주체로 하여 산학연이 서로 연계된 원양어업 프로젝트 연구센터 설립을 통해 원양어업 기술 및 설비 관련 연구를 추진하여 원양어업 과학기술의 진보를 촉진해야 한다.

4. 과학적인 관리 서비스 체계

원양어업 관리 법규를 완비하고 현대적인 과학기술 방법을 활용하여 중국 원양어업 관리수준을 제고하며 어선 위치 모니터링 시스템, 옵서버 제도 및 공해 검색 및 검사 제도 등을 완비하여 중국 원양어선에 대한 실시간 추적 및 감시를 점진적으로 실현한다. 업종별 자율적인 조직을 지속적으로 건전하게 하고 기업들이 생산 조직, 어획 생산물 판매, 물자 관리 및 보급 등 방면에서 상호 협력을 촉진함으로써 중국 원양어업의 조직화 수준을 높여야 한다.

5. 완전한 인재양성 시스템

원양어업 발전은 업종 관리, 대외교류, 과학연구기술 및 기업경영 등 복합적이고 다양한 종류의 인재 수요와 연관되어 있어 원양어업 전문인재에 대한 양성과 훈련을 중요시해야 하며 외국어, 법률, 경영에 정통한 고급 관리인재를 빠르게 양성하여야 한다. 선원 훈련 계획을 제정하고 원양어선 전문직 선원과 일반직 선원에 대한 기능 및 안전 훈련을 강화하여 원양어업 발전을 위한 인재를 육성해야 한다.

본 장의 집필자: 张成 (중국 농업부 어업국)

헤이룽지앙(黑龍江)성
농업 해외진출 사례

농업 해외진출 전략을 실행하고 보다 더 큰 범위와 더 넓은 영역에서 농업생산요소의 최적화 배치를 추진하는 것은 중국 농업의 발전 공간을 더욱 확대하고 농업의 현대화 발전을 촉진하며 국가 식량안보를 보장하는 중요한 조치이다. 농업이 발달한 헤이룽장성은 식량 총 생산량과 상품용 식량 총 생산량에서 모두 중국의 1위를 차지하고 있고, 중국의 중요한 식량 생산기지로서 '전국에서 가장 큰 곡창 지대'를 건설하고 현대적인 농업을 발전시켜야 하는 역사적 사명과 신성한 책임을 짊어지고 있다. 농업 발전에 대한 자원환경의 제약이 끊임없이 증가함에 따라 농업 해외진출 전략은 헤이룽지앙성의 농업 경쟁력을 제고하고 현대적인 농업발전을 촉진하는 중요한 수단이 되었다. 헤이룽지앙성은 우월한 자연조건을 지니고 있고 견실한 발전 기반이 있으며 러시아에 인접한 지리적 우위가 있어 최근 몇 년간 농업 해외진출 모색에 대해 유익한 실천을 많이 하였다. 최근 헤이룽지앙성의 무단지앙(牡丹江)시, 지아무쓰(佳木斯)시, 쑤이펀허(綏芬河)시, 지시(鷄西)시, 허강(鶴崗)시, 쐉야산(雙鴨山)시 등 여러 도시와 이들 도시에서 관할한 여러 현(시)(縣市)에 대한 조사연구를 실시한 결과를 보면 헤이룽지앙성을 본보기로 삼아 농업 해외진출 과정에 대한 경험, 애로사항 및 문제점을 연구하는 것이 중국 농업의 해외진출 전략을 실시하는 데 있어 중요한 의의를 가진다고 할 수 있다.

제1절 헤이룽지앙성 농업 해외진출 현황 및 성과

1. 개발 수량의 현저한 증가 및 규모의 신속한 확대

(1) 러시아에 대한 농업개발이 이미 일정한 규모를 갖춤

2011년 말에 이르러 헤이룽지앙성의 40%에 달하는 현(시)이 러시아 지방정부와 해외 농업개발협력 협의서를 체결하였고 러시아에 대한 농업 개발 면적은 2005년 210만 묘에서 현재 690만 묘[1](농지 개간 시스템으로 개발한 해외 농업 면적 130만 묘 포함)로 신속히 증가하였다. 그 중에서 발전이 비교적 빠른 무단지앙시 해외 농업 협력 면적은 354만 묘에 이르렀고 지아무쓰시는 100만 묘, 쑤이펀허시는 10만 묘에 달해 대형 선두 기업군을 형성하였다. 둥닝(東寧)현의 화신(華信)그룹은 러시아에서 60만 묘 토지와 3만 묘의

---

1   데이터 출처: 본 장에서 사용한 데이터는 별도의 설명이 없는 경우 모두 헤이룽지앙성에 대한 조사 자료에서 발취한 것임.

목장을 개발하였고 1만 마리 돼지, 500마리 육우, 2000마리 거위를 양식하며 300여 대 농기구와 2만 ㎡의 창고를 가지고 있을 뿐만 아니라 식용유, 쌀, 밀가루, 옥수수 가공 공장이 건설됨에 따라 재배, 양식 및 가공이 모두 일체화된 대형 농업종합단지로 발전하여 러시아에서 규모가 가장 크고 수준이 가장 높으며 가장 효율적인 대형 종합시범농장이 되었다. 쑤이펀허시의 바오궈(寶國)회사는 러시아에서 열병가와농장과 파고농장을 건설하여 경작면적은 24만 묘, 연간 식량 생산량은 3만 톤에 달하였고 200여 대의 농기계 설비, 7500㎡의 식량 저장고, 9000㎡의 수리공장 및 300㎡의 쌀갈이 작업장을 갖추고 있다. 후린(虎林)시의 슝하이(松海)회사는 러시아에서 30만 묘에 달하는 토지를 구매·임대하였고 열소(列索)에서 4만 ㎡의 식량 창고를 구입하였는데 저장 면적이 1만 1000㎡에 달하고 쌀 생산라인, 건조설비, 철도 전용선이 건설되어 있어 생산, 가공, 판매가 일체화된 체계적인 경영패턴이 초보적으로 이루어졌다. 또한 960마리 젖소를 사육하여 매년 2900톤의 우유를 생산하고 있는 둥닝(東寧)현의 화양(華洋)회사는 연해주 지역에서 규모가 가장 크고 생산기준이 가장 높으며 경영성과가 가장 좋은 양질의 우유 생산기지로 성장하였다.

(2) 생산기지 개발 프로젝트의 건설 효과가 현저함

2011년 말에 이르러 헤이룽지앙성이 러시아에서 건설한 해외 식량 및 채소 재배, 가축사육 및 농산물 가공기지 중점 프로젝트는 2005년 70개에서 현재 172개로 발전하였다. 그 중에서 6만 묘 이상의 중·러 농업합작 시범단지 프로젝트는 20개, 3만 묘 이상의 농장은 58개, 1만 묘 이상의 기지 개발 프로젝트는 70개이다. 무단지앙시는 해외에 3만 묘 이상의 대형 종합농장 25개, 소형 가정농장 480여 개를 건설하였다. 무단지앙시의 해외 농업합작에 대한 총 투자액은 19억 3000만 위엔에 달하고 1164대의 농업엔진, 2364대의 농기구를 구매하였으며 해외 농산물 총 생산량은 174만 톤에 이르고 농업합작경영 수입은 26억 위엔에 달하여 전체 무단지앙시 농민 1인당 평균 수입을 380위엔 정도 높였다. 지아무쓰시가 러시아에서 개발한 3만 묘 이상의 농업생산기지는 12곳, 채소 하우스는 200여 채에 달하며 농기구 반출량은 400여 대에 이르고 식량 생산량은 24만 톤, 농업 합작경영 수입은 4억 5000만 위엔에 달하였다.

2. 개발주체가 다원적이고 산업사슬이 지속적으로 확장

(1) 개발 주체가 날로 다원화되고 개발 주체의 실력이 점차 강화됨

헤이룽지앙성은 1990년대 초반부터 농업 해외진출 전략을 실시하였는데 주로 국경 지대의 농민들이 자발적으로 러시아 경내에서 식량과 채소를 재배하고 가축을 사육함으로써 민간적, 비조직적이며 체계화되지 않은 개발상태에 처해 있었다. 2005년에 이르러 헤이룽지앙성 공산당위원회와 인민정부에서 헤이룽지앙성 정부 2005년 제21호 문건 『러시아와 경제무역 및 과학기술 협력전략의 격상 추진에 관한 헤이룽지앙성 인민정부의 의견』을 제시하였으며 이는 헤이룽지앙성과 러시아 간 농업협력이 정부가 조직하고, 기업과 농민이 공동 개발하는 다원적인 구도가 형성되었음을 상징한다. 이렇게 다원화된 주체들은 해외 농업개발에서 다양하고 전형적인 개발협력방식을 이루어냈다.

첫째는 기업이 개발하는 협력방식이다. 이 협력방식에 있어 기업이 풍부한 자금, 선진적인 관리방법, 폭넓은 인맥에 대한 우위를 가지고 있어 러시아 정부 또는 농장주와 토지개발협력 협의서를 체결하여 러시아 측에서 토지를 제공하고 중국 측은 기계와 기술을 제공하며 공동 개발한다. 해외 개발사업 프로젝트 가운데 이 방식으로 개발한 것이 약 40%를 차지한다. 러시아에서 3만 묘 이상을 개발한 무단지앙(牡丹江)시의 기업은 18개에 이른다. 둥닝현의 화위(華宇)그룹과 화신(華信)그룹, 쑤이펀허시의 바오권(寶國)회사, 지시(鷄西)시의 룬치앤(潤乾)회사 및 후린(虎林)시의 숭하이(松海)회사 등 기업들이 러시아에서 개발한 토지의 합계 면적은 10만 묘를 넘어섰다.

둘째는 중·러 지방정부 간 합작개발하는 방식이다. 이 협력방식에 있어 헤이룽지앙성 각 시 및 현의 정부와 유관부문이 러시아 지방정부와 토지개발협력 협의서를 체결하고 중국 측 해당 정부가 출자하여 대형 농기계 및 농업용 생산재를 구매하여 해당 기업과 농민에게 토지를 도급하는 한편 생산을 조직하고, 러시아 측은 책임지고 러시아 정부의 토지 임대료 및 세금 감면 등 우대정책을 누릴 수 있게 대외적인 협조와 소통을 한다. 이러한 협력 방식은 효율적으로 경영 리스크를 줄이고 기업과 농민에 대한 뒷걱정을 해소하였다. 해외개발사업 프로젝트 중 이 방식으로 개발한 프로젝트의 비율은 40% 이상에 이르렀다. 예를 들면 헤이룽지앙 농업개간 총국(農墾總局)과 러시아 유대인 자치주 정부 간 100만 묘의 토지개발 협의서를 체결하여 산하의 12개 지국을 조직하고 러시아에서 개발한 토지 면적은 80만 묘에 달한다.

셋째는 대형 재배 및 양식업 농가의 개발 방식이다. 이 개발방식에 있어 대형 재배 및 양식업 농가는 생산자금, 농기구 및 생산기술의 우위를 가지고 러시아에서 토지를 도급받아 가정식 농장을 개척한다. 해외개발사업 프로젝트 가운데 대형 재배 및 양식업 농가가 개발한 프로젝트가 10% 정도를 차지하고 있고 연간 농가의 평균 소득은 100만 위엔을 넘었다. 러시아에서 농업개발을 하고 있는 무단지앙시의 대형 재배 및 양식업 농가는 200여 개에 이르며 개발한 토지 면적은 100만 묘를 넘어섰다.

넷째는 농가 간 공동 개발 경영하는 방식이다. 이 개발방식에 있어 농가들은 조직적인 지도를 통해 자발적으로 합작하여 공동 출자하고 인력, 농기구를 제공하며 전문적인 농업조합을 조직하여 러시아에서 토지를 도급 받는다. 무단지앙시에서 이러한 협력방식으로 해외진출을 추진한 농민이 현재 370여 명에 이르고 러시아에서 운영하고 있는 농장은 70여 곳에 달하며 운영한 토지 면적은 90만 묘에 달하였다. 그 중에서 둥닝현의 12가구 농가로 조직된 '극동해외농업전문합작사'는 러시아에서 6만 5000묘 토지를 개발하였고 연간 수익은 200만 위엔을 넘으며 가구당 평균 소득은 20만 위엔을 초과하였다.

(2) 개발 영역이 나날이 확대되어 산업화 발전 경향이 나타남

헤이룽지앙성의 해외개발사업은 초기의 재배업, 양식업에서 농산품 가공, 삼림 특산물 개발, 벌목, 농산품 도매시장 건설과 저장, 운수 등 다양한 분야로 발전하였고 대다수 프로젝트는 곡식, 콩, 하우스 채소 재배, 목축 사육 등을 겸업하고 있어 끊임없이 발전, 확대되는 추세를 보이고 있다. 현재 해외 농업개발프로젝트 중 재배, 양식 및 가공이 일체화된 종합개발프로젝트가 30% 이상으로 발전하였다. 무단지앙시가 러시아에서 건설한 3만 묘 이상 규모의 대형종합농장은 모두 현대적인 저장시설과 식량 가공공장이 설치되어 있어 식량의 연간 가공 전환율이 53%에 달한다. 그 중에서 대형 및 중형 유지 가공공장 12개, 사료 가공공장 16개, 대형 도살장은 3개로 재배 및 양식업에서 정밀가공업으로의 확장을 실현하였다. 또한 과일, 채소, 식품을 위주로 하는 10개 도매시장을 건설하여 농산품 도매 네트워크가 초보적으로 형성되었다. 2011년에 무단지앙시가 해외 도매시장에서 판매한 농산물 총량은 60만 톤에 달해 무단지앙시 내지 전국 다른 지방의 농산품이 러시아로 수출되는 집산지로 거듭났다.

3. 개발지역을 러시아뿐만 아니라 다른 국가도 함께 중시하여 확장함

헤이룽지앙성의 해외개발사업은 초기의 러시아 국경 항구 지대에서 점차 러시아 내륙 지역으로 발전되어 아무르주, 연해주, 하바롭스크주, 유대인자치주, 크로스노야르스크, 사할린주, 노보시비르스크, 모스크바 및 사하공화국 등지로 개발지역을 넓혀 나갔다. 또한 헤이룽지앙성 농업개간 부문은 러시아를 중점 개발한다는 기반 위에 우크라이나, 미얀마, 카자흐스탄, 필리핀, 쿠바, 짐바브웨, 아르헨티나, 브라질, 앙골라 등 국가에서 농업개발을 추진함에 따라 개발지역이 점차 확장되고 있다.

4. 상호 이익 증대, 경제적 이익과 사회적 효익을 모두 거둠

(1) 농산품 공급능력 강화 및 농업생산수준 제고

유관기관 통계에 의하면 2011년 헤이룽지앙성은 러시아에서 450만 묘 대두, 90만 묘 옥수수, 80만 묘 벼, 20만 묘 맥류, 50만 묘 채소를 재배하였고 곡식 생산량은 170.2만 톤에 달하였다. 그 중에서 대두 생산량은 65.7만 톤, 옥수수는 47.7만 톤, 벼는 52.8만 톤, 채소는 37.5만 톤이다. 사육 돼지는 8만 마리, 육우는 2000마리, 가금류는 5만 마리에 이른다. 이는 러시아 내 특히 극동지역 주민들의 수요를 충족시키는 데 중요한 역할을 하여 현지의 장기적 공급부족 문제를 효과적으로 해소하였다. 퉁지앙(同江)시 관련 설명에 따르면 헤이룽지앙성의 농업기업들은 극동지역에서 벼 시험 재배에 성공하여 그 지역 벼 재배의 공백을 매웠다. 다년간의 개량 끝에 1인당 벼 생산량은 최초 600근에서 현재 800-1000근으로 늘었다. 둥닝현의 화위 (華宇), 화신(華信) 농업단지는 밀, 보리, 옥수수, 대두의 1인당 생산량이 연해주 지방에서 5년째 연속 1위를 차지하는 한편 극동지방에 대량의 돼지고기, 육류제품 및 사료를 제공함으로써 연해주 지방에서 규모가 가장 크고, 사회기여와 영향력이 가장 큰 농업 단지가 되었다. 퉁지앙시의 화지앙 (華江)회사는 파프스노바에서 5만 묘의 과학기술 시범단지를 건설하여 단지 내 대두 1인당 생산량은 300근 가량에 달하였다. 러시아 각 주정부 및 농업주관부처는 수차례 관련인원을 조직하여 시범단지를 고찰, 참관 및 학습하였고 단지의 선진적 재배기술과 과학적 관리방식을 널리 보급하였으며 현지 농업생산 수준을 향상시켰다.

(2) 경제 및 사회발전을 촉진하여 러시아 지방정부의 인정을 받음

러시아에서 생산된 '중국 브랜드' 식량과 육류 등 상품의 품질과 가격은 러시아 정부 및 사회 각층에 인기를 끌었고 주민 생활수요를 충족시켰다. 또한 기업의 발전이 러시아 지방 경제성장의 촉진 및 현지 주민 취업 문제 해결에 있어 더욱 두드러진 역할을 하였다. 허강(鶴崗)시 바우춴령(寶

泉嶺)농업개간회사는 2011년 러시아에서 7만 6000묘 토지를 경작하여 612만 루블의 세금을 납부하였으며 현지에 100개 이상의 일자리를 제공하여 러시아 레닌구 정부로부터 '최우수기업'과 '특별기여상'을 수여 받은 한편 헤이룽지앙성 농업위원회로부터 '중·러 농업협력시범단지'란 칭호, 허강시 정부로부터 '대 러시아 경제기술협력선진기업'이라는 칭호를 받았다. 쑤이펀허시의 바우궈(寶國)회사는 규정대로 세금을 납부하여 연간 납세액은 약 500만 루블에 달해 그로즈코보에서 최대 납세자로 현지에 200개 이상의 일자리를 제공하였다. 최근 이 기업은 20%의 할인가격으로 곡물을 현지 가금 양식 농가에 판매하여 소득 제고에 도움을 주었다. 그 외에도 현지 아동복지원, 양로원 등 공익기구를 지원하여 현지 사회복지사업 발전을 촉진하였다. 이러한 일련의 행위는 러시아 정부와 주민들의 인정을 받아 연속 3년간 연해주 지방에서 '선진 기업'으로 선정되었고 연해주 지방 입법위원회에서 수여한 '대 러시아 농업 기여상'과 러시아 하원 두마에서 수여한 '2011년도 현대화의 리더' 칭호를 받았다. 한편 둥닝시의 화신(華信)그룹은 4년간 연속 연해주 지방의 '최우수 농업기업'으로 선정되었고 2010년에는 헤이룽지앙성 농업위원회로부터 '우수 해외 농업단지'로 뽑혔다. 퉁지앙시의 화지양(華江)회사는 2011년도에 하열구 정부로부터 '농업 표준화생산' 칭호를 받았다. 이러한 일련의 명예는 헤이룽지앙성 해외진출 기업의 공헌이 러시아 현지의 인정을 받았음을 말해주는 것으로 해석된다.

(3) 농촌 노동력 이전을 촉진하고 농민 소득을 증가시킴

헤이룽지앙성의 대 러시아 농업개발 규모가 지속적으로 확대됨에 따라 중국 기업들은 자국의 노동력을 활용하기를 원하여 출국수속 처리와 훈련 및 노무비자의 비용 부담 등을 함으로써 국내 노동인력을 흡수하여 러시아에서 일하게 하였는데 이는 노동력 이전을 강력히 촉진하였고 농민 소득 또한 증가시켰다. 헤이룽지앙성 농업위원회 통계에 따르면 헤이룽지앙성이 매년 러시아로 보낸 노동자는 2만여 명에 달하고 1인당 평균 소득은 3만 위엔 이상에 이르렀다. 그 중에서 둥닝현 해외 농업합작개발의 토지 총 면적은 320만 묘에 달하고 2011년 각종 농산물 생산량은 124.9만 톤, 총 수입은 41억 위엔 이상에 이르러 농민 소득을 5000위엔 이상으로 증가시켰고 420명의 농민 백만 장자를 만들어냈다. 2만여 명의 둥닝현 사람이 오랜 기간 러시아에서 각종 생산경영 활동을 하고 있어 전국에서 대 러시아 농업합작에 제1의 현으로 거듭났다. 러시아에서 농업합작개발에 종사하는 퉁지앙시의 기업은 12개, 토지개발 면적은 35만 6000묘에 이르며 연간 약 300명 노동인력이 러시아로 가 1인당 평균 소득은 3만 위엔을 넘어섰다. 후린시의 숭하이(松海)회사는 생산, 가공, 판매가 일체화된 산업화 경영을 실시하여 매년 중국 내에서 1000명 이상의 노동인력을 취업시켰다. 바우칭(寶淸)현 농장은 러시아에서 주로 대두, 옥수수, 감자 및 채소를 재배하여 연간 160명의 국내 노동인력을 흡수하였다.

(4) 상호 방문하여 국경 지대의 선린우호 관계를 밀접히 함

무단지앙시는 러시아와의 경제무역 교류에 있어 백년의 역사를 가지고 있고, 러시아 지방정부, 기업 및 민간과 양호한 사회적 관계를 맺고 있다. 허강시는 러시아 유대인 자치주와 우호적인 협의서를 체결하였고 비로비잔시와 우호관계 협의서를 맺었다. 지시(鷄西)시는 레소자보츠키시와 우호관계를 체결하였다. 둥닝현은 '문화적 교류, 고위층 포럼' 등 형식으로

중국의 식량안보와 농업의 해외진출전략

블라디보스토크, 우스리스크, 십월구 정부와 교류를 강화하였고 러시아 해방 기념일, 도시 개청일 등 중요한 기념일 기간에는 러시아에 진출한 기업들을 조직하여 사회기부, 공익사업을 실시함으로써 상호교류를 원활하게 하였다. 러시아 극동지역의 각급 정부도 양호한 선린 관계를 구축하는 데 힘을 썼고 러시아에서 농업개발을 추진하고 있는 헤이룽지앙성 기업에게 전폭적인 도움과 지지를 하였으며 이러한 상호 왕래와 교류가 양국 국경지대의 우의를 돈독하게 하였다.

제2절 헤이룽지앙성 지방정부의 주요 지원정책

1. 조직기구 건설을 강화하고 해외농업개발을 위한 호의적인 투자환경을 조성함

무단지앙시 정부 및 산하의 각 현 정부는 각기 대 러시아 농업협력 지도부서를 설립하고 통합회의제도를 실시하였다. 다년간에 실천을 통해 러시아 지방정부와 정기적인 고위급 상호 방문 및 협력제도를 초보적으로 확립하였고 시의 지도자, 부서장들이 앞장 서 매년 러시아 지방정부, 주관부처 지도자와 상호 방문을 이끌어 중대한 문제에 대해 소통하고 협상하여 잇달아 『중국 무단지앙과 러시아 우수리스크 간 전면적인 농업협력에 관한 프레임워크 협의서』, 『중국 무단지앙과 러시아 미하이락부카 간 전면적인 농업협력에 관한 프레임워크 협의서』, 『무단지앙시 정부와 러시아 사하 공화국 메간노-감가라스키구 간 전면적인 농업협력에 관한 프레임워크 협의서』등을 체결함으로써 정부 간 농업협력에 관한 기본 틀을 명확히 하였고 러시아에 진출한 주체를 위한 토지임차, 농업보조, 노무허가 등 여러 우대정책을 마련하였으며 러시아에 진출한 주체의 발전에 유리한 거시적 환경을 조성하였다. 지아무쓰(佳木斯)시 정부 및 산하의 각 현 정부는 각각 대 러시아 개발을 추진하는 지도팀을 설립하여 대 러시아 개발 및 발전 계획을 연구하여 제정하고, 개발임무를 안배하였으며 개발추진조치를 현실화하였다. 농업 관련 각 부서에서는 전문적인 개발추진팀을 설립하여 정기적으로 설명회, 좌담회, 평가회, 조정회 및 중·러 개발협력 협의회를 개최함으로써 러시아 진출 기업을 위한 발판을 구축하였다.

2. 보조적인 정책을 완비하여 대 러시아 농업개발을 건전하고 질서있게 전개하도록 보장함

헤이룽지앙성 당위원회 및 정부의『러시아와 경제무역 및 과학기술 협력전략 격상 추진에 관한 헤이룽지앙성 인민정부 의견』외에 헤이룽지앙성 농업위원회에서 발표한『러시아와 농산품 기지건설 실시에 관한 의견』은 대 러시아 농업개발을 3년 내 배로 늘리는 발전목표를 정하였고, 해외 개발의 총체적인 방향, 개발 중점 및 추진 조치를 명확히 하였으며 성(省) 정부의 공문 형식으로 각 시(지역) 및 현(시, 구)에 하달하였다. 무단지앙시 정부는 연이어『무단지앙시 국경지역 개방전략 실행을 심화하기 위한 몇 가지 의견』,『무단지앙시 외향적 농업의 대대적인 발전에 관한 몇 가지 의견』,『무단지앙시 대 러시아 농업협력 강화사업에 관한 실시방안』,『무단지앙시 외향적 농업발전계획』등 정책을 발표하여 대 러시아 농업협력에 관한 총체적인 발전방향을 명확히 하였다. 아울러 무단지앙시가 관할하는 각 현(시) 및 구에서도 『대 러시아 농업협력 실시 방안』을 제정하였다. 지아무쓰(佳木斯)시 정부는 연이어 『대외개방 수준의 전면적인 제고 및 빠른 경제발전 촉진에 관한 의견』, 『지아무쓰시 연안개방지대 발전전략 계획』과 『대 러시아 교류 및 협력 강화를 위한 결정』 등 일련의 정책적 조치를 발표하였고 각 현 및 구는 각자의 우위를 활용하여 러시아에서 농업개발을 전개함으로써 해외농업개발이 신속한 발전을 이루게 되었다.

3. 자금지원 강도를 높이고 중점 프로젝트의 규모확대와 강화를 지원함

2007년부터 헤이룽지앙성 농업위원회는 매년 외향적 농업발전기금 중에서 1000만 위엔 정도를 활용하여 해외개발 면적이 6만 묘가 넘는 식량생산프로젝트 및 재배, 양식, 가공의 규모화 개발프로젝트를 중점 지원함으로써 산업화 및 단지화 방향으로 해외개발의 발전을 촉진하였다. 현재 헤이룽지앙성은 둥닝현 화위(華宇)그룹사의 화썬(華森)농장, 화신(華信)회사의 해외 종합농장, 쑤이펀허시 바우궈(寶國)회사의 해외농업협력 시범단지 등 생산규모가 크고 산업 집중도가 높으며 전후방산업을 갖춘 중·러 농업개발 시범단지를 육성하였다. 헤이룽지앙성의 각 시와 현에서도 자금 투입을 늘리고 농기구 구매, 노무자 출입국, 노무비자 발급 등 방면에 대한 자금을 보조해줌으로써 기업과 농민의 해외진출에 대한 적극성을 고취시켰다. 지아무쓰시는 해외농업개발에 종사하는 기업이 우선적으로 국가에서 농업에 지원하는 보조금을 누릴 수 있다는 것을 명확히 규정하였다. 최근 몇 년간 각 시와 현 정부는 기업의 해외농업 개발사업에 1000만 위엔이 넘는 보조금을 지원하였고, 해외 농기구 구매 보조금도 현실화하였다. 퉁지앙(同江)시 정부는 해외진출 선두기업인 화지앙(華江)회사를 중점 지원하여 투자규모가 1000만 위엔에 달하는 현대 농기구 합작사를 설립하였다. 무단지앙시는 국가의 농업 우대정책이 해외농업개발 분야로 확장되게 하였고 해외 농기구 구매에 대해서는 농기구 구매 보조금을 누리게 하였으며 매년 헤이룽지앙성 재정에서 300-400만 위엔의 기업 지원금을 확보함으로써 기업의 사업 확장 및 강화를 지원하였다.

4. 종합적인 서비스를 제공하고 해외개발기업의 순조로운 발전을 촉진함

(1) 조화로운 행정서비스 제공

해외생산식량을 국내로 반송하는 정책을 적극적으로 조정하고 현실화한다. 해외 대두 등 식량 가격이 지속 낮아지고 국내로 반송, 판매 시 관세가 지나치게 높아 해외개발기업과 농민은 진퇴양난에 처하게 됨에 따라 헤이룽지앙성 농업위원회는 여러 차례 국가 농업부와 상무부에 이러한 상황을 보고하여 대두의 국내로 반송 및 판매에 대한 정책제한의 완화를 이끌었다. 중국 국가발전개혁위원회는 2008년부터 매년 10-12월에 러시아에서 중국 국내로 반송하여 판매된 대두에 대한 단계별 면세정책을 실행하였다. 이 정책의 실행은 해외 기업과 농민들로 하여금 중국으로 대두의 반송, 판매에 대한 적극성을 높였고 국가의 배려를 느끼게 하였다. 각 급의 농업위원회는 다년간 상무, 해관, 동식물 검사검역 등 부서와 적극적인 협력을 견지하여 해외개발기업이 농업투자, 프로젝트 신청, 기업 등록 등 관련 작업을 원활하게 할 수 있도록 지원하였다. 발전 전망이 좋고 개발규모가 크며 경제적 수익이 뛰어난 해외농업개발 프로젝트에 대해서는 국가 유관부서에 적극적으로 보고함으로써 정책적 지지를 얻기 위하여 노력하였다. 쐉야산(雙鴨山)시 정부는 부정기적으로 대 러시아 개발에 관한 좌담회를 개최하여 러시아 개발 기업이 프로젝트 추진 과정에서 당면한 문제점과 어려움을 해결하는 데 도움을 줌으로써 기업의 걱정을 해소하고 어려움을 해결해 주었다. 로허(饒河)현의 출입국 검사검역국은 기업의 해외단지 설립을 지원하였고 해외단지 기업에게 검사, 검역, 측정, 건강 검진, 인증 허가, 업무 컨설팅 등 서비스를 제공하여 기업의 건전한 발전을 도모하였다.

(2) 훈련 서비스 제공

헤이룽지앙성 농업위원회는 『대 러시아 농업협력 훈련 교재』를 출판하였고 성, 시, 현별의 3급 훈련 방식과 해관, 출입국검사검역 등 부서 협조를 통해 러시아 법률과 법규, 해외 농업정책, 선진농업기술 및 시장정보를 주요 내용으로 하는 일련의 훈련을 전개하여 70여 차례의 각종 훈련반을 개설함으로써 3만여 명의 해외개발기업 프로젝트 책임자와 농민을 양성하였다. 지아무쓰(佳木斯)의 시, 현 정부는 출국 농민들에게 러시아어, 생산기술 및 대외무역 실무에 관한 훈련교육을 제공하고 해외진출 농민들이 기술 및 대외무역 지식 뿐만 아니라 러시아인과 간단한 의사소통이 가능할 수 있도록 지원하였다. 최근 5년간 훈련 총 인원은 8000여 명에 달한다. 무단지앙시는 20여 개의 대 러시아 노무 훈련 기지를 설립하였고 3년간 100

여 차례의 대 러시아 노무훈련반을 개설하여 5000여 명을 양성하였다. 이러한 실용적인 훈련서비스로 인해 해외 노동인력의 적응력이 대폭 제고되었다.

(3) 정보 서비스 제공

무단지앙시는 러시아 우스리스크시에 농부산물 시장정보 수집센터를 설립하여 정책, 시장, 노무인원 및 프로젝트 정보를 즉시 수집한 후 무단지앙시 농업정보사이트에 관련 정보를 올림으로써 국내와 해외 개발기업이 정확하게 사업기회를 확보할 수 있도록 서비스를 제공하였다. 지시(鷄西)시는 유관부서, 농업기업을 조직하여 러시아 극동지역을 고찰하는 한편 현장회의, 경제무역협력 협의회에 참가하고 현지 정부, 집단 농장과 연락하여 해외진출 기업을 위해 정보 협력 플랫폼을 적극적으로 구축하였다. 퉁지앙(同江)시는 26만 위엔을 투자하여 러시아 진출 인력에 대한 종합서비스센터를 설립하였고 진출 인력을 위한 외사 협조, 취업 컨설팅, 생산 지도, 대행 서비스, 법률 지원 등 서비스를 제공함으로써 해외 근무자들이 안도감과 편안함을 느끼게 하였다.

(4) 권익 보호 서비스 제공

2006년 헤이룽지앙성 농업위원회와 무단지앙시 농업위원회가 협력하여 러시아 우스리스크에 주 러시아 종합서비스센터를 설립하였고 상주 인원들은 정기적으로 각 노무센터를 방문하여 러시아 진출 인력들이 생산 및 생활 중에 당면한 실제 어려움과 문제를 해결해 주고 해외진출 기업들이 부딪힌 문제를 처리하도록 도와주었다. 무단지앙시는 해외농업협력협회를 설립하였고 회원은 130여 개 기업으로 발전하였으며 대내적으로는 서비스의 조화, 기업 간 농기구, 노무, 농업생산재의 과부족을 조절하는 한편 대외적으로 갈등과 분쟁을 조정 및 처리하였다. 최근 3년간 서비스센터와 해외농업협력협회를 통해 해결된 해외농업개발 계약에 관한 분쟁은 31건에 이르며 농민과 현지 주민 및 경찰 간의 갈등 해결은 72건에 달하는 등 해외개발기업의 합법적 권익과 농민 자신의 이익을 보호해 주었다.

제3절 해외 기진출기업의 주요 문제점과 어려움

1. 해외 투자환경 방면

(1) 정책환경에 변화가 많아 기업 투자와 발전에 영향을 미침

러시아 경제는 현재 전환기에 처해 있어 관련 법률, 법규가 불완전해 아직 온전한 외국인 투자 법규가 없고 투자에 대한 자세하고 전문적인 자료 모음집도 없으며 조세제도가 완비되지 않았다. 이를테면 외국 기업의 농업개발용 토지에 대해 러시아 중앙정부가 정해진 통일적인 비용 징수 기준과 방법이 없어 지방정부에서 자주적으로 정책을 제정하고 시행하였다. 적지 않은 지역에서는 정부 임기마다 서로 다른 정책을 실시하여 정책의 임의성과 집행 중에 비규범적인 현상이 비교적 두드러지고 정책의 비연속성으로 인해 능력이 약한 농업개발 기업들은 단기적인 수익만 중시함에 따라 장기적인 계획을 준비할 수 없었다. 그 외에 러시아는 극동지역 개발에 대한 심리가 비교적 모순적이었는데 외자로 농업을 개발하여 국내 농산품 공급량을 충당하기를 바라는 한편 극동지역이 해외 이민으로 인해 '이화(異化)'되는 것을 두려워하였다. 특히 중국인의 '극동지역'으로 변질되는 것을 두려워함에 따라 정책적으로 한 때는 개발을 장려하다가 어떤 때는 개발을 제한하는 것으로 표출되었다. 투자환경의 불안정은 해외개발 기업의 발전 속도와 규모를 직접적으로 억제하였다.

(2) 근무 능률이 낮아 프로젝트 협력 개발에 영향을 끼침

러시아는 현재 명확하고 실용적인 외국인 투자지도 안내서가 없고 양호한 정보서비스 플랫폼도 부재하여 해외진출 기업들은 현지 근무자 특히 해관 근무자의 근무 능률이 높지 않은 것을 번번히 느꼈다. 러시아의 해관 운영은 민영화 관리로 시설투입이 심각하게 부족하고 화물통관 전자신고는 아직 초보단계에 처해 있으며 대다수 해관 검사설비가 낡아 화물운송 차량 행렬이 국경 각 항구에서 줄을 서서 통과허가를 기다리는 관계로 업무효율이 비교적 낮은 편이다. 더욱이 해관 근무자의 부패습성 및 심각한 관료주의가 해외개발기업 적극성에 직접적인 영향을 끼쳤다.

(3) 보호무역은 해외진출기업의 경영원가를 높여 빠른 발전을 제약함

러시아 정부는 러시아인의 일자리를 늘리고 자국의 농업 생산재 소비량을 제고하기 위해 일련의 무역보호제도를 제정하였다.

첫째는 노무 인허증 통제 정책을 실시하여 외국 노동인력 유입을 억제하였다. 현재 러시아에서 노무 인허증을 신청하려면 1년을 앞당겨야 하고 러시아 정부의 수 차례 비준이 필요하며 최종 모스크바에 신고, 재심사를 거쳐야 하는데 이 모든 과정이 6개월 정도 시간이 소요되고 비용은 1인당

중국의 식량안보와 농업의 해외진출전략

대략 1-1.5만 위엔에 이르며 유효기간은 단지 9개월에 불과할 뿐만 아니라 노무 할당량 지표에 대해 제한하였고 할당 관리를 실시하였다. 노무 인허증 통제 정책이 실시된 이후 아무르주 노무 할당량 지표는 50% 이상 축소되었다. 러시아 노무 수량과 수속 상의 제한으로 인해 기업 노동자 고용 원가가 현저하게 높아졌다. 시베리아와 극동지역의 노동력이 심각하게 부족하고 민족 생활습관이 다른데다 중국 기업들은 노동력 공급 수량의 불안정성과 불확실성으로 어려움을 겪어 생산을 보수적으로 전개할 수 밖에 없었다. 또한 러시아는 자국 내 등록한 기업의 중국 측 법인에 대한 관리가 특히 엄격하여 2번만 규정을 어겨도 5년 내 러시아에 재진입을 허용하지 않음에 따라 일부 기업은 러시아 창업에 대하여 걱정이 가득하였다.

둘째는 고세율 정책을 실시하여 외국 농기구 설비의 러시아 진입을 제한하였다. 러시아 각종 농기구 노화율이 60% 이상에 달하고 보유량도 대폭 감소하였으며 생산에 사용되는 중소형 농기구 공급이 매우 부족하며 가격도 높다. 러시아에 주재하는 중국 기업들이 중국 국내 농기구를 사용하려면 규정에 따라 새로운 기계 진입은 모스크바의 허가를 받아야 하고 개인용 기계의 진입은 보증금을 납부하여야 할 뿐만 아니라 러시아 국내에서 단 2년만 작업이 가능하며 기한이 되어 중국 국내로 반송되지 않으면 보증금이 환불되지 않고 기계 작업도 불법으로 간주된다. 2010년 이전에 중국 농기구가 러시아 국내로 반입하려면 15% 관세와 18% 부가가치세를 납부해야만 했다. 그 후에는 기계 출력크기에 따라 비용 (kW당 120유로)을 징수하는 것으로 바뀌었다. 2005년 3316형 복식 수확기를 러시아로 반입하려면 납부 비용이 6만 위엔이던 것이 현재는 22만 위엔이 필요하며 게다가 자주 교환이 필요한 손상되기 쉬운 부품 비용까지 더하면 기업의 생산원가가 대폭 증가하였다.

셋째는 종자, 화학비료, 농약이 러시아로 반입하는 것을 제한하였다. 러시아 자국 농작물 품종의 퇴화가 심각하고 생산율이 낮다. 러시아 화학비료와 농약은 계획적인 공급제로 한분기 전에 계획을 제출해야 하고, 가격 또한 높았을 뿐만 아니라 모스크바까지 가서 구입해야 한다. 따라서 중국 농업기업의 생산수요를 적시에 만족하기가 어려웠다. 현재 러시아 정부는 헤이룽지앙성 우량 종자, 화학비료, 농약의 반입을 여전히 제한하고 있다. 안정적이고 높은 농업생산율 실현을 위해 많은 해외 농업개발 기업들은 비정상적인 경로를 통해 생산재를 러시아로 반입할 수 밖에 없었다. 일반 종자의 경우 러시아로 반입에 따른 '대행료'는 1kg당 15-30위엔으로 생산원가가 크게 늘어나게 되었다.

2. 국내 정책환경 방면

(1) 국가 지원정책이 부족하여 기업들은 '비국민적 대우'를 받음

첫째는 국가 투입 자금이 비교적 적고 재정성 전문 보조금이 부족하다. 『2010년 중국 대외직접투자 통계공보』에 따르면 2010년 중국의 해외 농업, 임업, 목축업 및 어업에 대한 직접투자액은 5.3398억 달러로 총 대외직접투자액(688.1억 달러)의 0.78%를 차지하고 있으며 농업, 임업, 목축업 및 어업의 대외직접투자 누적액은 26.1208억 달러로 총 대외 직접투자 누적액(3172.1억 달러)의 0.82%를 차지하고 있다. 1만 6000여 개 해외진출 기업 중 농업, 임업, 목축업 및 어업 기업이 4.8%를 차지하고 1만 3000개 국내투자기업 중 3.6%를 차지하였다. 한편 세계 많은 국가들은 농업 관련 해외 프로젝트를 위한 특별 보조정책을 수립하였고 농업기업의 국제시장 개척을 장려하였다. 이를테면 한국은 1980년대에 대외협력기금을 설립하여 개발도상국에서 자원개발과 주식투자를 특별히 지원하였다. 미국과 유럽연합(EU) 등은 모두 해외농업시장 개척을 위해 많은 자금을 투입하여 발전을 지원하였다. 반면에 중국은 일부 분산된 정책과 자금지원 외에는 해외 농업개발 기업을 위한 특별 보조자금이 없고 심지어 국내 농업기업과 농민에 대한 기본적인 대우와 비교해도 동일한 처우를 해주지 않음에 따라 절대 다수의 해외진출 기업과 농민들은 자신의 힘에만 의지하여 독자적으로 발전을 도모할 수 밖에 없었다.

둘째는 해외생산식량 국내 반송에 대한 세수우대가 부족하여 기업들은 이를 '계륵'으로 보고 있다. 최근 몇 년간 헤이룽지양성의 대 러시아 농업개발 규모가 끊임없이 확장되고 있고 식량재배 면적과 생산량이 해마다 증가되고 있다. 그러나 러시아 극동지역 식량의 시장가격은 지속 하락세를 보여 벼 가격은 9루블/kg(약 1.98위엔/kg, 중국 국내 가격은 약 2.9위엔/kg), 대두 가격은 8-12루블/kg(약 1.8-2.6위엔/kg, 중국 국내 가격은 약 4위엔/kg)이며 러시아 극동지역 현지의 저장 및 가공능력의 제한으로 기업들은 식량의 국내 반송 및 판매를 고려하고 있다. 하지만 식량 반송에 대해 러시아는 식량 수출 관세를 징수한다. 대두를 예로 들면 톤당 35유로 관세를 받는다. 국내에서는 수입허가뿐만 아니라 대두 가공공장의 구매증명서 등 수속도 필요하며 3%의 수입 관세(매년 10-12월에는 관세 면제)와 6.5%의 부가가치세를 징수한다. 이중 고세율 징수에다가 곡식 운송 비용까지 더하면 기업들은 남는 이윤이 없어 아깝다는 생각이 들어도 국내 반송을 포기할 수 밖에 없다. 벼의 경우, 국가 유관부서에서 반송 가능여부에 대한 명확한 회답조차 없다. 일부 농산물의 경우 국가 수입 할당제 관리 상품으로 할당액 제한을 받아 반송 자체가 어려워 해외진출 기업의 발전에 대한 적극성을 꺾었다.

셋째는 완비된 정책성 보험 제도가 부족하다. 농업 해외진출이 국제 경쟁에 직접적으로 참여하는 것은 보다 많은 위험과 압력을 감당해야 한다. 미국, 유럽연합(EU) 등 국가와 지역은 모두 농업 관련 해외 프로젝트를 위한 일련의 우대 보험체계가 마련되어 정부에서 보험료의 일부를 보조하였다. 중국은 일부 연관된 정책은 있지만 보험 종류가 적고 보험 범위도 좁아 기업에게 도움을 줄 수 있는 위험 회피 기능이 약할 수 밖에 없다. 현재 비상 위험을 대비하는 전문 농업해외투자보험은 아예 없는 실정이다.

(2) 정부 관리 및 서비스 수준이 미흡하여 기업은 독자적으로 발전을 모색함

첫째는 농업 해외진출 발전에 관한 국가적 차원의 지도가 부족하다. 중국은 농업 해외진출전략을 전면적으로 실행한지 이미 10년의 시간이 지났고 2007년 중국 중앙위원회 제1호 문건 중 '농업 해외진출전략 실행 가속화'를 제출하여 농산품 수출기업의 해외시장 브랜드 등록, 해외시장 연구, 마케팅 기획, 제품 프로모션 등 활동 전개를 지원한다고 명확히 하였다. 그러나 지금까지 중국은 농업 해외진출에 관한 국가 차원의 지도적인 의견을 제시하지 않았다. 헤이룽지앙성은 지역적 우위를 가지고 기업 및 개인은 잇달아 러시아에서 20년 가까이 농업개발을 추진하였지만 단지 농업의 대외발전과 관련된 몇 가지 정책 문건만 제출하고 농업 해외진출 발전에 관한 성(省)정부 차원의 특별한 지도적인 의견은 없었다. 거시적인 지도 의견 부재로 인해 해외농업개발을 추진하는 기업과 농민 대다수는 자기 자신의 이익 수요와 발전 측면에서 어떻게 해야 할지에 대해 고려하기 때문

중국의 식량안보와 농업의 해외진출전략

에 국가 해외개발의 전략적 이익에 대한 고려는 매우 적을 수밖에 없다. 거시적인 지도 의견이 부재한 관계로 정부 부서는 업무에 대한 관리 및 지도 방향이 명확하지 않고 업무 계량화 지표의 임의성이 크며 해외농업개발에 대한 지원과 관심이 비교적 적어 기업들은 자체적으로 해외발전을 도모하였다.

둘째는 통일된 관리 및 조정 시스템이 부족하다. 농업 해외진출과 연관된 관리 부서는 성 농업위원회, 성 상무청이 있을 뿐만 아니라 출입국 검사 검역국, 세관 및 헤이룽지앙 농업개간총국(農墾總局) 등 많은 부서와도 연관되어 있다. 여러 부서에 의한 관리로 인하여 해외농업 관련 기업에 대한 거시적인 지도, 조정, 지원, 검사, 정보서비스 등 방면에 있어 각 부서가 모두 다 관리하거나 모두 다 관리하지 않는 문제를 초래하였으며 심사 비준 절차가 많고 소통 부재 등 다양한 문제가 발생함에 따라 해외농업 관련 기업의 업무 효율을 크게 저하시켰다.

셋째는 성(省)급 공공 정보서비스 플랫폼이 부족하다. 무단지앙, 지아무쓰, 쑤이펀허, 헤이허, 쐉야산, 허강 등 시 및 그 관할 현은 러시아에서 사무소나 종합서비스센터 혹은 기업인 연합회를 잇달아 설립하여 관내 기업을 위한 서비스를 제공하였다. 하지만 조건 제약으로 인해 관내 모든 기업이 러시아 시장정보, 산업정책, 세수정책, 농업보조정책, 노동력 공급 및 수요 상황, 시장 잠재력 등 정보를 파악할 수 있도록 지원하는 것이 어려움에 따라 성(省)급 측면에서 공공 정보서비스 플랫폼을 구축하는 것이 해외개발 관련 기업 발전을 지원하는 데 있어 매우 필요하고 의미가 있다고 할 수 있다.

3. 기업 자체 방면

(1) 경영주체 규모가 작고 리스크 대응능력이 약함

헤이룽지앙성 해외 농업개발 경영주체 중 개인이 러시아에서 개발하고 경영하는 면적이 30% 정도에 이르고 기업이 개발 주체인 경우는 절반이 안 되며 그 중에서 대다수는 중소기업으로 선두기업과 대형기업이 비교적 적은 편이다. 작고 분산되며 약한 경영주체 가운데 절대 다수는 단지 단일한 재배·양식업에 종사할 수밖에 없어 가공업이 부재하며 산업사슬이 짧고 시장 리스크 대응능력 또한 약하다. 아울러 농지 기초시설 건설이 심각하게 부족함에 따라 농업은 여전히 하늘에 의지하는 상태에 처해 있고 자연 재해 위험에 대한 대응능력이 약하다.

(2) 기업의 자기자금이 부족하고 융자경로가 협소함

대 러시아 농업개발 시작단계에 있어 기업은 농업기반시설, 생활시설, 생산재 등을 한꺼번에 투입하여 자금 사용량이 많았다. 디젤유와 화학비료 가격이 해마다 상승(러시아 농업용 디젤유 가격이 전년도 23루블/ℓ에서 30루블/ℓ로 30%, 화학비료 가격은 평균 32% 오름)하고 노무자, 종자, 농약 및 농기구의 반입 비용이 대폭 증가함에 따라 기업의 자금은 더욱 더 부족하게 되었다. 게다가 해외 농업기업이 자금조달에 어려움을 겪고 있다. 러시아에서 대출 연이자는 17% 정도이며 현금 인출 시 1%의 수수료를 추가 징수한다(원칙적으로는 현금 인출이 불가하고 물자 구입에 사용할 수밖에 없음). 중국 국내에서는 해외 자산을 담보로 대출이 불가하였다. 국내에서는 대출할 수가 없고 국외에서는 금리가 높아 기업은 스스로 자금을 조달할 수밖에 없었다.

발전 자금이 부족하여 기업들은 농산품 심가공을 할 수 없고 초보적인 생산에 만족할 수밖에 없었으며, 심지어 일부 기업은 임차토지를 부분적으로 경작할 수밖에 없었다. 예컨대 지시(鷄西)시 룬치앤(潤乾)회사는 러시아 유대인자치주 스미노비지에서 10만 묘 토지를 임차, 개발하였는데 현재 그 중의 5만 묘만 개간, 경작되었다. 후린(虎林)시 숭하이(松海)회사는 러시아에서 30만 묘 토지를 개발하였는데 실제 경작된 면적은 23만 묘이다. 자금 부족은 해외진출 사업의 순조로운 추진을 제약하는 주요 요인이 되었다.

(3) 자질이 뛰어난 복합형 인재가 부족함

해외 기진출 기업에 대한 조사에 따르면 기업 노동인력의 대부분은 문화 수준이 낮고 언어 소통 능력이 떨어지며 단순한 생산기술에 숙달된 인력이다. 투자 대상국의 농업산업정책, 농산품 시장잠재력, 풍토와 인심 등을 잘 아는 인재가 적고, 국제 경제무역, 외국어와 전문기술 지식을 통달하고 경쟁의식을 지니며 고통과 어려움을 견뎌낼 수 있는 복합형 인재는 극히 드물다. 자질이 뛰어난 인재의 부족은 기업의 빠르고 큰 발전에 직접적인 영향을 미쳤다.

제4절 헤이룽지앙성 농업 대 러시아 진출의 유리한 조건

헤이룽지앙성과 러시아 특히 극동지역은 부존자원과 상품 방면에서 상호 보완적 및 교역적 특성을 지니고 있으며 자연조건과 기후조건이 비슷하다. 이는 러시아와 농업협력을 전개해 나가는 데 좋은 기반이 되어 헤이룽지앙성 농업이 대 러시아 진출에 있어 우월한 조건이라 할 수 있다.

1. 러시아 특히 극동지역은 경지면적이 넓어 헤이룽지앙성의 비교적 높은 토지 규모경영 수준과 서로 부합함

러시아 농업용지 총 면적은 1.68억 ha, 1인당 경작지 면적은 0.84ha로 약 1/4 경지가 방치된 상태에 놓여 있다. 극동지역 경지 면적이 317만 ha, 1인당 경지 면적이 1.2ha로 약 1/3 경지가 다년간 방치된 상황에 처해 있다. 최근 몇 년간 러시아는 방치된 경지를 개발하려는 의지를 보였다. 헤이룽지앙성이 수년 동안 축적한 토지 규모경영 기술로 중국 다른 성(省), 시(市)에 비해 극동지역에서 대량적인 경지개발에 우선적으로 적응할 수 있는 토대를 마련하였다.

(1) 노동력의 상호 보완성 우위

체제 전환 후 러시아 인구는 마이너스 성장을 기록하였고 농업 개혁의 점진적 심화에 따라 농업 인구는 더욱 줄어들었으며 이러한 상황은 극동지역에서 특히 심각해 땅은 넓은데 사람은 적고 인구 밀도가 낮은 상태에 계속 놓여 있었다. 현재 러시아는 매년 70-80만 명의 외국인 노동력이 필요하다. 극동지역 노동력 부족 상황은 더욱 심각하여 농번기에는 50% 이상 수공 작업인력이 부족하고 30% 정도의 농기구 작업 인력이 부족한 실정이다. 러시아 국내 기업들은 고통과 어려움을 참고 견뎌내는 헤이룽지앙성 농민들을 매우 환영하고 있다. 헤이룽지앙성은 토지 규모화경영을 수년간 시행하였고 농촌 잉여노동력이 남아 매년 500만 명 이상의 노동력을 이전하고 있다. 헤이룽지앙성 농민은 다년간 규모화경영 실천을 통해 대규모 경지관리 경험을 쌓은 데다가 지역적으로 인접하여 서로 잘 알기 때문에 농민들은 비교적 빨리 러시아에 취업할 수 있고 단기간 내 현지 생활에 적응할 수가 있었다.

(2) 농기구의 상호 보완성 우위

현재 러시아 각종 농기구의 세대교체 속도가 느려 노후화된 설비가 60% 이상을 차지하며 기계 보유량이 지속적으로 줄고 있다. 관련 자료[2]에 따르면 러시아 트랙터 수량은 1995년 105.2만 대에서 2008년 51만 9000대로 줄어 50.7% 감소해 수요량의 단지 48%에 미치고 있다. 또한 Discovery Research Group 연구 기구의 2012년 2월 러시아 트랙터 시장에 대한 조사 연구에 의하면 2010년 러시아 국산 트랙터의 시장 점유율은 1/3이고 수입 트랙터의 점유율은 2/3이며, 2013년에 이르면 러시아 트랙터 시장 수요 규모는 2010년 대비 107% 증가된 5만 9200대를 기록할 것으로 예측되었다. 농기구 보유량이 지속적으로 감소되고 노동력이 심각하게 부족하여 방치된 경지 개발이 더욱 더 어려워졌다. 반면 헤이룽지앙성의 농기구 장비 제조업은 빠르게 발전하였다. 하얼빈(哈爾濱), 지아무쓰(佳木斯), 치치하얼(齊齊哈爾), 다칭(大慶), 치타이허(七台河), 농업개간구 송화강농장(農墾松花江農場) 등 6대 농기구 생산단지 건설은 일정한 규모를 구비하였고 단지 내 입

---

2   자료출처: 中國商品網. 近年来俄罗斯拖拉机生产与市场销售走势浅析. http://ccn.mofcom. gov.cn/spbg/show.php?id=8458. 2008年 11월. 黑龍江政府網. 2011年俄罗斯拖拉机 产量增长92%. http://www.hlj.gov.cn/zerx/system/2012/04/06/010327804.shtml. 2012년 4월.

주 기업은 41개에 달하였다. 2011년 헤이룽지앙성 규모이상 농기구 생산 기업[3]의 주영업 매출액이 49.6억 위엔에 달해 지난해보다 36.8% 증가하였다. 헤이룽지앙성의 농기구 사용 보급 정도가 높은 가운데 중대형 농기구는 70만 대 정도이고 농기구의 총 동력은 4097.8만 kW에 이른다. 농촌의 평균 기계화 정도는 87.7%에 달해 지난해 대비 1.4% 증가하였다. 선진적이고 실용적인 농기구는 헤이룽지앙성 경지 규모화경영 면적이 7411만 묘에 이르는 기반이 되었고 규모화경영 수준은 전국에서 가장 앞서 있다. 현대적인 농기구와 장기적으로 축적된 규모화 농업생산 경영노하우는 러시아에서 대규모 농업개발을 추진하는 데 유리한 작용을 하게 되었다.

2. 러시아의 농업투자 부족과 생산위축이 헤이룽지앙성의 높은 농업생산기술 및 풍부한 관리경험과 상호 보완성을 가짐

장기적으로 러시아의 농업투자가 부족함에 따라 농업 기반시설 취약, 농작물 품종 퇴화, 농업 생산수단 낙후, 농업 종사 인력의 심각한 유실, 식량, 채소, 과일 등 농산품 공급의 심각한 부족 등 문제를 초래하게 되었다. 러시아 정부에 따르면 러시아 주민의 연간 과일 소비량은 1인당 약 100kg이지만 국내 공급량은 1인당 32kg밖에 안 되어 매년 부족량이 70% 정도에 달한다. 러시아 매년 과일 수입액이 5.3억 달러에 달해 유럽 동부지역의 가장 큰 과일 소비시장이 되었다. 러시아 자체 생산 채소는 단 1300만 톤에

---

3   역자주: 규모이상 기업은 주영업의 연간 매출액이 2000만 위엔 이상에 달하는 기업을 가리킴.

불과해 매년 부족량이 50% 가량이다. 극동지역에서 식량 공급은 수요량의 15%만을 보장하여 매년 80만 톤이 부족하고, 채소는 수요량의 50%만을 만족하여 매년 40만 톤이 부족하며 과일의 경우 20%만을 만족, 매년 부족량은 40만 톤, 육류와 우유의 매년 부족량이 각각 50%, 40% 정도에 달한다. 극동지역 시장의 대다수 농산품을 외국에서 수입해야 하는 현실을 감안해 러시아 정부는 외국 기업이 러시아에서 농업개발을 추진하기를 희망하였다.

헤이룽지앙성은 상대적으로 성숙한 경작 전통을 가지고 있고 전국에서 규모가 가장 크며 기계화 정도가 가장 높을 뿐만 아니라 농업생산에 있어 현대적인 농장시스템을 가지고 있다. 2011년 말에 헤이룽지앙성 식량 생산량은 1114.1억 근, 상품용 식량이 893.2억 근으로 식량 총 생산량에서 차지한 비율이 80% 정도에 달해 전국에서 모두 1위의 자리를 차지하였다. 무공해식품 재배 면적은 6430만 묘에 달하고 실제 생산량이 2950만 톤에 이르러 무공해식품 발전의 주요 지표가 전국에서 모두 1위를 차지하였다. 숭화강(松花江) 유역과 산지앙평원(三江平原)의 우수한 벼 생산 기지, 북부지역의 고지방과 중남부지역의 고단백 대두 생산기지, 남부지역의 고전분, 고아미노산 옥수수 전문 생산기지, 양질의 잡곡과 잡두 생산기지, 도시 외곽의 무공해 채소기지 및 각종 품질이 우수하고 새로운 농산품 생산기지가 초보적으로 형성되었다. 이는 헤이룽지앙성 농업 생산기술 수준과 관리경험이 새로운 수준에 도달했다는 것을 의미하고 있으며 러시아에서 농업을 개발하는 것은 러시아 농업생산의 부족을 효과적으로 매워줄 수 있을 뿐만 아니라 농업생산 수준의 신속한 제고에도 유리한 작용을 할 것이다.

3. 독특하고 우월한 조건이 헤이룽지앙성 농업 대외개발 및 러시아 진출에 유리함

(1) 국가의 강도 높은 중시

2009년 후진타오(胡錦濤) 주석이 헤이룽지앙성 방문시 "헤이룽지앙성은 현대화 대농업을 적극적으로 발전하고 해외진출 전략을 빠르게 실행함으로써 러시아와 개발협력에 있어 '교두보'와 '허브'가 되어야 한다."라고 지시하였다. 2009년 9월 중국과 러시아 양국 원수는 『중국 동북지역, 러시아 극동 및 동시베리아 지역 간 협력계획 강령』(2009-2018년), 『중·러 투자 협력 계획 강령』을 체결하여 "농업은 중국이 러시아에서 최우선적으로 투자할 분야로서 농업 과학기술 협력분야의 투자 프로젝트 전개를 장려하고 현대적인 농업설비를 활용하여 농업 합작 단지를 건설함으로써 식량 및 기타 경제작물을 재배하도록 한다."라고 명확히 제시하였다. 이는 헤이룽지앙성의 대 러시아 개발에 좋은 정치적 환경을 마련하였으며 발전 방향을 명확히 하였다.

(2) 자연적 우위

헤이룽지앙성과 러시아의 공동 국경선은 3000여 ㎞이며 지린(吉林)성의 13배, 네이멍구(內蒙古)자치구의 2.8배로서 중국 전체의 70%를 차지한다. 길게 이어진 국경선은 상호교류에 이로운 점이 있다.

(3) 항구 교통의 우위

헤이룽지앙성은 25개의 국가 1급 항구를 보유하고 있어 전국의 약

1/10을 차지하고 분포가 고르며 배후 지역에 파급효과를 미친다. 항구의 연간 화물운송능력과 승객수송능력은 모두 전국 선두 자리를 차지하고 있다. 그 중 쑤이펀허시는 도로와 철도 2개의 국가 1급 항구를 지니고 있고 화물운송능력은 1100만 톤, 승객수송능력은 150만 명에 달한다. 쑤이펀허시가 국제무역항으로 활약한지는 100년 역사가 되어 동북아시아를 연결하고 아시아 태평양 지역으로 진입하는 '황금 통로'로 불리고 있다. 미산(密山)시는 헤이룽지앙성에서 유일하게 쌀겨를 전문으로 다루는 항구를 보유하고 있다. 라우허(饒河)현 항구는 러시아 비킨항구와 강을 사이에 두고 마주보고 있으며 떨어진 거리는 불과 760m로 사계절 내내 왕래할 수 있다. 뤼베이(蘿北)현 항구에서 러시아 아무르제트 항구에 이르기까지 증수기에 배로 7분, 결빙기에는 단지 5분이 걸린다. 후린(虎林)시에는 중국과 러시아 국경에 가장 크고 영구성 경계하천 대교가 건설되어 매년 화물운송능력은 260만 톤으로 러시아 4개 도시, 7개 구역 100만 명에 가까운 인구와 대면하고 있다. 퉁지앙(同江)시 국가 1급 항구는 중국 남북도로를 관통하는 대동맥인 퉁산(同三)고속도로의 북쪽 기점이고 헤이룽지앙성 강과 바다를 연결, 운송하는 시발점이며 동북아의 중요한 교통허브일 뿐만 아니라 헤이룽지앙성 동북지역의 국제물류, 중계무역 및 가공센터이다. 헤이룽지앙성에는 1500여 ㎞길이에 달하는 만수(滿綏)철도 대통로가 있으며 이는 러시아의 유라시아 대륙을 가로지르는 약 1만 ㎞의 시베리아 대철도 동쪽과 연결되어 있고 전국에서 유일무이한 철도이다. 육해공의 교통수단이 완비되고 여객 수송과 화물 운송이 겸비된 항구 네트워크와 편리한 교통 통로는 중국과 러시아 상호간 교류에 이로운 작용을 한다.

(4) 양자간 우호 및 인문적 우위

헤이룽지앙성은 중국에서 가장 일찍 러시아와 경제무역 및 문화교류를 했던 곳으로 러시아어 교육 규모가 가장 크고 러시아계 교사가 가장 많으며 러시아어학과의 학생 비중이 가장 높을 뿐만 아니라 전국에서 러시아 입국인구가 가장 많고 중국과 러시아 지방정부간 교류가 가장 빈번한 성(省)이다. 최근 몇 년간의 교류를 통해 헤이룽지앙성과 러시아 각 계와의 관계는 우호적이고 밀접할 뿐만 아니라 국경지역 주민들이 양국 국정, 풍습에 대해 이해하고 간단하게 소통할 수도 있어 헤이룽지앙성의 대 러시아 개발은 다른 성(省)에 비해 유리한 시기와 지리적 우위 및 상통하는 인심 등 모든 우월한 조건을 차지하고 있다.

4. 해외개발 성공사례의 시범적 효과가 매우 큼

20년에 걸친 해외 농업개발 사업을 통해 헤이룽지앙성의 대 러시아 농업진출은 전 중국에서 선두를 차지하고 있다. 현재 헤이룽지앙성은 기업, 정부, 대형 재배 양식업자 및 농가연합체가 개발주체가 되는 4가지 전형적인 개발모델이 형성되었다. 해외 개발의 성공모델은 다른 개발 주체에게 참고 및 본보기가 될 수 있는 방법, 노하우를 제공하였고 농업기업 해외진출을 촉진하는 시범역할을 톡톡히 하고 있다. 둥닝(東寧)현의 러시아 개발 성공사례는 현지 3만여 명 농민에게 러시아에 진출하여 외화를 벌어들이는 촉매제가 되어 러시아에서 20여 개 중대형 농장, 420여 개 소형 가정농장이 잇달아 설립되었으며 매년 해외 노동자가 벌어 들인 '외화'만으로도 6억 위엔을 초과하였다.

5. 러시아의 WTO 가입 후 무역 및 투자환경이 호전 추세를 보일 것임

러시아가 WTO에 가입한 후 세계무역기구 규정에 따라 관련 법률 제도를 수정, 완비하고 국제관례와 시장메커니즘에 의한 경제무역 활동을 조직함에 따라 무역 및 투자환경이 점차 개선될 것이며 '회색 통관' 현상도 점점 줄어들고 외국자본 및 프로젝트에 대해 국가적 보장을 제공하게 될 것이다. 공약에 의하면 러시아의 기업 이윤에 대한 세율은 35%에서 24%, 부가가치세 세율은 20%에서 18%, 수입관세 평균 세율은 10%에서 7.8%로 줄어들고 그 중에서 농산품 관세는 13.2%에서 10.8%, 공산품 세율은 9.5%에서 7.3%로 감소될 것이다. 또한 러시아는 세관관리를 규범화하고 세관신고와 화물운송 등 비용을 줄일 것이며 이러한 일련의 조치는 모두 정도의 차이는 있겠지만 투자환경의 개선, 기업이윤의 증가를 추진하여 대 러시아 개발기업의 점진적인 확대 발전에 유리한 작용을 할 것이다.

제5절 대 러시아 농업진출 장려를 위한 정책적 제언

1. 발전 전략을 세우고 국가차원의 계획을 잘 마련해야 함

(1) 해외 농업개발 전략에 대한 통일적이고 전면적인 계획을 세우고 해외 농업개발을 위한 발판을 마련해야 함

농업 해외진출은 하나의 복잡하고 체계적인 사업과 장기적인 임무로서 식량안보를 보장하고 농업 경쟁력을 제고하여 '수동적인 방어'에서 '능동적인 방어'로 전환하는 데 중요한 역할을 하게 된다. 그러나 어떻게 진출하고 어디로 진출하고, 진출한 후 무엇을 할 것인가에 대한 국가적 차원의 거시적인 계획과 지도를 제시하여 가능한 빠른 시일 내에 '중국 농업 해외 진출 발전을 위한 지도 의견'을 제정, 실시해야 한다. 지도 의견에는 중국이 급하게 필요하거나 부족한 전략적 농업자원의 상황, 진출 대상 국가 자원의 상호 보완성과 정치적, 정책적 환경요인 등을 충분히 고려해야 하고 해외 농업개발 중점 국가와 중점 지역, 전략적 임무, 단계별 목표, 기업 해외진출을 위한 지원정책을 명확히 제시해야 한다. 아울러 농업 협력, 지원 프로젝트와 기업 해외진출이 효과적으로 연계될 수 있는 전략적 미션에 대해 중점적이고 전면적인 계획을 수립함으로써 모국, 기업 및 대상국 간 농업협력에 있어 건전하고 지속적인 발전을 촉진시켜 모두가 윈윈할 수 있는 환경을 실현해 나가야 한다.

(2) 건전한 지원정책을 수립하고 해외진출기업 발전을 보장해야 함

첫째는 특별자금의 지원 강도를 높여야 한다. 2007-2009년 OECD(경제협력개발기구)국가 농업에 대한 평균 보조율이 22%로서 그 중 한국 52%, 일본 47%, 캐나다 26%, 유럽연합은 23%에 달한 반면 중국은 9.1%에 불과하다. 한국과 일본의 농업 지원 총량은 모두 자국 농업 총 생산액의 64%를 차지하고 미국, 유럽연합, 캐나다는 각각 36%, 32%, 26%에 달하는 반면 중국은 단지 13%[4]에 불과한 수준이다. 이는 중국의 농업에 대한 투자 수

4　데이터 출처: 중국 국무원 발전연구센터의 조사연구보고서 『중국 농업 보조에 대한 계획

준이 선진국과 비교 시 현저한 차이가 있음을 보여준다. 따라서 국가적 차원에서 농업 해외진출에 대한 특별자금 지원을 확대하고, 해외진출기업이 대형 농기구 구매, 노무비자 처리, 노동인력 양성, 식량 등 농산품 저장시설 건설, 식량 보조, 우량종자 보조, 종합 보조 등 방면에 대한 자금 지원을 중점적으로 강화해야 한다.

둘째는 융자 조건을 완화하여 해외진출기업의 융자금 지원 수준을 높여야 한다. 해외진출기업 중 상장 조건을 갖춘 기업에 대해 자본시장에 진입하여 상장공모할 수 있도록 우선적으로 추천하고, 조건을 만족하는 기업이 국제자본시장에 진입하여 직접 공모하도록 지원하고 장려해야 한다. 또한 헤이룽지앙성 둥닝현의 해외농업개발기업의 경우 실력이 강하고 신뢰할 수 있는 국내 기업을 통해 상호간 담보대출을 함으로써 대출이자가 농업 대출이자보다 높지 않은 방법을 참고로 하여 중국 농업 해외진출기업의 융자 경로를 확장하고 융자금 수준을 또한 높여야 한다.

셋째는 세수우대정책을 완비하는 것이다. 국가적 차원에서 되도록 빨리 농업 해외진출 대상국가와 이중과세방지협정을 체결해야 한다. 협정을 체결하지 않은 국가와 지역에 대해서는 농업기업이 이미 법인세, 소득세를 납부하였으므로 국내에서 납부세액에 대해 보조나 감면을 해주어야 한다. 농업 대외투자 프로젝트가 필요한 생산재, 설비 등 수출에 대해서는 통관상 편의를 제공하고 수출세를 감면해 주어야 한다. 해외에서 생산된 식량 등 농산품 반송에 대해서는 수입관세와 부가가치세를 감면해 주어야 한다.

목표와 중점』, 2011년 9월.

넷째는 국내 은행의 지원정책을 완비하여야 한다. 헤이룽지앙성의 경우 러시아 진출 자영업자의 위엔화 국가 간 지불어음 한도를 완화하고 중국 기업의 본국 송금난 문제를 확실하게 해결할 것을 제안한다. 빠른 시일 내 쑤이펀허시에 루블화 유통 시범지역을 설립하고 국내 금융기업이 해외 완전 출자회사나 주식출자 기업에 대한 대출을 장려하며 국내 은행의 해외진출에 대한 지원역량을 확대하는 한편 법인자격을 갖춘 국내 은행이 해외에 지점과 부속기구 설립 등 직접투자 프로젝트에 대해 지원해야 한다.

다섯째는 보험 체계를 구축하고 완비해야 한다. 정책보험회사 역할을 충분히 발휘하는 동시에 상업보험회사의 적극성을 높여 중국 실정에 맞는 대외협력 보험제도를 연구, 수립해야 한다. 국가는 보조금 지원방식을 통해 보험회사가 농업 대외투자에 대한 전문적인 보험을 설립하도록 지원해야 한다. 이러한 보험은 기업이 해외 농업투자에 따른 발생 가능한 각종 비상 리스크를 부담해야 하며 자연재해 위험, 전쟁 위험, 정치적 리스크 및 투자대상국이 투자자의 합법적 권익을 비합법적인 방법으로 회수 또는 침해하여 손해를 입을 수 있는 위험 등이 포함되어야 한다.

여섯째는 해외 식량 반송에 대한 '면세 통로' 제도를 수립하는 것이다. 천연적인 지형과 우월한 녹색생태 환경을 갖춘 러시아 극동지역이야 말로 친환경 및 유기농 식품 생산에 있어 이상적인 장소이며 양질의 식량 반송은 국가 식량안보 보장에 있어 매우 중요하고 필요한 것이다. 2011년 중국에서 수입한 대두는 5264만 톤에 달하고 현재 국내 1인당 236근의 대두 생산기술 수준으로 추산한다면 해외 4.46억 묘에 달하는 재배면적(국내 곡물 파종면적의 약 1/3)을 사용한 것과 동등한 수준이다. 이를 전부 국내생산으로 대체한다면 식량 총 생산량이 2200억 근 감소될 것이며 이는 헤이룽지앙성과 허난(河南)성의 연간 식량 생산량에 해당한다. 이러한 시각에서 볼 때 대두 등 농산물의 해외 생산 후 반송은 국내 대두시장에 대한 중요한 보완 재가 될 뿐만 아니라 국가 식량안보에도 중요한 버팀목 역할을 한다. 국가에서 식량 반송에 대한 '면세 통로'를 구축하고 반송 식량에 대해서는 통관수속을 간소화하며 우선적인 검측, 통관검사 및 통행을 제안한다. 대두를 예로 들면 소정 가공공장의 가공 증명서가 있어야 반송할 수 있는 규정을 취소하고 수입 허가증의 발급 절차를 줄일 것을 제안한다. 이와 동시에 중점적으로 통관비용을 줄이고 운송비용 보조금을 지원함으로써 해외기업들의 식량 반송에 대한 적극성을 제고해야 한다.

(3) 유관 부서의 기능을 완비하고 부서간 소통과 협력을 강화하여 농업 해외진출을 위한 양호한 환경을 조성해야 함

중국 상무부, 농업부, 재정부와 국가발전개혁위원회 및 외교부 등 10개 부서로 구성된 '농업해외진출사업 부서간 합동 지도위원회'는 성립된 지 이미 여러 해가 지났지만 현재 많은 성(省), 시(市)는 아직 유관기구를 설립하지 않았다. 따라서 국가적 차원에서 이를 현실화하고 지방정부의 '농업 해외진출사업 부서간 합동 지도위원회' 설립을 통해 그 기능을 완비하여 해외 농업개발 과정에서 존재하는 여러 부서간에 분산된 관리, 각자별로 일하는 문제를 해결하여 행정효율을 제고해야 한다. 외교 서비스 기능을 강화하고 고위급의 정기적인 상호방문을 통한 협력조정제도, 특히 성(省) 급 정부 차원의 정기적인 상호방문 협력조정제도를 더욱 완비하며 국가적 차원에서 소통과 교류를 강화하여 농업개발 과정 상의 문제를 점차적으로 해결해 나가야 한다. 헤이룽지앙성이 대 러시아 농업개발에 있어 존재하는 문제를 예로 들면 빠른 시일 내에 러시아와 투자보호협정, 이중과세방지협정 및 농업협력 프레임워크에 관한 협의서를 체결하는 등 외교적 경로를 통해 노무비자 기한이 짧고 노무 할당량이 적으며 생산재의 러시아 진입 관세가 높을 뿐만 아니라 농산품 반송에 대해서도 세금징수가 과도하게 높고, 중국 농업기계 현지 사용기한이 짧으며 종자 진입이 금지되는 한편 개인소득세가 지나치게 높고 노무인력에게 사회보험비 및 퇴직기금을 이중(역자주: 연방, 지방)으로 징수하는 등 다양한 문제를 해결하여 대 러시아 농업개발 환경을 점진적으로 개선해야 한다.

(4) 시기를 잡아 중요한 프로젝트는 국가 차원의 투자를 주체로 하고 대기업 해외진출을 장려하며 러시아와 합작하여 경지자원을 개발함

러시아 정부는 최근 몇 년간에 외국인의 농장 설립을 허가하는 등 일련의 농업개발에 대한 외국인 투자를 장려하는 우대정책을 제시하였다. 지방정부는 토지를 임대하고 토지 임대료를 조정하는 권한을 가지고 있고 어떤 지방정부는 협력 초기에 '제로'의 토지 임대료 정책을 실시하였으며 최저 임대료는 25루블/ha(약 7.14위엔/묘)이고 임대료가 높더라도 800루블/ha(약 10.66위엔/묘)에 불과하며 혹은 100kg/ha의 식량을 임대료로 지불하고 임대기간은 최대 49년까지 연장할 수 있다. 한편 완화된 화폐태환 정책을 실시한 가운데 루블을 직접 달러나 위엔화로 환전하여 직접 국내로 송금할 수 있다. 세계무역기구에 가입한 후 농산품에 대한 세수도 더욱 하향 조정하였다. 이러한 일련의 정책적 조정은 대 러시아 개발기업의 커다란 발전에 유리할 뿐만 아니라 러시아 농업발전의 취약, 농산품 공급과 농업 노동력의 심각한 부족 및 러시아의 대 극동지역 개발에 대한 욕망 등 요소까지 더해져 보다 많은 투자자가 대 러시아 개발을 희망하도록 유인하게 된다. 현재 일본, 한국, 미국, 조선, 베트남, 네덜란드 등 국가가 이미 러시아 극동지역에서 농업개발을 추진하여 일부 시장을 점유하였다. 본 연구 조사에 따르면 한국 정부는 정부 투자를 기업 투자로 전환하여 삼성, 현대 등 대기업을 통해 대 러시아 농업 투자를 하며 정부는 100% 자금을 출자하고 투자자에게 15%의 인센티브 장려금을 부여한다. 이러한 조치들은 한국의 대외 농업자원의 점유율을 보장할 뿐만 아니라 외국 정부 투자행위에 대한 러시아 현지의 반감 정서를 회피할 수도 있었다. 중국 정부도 극동지역 개발시기를 반드시 잡아 한국의 경험을 참고로 하여 기업이 감당할 수 없는 중요한 프로젝트에 대해 국가적 차원의 투자를 주체로 하고 러시아와 협력하여 농업자원을 개발해야 한다. 아울러 정책지원과 자금지원을 병행하여 대기업의 대 러시아 농업개발을 추진하는 것을 장려해야 한다.

2. 기반시설 건설을 강화하고 정부 관리제도를 완비하며 서비스 수준을 높여 해외농업개발기업이 보다 크고 건전한 발전을 할 수 있도록 장려함

(1) 해외 농업기업 서비스 기구를 설립하고 대외 정보서비스 수준을 제고하여 해외진출기업을 위한 정보지원 서비스를 제공함

이미 설치된 시(市) 및 현(縣)급 사무소와 종합서비스센터를 점차 완비한 다음 성(省)급 해외 농업기업 서비스기구를 중점 건설해야 한다. 상무, 농업, 외사 부서에서 외국 특히 러시아 법률과 업무처리 절차 등에 익숙한 인력을 뽑아 전문적인 기업 관리 서비스기구 설립을 통해 해외 농업기업에게 정책홍보, 생산지도, 외사협조, 정보소통, 법률지원 등 각종 서비스를 제공하여 기업의 근심을 해소하고 어려움을 해결해 주어야 한다. 해외 개발기업에 분산된 관련 정보를 통합하고 해외투자 농업기업 데이터베이스를 구축하여 중점 기업과 중점 프로젝트에 대해 동태적인 서비스와 자문을 제공해야 한다. 또한 네트워크 정보서비스 기능을 완비하고 농업 정보망을 이용해 해외 최신 농업정책, 법률법규, 상품시장, 노동인력 등에 관련 정보자료를 제때에 수집, 발표하여 해외 개발주체가 정확하게 사업시기를 파악할 수 있도록 서비스를 제공해야 한다.

(2) 항구와 도로 등 기반시설 건설을 강화하고 통관 능력을 높임

헤이룽지앙성은 러시아와 동북아시아로 통하는 교통허브로서 항구와 교통 등 기반시설 건설이 조속히 강화되어야 한다. 근시일 내에는 중점적으로 쑤이펀허 — 포그라니치니 구간의 도로 항구와 헤이사아즈(黑瞎子)섬의 도로 항구 건설을 강화하고, 기존의 둥닝현 — 포르타프카 구간의 도로 항구를 확대 개조한다. 쑤이펀허 — 만저우리(滿洲里) 구간 고속도로의 둥닝(東寧) 지선과 치앤푸(前撫)철도, 둥닝(東寧) — 훤춘(琿春) 구간의 철도와 퉁지앙(同江)대교 등 건설을 가속화해야 한다. 이와 동시에 항구 정보 네트워크 관리를 강화하고 검사 검역 등 하드웨어 조건을 개선하여 항구 기능을 내륙지역으로 연장하는 작업을 조속히 추진해야 한다. 따라서 닝안(寧安)시 위앤펑(源豊) 대 러시아 국제물류 단지에서 항구 기능을 내륙지역으로 연장하는 성공적인 경험을 본보기로 삼아 세관, 검사검역 부문의 협조 하에 항구 기능과 보세구역 기능의 대 러시아 채소, 과일, 농기구 수출 물류센터 및 전문 시장에 대한 연장을 추진하며 이를 통해 통관절차를 간소화하고 상품의 항구 체류 시간을 줄이며 통관 효율을 제고해야 한다.

(3) 해외 농업기업협회를 설립하여 해외진출기업의 합법적 권익을 적극적으로 보호함

첫째, 해외 농업기업협회를 설립한다. 이 협회를 통해 러시아에서 농업 개발에 종사하는 헤이룽지양성의 기업을 조직하여 기업간 연계를 강화하고 중국 기업이 각자 개발하며 부당경쟁에 몰리는 불리한 국면을 점차 개선시켜야 한다. 이와 동시에 정부가 나서기 어렵고 기업 스스로 해결할 수 없는 어려운 문제를 중점 조정하여 기업의 발전을 위한 건전한 환경을 마련해야 한다. 둘째는 해외 농업농민 전문협동조합을 조직하는 것이다. 둥닝현 극동지역 농업농민전문협동조합의 방법과 경험을 참고로 하여 기업과 농가가 자발적으로 협동조합을 결성하도록 유도하며 협동조합 내부의 협동적인 조정을 통해 대형 농기구의 사용효율을 높이고 노동인력이 충분히 취업할 수 있도록 해야한다. 협동조합 구성원간 협력을 통해 생산재를 통일적으로 구매하고 제품을 통일적으로 판매함으로써 생산원가를 낮추고 중국계 농산품의 시장경쟁력을 제고한다.

(4) 전문적인 인력양성 훈련을 실시하여 해외진출 인력의 소양을 제고함

첫째, 해외 농업기업 관리인력을 적극 양성하는 것이다. 대학교 및 교육훈련 부문이 각종 장단기 훈련반 개설을 장려 및 지원하고 계획적으로 해외 개발기업 관리인력에게 외국 법률법규, 무역경영기능과 업무처리절차, 농업생산 기준, 해외 현지 풍습 등 실용적인 지식을 습득시켜 해외 개발기업 관리인력의 소양 및 관리수준을 제고한다. 둘째, 해외진출 노동인력을 중점 양성하는 것이다. 기존 농민공 교육훈련 거점을 충분히 활용하여 양광(陽光)공정⁵ 실행 강도를 높이고 출국 준비 노동인력을 중점 훈련하여 출국 전에 기본적 대외 소통능력을 갖추게 하고 해외 관련 법률법규, 풍토와 인심에 익숙하게 하는 한편 현지 농업생산 기준과 선진적 농업생산 기술을 숙달하게 하여 출국 후 최대한 빨리 현지 생활과 생산에 적응할 수 있도록 노력을 아끼지 않음으로써 해외 개발기업 발전을 위한 인력 보장을 제공한다.

본 장의 집필자 : 헤이룽지앙성 정부 발전연구센터 프로젝트 팀

---

5   역자주: 양광공정이란 중국 농업부, 재정부, 노동 및 사회보장부, 교육부, 과기부 등 부서에서 2004년부터 공동으로 실시한 농총 노동자들에게 시장성 있는 전문 지식과 기술을 배우도록 훈련시켜주는 공적 부조 교육사업임.

중국 유업(乳業) 해외진출 사례

개혁개방 이래 중국 우유 생산량은 연이어 1000만 톤, 2000만 톤, 3000만 톤을 돌파하였고 2007년에는 3500만 톤을 돌파하였으며 중국의 전통 목축지역과 농업지역의 젖소 사육과 우유 생산량이 빠르게 증가하였고 농업지역의 젖소 사육량과 우유 생산량 증가 속도는 목축지역 및 전국 평균보다 높은 수준이다. 중국 경제가 장기간 고속성장하고 도시와 농촌 주민 소득이 끊임없이 증가하며 소비 관념도 점차 변화되는 한편 소비구조가 지속 업그레이드되고 소비수준이 끊임없이 제고됨에 따라 유제품은 이미 도시와 농촌 주민의 주요 소비품이 되었다. 그러나 유제품 소비시장이 급격히 확장되는 가운데 우유 공급이 부족하고 가공 포장 기술이 낙후되며 이익 공간의 비교적 작음과 제품 품질 문제는 이미 중국 유업 발전을 제약하는 주요 장애요인이 되고 있다. 중국 유업은 선진국 유업의 우량종 번식 기술, 건강 사육 기술, 유제품 가공 기술과 설비, 품질 기준, 과학기술, 관리 및 시장운영 노하우를 시급히 배워야 하고 참고하여야 한다.

최근 몇 년간 중국 유제품 기업은 해외 인수합병을 통해 원료 수입에서부터 제품 대리 가공 및 해외 인수합병까지 각 과정마다 적극적인 운영과 확장을 잇달아 도모하고 있다. 중국 유업은 유업이 발달한 선진국으로부터 양질의 안전한 원유(原乳) 공급을 확보하고 중국 유제품 기업의 해외 유업사육 및 가공기지 조성을 지원하여 중국 및 세계 각지에 양질의 안전한 유제품을 제공하는 것을 목표로 하고 있다. 하지만 현재 중국 유제품 기업의 해외 인수합병에는 시급히 해결해야 할 어려움과 문제가 존재한다. 따라서 본 연구팀은 국제 및 국내 유업 발전경험에 대한 참고를 기초로 하여 중국 유업 해외진출을 장려하는 정책적 건의와 해외 인수합병에 대한 구체적인 전략적 제안을 제시하고자 한다.

제1절 중국 유업 생산 및 무역 현황

1. 중국 젖소 사육업은 끊임없이 새로운 단계로 진입하였음

1978년 이래 중국 우유 생산량은 14년간 발전을 거쳐 500만 톤을 돌파하였고 500만 톤에서 1000만 톤을 돌파하는 데는 단 9년 1000만 톤에서 2000만 톤 돌파는 단 3년, 2000만 톤에서 3000만 톤 돌파는 단지 2년이 걸렸다. 개혁개방 이후 중국 유업 발전은 3단계로 구분할 수 있다. 첫 번째는 빠른 속도로 발전하는 단계(1978-1993년)이다. 중국 우유 총 생산량이 1978년 88.3만 톤에서 1993년 498.6만 톤으로 증가하여 연평균 성장율이 12.2%

에 달하였다. 두 번째는 발전 가속화 단계(1993-2007년)이다. 중국 우유 총 생산량이 1993년 498.6만 톤에서 2007년 3525.2만 톤으로 증가하여 연평균 성장율이 15.0%에 이르렀다. 세 번째는 조정 제고 단계(2007-2011년)이다. 중국 우유 총 생산량이 2007년 3525.2만 톤에서 2011년 3657.8만 톤으로 증가하여 연평균 증가율이 단지 0.9%로 조정 제고 단계에 놓여 있다(그림 11.1 참조).

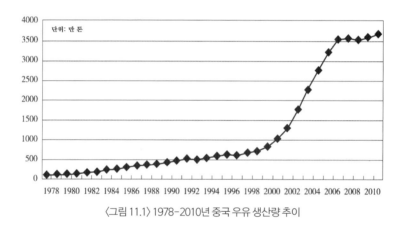

〈그림 11.1〉 1978-2010년 중국 우유 생산량 추이

2. 중국 젖소 사육업이 빠른 속도로 발전하였음

2005년 이래 중국 네이멍구(內蒙古), 간쑤(甘肅), 칭하이(靑海), 닝시아(寧夏) 등 전통적인 목축지역의 젖소 사육은 비교적 빠른 성장세를 유지하고 있고 허난(河南), 산둥(山東), 안후이(安徽) 등 농업지역의 젖소 사육 또한 빠른 성장추세를 보이고 있다. 2005-2011년 중국에서 5위를 차지한 성(省)의 젖소 사육량이 전국에서 차지하는 비중이 71%에서 66%로 줄어들었고 우

유 생산량은 전국에서 차지하는 비중이 65%에서 68%로 높아졌다.

3. 중국 농업지역 젖소 사육업이 고속 발전을 실현하였음

2005-2011년 중국 젖소 사육량의 연평균 성장율은 2.86%, 우유 생산량의 연평균 성장율이 4.66%이다. 중국 농업지역에 속하는 후난(湖南)성, 허난(河南)성, 안후이(安徽)성 젖소 사육량 연평균 성장율은 각각 28.01%, 20.62%, 17.07%로 전국 평균보다 각각 25.15%, 17.76%, 14.21% 높고 허난성, 안후이성, 윈난(雲南)성 우유 생산량 연평균 성장율은 각각 19.74%, 12.65%, 9.19%에 달해 전국 평균보다 각각 15.08%, 7.99%, 4.53% 높다.

4. 중국 유제품 가공업이 신속한 발전을 이루었음

2011년 중국 유제품 생산기업은 716개에 이르고 그 중 유아용 분유 생산기업은 119개이며 유제품 기업 총 생산액은 2361.3억 위엔으로 2005년의 2.65배에 달해 연평균 성장율은 17.6%이다. 2011년 중국 유제품 생산량이 2387.5만 톤으로 2005년의 1.82배에 이르러 연평균 성장율이 10.5%이다. 그 중 액상 유제품 생산량은 2060.8만 톤으로 2005년의 1.8배, 연평균 성장율이 10.3%이다. 고체 유제품 생산량은 326.7만 톤으로 2005년 대비 1.98배 증가하여 연평균 성장율이 12.1%이다. 분유 생산량은 138.6만 톤으로 2005년에 비해 1.24배 증가하여 연평균 성장율은 11.4%이다.

(1) 중국 유제품 구조가 끊임없이 최적화됨

액상 유제품 중 살균 우유, 멸균 우유, 발효 우유 비중이 각각 2005년 17.9%, 66.6%, 15.5%에서 2011년 20.2%, 60.3%, 19.5%로 조정되었다. 분유 중에서 전지분유와 유아용 분유 비중은 각각 2005년 17.5%, 42.4%에서 2011년 30.3%, 50.9%로 변화되었다. 중국 '제11차 5개년 계획' 이래 치즈와 버터 생산은 어느 정도 발전을 이루었지만 생산공장이 소수의 대기업 밖에 없어 생산량이 여전히 작다.

(2) 유업기업의 장비 수준이 대폭 제고됨

'제11차 5개년 계획' 이래 중국 유제품 공업의 전반적인 기술 장비 수준이 대폭 제고되었고 일부 새로 건설된 가공공장은 세계 선진 수준에 도달하였다. 특히 2011년 유업 업계에 대해 정리 정돈하고 생산허가증을 재심사 발급한 이후 모든 기업의 기술 장비 수준과 검사능력 수준이 한층 더 향상되었다.

(3) 유업 업계의 집중도가 한층 높아짐

'제11차 5개년 계획' 이래 중국 대형 주력기업의 규모가 보다 확장되었고 업계 집중도가 한층 더 높아졌다. 2005년 10대 기업의 유제품 총 생산액은 전체 업계의 47.02%를 차지했고 2010년에는 49.92%에 이르렀다.

5. 중국 유제품 기업은 적극적으로 상장 공모함

2010년 국내외에서 상장한 중국 유업기업은 12개로서 멍뉴(蒙牛)와 이리(伊利) 두 기업 규모가 가장 크고 매출액이 300억 위엔 정도에 이르며 순이익은 각각 12.37억 위엔, 7.77억 위엔에 달하였다. 광명(光明)유업 매출액이 95.72억 위엔에 이르지만 순이익은 1.94억 위엔밖에 되지 않고 다른 9개 기업 매출액은 30억 위엔 이하이며 순이익 측면에서는 3개 기업이 적자를 기록하였다. 중국 국내에서 상장된 기업은 단 4개이며 기타 8개 기업은 중국 홍콩, 미국, 싱가포르에서 상장하였다.

2010년 국내외에서 상장한 중국 유업 겸업 기업은 8개이고 유제품 매출액이 10억 위엔을 넘는 기업이 베이인메이(貝因美)와 신시왕(新希望) 기업으로 매출액은 각각 34.70억 위엔, 14.94억 위엔에 이르며 유제품 매출액이 1억 위엔 이하인 기업은 3개이다. 단 1개 기업이 해외에서 상장하였고 다른 7개 기업은 상하이(上海)와 선전(深圳)에서 각각 상장하였다.

6. 중국 유업 수출입무역

(1) 개량종 소의 수입 현황

2007년 이래 중국의 젖소와 씨수소의 수입량과 수입액은 끊임없이 증가하여 왔다. 2010년 중국에서 수입한 개량종 소의 수량은 90837마리로 2009년보다 50246마리 늘었고 수입량은 연속 2년간 배로 늘어 2007년 대비 6.2배 늘었다. 수입액은 1.99억 달러로 2007년의 6.8배이다. 젖소의 주요 수입기업은 후이산(輝山)유업과 샌다이(現代)목업 등이다.

〈1〉 젖소의 원산지 국가

중국 젖소와 씨수소의 수입국은 호주, 뉴질랜드, 우루과이와 남아프리카공화국이다. 2010년 중국은 호주, 뉴질랜드, 우루과이로부터 각각

67068, 15521, 8248마리 소를 수입하였고 2009년에 비해 각각 151.9%, 55.2% 107.8% 증가하였으며 중국 수입 젖소량의 73.8%, 17.1%, 9.1%를 차지한다.

〈2〉젖소 수입하는 주요 성(省)

2010년 젖소 수입량이 다시 배로 늘면서 수입하는 성(省)도 증가하여 천 마리 이상 젖소를 수입하는 성은 12개에 이른다. 만 마리 이상 젖소를 수입하는 성은 리오닝(遼寧), 헤이룽지양(黑龍江), 산동(山東)으로 각각 전국 수입량의 24.4%, 18.7%, 14.4%를 차지한다. 수입 젖소가 5000마리를 넘는 성은 산시(陝西), 지앙쑤(江蘇), 안후이(安徽)로 각각 8221, 5959, 5714마리이고 전국 수입량의 9.1%, 6.6%, 6.3%를 차지한다.

(2) 중국 유제품 수출입이 비교적 빠른 성장세를 나타냄

중국 『젖소산업 기술시스템 연구보고서』에 의하면 2011년 중국 유제품 수출입 총액은 2010년 19.95억 달러에서 26.89억 달러로 증가하였고 전년 대비 증가율은 34.8%에 이르렀다. 그 중 수입액은 26.2억 달러로서 전년 대비 33% 증가하였고 수출액은 0.69억 달러로 전년 대비 증가율이 165%이다. 유제품 무역 중에서 유제품 수입액은 유제품 수출입 총액의 97.4%를 차지한다. 이는 유제품 수입이 여전히 절대적 주도적 위치를 차지하고 있다는 것을 의미한다.

〈1〉무역 규모

2011년 건조한 유제품의 수출입 총량은 88만 톤으로 전년 대비 31.7% 증가하였다. 그 중 수입 총량은 86.3만 톤으로 전년 대비 증가율이 18.5%이고 수출 총량은 1만 7000톤으로 전년 대비 증가율은 486%이다. 유제품

무역 중에서 건조한 유제품 수입량은 수출입 총량의 98%를 차지하였다. 중국 유제품 무역은 기본적으로 국내 시장 수요를 만족시키는 수입을 위주로 하고 있다.

〈2〉 무역 품목

2011년 중국 분유 수입량은 44.95만 톤으로 전년 대비 증가율은 8.57%이고 수입액은 16.45억 달러로서 전년 대비 증가율이 18.54%이다. 그 중 뉴질랜드에서 36.7만 톤, 미국에서 2.14만 톤, 호주에서 2.14만 톤, 유럽연합에서 2.95만 톤을 수입하였다. 연간 분유 수입 평균가격은 톤당 3660달러로 전년 대비 9.2% 증가하였다.

유청의 연간 수입량은 34.4만 톤으로 전년 대비 증가율은 30.2%이고 수입액은 5억 7000만 달러로 전년 대비 증가율이 65.6%이다. 그 중 미국에서 16만 3000톤, 유럽연합에서 14만 5000톤을 수입하였다. 연간 유청 수입 평균가격은 톤당 1659달러로 전년 대비 27.2% 증가하였다.

치즈의 연간 수입량은 2.86만 톤으로 전년 대비 증가율은 24.8%이고 수입액은 1.39억 달러로 전년 대비 증가율이 31.9%이다. 그 중 뉴질랜드에서 1.31만 톤, 미국에서 6287톤, 호주에서 6030톤을 수입하였다. 연간 치즈 수입 평균가격은 톤당 4862달러로 전년 대비 5.7% 증가하였다.

버터의 연간 수입량은 3.57만 톤으로 전년 대비 증가율은 52.1%이고 수입액은 1.84억 달러로 전년 대비 증가율이 100.95%이다. 그 중 뉴질랜드에서 3.13만 톤, 호주에서 1827톤, 프랑스에서 913톤, 벨기에에서 499톤, 아르헨티나에서 369톤, 덴마크에서 227톤, 미국에서 212톤, 네덜란드에서 132톤을 수입하였다. 연간 버터 수입 평균가격은 톤당 5149달러로 전년 대비 32.1% 증가하였다.

제2절 중국 유업 해외진출 현황 및 문제점

1. 중국 유업 해외진출 현황

중국은 이미 60여 년간의 농업 대외원조 역사와 30여 년간의 농업 대외투자협력 역사를 지니고 있고 해외 농업투자협력은 주로 정부간으로 절반은 합작, 절반은 시장화 개발방식을 취하고 있다. 1980년대 이래 중국 농업 해외진출은 장족의 발전을 이루었고 농업 국제교류협력의 형식과 내용은 날이 갈수록 다양해지고 있다. '제11차 5개년 계획' 기간 중국 농업 해외진출 기업수가 끊임없이 증가되었고 대외 농업투자 주체가 날이 갈수록 다원화되었으며 경영분야와 경영규모도 끊임없이 확대되었다. 현재 중국은 주요 국제농업과 금융조직 그리고 140여 개 국과 농업 과학기술 교류 및 경제협력 관계를 맺었고, 50여 개 국가(지역)와 근 60개의 양자간 농업 혹은 어업협력 실무단을 구축하였다. 2010년까지 중국은 200여 개 농업 프로젝트를 대외 원조하였다. 국제금융위기 발생 후 미국, 유럽 등 국가들은 자신을 돌볼 겨를도 없어 아시아, 아프리카, 라틴아메리카 국가들에 대한 원조나 투자를 줄였다. 이는 중국 농업 특히 중국 유업 해외진출의 전략적 구도 배치와 2개 시장, 2가지 자원[1]에 대한 이용을 가속화하는 것에 유례가 없는 역사적 기회를 제공해 주었다.

중장기적인 발전추세로 보면 인구, 농경지, 수자원, 기후, 에너지, 국제시장 등 요소 변화의 영향에 따라 중국 유제품 생산은 심각한 도전에 당면

---

1   역자주: 2개 시장은 국내시장과 국제시장, 2가지 자원은 국내자원과 국제자원을 가리킴.

하고 있다. 더욱이 국내 유제품 소비가 지속적으로 늘어나면서 유제품 시장 수요도 급격히 증가되어 우유 생산지에 대한 경쟁이 매우 치열해졌다. 멜라민 사건 발생 후 많은 유제품 기업들은 중국 국내 우유원유 품질에 대한 우려가 심해져 유제품 기업들은 잇달아 기업 차원의 젖소 사육기지를 구축하였고 일부 능력 있는 기업들은 해외로 진출하여 유업이 발달한 국가에서 젖소 사육기지와 유제품 가공기지를 설립하여 양질의 안전한 우유원유를 생산함으로써 고품질의 고급 유제품을 생산하였다. 현재 중국 유업 해외진출은 아직 초기 모색 단계에 있어 부분적으로 두드러진 문제와 어려움이 존재하고 있다. 현재 상하이(上海) 펑신(鵬欣), 광명(光明), 오유(澳優), 성위안(聖元), 와하하(娃哈哈) 등 기업은 해외에 사육기지, 유제품 가공기지를 구축하였지만 효과가 아직 현저하지 못하다. 하지만 이는 중국 유업 해외진출에 있어 중대한 의미를 가지고 있다.

사례 : 상하이 펑신(上海鵬欣)그룹은 뉴질랜드 젖소 목장을 성공적으로 인수함

2012년 4월 20일, 상하이 펑신그룹의 인수 신청이 뉴질랜드 정부의 공식적인 허가를 받아 2.1억 뉴질랜드 달러(약 10.5억 위엔)를 투자하여 크라파 농장(Crafar Farms)의 16개 목장을 인수하였는데 그 중 13개는 젖소 목장이고 3개는 사료장이며 모두 15000마리의 젖소가 있다. 이 목장들은 크라파 계열에 속하고 뉴질랜드 북섬(North Island) 중부와 서부에 위치하며 토지 면적은 8140.68 ha에 달한다. 이번 인수안의 판매 측은 Plateau Farms Limited(파산 위탁관리), Taharua Limited(파산 위탁관리), Ferry View Farms Limited(파산 위탁관리)와 Hillside Limited(파산위탁 관리)로서 이 4개 기업이 16개 목장을 가지고 있고 이를 합쳐 'Crafar 목장'이라고 불린다. 향후 5년간 상하이 펑신 그룹은 이 16개 목장에 1억 뉴질랜드 달러 또는 그 보다 많은 투자를 진행할 예정이며 생산된 유제품은 중국 및 아시아 기타 지역에 판매할 예정이다. 현재 상하이 펑신그룹은 뉴질랜드 현지에서 'Nature Pure'와 'Pure 100'이라는 2개 상표를 등록하였다.

이번에 인수한 크라파목장은 다음과 같은 재산으로 구성되었다.

첫째는 목초지이다. 16개 목장은 기본적으로 투수성이 높고 자연적인 비옥도가 낮은 부석토양 위에 위치하여 있고 목장 토양은 주로 비옥도가 더 높은 퇴적물 혹은 풍화작용에 의한 가루 퇴적물과 생긴지 얼마 되지 않은 모래질 토양으로 혼합된 토양이다. 목초지는 비옥하고 최근 파종된 목초의 성장 기세가 좋으며 잡초 또한 잘 통제되고 있다. 향후에는 목초지 수리시설과 풀 종자에 대한 개조가 필요하다.

둘째는 가축이다. 젖소의 품종 배합은 전반적으로 그 목장 환경에 적합하고 대부분 방목된 젖소는 교잡종이다. 부분적으로 3개 분기에만 젖을 생산할 수 있는 젖소는 도태될 것이다. 향후에는 기존 젖소 개체군을 최적화하고 양질의 젖소 개체군 구매를 통해 젖소 생산능력이 뉴질랜드 대부분 지역의 평균수준(한 마리 젖소의 생산능력은 320-360kg 유고형분)에 도달하게 될 것이다.

셋째는 기반시설이다. 젖소 외양간, 오수처리 시스템, 여물통, 물공급 시설, 주택과 생산설비 등이 포함되어 있다.

2. 중국 유업 해외진출에서 부딪힌 주요 문제와 어려움

현재 중국 유업의 해외진출은 실제적으로 여전히 초보적인 모색 단계에 놓여 있어 두드러진 문제점과 어려움이 존재하고 있다. 주로 해외 투자 환경, 국내 지원정책 및 체계, 정부 관리 및 서비스가 해당된다.

(1) 해외 투자환경이 미흡함

투자환경은 유업 해외진출에 영향을 미치는 가장 중요한 요인으로 주로 현지의 사회 정세, 법률법규, 행정효율 등 기본적인 환경을 말한다. 현재 많은 국가가 노무 비자 발급, 투자 비율과 비자기한 등에 대해 엄격한 규정을 적용하고 있어 중국의 해외진출 관련 활동 전개에 불리한 측면이 있다. 예를 들면 일부 국가는 외국인력 비자기한을 3개월로 엄격히 규정하고 있고 일정한 기간 내 비자 발급 인원수를 제한하고 있어 해외 농업개발에 큰 불편함을 초래하고 있다. 일부 국가의 세수정책이 비교적 가혹한 편이다. 러시아 세수정책 규정에 따르면 대형 농기계를 반입하려면 15%에 달하는 관세와 18%의 부가가치세를 납부해야 하고 중국이 개발한 기지에서 생산된 농산품을 중국 내로 반입하려면 20%의 관세를 또 납부해야 한다. 일부 서방 선진국들은 여전히 중국을 배척하는 정서가 있어 중국 기업의 해외 인수합병에 대해 높은 장벽을 치고 있고 심사절차가 또한 까다롭다. 남아프리카공화국, 피지 등과 같은 일부 개발도상국은 자원은 풍부하지만 정세 변화가 심해 산업정책의 연속성이 떨어진다. 전임 정부의 임기 내 협의서를 체결한 기업은 신 정부로 바뀌면서 산업정책에 변화가 생기거나 정책 취소로 인해 기투자금을 회수하지 못하게 되어 커다란 손해를 입게 된다. 또한 행정효율이 낮고 제도적 환경이 떨어지는 등 각종 문제가 존재하고 있다.

(2) 해외진출 기업의 융자가 어려움

규모가 작고 자금이 부족하며 경쟁력이 낮은 것이 중국 유업 해외진출 기업들이 직면한 가장 보편적인 문제이다. 관련 통계에 의하면 선진국 기업의 단일 프로젝트 대외직접투자 규모는 평균 600만 달러이고 개발도상국은 평균 450만 달러이지만 중국의 평균 규모는 단 220만 달러이며 중국 농업 프로젝트의 평균 직접투자규모는 수십만 달러 정도에 불과한 수준이다. 기업 규모가 보편적으로 작고 해외 융자능력이 약하며 은행 담보조건 제약과 일부 역사적인 원인으로 국내 대출을 받기가 힘들다. 자금부족은 중국 유업 해외진출의 발전을 심각하게 제약하였을 뿐만 아니라 유업기업 경쟁력, 신뢰도, 제품품질, 브랜드 방면에 있어서도 모두 뚜렷한 향상을 하기 어렵다. 자금 난관을 빨리 해결하지 않는다면 유업 발전 속도가 반드시 둔화될 것이며 해외 유업자원 개발에 대한 절호의 시기를 아쉽게 놓칠 수밖에 없을 것이다.

(3) 정책적 보험제도가 부족함

유업 해외진출은 국제경쟁에 직접 참여함으로써 더 많은 리스크와 압력을 감당해 내야 한다. 현재 중국 유업 해외진출은 4대 리스크에 직면하고 있다. 첫째는 정치적 리스크이다. 서방 국가들은 양당이 서로 경쟁하고 있어 정치적 이익의 균형을 고려하여 정부와 법원은 야당 의견을 중시할 수밖에 없고 이는 중국 유업의 인수 및 경영에 커다란 도전이 된다. 둘째는 법률적 리스크이다. 국내외 법률제도 간 차이가 커 중국 유업이 해외 인수를 진행하는 과정에서 다른 국가 법률제도에 대한 이해와 파악 또한 큰 도전이다. 셋째는 시장 리스크이다. 주로 유제품 판매와 가격 측면의 리스크이다. 넷째는 문화적 리스크이다. 외국 특히 서방 선진국 전체 사회가 문화적 다원성의 양상을 띠고 있어 이는 중국 유업 해외진출이 직면한 또 하나의 도전이다. 미국, 유럽연합 등 국가와 지역은 모두 해외 농업 프로젝트에 대한 일련의 우대 보험체계가 구축되어 있고 정부에서 보험료 보조금을 일부분 부담한다. 중국은 일부 관련된 정책이 있지만 보험 종류가 적고 보험 범위도 협소하여 기업의 위험 회피를 지원해 주는 기능은 아직 미약하다. 현재 중국에는 비상위험에 대처할 수 있는 유업 대외투자 보험은 아직 없고 국제적인 경험에 비추어 볼 때 이러한 보험은 기업의 해외 리스크를 회피하는 측면에 커다란 역할을 할 수 있다.

(4) 세수우대 정책 체계가 미흡함

세수우대 정책은 중국 유업 해외진출을 촉진할 수 있는 하나의 중요한 조치로서 중국은 이미 적지 않은 노력을 기울였다. 예를 들면 다른 국가와 이중과세 방지협정을 체결하고 농산품 수출 세금환급 등을 실시하였다. 하지만 실행과정에서 아직 많은 문제점이 존재하고 있다. 첫째, 중국은 상당수 국가와 이중과세 방지협정을 체결하지 않았고 집행과정에서 해외 관련 기업에 대해 이중과세를 징수하는 문제가 여전히 나타나고 있다. 둘째, 국내로 반입된 제품에 대한 세수혜택이 부족하다. 현재 중국은 해외에서 생산되어 국내로 반입되는 제품에 대해 여전히 관세와 부가가치세를 징수하고 있어 이러한 제품의 원가를 증가시켰다.

중국의 식량안보와 농업의 해외진출전략

(5) 재정 특별보조정책이 부족함

세계 여러 나라들은 해외 농업개발 프로젝트를 위해 특별보조금정책을 수립하여 농업기업들의 국제시장 개척을 지원하였다. 예를 들면 한국은 1980년대 대외협력자금을 설립하여 한국 투자자의 개발도상국에 대한 자원개발과 주식투자를 전문적으로 지원하였다. 미국, 유럽연합 등은 모두 해외 농업시장 개척에 막대한 자금을 투입하여 농업 프로젝트 국제협력을 촉진하는 데 중요한 작용을 발휘하였다. 하지만 중국은 현재 일부 분산된 정책과 지방정부 정책 외에는 완비된 시스템과 안정적 자금원이 부족할 뿐만 아니라 외국과 같이 해외진출 기업의 국제시장개척에 대한 보조정책 체계가 미흡하다. 예를 들어 중대한 식품안전과 공공위생안전 사건, 기술 장벽, 긴급 무역마찰, 반덤핑 응소가 돌발적으로 발생할 때 해외진출 기업에 대한 긴급지원정책체계가 부족하다. 해외 농업생산기지 건설, 농부산물 가공기업에 대해 국내기업과 동일한 대우를 제공하지 못하는 등 문제들도 중국 유업 해외진출 활성화에 불리한 요인이 되고 있다.

(6) 거시적 지도 및 관리 서비스가 부족함

첫째는 과학적이고 합리적인 해외진출전략 계획을 제정하지 못하고 있다. 국가별 투자계획, 산업 투자계획, 중점 제품 투자계획, 농산품 수입에 관한 조기경보시스템 등을 포함한 계획을 수립하지 못하고 있어 유업 해외진출에 대한 전반적인 계획을 세우기가 어렵다. 둘째는 통일적인 관리와 조정 메커니즘의 부재이다. 현재 중국 유업 해외진출 프로젝트 관리에는 여러 부서가 관리하고 있어 부서 간 소통이 원활하지 못한 심각한 문제가 존재하고 있다. 관리 권한이 여러 부서에 분산되어 있어 심사절차가 매우 복잡하고 많은 시간이 소요됨에 따라 기업에 커다란 불편을 초래하였으며 때로는 심지어 사업 기회조차 놓치게 만들었다. 셋째는 해외진출 기업에 대한 감독관리가 부족하다. 현재 각지에 등록된 농업 해외투자 기업의 상황을 볼 때 각급 정부의 농업 주관부서가 현지 해외투자 기업 유무와 경영상황에 대해 아는 것이 매우 적으며 지도에 도움을 준다는 것은 말할 나위가 없다. 넷째는 노동인력 수출에 대한 관리와 서비스가 미흡하다. 현재 노동인력 수출에 대한 관리와 서비스가 부족하다. 구체적으로 말하자면 해외진출 노동인력에 관한 법률법규가 미흡하고 해외 노동인력 채용 및 관리 규범화에 관한 법률법규가 부족하다. 이는 일부 정부공인 자격증이 없는 기업이나 개인이 불법적으로 노동인력 수출 시장에서 경영하는 문제를 초래하였고 노동인력 수출 질서에 혼란을 초래하였다. 또한 완벽한 컨설팅서비스 기구가 부족하여 취업정보, 해외 경제상황, 해외 노동자 권익보장 현황 등에 대한 정보 제공이 부족하였다.

(7) 법률 체계가 미비함

중국의 농업 해외진출에 관한 법률법규체계 가운데 대부분이 계획경제 시기에 제정된 것으로 현재 시장경제체제 요구와 중국 유업 해외진출 전략 수요에 분명히 부합하지 못하여 이에 대한 수정 및 보완이 시급한 실정이다. 예를 들면 유업 해외진출 촉진을 위한 신용담보제도, 해외농업 직접투자 법률제도, 보험제도, 농업합작 프로젝트 촉진기금법 및 농업 해외진출 법률지원제도 등을 제정하는 것이다.

(8) 우수인재가 부족함

기업 경쟁은 결국 인재 경쟁이고 해외진출에 대한 인재 요구는 더욱 높아져 일반 기업경영 관리자가 마땅히 갖추어야 할 자질 외에도 외국어에 능숙해야 하고 국제 규범과 관례를 잘 이해해야 하며 특히 투자대상국과 경영 프로젝트와 관련된 산업정책, 세수정책, 시장 잠재력, 노동력 소질, 지리 기후, 풍토 인심 등에 대해 잘 알아야 한다. 국제 경제무역 지식을 갖추고 외국어와 전문기술지식을 잘 알며 경쟁의식을 가지고 고통과 어려움을 참고 견딜 수 있는 복합형 인재가 부족함으로 인해 중국 기업의 국제교류와 협력에 심각한 영향을 미쳤고 특히 중국의 대외 유업무역과 투자에 영향을 끼치게 되었다.

(9) 유업의 핵심 자원을 얻기 어려움

중국 유제품 기업의 국제 인수합병 사례로 볼 때 광명(光明)유업은 Synlait Milk의 주주권을 인수하고 지배하였지만 인수 자원 중 목장자원이 포함되어 있지 않았다. 목장자원은 유업의 핵심 경쟁력으로서 광명유업이 인수한 것 중에서 얻은 것은 단지 산업사슬 밑단에 위치한 소비제품 생산 능력과 브랜드 협력 뿐이고 유업공급 사슬의 윗단에는 발을 들여놓지 못하였다. 상하이 펑신(上海鵬欣)그룹은 크라파 16개 목장을 인수하였지만 젖소 번식, 젖소 사육, 유제품 가공기술과 관리 노하우 등 핵심 자원에 대한 신속한 확보와 지배에 어려움을 겪었다.

(10) 외국의 중국에 대한 이해가 부족함

개혁개방 이래 중국이 두각을 나타내고 경제가 신속히 발전함에 따라 세계 각국과의 교류와 협력도 끊임없이 심화되고 있지만 일부 유업 대국 정부, 기업과 국민들은 중국과 중국 기업에 대한 이해가 부족하고 중국 국내정책에 대한 오해를 가지고 있으며 일부 문제점을 확대 해석하는 경우도 있다. 부정부패, 식품안전, 환경오염, 사회적 불평등, 도덕적 타락, 언론 통제 등 문제가 포함되며 더욱이 소수 중국 이민자와 중국 관광객이 현지에서 부적절한 행위를 함으로써 부정적인 영향을 초래하였다. 외국 국민들은 자기 자신 가치관의 시비에 따라 옳고 그름을 판단하고 있어 중국 자본에 대해 의심을 가지는 것은 당연하다.

제3절 중국 유업 해외진출 장려를 위한 정책적 제언

중국 유업 해외진출을 촉진하기 위해 지역별로 분류하여 지도하고 차별화된 정책을 실시해야 한다. 젖소 목장을 인수하고 주주가 되는 데 중점을 두며 오세아니아, 아메리카주, 유럽 국가를 표적 국가로 삼는 한편 국가, 기업, 농민 소득 증대를 목표로 하며 자본운용을 주요 방식으로 하고 유제품 물류경로 통제를 중요한 관건의 일환으로 삼아 여러 정책적 조치를 취해 중국 유업기업 해외진출을 대대적으로 추진해야 한다.

1. 유업 해외진출에 대한 거시적 지도 강화

국가별 투자계획, 산업 투자계획, 중점 제품 투자계획을 포함한 유업 해외진출에 관한 전략적 계획을 가능한 빨리 수립하고 구체적인 정책적

중국의 식량안보와 농업의 해외진출전략

조치를 제시하여 상무부, 농업부, 재정부, 국가발전개혁위원회, 외교부 등 10개 부서가 공동 제정한 통일적인 관리조정체제를 더욱 완벽히 하며 여러 부서가 관리하고 권한이 분산된 국면을 해결해야 한다. 외교적 기능과 서비스를 강화하고 농업 해외진출을 양자간 또는 다자간 경제무역협상 대상에 포함시켜 이중과세, 출국 인원 비자의 체류기한 과부족, 투자 대상국의 중국 노동인력 진입에 대한 수량적 제한, 생산재 반입에 부과된 높은 관세, 해외 생산 농산물 국내 반입 시 부가된 높은 세금 등 문제를 해결해야 한다.

2. 해외 유업 핵심 자원 인수에 중점을 둠

양질의 목초지 자원은 유업의 핵심 자원이다. 세계에서 가장 양질의 목장을 인수한다면 세계에서 가장 양질의 목초지 자원을 얻는 것을 의미하고 순 천연의 우유원유를 얻는 것이며 더욱 많은 우유원유를 장악할 수 있다. 또한 이로 인해 국제 유제품 생산 기업과 대화를 나눌 수 있게 되고 세계 유업에서 발언권과 가격결정권을 가지게 된다. 이는 기업이 글로벌 산업사슬을 구축하는 데 유리하다. 글로벌 유업산업사슬 중에서 중국 기업은 그의 핵심 고리인 양질의 우유원유를 장악해야 하고 전체 산업사슬의 선도자로 자리매김할 수 있도록 온 힘을 다해 노력해야 한다. 이는 양질의 우유원유를 확보하게 되면 기업들은 다양한 방식을 통해 글로벌 산업사슬을 구축할 수 있기 때문이다.

3. 해외 중점 우유 생산가공기지 건설

세계 유업 자원의 공간적 분포를 보면 뉴질랜드, 오스트레일리아, 네덜란드, 프랑스, 독일, 미국, 캐나다, 브라질, 아르헨티나, 우루과이 등 국가의 유업 자원이 매우 풍부하다. 양자간 정부 지원 아래 이들 국가에 대해 유업 투자를 진행할 수 있는 잠재력은 엄청나다. 중국 국내 유제품 공급이 부족할 때 이들 국가에서 생산된 우유와 유제품을 국내로 반입하여 국내에 양질의 안전한 유제품 공급을 증가할 수 있다. 현지의 유제품 수급 관계가 긴장 상태에 처할 때 현지에 직접 판매함으로써 현지 공급을 늘릴 수 있으며 그만큼 국제적인 공급도 증가된 셈이다. 이는 중국이 해외에서 안정적으로 양질의 우유원유 및 유제품의 공급기지를 구축하는 데 매우 중요하다고 말할 수 있다.

4. 국제 유제품 유통경로 개척

중국 일부 업종이 외자에 지배된 국면이 나타난 가장 중요한 이유는 중국 스스로의 수출입경로에 대한 장악력 및 가격 결정권이 부족한 데 있다. 막대한 자금을 조달하여 국제 유통경로에 투자하여 중국 스스로 통제가능한 수출입경로를 구축한다면 국내 유업생산을 안정되게 하고 국내 시장 가격 기복을 피할 수 있으며 이로 인해 중국 정부의 강력한 지원을 받기가 비교적 용이할 수 있어 장기적으로 볼 때 수익성 제고능력이 강화될 것이다. 충분한 투자여력이 있다면 스스로 투자하여 완전한 국제 유제품 및 사료 유통체계를 건설하거나 국제 농산품 유통기업을 인수 또는 지주 방식

중국의 식량안보와 농업의 해외진출전략

을 통한 지배권 확보를 충분히 고려해 볼 필요가 있다. 현재 중국의 이용가능한 외환보유액이 충분하고 국내 자본 동원능력도 뛰어나 국내 금융자본이 유통업과 연계될 수 있다면 더 큰 성과가 이루어질 것이다.

5. 해외투자에 대한 입법 진도 가속화

중국 대외투자액은 2011년에 개발도상국 중에서 1위, 전 세계 5위를 차지하였지만 현재 중국은 대외투자에 관한 법률이 아직 부재한데 이는 중국 해외투자의 건전한 발전을 제약하는 하나의 큰 요소가 됨에 따라 중국 기업의 국제투자에 관한 법률체계를 구축하고 완비하는 것은 반드시 실행해야 하는 과제이다. 현재 중국은『중국 기업 해외투자법』,『해외투자기업 소득세법』,『해외투자회사법』,『해외투자보험법』,『대외원조법』등 법률 제정이 시급하다. 이러한 법률 제정과 실행을 통해 해외투자 기업이 충분한 법률적 보호를 받을 수 있고 해외투자 기업의 생산과 경영관리에 대한 자주권 및 합법적 권익이 침해를 받지 않게 하며 이와 더불어 대외투자 행위를 규범화하고, 지원과 감독직책을 명확히 하며 유제품 기업의 대외투자 활동을 올바르게 격려하고 인도할 수 있도록 해야 한다.

6. 금융 지원력 강화

기업이 급히 필요로 하는 융자 방면에 대해 중앙은행과 중국 은행업감독관리위원회(中國銀行業監督管理委員會)는 해외 유업 투자기업의 특성을 고려해 담보물과 은행위험준비금 인출 등에 있어 이러한 기업에 대한 융자정책을 별도로 제정해야 한다. 국가개발은행, 중국수출입은행, 중국농업발전은행, 중국은행 등 금융기구들은 유업기업에 대한 기존 융자지원에 더해 융자 수요에 대한 공급을 증가시키고 적극적으로 새로운 금융상품과 융자방식을 창출하며 각종 기업 특히 중소기업에 대한 대출을 지원해 줌으로써 해외 유업 투자기업을 위한 전방위적 금융서비스를 제공하는 한편 중국 유업기업도 국제금융회사(IFC) 등 국제금융기구의 프로젝트 지원을 적극적으로 활용하여 보다 많은 경로의 금융지원을 얻기 위해 노력해야 한다.

7. 재정지원 및 세수우대 정책 시행

재정지원 및 세금우대 방면에 있어 재정부, 세무부, 상무부, 농업부, 발전개혁위원회 등 부서에서는 협력을 통해 해외 유업개발 기업에 대한 지원정책을 제시해야 하고 해외 유업투자에 대한 지원 강도를 높여야 한다. 해외유업 투자기금을 설립하여 오세아니아, 유럽, 아메리카 등 지역에 개발 중점을 둔 유업기업에게 초기 개발 보조금을 제공함으로써 유업 기술 및 제품 개발, 기반시설 및 생산설비 조성 등 방면에 사용하게 하고, 재정 및 세수정책을 동원해 기업의 해외유업 투자와 다국적 경영을 실행할 수 있도록 유도해야 한다. 또한 중국에 양질의 안전한 유제품 공급 보장에 대한 기여를 근거로 유업 투자기업에 대한 보조정책을 수립하고 소득세, 수출세 및 수입세 등 세제에 관한 세수우대 조치를 시행하여 이중과세를 방지해야 한다.

중국의 식량안보와 농업의 해외진출전략

8. 외교 및 상거래 서비스 플랫폼 구축

외교와 상거래 협력 방면에서 외교부와 상무부는 다년간 대외교류와 협력에서 축적된 자원과 경험적 우위를 충분히 활용해 해외유업 투자기업을 위한 교류 및 서비스 플랫폼을 구축함으로써 기업의 근심을 해소하고 어려움을 해결해 주어야 한다. 중요한 해외 유업개발 대상국가에 대해서는 현지 주재 농업기구의 역량을 강화하고, 중국 주재 미국 대사관 농업사무처의 운영방식을 참고하여 해외 주재 대사관에 농업 전문 책임부서를 설립하고 농업 참사관을 파견해야 한다.

9. 외환 투자경로 개척

중국투자유한책임회사[2]는 해외 유업개발을 투자의 주요 내용으로 삼을 수 있다. 이는 투자 포트폴리오 및 이익원 다변화에 유리할 뿐만 아니라 중국 유제품 시장의 공급과 안정을 보장하는 데에도 유리하다. 젖소 목장, 물류 시설, 유제품 가공공장 등 구매와 임차에 직접 투자할 수 있고 기타 국유, 민영의 젖소 목장 및 유제품 가공기업과 협력하여 공동으로 자본을 운영할 수도 있다. 중국의 국부펀드는 세계은행 등 국제기구와 협력할 수 있고 그 성숙한 국제관리 경험을 활용하여 중국 해외유업 투자개발을 위한 경로 개척과 보장을 제공할 수 있다.

---

2   역자주: 중국투자회사(中國投資有限責任公司)는 국유기업으로 중국의 외환 자산을 관리 및 운영하는 전담기구임.

10. 해외투자 보험업무 개발

재정예산 중에서 유업 해외진출 특별발전기금을 설립하여 기업의 글로벌 시장 개척을 위한 각종 보조금, 어음 할인액 지불, 비상 지원 등에 사용하고 해외유업 투자기업에게 위험회피 경로를 제공한다. 위험 기금은 해외투자 유업기업을 직접 보조할 수 있고 해외 유업업무에 종사하는 보험회사도 보조 가능하다. 대외투자 증가에 따라 중국은 해외투자 보험제도를 구축하고 중국의 능력 있는 보험회사가 해외투자 보험업무에 대해 개발하도록 장려하며 해외유업 투자기업을 위한 보험 보호벽을 제공해야 한다.

11. 국제화 인재 양성 가속화

중국 유업기업이 치열한 국제경쟁에서 이기려면 높은 소질을 지닌 해외 과학기술 및 경영관리 인재를 반드시 확보해야 한다. 그들은 젖소 번식, 건강 사육, 사료와 목초 재배 및 가공, 유제품 가공기술에 정통할 뿐만 아니라 국제시장 유제품 마케팅, 국제 무역, 국제 금융, 국제 재무와 회계, 국제 기업 관리, 국제 관례 등 방면의 지식과 경험이 있어야 하며 외국어 수준이 뛰어나고 인터넷을 활용하여 국제시장 정보를 수집, 처리, 운용할 수 있어야 하며 독자적인 결단과 융통성 있는 관리능력을 갖추어야 할 뿐만 아니라 이질적인 문화 및 환경에 적응할 수 있는 강한 능력과 사교술을 갖추어야 하며 낯선 환경과 치열한 경쟁에도 불구하고 자신감을 가지고 긍정적이며 짧은 시간 내 현지 정부, 업계, 문화적 배경이 서로 다른 인원과

중국의 식량안보와 농업의 해외진출전략

양호한 소통과 협력을 실현할 수 있어야 한다.

12. 정보 서비스 강화

미국과 유럽 등 서방 선진국들은 글로벌 금융위기와 소버린 쇼크를 겪고 있고 전 세계 경제 회복이 느린 상황하에서 서방 유업대국의 젖소 목장과 유제품 기업들은 경영난을 겪고 있어 국제협력에 대한 요구가 시급하며 이들 국가에서는 일정한 정도의 우대정책을 제공하고 있다. 뉴질랜드, 오스트레일리아, 네덜란드, 프랑스, 독일, 미국, 캐나다, 브라질, 아르헨티나, 우루과이 등에 주재한 중국 외교와 상무기구는 각국의 유업 외자유치를 위한 우대정책과 협력 정보를 수집, 정리하여 우대정책 정보 서비스 네트워크를 구축하고 국내 유업 업계에 이러한 우대정책과 협력정보를 공개해야 할 뿐만 아니라 중국 기업 해외 유업투자에 적극적으로 다리를 놓아주고 투자경로를 제공하여 중국 유업기업이 대상국가의 유업 외자 유치를 위한 우대정책을 충분히 활용할 수 있도록 해야 한다. 아울러 해외 주재 중국 외교 및 상무기구는 적극적으로 뉴질랜드, 오스트레일리아, 네덜란드, 프랑스, 독일, 미국, 캐나다, 브라질, 아르헨티나, 우루과이 등 유업대국 정부와 소통을 통해 중국 기업이 유업투자를 위한 보다 많은 우대정책을 누릴 수 있도록 노력해야 한다.

13. 국제법규 제정에 적극적 참여

해외 투자 및 정책 지원 측면에서 국제 관례와 WTO 규정을 준수해야 한다. 이와 더불어 과거의 관례나 다른 경제대국들이 주도하여 제정한 룰을 단순히 준수할 것이 아니라 중국 대외투자에 대한 수요와 이익에 입각하여 국제투자 및 무역 규칙에 영향을 미칠 수 있도록 국제투자 및 무역 규칙 제정에 적극적으로 참여해야 한다. 개발 대상 국가는 정치, 문화, 종교, 풍속, 법률 등 방면에서 중국과 큰 차이가 있기 때문에 해외농업 투자 활동 과정에서 각국의 관련 법규와 정책을 준수하고, 그 문화와 풍속에 대해서도 존중해야 한다.

본 장의 집필자: 안후이(安徽)성 정부 발전연구센터 프로젝트 팀

중량그룹(中糧集團)[1] 해외진출 사례

제1절 중량그룹 해외진출 현황 및 성과

중국 중량그룹은 1949년 설립된 전통적 대외무역회사로 설립 초기부터 국가 식량, 식용유 수출입무역을 하며 수출을 통해 외화를 벌어들이고 수입을 통해 국내 수요를 충족시켜 국가 식량, 식용유 무역에 있어 중요한 통로 역할을 하였다. 개혁개방 이후 국가가 대외무역 체제에 대한 개혁을 실시함으로써 중량그룹도 자신에 대한 개혁과 발전의 진척을 가속화하였고 산업화 및 국제화 과정을 촉진하는 가운데 국내에서는 식량과 식용유 가공업을 발전하였고 해외에서는 자회사와 연락사무소를 잇달아 설립하

---

1   역자주: 중량그룹은 중국 식량 식용유 및 식품(집단) 공사(China Oil & Foodstuffs Corporation, COFCO)의 약칭이며 중국 최대 규모의 식량 및 유료 식품 생산 및 무역회사임.

였다. 최근 몇 년간 해외진출을 도모하고 수출입무역을 위주로 하는 기반에 기초하여 사업영역에 대한 대외투자와 협력을 점차 늘려 일정한 진전을 이루면서 경험을 축적하였다. 하지만 해외진출의 진일보한 발전에 있어서 어려움과 도전에 직면하게 되었으며 이러한 어려움과 도전은 대부분 공통적인 성격을 지닌 문제로서 국가적 차원의 대대적인 지원이 필요하다.

1. 해외 무역회사 기능의 적극적인 전환

중량그룹은 1980년대부터 해외에 일부 자회사와 연락사무소 설립을 시작하였고 그 후 조정을 거듭하면서 현재까지 보유하고 있는 자회사는 미국, 캐나다, 일본, 호주, 독일, 영국 등 국가에 설립되어 있다. 이렇게 설립된 해외 자회사와 연락사무소에 대한 최초의 임무는 주로 국가 차원의 식량과 식용유 수출입무역을 담당한다는 것이었다. 중량그룹은 자신의 산업화 진전이 빨라짐에 따라 해외 자회사와 국내 업무 간의 연계를 적극적으로 추진하였고 해외 자회사의 국내 사업을 위한 해외 시장개척을 장려하는 한편 해외 자회사의 자체적인 변신 발전을 실현하게 되었다. 〈칼럼 1〉은 중량그룹 독일 회사의 변신 발전 사례로서 매우 대표성을 띠고 있다.

〈칼럼 1〉 중량그룹 독일 자회사
── 어우화무역회사(歐華貿易有限公司)의 변신 발전

1. 발전 역사에 대한 회고

1982년 중량그룹은 서독에 연락사무소를 설립하였고 1986년 12월 31일 대외경제무역부에서 중량그룹 서독 독자회사 설립을 비준하였다. 1987년 4월 28일 어우화무역회사가 서독 함부르크에서 등록하였고 등록자본금은 50만 마르크로 중량그룹이 완전 출자한 자회사이다. 1987년 7월 1일 서독 주재 중량그룹 연락사무소가 어우화무역회사에 정식 편입됨에 따라 연락사무소는 폐지되었다.

2000년 이전에 어우화무역회사는 주로 통조림, 급냉 채소, 기타 품목의 식품 등을 독일로 수출하는 업무를 경영하며 경영규모가 비교적 크고 안정적이었다.

2. 곤경에 빠짐

중국의 WTO 가입 후 수출입 경영권의 개방에 따라 어우화무역회사가 경영하는 고유의 사업은 급속히 위축되었고 2003년 영업수입이 480만 위엔 밖에 되지 않았으며 적자액은 230만 위엔으로 곤경에 빠지게 되었다. 이러한 상태는 2007년까지 계속되었고 2007년 영업수입은 896만 위엔, 적자액은 129만 위엔에 이르렀다.

3. 변신 발전

곤경에서 빠져 나오기 위해 중량그룹은 2007년 어우화무역회사와 토마토사업 간의 연계를 추진하기 시작하였다. 2008년부터 어우화무역회사는 고객, 시장, 가격 방면에 있어 토마토 사업과의 전면적인 연계가 정상적인 발전 단계에 진입하기 시작하였다. 어우화무역회사는 중국 중량그룹 토마토케첩사업의 EU(유럽연합) 시장 판매대행으로서 DDP[2]를 기초로 하고 고객에게 '원스톱 도어 투 도어' 서비스 제공을 통해 업무패턴을 혁신하고 고객가치를 제고하였다. 구체적인 방법으로 어우화무역회사는 해상운송, 물품통관, 창고 저장, 트럭운송, 문전배달 및 애프터서비스를 제공하는 한편 물품이 적시에 매수인 공장에 도착하기 위해 정기선 지연도착을 대비할 수 있도록 안전 재고량을 제공하였다. 어우화무역회사의 이러한 '물류+유통경로+애프터서비스' 판매 대행 패턴은 독일 현지 중국 기업 중에서 최초로 시도한 것으로 어우화무역회사의 시장경쟁력을 크게 높였으며 EU와 같이 제품과 서비스에 대한 요구가 매우 높은 시장에서 점진적으로 기반을 잡게 되었다. 2008년 토마토케첩사업 대행을 통해 어우화무역회사 영업수입이 5303만 위엔에 달하고 308만 위엔의 이윤을 창출함으로써 경영의 적자를 흑자로 전환시켰다. 2009년 이래 어우화무역회사는 독일을 발판으로 삼아 점차 기타 EU시장을 개척하기 시작하였고, 기업의 경

---

2   역자주: DDP는 관세지급인도조건으로 매도인이 수입통관을 마친 물품을 지정된 목적지까지 도착시킨 운송 수단으로부터 양하하지 않은 상태로 매수인에게 인도하는 것을 의미하므로 매도인은 지정된 목적지까지 물품을 운반하는 데 소용되는 비용과 리스크, 그리고 수입을 위한 관세를 부담하고, 매수인은 물품을 양하함.

중국의 식량안보와 농업의 해외진출전략

영규모와 경영실적이 지속 큰 폭으로 증가하여 왔다.

2010년에 어우화무역회사는 중량그룹 '워마이왕'(我買網, www.womai.com)의 대행업무를 시작하여 유럽에서 올리브유 수입 업무를 대행하였는데 이는 어우화무역회사 향후 발전에 있어 새로운 성장동력이 될 것이다.

어우화무역회사의 변신 발전이 기업 자체의 새로운 발전을 실현시켰을 뿐만 아니라 중량그룹의 선진국 시장 개척과 산업사슬의 해외 확장을 추진하는 데도 매우 중요한 역할을 하였다.

2. 인수합병을 통한 해외 사업 투자의 전개

(1) 호주 최대 규모의 단당 공장을 인수합병——툴리(Tully)

경제발전과 국민 생활수준 향상에 따라 중국의 설탕 소비량은 안정적으로 증가하고 있지만 자연환경 제약으로 인해 설탕 공급이 난관에 부딪히게 되었고 향후에는 수입을 통해 공급 부족을 메우는 것이 필요하다. 중국의 설탕은 남방식 설탕과 북방식 설탕으로 나눌 수 있는데 남방식 설탕은 자당이고, 북방식 설탕은 첨채당이며 중국의 설탕 공급은 자당을 위주로 하고 있다. 첨채당은 어느 정도 확장될 여지가 있지만 남방식 설탕의 제한으로 인해 중국 최대 설탕 공급량은 1700만 톤 한계에 직면하게 되고 실제 공급 측면에서는 1400만 톤에 이르는 것도 어려울 것으로 보인다. 중국 설탕 수요는 4.3%의 속도로 증가하고 있고 중국 설탕 생산량을 1700만 톤으로 추정하면 향후 10년간 중국의 설탕 공급량은 300만 톤 이상이 부족할 것이라고 예상되며 수입으로 그 부족량을 채워야 할 것이다. 최근 2년간 국내 설탕 생산량이 줄어들고 높은 가격 상승세의 영향을 받아 해외 설탕 수입량이 현저히 증가되었고 2012년에 이르러 설탕 수입량은 이미 300만 톤을 넘어섰다.

세계 주요 설탕 수출국은 브라질, 태국, 호주 등으로 브라질은 세계 최대 설탕 생산국이자 수출국이며 수출량은 전 세계의 절반 이상을 차지한다. 호주 역시 세계적으로 중요한 설탕 수출국으로 설탕 수출량이 통상 400만 톤 정도이며 최근 몇 년간 자연재해의 영향으로 수출량이 약 300만 톤으로 줄어들었다. 한편 호주가 아시아 시장에 설탕을 공급하는 데 있어 일정한 정도의 물류적 우위를 갖고 있다.

Tully는 호주에서 네 번째로 큰 설탕회사로서 관리가 투명하고 자산상태가 양호한 호주 최대 단당 공장이다. 매년 사탕수수 처리량이 240만 톤이고 설탕 생산량은 25-26만 톤으로 안정적이다. 2010년에 발생한 매우 보기 드문 자연재해로 인해 이사회는 회사 매각 계획을 가졌고 외국자본의 쟁탈전이 되었다. 번기(Bunge), 루이 드레퓌스(Louis Dreyfus), 이토추(Itochu)와 호주 현지의 설탕기업인 마키(Macky)는 잇달아 인수의향서를 제출하였다. 중량그룹은 이 시기를 놓치지 않고 신속하게 추진하여 국제경쟁 대상자와 치열한 경쟁을 거쳐 2011년 8월에 Tully지분 100%를 인수하였고 총 투자액은 1.36억 호주 달러이다. 중량그룹이 Tully회사 인수 후 이사회를 통해 회사 전체적인 전략과 발전 방향을 결정하였고 중량그룹의 관리체계를 전면적으로 도입하였다. 이와 동시에 현지화 경영전략을 실행하였고 새로운 관리팀을 조직하였을 뿐만 아니라 인근 토지에 대한 인수합병을 통해 사탕수수를 안정적으로 공급하였고 설비를 업그레이드하여 가동률을 제고하는 등 Tully회사 운영을 위한 양호한 기반을 마련하였다. 2012년 회사는 이미 흑자를 실현하여 중량그룹 설탕업 해외진출은 견실한 발걸음을 내딛었다.

(2) 해외 포도주 와이너리 인수합병

중국 경제발전에 따라 국민의 포도주 소비량이 나날이 늘어나고 있고 술을 담그는 데 사용되는 포도 생산량이 제한되어 국내 포도주산업의 수요를 만족할 수 없다. 2005년 이후 중국 포도주 수입량이 급증하여 2005년부터 2011년까지 포도주 수입액은 7500여 만 달러에서 14.37억 달러로 증가되어 연평균 증가율(CAGR)이 64%였다. 그 중 병 포도주 수입이 1300만 달러에도 미치지 못하였던 것이 12.74억 달러로 증가되어 연평균 증가율(CAGR) 78%로 국내 포도주 업계 전체 성장 속도보다 현저히 높았다.

국내 포도주 업계 발전에 적응하고 중국 소비자들의 양질의 삶에 대한 욕구를 만족시키기 위해 중량그룹은 전 세계 포도주를 엄선하는 전략을 세워 세계 7대 포도 해안(Grape Coasts), 즉 프랑스 보르도 메도크, 이탈리아 토스카나, 미국 캘리포니아 나파 산곡, 칠레 카사블랑카 산곡, 호주 바로사 산곡, 남아프리카공화국 케이프타운과 중국 펑라이(蓬萊) 등을 확정하였다. 중량그룹에 속하는 창청(長城)포도주는 세계의 전형적인 포도주 산지에서 양질의 와이너리를 인수하여 국민들의 포도주 소비 수요를 만족시킬 계획이다. 2008년부터 중량그룹은 포도주 해외진출 전략을 추진하였고 세계 주요 포도주 산지에서 포도원과 와이너리 구매에 대하여 상담하였다. 현재 이미 칠레와 프랑스에서 와이너리를 인수합병하였고 호주 등에서 와이너리 인수합병을 진행하고 있다.

① 칠레 와이너리 인수합병. 2010년 9월, 중량그룹은 면밀한 연구를 거쳐 1800만 달러를 투자하여 칠레 센트럴 밸리(Central Valley)의 비스퀘르트

(Bisquertt) 와이너리를 인수하였다. 그 중에는 372.3ha의 포도원과 양조장이 포함되어 있다.

② 프랑스 와이너리 인수 합병. 2011년 2월 중량그룹은 1000만 유로를 투자하여 프랑스 보르도 생산지에 위치한 샤또드비오드(Chateau de Viaud) 와이너리를 인수하였고 그 중에는 21.21ha의 포도원과 원주 압착시설이 포함되어 있다.

3. 성숙기업 주식에 투자하여 자신의 발전을 도모함

중량그룹은 성숙기업 주식에 투자하여 자신의 발전을 도모하는 것에 대해 계속 검토해 왔고 국제적인 성숙기업과 협력 사안을 지속적으로 협의해 왔으며 현재 이미 진전을 거둔 투자로는 2008년 6월 세계 최대의 돼지 사육 및 가공기업인 미국 스미스필드(Smithfield) 5% 주식을 보유한 주주가 된 것이다. 현재 대형 국제 식량 판매기업과 동남아의 대형 종려유기업 주식 투자에 대해 조사를 진행하고 있다.

중국 육류식품 소비 중에서 돼지고기 비중은 늘 65% 정도로 안정되어 있고 국민에게 있어 동물 단백질의 최대 공급원이다. 하지만 현재 중국의 전반적인 돼지산업은 선진국에 비해 여러 방면에서 큰 차이가 있다. 번식 단계의 육종 수준, 사육 단계의 사료 효율,[3] 사육 원가, 유행성 전염병 통제 수준 및 전 산업의 가치사슬 일체화 정도 등이 모두 비교적 낮음으로 인해

---

3   역자주: 사료 효율은(FCR, Feed Conversion Ratio) 사육된 가축의 무게가 1kg 증가 시 소모된 사료량의 비율을 가리킴. FCR = 소모된 사료 총량(kg)/증가된 가축 무게 총량(kg).

기타 국가 및 국제 선도기업을 본보기로 삼아 배울 점이 많이 있다.

미국 스미스필드(Smithfield)는 세계 최대 돼지사육 및 가공기업으로 2008년 판매 수입이 113.5억 달러에 이르렀고 총 자산은 89.5억 달러이며 순자산은 30.2억 달러이다. 스미스필드는 매년 1800만 마리 돼지를 사육하였고 농가를 조직하여 1000만 마리 돼지를 대리 사육하여 미국 연간 돼지 총 출하량의 30% 이상을 차지하고 있다. 또한 씨돼지 번식, 돼지 사육, 유행성 전염병 예방 치료, 사료 영양 등 방면에서 종합적인 기술과 관리의 우위를 갖추고 있다. 스미스필드 기업과 협력하면 중량그룹의 돼지사육 기술과 관리수준이 빠른 속도로 제고될 수 있고 국내 육류사업의 지속 가능한 발전을 촉진할 수 있다.

중량그룹은 2008년 6월 30일에 스미스필드기업 700만 주 사모 주식을 인수하였고 주당 인수 가격은 7월 1일 종가인 17.45달러이며 거래 총액은 1.2215억 달러였다. 모든 거래는 7월 16일에 종결되었고 중량그룹은 스미스필드 기업 4.9506%의 주주권을 가졌다.

중량그룹이 스미스필드 기업의 주주가 된 주요 목적은 스미스필드기업과 장기적인 전략적 협력 관계를 맺어 선진적인 사육 기술과 관리 경험을 배우고 중국 돼지사육과 도살 가공산업 전환의 기회를 잡아 식품산업 사슬을 진일보 확장하는 한편 고부가가치 사업을 발전시키고 후방의 식량, 식용유, 무역, 가공 등 산업과 전방의 마케팅 사업 간에 시너지 효과를 창출하고자 하는 데 있다.

아울러 최근 몇 년간 중국이 국제시장의 돼지고기에 대한 수요가 점점 증가하고 있는 가운데 스미스필드기업과 지분에 대한 긴밀한 협력을 통해 돼지고기 국제무역에서 안정적인 경로를 구축하게 되었다.

4. 그린필드 투자 : 아프리카 가봉에서 임지 자원을 인수함

2005년부터 중량그룹 목재 사업은 해외진출 전략을 추진하기 시작하였고 산업사슬을 후방산업부문으로 확장하였으며 가봉에 주재한 중량그룹의 현지 기업인 가봉 산리(三利)기업은 개발허가증을 따내 삼림 개발을 시도하였다. 2007년에 산리기업은 현지에서 소규모 임지를 구매하여 스스로 개발하고 가공공장을 건설하였다. 현재 산리기업은 93만 ha임지자원을 보유하고 있고 연간 개발량이 30만 ㎡에 이르렀다. 아프리카에서 비교적 양호한 임지 자원 기반을 확보한 덕분에 중량그룹은 현재 중국 최대 열대 목재 경영기업으로 거듭났다.

〈칼럼 2〉 가봉 산리(三利)기업의 현지화 발전 경험

1. 전문적, 다원적, 국제적인 팀을 조직하여 현지에 대한 취업 기회 제공

가봉 산리기업은 외국계 인재 초빙을 매우 중요시하고 관리인원 중 40% 이상은 프랑스계와 가봉 현지 전문인사로서 중국 내에서 프랑스어와 임업에 대한 전문인력을 모집하여 초빙한 외국계 매니저의 조수를 맡게 함으로써 인재풀이 형성되게 하였다. 90% 이상의 일반 직원이 가봉 현지인으로 산리기업은 현지인을 인사매니저로 초빙하여 인원에 대해 현지화 관리를 진행하였다. 현재 산리기업 600여 명 직원 중 가봉 현지인이 550여 명에 이르러 90% 이상 비중을 차지하고 있어 현지 취업 촉진에 큰 도움이 되었다.

2. 가봉 현지 경제와 연관 산업의 발전을 촉진함

2009년말까지 산리기업은 현지 투자 누계액이 6억 위엔이고 최근 5년간 산리기업의 연평균 판매수입은 10억 위엔 이상에 달하였는데 이는 가봉 정부를 위해 10억 위엔 이상 수출액을 매년 창출하였다는 것을 의미한다. 아울러 산리기업은 가봉 정부에 연평균 5000만 위엔 이상의 세금을 납부하여 현지 경제발전을 대대적으로 촉진하였다.

이와 동시에 산리기업은 매년마다 대량의 목재를 운수하여 현지의 도로, 철로, 항구 등 교통 기반시설의 건설과 물류업 발전을 촉진하였다.

3. 문화 융합을 강화하여 조화로운 발전을 실현함

해외기업의 기업문화 건설은 매우 중요하다. 산리기업은 평소 근무 중소통과 교류를 중시하였고 직원에 대한 다국적 문화 훈련을 실시하였을 뿐만 아니라 가봉 민족 기념일 등에 각종 단체활동을 펼쳤는데 예를 들면 크리스마스 회식, 신년 다과회, 직원퇴직 환송회 등이다. 이는 서로 다른 국적 직원 간의 교류와 소통을 촉진하였고 회사의 전체적인 문화 분위기를 조화롭게 이끌었다.

4. 합리적인 방식으로 벌목하여 현지 삼림자원을 보호함

삼림자원 개발에 있어 산리기업은 시종일관 과학적이고 순환적인 개발이념을 계승하고 FSC 국제 삼림 인정 체계 기준을 준수하며 경제적 수익과 생태적 이익을 함께 고려할 뿐만 아니라 엄격한 준법 개발을 진행함으로써 현지 임지의 지속 가능한 발전을 효과적으로 보호하였고 인간과 자연의 조화로운 공존을 이루었다. 다년간의 성실과 신용 있는 경영을 거쳐 양호한 신망과 평판을 얻었고 현지에서 '녹색산업 운영기업'이라는 양호한 대외이미지를 수립하였다.

제2절 중량그룹 해외진출 경험 및 시사점

1. 기업의 이익과 국가 이익 간의 관계를 타당하게 처리함

중량그룹 60여 년간의 발전, 특히 국제협력 전개와 최근 몇 년간 해외진출사업 실행의 측면에서 볼 때 해외진출에서 가장 중요한 것은 기업의 이익과 국가 이익 간의 관계를 잘 처리해야 한다는 것이다. 기업은 자신의 발전을 국가 발전에 포함시키고 정세에 따라 발전을 도모해야만 비교적 큰 발전기회를 잡을 수 있다.

중량그룹은 신 중국 건국 초기에 농산품 수출무역에 종사하였고 주요 목적은 수출을 통해 외화를 벌어들이고 국내 경제발전을 뒷받침하는 데 있었다. 개혁개방 이후 중량그룹은 또한 식량 수입의 책임을 지고 있었는

데 그 목적은 국내 식량 품종을 조정하는 데 있었다. 21세기에 들어서면서 식량 수출업무가 점차 감소되고 식량 수입업무가 비교적 빨리 증가하면서 식량 공급과 수요 형세 변화에 적응하게 되었다.

중량그룹은 해외진출 사업을 고려할 때 해외진출 사업을 식량, 식용유, 설탕 등 대종상품과 고품질 상품으로 나누어 해외진출 사업을 중국 식량 및 식용유 공급과 수요의 형세가 변화하는 배경에 두고 고려하였다.

식량, 식용유, 설탕 등 대종상품에 대한 해외진출을 왜 해야 하는가? 중국 경제의 고속성장(개혁개방 30년 동안 연평균 성장율이 거의 10%), 국민소득 수준의 제고, 도시화의 발전(현재 도시화 비율이 50% 돌파)에 따라 쌀과 밀가루에 대한 소비량은 안정적으로 감소되었지만 고기, 가금알, 우유 등 동물 단백질, 식용유, 설탕 등에 대한 소비량은 고속으로 증가되고 있어 대두, 옥수수, 설탕 등 수요의 증가를 초래하였다. 수자원과 토지자원 등 자연환경의 제약으로 인해 중국 식량과 식용유 생산량 증가속도가 수요 증가 속도보다 낮고 일부 품목의 수입량은 빠른 속도로 증가되었다. 예를 들면 대두 수입량은 2001년 1357만 톤에서 2011년 5264만 톤, 종려유 수입량은 2001년 150만 톤에서 2011년 630만 톤으로 늘어났다. 2010년 옥수수는 순수입에 의지하게 되어 수입량이 145만여 톤에 이르렀으며 2011년과 2012년에도 수입량은 계속 증가되고 있다. 필자의 분석에 따르면 향후 10년간 중국의 동물 단백질, 식용유와 설탕에 대한 소비 증가속도는 다소 떨어질 것으로 보이나 여전히 비교적 빠른 속도로 1/3 이상 더 증가될 것이고, 그 중에서 대두, 식용유, 옥수수, 설탕에 대한 수요가 더욱 증가될 것이다. 18억 묘의 경지 최저치가 있으나 중국의 경지 면적은 계속 감소될 것이고 옥수수, 대두 등 작물의 단위 면적 당 생산량도 제자리 걸음으로 국내 수급

부족은 더욱 확대될 것이다. 이러한 부족은 국제시장을 통해 보완해야 하고 이는 중국의 자원 제약하에서 경제발전의 일반적인 규칙이다. 그래서 중국의 수요를 만족시키려면 전 세계적으로 자원을 배치해야 하고 원활한 글로벌 공급사슬을 보장하기 위해 농업 해외진출은 반드시 필요한 것이다. 이것이 중량그룹이 해외에서 식량, 식용유, 설탕 생산을 배치하는 기본적인 논리이다.

고품질 식품에 대한 해외진출은 왜 해야 하는가? 식량, 식용유, 설탕 등 대종상품은 주로 국민의 기본생활 수요를 만족시키기 위한 것이며 생활수준이 향상됨에 따라 음식구조에 대한 최적화가 더욱 필요해져 고품질 식품에 대한 수요는 필수적이고 그 중에서 술, 음료수, 올리브 오일, 과자, 빵, 떡 등 해외의 고품질 및 특색 있는 식품 역시 해외진출에 중점 개발 대상 품목이다. 중량그룹이 해외에서 포도주 생산 구도를 구축하고 현재 해외 기업이 고품질 식품의 국내 수입을 추진하고 있는 것도 바로 이러한 고려에서 비롯된 것이었다.

2. 국내 시장과 해외진출 간의 관계를 타당하게 처리함

아래와 같은 두 가지 현상에 대한 관찰 중 해외진출 과정에서 국내시장과 해외진출 간의 관계를 어떻게 처리할 것인지에 대한 사고를 불러 일으켰다.

첫 번째 현상: 최근 몇 년간 세계 곡물기업들이 잇달아 중국으로 진입하였다. 예를 들면 흔히 말하는 'ABCD' 즉 미국계 아처 대니얼스 미들랜드(ADM), 번기(Bunge), 카길(Cargil), 프랑스계 루이 드레퓌스(Louis Dreyfus) 그

리고 싱가포르계 윌마르 인터내셔널(Wilmar), 일본계 닛신(日淸) 등 기업들은 연이어 중국의 대두와 식용유 가공을 위주로 하고 쌀·밀·옥수수 가공까지도 포함한 국내 식량 및 식용유 가공시장에 진출하여 국제 경쟁이 이미 국내 경쟁으로 진전되었다. 윌마르 인터내셔널 기업의 중국 자회사는 이하이쟈리(益海嘉里)로서 그 아래에 찐롱위(金龍魚) 등 유명브랜드를 가지고 있으며 빠른 발전을 거두고 있다. AC닐슨(AC Nielsen) 통계에 따르면 이하이쟈리 계열 찐롱위 등 브랜드의 소형포장 식용유가 전체 소형포장 식용유 시장에서 차지하는 비중이 근 50%에 달해 중국 시장에서 비교적 큰 영향력을 가지고 있다.

두 번째 현상: 세계 곡물기업들은 중국 기업과의 관계를 매우 중시한다. 중국 시장에서 비록 경쟁 관계이지만 세계 곡물기업의 본부는 중량그룹 등 중국 기업과 양호한 소통 관계를 유지하고 있다.

세계 곡물기업들이 연이어 중국 시장에 진출하고 중국 기업과의 관계를 매우 중시하는 주요 원인은 중국 시장이 높은 관심을 받을 만한 시장이기 때문이다. 거대한 인구, 경제성장과 도시화의 급속한 발전은 중국 시장이 거대한 잠재력을 가지게 되었다. 현재 중국은 쌀, 식용유, 돼지고기 등에 있어 모두 세계 최대 소비국이고, 밀과 가금육에 있어서는 세계 제2위 소비국이며 설탕에서는 세계 제3위 소비국으로서 '세계 시장'으로 변신하고 있다.

국내 시장과 해외진출 간의 관계를 잘 처리하는 것은 변증법적 통일이다. 중국과 중국 기업 입장에서 본다면 해외진출은 주로 산업사슬의 후방 산업 자원을 찾아 통제하는 것을 의미한다. 그러나 중국 시장 자체가 거대하고 빠른 성장을 하고 있는 시장이라는 것을 소홀히 해서는 안 된다. 시장도 하나의 '자원'으로서 중국 시장이라는 거대한 전략적 자원의 가치를 충분히 활용하여 시장으로 자원을 바꾸는 한편 가공, 유통, 브랜드 육성을 통해 시장에 대한 통제력을 제고함으로써 중국의 해외 자원에 대한 가격 협상력을 높여야 한다.

3. 발전 속도와 효율 간의 관계를 타당하게 처리함

현재 중국 내부의 농업 해외진출에 대한 요구가 아주 높고 국내 식량안보 상황도 비교적 심각해짐에 따라 일부 식량 품목의 국제시장 의존도가 높아져 해외진출이 매우 절박한 상황이다. 예를 들면 중국 종려유 공급은 100% 수입에 의지하고 있고, 세계 종려유 공급기업은 비교적 집중되어 있다. 하지만 해외진출 시에는 반드시 발전 속도와 효율 간의 관계를 잘 처리해야 한다. 즉 해외진출 자체가 목적이 되어서는 안 되며 단지 해외진출을 위한 해외진출을 해서는 안 된다.

첫째, 시장화 원칙을 지켜야 하고 프로젝트에 대한 논증은 반드시 실행 가능성의 기초하에서 진행되어야 하며 기업을 실행 주체로 삼는 의식을 수립해야 한다. 예를 들면 종려유에 대한 투자를 고려할 때 투자 대상 기업에 대한 가치평가는 종려유 가격을 기초로 하기 때문에 투자 대상 기업 혹은 그의 자산을 구매한다는 것은 투자 대상 기업 자산의 가격으로 그 기업의 몇 년간의 종려유를 구매하는 것을 의미하므로 투자 시기에 대한 선택이 아주 중요하다. 2008년과 2011년 종려유 가격이 높을 때 일부 투자은행들은 중량그룹에게 종려유 투자를 제안하였지만 중량그룹은 이해득실을 따져 본 후 투자기회를 포기하였다. 그 근본적인 원인은 당시의 종려유 가격이 비교적 높아 종려유 기업에 대한 평가가격이 더욱 높을 것이라고 판단하였기 때문이다.

둘째, 반드시 자신의 역량에 맞게 행하고 점진적으로 발전하며 위험을 제어해야 한다. 중량그룹은 해외진출 과정에서 자신의 국제화 경영관리능력과 위험감수능력에 따라 적합한 인수합병 표적을 확정하고 엄격한 국제화 전략을 수립하였다. 예를 들면 호주 Tully 설탕공장을 인수합병 후 중량그룹은 Tully 설탕 공장이 안정적인 사업모델을 구축하여 안정적 수익을 창출한 후에 해외 설탕사업을 확장할 것을 요구하였다.

4. 주요 경쟁 상대에 대한 경쟁 및 협력 관계를 타당하게 처리함

중량그룹은 ADM, Bunge, Cargill, Louis Dreyfus 등 세계 곡물기업과 국내에서 치열하게 경쟁하는 동시에 구매에 있어서는 긴밀하게 협력하고 있는데 이런 기업들은 모두 중량그룹의 주요 공급업자로 2010년 중량그룹이 'ABCD'에서 구매한 대두는 전체 구매량의 60%에 달하였다. 중량그룹은 세계 곡물기업과 경쟁하는 동시에 긴밀한 협력을 하고 있다. 해외진출 과정에서 이러한 문제를 잘 처리해야 한다.

중량그룹의 해외진출은 처음부터 시작하여 자주적으로 할 수도 있고 대기업과 협력하여 단번에 목표에 도달할 수도 있다. 처음부터 시작하는 방식에는 새로운 건설(그린필드 투자), 소기업 인수합병, 대기업과 새로운 프로젝트 협력(중량그룹이 주도하는 협력) 등이 포함된다. 처음부터 시작하는 방식은 업무의 발전방향을 완전히 장악하고 전략적 목적을 점진적으로 실현하는 데 유리할 뿐만 아니라 경험을 점차 쌓을 수 있고 인재를 육성할 수 있으며 투자가 상대적으로 적어 위험을 통제할 수 있는 장점을 가지고 있다.

하지만 처음부터 시작하는 방식은 매우 큰 도전도 직면하고 있다. 발전 단계의 원인으로 인해 중국 기업의 국제화 경영은 아직 초기단계에 있어 국제화 경험과 능력이 상대적으로 약하며 세계 곡물기업과 치열한 경쟁에 맞서기는 어렵다. 세계 곡물기업의 국제화 경영은 이미 다년간 지속되어 경험이 풍부하고 경쟁력이 뛰어나다. 브라질을 예로 들면 Bunge는 1905년, Louis Dreyfus는 1911년에 브라질에 진출하여 브라질에서 운영 경험이 이미 100년이 넘었다.

따라서 해외진출 시 중국 시장이라는 중요한 전략적 자원을 충분히 활용해야 하고 기존의 세계 곡물기업과의 합작(주식투자에 참여하거나 주식을 보유하여 회사를 지배)을 해외진출의 효율적인 방식으로 삼아야 하며 국제합작을 통해 전략적 목표를 비약적으로 실현할 수 있다.

제3절 중량그룹 해외진출의 문제점과 어려움

1. 국내에서 해외진출에 대해 아직 많은 논쟁이 존재함

현재 중국은 이미 해외진출을 국가적 전략으로 여겨 국내의 농업 해외진출에 대한 요구도 강렬하다. 하지만 중국 농업 해외진출의 목적과 역할에 대한 인식이 아직 정확하지 않고 일부 인식은 농업 해외진출에 대한 지나치게 높고 정확하지 않는 예측에서 나온 것이다.

현 단계에 있어 농업 해외진출의 목적은 여전히 국내 수요를 충족시키는 데 있고 해외진출을 통해 구매 또는 생산된 농산물도 결국 수입을 통해 국내 시장으로 진입하게 된다. 해외 자원을 활용하여 국내 수요를 만족하는 것에 대한 인식이 점차적으로 공감대를 형성하였지만 여전히 수입 농산물의 비중이 너무 커 국내 식량 안보에 커다란 위협을 초래한다고 인식하는 견해가 있어 국제시장과 외국 자원을 활용하는 것에 대해 반대하고 있다.

세계 식량 부족에 대해 우려하여 해외진출을 통해 해외 식량 공급원을 장악할 수 있다는 인식이 있는가 하면 해외진출을 통해 세계 곡물기업을 우회하여 가격이 낮은 식량을 구매할 수 있다는 견해도 있다. 이 두 가지 견해는 아직 논의될 여지가 있음으로 관련 문제를 분명히 해결하지 않고 해외진출에 대한 인식이 정확하지 않는다면 기업이 해외진출을 실제 하더라도 결국 이에 대해 지나치게 높게 예측한 역할과 기능이 발휘되지 못할 경우 해외진출은 더욱 큰 논쟁을 일으킬 수 있다.

상기된 첫 번째 견해에 대해 논의될 여지는 아래와 같다. 전 세계적인 공급은 단지 유형자원 즉 경지 면적에 달려있는 것이 아니라 무형자원 즉 단위 면적 당 생산량에 더 달려 있다. 한편 전 세계 경지 면적은 아직 비교적 큰 잠재력이 있고 다른 한편으로는 전 세계적 생산량 증가에 대한 단위 면적 당 생산력의 역할이 더욱 크다. 예를 들면 1990년부터 2010년까지 20년간 벼, 밀, 옥수수, 대두의 총 생산량에 대한 단위 면적 당 생산량 향상의 기여는 각각 75%, 152%, 64%, 42%이다. 전 세계 식량 공급과 수요에는 자동적인 균형 메커니즘이 있고 적절한 가격 자극으로 공급과 수요는 새로운 균형을 이루게 되어 전 세계적 식량부족 문제가 생기지 않는다.

상기된 두 번째 견해에 대해 논의될 여지는 아래와 같다. 국제 식량무역의 산업사슬은 모두 시장경쟁을 거쳐 형성된 것으로 어떤 한 부분도 줄이기가 어려워 국제 곡물기업을 돌아서 피할 수는 있지만 산업사슬은 피할 수가 없다. 국제 곡물기업을 피한다는 것은 단지 이 단계를 자기 스스로 완성하는 것이고 구매원가는 표면적으로 낮아졌지만 해당 단계에 상응하는 비용이 필요하여 판매가격이 반드시 낮아질 수 있는 것은 아니라 최종적으로 국내시장 공급가격이 낮아진다고 할 수 없다. 또한 이는 중국 기업의 효율이 국제 곡물기업 효율과 동등하다는 전제하에서 성립된 것이라 만약 중국 기업의 효율이 국제 곡물기업 효율에 미치지 못한다면 국제 곡물기업을 피한다는 것은 아마도 더 높은 원가를 의미한다. 기업 투자는 투자 수익률을 본다. 매 단계마다 매 단계의 투자 수익률이 있고 매 단계의 투자 수익률이 같다면 단계가 많아진다는 것은 단지 이윤 총액이 커졌다는 것을 의미하는 것이지 전체 투자의 수익률이 제고되지는 않는다.

2. 해외진출 지원정책 체계가 아직 형성되지 않음

주로 다음과 같은 세 가지 방면에서 나타난다.

첫째, 해외진출에 대한 투자 편리화 정도가 여전히 부족하다. 기업 해외투자의 주요 관리부문은 발전개혁부문, 상무부문 및 외화관리부문이다. 발전개혁부문은 해외투자 프로젝트에 대한 심사비준을 책임지고 상무부문은 대외 투자기업의 설립에 관한 심사 비준을 책임지며 외화관리부문은 대외투자의 외화관리를 책임진다. 국유기업의 해외진출 투자는 또한 국무원 국유자산감독관리위원회의 비준을 거쳐야 한다. 기업 입장에서 보면 해외투자에 대한 제한을 점진적으로 완화하는 것은 기업 해외투자에 대한 가장 큰 지원이다. 최근 몇 년간 중국은 수속절차 간소화, 제한 완화를 통해 투자 편이화를 추진하였고 기업 해외진출에 비교적 완화된 정책환경을 마련하였다. 하지만 투자 편리화 정도는 여전히 부족하고 심사 비준 절차가 많아 기업 의사결정의 자주성과 반응 속도에 비교적 많은 영향을 주었다.

둘째, 정책적 지원력이 상대적으로 미흡하다. 현재 중국 기업 해외진출에 대한 지원정책은 주로 재정지원, 금융지원, 세수지원이 포함되어 있다.

재정지원에는 주로 ① 대외경제 기술협력 특별자금, ② 해외 경제무역 협력단지 발전자금, ③ 해외 도급공상에 대한 은행담보서 리스크 대비 특별자금, ④ 중소기업 국제시장 개척 자금, ⑤ 지방정부 지원정책이 포함된다. 금융지원은 주로 중국수출입은행, 국가개발은행, 중국수출신용보험사에서 직접 금융지원을 제공하는 것이다. 세수지원에 있어서 재정부와 국가세무총국은 1995년 발표하고 1997년 개정한『해외 소득세 징수 임시 시행조례』에서 기업 해외투자 소득에 대한 확인, 해외 세액공제, 세금감면 처리 등 일련의 정책적 문제에 대해 명확히 규정하였다.

하지만 상기 지원정책의 역량이 여전히 부족하고 기업 해외진출 투자에 대한 실질적인 지원 및 촉진은 여전히 미흡하다.

셋째, 심사와 장려 정책이다. 국유기업으로서 기업 경영관리와 투자수익에 대한 국가의 요구는 필요하지만 현재 심사제도는 기업 해외진출 발걸음을 제약하고 있다. 중량그룹은 현재 중국 최대 식량 및 식용유 기업이지만 석유화학, 에너지, 전력, 통신 등 업계의 선두기업에 비하면 실력에서 여전히 큰 차이가 존재하기 때문에 자체 실력에만 의지하여 해외 투자를 진행하기에는 규모의 제한을 받을 수밖에 없다. 상업적 관점에서 보면 그린필드 투자를 하거나 투자 대상 기업이 문제 발생 시 투자한다면 향후에 비교적 높은 투자수익을 얻을 가능성이 높지만 이 두 가지 투자는 일반적으로 투자 회수기간이 비교적 길다. 종려유의 예를 들면 그린필드 투자 시 앞의 4년은 투자만 있고, 수익이 없으며 5년째에 들어서야 점차적으로 수익을 얻을 수 있지만 종려유는 25년간 지속적으로 기름을 산출할 수 있어서 그 후 20여 년 동안도 지속 수익을 얻을 수 있다. 국가 전략 목표를 실현하려면 대규모 투자가 필요한데 현행 제도는 1년 기간 단위로 심사 평가함으로써 투자 규모가 크고 투자 회수기간이 긴 해외진출 투자의 경우 기업에게 큰 부담을 가져다 줄 뿐만 아니라 해외진출을 제약하는 요인으로 작용할 것이다.

3. 기업 자신의 능력이 아직 해외진출 수요에 완전히 적응하기 어려움

주로 다음 세 가지 방면에서 나타난다.

첫째, 기업의 글로벌적 시야와 국제 경영능력이 여전히 부족하다. 중량그룹은 60여 년 동안 대외 무역에 종사하여 최근 몇 년간에는 일부 해외투자를 진행하였지만 중량그룹 관리팀은 글로벌적 시야와 국제 경영능력이 부족하여 해외진출 수요에 완전히 적응하기가 어려울 수밖에 없다.

둘째, 글로벌적 시야와 국제 경영능력을 갖춘 국제화 인재가 여전히 부족하다.

셋째, 자금이 부족하다. 현재 중량그룹은 매년 100억 위엔 정도의 이익을 보고 있지만 국내 산업의 공간적 구도에 대한 최적화가 끊임없이 필요함에 따라 연간 이익이 거의 모두 국내 투자의 공간적 구도에 사용되어 해외투자 자금이 부족하다.

4. 식량 주요 생산국이 중국 투자에 대한 경계 심리가 비교적 강함

식량안보 문제와 연관되기 때문에 식량 주요 생산국의 중국 투자에 대한 경계 심리가 여전히 비교적 강하다. 예컨대 중량그룹이 호주에서 Tully 설탕공장 인수합병 시 호주 외국투자심사위원회의 특별심사를 받아야 하는데 번기 등 기업이 현지에 투자할 경우에는 심사를 거치지 않아도 된다. 중량그룹은 호주 현지 중국 대사관의 도움을 받아 순조롭게 심사에 통과하였는데 그렇지 않았다면 인수합병 기회를 놓치게 되어 인수합병에 실패를 초래했을 것이다. 또한 중국 기업들이 미국에서 투자가 잇따라 좌절에 부딪히고 브라질의 외국 투자자 토지 구매에 대한 제한 등은 모두 식량 주요 생산국이 중국 기업의 투자 특히 중국 국유기업의 투자에 대한 경계 심리가 여전히 강하다는 것을 보여주고 있다.

제4절 해외진출 장려를 위한 정책적 제언

1. 농업 해외진출을 새로운 전략적 고도로 제고

중국 식량안보 보장을 위해 시종일관 국내에 입각과 자급자족이라는 기본 방침을 견지해야 한다. 소비 증가, 국내 수자원 및 토지자원의 제약

아래서 유지와 오일시드 등 품목 수입으로 절약된 토지는 곡식 공급을 보장하는 데 있어 매우 중요한 역할을 하게 된다. 따라서 전 세계적으로 자원을 배치하고, 2개의 시장, 2가지의 자원을[4] 충분히 활용하여 농업 해외진출을 새로운 전략적 고도로 제고시켜야 한다.

첫째는 국가 차원의 계획을 강화하고 품종별로 자급률을 설정하며 국가 식량안보 전략에 있어서 벼와 밀 등 일상용 식량에 대한 핵심적 지위를 명확히 하여 반드시 국내 생산에 의존해 공급을 만족하고, 품목 간의 공급과 수요 부족은 수출입을 통해 조정한다. 옥수수 등 사료용 곡물과 설탕은 적절한 수입을 통해 국내 수요를 보완하고 유지, 오일시드 등 품목은 기존 자급률 수준을 유지하도록 노력하면서 국제 시장과 해외 자원을 충분히 활용하여 국내 수요를 충족해야 한다.

둘째는 농업 해외진출을 장기적인 전략으로 삼아 일본 등 국가의 경험을 본보기로 하고 기업을 근본으로 하며 미래 지향적으로 사전에 미리 준비하고 배치하여 점진적으로 국가 식량과 유료 식품의 글로벌 공급사슬 구도를 실현해야 한다.

2. 양호한 정치, 경제 및 정책적 외부환경 조성

첫째, 개혁개방 수준을 한층 더 높이고 행정적인 절차를 간소화하며 해외진출 투자에 대한 제한을 완화하여 투자 편리화를 보다 촉진한다. 관여

---

4   역자주: 2개 시장은 국내 시장과 국제 시장을 말하며, 2가지 자원은 국내 자원과 국제 자원을 가리킴.

를 덜 하는 것이 곧 지원이다.

둘째, 국가적 차원에서 식량 자원이 풍부한 국가(지역)와 전략적 협력관계를 수립하고 농업 해외진출과 기업의 국제경영을 위해 양호한 외부환경을 조성하며 외교적으로 필요한 지원을 제공해야 한다.

셋째, 일부 국가는 중국 기업 특히 중국 국유기업 투자에 대해 특별심사 절차를 요구하고 있는데 이는 중국에 대한 차별 대우이다. 상무부는 WTO 협상에서 이 문제에 대해 관심을 가져 중국 기업의 해외 투자를 위해 양호한 외부환경을 마련해야 한다.

넷째, 정책적 조율을 강화한다. 예를 들어 기업이 해외진출 투자에 따라 구매한 설비나 가공한 (단순 수입이 아닌) 농산품을 국내로 반입 시 수입 할당량 등과 같은 정책 측면에서 필요한 협력과 지원을 제공해야 한다.

3. 전 세계적이고 완전한 산업사슬을 보유한 중국 자체의 다국적 곡물기업 육성

첫째, 중량그룹과 같은 경쟁성 국유기업을 국가에서 시장화 조치에 따라 식량안보를 보장하는 주체로 삼아 이들 기업에 대한 국내 식량 및 식용유의 매매와 생산가공 기지의 공간적 배치구조의 완비를 가속화하고 국내 시장에서 주도적 지위가 확립되게끔 지원함으로써 해외진출을 위해 견실한 국내 시장의 전략적 우위를 다진다.

① 정부는 토지점용 심사, 프로젝트 심사, 연안 부두 자원, 인수합병을 통한 업계의 재편성 등 방면에 있어 기업을 도와 식량의 주요 생산지, 주요 판매지, 중요한 물류 노드에서 수매와 저장의 물류시설 배치를 점진적

으로 완비하고, 쌀과 밀가루 가공, 유지 가공, 설탕 가공, 사료 가공, 가축과 가금 도살, 우유 가공 등 분야에서 생산능력을 확장하도록 지원하여 '제12차 5개년 계획' 말까지 단일 집단기업의 쌀, 밀가루, 기름, 설탕, 고기, 유제품 등 식량, 식용유 공급이 15% 이상의 시장 점유율을 차지하도록 노력해야 한다.

② 정부가 시장화 조치에 따라 전개한 각종 조정 대상 사업에 기업의 전면적인 참여를 지원해야 한다. 예를 들면 시장 가격 안정을 위한 식량과 식용유 수매, 식량과 식용유의 완제품 공급보장에 대한 조정, 생돼지와 냉동육 비축 등이 조정 대상 사업에 속한다.

③ 외자기업의 국내 시장 독점에 관한 혐의 행위에 대해 『반독점법』에 따라 단호히 제지하여 내자 기업 발전을 위해 양호한 경쟁성 환경을 조성해야 한다.

둘째, 중량그룹과 같은 기업을 국가가 실시하는 농업 해외진출 전략의 매개체로 삼아 해외진출 전략 추진을 가속화하고 국내에 부족한 품종에 대한 수입원 장악능력을 강화하며 국가의 전 세계적 자원배치 방면에서 적극적인 작용을 발휘해야 한다.

농업 해외진출은 국내 공급이 부족한 유지, 유료작물, 옥수수, 동물 단백질(고기와 유제품), 설탕 등 품목을 중점으로 하고 그린필드 투자, 주식투자 또는 인수합병 등 방식을 통해 해외 종려밭 경작, 식량 수매와 저장에 대한 물류시설, 농산품 가공시설 등의 거점을 적극 조성하여 전 세계적인 식량, 식용유 구매 네트워크를 구축해야 한다. 내자 기업의 국제 곡물기업 주식투자 참여를 지원하고 기회를 봐서 인수합병을 장려한다.

규모가 큰 인수합병 기회가 나타날 경우에 국가는 직접 투자하고 국부

중국의 식량안보와 농업의 해외진출전략

펀드가 주주가 되며 장기 무이자 혹은 저리 대출 등 방식을 통해 기업에게 자금 지원을 제공해야 한다.

셋째, 자본시장을 통해 자금을 조달하고 통합을 가속화하여 중국 자체의 다국적 곡물기업을 육성한다.

중량그룹은 국내외에 분산되어 있는 산하의 상장회사(중국 식량·식용유 회사(中國糧油控股有限公司), 중국 식품회사(中國食品有限公司), 멍뉴우(蒙牛)유업, 중량 포장회사(中糧包裝控股有限公司), 중량 툰허회사(中糧屯河股份有限公司), 중량 생물화학회사(中糧生物化學股份有限公司))와 미상장된 식량, 식용유와 식품 사업의 관련 자산을 통합하고 기회를 보아 홍콩에서 전체 상장을 도모하여 식량, 식용유 등 주력업 발전을 위한 자금조달을 계획하고 있다. 또한 '따위에청(大悅城)'을 브랜드로 하는 도시 종합체[5]의 연관 자산을 분할하고 홍콩으로 대체(對替)하여 우선적으로 상장시킨다. 이로써 국유자산의 보전 및 증식을 실현할 수 있을 뿐만 아니라 식량과 식용유 등 주력업의 발전을 위한 강력한 자금지원을 제공할 수 있다.

이러한 구상은 국내 시장의 우위와 홍콩 자본시장의 우위를 서로 연계하여 하나로 융합하려고 하는 데 목적을 두고 있다. 통합 조정을 통해 분산된 사업을 합쳐 단시간 내에 자산규모가 국제 곡물기업과 대등한 식량 및 식용유 기업을 육성할 수 있게 된다. 국무원과 유관 부서는 중량그룹이 홍콩에서 전체적으로 상장하는 과정에서 주식과 자산의 대체(對替), 내부자산의 재편성, 수출입정책, 산업정책 및 세수정책 등 방면에 대해 지원을 제

---

5   역자주: 따위에청(大悅城)은 중량그룹 산하의 핵심 브랜드로서 대형 쇼핑센터, 고급오피스텔, 고급주택 및 아파트 등 다양한 기능이 포함된 도시 종합체임.

공해야 한다.

넷째, 전략적이고 투자회수 기간이 긴 해외투자 프로젝트에 대해서는 심사 정책에 있어 구분하여 대우해야 한다.

본 장의 집필자 : 顾善松 (중량그룹 전략부)

　　　　　　　　　　　　　중국의 식량안보와 농업의 해외진출전략

헤이룽지앙(黑龍江) 농업개간구[1] 해외진출 사례

제1절 헤이룽지앙 농업개간구 해외진출 현황 및 성과

헤이룽지앙 농업개간구(이하에서 '개간구'로 약칭)는 60여 년 간의 개발건설을 거쳐 지금은 전국 농업 현대화의 선도자, 국가의 주요 상품용 식량 생산기지, 양질의 축산물 생산기지, 식품공업 기지 및 하이테크놀로지 농업기지로 발전되었다. 전반적인 경제력의 대폭 상승에 따라 개간구의 국제

---

1   역자주: 헤이룽지앙 농업개간구는 1949년에 '동북 국영농장 관리국'의 명칭으로 창립되었고, 그 후 헤이룽지앙 농업개간청(1965년), 동북 농업개간 총국(1963년), 헤이룽지앙 국영농장 총국(1976년), 헤이룽지앙 농업개간 총국(1997년)으로 명칭이 바뀌었으며, 현재 농업개간 총국 산하에는 총 9개의 관리국(寶泉嶺 관리국, 紅興 관리국, 建三江 관리국, 牧丹江 관리국, 北安 관리국, 九三 관리국, 齊齊哈爾 관리국, 綏化 관리국, 哈爾濱 관리국)이 있고, 113개의 농장과 목장을 경영하는 기업이 있으며, 헤이룽지앙성 12개 시에 분포되어 있음.

화 발전을 위한 견실한 기반이 다져졌다. 국무원 반공청 2010년 제59호 문건에는 "중국 베이다황(北大荒)그룹을 국제 경쟁력을 갖춘 초대형 현대 농업기업그룹으로 육성한다."는 것을 명확히 제시하였다. 이는 베이다황그룹의 국제화 발전전략이 당과 국가의 인정을 받았다는 것을 의미하고 개간구의 발전목표가 국가의 의지로 전환되었음을 의미하며 개간구의 발전 공간이 이미 국경을 넘어 세계를 향해 나아가고 있음을 의미한다.

1. 개간구 해외진출 전략의 배경과 필요성

(1) 농업 해외진출 전략의 의미

2007년 중앙 1호 문건은 '현대농업 발전'을 주제로 하는 일련의 정책조치를 제출하고 '농업 해외진출전략 실시 가속화'를 강조하였다. 중국 공산당 제17기 중앙위원회 제3차 전체회의에서는 농업의 대외개방을 더욱 확대한다는 결정을 내렸고 외자도입과 해외진출 정책을 서로 연계하는 전략을 견지하며 국제 및 국내 2개 시장, 2가지 자원에 대해 전반적으로 계획하여 활용할 뿐만 아니라 농업의 대외개방 폭과 깊이를 확장하고, 대외 농업협력에 대해 전면적인 계획을 세워 전개하며, 농업의 다국적 경영 기업을 육성함으로써 점진적으로 농산품의 국제 생산, 판매, 가공, 비축, 운송 체계를 구축한다는 것을 명확히 제시하였다. 중국 공산당 제18기 전국대표대회에서는 대회보고 내용에 해외진출 가속화를 재확인하여 해외진출 전략에 중요한 의의를 두었다. 농업 해외진출전략 실시는 전 세계의 식량 안보 문제를 해결하고 중국 농업 현대화 건설을 가속화하며 협력적인 외교와 지역 간의 조화로운 발전 및 안정을 촉진하는 데 전략적 의미를 가지

중국의 식량안보와 농업의 해외진출전략

고 있다.

농업 해외진출은 넓은 의미에서 볼 때 농산물 수출입, 농업 대외협력, 농업 대외원조, 농업 직접투자 등 내용을 포함한다. 좁은 의미에서 농업 해외진출은 중국 기업이 정부 정책 지도에 따라 경제적 이익과 협력을 목적으로 하고 호혜와 평등이라는 기반 위에서 자본, 기술, 제품 및 용역 수출 등 다양한 방식으로 해외에서 직접 투자하고 자주적으로 합법적인 농업생산 및 경영활동을 영위하는 것을 의미한다. 이는 각종 농업 생산요소를 해외로 이전하여 생산능력의 해외 확장과 배치를 실현하는 것으로 구체적으로 대외 농업투자, 농업 기술협력(기술 이전, 공동 연구개발), 용역 및 상품 수출 등 주요 형태로 표현된다.

(2) 개간구 해외진출전략 실시의 거시적 배경

〈1〉 중국은 식량 생산 대국이나 농업자원에 있어서는 부족한 국가임

중국은 농업대국이다. 개혁개방 이래 중국 농업과 농촌경제는 커다란 발전을 거두었고 세계의 10%도 되지 않는 경지로 세계의 22%를 차지하는 인구를 먹여 살린 기적을 실현하였으며, 식량 자급률이 95%에 달하고 농산품 공급과 수요는 기본적으로 균형을 이루었다. 한편 중국의 여러 농업자원은 총량에 있어 세계의 선두 자리를 차지하고 있지만 1인당 농업 자원은 세계 평균수준보다 낮고 1인당 경지 면적이 약 0.07ha로 세계 평균의 1/3 수준이다. 그 중에서 2/3는 생산력이 낮은 경지이고 1인당 수자원 점유량은 세계 평균의 1/4이며 공간적 분포 또한 불균형하고 서북부와 화북 지역 수자원이 심각하게 부족한 상황이다. 1인당 평균 측면에서 중국은 농업자원이 부족한 국가라고 말할 수 있다.

〈2〉 중국 농업은 고도로 개방되는 동시에 농산품은 무역적자 시대에 진입하였음

중국은 WTO에 가입한 후 농업 시장이 고도로 개방되었고 농산품 관세가 현재 15%로 세계 평균수준의 1/4 이하로 떨어졌다. 중국은 WTO 가입한 이후 10년간 식량 증산과 농민 수익 증가 목표를 달성하여 식량 총생산량이 2001년 9052억 근에서 2011년 1만 1424억 근으로 증가하였으며 총 생산량이 1.1만억 근을 넘는 새로운 단계에 들어섰다. 반면 중국의 농산품 수입 총액은 2001년 118억 달러에서 2011년 948.7억 달러로 증가하여 연평균 증가폭이 23%에 이르렀고 연평균 증가율은 96%에 달하였다. 이에 따라 2004년 중국은 처음으로 농업무역에서 적자가 발생하였고 그 후 9년간 적자 국면이 지속되었으며 2011년의 농산품 무역적자가 341.2억 달러로 전년 대비 47.4%나 증가하였다. 중국 농산품은 이미 무역 적자 시대로 진입하였다.

〈3〉 농산품의 '에너지화' 추세는 이미 형성되었고 점차 두드러지고 있음

경제발전으로 인해 세계 에너지 수요와 소모가 점점 커지게 되었고 전통자원의 희소성과 재생 불가능성은 재생 가능한 생물 에너지의 급속한 발전을 촉진하였다. 에너지 위기와 환경보호 배경하에서 농업 '에너지화' 추세가 이미 형성되었다. 예를 들면 옥수수, 사탕수수 등은 대량으로 에탄올 연료 생산에 사용되고 있고 대두, 종려유, 유채기름 등은 바이오 디젤 생산에 쓰이며 농작물 줄기는 고체형 연료와 메탄가스 생산에 사용되어 생물자원은 이미 전 세계적으로 광범위하게 응용되고 있다.

〈4〉 농산품의 '금융화'는 농업 시장 위험성을 악화시켰음

농산품의 선물, 옵션 등 파생금융상품의 보급과 발전에 따라 농산품은

이미 어느 정도 투자의 수단과 표적으로 전환되었다. 특히 국제자금 유동성 과잉과 금융위기 배경하에 식량은 위험 이전과 투기 수단으로 변하였다. 미국 등이 금융위기 이후 통화완화정책 실행으로 인해 글로벌 인플레이션 위험이 증가되었고 대량의 핫머니가 국제농산품시장으로 진입하여 농산품시장의 변동이 더욱 심해졌다. 농산품의 '금융화'는 농산품의 가격 결정패턴을 변화시켰고 과도한 투기행위는 농산품 가격변동을 더욱 격화시켜 일부 농산품 가격이 고가행진을 계속함으로써 농업 시장의 위험성이 더욱 높아지게 되었다.

(3) 해외진출전략 실행의 필요성 분석

〈1〉 해외진출은 중국 식량안보 보장을 위한 필연적 요구임

중국 식량안보 보장은 농업발전의 근본적인 임무이다. 국제적 식량안보 개념은 유엔식량농업기구(FAO)가 1974년 11월에 제시하였는데 모든 사람이 언제나 생존과 건강을 위해 필요하고 충분한 식품을 얻을 수 있는 것을 보장함을 가리키고 한 국가에서 지속적이고 안정적이며 제때에 충분한 양의 식량을 경제적으로 얻을 수 있는 상태 혹은 능력을 의미한다. 식량은 대중에게 가장 기본적인 생활물자이고 국가경제와 국민생활 그리고 국가경제 안보와 연관되는 중요한 전략적 물자이다. 식량안보는 국가의 정치적 안정을 보장하는 기반이자 더욱이 경제발전에 필요한 요소이다. 식량안보를 보장하려면 우선 국내의 기본적인 자급자족 실현에 입각해야 한다. 그러나 중국 농업자원 부족, 공업화, 도시화 진전으로 초래된 경지 감소, 수자원 부족, 인구 증가 등의 갈등 문제로 식량 공급과 수요 간의 모순, 자원과 환경의 압력은 갈수록 두드러질 것이고 식량안보 문제가 장기적으

로 지속될 것이다. 해외진출전략을 실행하고 대외 농업협력과 해외 농업투자를 촉진하며 해외 농업개간단지와 식량생산기지를 구축하는 것은 국내 농업자원 부족을 완화하고 식량생산의 제한을 극복하며 중국 식량안보를 보장하는 데 있어 필연적인 선택이다.

〈2〉 해외진출은 국제 및 국내 2개 시장과 2가지 자원을 충분히 활용하는 중요한 수단임

중국 농산품 공급과 수요 구도의 변화와 농업 대외개방을 확대하는 새로운 국면을 겨냥하여 중국 공산당 제17기 중앙위원회 제3차 전체회의에서 "외국기업 유치와 해외진출을 서로 연계하는 전략을 견지하고 국제 및 국내 2개 시장, 2가지 자원에 대해 전면적으로 계획하며 이용함으로써 농업 대외개방의 폭과 깊이를 확대한다."라고 명확히 제시하였다. 농업의 대외 전면 개방 배경하에 글로벌적 시야와 전략적 안목으로 중국 현대농업 발전과 식량안보 문제에 대한 해답을 구해야 한다. 해외진출은 국제 및 국내 두 개 시장, 두 가지 자원을 충분히 활용하는 중요 수단이자 필수적인 방법이며 글로벌경제 일체화라는 새로운 국면하에서 현대농업을 발전시키고 농업의 발전 공간을 넓히며 주요 농산품 공급을 보장하는 필연적인 요구이다.

〈3〉 해외진출은 중국 농업의 불리한 국면을 개선하고 수동적에서 능동적으로 바꾸는 유효한 방법임

농산품 무역의 지속적인 적자로 국내 농산품 수요와 공급 균형에 대한 국제 시장의 영향력이 현저히 높아졌고 농업 무역 환경이 악화되었으며 국제시장의 농산품 무역에 대한 '높은 기술적 장벽, 높은 재정적 보조, 강한 정책적 보호' 상황에 직면하게 되었다. 이러한 중국 농산품의 대외무

역에 있어 불리한 국면을 효율적으로 개선할 수 있는 새로운 방법을 찾아야 한다. 농업 해외진출 추진을 통해 중국 농업을 글로벌 농업 체계에 융합시켜 다국적 농업기업을 양성하며 해외 농업 생산기지, 농산품 국제 생산, 판매, 가공, 비축, 운송 체계를 구축하여 수동적 수입에서 능동적 수입으로 전환하는 것이 농업 무역에 있어 주도권을 장악하고 중국 식량안보를 보장하는 효과적인 방법이다.

〈4〉 해외진출은 개간구가 국가적 책임을 맡아 자산의 대대적인 발전을 실현할 수 있는 역사적인 기회임

국내외 농업 발전에 대한 객관적인 상황은 중국이 농업 대외개방의 폭과 깊이를 넓힐 것을 요구하고 있다. 국가에서 현대농업을 발전시키고 관련 지원정책을 끊임없이 추진하며 해외진출을 장려하는 이러한 시기에서 개간구가 중국 농업 최전선의 국가 대표로서 해외진출전략 실행을 추진하는 것은 국가의 부름에 부응하는 것이고 역사적인 기회를 잡는 것이다. 한편으로는 국가의 전략적 책임을 맡아 농업에 대한 압력을 완화하고 식량 생산을 늘리며 국가 식량안보를 보장하는 데 이바지하는 것이고, 다른 한편으로는 국가 정책의 인도와 지원 아래 자신의 조건을 활용하고 개간구의 우위를 발휘하며 개간구의 신형 공업화 과정과 연계하여 개간구의 농업이 해외로 뻗어나가게 하는 것이다. 이는 개간구가 커다란 발전을 거둘 수 있는 역사적인 기회이다.

〈5〉 국제화의 길을 택하는 것은 개간구가 비약적 발전을 이루는 필연적인 선택임

개간구의 현대농업 체계를 조성하고 세계적인 초대형 현대농업 기업을 육성하며 적극적으로 국제농업경쟁에 참여하고 개간구의 '3단계' 백년

발전전략을 실현하기 위해서는 개간구가 반드시 국제화의 길로 나아가야 한다. 또한 개간구는 중국 최대의 현대화 농업기업으로서 해외진출전략을 실행하는 것은 비약적인 발전을 실현하기 위한 필연적 선택이다.

(4) 개간구의 해외진출전략 실행 조건에 대한 분석

개간구의 농업 발전에 따라 개간구에는 이미 많은 기술력이 축적되었고 소질이 높은 기술 인력이 조직되었으며 수많은 우량 품종이 개발되었고 수많은 현대적 기업들이 성장됨에 따라 점차 해외진출 조건을 갖추게 되었다.

〈1〉 국제 및 국내 환경은 개간구의 해외진출을 가능하게 함

오늘날 세계경제의 일체화 구도가 이미 형성되었고 중국 농업의 대외 개방도가 높아 농업 대외협력 장벽을 대폭 낮추었다. 중국은 수차례 연관 정책을 추진하여 농업 해외진출을 장려하고 지원하였다. 이 밖에 중국의 아시아, 아프리카, 라틴아메리카 개발도상국에 대한 농업 원조는 이미 유구한 역사를 가지고 있어 양호한 협력관계를 구축하여 농업협력에 대한 전개를 가능하게 하였다.

〈2〉 개간구의 농업 종합 생산기술이 비교우위를 지님

개간구의 전통 농업 발전수준은 항상 비교적 높은 편이고 개간구의 농업 종합 생산능력, 농업 과학기술 수준, 농업 기계화 기술이 비교적 선진적이며 일부 농업기술은 이미 세계 선두 자리에 올라섰다. 특히 동남아시아, 남아메리카, 아프리카 등의 개발도상국에 비해 개간구의 농업 종합 기술은 비교우위를 차지하고 있다.

〈3〉 개간구는 해외진출 경영능력을 갖춤

개간구는 국가의 대형 상품용 식량 생산기업으로서 세계 선진수준의 경작기술과 물질적 장비를 갖추고 있고 식량생산, 집약적 경영, 산업화 발전 등 방면에서 풍부한 물질적 기반을 축적하였으며 농업 생산경영능력이 뛰어나다. 또한 러시아, 브라질, 필리핀에서 선행 개발로 이룬 진척과 기초가 있어 대규모 해외 농업개발을 실행할 수 있는 조건과 능력을 갖추었다.

〈4〉 개간구의 노동자 생산 소질이 높아 농업 인재 측면에서 우위를 가짐

개간구는 농업생산 경험이 풍부하고 생산 소질이 높은 노동자를 보유하고 있다. 개간구 노동력 자원이 풍부하고 장기간 농업생산 활동으로 개간구 노동자가 풍부한 경험을 쌓게 되었고 높은 수준의 농업 기술력이 양성됨으로써 해외 농업생산활동에 적응할 수 있고 기능적 노동자로서 현지에서 시범 및 육성 역할을 발휘할 수 있다. 개간구 노동자는 '베이다황(北大荒) 정신'을 지니고 있어 해외 개발에서 각고분투하여 과감한 개척을 이룰 수 있다.

〈5〉 개간구에 유명 기업이 있고 농업 브랜드 경영수준이 높음

개간구에는 베이다황 양곡 그룹(北大荒米業集團), 베이다황 종자회사(北大荒種業), 완다산 유업그룹(完達山乳業集團), 지우산 식량·식용유 그룹(九三糧油集團) 등 국내외 유명한 농업기업과 브랜드를 지니고 있다. 이러한 브랜드는 개간구의 매우 귀중한 무형자산이고 이러한 우수기업들은 해외진출 실력과 우위를 지니고 있어 해외진출의 선두기업 및 주력군으로서 개간구 전체를 해외로 이끌어 나갈 수 있다.

〈6〉 개간구의 지리적 우위가 뚜렷함

개간구와 러시아 간 국경선이 800여 ㎞에 달하고 총 38개 농장이 중국과 러시아 국경지대에 위치해 있으며 그 중 10개 농장은 국경지대 항구에

위치해 토양, 기후조건이 개간구와 유사하고 노동자가 러시아 지리, 인문 환경에 적응할 수 있으며 교통이 편리하고 운송 거리도 짧아 해외개발 간접비용이 상대적으로 낮다. 또한 조선(북한)과 국경 경계선이 접해 있고 항구가 서로 연결되어 농업 종합개발단지 형성에 유리한 조건을 가지고 있다.

2. 개간구 해외진출의 전체적 상황

최근 몇 년간 개간구는 국가의 해외진출전략을 전면적으로 실시하였고 대외 경제무역협력과 해외진출전략을 대외개방과 국제화 발전의 중요한 조치로 삼아 국가 농업부 농업개간국의 지도와 지원 아래 '해외 개간구' 건설을 대대적으로 추진하였다. 또한 베이다황그룹(北大荒集團) 현대농업의 높은 수준의 우위와 선두기업으로서의 잠재력을 발휘하여 개간구의 기술적 우위를 물질적 자산으로 전환하였고 개간사업 영역을 끊임없이 확대하며 사업 내용을 지속적으로 확충하였을 뿐만 아니라 사업 네트워크를 끊임없이 완비하고 관리를 더욱 체계적으로 함으로써 국제적 영향력이 지속 확대되었다. 이로써 개간구의 해외진출은 견실한 발걸음을 내딛고 신속한 발전을 이루게 되었다.

현재 개간구의 해외진출전략은 더 깊이 있게 발전하여 산하의 9개의 관리국, 30여 개의 농장, 9개의 선두기업이 해외농업 개발에 참여하였고 협력 프로젝트는 20여 개 국가와 관련되어 있다. 협력 영역은 농업 자원개발, 생산가공, 무역유통, 공사도급 및 종합경영 등 분야와 연관되어 개간구의 국제화 수준과 다국적 경영능력이 더욱 제고되었다. 개간구는 국가 상무부로부터 헤이룽지앙성 유일한 국가급 '대외수출무역 전환형 업그레이드 시범기지'로 인정받았고 생산된 제품의 국제시장 경쟁력은 현저히 높아졌으며 70여 종류 상품이 30여 개 국가와 지역으로 수출되었다. 개간구의 해외진출 성과 또한 매우 크며 2011년 말에 이르러 러시아, 브라질, 미얀마, 카자흐스탄, 필리핀 등 국가와 지역에서 총 150만 묘 토지를 개발하였고 그 중 러시아에 대한 경작 면적이 130만 묘이고 기타 국가는 20만 묘에 이르렀다. 누적 투자액은 15억 위엔을 넘어섰고 그 중 2011년에 완성된 투자가 5억 위엔이다. 농기계 누적 수출량이 3200대가 넘었고 용역 누적 수출은 1만 1080명에 달하며 식량 누적 생산량은 19억 근(1근=500g, 역자주)을 넘었으며 그 중에서 2011년 생산된 양곡과 대두는 5억 근이 넘었다. 해외 등록기업이 19개를 초과하였고 해외 합작기업은 9개이다. 2012년 개간구의 해외 경작 토지 면적은 200만 묘를 돌파하였고 투자가 7억 위엔에 달하며 대외무역 수출입 총액이 24억 달러에 이를 것이라고 예측되었다. 국제화 경영의 발걸음이 세계에 널리 퍼져 있고 '해외 개간구' 건설은 눈부신 성과를 거두었다. '제12차 5개년 계획' 말기에 해외 토지개발 총 면적이 2100만 묘에 이르고 양곡과 대두 연 생산량이 63억 근에 달할 것으로 예상된다.

3. 개간구의 해외진출 성과

개간구는 개간구 총국 당 위원회가 제출한 '3개 개간구'의 전략적 목표를 전면적으로 구체화하고 국내외 경제의 새로운 형세와 특징을 착실히 분석하여 실제와 부합된 전략적 조치를 제정하였으며 구체적인 사업 임무를 확정하였다. 대형 프로젝트와 새로운 프로젝트는 지속적으로 전개되고 있고 그 중에서 일부분은 이미 국내 심사비준 절차를 밟았고 일부분은 적극적인 고찰, 논증, 협의 중에 있으며, '해외 개간구' 건설에 대한 발걸음은 전례 없는 빠른 발전이 이루어짐으로써 다음과 같은 성과를 거두게 되었다.

(1) 해외 개발의 산업 영역이 다원적으로 발전하고 개발 내용이 지속 풍부해짐

개간구는 농업의 우위 영역의 해외개발 기반 아래 선두기업의 우위를 발휘하고 글로벌 자원에 주목하며 산업사슬을 확장하여 가공업, 목축업, 목재 벌채, 지하자원 채굴, 무역 유통, 현대 물류 네트워크 건설 등 방면에서 모두 발전을 이루었다. 예를 들면 지우산 식량·식용유 그룹(九三糧油集團)은 말레이시아에서 종려유 무역에 대한 기획 및 준비작업을 시작하였는데 그 발전 잠재력이 크며, 이와 연관된 헤지 거래, 종려나무 재배, 가공 등 개발 내용에 있어 모두 혁신적인 발전을 가져왔다. 베이다황 농업회사(北大荒農業股份有限公司)는 캐나다에서 보리, 유채 등 농산물 재배를 계획하고 있고 캐나다 본토의 풍부한 블루베리 등 과일 제품, 목재 및 목재 펄프 등 임업자원, 해산물, 칼륨 비료 등을 중국과 기타 아시아 태평양 국가와 지역으로 운송할 계획이다. 베이다황 펑위앤그룹(豊緣集團)은 호주의 웨스턴 오스트레일리아주에서 토지를 임대하고 2만 마리의 양을 구매하였으며 프로젝트의 유효 생산능력 도달 시 농산물 연 재배량이 72만 묘이고 농산품 연 생산량은 11.16만 톤이며 양 사육량이 3.6만 마리로 농업과 목축업의 연계를 실현하였다. 이리하여 해외 발전내용이 풍부해졌을 뿐만 아니라 산업 측면에서도 다원화 발전이 실현되었다.

중국의 식량안보와 농업의 해외진출전략

(2) 자본구조가 점차 최적화되고 융자 경로가 다소 확장됨

융자는 개간구 해외진출전략을 줄곧 제약하는 중요한 장애요인으로 이에 대해 개간구는 수년간 끊임없이 적극적으로 모색하여 해외 현지 기업과 주식협력 방식을 기초로 하여 융자경로를 새롭게 확장하였다. 예를 들어 지우산 식량·식용유 그룹(九三糧油集團)은 홍콩, 미국 주재회사를 통해 현지 저금리를 활용하여 융자 원가를 낮추고 융자위험을 피하는 한편 구매원가 감소 등 방면에서도 적극적인 모색을 진행하여 좋은 성과를 거두었다. 베이다황 펑위앤그룹(豐緣集團)의 호주 투자 프로젝트는 중국 국가 개발은행에서 8억 위엔의 대출융자 지원을 받았다. 융자경로 확장은 기업의 자금난을 해소하였을 뿐만 아니라 자본구조를 최적화하였고 해외진출 전략의 발전을 크게 촉진하였다.

(3) 자원 배치에 대한 시야가 더 넓어지고 해외 네트워크가 확장됨

개간구는 산하의 베이다황그룹을 기반으로 하고 기존 협력 대상국을 거점으로 하며 우위성 자원에 의존함과 동시에 산업 개발을 기초로 하고 산업사슬의 확장을 지향하며 물류 네트워크 건설을 연결고리로 하여 정보기술을 충분히 활용함으로써 거점이 많고, 통로가 많은 입체화 및 네트워킹화의 글로벌 발전 구도를 기본적으로 구축하였다. 예를 들면 해외 농업 프로젝트 중 옥수수, 밀, 유채, 잡두, 채소, 사탕수수 등 다양한 경제작물 생산이 포함되며 일부 기업은 소형 쌀 가공공장, 대두제품 가공공장, 비료 생산공장, 농기구 유지보수센터 등을 구축하였다. 베이다황그룹은 글로벌적인 시각을 가지고 자신의 우위와 연계하여 고효율적으로 해외자원을 활용함으로써 해외 농업협력 프로젝트가 산업화 및 집약화 경영으로 나아가고 있다.

(4) 프로젝트 발전 기반이 더욱 견실해져 빠른 발전을 위한 토대를 마련함

개간구의 대 러시아 농업협력 프로젝트를 대표로 하는 그 후속의 프로젝트 발전 기반이 더욱 견고해졌다. 프로젝트 추진에 있어서는 안정적인 발전을 이루었고 일부 프로젝트의 경우 단기적인 효과가 크지 않았지만 장기적으로 보면 자원을 잘 활용하고 관리를 강화하며 협력을 잘 추진하되 정치 등 외부적인 환경변화가 발생하지 않는다면 프로젝트의 추진 과정이 빨라질 수 있으며 베이다황그룹의 국제화전략을 위한 견실한 발전 기반을 마련할 수 있다.

제2절 헤이룽지앙 농업개간구 해외진출의 문제점 및 애로사항

개간구 해외진출은 이미 커다란 성과를 거두었고 풍부한 경험을 쌓았지만 전체적으로 볼 때 개간구의 해외진출은 여전히 걸음마 단계에 있고 많은 문제와 어려움을 겪고 있다. 해외진출 관련 주체 차원에서 당면한 어려움을 국제 환경, 국내 정책, 기업 주체 및 서비스 체계 4가지 측면에서 분석할 수 있다.

중국의 식량안보와 농업의 해외진출전략

1. 국제 환경 측면

(1) 농업 해외진출은 국제 정치, 경제환경의 영향과 제약을 받음

농업 해외진출은 대상국의 정세 변동과 경제정책 변화 등 환경의 영향과 제약을 받고 있다. 예를 들면 식량 위기와 에너지 위기로 인해 일부 국가는 자국에서 생산한 식량과 바이오 연료 생산에 사용되는 농산품 수출을 금지하였는데 이는 개간구 일부 해외진출 농업기업의 경영 실적에 심각한 영향을 미치게 되었다. 필리핀 국내 정치적 요인으로 인해 이미 토지 개간 협의서를 체결한 해외진출 프로젝트가 어쩔 수 없이 중단되었다. 현재 국가나 기업 차원에서 모두 전문적인 해외투자에 대한 리스크 평가체계가 없어 기업들이 투자 위험을 효율적으로 판단하기 어렵다. 정부 측도 '비상 위험'에 맞춰진 농업 대외투자 보험이 없고 기업을 지원하여 리스크를 피할 수 있는 기능이 아직 미약하다.

(2) 농업 해외진출이 직면한 국제시장 잠재 리스크가 높고 시장경쟁 압력이 큼

농업 해외진출 프로젝트의 건설 및 생산 주기가 길어 자연 조건, 기술 적응성, 농산품 가격 변동 등의 영향을 많이 받는다. 개간구 해외진출은 세계 시장을 직면하고 있어 원자재 구매, 제품 판매 모두 국제 시장을 통하여 이루어지기 때문에 시장 경쟁의 압력이 크다. 한편 개간구 해외진출은 세관 신고, 운수, 결제, 상품대금 회수 등의 위험에 직면하고 있다. 환율변동에 따른 부작용도 적지 않은데 특히 최근 몇 년간 지속적인 위엔화 가치 평가 절상으로 인해 기업의 이익 공간이 줄어들었다. 국제 정치와 경제환경 뿐만 아니라 개간구 해외진출은 자연, 시장, 금융, 행정 등 다양한 방면의 리스크를 직면하고 있다.

(3) 개간구 해외진출의 전 세계적 범위에 대한 지역적 배치구조가 최적화 조정이 필요함

개간구 해외진출전략과 관련된 국가 및 지역이 광범위하나 투자 규모와 기구 설치 측면에서 볼 때 집중화 경향이 뚜렷하게 나타났다. 직접투자 능력의 부족으로 인해 전 세계 범위에 대한 다변적 및 종합적 배치구조가 형성되지 못하고 있다. 개간구 해외진출 지역이 주로 아시아와 라틴아메리카 특히 주변국과 지역에 집중되었고 러시아에 대한 의존도는 이미 다른 국가를 훨씬 넘어섰다. 지역구도의 과도한 집중으로 인해 해외진출 대상국의 경기변동과 농산품에 대한 보호무역 조치 충격을 쉽게 받을 수 있고 국제 시장의 다변화 형성에 불리하며 국제적 범위에서 개간구의 지역적 비교우위가 충분히 발휘되지 못하고 있다. 또한 지역구도의 불합리성은 중국 기업 간, 개간구 내부 기업 간 해외에서 과도한 경쟁을 초래할 수 있다.

(4) 개간구 해외진출의 전 세계적 범위에 대한 산업배치구조가 최적화 조정이 필요함

개간구 해외진출 분야는 진일보된 확장과 깊은 단계로의 발전이 요구된다. 현재 개간구 해외진출은 1차산업 제품 생산에 편중되어 있다. 예를 들면 농작물 재배, 가축과 가금 사육, 농산물 초벌 가공 등 초급적인 분야가 많고 가공산업 특히 정밀가공산업 관련 분야가 비교적 적다. 1차산업

제품 생산 투자에 지나치게 치우쳐 하이테크 산업에 대한 투자가 미약하다. 개간구의 해외 산업구조는 국내보다 좁아 전체 분야에 미치지 못하고 가공 무역, 글로벌 마케팅 네트워크, 상품 시장, 자원 개발 등 분야만 차지하고 있어 산업구조가 단일하다. 특히 물류 마케팅 체계가 아직 완비되어 있지 않고 해외진출이 여전히 1차산업에만 머물러 2차, 3차산업까지 효과적으로 확장되지 못해 대외 도급사업과 용역 협력 등 각종 대외경제 기술협력 프로젝트가 강화될 필요가 있다. 또한 우수한 대외 농업개발 프로젝트가 적어 영역을 확대할 필요가 있다. 개간구의 해외진출 분야와 국내 산업 간 연계고리가 끊어지고 분할되면서 국제화의 전반적인 효과가 낮아지게 되었다.

2. 국내 정책 방면

(1) 대외투자 심사절차가 번거로움

중국은 해외개발에 대한 심사절차가 많고 심사시간도 길다. 프로젝트에 대한 심사절차가 번거롭고 소요되는 시간이 길어 프로젝트 추진에 영향을 미쳤다. 현재 통일된 해외진출 관리협조 부서가 없어 여러 부서에서 관리하는 한편 관리 권한이 지나치게 분산되어 효율적인 소통이 부족하고 해외투자에 대한 심사, 비준 등 체제가 아직 미흡하다. 중국이 국유기업의 해외직접투자를 통제하고 국유자산 유실을 예방하기 위해 해외투자에 대한 심사비준제도가 매우 엄격하고 심사 대상 내용과 책임 담당 부서가 많으며 심사기한도 길어 해외투자 프로젝트의 사전 준비와 자금운영에 영향을 주었다. 정부 심사 비준이 복잡하고 절차가 번거로우며 시간이 많이 걸릴 뿐만 아니라 해외투자 관리에 관한 심사 비준 내용, 수속, 규정이 완비되지 않아 기업에 큰 불편을 끼쳤고 심지어 사업 기회를 놓치게 되었으며 베이다황그룹 해외진출에 상당한 장애가 되었다. 따라서 프로젝트 심사 비준을 체계적으로 통일하고 절차를 간소화하며 국가에서 격려하거나 자원투자 프로젝트에 대해서는 투자한도 심사, 비준을 적절히 완화해야 한다.

(2) 해외진출에 대한 거시적 지도가 미흡함

국가적 차원과 개간구 측면에 있어서 해외진출에 대한 체계적인 지역계획, 산업계획, 투자계획이 부족하고 농업 해외진출에 대한 위험 조기경보시스템이 미흡하다. 해외투자에서 돌발적인 사건 발생 시 즉시 효과적으로 대응할 수 있는 거시적 측면의 실질적, 효율적인 지도가 부족하고 대외투자 관리 및 서비스가 불완전하다. 각지의 농업 주관부서 및 경제무역 주관부서로서 현지 대외투자 농업기업에 대한 합당한 이해와 관리가 부족하며 기업경영에 필요한 지원과 서비스가 미흡하다. 또한 농업 해외진출과 관련된 법률법규 및 제도를 더욱 완벽히 하여 세계경제 글로벌화 및 국내 시장경제체제에 적응할 수 있도록 해야 한다. 예를 들면 농업 해외진출 보험 제도, 신용보증 제도, 법률구제 제도, 해외직접투자 및 합작 프로젝트에 관한 법률 제도 등이 이에 포함된다.

(3) 위험 예방 및 보장제도가 불완전함

선진국의 경우 정부는 농업 관련 해외 프로젝트에 대한 제도적 보장 구축을 매우 중요시하였고 정부에서 위험 예방 보장비용에 대해 상당한 부분을 부담하고 있다. 중국의 해외보험 관련 정책은 종류와 범위 방면에서 기업 해외진출에 대한 보장 기능이 약하고 비상위험에 대응할 수 있는 농업 해외투자보험이 부족하다. 즉 전쟁과 내란으로 계약을 이행할 수 없는 정치적 위험, 대상국의 외환 부족으로 외환 환전 제한, 지불 지연 및 수입 제한에 따른 경제적 위험, 기업 경영자의 투자금 몰수, 징용에 따른 위험 등에 대한 보장이 미흡하다. 해외투자 비상위험에 관한 보험이 해외투자 위험을 피하는 역할이 매우 크므로 이러한 보험 종류의 공백은 해외 농업 개발에 있어 보호벽이 적다는 것을 의미한다. 또한 농산물 수출 특별보험의 경우 생산부분에 대한 보장을 제공하지 않아 기업 자체적으로 연관 손실을 감수해야만 한다. 이러한 제도적인 문제로 인해 기업 해외진출에 대해 최대한도의 보장과 위험 예방책을 제공하기가 어려울 수밖에 없다.

(4) 해외진출에 대한 격려 조치 강화가 필요함

기업 해외진출의 적극성을 높이기 위해 국가와 정부는 세수, 장려, 정책 면에서 다양한 격려와 지원을 제공하여 국가 해외진출 발전전략 실시에 호응해야 한다. 정부 차원의 격려 조치가 부족하여 기업 해외개발 활동에 대해 거시적 측면에서 합리적인 유인을 제공하지 못하고 있다. 개간구 측면에서 해외진출전략에 대한 격려 조치도 없는 상황이고 단지 정책 홍보와 호소에 그쳤을 뿐 실질적인 지원제도가 없다. 특히 거시적 및 미시적 측면에서 해외 산업과 지역 투자에 대한 정책적인 지도가 없으며 무차별화된 정책은 해외진출에 불합리적 산업 및 지역 구조를 유발시킬 수 있다. 따라서 개간구 차원에서 해외진출에 대한 제도적인 유인을 강화해야 한다.

3. 기업 주체 방면

(1) 개간구 해외진출은 사상적 인식의 통일이 필요함

개간구 해외진출전략에 있어 사상적 인식의 부족으로 인해 주로 일부 직원들이 해외진출전략 실행의 중요성에 대한 인식이 부족하고 전반적인 계획이 미흡하다. 사상적 측면에서 볼 때 개간구 내부에서 현재 국내 경영 상황이 그런대로 괜찮다고 하는 인식이 어느 정도 존재하여 국제경쟁에 참여하는 자각성과 장기적 발전에 대한 전략적 사고가 부족하다. 해외진출전략을 국가적 전략으로 끌어 올리려는 의식이 없고 해외진출전략이 국가와 개간구에 미치는 중요성에 대해 올바른 인식도 부족하다. 또는 할 일이 많고 부담도 크며 해외투자를 고려할 겨를이 없다고 인식할 뿐만 아니라 일부 관리자들은 해외투자에 관한 지식조차 부족함에 따라 국가의 해외투자 장려정책을 활용하여 기업 발전을 촉진한다는 것은 말할 나위도 없다.

(2) 개간구 국제화 경영 수준이 비교적 낮음

개간구의 종합적인 능력은 뛰어나지만 다국적 경영에 대한 인식과 경험은 아직 부족한 편이다. 개간구 해외진출 실천 기간이 짧아 현재 해외개발 경험이 여전히 부족한 상태에 처해 있고 특히 대형 다국적기업에 대한 투자, 통합 및 인수합병에 관한 경험과 테크닉이 미흡하다. 국제시장 규칙과 관리에 대한 이해와 활용 능력이 부족하고 국제화 경영에 대한 전반적이고 장기적인 계획이 미흡하며 명확한 전략 방향과 발전계획이 없다. 국제화 경영에 대한 전반적인 협력 메커니즘이 부족하고 국제화 경영에 대처할 수 있는 조직구도가 아직 미비하며 해외진출에 필수적인 지원정책도 미흡한 실정이다. 또한 국제화 관리제도가 완비되어 있지 않고 다국적 경영에 대한 위험의식과 통제능력이 부족하며 해외경영에 대한 관리절차가 적합하지 못하고 효과적인 위험 통제 조치 또한 부족하다. 국제화 경영 인재가 부족하고 특히 고급 인재에 대한 양성, 고용, 유치 및 확보에 대한 경험과 필요한 조치가 미흡하며 효율적인 체계도 아직 구축되지 않았다.

(3) 개간구의 해외진출 인력자원에 대한 개발이 필요함

기업 경쟁은 본질적으로 인재 경쟁이며 따라서 국제화 발전을 위한 인재 수요는 더욱 절실하다. 인력자원의 양과 질은 해외진출 성공여부를 결정하는 관건이다. 개간구 해외진출을 실현하는 고급 인력은 기업을 운영 및 경영할 수 있는 능력을 갖추면서 국제 규칙과 관례에 익숙하고 외국어에 정통하며 대상국의 산업, 세수, 금융 등 관련 정책에 대해 이해해야 한다. 베이다황그룹의 해외진출 상황을 보면 국제경제무역 지식에 익숙하고 국제규정과 관례를 이해하며 외국어와 전문기술 지식에 능숙하면서도 대상국의 농업 연관 정책과 농산품 시장잠재력에 대한 이해가 깊고 경쟁의식을 충분히 지닌 국제화 전문인재가 부족하다. 이는 베이다황그룹의 농업 국제화 경영을 제한하였고 특히 베이다황그룹의 국제시장 개척, 해외투자 및 국제무역의 시행을 제약하였다.

4. 서비스 체계 방면

(1) 해외진출 프로젝트를 위한 자금조달 경로가 좁음

농업 해외진출 과정에서 시작단계의 시장개발 비용이 높아 기업이 순수 자기 자금으로 해외투자를 진행하기는 어렵고 정부 지원정책은 한계가 있으며 금융기구 지원도 지지부진함에 따라 자금조달 비용이 점차 높아져 기업의 융자난 문제가 두드러지게 되었다. 특히 기업이 해외에서 일련의 인수합병 프로젝트를 시행한 후 부채비율이 빠르게 상승되어 후속 자금조달에 어느 정도 어려움을 가져왔다. 엄격한 외환 관리체계로 인해 외화 사용, 대출 및 기타 거래는 모두 복잡한 절차와 심사를 거쳐야 한다. 전반적으로 보면 개간구 해외 융자 경로는 좁고, 조달 능력도 약하며 국내 은행의 까다로운 저당담보 조건으로 인해 국내 융자도 어려워져 자금부족은 개간구 해외진출의 발전속도와 수준을 심각하게 제약하고 있다.

선진국 기업들은 건전하고 선진적인 자본시장에 의해 융자 혹은 대출 등 다양한 경로를 통해 자금부족 문제를 해결하지만 중국 금융체계가 아직 국제적으로 연계되어 있지 않아 베이다황그룹은 국내 기업으로서 자금조달 경로가 단일하며 국제 자본시장을 통한 융자 혹은 대출이 어렵다. 개간구 해외투자가 계속 풍족하지 않은 기업 자체 자금을 위주로 한다면 국제화의 거대한 자금수요에 비해 개간구 자금보유규모가 작은 상황은 개간구의 국제시장 경쟁력에 영향을 미칠 수밖에 없다. 현재 해외 농업자원 개발의 중요한 시기에 있어 자금조달 경로를 시급히 넓힐 필요가 있다.

(2) 해외진출에 대한 정보 및 자문 서비스가 미흡함

국제화에 대한 정보서비스 능력이 부족하다. 개간구의 국제투자 경험이 부족하고 외국의 법률, 정책, 투자환경 등에 대한 이해가 부족하기 때문에 대외투자 정보 및 자문 서비스 체계에 대한 지원이 필요하다. 개간구 해외진출 관련 법률 및 정책 정보, 자원조건 정보, 시장잠재력 정보 등에 관하여 권위 있고 체계적인 정보출처가 없다. 국제시장 정보를 얻을 수 있는 규범적이고 빠르며 효율적인 경로가 없으므로 해외개발에 대한 맹목적인 투자가 존재하고 투자 비용이 또한 비교적 높은 편이다.

오랜 기간에 걸쳐 중국 각 부서의 정보 수집 및 처리 작업은 단독으로 운영되고 대외경제무역, 세관, 공상, 세무, 외화 관리 등 부서가 서로 독립되어 해외투자 기업에게 전반적이고 체계적인 정보서비스를 제공할 수 있는 통일된 기구나 부서가 없다. 연구 및 자문 유관 기구가 분산되어 각종 자원이 효과적으로 통합되지 못하였다. 현재 국제 정보에 대한 출처는 기본적으로 기업 자체 수집에 의존하고 있어 정보서비스 측면에서 개간구 해외 농업개발에 대한 수요를 만족시킬 수 없다.

제3절 헤이룽지앙 농업개간구 해외진출 장려를 위한 정책적 제언

개간구 해외진출 전략을 실시하고 해외 개간구를 조성하며 국제농업 경쟁에 참여하는 것은 중국 식량안보와 식품안전을 보장하는 중요한 조치이자 개간구의 비약적인 발전을 실현할 수 있는 새로운 계기가 될 것이다. 따라서 각 방면에 있어 전방위적 추진 체계를 구축하여 개간구 해외진출에 대해 심도 있는 발전을 추진하고 해외진출 발걸음을 가속화해야 한다.

1. 개간구 내부 농업기업에 대한 거시적 지도와 계획을 강화해야 함

(1) 개간구에 해외진출 관련 관리합동기구를 설립하여 계획과 지도를 강화해야 함

농업 해외진출은 체계적인 프로젝트로서 연관된 범위와 분야가 광범위하고 참여 주체가 많다. 체계적인 위험을 줄이고 개간구 내부 기업 간 각개전투 및 무질서한 경쟁을 방지하기 위해 전반적인 계획을 세우고 점진적인 발전을 원칙으로 하여 개간구 총국의 지도적인 역할을 충분히 발휘하고 역량을 집중하여 개간구의 전반적인 우위를 구축해야 한다. 따라서 개간구 총국의 전반적인 계획 아래 개간구 상무국과 농업국이 앞장서서 개간구의 발전개혁위원회, 공업과 정보화 위원회, 목축국, 식량국, 과학기술국, 재무처, 정책법규국, 과학원, 경제연구소 등 부서를 포함한 개간구 해외진출 사업지도부를 구성하여 각 부서의 역할을 충분히 발휘하여 거시적 측면에서 개간구 기업에게 해외진출에 대한 협조와 지도를 실행해야 한다. 사업지도부는 각 부서의 업무를 통일적으로 협조하여 행정효율을 제고하고 개간구의 농업 해외진출에 연관된 업무를 관리하고 서비스를 제공하는 한편 유관 정책과 법규를 정리하고 국내외 농업 형세를 분석하여 개간구 실제 상황과 내외부 환경에 따라 중점 지원 품목, 중점 투자 대상국, 중점 지원 내용 등이 포함된 개간구 해외 농업자원개발협력계획을 수립해야 한다.

(2) 해외진출을 위한 관련 정책의 지원을 적극적으로 쟁취하고 실현해야 함

개간구는 내부 유관 기업에 대해 국가 및 성(省)정부의 해외진출에 관한 각종 우대정책을 적극적으로 홍보하고 유관 정책에 대한 활용조건과 운영방법을 파악하여 각종 우대정책을 충분히 잘 활용하는 한편 국가와 성정부의 해외진출에 관한 우대정책을 적극적으로 쟁취하여 심사·비준, 세수, 관세, 외화 환전, 해외 전시회, 무역상담, 인력 출입국 등 방면에 대한 편리화 및 지원을 받아야 한다. 또한 개간구 해외진출 협조기구를 설립하고 해외투자 심사·비준 절차를 간소화하고 심사비준 단계를 줄이며 해외진출 인력에 대한 상용비자 신청 관련 서류심사·비준 절차를 간소화하고 상용비자 신청을 위한 '녹색 통로'를 구축해야 한다.

(3) 해외진출 목표지역에 대해 전면적으로 계획하고 선정해야 함

효율적으로 자원을 배치하고 기존 자원을 충분히 활용하여 최대한 이익을 거두기 위해 농업 해외진출 지역 선정에 있어서 개간구는 전반적인 계획이 있어야 하고 점진적으로 추진해 나가야 한다. 농업 해외진출 목표지역에 대해 전반적이고 합리적으로 배치하려면 국가 및 개간구의 현실적인 상황 및 국제환경에 입각하여 국내 및 국제 경제 형세, 대상국의 시장과 정책에 대한 파악을 기반으로 하되 농업자원과 시장우위를 지니고 있고 우대정책과 우호적인 관계 및 협력 기반이 있는 국가와 지역을 우선적으로 선택해야 한다. 기본적인 추진 방향은 "주변 국가와 지역을 중점 개발하고 아프리카를 공고히 하며 라틴아메리카 개척을 안정적으로 확장하고 유럽과 미국을 돌파하며 국지적 이익을 적극적으로 도모한다"는 것이다. 즉 개간구의 해외진출 범위를 기존 범위에서 이웃 국가와 지역부터 유럽, 미국 등 신흥 국제시장으로 나아가고 농업자원개발의 국제화 체계를 구축해야 한다. 개간구의 지연적 우위를 충분히 활용하고 러시아 극동지역과의 농업협력을 지속 강화하고 태국, 미얀마, 필리핀, 베트남 등 동남아 국가와 농업협력을 강화하여 동남아 지역의 경제 무역 네트워크를 구축함과 동시에 조선, 몽골, 카자흐스탄 등 기타 아시아 국가와 농업협력을 강화해야 한다. 개간구의 농업자원이 풍부한 지역으로의 진출을 추진하고 특히 브라질, 호주, 아르헨티나, 베네수엘라 등 라틴아메리카, 오세아니아 등 국가와 지역 간의 협력에 주력해야 한다. 아울러 이를 기반으로 하여 미국, 캐나다, 쿠바, 우크라이나 등 아메리카와 유럽 지역 진출을 모색해야 한다. 이로써 글로벌 국제농업협력 개발체계를 구축하여 개간구의 해외진출 네트워크가 세계 주요 농업자원이 풍부한 국가와 지역에 모두 미칠 수 있도록 해야 한다.

(4) 개간구의 해외진출패턴과 방식을 확장하여 다원적 해외 산업체계를 구축해야 함

개간구 농업 해외진출은 다양한 경로, 다양한 형식, 다원적 농업 해외진출 체계를 육성하는 운영 방향에 따라 온전한 해외 산업사슬체계 구축을 목표로 하고 품종, 자금, 기술, 관리, 시장 등 다양한 방면에서 협력을 전개해야 한다. 개간구는 농업 해외진출 내용에 있어 다원적이고 전방위적인 발전패턴을 구축해야 한다. 이는 대외 직접투자 패턴(그린필드 투자, 인수합병 투자, 해외 재배 등), 해외 농업자원개발, 해외 농업공정 도급, 해외 농업노무 협력, 해외 연구개발센터 설립, 국제 마케팅 네트워크 구축, 해외 자문서비스 제공 등 다양한 방식을 병행하고 서로 보완하며 협력하여 전반적인 우위를 육성한다는 것이다. 다원적 전략을 실행하는 동시에 중점 프로젝트를 기획하고 우선적으로 발전시켜 중점적으로 추진해야 한다. 다양한 추진 방식에 있어 개간구는 국가의 전략적 차원에 착안하여 해외 식량 생산기지 및 개간구 건설 강화에 지원 중점을 두어야 한다. 해외진출 방식 측면에서는 경쟁우위에 있는 각 관리국과 선두기업의 직접투자와 합작 방식의 해외진출, 다국적 경영의 전개와 국제경쟁에 참여하는 것을 우선적으로 장려해야 한다. 안정적인 해외 생산, 재배, 가공 기지를 구축하고 국제 물류와 마케팅 네트워크를 완비해야 한다. 해외 농업 생산과 축산물 생산 방면에서는 지속적이고 안정적이며 장기적인 협력관계 구축을 기반으로 해외진출을 전개하고 점진적으로 해외 대규모의 농업개간구를 구축하는 전략적 구상을 실현해 나가야 한다. 가공 협력 방면에서는 공동 출자 및 합작 방식을 우선적으로 취하고 농업기업이 해외에서 인수합병 및 재편성하는 것을 지원하며 외국의 선진기술과 우위자원을 충분히 활용하여 해외 농산품 심가공을 중점 발전함은 물론 특히 무공해, 친환경, 유기농 농산품의 생산 가공을 발전시키고 국제시장에 진출하여 농업 종합개발과 용역 수출 추진을 가속화해야 한다.

2. 개간구 농업 해외진출의 주체 체계를 전면적으로 구축해야 함

(1) 베이다황그룹을 전적으로 중국 농업 해외진출의 모범기업으로 육성함

세계 각국과 각 산업부문의 해외진출 경험에서 보면 성공적으로 해외 진출을 하고 안정적인 성장과 큰 발전을 거둔 주체는 주로 대형 기업그룹과 다국적 기업이었다. 특히 농업 부문에서는 이러한 상황이 더욱 두드러지게 나타났다. 세계경제의 일체화와 글로벌화라는 시대적 특징 하에서 이러한 대형 기업그룹과 다국적 기업은 한 산업부문의 국제적 규칙과 경쟁패턴을 전적으로 결정하였고 시장을 실질적으로 독점하였으며 국제 경제와 정치 형세에 영향을 미쳤다. 'ABCD' 4대 곡물 메이저가 그 예가 된다. 베이다황그룹은 중국 최대의 현대농업 기업으로 독특한 자원적 우위, 체제적 및 기술적 우위를 가지고 있고 국제적인 대형 다국적 기업그룹으로 거듭날 수 있는 기초와 실력을 갖추고 있어 베이다황그룹을 중국 농업 해외진출의 모범기업으로 육성하고자 하는 것은 식량안보를 보장하는 데 있어 국가의 전략적인 선택이다. 따라서 국제화 이념을 점차 그룹 내부의 관리제도, 의사결정 시스템, 제품 및 기술 연구개발, 인재 양성 등 방면에 스며들게 하고 국제적인 현대기업제도를 조성하며 베이다황그룹의 전반적인 국제화 경영수준을 제고하는 한편, 그룹의 해외 확장을 가속화하고 다국적 기업과의 합자 및 합작을 강화하며 해외 인수합병, 해외 상장에 적극적으로 참여하여 베이다황그룹을 국제화, 초대형, 현대적 기업그룹으로 양성함으로써 중국 농업 해외진출에 있어 중요한 역량이 되게 해야 한다.

(2) 개간구 선두기업을 중점 양성하고 크게 발전시켜 해외진출 주역으로 육성함

개간구의 추진에 힘입어 지우산 식량·식용유 그룹(九三糧油集團), 완다산 유업 그룹(完達山乳業集團), 베이다황 양곡 그룹(北大荒米業集團), 베이다황 펑위앤그룹(豊緣集團), 베이다황 서류 그룹(北大荒薯業集團), 베이다황 육류 그룹(北大荒肉業集團) 등 일련의 국가급, 성(省)급 농업 산업화 선두기업들은 개간구에서 굴기하고 있고 해외 농업협력과 개발에서 두드러진 성과를 거두었으며 소중한 경험을 축적하였다. 개간구는 기존 기반 위에서 중점 선두기업들이 해외진출전략을 실행하는 것을 더욱 촉진하고 대형 국유기업을 농업 해외진출의 중점 지원대상으로 삼아 선두기업이 해외에서 중요한 농업자원개발 프로젝트, 농업기술협력 프로젝트를 개척하는 것을 장려하며 선두기업이 농업 경작기술, 농업 기반시설 건설 등 방면에서 지니고 있는 기술적 우위와 경험을 충분히 발휘하여 개간구의 해외 농업자원개발과 선진 농업생산기술 학습 및 응용에 있어서 견인 시범 역할을 하도록 해야 한다. 또한 기점이 높고 규모가 크며 견인력이 강한 선두기업을 양성하여 농업 해외진출의 주력군으로 삼아 해외진출 과정에서 기업의 실력과 경쟁력을 끊임없이 제고시켜야 한다. 정부는 해외진출 선두기업에 대해 산업 진출방향 지도, 금융 지원, 세금 감면, 정보 서비스, 브랜드 육성, 법률 지원, 돌발사건 처치 등 방면에서 강력히 지원하고 법률 법규에 부합한 '녹색 통로'를 개통하며 불필요한 방해를 줄여 기업 해외진출에 양호한 발전 환경을 조성해야 한다.

(3) 개간구 각 관리국이 서로 협력하여 개간구 차원의 해외 개발 실행 체계를 구축함

개간구 총국 및 산하의 각 관리국, 농장 및 기업의 3단계 해외진출전략 실행 체계를 구축하고 개간구의 모든 시스템과 네트워크가 전적으로 해외진출전략을 이끌어 실현할 수 있도록 해야 한다. 개간구의 9개 관리국을 주요 추진동력으로 삼고 각 관리국을 조직과 실행 주체로 하여 해외 농업개발에 대한 조직적 인도와 관리를 강화하며 '농장을 관리 주체로, 가정 농장을 경영 주체로, 상무부서를 조정 주체로, 해외진출 기업을 서비스 주체로' 하는 '사위일체(四位一體)'의 해외 개발 경영 패러다임을 지속적으로 완비해야 한다. 각 관리국은 자체의 해외진출 경험을 계속 체계적으로 정리하고 실천 속에서 학습하며 무단지앙(牡丹江) 관리국 등 선행 우위를 지닌 관리국 및 농장의 경험을 참고해야 한다. 각 관리국, 농장 및 기업은 서로 협력하여 자원을 합리적으로 사용하고 전면적인 계획을 세워 추진하여 조직적이고 규모가 있으며 계획적이고 질서 있는 해외 토지임대, 식량재배와 국제 농산품 물류 비축 체계를 구축해야 한다. 구체적으로 실시하는 과정에서는 가정 농장이 사업을 경영하고, 해외 주재 회사(연락 사무소)에서는 통일적인 관리와 서비스를 제공하는 경영패턴을 계속 완비하고, 관리국 또는 농장이 해외에 회사를 설립하여 노동인력의 출입국, 농기계 등 생산재의 통관 수속을 책임지고 처리하며 각종 농업용 물자를 공급하는 한편 농산품 판매, 농민을 조직하여 토지를 도급 받고, 가정 농장의 농업생산, 농사활동, 안전, 위생 등에 대해 감독 관리하며 물납소작료를 대리 징수한다.

3. 개간구 기업의 국제화 발전을 위해 자체 건설과 주체 기능을 강화해야 함

국제화 발전을 위해서는 자체 건설을 우선적으로 강화해야 한다. 해외진출 주체의 기능을 발휘하고 베이다황그룹의 내부 제도 구축을 완비하는 것은 성공적인 해외진출을 위한 기반이 될 것이다. 주체의 기능을 강화한다는 것은 베이다황그룹의 내부 관리기능 강화, 브랜드전략 실시, 혁신능력 제고 및 종합평가 메커니즘 등 내용이 포함된다.

(1) 개간구 해외진출 기업의 내부 관리를 강화해야 함

개간구의 해외진출은 해외시장진출뿐만 아니라 자원보장 체계, 관리

패턴, 리스크 관리와 통제시스템 등 전방위적인 해외진출을 의미한다. 개간구의 국내 및 해외 모든 기업이 '정밀하고 전반적이며 수준 높고 새로우며 엄격하고 실질적'이라는 관리 원칙을 전적으로 실시하고 전력을 다해 베이다황그룹의 운영을 질적으로 제고해야 한다. 국제화 경영은 대체로 제도 및 규칙의 경쟁이라고 할 수 있다. 완벽한 내부관리 체계, 건전한 조직 구조, 과학적이고 규범적인 관리는 개간구의 성공적인 해외진출을 위한 근본적인 기반이 될 것이다.

베이다황그룹의 해외 경영관리와 조직구조를 완비한다. 국제화 경영을 지향하는 체제, 메커니즘 및 회사지배구조를 실행하고 소유권이 명확하며 책임과 권한이 확실하여 관리방식이 과학적인 현대기업제도 구축을 통해 국제화 경영관리와 조직구조를 완비해야 한다. 베이다황그룹 해외진출전략 실행을 보장하고 베이다황그룹의 기존 국제화 경영자원과 결합하여 그룹 내부에 해외사업 전담 관리 부서와 기구를 설립함으로써 국제경영 업무를 통일적으로 관리한다.

베이다황그룹의 국제 경영관리 체계를 완비하여 유연하고 효율 높은 국제화 운영 체제를 구축한다. 완벽한 조직구조 체계에 따라 국제시장 개발, 프로젝트 관리, 리스크 관리 및 통제 등 국제경영 운영부서의 기능을 통합하고 재무회계, 인사, 후방 서비스 등 관리서비스 부서와 연계하여 업무 절차를 간소화하고 운영효율을 제고한다.

내부 관리에서는 베이다황그룹의 국제 자본 운영을 강화한다. 전략적 투자 관점에서 효과적인 투융자 방식과 방법을 융통성 있게 운용하고 자본 운영과 관리를 강화하며 다국적 경영 중 복잡한 소유권이 존재하는 상황에서 기업의 국제화 경영을 실행하는 한편, 베이다황그룹 국제화 경영에 대한 백그라운드 서비스 지원과 후방 서비스 보장을 강화하고 기술, 법률, 정보, 투융자, 정부협력 등 방면에 대해 완벽한 서비스를 제공하여 베이다황그룹의 국제화 경영을 보장해야 한다.

(2) 개간구 해외진출 기업의 국제 경영관리 수준을 제고해야 함

개간구는 해외진출 과정에서 지속적으로 해외 업무 제도를 완비하고 기업의 해외 경영 행위를 규범화하며 리스크를 엄격히 통제하는 한편 해외진출 관리체제를 개선하고 해외 경영 관리 수준을 지속적으로 제고해야 한다.

해외 재무 및 자산 관리제도를 완비해야 한다. 해외 자산과 소유권에 대한 관리를 강화하고 해외 자산 총량, 구조 및 수익에 있어 기본적인 상황을 명확히 하며, 관련 기록, 종합 및 분석 제도를 규범화하는 한편 자산 손실 책임제를 수립하고 그룹 본사에 국내 및 해외 자금에 대한 통일된 관리체계를 구축하며 해외 자산 소유권 구조를 최적화해야 한다.

해외투자 의사결정 절차를 완비해야 한다. 해외개발은 베이다황그룹의 국제화 전략, 우위, 경제적 효익과 부합하는 것을 의사결정의 기본적인 근거로 삼고 베이다황그룹의 재무와 부채 실정에 따라 투자규모의 적합성을 고려하며 효과적인 위험 회피를 기본원칙으로 하여 규범적이고 엄격한 해외투자 의사결정 절차를 수립해야 한다. 또한 해외 지부는 규범적인 비준 요청 제도, 재무감독 제도, 예산관리 제도, 위험통제 제도를 구축해야 한다.

해외 프로젝트 운영에 대한 관리, 감시 및 통제를 강화해야 한다. 프로젝트 운영에 있어 전 과정에 대해 동시 관리한다. 즉 프로젝트 시행 전에는 책임을 다해 조사를 진행하고 실행 가능성에 대한 연구와 계획을 추진하며, 프로젝트 진행 중에는 현장 관리를 잘하고 관련 업무와 부서를 조율하며, 프로젝트 진행 후에는 전문적인 관리와 통제를 하고 정기적인 회계 감사와 경영관리 심사체제를 구축하여 해외 프로젝트 운영의 전 과정에 존재하는 문제를 즉시 발견하고 해결한다.

(3) 개간구 해외진출을 위한 브랜드 전략을 실행해야 함

개간구의 국제화는 해외에서 베이다황 브랜드를 강력하게 육성하는 것이다. 삼대의 베이다황 사람은 60년을 거쳐 황무지에서 베이다황 브랜드라는 금자탑을 세웠다. 베이다황 브랜드는 일종의 정신, 문화 및 축적을 상징하고 베이다황의 물질적 문명과 정신적 문명을 융합하고 있다. 베이다황의 3개 개간구 건설에 있어서 베이다황 브랜드 구축은 영혼이자 힘의 원천이다. 개간구의 해외진출 과정은 실질적으로 베이다황 브랜드의 국제화 과정이고 베이다황의 전통 문화, 농업 문화, 지역 문화, 사회 문화 그리고 정신을 베이다황 브랜드에 심어 세계로 나아가는 과정이다. 의식적으로 베이다황 브랜드를 국제적인 브랜드로 만들어 널리 보급하며 베이다황 브랜드의 실질적인 가치를 지속적으로 높여 베이다황 지명도와 호감도를 제고해야 한다. 개간구 전체 자원을 모아 세계적인 범위에서 베이다황 브랜드를 만들고 브랜드를 베이다황그룹 국제화의 원동력으로 삼아 국제적인 영향력을 제고하며 글로벌 초대형 현대기업으로 육성하여 세계 500강 기업으로 성장해야 한다.

(4) 개간구의 글로벌 문화 체계를 구축해야 함

베이다황의 문화적 우위를 발휘하여 '개방, 개척, 지혜, 포용'의 베이다황 정신을 전 세계에 알리고 '충성, 사수, 헌신'의 베이다황 정신을 해외에서 계속 발양해야 한다. 해외진출 과정에서 대상국의 사회, 경제, 문화와 융합하여 베이다황그룹의 글로벌 문화 체계를 구축하고 문화관리 수준을 높여야 한다.

개간구에서는 적극적으로 국제화 문화발전 전략을 수립해야 한다. 대상국의 시장과 문화 정보에 근거하고 베이다황의 문화적 특성과 융합하여 다문화 관리를 진행해야 한다. 우선 글로벌적인 다문화 관리 인재를 양성하여 대상국의 문화를 이해하고 포용하며 차이를 존중하여 베이다황의 넓은 마음과 시야로 중국 문화, 베이다황 문화와 대상국 문화를 조화롭게 통일함으로써 효과적인 다문화 관리를 실행해야 한다. 다음으로 개간구의 해외진출 직원과 고용된 현지 인재에 대해 다문화 관리 훈련을 제공하여 다문화 소통과 협력 능력을 제고해야 한다. 아울러 해외에서 베이다황 브랜드 보급 및 홍보 시 대상국 문화에 적응할 수 있는 방식에 대한 연구와 채택을 통해 시장화 운영을 진행하여 현지 소비자에 접근해야 한다. 마지막으로 개간구에서는 대상국 정부, 동종 업계 및 대중과의 관계를 잘 다루어야 한다.

베이다황이 해외에서 발전을 지속하려면 대상국의 풍속, 습관, 문화, 신앙과 도덕 규범을 존중해야 하고 대상국 법률과 법규를 준수해야 하며 현지 사회에 융화되어야 할 뿐만 아니라 현지 정부와 기관의 인정과 신뢰를 받아야 하고 개간구의 해외진출이 현지에 가져다 줄 수 있는 각종 공헌에 대한 홍보에 주의를 기울이며 이에 상응한 지지를 얻어야 한다. 또한 현지 정부와 조화로운 관계를 수립하고 현지 사회 각 계층과 원활한 연락 관계를 유지하며 현지 사회 네트워크를 구축하여 현지에서 개간구의 사회적 지위를 수립해야 한다.

중국의 식량안보와 농업의 해외진출전략

(5) 개간구 해외진출을 위한 인재풀 조성을 강화해야 함

개간구 해외진출전략 실행을 위해 소질이 높은 국제 경영 및 관리 인재를 육성하고 초빙해야 한다. 전문적인 지식이 있고 외국어에 능숙하며 법률을 잘 아는 복합형 인재풀을 구축하여 개간구 해외진출을 위해 서비스와 지적 지원을 제공해야 한다. 관리인원의 해외업무 수준과 능력 향상을 위해 교육, 훈련을 실시하고 국제경영에 익숙하며 국제적 관례와 규칙에 정통하고 지도 및 관리에 능숙한 다국적 인재를 양성해야 한다. 특히 해외업무와 해외 경영 환경에서 충분히 단련되고 업무실적이 뛰어난 높은 소질의 인재를 개간구 해외진출 기업 본부 및 국내외 지사의 중요 위치에 배치하여 그 경험과 능력을 충분히 발휘될 수 있게 함으로써 베이다황그룹의 국제화 발전을 촉진해야 한다.

4. 개간구 해외진출을 위한 전방위적인 서비스 지원체계를 구축해야 함

서비스 지원 체계는 개간구 해외진출을 위한 기반이다. 아래 몇 가지 방면에서 개간구 해외진출에 대한 지원을 강화해야 한다.

(1) 해외진출을 위한 건전한 금융 서비스 체계를 구축해야 함

농업 해외진출은 투자금액이 많고 원가가 높으며 위험성이 크고 회수 주기가 긴 특성을 가지고 있다. 기업 발전의 장애요인을 해결하고 기업 경쟁력을 높이며 위험 대응 능력을 제고하기 위하여 반드시 개간구 농업 해외진출의 금융 서비스 체계를 수립하고 완비해야 한다. 우선 개간구 내부에서 해외진출에 대한 보조금 제도를 구축하고 재정 예산 중에 개간구 농업 해외진출에 관한 특별기금을 설립하여 개간구 농업기업이 국제시장을 개척하는 데 필요한 발전 비용, 각종 보조금, 어음할인액 지불과 긴급 원조에 사용될 수 있도록 해야 한다.

해외 기진출한 각 관리국과 선두기업이 적극적으로 시장 융자에 참여하는 것을 인도하고 지원하며 격려해야 한다. 융자 표준, 담보 방식 등 방면에서는 농업 해외진출 기업의 특성에 맞춰 융자 조건을 마련하고 조건을 갖춘 대형 기업그룹이 직접 국내외 자본시장에 진입하여 융자하는 것을 중점 지원하며 해외농업기업을 도와 각 방면의 융자 장애를 극복해야 한다. 조건이 성숙되고 실력을 갖춘 기업이 해외에서 주식과 채권을 발행하고 국제 자본시장에서 융자를 추진하는 것을 장려해야 한다.

기업을 위하여 적극적으로 세금 우대정책을 쟁취하고 강좌, 훈련 등 방식으로 유관 정책과 지식을 보급하며 농산품 수출세 환급 등 국가의 각종 우대정책을 기업이 누릴 수 있도록 인도할 뿐만 아니라 농업 대외투자 프로젝트에 따른 생산재와 설비 수출을 위하여 편의를 제공하고 수출 세금 감면과 농산물의 국내 반송 시 국내 수입세 감면을 실현하며 특히 이중과세를 방지해야 한다.

개간구 해외진출 농업기업이 국내 농업지원과 농업우대정책을 누릴 수 있도록 여건을 마련하고 개간구의 선두기업을 적극적으로 추천하여 국가의 하이테크 산업화 추진 프로젝트, 농산품 심가공 프로젝트, 기술개조 프로젝트 등 국가 지원 사업에 참여하도록 해야 한다.

농업 해외진출의 보험 체계를 구축하고 완비해야 한다. 보험 의식과 지식을 보급하고 특히 농산품 수출 특별보험과 같은 농업 분야에 관련된

중국의 식량안보와 농업의 해외진출전략

보험 종류의 개발을 추진해야 한다. 개간구 농업기업 해외진출의 특성에 맞춰 보험회사와 협력하여 개간구 농업 해외진출을 지원하는 보험을 설립하고 중점적으로 농업 대외투자 분야에 관한 보험에 관심을 기울여야 한다.

(2) 개간구 해외진출을 위한 전방위적인 정보 서비스 체계를 구축해야 함

개간구의 자원을 통합하여 투자 프로젝트에 관한 국가별 데이터베이스를 구축하고 다국적 투자 및 구매 플랫폼을 세워 개간구 해외진출 기업을 위해 무역 가이드, 무역 기회, 투자 대상국의 정보를 제공하는 한편 개간구 해외진출 기업이 국제화 경쟁에 참여하여 투자방향을 확정하는 데 있어 참고를 제공해야 한다. 해외진출 정보 연구와 자문 시스템을 구축하여 사회에 무료 공개하고 해당 국가의 정책, 업종 발전, 시장가격, 경제상황, 국제시장의 제품판매, 수요와 공급에 대한 예측, 목표국의 법률 법규 등 정보를 제공하며 적극적으로 금융기구를 통해 환율, 금리 추세 등 방면에 대한 전문적인 분석과 외화 가치보존 서비스를 자문하여 환율 위험을 회피하는 등 개간구 해외진출 종합정보 관리 시스템을 구축해야 한다. 이로써 정치, 법률, 환율 등에 의한 해외투자의 위험을 효과적으로 낮추어야 한다.

(3) 개간구 해외진출을 위한 법률 서비스 체계를 완비해야 함

개간구의 사법, 상무국과 유관 협회가 연합하여 '개간구 해외진출 법률원조 사무센터'를 구축함으로써 기업을 도와 국제무역 마찰에 대응하고 해외진출을 위한 법률 원조를 제공하여야 한다. 상무부에서 반포한 『대외투자관리방법』과 현행 양자간 협의에 따라 해외진출 관련 법률 법규를 정리하고 파악하며 개간구의 해외 생산, 경영 관리의 자주권과 합법적 권익을 보호해야 한다. 해외진출에 존재하는 위험과 분쟁에 초점을 맞춰 개간구에 전문적인 국제무역 분쟁 조정 및 중재기구를 통합 구축하며 법률 서비스를 잘 제공해야 한다.

(4) 개간구 해외진출을 위한 다양한 형식의 국내외 추천 활동을 펼쳐야 함

국내외에서 다양한 형식의 홍보, 훈련 활동을 전개하고 국내외 경제무역 상담을 조직하며 국제협력 플랫폼을 구축해야 한다. 국내에서는 '국내 초청' 방식을 취하고 각종 설명회, 연구 토론회, 보고회 등을 개최해야 한다. 개간구를 통하여 목표 국가 및 지역의 구체적인 투자환경과 정책을 설명하고 개간구의 해외진출 기업이 유관 정보와 효과적인 지도를 잘 알도록 하며 개간구의 기업을 도와 산업발전에 대한 최신 동향, 다국적 투자 관련 최신 정보, 국제화 경영의 최신 경험을 전면적이고 깊이 있게 알 수 있도록 해야 한다. 국외에서는 베이다황그룹의 유관 담당자를 조직하여 해외에 가서 투자환경을 고찰하고 각 관리국과 개간구의 기업은 해외시장을 고찰하며 해외 전시회와 박람회에 참여해야 한다. 해외에서 업종 간의 연계 활동을 전개하고 개간구와 국제협력 파트너 간의 연결을 도와 투자촉진 활동 효과를 제고해야 한다.

(5) 개간구 해외진출 기업에 대한 종합평가체제를 완비해야 함

현재 개간구의 해외진출 위험 평가가 비교적 후진적임에 따라 개간구 기업 해외진출에 관한 종합평가체제를 구축하고 완비하며 경제적 및 비경제적 위험 두 방면에서 종합적 평가를 잘 진행하여 최대 한도로 위험 평가의 확실성, 정확성을 높일 뿐만 아니라 베이다황그룹 해외진출의 전략적 의사결정을 위해 지도를 잘하고 해외진출 성공 가능성을 높여 베이다황그룹의 상품 및 서비스의 국제 경쟁력을 제고해야 한다.

해외투자 위험평가 체제를 구축하기 위해 우선 해외진출 전에 조사연구 업무를 잘하고 대상국 및 지역 관련 데이터와 자료를 신속하고 정확하며 완전하게 제공해야 한다. 다음으로 개간구 해외진출에 대한 위험 평가 기구를 설립하고 헤이룽지앙의 중점 대학교와 협력하여 대외관계, 대외무역, 국제금융 등 방면에서 기초연구를 잘 하고 합당한 평가 및 자문 서비스를 제공해야 한다. 그 다음으로는 개간구 범위 내에서 국제위험 경계 관련 지식 교육을 제공하고 국제경제 및 정치 상황, 시장환경, 국제 법률법규, 위험 통제 방식, 수단 및 도구 등 방면에 대해 전문적인 훈련을 전개해야 한다. 마지막으로 글로벌 시야를 가지고 있고 국제규칙에 정통하며 위험에 대해 체계적으로 분석하고 예측할 수 있는 인재를 양성해야 한다.

베이다황그룹이 국제시장 위험에 대처할 수 있는 조기경보 체제를 최대한 빨리 구축하고 전문적인 기구를 설립하여 글로벌 해외투자 관련 정보를 수집, 정리할 뿐만 아니라 평가 체제를 구축하고 정보수집이라는 기반 하에 해외진출 위험평가를 진행하며 리스크를 관리, 통제해야 한다. 위험을 경계하고 회피하기 위한 수단 및 서비스를 제공하고 베이다황그룹과 공동으로 국제화 과정에서 나타난 각종 위험에 직면하고 대처하며 해결해 나가야 한다.

본 장의 집필자 : 向世华 (헤이룽지앙 농업개간 경제연구소)

일본·한국·사우디아라비아
농업 해외진출 경험 활용

제1절 일본 농업 해외진출 경험 활용

1. 일본 농업의 해외진출 배경

제2차 세계대전 이후 일본 경제가 점차적으로 회복되면서 고도성장기에 진입하였다. 1950-1975년 25년 동안 일본은 농업 현대화를 실현하였고 농업기술과 농업산업 관리에 있어 세계적인 선두 자리를 차지하였다. 이 시기는 일본 농촌 도시화 시기이며 농업 인구가 비농업 부문으로 이동되는 시기였다. 이런 배경하에 대량의 농촌 인구가 상공업으로 빠르게 흡수됨에 따라 일본 농업의 겸업화 현상과 농업 취업인구의 고령화 현상 등이 나타났고 일본 농업은 나날이 쇠퇴되어 일본 경제사회 발전에 장애요인으로 작용하였다.

중국의 식량안보와 농업의 해외진출전략

(1) 농업 생산액이 낮음

1980년대 이전 일본 농업 총 생산액은 지속적으로 성장하였다. 1984년 일본 쌀은 풍작을 이루어 농업 총 생산액이 11.75만억 엔으로 사상 최고치를 기록하였지만 그 이후로 생산량이 계속 줄어들었다. 1989년 이후 일본 채소, 과일, 소고기 등 가격 상승으로 생산액 하락세는 어느 정도 호전되었다. 1993년 쌀 수확이 좋지 않았고 농업 생산액이 10.4만억 엔으로 주저앉았다. 2012년에 이르러 일본 농업 총 생산액은 8.5만억 엔으로 떨어졌고 농업이 GDP에서 차지한 비중은 1960년 9%에서 2012년 1%로 감소되었다(그림 14.1 참조).

농산품 주요 품목으로 보면 쌀 생산액이 가장 큰 폭으로 감소되었고 다음으로 채소(2005년 이후에는 약간 상승), 과일 순으로 감소했다. 기타 품목의 변화는 뚜렷하지 않았다(그림 14.2 참조).

(2) 노동력이 부족함

일본의 농업 노동력 부족은 아래 세 개의 측면에서 나타나고 있다.

〈1〉 취업 인구가 지속적으로 감소하고 있음

20세기 50년대 중반부터 일본은 공업화를 주요 내용으로 하는 고도경제성장 단계에 진입하게 되었다. 공업화가 급속하게 진행되면서 노동력 수요가 급증하였다. 이러한 이유로 20세기 50년대부터 일본 농촌 노동력이 끊임없이 도시로 이동하였다. 수십년간 일본 농업 취업인구가 지속적으로 줄어들어 1960년 1454만 명에서 2013년 239만 명으로 감소되었다. 향후 일본의 농업 인구가 계속하여 감소될 것으로 예측되며, 어떤 학자는 10년(2010년부터 시작)내에 100만 명의 인구가 농업을 하지 않게 될 것이라고 예측하였다.

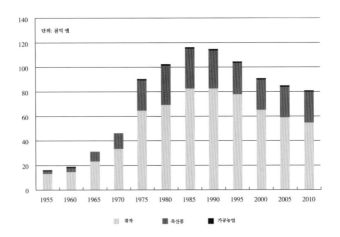

〈그림 14.1〉 1955-2010년 일본 농업 생산액 추이

자료출처 : 일본 농림수산성 통계

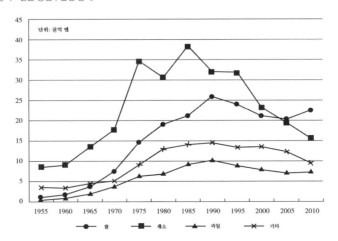

〈그림 14.2〉 1955-2010년 일본 농업 품종별 생산액 추이

자료출처 : 일본 농림수산성 통계

중국의 식량안보와 농업의 해외진출전략

〈2〉 겸업화 정도가 높음

농업 취업 인구 가운데 전문적으로 농업에 종사하는 인구수는 지속적
으로 감소되고 있다. 1965년에 농업 취업 인구 중 894만 명이 농업을 기본
직업으로 삼았으나 그 이후로는 계속 감소되었다(그림 14.3 참조). 2013년에
이르러 농업을 기본 직업으로 하는 인구는 이미 174만 명으로 줄어들었고
인구의 평균 연령이 무려 66.5세에 이르렀다. 이는 일본 농업이 다수 농가
에게 일종의 부업에 불과하고, 대부분 농가에게 농업 생산과 경영이 일종
의 독립적이고 이익 획득을 주요 목적으로 하는 상품경제 행위가 아니라
는 것을 의미한다. 농업의 이러한 비산업화 현상으로 인하여 일본 농가의
농업 경영 발전 동력이 부족해지고, 농업 내부 각종 경제관계의 변화가 정
체되며 농업 경쟁력이 지속적으로 약화되는 등 문제를 초래하였다.

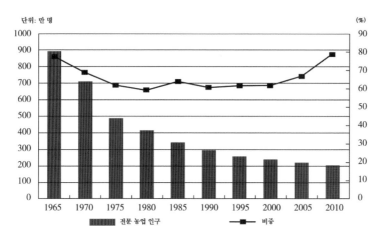

〈그림 14.3〉 1965-2010년 일본 농업 전문 종사 인구수 추이

자료출처: 일본 농림수산성 통계

〈3〉노령화가 날로 심해져 가고 있음

20세기 60년대에 60세 이상의 농업 취업 인구는 총 취업인구의 약 1/4
를 차지하였고 2010년에 이르러 그 비율이 무려 3/4에 이르렀다(그림 14.4
참조). 일본 농림수산성의 최근 데이터에 의하면 2013년 일본 농업 인구 가
운데 65세 이상 인구는 148만 명이고, 농업 취업 총 인구 중 62%를 차지하
여 농업 취업 인구 평균 연령은 66.2세에 이르렀다.

(3) 경작지가 적음

농업 인구의 도시 이동에 따라 대량의 경작지가 방치되었다. 수십년간
일본의 경작지 면적은 끊임없이 감소되었고, 1965년 600만 ha에서 2010년
450만 ha로 줄어들어 25%가 감소되었다(그림 14.5 참조). 그 중에서 수전은
약 54%를 차지하고 한전은 약 46%를 차지한다.

2010년 통계에 의하면 경작지 감소 중에서도 '경작지 포기'[1]는 44%를
차지하고 경작지를 비농업 용도에 쓰인 비중은 55%이다. 한편 경작지 포
기는 최근 20년간 증가 추세를 보이고 있다. 1985년 이전에는 기본적으로
13만 ha가 유지되었으나 1990년 이후로는 점차 증가되어 2010년에 이르
러 40만 ha 가까이 되었다(그림 14.6 참조). 다른 한편으로 비농업 용도로 전
환된 경작지도 점차 증가되고 있다. 2010년에 약 8000만 ㎡ 경작지가 건
물, 공장, 도로 및 기타 시설로 점용되었다. 그 원인은 용도 전환으로 창출
할 수 있는 가치가 경작지보다 훨씬 많을 수 있다는 데 있다. 많은 농민들
이 토지를 경작하지 않고 토지가 주택 용지로 쓰일 것을 원하거나 주도적

---

1   1년 이상 경작되지 않았고 앞으로도 수년간 경작되지 않는 땅을 가리킴.

으로 토지의 주택 용지 전환을 신청하였다.

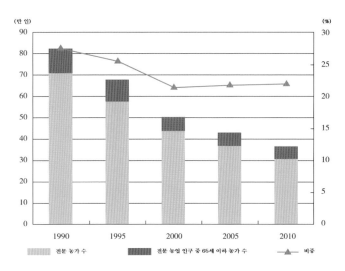

〈그림 14.4〉 1990-2010년 일본 농업 취업 인구 노령화 정도 추이

자료출처: 일본 농림수산성 통계

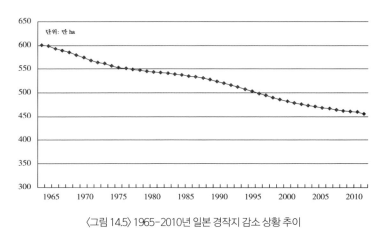

〈그림 14.5〉 1965-2010년 일본 경작지 감소 상황 추이

자료출처: 일본 농림수산성 통계

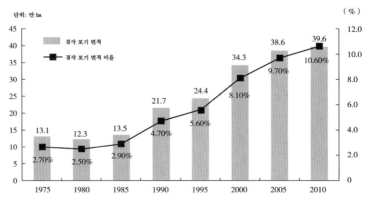

<그림 14.6> 1975-2010년 일본 경작지 포기 면적 추이

자료출처: 일본 농림수산성 통계

(4) 농업 구조가 변화하였음

수십년간 일본 국민의 식량과 식품 소비구조가 크게 변화하였다. 일본의 전통 주식인 쌀 소비를 보면 그 소비량이 매년 줄어들고 있다. 2012년 일본 1인당 쌀 소비량은 56.3kg으로 1965년보다 거의 절반 정도 줄어들었다. 이와 반대로 축산물 소비량은 대폭 증가되고 있다. 그 중에서 육류 식품의 1인당 소비량은 1965년 9.2kg에서 오늘날 30kg으로 증가되었고 우유와 같은 유제품 1인당 소비량은 37.5kg에서 89.5kg으로 증가되었다(그림 14.7 참조). 이로써 일본의 쌀 생산과 수요가 기본적으로 균형을 이루었고 어떤 때는 심지어 공급이 수요를 초과하는 상황도 나타났지만 육류 등 제품 생산량은 장기적으로 소비량을 만족시킬 수 없어 수입에 심각하게 의존하게 되었다.

중국의 식량안보와 농업의 해외진출전략

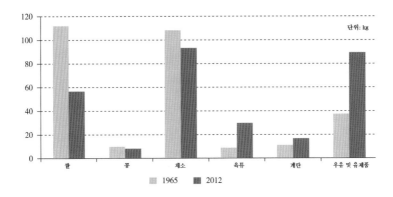

〈그림 14.7〉 1965-2012년 일본 1인당 식량 소비량 변화 추이

자료출처: 일본 농림수산성 통계

이러한 원인으로 인해 일본 농업의 자급률이 장기적으로 낮으며 대외 의존도가 높아지고 있다. 2012년 일본 식량 자급률(열량 기준으로 계산)은 39%밖에 되지 않아 1965년보다 46.6% 하락하였다. 일본이 정한 자급률 목표는 2020년까지 50%에 도달하는 것이다. 최근 몇 년간 일본이 매년 수입한 농산품 금액은 지속적으로 증가되고 있고 2013년에는 6.1만억 엔으로 급증되었다.

일본은 식량안보를 보장하기 위해 시기에 따라 여러 조치를 취하였고 각종 방법을 통해 식량안보를 확보하는 데 목표를 두었다. 예컨대 고액의 농업보조를 실시하고, 분류관리를 통해 농지자원을 엄격히 보호하는 한편 '농업 경영자 양성 제도'를 실행하여 농민이 식량을 재배하는 적극성을 향상시키며 원활한 식량 유통과 비축 시스템을 시행하는 등 다양한 방법을 취하였다. 이러한 정책과 방법은 일본 식량의 자급률을 향상시키고 농업의 지속 가능한 발전을 보장하는 데 적극적인 역할을 하였다. 그럼에도 불구하고 일본 식량(쌀 제외) 자급률은 여전히 낮다(그림 14.8 참조).

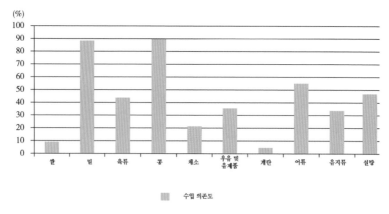

〈그림 14.8〉 2012년 일본 식량 수입 의존도

주: 열량 기준으로 통계함

자료출처: 일본 농림수산성 통계

　　상기와 같이 여러 가지 정책이 시행되는 가운데 일본 식량의 대외 의존
도가 여전히 높기 때문에 일본은 어쩔 수 없이 해외로 시야를 돌려야만 했
고 해외진출 방식으로 식량 공급을 보장할 수밖에 없었다.

2. 일본 정부의 농업 해외진출 지원 정책

(1) 관련 법규를 제정하여 농업 해외진출을 위한 제도적 보장 제공

　　일본은 시기에 따라 서로 다른 법률을 제정하고 시행하여 농업 해외진
출을 위한 제도적인 보장을 제공하였다. 제2차 세계대전이 끝난 뒤 일본은
1961년에 『식량, 농업 및 농촌지역에 관한 기본법』을 공포하였다. 당시 일

본 경제는 점차적으로 회복되어 고속 성장기에 진입하게 되었으며 농촌의 도시화가 지속적으로 추진되는 한편 대량의 농업 인구가 비농업화로 이동하면서 농업이 갈수록 쇠퇴되었다. 일본 정부는 『식량, 농업 및 농촌지역에 관한 기본법』을 통해 각종 농산품에 대한 자급률 추진 정책을 규정하였고 무역장벽과 수입제한을 통해 국내 농업을 보호하였다. 일본은 각종 법규에서 농산품 수입에 대해 제한을 두었을 뿐만 아니라 『주요 식량의 공급과 수요 및 가격 안정법』에서 쌀, 밀 및 수수 수입은 오직 정부에서만 진행할 수 있고 국내 식량의 수확이 좋지 않을 때에만 수입할 수 있다고 규정하였다. 식량수입정책 측면에서 1960년부터 일본은 '자유화 대강'에 따라 점차 발전하는 방식으로 농산품 무역의 자유화를 추진하였다. 1966년에는 74가지 종류의 농산품 수입을 제한하였다. 『기본법』은 국내 농산품(주요 품목은 쌀)을 보호하여 심지어 초과공급 현상이 나타나기도 하였다. 그러나 대두,[2] 밀 등 농작물의 대외 의존도는 여전히 높았다.

1999년 7월 일본 정부는 새로운 『식량, 농업과 농촌 기본법』을 공포하였고 기존 법률에 대해 대폭 수정하였다. 새로운 법률은 농업정책 목표의 범위를 넓혀 식량안보, 다기능성 농업과 농촌의 발전을 포함하였다. 이 법률의 제2장 "안정적인 식량의 공급 확보" 제20조에서는 "기술과 금융 협력을 포함한 국제협력을 추진하는 데 노력하고, 개발도상국의 농업과 농촌 발전을 도모하여 세계 식량 공급과 수요의 장기적인 안정을 확보한다." 라고 명확히 규정하였다.

이를 기초로 일본은 『식량, 농업 및 농촌지역에 대한 기본 계획』을 수

2　대두는 된장과 간장의 주요 성분으로 일본인의 식품 중에서 없어서는 안 되는 품목임.

립하였다. 그 규정은 다음과 같다.

① 식량수입 안정성을 보장하고 긴급 상황 시의 식량안보를 보장한다.

② 경제협력협정(EPA) 등 경로를 통해 식량수입의 안정성과 수입원의 다양화를 추진하는 한편 적정한 식량비축, 식량안보 매뉴얼에 대한 심사와 개선을 통해 식량 수입의 안정성과 수입원의 다양화를 추진한다.

③ 개발도상국에 대해 기술협력, 재정협력과 식량원조를 제공한다.

④ 국제식량비축시스템 개발을 추진한다.

(2) 대외 농업원조를 적극적으로 실시하여 해외진출을 위한 환경을 조성함

일본 정부의 대외농업원조는 20세기 50년대 일본이 『콜롬보 계획』[3]에 가입한 후부터 시작되어 이미 60년이 지났다. 주요 농업협력체계는 주로 3개 부분으로 나눌 수 있는데 외국 정부 요청에 따라 양자간 협력, 다자간 협력/국제 기구에 기부, 일본 농림수산성(MAFF)에서 진행된 기타 유형의 협력이다(그림 14.9 참조). 1968년 일본은 개발도상국의 식량부족문제 해결을 목표로 하는 『식량원조협의』(FAC)[4]를 체결하였고 식량 원조 프로젝트를

---

3   『콜롬보 계획』(Colombo Plan)은 전 세계적으로 최초 원조계획의 하나로서 1950년에 영국 연방 외무장관회의에서 제안되었고 1951년부터 실시되었으며 주요목적은 자금과 기술원조, 교육 및 훈련계획 등 형태의 국제협력을 통해 남아시아와 동남아시아 개발도상국(후에는 아시아와 아프리카 전지역으로 확대)의 사회경제 발전을 촉진하는 것임.

4   『식량원조협의』(FAC)은 GATT 제6차 관세 교섭(Kennedy Round)에서 체결되었고, 주요목표는 『국제곡물협정』(IGA)의 일부로 곡물형태의 국제식품원조체제를 마련하기 위한 것이며 이 규약은 여러 차례 수정된 바 있는데 가장 최근의 것은 1999년이었으며 이에 따라 식량기부국들은 매년 최저 수량 또는 금액의 식량을 제공하여 식량 부족에 직면한 개발도상국을 지원함.

통해 무상원조(KR원조[5]로 약칭)를 실시하였다.

선진국의 대외원조정책은 모두 자국의 안전과 번영을 도모하는 것을 대외원조의 중요한 목표로 삼았고 일본도 마찬가지였다. 일본은 공식적인 개발원조(ODA)헌장에서 일본 ODA목표는 국제사회 평화와 발전에 기여하고 이를 통해 일본의 안전과 번영을 확보한다는 것을 명확히 규정하였다. 대외원조 측면에서 보면 일본 정부는 시종일관 대외농업원조를 일본 식량안보와 농업 해외진출의 중요한 기반으로 여기고 있다. 한편 개발도상국에 농업원조를 제공하여 식량자급능력을 향상시키며 개발도상국의 사회경제발전을 촉진함으로써 세계적 범위의 식량안보를 확보하고 이를 기반으로 하여 일본의 식량안보를 보장하였다. 다른 한편 적절한 농업개발 지역 선택을 통해 현지 및 일본 양자 간의 공동 이익점과 적절한 농업 품종에 대해 확인하고 농업 원조를 제공하며 보다 많은 국가가 일본에게 시장개방을 원하도록 함으로써 일본 농업기업에 투자를 진행하도록 하였다. 이로써 일본 농업의 해외진출을 위한 양호한 국제 정치, 경제환경 및 정책환경을 마련하게 되었다.

---

5   KR원조는 일본 식량원조계획의 약칭으로 1964-1967년 GATT 제6차 관세 교섭 (Kennedy Round)에서 비롯된 것임.

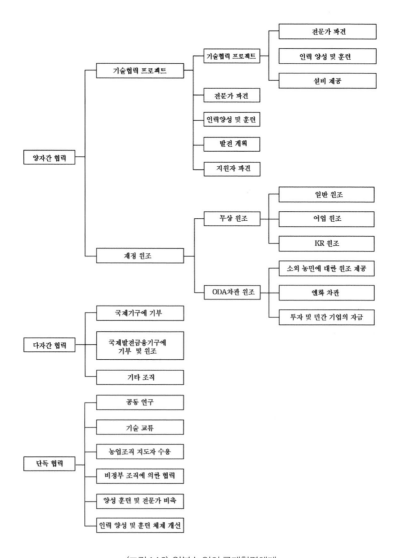

〈그림 14.9〉 일본 농업의 국제협력체계

자료출처: 국제농림업협력협회(JAICAF)

중국의 식량안보와 농업의 해외진출전략

대외원조를 통해 해외진출 환경을 조성한다는 측면에서 볼 때 일본이 브라질의 황량한 사막을 개발하는 프로젝트를 그 하나의 전형적인 사례라 할 수 있다. 브라질에는 약 2.5억 ha의 경작할 수 있는 토지(미국의 경작할 수 있는 토지면적에 해당)가 있지만 실제로 이용되는 토지는 0.6억 ha(미국은 1.8억 ha)에 불과하다.

1974년 일본은 브라질과 『일본·브라질 농업발전협력계획서』(PRODECER)를 체결하였고 일본의 해외협력기구와 민간은행을 통해 브라질의 황량한 사막을 개발하는 프로젝트에 원조를 제공하였다. 토양 개량, 수리시설 건설, 전기화 프로젝트에 자금을 제공(재정원조)하고, 황량한 사막지역에서 일본·브라질 농업기술과 환경관측 협력연구(공동 연구)를 전개하였다. 30여 년간의 원조 활동을 통해 2006년 일본 미쓰이 물산과 미국 CHS 및 브라질 PMG가 연합하여 스위스에 본부를 둔 Multigrain회사를 설립하였다. 현재 Multigrain회사가 보유하고 있는 농장은 3개 주에 분포되어 있고 토지 점용 면적은 12만 ha이며 그 외에 농산품 가공 및 수출업무시설도 보유하고 있다. Multigrain회사에서는 주로 대두, 옥수수, 설탕, 밀을 재배하고 국제시장을 지향하고는 있지만 일본 식량안보에도 기여를 하였다.

(3) 양자간 협력을 통해 농업 해외진출을 위한 토대를 마련함

일본은 일부 중요한 농산품 생산국과 적극적으로 전문적인 농업협의를 체결하고 농업발전원조를 보조로 하며 일본 농업기업의 투자 기반을 조성하여 최종적으로 이들 국가의 관련 농산품 생산을 확대함으로써 수입을 추진한다. 가장 대표적인 예가 브라질이다. 1973년 일본 대두의 주요 공급국인 미국이 대두 수출에 대한 통제를 가한 이후 대두 수입 확보를 위해 일본은 브라질과 『일본·브라질 농업개발협력계획서』(PRODECER)를 체결하였다. 그 후 일본 대형 농업기업인 미쓰이는 순조롭게 브라질에 진입하여 농지를 구매하고 농업생산을 경영하였다. 또한 2010년 일본은 브라질, 모잠비크와 공동으로 『Pro-Savana프로젝트 협의』를 체결하였다. 이 협의의 목적은 일본 농업협력기구(JICA) (730만 달러 출자)와 브라질, 모잠비크 관련 기구가 공동으로 모잠비크 열대 사바나 초원 지역의 '나칼라 회랑' 생태환경을 개선한다는 것이었다. 2011년 일본 JICA는 수단 정부와 농업협력 협의를 체결하였다. 이 협의에 따라 JICA는 프로젝트 설계를 전담하고 Al-Aliyab, AL-Ketiyab, Kadabas Nahral-Neil State 및 Kilo 14 New halfa 관개 계획 프로젝트를 개발하며 총 투자액은 약 4000만 달러에 달하였다.

전문적인 농업협력협의 외에 일본은 자유무역협정에서도 해외진출을 위한 기반 조성 시도를 시작하였다. 일본이 체결한 EPA (FTA) 가운데 농업협력은 시종 하나의 중요한 의제였다. 하지만 FTA 농업 관련 협상 방향은 점차 변화하기 시작하였다. 처음에는 국내 농업을 보호하기 위해 일본은 시장개방을 싫어하였다. 일본과 최초로 EPA를 체결한 국가가 싱가포르였다. 그 이유는 일본과 싱가포르 간 농업무역이 비교적 적었기 때문이다. 그 후 일본이 멕시코, 칠레 등 국가와 협상할 때도 국내 농업 보호를 위주로 하였다. 그러나 최근 수년간 일본은 FTA 체결을 통해 농업협력을 촉진하고 농업 해외진출에 편의를 제공하고자 하는 데 중점을 두었다. 일본·호주 FTA를 예로 들면 일본은 호주의 최대 농산품 수출시장으로 수출액은 호주 총 수출액의 19%를 차지한다. 호주의 축산물, 유제품 등 주요 농산품의 안정적인 수입을 보장하기 위해 일본은 호주와 FTA 협상 시 양국간 농산품 무역을 어떻게 하면 확대할 지에 큰 관심을 가졌다. 비록 국내 농업기업의

중국의 식량안보와 농업의 해외진출전략

반대로 협상과정에서 어려움이 많았지만 일본 농업 무역은 자유화 방향으로 전개하는 추세를 보여주었다. 이러한 추세는 일본이 다른 나라(중국, 한국 등을 포함)와의 FTA협상에서도 나타났다.

(4) 다자간 경제협력 메커니즘을 통해 국제농업투자를 촉진함

다자간 경제협력 메커니즘에서 일본은 역시 국제농업협력을 강력히 추진하고 있다.

일본은 1991년 유엔 총회에 제의한 데 이어 1993년 유엔 및 글로벌 아프리카 연합(GCA)과 함께 아프리카 발전 국제회의(TICAD)를 개최하였다. 2003년 일본은 유엔『천년발전계획』과 연계하여 제3차 TICAD에서 아프리카 농업발전을 중요한 의제로 삼고 시의적절하게『아프리카 새 곡물계획』(NERICA) 의안을 제출하였다. 이와 함께 일본은 유엔식량농업기구(FAO), 국제식량발전기금(CGIAR), 유엔세계식량계획 (WFP)과 기타 기구를 통해 원조를 제공하였다. 2008년 일본은 '아프리카 곡물 발전연합'(CARD)을 제안하고 2009년에는 3년 내에 30억 달러를 아프리카 농업시설 건설에 투자한다는 결정을 발표하였다.

2009년 일본은 '책임성 있는 농업투자'(RAI) 원칙을 제출하고 각국에서 공동으로 준수할 것을 호소하였다. 그 취지는 다음과 같다. 국제농업투자를 투명하게 하고, 투자자는 핵심 이익 관계자의 권리를 존중해야 하며, 투자 프로젝트는 대상국의 발전전략과 환경정책에 부합해야 할 뿐만 아니라 대상국의 식량 공급과 수요 상황을 고려해야 하고 현지 식량 불안전성을 가중해서는 안된다는 등의 내용이다. 일본 제의에 따라 식량안보는 2010년 G8회의 주요 의제가 되었고 이어서 세계식량안전위원회는 포용성 있고 책임감 있는 농업 투자원칙에 대해 심사를 하기 시작하였다. RAI원칙이 승인을 받아 구체적으로 실시될 수 있도록 하기 위해 일본은 적극적으로 세계은행, 국제농업개발기금, 유엔식량농업기구, 유엔무역발전회 등 기구와 협력하고 세계은행 등에 시범 프로젝트를 지원하며 유엔식량농업기구에 투자를 진행하였다. 한편 일본은 자국의 농업 기업이 해외투자를 통해 농지, 농장 구매를 추진하기 위해 G8회의에서 『국제토지투자 지침서』제정을 적극적으로 추진하였다. 이 지침서는 2009년 G8회의에서 통과되었다.

3. 일본 농업기업 해외진출의 주요 방식

수주생산, 농업시설 건설 및 수매, 공동 경영, 토지 구매, 임차 등 방식을 통해 일본 농업기업들은 식량생산 자주권과 일본에 대한 식량수출을 직접 장악할 수 있게 되었고 직접적인 품질 통제를 통해 일본의 식량안보를 보장하였다. 구체적으로 보면 일본 식량 및 농업 기업 해외진출의 주요 방식은 다음과 같다.

(1) 수주생산

수주생산은 일본 농업기업이 어느 국가의 농민과 협의를 체결하는 것을 의미하며 일반적으로 자금, 농업기계, 기술 지도 등을 제공하며 그 국가에서 생산한 농산품 구매를 통해 일본 농산품의 공급을 확보하는 것이다. 농장을 직접 경영하는 수익이 낮아짐에 따라 20세기 70년대부터 일본 전국 농협위원회와 종합상사를 주축으로 현지에서 곡물을 수매하여 직접 일본으로 수출하였다.

일본은 20세기 90년대부터 일부 동남아 국가(특히 태국)와 수주생산 협의를 체결하고, 이를 통해 태국에서 생산한 대량의 육계, 오이, 대두 등을 일본에 수출한 것이 그 대표적인 사례라 할 수 있다.

(2) 공동 경영

일본 기업은 대상국 현지 기업과 공동 출자하는 방식을 통해 공동으로 경영하였다. 대상국에서 토지를 제공하고 일본 농업 기업은 농업기계와 관련된 기술, 기초시설 및 자본을 제공하였다.

2010년 일본의 최대 밀 수입 회사인 스미도모는 전문적으로 곡물을 경영하는 호주 Emerald회사와 협력계약을 체결하였다. 이 협력을 통해 스미도모는 호주에서 대량의 밀을 수입할 수 있게 되었다.

(3) 대상국 현지 농업기업을 직접 인수합병

일본의 주요 농업기업은 글로벌 인수합병을 선호한다.

일본은 세계 최대 옥수수 수입국으로 2011-2012년도 옥수수 수입량은 1610만 톤에 이르렀다. 하지만 최근 몇 년간 중국의 옥수수 수입량의 대폭 증가는 일본에게 커다란 압력을 주었다. 옥수수 수입량을 확보하기 위해 마루베니는 4800만 달러를 투자하여 미국에서 8개 곡물저장고와 2개 창고를 인수하였다. 이러한 방식을 통해 직접 미국의 생산자로부터 대두와 옥수수를 구매할 수 있었다. 2012년에는 미국 곡물 도매상 Gavilon 인수를 발표하였다. 이는 마루베니의 사상 최대 규모 거래로서 마루베니가 세계 최대 곡물 거래상으로 거듭나게 되었고 중국에 대한 미국의 최대 식량 공급 기업이 되었다.

2007년 일본 기린회사(Kirin)는 전문적으로 유제품과 주스를 경영하는 호주 National Foods(원 San Miguel Corporation에 소속)회사를 인수하였고 그 후에 유제품과 주스를 경영하는 호주 Dairy Farmers를 인수하였다.

(4) 토지 및 농장을 수매 또는 임차하여 직접 생산

미국, 중국 등 많은 국가가 모두 세계 각지에서 토지와 농장을 수매하고 있고 이는 이미 국제 농업협력의 주요 특징이 되었다. 현재 일본의 해외 농장은 아르헨티나, 브라질, 러시아, 우크라이나, 중국, 인도네시아, 뉴질랜드, 미국 등에 분포되어 있다.

일본 Nippon Meat Packers회사가 호주에서 독자로 설립한 자회사는 호주 육류 가공 분야에 최초로 진출한 외국 기업 중의 하나이다. 이 회사는 McKay, Oakey와 Wingham에서 모두 도살장을 보유하고 있고, 생산한 소고기와 양고기가 호주 총 생산량의 6%를 차지하며 일본에 있는 본사를 통해 일본 및 기타 아시아와 북아메리카 국가로 수출하고 있다.

20세기 70년대 일본이 필리핀에서 설립한 Sumifru회사(Sumitomo Fruits Corp 소속)는 끊임없이 토지를 수매하여 바나나, 파인애플, 구아바의 생산을 확대하였다. 2010년 이 회사는 1320ha의 토지를 더 구매하여 필리핀에서 차지한 토지 면적이 7381ha로 증가되었다.

4. 일본 농업 해외진출의 경험과 교훈

자국의 농업자원 부족과 식량 대외의존도가 높은 현실에서 일본은 자국의 농업을 발전시킴과 동시에 농업 잠재력이 있는 국가와 지역으로 시선을 넓혀 해외진출을 통해 국제협력을 도모하는 길을 걷고 있다. 실제로 일본 농업 기업은 풍부한 국제투자와 관리경험을 활용하여 다원적 규모화 경영을 통해 강력한 국제 경쟁력을 확보하였고, 일본 식량 공급 확보에 적극적인 작용을 하였다. 일본은 농업 해외진출 방면에서 많은 경험을 축적해 왔고, 이는 현재 중국이 농업 해외진출을 모색하는 데 있어 참고가 될 수 있다.

(1) 농업 해외진출은 시간적 축적이 필요함

일본의 농업 해외진출 역사와 전형적인 사례에서 알 수 있듯이 농업 해외진출은 단기간에 효과를 볼 수 있는 것이 아니고 인내심과 오랜 노력이 필요하며 투자 대상국과 장기적인 협력관계를 맺어야 하고, 투자 대상국의 사회, 경제, 농업 상황에 대해 충분한 이해와 파악이 필요하다. 일본의 브라질에 대한 투자는 30여 년간의 오랜 준비가 있어 브라질에서 투자가 비교적 순조롭게 진행되었고 이후 투자자에게 하나의 성공적인 사례가 되었다.

(2) 대외원조를 통해 세계와 자국의 식량안보 이익을 연계시켜야 함

많은 개발도상국들은 광활한 토지자원과 인력자원을 가지고 있지만 많은 국가들은 이러한 자원을 충분히 활용할 수 있는 능력이 부족하여 대량의 농업자원이 방치됨에 따라 개발도상국들은 식량안보 곤경에 처하게 되었다. 개발도상국들과 적극적으로 농업협력을 진행하는 것은 한편으로는 개발도상국의 사회경제발전 수요를 충족할 수 있고 전 세계 식량안보를 확보하는 데 이바지할 수 있으며 다른 한편으로는 투자 대상국의 식량안보 문제도 완화할 수 있다. 중국의 대외원조는 이미 60여 년 역사가 있고 수많은 개발도상국과 양호한 협력관계를 맺었다. 이런 협력관계를 토대로 세계와 중국의 식량안보 문제를 해결할 수 있는 방법을 모색해야 한다.

(3) 대상국의 이익 수요를 충분히 고려하여 투자 마찰을 피해야 함

농업 해외진출을 실시하는 과정에서 투자 대상국의 수요를 충분히 감안해 상대방의 농업발전을 돕는 동시에 자국의 농업발전 수요를 만족시켜 상호이익을 실현해야 한다. 일본은 농업 해외진출 초기부터 투자 마찰을 방지하는 중요성에 대해 인식하였다. 물론 투자 대상국 정부 및 현지 국민의 생존과 환경 위협에 대한 걱정으로 저항 행위에 부딪힌 적도 있었다. 일본의 일부 식견이 있는 기업은 일본 농업 기업이 동일 지역, 동일 산업에 집중 투자를 피하고 상세한 타당성 보고서를 작성하여 현지 정부와 주민의 이해를 최대한으로 구해야 하며 경영진의 현지화를 통해 일본과 대상국의 공동 번영을 실현할 것을 제안하였다. 예를 들어 일본이 브라질에서 투자할 때 브라질이 장기적으로 고금리 크레디트 정책을 실시하고 있어 현지 농가 부채율이 높아 대출 신청 조건을 만족할 수 없었음을 발견하였다. 이에 일본은 저금리 대출 방식으로 현지 농가의 부채 비율을 낮춰줌으로써 현지 농가의 환영을 받았고 좋은 효과를 얻었다. 그 외에 농업 해외진출 과정에서 일본은 농업의 지속가능한 발전과 환경 보호를 중요시하였다.

(4) 정부 지원은 농업 해외진출을 위한 보장임

농업 해외진출 실행에는 정부와 관련 기구의 강력한 지원이 필요하다. 이러한 지원은 다음 두 가지 측면으로 나타낼 수 있다.

중국의 식량안보와 농업의 해외진출전략

첫째, 일본 정부는 많은 국가와 농업협력 협의와 경제 무역 협의를 체결하여 농업 해외진출을 위한 토대를 마련할 뿐만 아니라 일본 국제협력사업단(JICA)은 농업협력을 촉진하는 데 있어 중요한 역할을 발휘하였다. 따라서 정부는 투자 대상국과 농업협력관계를 맺고 투자협의를 체결하는 한편 해당 공공부문과 협회 등은 기업과 긴밀히 협력하여 농업기업의 해외진출 보장을 지원해야 한다. 정부와 공공부문은 농업기업의 해외진출을 위한 길을 마련할 수 있을 뿐만 아니라 정치적 보호도 지원할 수 있으며 정치와 사회 위험을 회피하도록 할 수 있다.

둘째, 정부는 농업기업 해외진출을 위해 금융, 세수와 외환정책 방면에 대한 지원을 제공할 수도 있다.

(5) 다양한 방식의 농업 해외진출을 제창해야 함

일본 농업 해외진출 방식은 무역협력에서 생산 투자까지, 토지 수매를 통한 자체적인 경영에서 수주생산까지, 자회사의 설립에서 현지 기업과 합작하여 공동 경영하는 데 이르기까지 다양하다. 이는 일본 농업 해외진출을 활력이 넘치게 하고, 서로 다른 국가와 지역의 서로 다른 정치, 사회 및 농업산업 상황에 근거하게 하여 적절한 대책을 마련하게 함으로써 정치와 투자 위험을 피할 수 있게 하였다. 현재 중국 농업 해외진출은 아직 시도단계에 있어 대부분 기업의 실력이 약하고 앞으로 해외진출 발전속도가 빨라지고 국제농업협력 정도가 깊어짐에 따라 무역장벽, 투자장벽 등 각종 문제와 장애에 부딪히게 될 것이다. 따라서 중국 농업기업은 해외진출을 진행하는 데 있어 다양한 방식에 대해 모색해야 하고 서로 다른 지역의 자원에 대해 적절한 방식을 취해야 한다.

중국 농업기업 해외진출은 아직 갈 길이 멀다. 향후 발전과정에서 일본 경험을 충분히 참고하여 특색 있는 농업 해외진출의 길과 방식을 모색해야 하고 실력을 갖춘 다국적 농업기업과 브랜드를 육성해야 하며 중국 식량안보를 보장하는 데 역할을 충분히 발휘해야 한다.

제2절 한국 농업 해외진출 경험 활용

농업은 한 국가의 기초적인 보장성 산업으로 식량 공급과 수요 불균형 문제에 직면한 많은 국가가 이미 해외진출의 농업발전전략을 추진하기 시작하였고 한국은 가장 적극적인 국가 중의 하나이다.

신흥공업국으로서 한국의 농촌 인구, 농업 총 생산액은 각각 전국 인구와 국민 총생산액의 10%밖에 되지 않는다. 또한 한국의 도시화 발전으로 인해 가뜩이나 부족한 농경지가 더욱 더 줄어들었고, 식량 자급률이 급속히 하락하여 26.7%밖에 되지 않아 식량안보 문제가 날로 심각해지고 있다.

1. 한국 농업 해외진출의 배경과 성과

(1) 한국 농업 해외진출 배경
〈1〉 한국 가경지 면적은 지속적으로 부족함
한국은 동아시아 지역에 위치하고 있으며 절대 다수의 토지가 산지이고 해안지역은 광활한 평원이지만 본토 육지 면적이 작다. 농업 지역은 계절풍 수전 지대에 속해 경지 면적 비중이 적고, 국토 면적의 16.51%를 차지하여 1인당 경작지 면적은 0.04ha에 불과하다. 소규모 가정 농장은 한국 농업의 주요 구성부분이며 농장 평균 면적은 2ha도 되지 않는다. 주요 농산품은 쌀, 과일, 채소 등이 있다. 한국 가경지 면적은 도시화 발전과 산업화 건설 용지가 해마다 늘어남에 따라 점차적으로 줄어들어 1961-2009년간 한국 농업 경작 면적은 1961년 2113ha에서 2009년 1858ha로 감소하였다(그림 14.10 참조).

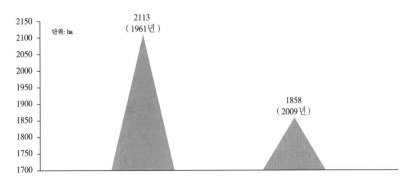

〈그림 14.10〉 1961-2009년 한국 농업 경작지 면적 감소 상황 비교

자료출처: 대한민국 통계청 데이터 베이스

〈2〉 한국 농업 생태환경이 악화되고 바이오에너지 산업이 식량자원을 경쟁적으로 점유함

한국 농업은 발전 과정에서 일련의 환경 문제에 직면하였다. 첫째, 농업생산이 장기적으로 투입이 많고, 특히 농약 사용량과 화학비료 사용량이 많아 경작지 토지환경이 오염되었으며 농업 토지가 이미 농산품의 지속적인 높은 생산량 성장에 적응하지 못하게 되었다. 두 번째는 한국 소비

자의 농산품에 대한 관심이 안전성으로 전환되어 생태적 농산품은 더욱더 생태적 재배 환경을 요구하게 되었다. 한국 농업생산의 생태환경에 대한 높은 요구는 한국 농업 생산자가 해외에서 경작을 하여 국내 농업 생태 압력을 완화하도록 추진하였다.

글로벌 석유화학에너지의 급속한 소모와 에너지에 대한 수요가 지속적으로 증가함에 따라 농산품을 원료로 하는 재생 가능 바이오에너지가 높은 발전 전망을 지니고 있어 세계 각국에서는 바이오에너지 정책을 실시하고 있다. 재생에너지 목표를 달성하기 위해 한국도 관련 법률, 정책과 행동계획을 적극적으로 제정하였다. 2009년 한국 정부는 '녹색성장 국가전략'을 제시하였고 신재생에너지 보급률이 2006년 2.24%에서 2020년에는 11%, 2050년에는 20% 이상으로 향상한다는 것을 계획하였다. 한국 바이오에너지의 발전으로 아래와 같은 두 가지 결과가 초래될 것이다. 첫째는 바이오에너지에 쓰이는 토지 면적이 확대됨에 따라 식량의 경작지 투입량이 감소될 것이다. 둘째는 한국 농산품 수입량이 지속적으로 증가될 것이다.

〈3〉 제2차 세계대전 후 한국 농업 GDP가 국가 전체 GDP에서 차지하는 비중은 하락 추세를 보이고 있음

한국의 공업화 발전으로 인해 한국 농업의 국가 경제에 대한 중요성은 크게 약화되었고 농업이 GDP에서 차지하는 비중을 보면 제2차 세계대전 직후 한국 농업 GDP가 전체 GDP에서 차지한 비중은 50% 이상이었으나 산업화와 도시화의 빠른 발전에 따라 농업 생산액이 국내 총생산에서 차지하는 비중은 1960년대 초 40%에서 2000년 4.6%로 줄었고, 2009년에는 더욱 줄어들어 3% 이하가 되었다(표 14.1 참조).

단위: %

	농업 부가가치의 국내 총 생산액에 대한 비중		공업 부가가치의 국내 총 생산액에 대한 비중		서비스업 부가가치의 국내 총 생산액에 대한 비중	
	2000	2009	2000	2009	2000	2009
세계	3.6	2.9	29.1	27.5	67.2	69.4
한국	4.6	2.7	38.1	36.5	57.3	60.9

자료출처: 대한민국 통계청 데이터 베이스

〈4〉 농업 재배 면적 구조가 불균형적이고 주요 농작물 생산량은 하향 안정세를 보이고 있음

한국의 농업 재배 면적 구조가 불균형하여 벼의 재배 면적이 72% 이상 인 반면 기타 경제 농작물의 재배 면적은 비교적 적다(표 14.2 참조).

〈표 14.2〉 2009년 한국 주요 농작물 수확 면적과 구성

단위: 천 ha, %

분류	면적	구성비	분류	면적	구성비
곡물	1018.5	78.62	땅콩	3.4	0.26
벼	935.8	72.24	유채씨	1	0.08
밀	2.6	0.20	찻잎	1.4	0.11
옥수수	18.4	1.42	과일(박과류 제외)	161.2	12.44
대두	70	5.40	합계	1295.5	100.0
근경류	40	3.09			

자료출처: 대한민국 통계청 데이터 베이스

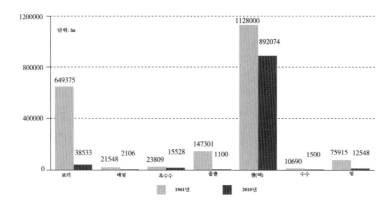

〈그림 14.11〉 1961-2010년 한국 곡물류 농작물 수확 면적 변화 비교

자료출처: 대한민국 통계청 데이터 베이스

　　1961-2011년간 한국 쌀 생산량에는 증가하다가 감소하는 추세가 일어
났다. 제2차 세계대전 후 한국 쌀 생산량은 1987년과 1988년에 절정에 달
하여 600만 톤이 넘었으며 그 후 쌀 생산의 비교이익이 낮아지고, 생산량
이 높은 품종인 '통일호'가 포기됨에 따라 쌀 생산량은 다소 줄어들었다.
2006-2011년간 한국 쌀 생산량은 계속 줄어들어 2011년 생산량은 422.4만
톤이었다(표 14.3 참조). 한편 쌀 재배 면적도 계속 감소되어 1961-2011년간
1128천 묘에서 854천 묘로 줄어들었다.

<표 14.3> 2006-2011년 한국 쌀 재배 면적 및 생산량 변화 추이

	평균치	2006	2007	2008	2009	2010	2011 생산량	2011 전년 대비 증가율 (%)	평균 증가율 (%)
쌀 총 생산량(천 톤)	4561	4680	4408	4843	4916	4295	4224	-1.7	-0.6
단위 당 쌀 생산량(kg/10a)	499	493	466	520	534	483	496	2.7	-0.6
재배 면적(천 묘)	919	955	950	936	924	892	854	-4.3	-2.12

자료출처: 대한민국 통계청 데이터 베이스

기타 곡물류 농작물 중 1961-2010년간 한국 보리 생산량은 166.2만 톤에서 8.1216만 톤, 메밀 생산량은 6124톤에서 1954톤, 좁쌀, 수수, 밀 생산량은 각각 68780톤, 5302톤, 172000톤에서 1100톤, 2100톤, 39116톤으로 줄어들었다(표 14.4와 14.5 참조).

<표 14.4> 1961-2010년 한국 곡물류 농작물 수확량 추이

단위: 톤

	품목	1961	1970	1980	1985	1990	1995	2000	2005	2009	2010
생산량	보리	1662000	2210000	1100000	792692	577975	392960	226572	286851	148624	81216
	메밀	6124	5086	7745	7283	4945	6994	2898	2243	2210	1954
	옥수수	16162	63000	154071	131770	119868	74465	64205	73470	76975	74339
	좁쌀	68780	44665	3606	4667	3910	1628	1771	2268	1360	1100
	수수	5302	6573	3962	1606	1976	1548	3394	3189	2562	2100
	밀	172000	218633	91957	10517	889	10262	2339	7678	18782	39116

자료출처: 대한민국 통계청 데이터 베이스

〈표 14.5〉 2011-2012년 한국 보리 재배 면적 및 변화 추이

분류	재배면적(ha)			단위면적당 생산량(kg/10a)			총 생산량(톤)		
	2011	2012	변화율(%)	2011	2012	변화율(%)	2011	2012	변화율(%)
보리	29054	21200	-27	376	399	6.1	109210	84525	-22.6
일반 보리	22060	17452	-20.9	381	412	8.1	83994	71889	-14.4
맥주용보리	6994	3748	-46.4	361	337	-6.6	25216	12636	-49.9

자료출처: 대한민국 통계청 데이터 베이스

식량 농작물과 반대로 같은 시기 과일과 채소 재배 면적은 안정적으로 증가되었다. 과일 생산은 아주 낮은 수준에서 시작하였지만 그 재배 면적은 이미 가경지 면적의 약 9%, 생산액은 농업 총 생산액의 11% 이상으로 증가하였다. 채소 재배 면적은 경작지 면적의 19%를 차지하고, 채소 생산액은 농업 총 생산액의 22%를 차지하였다. 한국이 생산한 주요 과일은 사과, 감귤, 포도, 감, 배와 복숭아 등이 있고 주요 채소는 마늘, 배추, 무, 양파, 고추 등이 있다. 인삼과 깨의 생산량은 많지 않지만 가치가 비교적 높다.

〈표 14.6〉 2011-2012년 한국 마늘 재배 면적 및 변화 추이

분류	재배면적(ha)			단위면적당 생산량(kg/10a)			총 생산량(톤)		
	2011	2012	변화율(%)	2011	2012	변화율(%)	2011	2012	변화율(%)
마늘	24035	28278	17.7	1227	1199	-2.3	295002	339113	15.0
저온마늘	5537	6289	13.6	790	825	4.4	43745	51904	18.7
계절마늘	18498	21989	18.9	1358	1306	-3.8	251257	287180	14.3

자료출처: 대한민국 통계청 데이터 베이스

중국의 식량안보와 농업의 해외진출전략

〈5〉 한국은 농산품 수입 대국으로 주요 농산품의 무역적자가 심각함

유엔식량농업기구 통계에 따르면 한국은 세계 제5대 식량 수입국이다. 식량 전체 자급률은 줄곧 낮은 수준을 유지하고 있고 사료를 포함한 곡물 자급률은 25.3%이며 현재 쌀을 제외한 소비량이 가장 큰 밀, 옥수수, 대두의 자급률은 각각 0.8%, 0.8%, 8.7%에 불과하고 75%의 식량은 모두 수입에 의존하고 있다.

1990-2010년간 한국 곡물의 연평균 수입액은 21.7777억 달러이고 수출액은 1.5071억 달러이며 연평균 무역적자는 20.2707억 달러이다(그림 14.12 참조).

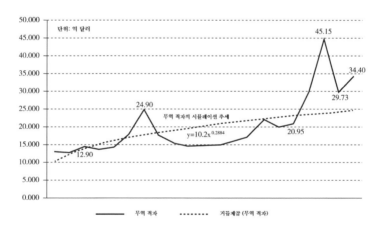

〈그림 14.12〉 1990-2010년 한국 곡물 무역적자 추이

자료출처: 대한민국 통계청 데이터 베이스

<표 14.7> 1990-2010년 한국 주요 농산품 수출입 변화 추이

단위: 천 달러

년도	채소·과일			설탕류·꿀			커피·차·코코아향료		
	수출액	수입액	무역적자	수출액	수입액	무역적자	수출액	수입액	무역적자
1990	273332	260499	-12833	153320	424615	271295	22597	144052	273332
1991	274652	510255	235603	133137	360410	227273	25636	167269	274652
1992	297466	460389	162923	155581	375339	219758	30979	186412	297466
1993	221899	402676	180777	158320	388028	229708	34267	197968	221899
1994	278621	504418	225797	193584	454071	260487	43539	278030	278621
1995	332366	551853	219487	235022	558151	323129	54023	365597	332366
1996	253618	694279	440661	235217	586169	350952	73645	311335	253618
1997	223423	697097	473674	226164	551669	325505	81678	371705	223423
1998	232930	426663	193733	181917	474021	292104	53005	266922	232930
1999	319945	568731	248786	158014	361176	203162	44772	257826	319945
2000	334275	647246	312971	165708	393413	227705	54216	261761	334275
2001	329954	666010	336056	171056	476668	305612	63344	229457	329954
2002	313887	727606	413719	159424	416120	256696	75554	247833	313887
2003	325889	922182	596293	161508	429374	267866	78839	287266	325889
2004	328436	1125323	796887	183385	457302	273917	84479	322586	328436
2005	345171	1185729	840558	218388	564622	346234	106526	370765	345171
2006	278588	1430031	1151443	258525	747570	489045	113893	412897	278588
2007	337949	1679295	1341346	240188	671753	431565	138168	506214	337949
2008	379033	1851806	1472773	254280	817534	563254	159216	586969	379033
2009	426140	1544346	1118206	258930	886955	628025	182374	563066	426140
2010	459103	2054892	1595789	391590	1178982	787392	209747	759006	459103
평균금액	312699	900539.3	587840.4	204440.9	551140.1	346699.2	82404.6	337854.1	312698.9

자료출처: 대한민국 통계청 데이터 베이스

중국의 식량안보와 농업의 해외진출전략

1990-2010년간 채소와 과일의 연평균 수입액은 9.0054억 달러이고 수출액은 3.1269억 달러이며 연평균 무역적자는 5.8784억 달러이다. 설탕류 및 꿀의 연평균 수입액은 5.5114억 달러이고 수출액은 2.0444억 달러이며 연평균 무역적자는 3.467억 달러이다. 커피, 차, 코코아 향료의 연평균 수입액은 3.3785억 달러이고 수출액은 0.8240억 달러이며 연평균 무역적자는 3.1269억 달러이다(표 14.7 참조).

〈6〉 농업 인구수와 비중은 계속 하락하고 있음

농업 취업 인구가 전체 취업 인구에서 차지하는 비중을 보면 제2차 세계대전 후 한국 농업 취업 인구(농업, 임업, 어업 포함)는 3차 산업 중에서 비중이 가장 높았고 1970년 농업 취업 인구는 전체 취업 인구 중 50% 이상을 차지했지만 1995년에 11%로 줄었고 2010년에는 전체 인구의 6.4%에 불과하였다. 같은 기간 농업 취업 인구수는 1970년 1440만 명에서 1995년 485.1만 명으로 줄었고, 2010년에는 306.3만 명으로 줄어들었다. 농업 인구 연령 구성 비중을 보면 한국 농업 인구 중 0-14세 인구는 1995년 14.0%에서 2010년 8.8%로 줄었고, 15-64세 인구는 1995년 69.8%에서 2010년 59.4%로 계속 줄어든 반면 65세 및 그 이상 인구는 1995년 16.2%에서 지속 증가하여 2010년 31.8%로 늘었다.

(2) 한국 농업 해외진출의 성과 및 특징

〈1〉 해외 농업 개발 프로젝트 수가 많고 진출한 지역이 많음

20세기 70년대부터 현재까지 한국은 해외에서 '인클로저'를 통해 자국의 식량안보를 추진함에 있어 비교적 큰 성과를 거두었다. 2012년까지 한국은 24개 국가에서 농작을 추진하였고 효과적으로 사용한 농지 총 면적

은 2.3567만 ha, 약 236㎢로 서울 여의도 면적의 28배에 이르고 해외에서 개발한 농업 프로젝트는 총 106개이며 그 중 러시아 연해주에서 개발한 현대농업자원개발 프로젝트가 가장 컸다.

한국 해외 농업개발의 진출 지역이 넓어 아시아, 유럽, 아프리카, 아메리카, 오세아니아 등 5대주를 포함한 가운데(그림 14.13 참조) 아르헨티나, 러시아, 중국, 몽골, 미얀마, 태국, 캄보디아, 마다가스카르, 브라질, 인도네시아, 오스트레일리아 등 국가가 포함되어 있다. 그 중에서 동남아시아와 러시아 연해주 지방은 한국 해외 식량기지 구축에 가장 좋은 후보 지역이다. 그 외에 한국 기업은 미얀마, 태국, 캄보디아 등 일본 기업이 비교적 적은 국가로 진출하였다.

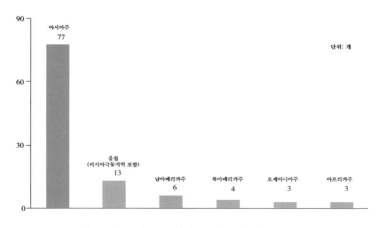

〈그림 14.13〉 한국 해외 농업개발 프로젝트 지역별 분포

자료출처: 대한민국 해외농업개발서비스센터(OADS) 데이터 베이스 (2012년)

중국의 식량안보와 농업의 해외진출전략

〈2〉해외 농업개발 프로젝트 중 일부분만이 효과를 거둠

전반적으로 보면 한국은 해외농지개발에 있어 아직 걸음마 단계이다. 현재 한국의 러시아 연해주 지방 황무지 개간 프로젝트는 성공적으로 개발한 많지 않은 프로젝트 중의 하나이다. 한국 10여 개 민간 기업과 단체가 러시아 연해주 지방에서 수백 헥타르에서 수만 헥타르에 이르는 농지를 각기 가지고 있으며 다년간의 경영을 거쳐 러시아 연해주 지방 황무지 개간에 성과를 거두었다. 이들 기업과 단체는 총 30만 ha의 농지를 소유하고 있는데 이는 한국 경지의 1/6에 해당하고 여기에서 생산된 무공해 쌀은 한국 소비자의 환영을 받았다. 그 외에 대우그룹이 2008년 마다가스카르 정부와 체결한 협력비망록에 의하면 마다가스카르 정부는 130만 ha의 토지를 대우그룹에게 장기 임대하는 것을 동의하고 종려나무(30만 ha)와 옥수수(100만 ha) 재배와 그 제품의 가공 및 수출에 사용되는 것을 허용하였다. 2008년 하반기부터 대우그룹은 마다가스카르 서부의 몰론다바(Morondava) 지역에서 옥수수 재배 실험을 진행하여 ha당 5톤에 달하는 비교적 좋은 수확을 거두었다.

〈3〉해외 농업 직접투자(OFDI)에 있어 정부는 거시적 지도를 하고 기업은 주역이 됨

현재 한국 90여 개 기업이 해외에서 2.4만 ha의 농지를 소유하고 있고 이들 기업은 대부분 중소형 민간기업이며 주로 농장 개발, 농작물 재배, 농산품 저장 등 분야에 종사하고 있다. 국가별로 보면 중국에 투자하는 기업이 가장 많고 그 뒤로 인도네시아, 캄보디아, 러시아, 몽골, 필리핀, 라오스, 베트남, 브라질, 키르키스스탄, 호주 등으로 주로 대두와 옥수수 재배를 위주로 하고 있다. 한편 대기업은 한국 해외농업 대형 직접투자의 중요한 역

량이며 그 중에는 세계적으로 유명한 한국 기업인 현대그룹, 대우그룹, 한국 농수산물식품유통공사, 대한바이오에너지주식회사, 전남해외농업자원개발(주), 제일제당, 한진중공업, 삼성물산(주) 등이 있다.

〈4〉 성공적이라 할 만한 운영모델이 부족함

20세기 70년대부터 한국 기업들은 수십 년간 해외에서 황무지 개간을 진행하였지만 대부분 기업들이 성공의 기쁨을 맛보지 못하였고 거의 모두가 중도 포기하여 성공적인 운영모델이 부족하다. 현재 절반이 되는 기업이 현지에서 철수하였고 그 가운데 몽골, 중앙아시아, 호주에 진출한 기업은 모두 철수하였다. 러시아 연해주 지방에 진출한 12개 기업은 현재 현대중공업 등 5개 기업과 종교문화단체들만이 버티고 있고, 수백 헥타르에서 수만 헥타르에 이르는 농지를 소유하고 있다(표 14.8 참조).

〈표14.8〉 한국 해외 농업개발 주요 프로젝트 일람표

시간	지역	국가	투자자	면적	농산품	프로젝트 세부 사항
1978년	남아메리카주	아르헨티나	한국 정부	2만여 ha	쌀	토지가 황폐된 시간은 근 30년
2007년	아시아주	인도네시아	대우물류와 기타 기업과 공동 투자	5만 ha	옥수수	
2008년	아프리카주(인도양의 섬나라)	마다가스카르	대우물류	130만 ha	옥수수와 종려유	농지 임대 규모가 가장 크고 임대 기간은 99년이며 대우그룹 투자액은 60억 달러임. 아프리카 현지 노동력을 고용하여 15년 후 500만 톤의 옥수수를 생산할 수 있어 한국 옥수수 수입량 절반에 이름. 한국은 세계 제4대 옥수수 수입국으로 이 프로젝트는 마다가스카르에 7만 개의 취업 기회를 제공할 수 있음
2008년	아시아주	몽골	한국국제협력단	27만 ha		무상원조, ha당 토지의 연간 임대료는 76센트이고 임대 기간은 50년(100년으로 연장 가능)임

중국의 식량안보와 농업의 해외진출전략

시간	지역	국가	투자자	면적	농산품	프로젝트 세부 사항
2010년	남아메리카주	브라질	현대그룹	1만 ha	대두	현대그룹은 토지를 수매하여 농작물은 한국으로 수출할 예정임. 이 프로젝트의 목표는 매년 5만 톤의 대두를 생산하고 한국 1년 대두 수입량의 4%에 해당함
2011년	극동지역	러시아	현대중공업	1만 ha	옥수수와 대두	현대중공업은 650만 달러를 출자해 뉴질랜드의 주주로부터 러시아 연해주 한 농장의 67.6%의 주주권을 구매하여 한국 가축농장이 사료 가격의 돌발적인 기복과 공급 부족의 영향을 받지 않도록 도와줌. 2012년 말 900만 달러를 더 투자하여 4만 ha의 농지를 수매하고 경작 규모를 5만 ha로 확대하여 상주직원 파견을 통해 직접적인 관리를 진행할 계획임

한국 농림수산식품부의 한 관계자의 말에 따르면 관련 토지의 경제성에 대해 철저한 사전 조사가 없으면 프로젝트 추진의 지속성은 결국 잃고 만다. 토지를 얻자마자 맹목적으로 진출하여서는 안되고 기업은 자체 수요에 대해 고려해야 하며 무엇보다 중요한 것은 농지와 재배 농작물 간의 적절한 연계를 이루어지게 하는 것이다.

2. 한국 정부의 농업 해외진출에 대한 장려정책의 변천

(1) 20세기 70년대는 한국 농업 해외진출의 시작단계임

한국은 대대로 '농업은 천하의 근본'이라는 고훈을 따라왔지만 식량 자급자족의 꿈은 여태 실현된 적이 없었다. 3년간의 한국전쟁은 한국 농업의 기반을 훼손하였고 전쟁 후 미국 잉여 식량 수입에 의존할 수밖에 없었다. '한강의 기적'이 일어난 뒤에 식량 자급률이 향상되어 쌀 자급률이 104.6%

에 이르렀지만 한국의 식량 형세는 여전히 낙관적이지 않았다. 한국은 20세기 70년대 초반부터 해외 황무지를 개척하여 경작하기 시작하였고 해외 농지개간의 길로 나아가게 되었다. 1978년 8월 한국 정부는 쌀 생산량을 증가하기 위해 아르헨티나에서 2만여 ha의 토지를 수매하였다.

(2) 한국 정부가 기업이 해외 농업을 경영하는 국정 방침을 매우 중요시하고 장려함

20세기 70년대 이래 한국 정부는 장기적으로 해외 경작 전략을 실시해 왔고 해외 농업 투자를 통해 식량 자급자족을 확보하여 한국 식량 자급률을 50%까지 향상시키고자 하는 한편 해외 식량자원을 개발하는 것을 전략적이고 전반적인 문제로 여겼을 뿐만 아니라 이는 에너지 주권을 확보하고 해외에서 유전을 개발하는 것과 똑같이 중요하다고 인식하였다. 2008년 4월 15일 이명박 대통령은 '해외 식량기지를 설립'하자고 호소하였고 한국 정부는 2009년 해외농업개발협력단을 설립하여 민간기업이 해외에서 경작하는 것을 지원하였다. 한국 정부는 기업과 농민이 협력하여 글로벌 시장을 개척하는 것을 장려하였고 더욱 많은 기업이 해외진출을 할 수 있도록 지원하며 해외 농장건설 규모 확대를 장려하였다. 특히 주목해야 할 것은 식량 자급률을 높이고 식량안보 확보를 위해 한국 정부는 장기적으로 동남아시아, 아프리카 등 국가에 대한 농업투자를 중점적으로 확대한다는 것이었다.

(3) 한국 정부는 개발기금을 설립하고 융자를 통해 해외농업 개발을 지원함

주요 곡물 수입 시장의 공급 안정성을 확보하기 위해 한국 정부는 중앙

재정과 금융 측면에서 관련 정책을 시행하여 강력하게 지원하고 있다.

2008년 한국 정부는 농지관리기금으로 몽골에 진출한 기업을 지원하였다. 2010년 한국 정부는 72억 원을 융자하여 한국 기업의 해외농업개발 프로젝트에 지원할 것을 결정하였다. 이에 따라 한국 정부는 밀, 대두, 옥수수 및 유통성 농작물 그리고 수출 제약이 없는 국가에 투자를 희망하는 기업에 대해 우선적으로 지원한 가운데 지원 한도를 투자 희망 기업이 필요한 경비 총액의 최고 70%, 연간 금리를 2%, 상환기한을 3년간 연장 가능, 상환방식은 7년간 할부기한으로 원리금 균등 상환 방식을 취하였다.

관련 통계에 따르면 한국 정부는 18개 기업에 대해 해외농업개발기금 원조를 제공하였고 이러한 기업은 각기 러시아, 브라질, 캄보디아, 인도네시아, 뉴질랜드, 필리핀, 라오스 등 7개 국에 분포되어 있다. 원조를 받은 기업은 생산한 농산품을 한국 국내로 반입하였고 품종은 밀, 대두, 옥수수, 카사바, 귀리 등이 있으며 총 생산량은 4.4521만 톤에 이르렀다.

(4) 해외 농업개발 관련 법규를 공포하고 농업 관련 해외개발협회를 설립함

한국 정부는 해외 경작전략 관련 정책과 장려조치를 잇달아 공포하였고 2012년 1월에는 『해외농업개발협력법』이 공식 발효되었으며 과거 석유 등 광물자원 투자에서 벗어나 투자 대상을 대두, 옥수수 등 외국 농산물 자원으로 확대하여 외국 농산물개발 프로젝트에 활력을 불어넣었다. 그 외에도 한국 정부는 『해외농업투자지침』을 적극적으로 제정하여 한국 기업의 해외농업투자를 촉진하고 한국과 투자 대상국이 윈윈할 수 있도록 도와주었다. 『해외농업투자지침』에는 투자 대상국의 농업 생산력을 향상하는 방안, 주요 투자 대상국의 관련 법규 제도에 대한 설명 등이 포함되어 있다. 또한 2012년 2월 한국 해외농업개발협회가 설립되었는데 협회 설립의 목적은 한국 해외 농업개발기업의 합법적 권익을 보호하고 정보를 수집 분석하며 조사연구를 진행하고 인재를 양성하는 데 있다. 협회는 또한 투자설명회 등 방식을 통해 외국에 있는 한국 농업개발기업을 지원하였다.

(5) 대외농업원조를 통해 해외 황무지 개간 경로를 넓힘

1972년부터 지금까지 한국은 아프리카 21개 국에 농업 전문가를 파견하여 대상국에 생산기술을 전파하였다. 케냐에서 모내기, 자전거 수확기 등 한국형 농업기술을 보급하고 모웨아(Mwea)에서 100가구 이상 규모의 벼 시범마을을 조성한 것이 그 사례이다. 2012년에는 '한국·아프리카 농산품기술협력단'(KAFACI)을 설립하여 한국의 선진적 농업기술과 농촌개발 경험을 공유하는 데 목표를 두었다. 이 협력단은 앙골라, 카메룬, 코트디부아르, 에티오피아, 말라위, 나이지리아, 짐바브웨 등 16개 성원국을 포함하여 '기술협력 네트워크 강화', '각국의 실정에 적합한 시범 프로젝트' 등 프로젝트를 시행하고 있다. 2009년 한국은 한국, 필리핀, 방글라데시, 캄보디아, 라오스, 몽골, 네팔, 인도네시아, 스리랑카, 태국, 우즈베키스탄, 베트남 등 12개 성원국을 포함한 '아시아 농산품기술협력단'(AFACI)을 설립하였다. 2011년에는 아시아 및 아프리카 10개 국에 해외농업기술개발센터(KOPIA)를 설립하였다. 한편 한국은 2013년까지 현재 10개 국에 설립한 KOPIA 수를 30개 이상으로 확대하고 보다 더 많은 성원국을 모집할 것을 계획하고 있다.

대외농업원조를 통해 한국의 해외 황무지 개간 사업은 적지 않은 수확을 거두었다. 예를 들면 2008년 한국국제협력단은 2008년부터 2010년까지 몽골에 200만 달러의 무상원조를 제공할 것을 결정하고 이로써 몽골에서 27만 ha의 토지를 취득하였다. 또한 대우그룹은 2008년 마다가스카르 일련의 기반시설 프로젝트 시행에 대한 협조를 약속하였다.

3. 한국 농업 해외진출의 교훈 및 시사점

(1) 해외 프로젝트에 대한 중장기적 채산성 분석이 부족함

한국 기업은 20세기 70년대부터 해외진출하여 황무지 개간사업을 시작하였지만 대다수 기업은 기대했던 사업 투자 목표에 달성하지 못하였다. 그런 가운데 사전에 수매하고자 하는 토지의 상황과 사용 적합성에 대해 체계적인 조사가 없었고 게다가 자금까지 부족함으로 실패한 교훈이 있다. 예를 들면 1978년 8월 쌀 생산량 승가 프로젝트 추진을 위해 한국 정부는 아르헨티나에서 2만여 ha의 토지를 수매하였지만 토지에 대해 체계적으로 조사하지 않았고 자금 부족으로 인해 토지가 약 30년 동안 황폐화되었다.

(2) 투자 대상국의 정치적 위험에 직면함

한국이 농장을 구입하거나 임대한 아프리카, 남아메리카 등 지역의 안전상황은 불안정적이고 정국이 혼란하며 종교 간, 민족 간의 충돌과 폭력 사건이 자주 발생하는 등 많은 문제가 존재하고 있어 해외 농업경영이 큰 위험에 직면하게 되었다. 예를 들면 2008년 11월 일부 서방 대중 매체가 마다가스카르와의 130만 ha 토지 협력 프로젝트에 대한 부정적인 보도로 인해 마다가스카르 야당의 불만을 일으켜 야당이 집권당을 고발하는 사건이 발생하였다. 2009년 1월에 마다가스카르의 정국이 불안해져 집권당이 와해되어 동 프로젝트는 야당으로 구성된 과도기 정권에 의해 2009년 3월 21일에 취소 선고를 받았다. 2009년 4월 11일에 한국 대우그룹은 마다가스카르 130만 ha 토지 임대 프로젝트를 완전히 중지하였다. 대우그룹이 이러한 결정을 내린 이유는 다음과 같다. 첫째는 마다가스카르의 정국이 불안정하여 투자상 안전을 보장받을 수 없고, 둘째는 아프리카의 기타 국가(탄자니아 등)에서 대우그룹에게 제공할 수 있는 투자협력 조건이 마다가스카르보다 더욱 유리하였으며, 셋째는 국제금융위기의 영향으로 인해 대우그룹의 기타 협력파트너가 마다가스카르에 대한 투자 자신감을 잃었기 때문이었다.

(3) 해외 프로젝트 운영은 지리적 위치와 운송비용의 제약을 받으므로 해외농업경영 시 전반적인 비용과 수익을 중시해야 함

첫째, 해외에서 농업생산을 종사하는 경우 생산 전, 생산 중, 생산 후 각 단계에서는 부대적인 사업 고리가 모두 늘어나게 된다. 예를 들면 토지 임대료와 농지 기초시설 건설 비용이 필요하고, 국내 인원의 출국 비자와 교통도 필요하게 된다. 둘째, 해외에서 식량을 생산하는 최종 목적이 국내 공급을 만족하기 위한 것이라면 운송 및 관세 등 비용이 발생한다. 식량 운송은 거의 해운에 의지하고 있어 해운 연료 비용은 결국 식량 가격에 부가되어 '저가 식량을 공급'하는 목적을 달성하기는 커녕 오히려 식량 가격을 높일 수 있다. 2008년 한국은 무상원조 방식을 통해 몽골에서 27만 ha의 토지를 취득하였는데 연간 임대료는 ha당 76센트였다. 하지만 농장은 몽골 수도 울란바토르에서 1000여 ㎞가 떨어져 있어 철도 등 운송 시설이 심각하게 부족하였다. 이에 한국 정부 관계자는 "기업들이 현지에서 조사, 재배 등에 소요되는 시간을 감안하면 몽골 프로젝트는 당분간 성과를 내기 어렵다."라고 언급하였고, 이러한 상황에서 국내 생산과 비교하거나 심지어 직접 외국에서 수입하는 것과 비교하면 해외에서 토지를 임대하여 경작하는 비용은 더욱 높아져 불리한 위치에 처하게 될 것이다. 셋째, 해외 진출이 현지 정부 관할 하에 있어 세수와 임대료 정책은 모두 현지 국가에게 장악되고, 현지 국가 정부는 자국의 이익이나 환경보호 차원을 고려해 투자기업에게 질 나쁜 토지를 먼저 임대할 수도 있다. 현재 한국 민간기업이 해외 농장에서 생산한 식량은 주로 현지나 제3국에 판매되고 있고 관세가 높은 이유로 한국 국내로 반입되는 식량은 비교적 적다.

(4) 해외진출 대상국의 경제적 이익에 대한 고려가 많지 않아 윈윈을 실현하는 전략적 목표가 결여되어 있음

농업 해외진출은 대상국의 농업자본 부족을 보완해주는 역할을 하고 있지만 이는 해외 황무지 개간을 마음대로 할 수 있다는 것을 의미하지는 않는다. 한국의 해외 황무지 개간 투자기업들은 토지를 임대하거나 구매하여 경작하는 가운데 현지의 식량, 취업, 경제발전 추진 등 사회적 책임 문제에 대해서는 고려가 많지 않았다. 한국의 러시아 연해주 지방, 아프리카에서 황무지 개간 행위 배후에는 많은 어려움이 존재하고 있다. 예를 들면 대상국이 생산한 식량을 수출하는 것을 원하는지 여부에 대한 문제가 있다. 현재 식량 위기가 가장 심각한 국가는 오히려 경제가 덜 발전한 국가들로서 이러한 국가들도 식량 공급을 보장받기를 원하며 이로 인해 대상국의 국민과 황무지 개간 투자 국가 간에 갈등이 생기기 쉽다.

(5) 국제 농업개간의 전략 연맹을 구축함

글로벌 농업의 산업사슬 자원을 개척하기 위해 적극적으로 다른 나라와 연합하여 국제농업전략연맹을 구축해야 한다. 예를 들면 한국은 ADM(Archer Daniels Midland), 번기(Bunge), 카길(Cargill)과 루이 드레퓌스(Louis Dreyfus) 등을 포함한 세계적 다국적 곡물기업과 농업발전전략연맹을 구축하였다. 2012년 6월 15일 한국농업수산식품유통공사는 유럽 곡물 선두기업인 니데라(Nidera), 스위스 사료용 곡물 기업인 쥴릭(Zuellig)그룹과 전략적 파트너 관계 협의를 맺었다.

제3절 사우디아라비아 농업 해외진출 경험 활용

석유를 많이 생산하기 때문에 사우디아라비아(이하 '사우디'로 약칭)는 세계적으로 가장 부유한 국가이지만 농업자원이 극도로 부족한 국가이다. 그럼에도 불구하고 고액의 보조와 현대농업기술의 사용으로 사우디는 한때 식량 자급을 실현하였고 세계 제6대 밀 수출국으로 거듭났다. 그러나 사우디 인구의 급속한 증가, 소비 구조 변화와 식품에 대한 수요가 날로 증가함에 따라 자국의 힘에만 의지하여 수요를 만족시키는 능력이 제한받고 있고 특히 수자원의 제한을 심각하게 받고 있다.

사우디는 식량 수입에 대한 의존도가 날이 갈수록 높아지고 있다. 이는 사우디의 식량 안보와 국제시장을 밀접히 연계하게 만들었고 국제식량시장에서 큰 파동이 발생할 때 사우디의 상황이 매우 어려운 처지에 놓이게 되었다. 이러한 처지에서 벗어나고 안정적인 식량 수입 원천국을 확보

중국의 식량안보와 농업의 해외진출전략

하며 자국의 식량안보를 강화하기 위해 2009년 사우디 정부에서는 새로운 지속 가능한 농업발전 정책을 실시하기 시작하였고, 그 중에서도 가장 눈길을 끈 것은 해외에 진출하여 해외 농업자원 개발에 투자하고 농산품을 자국으로 반입함으로써 자국의 농산품 공급을 안정적으로 증가시키는 것이었다.

1. 사우디 농업의 해외진출 배경과 원인

사우디 농업의 해외진출에는 공급 측면의 원인도 있고 수요 측면의 원인도 있으며 동시에 국제식량시장이 점점 불안정해지고 식량 위기가 발생할 확률이 점점 높아지는 원인도 있다.

(1) 인구 출생률이 높고 식물에 대한 수요가 빠르게 증가하고 있음

사우디는 현재 2740만 명의 인구가 있고 세계적으로 중등 규모의 국가에 속한다. 현재 사우디는 비교적 높은 출생률을 보이고 있으며 인구는 매년 약 2.5% 속도로 증가하고 있고 2050년에는 인구가 4500만 명에 달할 것이라고 예측되고 있다. 사우디 인구의 증가 속도는 아주 빠르고 젊은 층이 많아 25세 이하의 젊은이가 총 인구수의 절반을 차지하고 있다. 사우디는 고소득 국가로서 2011년 1인당 소득이 2.02만 달러로 중국보다 4배가 많고 인도보다는 12배나 많다. 그 중에서 1인당 식품 소비액은 1500달러이고 최근 몇 년간 1인당 식품 소비액은 매년 6.9% 속도로 증가되고 있으며 이와 동시에 소비습관에도 변화가 발생하고 있고 스낵 문화가 날로 국민들의 마음속에 깊이 자리 잡고 있어 해만지역 패스트푸드 소비량 중에서 사우디가 75%를 차지한다(표 14.9 참조). 2011년 부식물(고기, 가금알, 우유, 채소, 과일 등) 소매 판매액은 260억 달러이고 매년 평균 11% 속도로 증가하고 있다.

〈표 14.9〉 2009년 및 2015년 사우디의 식품 수요

단위: 백만 톤

품종	2009	2015	품종	2009	2015
밀	2.87	3.26	설탕	0.56	0.78
보리	7	3.79	채유	0.43	0.49
옥수수	1.97	2.64	붉은 고기	0.55	0.63
대두	0.73	0.97	가금육	1.09	1.58
쌀	1.1	1.25	사료	14	

자료출처: 사우디 농업부

최근 몇 년간 사우디의 식품에 대한 수요는 날로 수입에 의존하고 있는데 2010년 식품 수요의 57%가 수입(Walid A. Abderrahman, 2010)에 의존하고 있으며 주요 수입 농산품으로는 보리, 쌀, 닭고기, 가공이 필요한 식품 반제품 등이 있다. 사우디의 밀 생산량이 감소됨에 따라 국제 밀 시장에 대한 의존도가 지속적으로 높아지고 있다. 최근 몇 년간 사우디가 매년 수입한 밀은 100만 톤 이상이고, 2011년 수입한 닭고기는 68만 톤이며, 보리는 700만 톤으로 전 세계 보리 시장의 40%를 차지한다. 미국 농업부 예측에 따르면 2012/2013년도 사우디의 밀 수입량은 250만 톤에 달할 것이고, 2020년에 이르기까지 매년 330만 톤이 넘을 것으로 보인다.

(2) 농업자원이 극도로 부족함

사우디는 농업 발전에 기본적인 자원이 부족한 나라로서 농업 경작에

적합한 토지는 국토 면적의 2%에 불과하다. 사우디는 세계적으로 수자원이 가장 부족한 국가 중 하나이다. 사우디에는 강과 호수가 없고 수원을 공급할 수 있는 국제적인 하천도 없으며 연간 강수량도 70.5㎜밖에 되지 않는다. 의지할 만한 지표수가 없어 사우디는 주로 지하수와 해수 담수화를 통해 물 수요를 충족하고 있다. 2010년 지하수와 담수화된 물은 각각 사우디 물 사용량의 48%와 52%를 차지하였다. 현재 사우디에서는 30개의 대형 해수담수화 공장이 있고 매일 340만 ㎥의 담수를 공급하고 있으며 주로 생활용수를 만족하는 데 사용하고 농업 용수는 지하수로 공급한다. 국제적 기준에서 보편적으로 사용되는 물 압력 지수(maple croft water stress index)로 가늠하면 사우디는 세계에서 네 번째로 물이 가장 부족한 나라로 바레인, 카르텔, 쿠웨이트의 뒤에 있다. 연간 1인당 물 사용량은 98㎥이다. 경제 활동과 인구 증가, 생활 수준 향상에 따라 수자원에 대한 수요는 늘어나고 있다. 2012년 물 소비량은 2.13만억 갤런(2010년은 21억 ㎥)에 달하였고 2006년에 비해 2배 이상 늘어났으며 2016년에는 2012년보다 46% 늘어난 3.12억 갤런에 달할 것으로 예측되고 있다. 사우디의 농업 용수는 총량의 88%(FAO)를 차지해 사우디 수자원에 가장 큰 압력을 주고 있다. 기후 변화에 따라 사우디 수자원의 압력은 점점 커져가고 있다. 사우디 농업 전문가들이 GCM모형에 근거하여 미래 30년간 기온 변화에 대해 예측한 결과에 따르면 매우 걱정스러운 수준이다. 즉 2041년에 사우디 전국 기온이 상승하는 정도는 세계 평균 수준보다 높을 것이고 그 중에서 서북부 지역 여름철 최고기온은 2.2-2.7℃ 높아질 수 있으며 기온 상승 정도가 제일 작은 남부와 서남부 지역의 기온도 0.2-0.4℃ 높아질 수 있다. 전문가들의 예측에 의하면 기온이 1℃가 올라간다면 사우디 물 사용량은 6.02억 ㎥, 기온이

5℃가 올라간다면 농업 용수는 31.22억 ㎥가 증가될 것으로 보인다. 한편 기후 변화에 따라 사우디 지표수와 지하수는 대폭 감소될 것이고 나아가 수자원의 긴장 상황을 더욱 악화시킬 것이다.

사우디는 현재의 주요한 두 가지 물 공급 방식으로는 미래 국가 발전의 수요를 만족할 수 없어 앞으로 매우 심각한 물 부족 상황에 직면하게 될 것이다. 해수 담수화는 비용이 아주 높은 가운데 하나의 에너지 집약형 산업으로 본질적으로는 석유로 물을 바꾸는 것이다. 현재 사우디 석유에 대한 국내 수요의 절반은 담수 생산에 사용되고 있다. 하지만 석유는 재생 불가능한 자원이다. 이는 해수 담수화가 지속 가능한 발전경로가 아니라는 것을 의미한다. 한편 과도한 지하수 의존으로 사우디 지하수 자원은 급격히 감소되고 있다. 사우디 정부가 발표한 『2025년 국가장기발전전략』에서 이 문제에 대한 우려를 볼 수 있다. 이 전략에서는 유명한 전문가들이 선진 기술을 이용해 진행한 수자원 탐측 결과는 수자원 상황이 매우 나빴고 30년(1979-2003년)도 안 되는 사이에 지하수 부존량이 60%나 줄었다고 지적하였다. 지하수는 재생할 수 없는 자원으로서 이러한 속도로 귀중한 자원을 소모한다는 사실에 따라 사우디 정부는 국가가 미래에 직면하게 될 최대의 도전은 물 부족이라는 것을 인식하게 되었다.

(3) 국제식량시장 파동이 커져 식량부족 발생 위험이 증가됨

최근 몇 년간 여러 가지 요인의 영향으로 국제 식량시장은 점점 불안해지고 있다. 21세기 초까지 세계 식량 가격이 느리게 하락하는 추세를 지속 유지하였지만 2000년부터는 세계 농산품의 생산, 무역, 재고 파동이 이전보다 더욱 심해져 식량 가격이 지속적으로 높아졌다. 2003-2008년 밀과 옥수수 가격이 두 배 가까이 올랐다(그림 14.14 참조). 당시 세계 20여 개 국이 식량 문제로 동요되었고, 아이티에서는 정부가 붕괴되기에 이르렀다. 갑자기 닥쳐온 경제 쇠퇴가 잠시나마 식량 문제를 덮었다. 전 세계적으로 식량에 대한 수요가 하락(투기 수요의 감소도 포함)됨에 따라 식량 가격이 급격히 낮아졌다. 하지만 2년도 안 되어 식량 가격이 다시 높아졌고 심지어 2008년 중반의 수준을 초과하였다. 이는 튀니지, 예멘, 알제리, 요르단, 이집트에 내란과 위기가 발생한 원인 중의 하나이다.

사우디는 비록 2007-2008년 세계적인 식량부족 기간에 사회적 동요가 발생하지 않았지만 어느 정도 충격을 받아 정부가 강력히 대응하였는데 당시 정부에서 취한 조치는 다음과 같다. 모든 정부 공무원의 임금을 올리고 사회보장 금액 한도를 높이며 쌀, 유아용 분유, 보리, 기타 사료 등 기본 농산품과 식품에 대해 보조하고 시멘트, 철강재 등 상품 가격에 대해 통제할 뿐만 아니라 연료 가격을 낮추고 공항, 여권, 운전 면허, 주거 허가 등 서비스 요금을 줄이며 밀류(類) 농산품, 계란, 닭고기 등 180가지 중요 상품의 가격을 낮추었다. 2007년에 발생한 식량 부족 문제는 사우디 정부로 하여금 석유를 가지고는 있지만 필요한 쌀을 구매할 수 없는 상황이 발생할 수 있다는 것을 인식하게 되었다. 2007년 사우디 쌀 수입량은 전년 95.8만 톤에서 91.4만 톤으로 줄어들었지만 수입 가격은 대폭 올라 그 해 인플레이션 수준을 높였다. 또한 국제적으로 식량 부족 사태가 발생해 사우디 수입 수요에 영향을 끼쳤을 때 보조금으로는 식량공급 부족 문제를 해결할 수 없었다. 세계적으로 식량이 부족할 경우 수출국 정부는 자국의 식량 가격 안정을 위해 식량수출을 제한하는 조치를 취하게 되어 수입국은 어려움을 겪기 마련이다. 2007-2008년에 세계적으로 식량이 부족할 때 인도,

베트남, 파키스탄, 이집트, 카자흐스탄, 우크라이나, 러시아 등 국가에서는 식량수출제한조치를 실시하였다. 당시 인도 정부는 국내 식량부족 문제로 쌀 수출에 대해 임시적인 제한조치를 취해 쌀과 기타 식량의 가격이 크게 올랐다. 사우디 사람들이 즐겨 먹는 바스마티 쌀 가격도 예외가 없었다. 이로 인해 사우디 정부는 시장 안정을 위해 매 톤당 267달러 보조금을 지급하였다. 얼마 지나지 않아 사우디 정부는 보조가 자국 소비자가 아닌 식량 수출국들이 더욱 많은 혜택을 보고 있다는 사실을 발견해 2년 뒤에는 보조를 취소하였다.

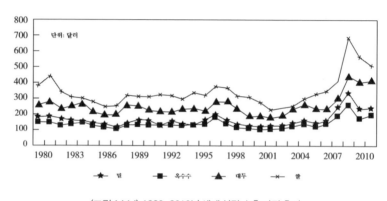

〈그림 14.14〉 1980-2010년 세계 식량 수출 가격 추이

자료출처 : FAO

최근 몇 년간 식량 시장의 불안정은 단기적인 요인으로 해석될 수 있는 것이 아니라 세계 식량생산과 수요구조에서 근본적인 변화가 일어난 것이다. 사우디 정부는 이에 대해 걱정을 하고 있다. 그 중에서도 가장 두드러진 것은 공업용 식량, 특히 바이오연료에 사용되는 식량의 대폭 증가 문제

중국의 식량안보와 농업의 해외진출전략

이다. 현재 세계에서 가장 기본적인 바이오연료 중의 하나는 에탄올이고 또 하나는 바이오 디젤이다. 전자는 옥수수, 사탕수수, 고구마, 밀 혹은 기타 농작물로 생산되고, 후자는 오일시드, 폐유 또는 식물 씨앗으로 생산된다. 바이오연료의 생산 수익이 비교적 높아 많은 국가의 농민을 유인하였고, 많은 국가의 정부도 관련 정책을 공포해 이에 대한 생산을 지원하였다. 미국은 에탄올을 강제적으로 사용하는 법령을 공포하였고 이에 대한 보조금을 지급하였다. 관련 전문가들의 추정에 따르면 2007-2008년 세계적인 식량 부족 현상이 발생하기 전에 주요 생산국이 바이오연료를 생산하는 원재료 가운데 특히 곡물과 유채씨의 20-25%가 음식물 생산에서 바이오연료 생산으로 전환되었다. 미국이 에탄올을 생산하는 데 사용된 옥수수는 총 생산량의 30%를 차지하였다. 식량 위기가 발생하기 직전의 2006년에 전 세계적으로 생산된 에탄올은 진체 바이오연료의 87%를 차지하여 1%의 액화석유연료를 대체하였다. 정부의 대대적인 지원으로 바이오에너지 생산에 필요한 옥수수, 대두, 밀에 대한 수요 증가는 전통적인 식용 및 사료용 식량 수요 증가를 훨씬 능가하였고, 이로써 세계 식량 공급이 감소되었으며 식량부족 발생의 가능성을 높였다. 2007년 세계적인 식량 가격 상승 중 30%는 바이오연료로 인한 것이라고 할 수 있다.

(4) 글로벌 해외 농업투자가 점차 규모를 갖추게 됨

사우디 정부가 해외 농업투자방식으로 자국 식량안보를 강화하기 시작할 때 다른 국가들은 이 방면에서 이미 오래전부터 시작하였다. FAO 보고서에 따르면 2004-2009년 초 외국 투자자들은 에티오피아, 가나, 마다가스카르, 말리, 수단 등 5개 국에서 총 249만 ha가 넘는 토지를 취득하였고,

투자액은 9.2억 달러가 넘었으며 규모가 1000ha를 넘는 프로젝트는 184개에 달하였다. 이러한 투자 가운데 중동 국가의 국부펀드(SWF)가 가장 활약하였다. FAO 보고서에 의하면 2008년 카타르 정부는 인도네시아와 베트남 정부와 농업투자 프로젝트의 협상을 완료하였고, 말레이시아와 필리핀과의 협상은 진행 중에 있다. 같은 해 쿠웨이트 정부도 몇몇 동남아 국가들과 접촉해 장기적인 농업개발협력에 대해 논의를 진행하였다. 한편 사우디 정부는 세계 주요 해외 투자국은 이미 해외에서 농업투자를 진행하였다는 사실에 주목하고 자국의 해외농업투자 행동계획에서 특히 유럽연합(EU), 일본, 한국 및 중국의 해외 농업투자를 언급하였다.

또한 사우디 정부는 개발도상국들이 점점 외국인 직접투자(FDI)를 통해 자국의 식량안보 문제를 해결하는 데 관심을 기울여 왔다는 점에 주목하였다. 일부 개발도상국들은 농업분야 외자에 대해 적극적인 자세를 취하고 있고 관련 장려정책을 수립하였다. 예를 들어 지난 몇 년간 에티오피아 정부는 종합농업개발계획을 수립하고 계획 실행에서는 외자에 주로 의존하였다. 에티오피아 농업에 투자한 사우디의 스타 회사(Saudi Star PLC) 예측에 따르면 이 기업의 대규모로 경영하는 쌀 재배와 생산 프로젝트는 에티오피아에 10억 달러의 외화 수입과 수많은 취업기회를 제공할 수 있다.

2. 식량안보정책의 전환 및 결과

(1) 고액의 보조금정책은 현저한 성과를 이룩하였으나 대가는 높았음

사우디는 농업자원이 극도로 부족하지만 농업은 하나의 큰 산업이다. 2009년 농업은 사우디의 비(非)석유산업 GDP의 18.9%, 전체 취업 인구의

5.8%를 차지하였다. 사우디 정부는 식량안보를 고도로 중시하고 우대 융자, 보조금, 토지무상사용, 직간접적인 공공서비스 제공 등 조치를 취해 농업 발전을 전력적으로 지원하였다. 1970년대부터 2008년까지 사우디 정부는 밀 재배에 보조금을 지속적으로 지급하였고 1970년대에 최고로 톤당 900달러를 보조하였으며 1990년대 사우디는 매년 400여 만 톤 밀을 생산하여 자국의 수요는 물론이고 어떤 해에는 동유럽과 시리아에 수출할 수도 있었다. 고액의 보조금정책은 강과 호수가 없는 사우디로 하여금 세계 제6대 밀 수출국으로 거듭나게 한 적도 있었다. 수십 년간 고액의 보조금을 지급하고 점적관수와 현대농업기술 보급을 통해 사우디 농업은 놀라운 성과를 거두었다. 밀 자급 외에 가축 및 가금은 물론이고 현지인들에게 없어서는 안 되는 감자 튀김을 만드는 감자도 자급될 수 있으며 올리브 오일 생산량은 지속적으로 증가되고, 포도, 키위는 해마다 풍작을 거두었으며, 심지어 꽃까지 수출할 수 있게 되었다. 2003년에 사우디 경제계획부가 제정한 『장기발전전략(2015)』에서 사우디 정부는 자국이 한 세대도 되지 않은 시간에 식량 자급자족을 실현하였다는 것을 자신 있게 선언하였다.

하지만 농업발전은 사우디의 재생 불가능한 지하수 자원의 과도한 채굴을 가속화하였고 지하수의 급속한 고갈을 초래하였다. 농업이 크게 발전한 지난 30년간 사우디 지하수 자원은 60% 줄었다.[6]

식량 부족을 겪고 난 후 사우디 정부는 국내 한정된 자원을 올바르게 사용하지 못하였음을 인식하여 농업정책을 전환하기로 결정하였다. 2007년에 사우디 정부는 새로운 농업정책을 마련하기 시작하였고, 2009년 1월

6　사우디 정부 『2025년 국가장기발전전략』 참조.

오스트리아에서 개최된 국제식량대회에서 사우디 공상부는 대외적으로 사우디는 지속가능한 발전 조치를 취해 국민과 거주민들의 식량 공급을 확보하고 세계 식량 위기에 대처할 것을 발표하였다.

(2) 과격한 자급자족 정책을 포기함

사우디 정부의 농업 발전 정책 전환은 이미 1993년부터 시작되었다. 밀 보조금정책이 농민들의 지하수 남용을 조장하고 있다는 것을 인식한 후 사우디 정부는 1993년 밀 보조금의 75%를 줄였다. 보조금의 감소는 농업에 아주 큰 영향을 끼쳤으며 그 이후로 사우디 농업 용지는 해마다 줄어들었다. 1971-1994년간 사우디 농업 용지는 매년마다 증가하여 40만 ha가 안 되는 면적에서 160만 ha로 늘었고 1994년 이후에는 농업 용지가 줄어드는 추세를 보였다. 식량 위기가 발생하기 전인 2006년에는 농업 용지가 110만 ha 이하로 줄어들었다(그림 14.15 참조). 2008년 밀 생산량은 1990년 391.3만 톤에서 239.1만 톤으로 감소되었다. 2007-2008년 세계적인 식량 부족을 겪은 후 사우디 정부는 농업정책 개혁의 발걸음을 재촉하였다. 2009년에 사우디 정부는 물 소모가 큰 농산품인 밀과 개자리[7]의 보조금을 전면 취소하고 2009년부터 매년 마다 12.5%의 밀 생산량을 줄여 2016년에 이르러 밀 생산을 완전히 중지한다는 중대한 결정을 내렸다. 사우디의 미래에 직면하게 될 더욱 심각한 수자원 고갈에 대처하기 위해 전문가들은 2015년 개자리 생산을 50% 감소하고, 2040년에 이르러 완전히 중지할 것을 제안하

7　개자리는 사우디에서 생산한 사료용 품목이며 제2대 물 소모 작물로 대추 생산의 물 수요량에 버금감.

　　　　　　　　　중국의 식량안보와 농업의 해외진출전략

였다. 이와 동시에 유기농 농업과 식용 채소에 대한 지원을 강화하였다. 사우디 2010-2030년 농업전략계획은 2030년에 이르러 농업정책 조정을 통해 85억 ㎥의 물을 절약하는 것을 목표로 세웠다. 사우디 농업부 부장 파하드·빈·아브두르라흐만·바르그호나이므(Fahad bin Abdulrahman Balghunaim) 박사는 정부의 이러한 전환을 "식품은 수입할 수 있지만 물은 안 된다. 정부가 물을 식품보다 중요하게 여긴 것은 아주 용기 있는 결정이다."라고 평가하였다.

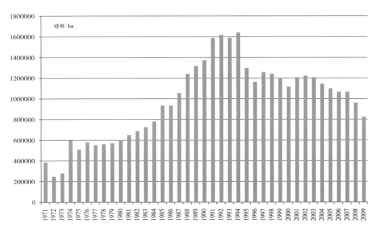

〈그림 14.15〉 1971-2009년 사우디 총 농업 용지 면적 추이

(3) 해외 농업투자 행동계획을 수립함

2009년 1월 사우디 정부는 『해외농업투자 행동계획』을 공식 발표하였다. 이 계획은 포스트 위기 시대에 발생할 수 있는 식량 위기에 대처하기 위해 제정한 것이고, 계획의 목표는 사우디 식량안보를 보장하고 국제 식량의 안보를 강화하며 사우디의 투자자들이 해외 자원과 경험을 활용하

는 것을 지원한다는 것이다. 계획의 비전은 멀지 않은 미래에 사우디의 개인투자자가 해외에서 사우디 식량안보를 확보하고 글로벌 식량생산을 늘리는 데 중요한 역할을 할 수 있으며 책임감 있는 해외 농업 투자의 모범이 될 수 있게 한다는 것이다. 이 계획에서는 2가지의 전략적인 행동방안을 수립하였다. 첫째는 사우디 개인투자자의 해외농업투자에 자금, 신용대출, 물류 방면의 지지를 제공하는 것이고, 둘째는 기초적인 식품에 대한 전략적 비축을 실시하여 사우디의 수요를 만족시켜 미래에 발생가능한 식량위기를 회피하는 것이다. 이 계획은 명확한 사업 내용을 규정하였는데 주로 다음 6가지가 포함된다. 첫째는 투자 대상국을 선정하는 6가지 기준을 정하였다. 이 6가지 기준은 다음과 같다. 즉 토지, 물, 노동력 등 자원 상황; 정치, 경제 및 사회의 안정성; 자유 시장 환경; 외자정책에 관한 법률법규와 절차의 투명성, 그리고 외자에 대한 지원 상황; 기반시설 상황; 사우디와의 국가 관계 상황이다. 둘째는 대상국의 기초적인 농산품에 대한 최근 수요와 미래 수요를 파악한다. 셋째는 기초적인 식품의 비축 리스트를 확정한다. 넷째는 정부의 지주회사를 설립한다. 다섯째는 대상국과 양자간 협의를 체결하여 각 이해관계자의 권리와 의무를 명확히 하고 보호한다. 여섯째는 정부와 투자자간 일괄구입판매의 적합한 방식을 확정한다. 행동 계획에서 사우디 정부는 해외농업투자를 위해 5가지의 원칙을 정하였다. 즉 첫째, 사우디 정부가 아닌 개인이 투자의 주체다. 둘째, 대상국에 대한 투자는 장기적인 것이다. 셋째, 투자자는 재배할 농작물의 품종을 선택할 권리가 있다. 넷째, 투자자는 생산한 식량(농산물은 부분적으로 현지에 남길 수 있지만 수출 비중은 50%보다 적어서는 안 된다)을 수출할 권리가 있다. 다섯째, 생산한 제품은 반드시 식량 작물(staple food products)이어야 한다. 이 행동

중국의 식량안보와 농업의 해외진출전략

계획을 실시하기 위해 사우디 정부에서는 특별히 행정관리기구를 설립하였고(그림 14.16 참조) 기구를 4개의 등급으로 나누었다. 즉 최고 등급 기구는 부장급 위원회이고 그 아래에 지도위원회를 설치하였으며 그 다음 등급은 기술위원회이다. 기술위원회 아래는 또 7개의 행정 사무실을 두었고 각각 국가별 정책 법규 절차, 전략적 비축, 기초적인 식품에 대한 수요, 농업 회사, 양자간 협의, 금융, 신용 대출을 책임지게 하였다.

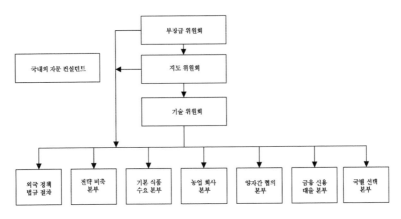

〈그림 14.16〉 사우디 농업 해외진출 행동계획 조직기구

해외농업투자 행동계획에 의하면 사우디 정부는 밀, 쌀, 보리, 옥수수, 수수, 대두, 좁쌀, 설탕, 유자, 녹색 사료, 활축, 수산물과 기타 제품을 포함한 12종류의 품목을 최초의 투자 대상 품목으로 정하였다. 목표국은 수단, 이집트, 에티오피아, 터키, 우크라이나, 카자흐스탄, 필리핀, 베트남, 브라질, 그리고 기타 농업 자원에 있어 잠재력이 있는 국가들이었다.

오해를 피하기 위해 사우디는 이 계획에 대해 설명을 부가하였다. 첫째, 해외 농업투자는 국내 농업에 대한 보충이지 대체는 아니다. 둘째, 이

행동계획은 정부의 대대적인 지원을 받았다. 셋째, 이 행동계획은 인도주의적인 의미를 가지고 있지 정치적 목적은 없다. 넷째, 사우디의 해외투자는 책임감이 있는 국제투자로서 양호한 규범에 의하여 진행되고, 이해관계자의 이익을 보호하며 현지 환경을 보호하는 것이 계획에 포함되어 있다. 다섯째, 국제 농업투자는 새로운 현상이 아니라 많은 국가(유럽 연합, 일본, 중국, 한국과 기타 국가)에 의해 실천되었다. 여섯째, 대외직접투자(FDI)는 사우디의 해외투자의 유일한 방식이 아니고 사우디의 투자에는 합작, 농산물 주문생산, 재배 아웃소싱, 지역의 전략적 식품 비축과 같은 중요한 영역에 대한 투자 등 방식도 있을 수 있다. 사우디 정부는 이 계획의 성공적인 실시에 대해 자신감이 넘쳤다. 그들은 이 계획이 정치적으로 고도의 중시와 지지를 받았을 뿐만 아니라 개인 투자자는 이 방면의 지식과 기술을 가지고 있고, 국가에 충분한 자본과 기술이 있으며 계획은 인도주의적 의미를 지니고 있어 투자 목표국은 FDI를 이용해 국가 경제를 발전할 수 있다고 믿고 있었다.

(4) 사우디의 해외 농업투자

사우디의 해외 농업투자는 2009년 사우디 정부가 『해외농업투자 행동계획』을 발표 한 후부터 시작한 것이 아니다. 다만 그 후의 해외 농업투자가 정부 지원 하에 규모적으로 나타났을 뿐이다. 유엔식량농업기구의 데이터[8]에 의하면 2006-2011년 사우디가 해외에서 성공적으로 협의를 이룬 농업토지 구매 프로젝트는 14개이고 이미 취득한 농업 경작지 면적은

---

8   이 데이터 베이스는 해외 토지 거래 규모가 1만 ㏊ 및 그 이상이 되는 데이터만 수집함.

76.55만 ha이며 이러한 프로젝트는 9개 국에 분포되어 있고 이미 취득한 경작지 가운데 65.7%는 아프리카, 27.7%는 남아메리카, 6.5%는 아시아에 있다. 그 외에 협상 진행 중에 있는 프로젝트가 4개가 있고 각각 말리, 세네갈, 파키스탄, 러시아에 분포되어 있으며 취득할 수 있는 토지는 31.74만 ha로 예상된다(표 14.10 참조).

사우디의 이러한 투자들은 주로 민간회사들이 진행한 것으로 이러한 기업에는 전통적 농업회사도 있고 금융회사도 있으며 전문적으로 해외투자를 위해 새롭게 설립된 합자기업도 있다. 금융 회사의 성과는 현저하여 전체 18개 해외농업 투자 프로젝트 중 금융 회사 프로젝트가 1/3을 차지한다. 비록 현재 이들이 취득한 토지가 많지 않지만 계획에서는 야심이 가득하다. 포라스국제 투자회사가 아프리카에서 실시한 7X7계획이 그 예가 될 수 있다. 이 계획은 이슬람개발은행, 이슬람개발회사 등을 포함한 사우디에 본사를 둔 일부 투자자들이 2009년에 수립한 거대한 해외농업 투자 계획으로 10억 달러를 투자해 세네갈, 말리, 그리고 수단, 우간다에서 70만 ha의 토지를 개발하고 7년간 700만 톤의 쌀을 생산한다는 것을 목표로 두고 있다. 사우디에서 현재 진행 중인 3/4의 프로젝트는 금융 회사가 운영하는 프로젝트이다.

단위: 만 ha

투자 대상국	프로젝트 수	취득한 토지	생산품목	투자자
아르헨티나	2	21.2	옥수수, 대두	아르-코라에프그룹(Al-Khorayef Group), 아르마라이회사(Almarai Co)
이집트	3	7.3	사료, 밀	아르라지국제투자회사(Al Rajhi), 제나트회사(Jenat), 왕국농업개발지주회사(KADCO)
에티오피아	1	14	가축, 옥수수, 쌀, 테프, 유료씨, 사탕수수	사우디 스타 PLC회사
모리타니	1	0.2	쌀	포라스국제투자회사(Foras)
나이지리아	1	0.1	농작물	포라스국제투자회사(Foras)
남수단	1	10.5	농작물	파다르(Vadal)왕자
수단	3	17.7	농작물	아르마라이회사(Almarai Co), 포라스국제투자회사(Foras), 국제농업개발회사(NADEC)
잠비아	1	0.5	과일	메나페아지주유한책임회사(Menafea Holding)
필리핀	1	5	바나나, 쌀, 파인애플, 옥수수	극동농업투지회사
소계	14	76.5		
		취득할 토지		
말리	1	10	쌀	포라스국제투자회사(Foras)
세네갈	1	0.5	쌀, 가금육	포라스국제투자회사(Foras)
파키스탄	1	20.24	밀, 과일, 채소	사우디 정부
러시아	1	1	곡물	포라스국제투자회사(Foras)
소계		31.74		
합계		108.29		

자료출처 : FAO

3. 사우디의 경험이 중국에 주는 시사점

사우디의 해외 농업 전략은 단기간에 단계적인 성공을 거두었다. 2009년 5월 에티오피아에서 첫 번째 투자 성과를 거두었고 사우디는 첫 번째 투자 성과를 기념하기 위해 특별히 공식적 의식을 거행하였다. 그 중의 일부 방법은 중국이 참고할 만한 가치가 있다.

(1) 정부가 주도하고 개인이 주력이 되는 것을 견지함

사우디 정부는 농업 해외투자에 대해 치밀하면서도 실행가능한 행동계획을 수립하였다. 이 행동계획은 사우디 국왕의 이름으로 명명되었는데 이는 농업의 해외투자 행동이 사우디의 정치적 지지를 받고 있으며 사우디 정부가 행동계획을 실시하는 제1의 책임사 역할을 하고 있음을 의미한다. 행동계획에서 제시한 전략적 목표를 실현하기 위해 사우디는 조직 시스템을 포함한 국가 전문적 관리 및 실시 기구를 설립하였고 30억 리얄(약 8억 달러)의 특별투자기금을 설립하였으며 전문적인 기금을 운영하는 국유기업(Food & Agriculture Company)을 설립하였다. 이 회사는 개인 투자자가 제출한 투자 프로젝트에 대해 심사를 하고 투자 잠재력을 평가하며, 정부에서는 이 프로젝트에 대한 참여와 지원 방식을 확정하는 것을 책임진다. 정부는 일반적으로 아래 두 가지 방식으로 참여한다. 정부에서 프로젝트가 타당성이 있다고 판단하면 직접투자를 통해 주주가 되거나 개인기업과 식량 일괄구입판매 협의를 체결한다. 그 외에 정부가 설립한 산업발전기금(SIDF)은 해외농업 프로젝트에 대한 투자 의향이 있는 사우디 개인 기업에게 신용대출담보를 제공한다. 이미 선정된 투자 대상국에 대해 사우디 정부는 이들 국가 정부와 전략적 소통을 진행하여 양자 간의 협력 협의를 체결한다. 투자가 해외 대중매체의 오해와 비난을 받을 경우 사우디 정부는 물러서지 않고 사실을 따져 세계 여론의 동정과 지지를 쟁취한다. 하지만 구체적 투자 결정에 대해서는 정부는 관여하지 않고 전적으로 개인 투자 회사가 스스로 결정하게 한다. 이러한 안배는 투자 기업의 뒷걱정을 해소해 주었을 뿐만 아니라 투자자에게 자신감을 더해 주었으며 개인 투자자에게 충분한 자주권을 주게 되었다.

(2) 상호 이익과 혜택을 누릴 수 있는 원칙과 지속 가능한 발전을 견지함

'장기적이고 지속 가능함'은 사우디가 해외농업 투자에서 제시한 하나의 기본 원칙이다. 사우디 정부는 장기적이고 지속 가능한 발전을 실현하려면 반드시 상호 이익과 혜택을 누릴 수 있는 투자를 실행해야 한다고 생각하고 있다. 사우디 정부는 외국 정부와 농업투자협력을 진행할 때 상대국의 수요를 배려해 주었다. 예컨대 베트남과 협력을 모색할 때 사우디는 베트남을 도와 에너지안보를 실현하겠다는 약속을 통해 사우디가 식량안보를 실현할 수 있도록 베트남의 지지를 얻었다. 비록 사우디 정부가 투자를 촉진하려는 최초 목적은 자국의 식량안보에 착안하여 투자자에게 정부 우대정책을 이용해 해외에서 생산한 식량을 국내로 반입할 것을 요구하는 것이었지만 사우디 정부는 대상국 현지의 이익도 존중하였고, 어려움에 부딪힐 경우 특별한 조치를 취하였다. 사우디 정부는 일반적으로 국내로 반입하는 식량 비중이 50% 이하가 아니면 되는 것으로 정하였다. 지속 가능한 투자를 진행하기 위해 사우디 정부는 투자자에게 대상국의 자연환경을 보호할 것을 요구하였다. 또한 사우디의 투자자는 장기적인 투자에 착안하고 있어 대상국의 근로자 노임을 비교적 넉넉히 주는 편이다. 예를 들어 사우디의 스타 회사(Saudi Star PLC)가 에티오피아의 감벨라 주에 투자해 쌀을 생산하는 데 있어 현지 근로자에게 하루 50빌의 노임을 지불한 것은 하루 10-20빌의 시장 수준보다 훨씬 높은 수준이다.

(3) 국제 협력을 통해 위험성을 낮추는 것을 견지함

해외 농업투자는 아주 복잡한 사업으로서 정치, 경제, 법률, 경영 리스크를 포함한 복합적인 리스크가 존재하고 있다. 사우디의 해외 농업투자는 대부분 사우디와 지리적으로 가깝고 농업자원이 풍부하지만 농업투자가 부족하고 농업 생산력이 낮은 아프리카에 집중되어 있어 이에 관련된 리스크는 더욱 회피할 수 없다. 가장 흔히 볼 수 있는 것은 대상국의 법규가 서로 모순되고 중앙 정부와 지방 정부 간의 정책이 일치하지 않으며 실행과정에 있어 법률과 실제가 일치하지 않는 등이 그것이다. 이 때문에 투자가 실패했다는 생각을 가진 사람도 있다. 하지만 사우디 정부는 아프리카에 투자한 것에 대해 아주 자신이 있다. 사우디 농업부 부장 파하드·빈·아브두르라흐만·바르그호나이프(Fahad bin Abdulrahman Balghunaim) 박사는 이러한 위험에 부딪히는 것은 아주 정상적이라고 생각하고 있다. 그는 아프리카는 현재 과도기에 처해 있고 아프리카 지도자들이 제시한 아프리카 건설 비전은 아주 바람직하나 국가 체제 전환을 거쳐야 실현될 수 있어 시간이 필요하다고 말하였다.

한편 사우디 정부는 자신감을 가졌을 뿐만 아니라 시스템 설계도 치밀하게 하였다. 사우디 정부는 자국 정부와 투자자의 자원과 힘에만 의존하는 것은 부족하다고 믿고 있다. 이에 따라 투자 전에 사우디 정부는 우선

목표국 정부와 협상하여 각 이해관계자의 권리와 의무를 확정하였다. 사우디는 부장급 위원회 아래 자문 기구를 설립하여 전문적으로 국제기구와 목표국의 자문 기구와 연락 및 소통하는 것을 책임지게 하였고 이들 기구의 이해, 지지 및 도움을 구했다. 사우디 정부의 이러한 협력 자세, 특히 사우디 국왕의 국제기구와 목표국에 대한 존중으로 인해 사우디의 해외 투자는 주류 여론의 지지를 얻게 되었다. 2010년 9월 3일 사우디 압둘라 국왕은 유엔 식량농업기구(FAO)로부터 농업상을 수여받았는데 이는 지난 수십 년간 사우디의 식량안보에 대한 기여와 세계 식량안보를 개선하는 데 있어 아낌없는 지원에 대한 표창이다. 시상식에서 FAO 사무총장 자크 디우프(Jacques Diouf)는 국왕의 영도 하에 진행한 농업 해외투자 행동계획에 대해 찬사를 보냈다. 그는 농업 해외투자 행동계획이 사우디 경제에 유리한 작용을 할 뿐만 아니라 투자 계획을 실시하고 있는 개발도상국의 복지도 향상될 수 있다고 말했다. 이는 사실상 국왕의 농업 해외투자계획에 대한 공개적인 지지이다. 자크 디우프는 해외에서 토지를 구입하는 행위에 대해 강렬하게 비난하고 그 행위를 '신(新)식민주의'라고 한 적이 있다는 점을 감안하면 사우디 해외투자가 존중을 받았다는 것은 예삿일이 아니다.

(4) 기타 국가의 성공적인 경험을 학습 및 참고하는 것을 견지함

현재 사우디 압둘라 국왕의 해외농업투자 행동계획은 주로 농업자원이 풍부하지만 투자와 기술이 부족한 낙후된 국가에 집중되어 있다. 하지만 투자가 추진되고 사우디의 투자 경험이 축적됨에 따라 사우디 투자자들은 자신과 기타 국가의 경험을 배우는 데 노력하고 있고, 투자도 미국 등 농업 선진국으로 방향을 전환하고 있다. 2010년 4월 미국과 사우디가 공동으로 주최한 공상 포럼에서 사우디 정부의 한 관계자는 사우디의 투자자들이 미국에서 농업투자를 확대하는 것에 대해 연구하고 있다고 밝혔다. 구체적으로 경지를 구매하여 장기적으로(30년 이상) 토지 경작권 취득, 미국 식품생산기업의 주식 보유, 농가와 재배계약 체결 등 다양한 투자 방식으로 농업투자를 확대할 수 있다. 사우디의 연구 및 농업개발부의 부부장 압둘라·앨·오베드는 사우디와 미국과의 정치적 관계뿐만 아니라 농업 측면의 관계도 양호하다고 말하였다. 사우디는 매년 미국에서 대량의 농산품을 수입하고 있어 미국은 사우디 해외농업투자 행동계획의 투자 대상국 중의 하나이다. 압둘라 국왕 해외농업투자 행동계획의 구성원인 타혁·알아사드·아르사이브는 미국 농가와 재배계약을 체결하는 것이 사우디 투자자 입장에서 최적의 선택이라고 생각한다고 말하였다. 다년간 일본이 바로 그렇게 해왔다. 일본은 미국 농가와 재배계약을 체결하여 감귤, 비유전자변형 대두, 특종 교잡 옥수수, 밀 등을 포함한 제품을 위탁 생산하게 하였다.

본 장의 집필자 : 赵玉敏 (중국 상무부 연구원)

세계 농업무역과 투자에서의
다국적기업의 위상 및 영향

　　20세기 80년대 이전에는 농업 분야의 국제투자가 거의 없었고 각국의 농업 무역에 대한 투자도 아주 적었으며 식량과 식용유 무역의 집중도도 낮았다. 그러나 20세기 90년대에 이르러 각국의 농업과 식품공업에 대한 투자가 급격히 증가되면서 다국적 농업기업이 매우 빠르게 발전하였으며 농업의 국제무역과 투자의 구도가 나날이 급변하였다.

　　중국은 인구 대국과 농산물 수출입 대국으로서 거대한 농산품 소비 시장은 글로벌 다국적 기업이 노리는 목표가 되었다. 따라서 국제농업무역과 투자에 있어 다국적 기업의 지위와 영향력, 특히 중국 농업에 대한 영향력을 전반적으로 깊이 분석하고 객관적으로 평가하는 것이 외자의 중국 농업 현대화 추진에 대한 긍정적인 영향을 효과적으로 유도하고 발휘하는 데 매우 중요한 전략적, 현실적 의미가 있다고 할 수 있다.

제1절 주요 다국적 농업기업의 발전 현황 및 산업사슬 에서의 지위

세계 농업의 다국적 선두기업은 경영 범위에 따라 크게 세 가지로 나눌 수 있다. 첫째는 종자 사업을 위주로 하는 다국적 농업기업으로 몬산토, 듀폰 파이오니어, 신젠타 등이 대표적이다. 둘째는 곡물과 식용유 및 식품 가공을 위주로 하는 다국적 농업기업으로 월마르 인터내셔널, 카길, ADM, 번기, 루이 드레퓌스 등이 대표적이다. 셋째는 농약, 화학비료를 위주로 하는 다국적 농업기업으로 몬산토, 신젠타, 다우 애그로사이언스(Dow Agro Sciences), PCS(Potash Corp of Saskatchewan) 등이 있다. 다국적 농업기업의 경영 분야는 곡물, 유료, 농약, 화학비료 등으로 농작물 육종, 농약과 화학비료의 생산 판매에서부터 곡물과 유료작물의 저장, 가공, 운수, 판매에 이르기까지 산업사슬이 비교적 길다(표 15.1 참조).

1. 세계 주요 다국적 농업기업의 전형적인 특징

주요 다국적 농업기업은 글로벌 비즈니스 발전과 산업사슬 확장 측면에서 독특하고 두드러진 특징이 있다.

(1) 규모가 크고 사업 범위가 넓음

글로벌 500대 기업에 속하는 다국적 종합농업기업은 그 매출액이 백억 달러 이상이고, 사업이 수십여 개 국가에 걸쳐 분포되며 임직원수는 만 명 단위로 계산을 한다. 예를 들면 카길의 2011년 매출액은 1339억 달러이고 임직원 수는 14만이며, ADM의 사업은 전 세계 75개 국가에 걸쳐있다.

〈표 15.1〉 13개 다국적 농업기업의 개황

기업	국가	주요 사업	2011년 매출액 (억 달러)	관련 국가/지역 (개)	직원 수 (만)
윌마르 인터내셔널	싱가포르	기름야자 재배, 식용유 정제, 오일시드 압착, 설탕 가공과 정제, 브랜드 식용유 가공 및 판매, 특수 유지, 유지 화학 및 바이오 디젤, 곡물 가공 및 구매, 비료 생산과 종자사업	447.1	50 이상	9
ADM	미국	오일시드, 옥수수, 코코아, 밀, 팜, 사탕 등 농업원료의 매입, 저장, 가공, 운수, 배송, 마케팅 및 고부가가치제품(식품, 사료, 연료, 공업 원료) 생산	806.8	75	3
카길	미국	밀, 옥수수, 유료작물, 보리, 수수, 채유, 식품의 구매, 가공, 운수 및 도매	1339	65	14.2
번기	미국	화학비료, 농업, 식품, 제당 및 바이오 에너지 사업	587.4	40	3.5
몬산토	미국	옥수수, 대두, 목화 등 작물의 유전자변형종자업, 제초제, 젖소 성장 호르몬과 기타 가축약 제조	135	66	2.1
듀폰 파이오니어	미국	듀폰 파이오니어의 모회사는 군수 사업, 농업, 화학, 석유, 석탄, 건축, 전자, 식품, 가구, 섬유, 냉동 및 운수 등 20여 개 사업에 진출; 듀폰 파이오니어는 주로 종자, 농약 및 사료업에 진출	387 (듀폰)	70이상	7.0
다우애그로사이언스	미국	살충제, 제초제, 살균제, 훈증제 제조 및 육종 기술의 연구개발	599.9 (다우 케미컬)	180	4.6
펩시코	미국	비탄산음료업의 전 세계적인 선두기업으로 주로 식품, 소프트 드링크 및 스포츠 드링크 등 상품 제조	665	200 이상	20
루이 드 레퓌스	프랑스	곡물, 유료작물, 유지, 사료, 쌀, 목화, 천연 및 인조 섬유, 육류식품, 설탕, 커피 등 제조; 전력, 천연가스, 석유 및 석유제품의 국제무역과 금융업(채권과 은행)	460 (2010년)	53	3.4
신젠타	스위스	유전자와 바이오 정보, 농작물 변형 및 환경 과학연구사업, 유전자변형작물의 육종, 제초제, 살충제 및 살균제 제조	142	90	2.4
네슬레	스위스	세계 최대 식품제조기업, 주로 인스턴트 커피, 연유 및 분유, 영아 식품, 치즈와 초코렛 제품, 캔디, 인스턴트 차 등 식품 생산, 그 중 판매량이 가장 큰 품목은 네스커피	944	80 이상	28.1

중국의 식량안보와 농업의 해외진출전략

기업	국가	주요 사업	2011년 매출액 (억 달러)	관련 국가/지역 (개)	직원 수 (만)
바스프	독일	농업용 플라스틱 및 농작물 보호 제품 제조, 농업 솔루션 등	1021.9	41	10
CP그룹	태국	종자개량, 재배업, 사료업, 양식업, 농축산물 가공업, 식품판매 및 국제무역 , 그 외에 통신, 석유화학, 부동산, 제약, 소매, 금융, 기계와 매스미디어 등 사업에 진출	330	15	28

자료출처: 해당 회사 및 기타 신문사 홈페이지 자료에 근거하여 작성함

(2) 연구개발에 대한 투입이 많고 기술을 선도함

최근 몇 년간 세계 농업 연구개발활동은 주로 다국적 기업에 집중되었다. 특히 대형 다국적 농업기업은 대부분이 연구개발을 중요하게 여겨 자금과 인력 등의 면에서 많은 투자를 하였다. 예를 들면 듀폰 파이오니어는 세계적으로 100개의 연구개발센터를 소유하고 있고, 2010년 실제 연구개발에 투입한 자금은 17억 달러에 달하였다. 2011년 농업연구개발 자금투입은 9.72억 달러이고, 4000여 명의 연구 인원이 있으며 세계 6대주 25개 국가에 11개의 실험실이 있다. 2020년까지 이 회사는 100억 달러를 투자하여 식품과 영양 분야에서 연구개발을 진행할 계획이다. 이 회사 종자사업의 우위는 독특하면서도 다양한 종류의 옥수수와 대두의 유전 물질 자원 수집에 있다.[1] 신젠타는 약 1/5의 인원이 연구개발에 종사하고 있고 매년 연구개발 비용이 약 10억 달러이다. 유전자 변형 전문 대기업인 몬산토의 2010년 연구개발 투자는 12억 달러이고, 2011년에는 9.8억 달러이며 연간

1 http://www.minnesotafarmguide.com/news/people_and_industry/dupont-pioneer-makes-research-investment-in-northern-business-unit/article_1e641472-03ec-11e2-949f-0019bb2963f4.html. DuPont Pioneer Overview.

연구개발 예산은 연간 매출액의 9-10%를[2] 차지하고 있다.

(3) 시장통제능력이 비교적 강하고 국제적인 영향력이 큼

곡물과 식용유를 예로 들면 현재 세계 곡물거래량의 80%는 4대 다국적 곡물 기업인 ADM, 번기, 카길, 루이 드레퓌스에 의해 통제되어 있고, 카길 1개 기업에서만 전 세계 곡물거래의 45%를 통제하고 있으며 61개 국가에서 사업을 영위하고 있다. 전 세계 약 20조 달러 규모의 농업식품무역은 10개 다국적 기업에 의해 통제되고 있다. 미국 번기는 미국의 제2대 대두제품 수출기업, 제3대 곡물 수출기업, 제3대 대두 가공기업이며, 세계적으로는 제4대 곡물 수출기업, 최대 유료작물 가공기업, 브라질에서 최대 곡물 수출기업이다.

종자 시장에서 유전자변형(GE)종자 생산 선두기업인 몬산토의 옥수수, 대두, 목화 등 다양하고 중요한 작물의 유전자변형종자는 이미 글로벌 시장의 70-100%를 점유하고 있고, 전 세계 90%가 넘는 유전자변형종자는 이 회사의 특허를 사용하고 있다. 듀폰 파이오니어의 유전자변형종자는 세계 종자시장의 20%를 차지하고 있다. 태국에서는 CP그룹(Charoen Pokphand Group)이 사육한 종돈이 이미 태국 시장의 50-60%를 차지하였다.

비료생산 분야에서는 PCS(Potash Corp of Saskatchewan) 1개 기업의 생산량이 세계 총 생산량의 20%를 차지하였다.

---

2   http://fdsmagissues.feedstuffs.com/fds/PastIssues/FDS8243/fds07_8243.pdf.

중국의 식량안보와 농업의 해외진출전략

(4) 실력이 막강한 기업들이 서로 협력하여 산업사슬 배치를 진행함

현재 유전자변형 종자업의 다국적 기업은 바이오 농약업의 다국적 기업과 협력하여 일정한 지분을 소유함으로써 해당 기업을 지배하거나 인수합병 등의 방식을 통해 농업화학계와 바이오과학기술계 및 종자업계의 결합을 실현하였고 전방산업과 후방산업 간의 결합을 이루었다. 예컨대 몬산토, 신젠타, 듀폰 등 일부 농업화학제품 제조기업은 동시에 종자산업의 선두기업이기도 하다. 그 외에 4대 다국적 곡물기업들은 서로의 지분을 소유하고 서로 시장정보를 교환하며 풍부한 국제무역 경험과 자금력 우위를 활용하여 시장과 판로를 확보하였다.

(5) 종합적인 우위가 현저하고 사업성장 추세가 좋음

다국적 농업기업은 경영과 관리경험이 비교적 풍부하고 제품이 소비자 수요에 부합하며 기술력이 앞설 뿐만 아니라 지적소유권 및 특허에 대한 보호를 통해 최근 몇 년간 글로벌 매출이 비교적 빠르게 증가하고 있다. 예를 들어 신젠타의 매출액은 2010년 16억 달러에서 2011년 133억 달러로 증가하였다. 월마트 인터내셔널의 연간 매출액은 2009년 239억 달러에서 2010년 304억 달러, 2011년에는 447억 달러로 더욱 빠른 증가세로 성장하였다. 그러나 몬산토는 예외적으로 2009년 매출액이 117억 달러에서 2010년 105억 달러, 2011년 118억 달러를 기록하였다. 이는 아마도 일부 국가의 유전자변형 작물에 대한 배척으로[3] 인해 사업에 영향을 미쳤기 때문으로 풀이된다.

3　http://www.monsanto.com/investors/Pages/presentations.aspx

2. 농업 산업사슬에서의 주요 다국적 농업기업의 위상

"농업 산업사슬은 농산품 생산, 가공, 운수, 판매와 밀접하게 연관된 네트워크 구조로서 농업 생산을 위해 필요한 과학연구, 농자재 등 후방산업 부문, 농작물 재배, 가축 및 가금 사육 등 중간 산업부문 및 농산품을 원재료로 하는 가공, 저장, 운수, 판매 등 전방산업 부문이 포함되어 있다."[4] 농업 산업사슬은 일반적으로 20세기 50년대 미국에서 시작되었다고 보고 있고, 그 후에 신속히 유럽 등 일부 선진국으로 확산되었으며 전 세계적으로 충분한 발전과 개선을 통해 세계 농산품 산업화와 시장화 과정에서 중요한 역할을 하였다.

여기서는 윌마르 인터내셔널, 번기, 카길, 루이 드레퓌스 등 주요 다국적 농업기업들이 다음 4가지 종류의 농산품 산업사슬 중에서 차지하는 위치에 대해 고찰하고자 한다. 이 4가지 종류의 농산품은 각각 농업 생산재 (종자, 화학비료/비료, 사료 포함), 유료작물(주로 기름야자, 대두, 오일시드 포함), 곡물(주로 밀, 쌀, 옥수수가 포함), 기타 농산품(설탕, 육류와 가축, 커피, 목화)이다. 그 외에 개별적인 다국적 농업기업의 물류 운수, 금융 리스크 방비 등 각 산업사슬 부분에서 형성된 특징이나 우위도 주목할 만하다.[5]

---

4   余文权, 孙威江, 吴国章, 赵丽红. 农业产业链理论与实践研究进展. 亚热带农业研究, 2011년 제11호.
5   별도의 설명이 없는 경우 이 부분의 모든 데이터는 모두 관련 회사 사이트에서 발취한 것임.

중국의 식량안보와 농업의 해외진출전략

(1) 농업 생산재

〈1〉종자

몬산토, 듀폰, 신젠타 등 주요 다국적 종자 기업은 세계 일류의 유전자 변형 바이오기술 연구개발능력을 보유하고 있으며 세계 종자 시장에서, 특히 유전자 변형 종자 시장에서 이미 독점 지위를 차지하였다.

〈2〉화학비료/비료

화학비료는 번기의 주요 사업의 하나로 주로 남미 브라질과 아르헨티나 등 국가에 집중되어 있다. 루이 드레퓌스의 비료사업은 유럽 및 흑해 지역, 라틴아메리카 남부와 북부 지역, 중동 및 아프리카에 분포되어 있고, 코트디브아르와 카메룬 비료 시장에 대한 점유율은 50%에 이른다. 월마르 인터내셔널의 사업은 비료 생산과 판매 영역에도 진출하였다. 세계적으로 선두적 지위에 놓인 칼륨 생산기업인 캐나다 PCS(Potash Corp of Saskatchewan)의 생산량은 전 세계 총 생산량의 20%를 차지한다.

〈3〉사료

사료 생산은 ADM 중요 사업 중의 하나이다. 카길은 동물 영양제 제조 기업에게 곡물, 오일시드 및 기타 농산품의 구매, 가공 및 배송 서비스를 제공하는 세계적인 주요 동물사료 생산 기업으로서 북아메리카, 유럽, 아시아·태평양 지역, 라틴아메리카에서 총 170개의 사료가공 공장을 운영하고 있다. 번기의 오일시드, 단백질 사료와 유료작물 등의 가공 제품은 각각 가축 및 가금 사육 업자, 동물 사료 생산 기업, 식품 가공 기업 등에 공급된다.

(2) 유료작물

〈1〉기름야자

월마르 인터내셔널그룹은 재배, 가공, 국제 무역, 판매부터 바이오 연료 생산까지 전체 농업 산업 사슬을 망라하였고, 말레이시아와 싱가포르에서 가장 큰 기름야자 농장 소유자이자 종려 가공 기업 중 하나이다. 2011년 12월 현재 월마르 인터내셔널 기름야자 재배 면적은 24만 7081ha로 그 중에서 74%는 인도네시아, 24%는 말레이시아 동부 지역, 2%는 아프리카에 있다. 그 외에 월마르 인터내셔널은 중국, 네덜란드, 독일, 베트남, 필리핀과 가나에서 가공 공장을 소유하고 있다. 월마르 인터내셔널은 합자 방식을 통해 인도, 러시아, 코트디브아르와 우간다 가공 공장에서 이익을 창출하고 있다. ADM은 미국과 유럽에 팜유 가공 공장을 설립하여 팜유와 그 가공 부산물을 구매 및 판매하고 있다. 번기는 2012년 1월에 인도네시아 기름야자 재배회사 PT Tiga Pilar Sejahtera Food Tbk의 자회사인 PT Bumiraya Investindo회사 지분 35%를 성공적으로 매입하여 팜유 사업을 운영하기 시작하였고, 팜유 산업사슬의 후방에서 두각을 드러내기 시작하였다.

〈2〉대두

월마르 인터내셔널의 중국 자회사인 이하이지아리(益海嘉里)그룹의 대두 기름 생산능력은 중국 국내 생산능력의 13% 정도를 차지하여 가장 큰 점유율을 보유하고 있다. 대두기름 압착, 정제, 포장, 브랜드 마케팅 등 사업에 종사하는 한편 이하이지아리(益海嘉里)그룹은 대두를 대량으로 또한 수입하고 있다.[6] ADM은 브라질 국내의 최대 대두분 생산기업, 두 번째로 큰 대두 압착기업, 두 번째로 큰 병기름 생산기업으로 브라질에서 4개의

6   http://finance.sina.com.cn/roll/20120107/102011149555.shtml

대두 가공공장을 소유하고 있다. ADM의 미국 대두가공시장의 점유율은 20%이다. 번기는 세계에서 가장 큰 대두 가공기업 중의 하나이다. 1998년 번기는 중국에 무역 대표부를 설립하여 3년도 안되는 시간에 중국 대두류 제품의 최대 수입기업으로 거듭났다. 2000년부터 번기는 중국에 국제무역 회사를 설립하여 중국 시장에 대두 등 농작물을 공급하면서 중국 농민과 기업에게 옥수수와 밀 수출의 도움을 주었다. 루이 드레퓌스는 캐나다 최대 대두수출기업이며 라틴아메리카 지역에 세계 최대의 대두 압착공장이 하나 있고, 인도에 대두기름 정제공장이 하나 있다.

〈3〉 오일시드

월마르 인터내셔널그룹은 중국의 오일시드 압착 분야에서 최대 생산 기업 중 하나이며 인도의 주요 브랜드 포장기름 생산기업이자 오일시드 압착 및 식용유 정제 기업이다. ADM의 오일시드 사업에는 오일시드의 저장, 운수, 가공, 배송, 마케팅 및 고부가가치 제품(식품, 사료, 연료, 공업용 원재료)개발 등이 있다. ADM은 전 세계에 56개의 오일시드 압착공장을 소유하고 있으며 일일 가공능력은 10만 톤이다. 카길은 식품과 동물 영양제 생산 기업에게 오일시드의 구매, 가공과 배송 서비스를 제공한다. 번기는 주로 오일시드의 무역, 구매, 저장, 운수, 판매에 종사하고 있다. 루이 드레퓌스의 오일시드 관련 사업은 유럽 및 북해지역에 널리 분포되어 있으며 북아메리카 지역에 2개, 라틴아메리카 남부지역에 3개, 라틴아메리카 북부지역의 브라질에 5개, 아시아 지역의 중국에 2개의 오일시드 압착공장을 소유하고 있다.

(3) 곡물

〈1〉밀

윌마르 인터내셔널그룹은 중국의 밀가루 가공 분야에서 가장 큰 생산 기업 중 하나이다. ADM은 밀의 저장, 운수, 가공, 변형, 배송, 마케팅 및 부가가치 제품(식품, 사료, 연료, 공업용 원재료) 등 사업에 종사하고 있고, 전 세계에서 47개 밀 가공공장을 소유하고 있으며 일일 가공능력은 2.8만 톤이다. 미국 밀 가공 시장에서 ADM의 점유율은 30%에 이른다. 밀은 번기 식품산업의 중요한 부분이다. 루이 드레퓌스는 북아메리카 지역 최대 밀 수출기업 중 하나로서 중국, 호주 밀 시장에서 활약하고 있다.

〈2〉쌀

윌마르 인터내셔널그룹은 중국 쌀 가공 분야에서 가장 중요한 기업 중 하나로서 저장, 가공, 운수, 판매 등 전체 산업사슬에 걸쳐 모두 영위하고 있고, 또한 왕겨를 이용하여 발전을 하고 있다. 주요 브랜드로는 찐룽위(金龍魚), 쌍만웬(香滿園) 등이 있다. 루이 드래퓌스는 중국의 쌀 수입 분야에서 선두를 차지하고 있으며 아프리카 쌀 시장에서 점유율은 30%이다.

〈3〉옥수수

ADM은 옥수수의 저장, 운수, 가공, 변형, 배송, 마케팅 및 고부가가치 제품(곡물, 사료, 연료, 공업용 원재료) 등 전체 산업사슬에 걸쳐 모두 영위하고 있고, 미국 옥수수 가공 시장에서 차지한 비율은 20%이다. ADM의 옥수수 에탄올 생산은 수십 년의 역사를 가지고 있으며 매일 북아메리카 지역의 고객에게 약 300만 갤런의 에탄올을 공급한다. 옥수수는 번기가 운영하는 중요한 농작물 중 하나이다. 루이 드레퓌스는 북아메리카 지역 최대의 옥수수 수출기업 가운데 하나로서 중국 옥수수 시장에서 두드러진 활약을 보이고 있다.

(4) 기타 농산품

〈1〉 설탕

번기는 2006년부터 설탕 무역에 종사하기 시작하였고 설탕 사업은 빠른 발전을 이루었다. 현재 번기의 사탕수수 재배, 설탕, 바이오연료 생산은 남아메리카 브라질에 집중되어 있다. 번기는 브라질에서 독자 또는 지주 방식으로 8개 사탕수수 설탕공장을 소유하고 있다. 카길은 주로 무포장 조제설탕, 봉지포장 백설탕의 무역, 구매, 운수와 유통, 판매에 종사하고 있고, 스위스, 홍콩, 인도, 아랍에미리트 연방과 미국 등 지역에서 무역 사무소를 소유하고 있으며 판매 대상지역은 이집트, 인도, 중국, 러시아, 우크라이나 및 기타 국가에 걸쳐 있다. 윌마르 인터내셔널그룹은 전 세계 10대 조제설탕 생산기업 중 하나이고, 호주의 최대 조제설탕 생산기업, 정제기업 및 설탕과 조미료 시장의 주요 소비품 브랜드이다.

〈2〉 육류 및 가축 제품

루이 드레퓌스의 주요 사업은 육류 식품 생산이다. 카길은 전 세계에서 중요한 육류가공기업이다. 카길은 식품제조기업, 식품서비스기업과 소매기업을 위한 고품질의 식품 보조재료, 육류와 가축 및 가금 제품을 공급한다. 카길의 동물 단백질 사업부는 세계 최대 육류 및 가축류 가공기업 중 하나로 매년 590만 톤의 동물 단백질을 생산하고 있다. 이 사업부는 미국, 캐나다, 아르헨티나, 호주에서 소고기 가공사업을 소유하고 있고, 미국에서는 돈육 및 칠면조 사업, 태국, 영국, 캐나다와 온두라스에서는 가금류 사업을 영위하고 있으며 아시아의 상하이(上海), 홍콩, 타이페이(臺北), 도쿄, 오사카, 서울 등지에서 판매 사무소를 소유하고 있다. 카길의 동물 단백질 사업부는 대중화권(大中華圈) 고객에게 미국, 캐나다, 아르헨티나와 호주에서 생산한 소고기, 미국 돼지고기 및 칠면조 등과 같은 제품을 판매한다. 카길 동물 단백질 사업부는 전 세계 식품안전 분야의 최고 기업이 되기 위해 노력하고 있다.

〈3〉커피

커피 가공은 AMD의 주요 사업 중의 하나이다. 루이 드레퓌스가 주로 영위하는 사업 중 하나인 커피 사업은 유럽과 흑해지역, 북아메리카 지역, 라틴아메리카 지역과 아시아 지역에 골고루 분포되어 있다. 관련 가공 창고 시설의 분포 상황은 다음과 같다. 멕시코에 1개의 커피 가공공장, 페루에 3개의 커피 가공공장, 4개의 커피 가공시설(콜롬비아, 브라질, 멕시코)이 있으며, 브라질에는 1개의 커피창고가 있다. 루이 드레퓌스는 인도, 중국, 베트남, 호주, 싱가포르 등 국가에서 커피 수입 분야 선두 자리를 차지하고 있다.

〈4〉목화

목화는 루이 드레퓌스 주요 사업 중의 하나로서 사업은 유럽과 흑해 지역, 북아메리카 지역에 분포되어 있다. 북아메리카 지역에는 20개의 목화창고가 있고 라틴아메리카 지역에는 6개의 조면 공장(파라과이 5개, 아르헨티나 1개)이 있으며 브라질과 아시아에는 각기 3개의 목화 창고가 있다. 루이 드레퓌스는 중국과 인도 목화 시장에서 매우 활발한 활동을 펼치고 있으며 중동과 아프리카 목화 시장에서 25% 점유율을 차지하고 있다.

중국의 식량안보와 농업의 해외진출전략

(5) 운수 및 금융 리스크 대비: 개별 기업의 우위적인 산업사슬

〈1〉 운수

윌마르 인터내셔널그룹, 번기, 카길 등 주요 다국적 종합농업기업은 산업사슬전체에 대한 수직적 통합 전략을 활용하고 있으므로 물류와 운수는 기업 경영에 있어 모두 중요한 사업부분이다. ADM과 카길은 물류 운수분야에서 가장 두드러진 우위를 가지고 있다. ADM의 운수네트워크는 전 세계에 퍼져 있으며 회사에서 소유하거나 임대하여 운영하는 운수능력 중에는 1700척의 바지선, 58척의 예인선, 29척의 고정 노선을 가진 선박, 2만 6100량의 철도 화물칸, 1600대의 트레일러 및 8척의 외항선이 포함되어 있다. 카길의 해양운수사업은 세계 최대의 대량 벌크화물 운수기업 중 하나로 매년 1억 6천만 톤의 화물 운송량을 담당하며 300척이 넘는 화물선의 정기적인 임대 계약을 운영하고 있다.

〈2〉 금융 리스크 관리

금융 리스크 관리는 카길 사업의 가장 큰 특징이며 카길 농산품 사업에서 자연적으로 연장된 사업이다. 카길의 리스크 관리 사업은 1994년부터 시작하였고 다른 회사에도 서비스를 제공하였다. 이 사업은 미국 미네소타주 미니애폴리스시에 본부를 두었고 부에노스아이레스, 시카고, 영국 코바프(Cobham), 제네바, 휴스턴, 요하네스버그, 멜버른, 프랑스 생나제르, 상파울루, 싱가포르, 시드니, 도쿄에 사무소를 두고 있다.

제2절 주요 다국적 농업기업의 대외무역과 투자전략 및 경험 활용

1. 주요 다국적 농업기업의 대외무역 특징과 영향

다국적 농업기업의 발전과 경쟁은 어느 정도로 농업자원의 전 세계적인 배치를 촉진하였고, 농업자원과 제품의 국제적인 유통을 가속화하였으며 농업 국제무역규모가 신속히 확장되게 하였다.

(1) 세계 농업무역에서 비교적 큰 비중을 차지하고 있음

20세기 80년대 이래 다국적 농업기업은 빠르게 성장하였고 농산품 무역은 더욱 집중되어 다국적 기업의 시장독점능력이 더욱 강화되었다. 미국 최대의 민간 식품회사인 카길을 예로 들면 2010년 카길의 글로벌 연간 매출액은 1079억 달러로 전 세계 곡물무역의 45%를 통제하고 있고, 61개 국가에서 운영되고 있다. 한편 전 세계 약 2조 달러가 되는 농업식품무역은 10개의 다국적 기업에 의해 통제되고 있으며 그 중에서 6개가 미국 회사[7]이다.

이 뿐만 아니라 다국적 농업기업은 식물유 원료, 목화, 담배, 차, 과일 등의 생산과 경영에도 아주 큰 비중을 차지하고 있다. 2004년 3개의 다국적 기업은 세계 담배무역의 60%를 통제하였고,[8] 전 세계 2/3의 바나나 무

7   尹成傑. 粮食安天下. 中国经济出版社, 2009.
8   龙怒. 中外烟草业发展比较研究. 产业经济研究, 2004년 제2호.

역이 3개 다국적 기업에 의해 통제되었다.[9] 2005년 약 85%의 찻잎이 3개 다국적 기업에 의해 통제되었다. 2005년 유닐레버 한 회사에서 전 세계 식물성 식용유와 인조 버터 무역의 30%를 차지하고 있다.[10] 전 세계적 무역 체계가 지속적으로 개선됨에 따라 다국적 농업기업은 현재 개발도상국으로 급속하게 확장되고 있다.

(2) 국제농업무역에 대한 통제력이 비교적 강함

다국적 농업기업이 국제농업무역을 독점할 수 있는 원인은 무역 세계화가 가져온 국제물류와 정보통신기술의 지속적인 발전 및 시장 일체화 정도의 향상이 글로벌 농업 시장과 자원을 쟁탈하는 데 유리한 조건이었다는 것 외에 선진국이 국제식량무역규칙에 대해 잘 파악하고 있고, 자국의 식량전략의 대대적인 지원과 함께 다국적 농업기업의 전 세계적인 건전한 농업 산업사슬 판도 구축이 더욱 더 중요한 원인이라 할 수 있다.

〈1〉 국제식량무역규칙에 대한 숙지와 충분한 활용

예컨대 다국적 기업은 『TRIPS 협정』(무역 관련 지적재산권에 관한 협정)을 추진하고 세계 지적재산권 기구(WIPO) 체제하에서 각국 특허법에 대한 조정과 양자간 무역협정을 통해 자신의 이익에 대한 보호를 강화했다. 전형적인 사례로는 『특허실체법조약』의 체결이다. 이러한 높은 표준은 실로 『TRIPS 협정』이 개발도상국에 부여한 제한적인 유연성을 퇴보시킨 것과

---

9   Charles B. Stockdale, Michael B. Sauter, Douglas A. McIntyre. The Ten Biggest American Cities That Are Running Out of Water. http://finance.yahoo.com/news/pf_article_111186.html

10   约翰·比达尔. 自由贸易使世界的粮食落入大公司手中. 卫报, 2005-1-27.

마찬가지였다고 할 수 있다.

〈2〉 자국의 식량 전략의 지원

이는 특히 수출 보조금, 식량 원조와 WTO 분쟁해결기구에 대한 활용에서 두드러지게 나타난다. 자국의 다국적 농업기업에 대한 보조금을 통해 최근 몇 년간 미국과 유럽연합(EU)은 전 세계 밀 수출 총량 절반 이상의 점유율을[11] 차지하였으며 2009년에 이들 수출 가격이 각각 생산 원가보다 46%와 34%[12] 낮아 원래 경쟁력이 있던 일부 개발도상국이 국제 농산품 수출시장에서 축출되었을 뿐만 아니라 국내 식량 생산도 저가 수입 식량 충격에 직면하게 되었다.

식량 원조를 통해 선진국은 일부 개발도상국들이 식량 생산을 포기하도록 만들었고 선진국 식량에 의존하는 기형적인 농업 구조가 형성되었다. 이는 한걸음 더 나아가 다국적 농업기업이 국제농업무역을 독점하는데 있어 장애물을 제거한 것이다.

그 외에 WTO 식량 무역규칙 중의 많은 개념, 원칙 및 구체적인 적용 요건에는 아직 부족한 점이 있어 회원국은 자국의 식량 무역 통제에 일정한 자유재량권을 갖고 있다. 한편 선진국에서 이 같은 통제가 그들의 다국적 농업기업이 주도하는 식량 전략에 중대한 위협이 된다고 판단될 경우 그들은 거리낌 없이 WTO 분쟁해결기구를 이용해 이러한 통제를 억제하였다.

---

11   이 데이터는 FAO의 관련 데이터에 근거하여 계산한 것임.

12   余瑩, 汤俊. 美国粮食战略主导下的粮食贸易规则. 国际观察, 2010년 제1호.

<3> 적절한 농업 산업사슬 구도의 구축

20세기 90년대 이래 다국적 농업기업은 공급 사슬에 대한 관리를 통해 글로벌 경영과 수직적 및 수평적 통합을 실현하였고, 농업 전반에 걸쳐 산업사슬 배치를 완성하였다. 이는 다국적 농업기업이 최대한으로 그들의 특허 경쟁력을 발휘할 수 있도록 함으로써 빠른 속도로 개발도상국 농산품 품종의 특허권을 점유하였다.

2. 주요 다국적 농업기업의 투자전략 및 경험 참고

'4대 곡물기업'을 포함한 세계 주요 다국적 농업기업들은 모두 100년 이상의 역사를 가진 기업으로 1818년에 설립된 번기는 200년 가까이 지속적으로 발전되어 왔다. 이러한 대형 다국적 기업은 장기적인 투자 경영 실천에서 참고할 만한 많은 경험을 축적해 왔다.

(1) 뛰어난 전략적 배치를 구축함

주요 대형 다국적 농업기업들은 산업사슬 전반에 걸쳐 모두 진출하여 농산품의 저장, 가공, 국가간 및 지역간 무역에 종사하고 있을 뿐만 아니라 농산품의 국내 판매와 물류업에도 종사하고 있다. 이러한 다국적 기업들은 산업사슬 배치에 대해 모두 통일적인 계획을 세워 진행하고 있다. 세계 여러 국가와 중국에서 윌마르 인터내셔널은 물이 깊고, 자연조건이 양호한 항구 도시에 가공센터를 설립하는 것을 모두 중요시하였다. 윌마르 인터내셔널의 자회사인 이하이지아리(益海嘉里)는 중국 잉커우(營口), 친황다오(秦皇島), 텐진(天津), 칭다오(靑島), 상하이(上海), 리앤윈강(連雲港), 장지아강(張家港), 취앤저우(泉州), 광저우(廣州), 선전(深圳), 청팡강(城防港)에서 모두 정제 및 가공 공장을 소유하고 있다.

(2) 산업사슬의 통합을 중시함

산업사슬의 통합은 수직적 통합과 수평적 통합의 두 종류로 나뉠 수 있다.

수직적 통합은 개별 제품의 산업사슬 각 부분에 투자해 해당 제품 산업사슬의 전체 사업을 커버할 수 있도록 함으로써 해당 제품의 전반적인 부가가치를 향상시키는 것이며 이는 현재 주요 다국적 농업기업들이 실천하고 있는 가장 주요한 투자 전략 중의 하나이다.

산업사슬 양쪽의 부가가치가 높아 많은 다국적 기업들은 연구개발사업의 중심을 산업사슬 양쪽 부분에 집중하게 된다. 그러나 이러한 부분은 높은 과학기술 수준을 요구하여 많은 투자비용을 투입해야 하기 때문에 집중된 기업 수는 상대적으로 비교적 적다. 예를 들어 현재 산업사슬 후방 부분인 육종 산업은 기본적으로 신젠타, 파이오니어, 몬산토, 듀폰 등 극히 소수의 대형 종자업 기업이 장악하고 있으며 산업사슬 전방 부분에 있는 농작물 가공업은 기본적으로 ADM, 루이 드레퓌스, 번기, 월마르 인터내셔널그룹 등 기업이 장악하고 있다.

수평적 통합은 동일한 산업사슬에서 같거나 비슷한 관련 농산품 사업 통합을 진행하는 것을 의미한다. 주요 종자업 회사가 농업 바이오 기술 회사, 기타 종자업 회사를 인수하는 것은 모두 이 경우에 속한다. 기업은 수평적 통합을 통해 어느 한 제품 분야의 시장 점유율을 신속히 확대할 수 있다.

오늘날의 주요 다국적 농업기업은 이미 거대한 상업 제국이 되었고 어떤 기업이 가지고 있는 농산품의 산업사슬은 몇 십 개가 되기도 한다. 이는 하루 아침에 완성될 수 있는 것이 아니고 끊임없는 축적을 거쳐 점점 발전된 것이다. 그 중에서 가장 중요한 경험은 곧 성공적인 경험을 참고하였다는 것이다. 즉 어떠한 제품의 산업사슬에 성공한 후 바로 발전 투자 목표를 그 성공한 산업사슬 가까이에 두거나 비슷한 제품의 산업사슬을 똑같이 발전시키는 것이다. 중국에서 최근 몇 년간 가장 두드러진 예는 이하이자리의 발전 경험이다. 이하이자리는 최초에 중국에서 주로 식용유의 수입, 판매와 원재료 수입 사업에 종사했다. 이 분야에서 성공을 거둔 후 쌀과 밀가루 사업에 진출하였고, 아주 빠르게 이 두 분야에서 중량그룹과 비슷한 시장 지위를 획득하였다.

(3) 연구개발에 강도 높게 투자함

다국적 기업이 보유하고 있는 농업기술은 핵심 경쟁력 중의 하나이다. 대형 다국적 농업기업은 대부분 연구개발에 대한 투자 또는 농업 전문기술 개발 회사나 농업과학 연구원과의 협력을 중시한다. 몬산토(Monsanto)는 연간 매출액의 9-10%를 연구개발에 투입하였다. 월마르 인터내셔널그룹은 중국, 싱가포르, 말레이시아, 인도네시아, 인도, 독일, 러시아, 베트남 등 국가에서 연구개발을 진행하였다.

(4) 인수합병을 활용해 시장을 확장하고 사업을 확대함

인수합병은 날이 갈수록 주요 다국적 농업기업이 새로운 시장에 진입하고 사업을 확장하는 수단이 되고 있다. 주요 다국적 농업기업은 매번 다국적 시장 진입 시 핵심 사업부분 확장에 있어 기본적으로 인수합병 투자를 통해 실현하였다. 예컨대 ADM의 중국 시장 개척은 1994년 중국 지풍(集丰)회사를 인수한 후부터 시작되었다. 번기의 중국 식용유 가공판매사업은 2005년과 2006년에 중국 2개의 대두 압착공장을 인수하는 것을 기반으로 하여 시작되었다.

(5) 합자 투자를 통해 실력이 강한 기업과 협력함

독자기업을 설립하는 것은 대형 다국적 농업기업이 가장 선호하는 투자 방식이기도 하지만 주요 다국적 농업기업은 협력 방식으로 공동 투자를 진행하고 합자기업을 설립하기도 한다. 현지 기업과 합자하는 것은 현지 자원을 통합하고 현지 시장 진입 및 점유하는 데 유리하다. 현지 기업과 합자 기업을 설립하는 것은 정치적 리스크를 분담할 수 있어 더욱 유리하다.

(6) 기업의 사회적 책임을 적극적으로 담당함

농업 관련 기업에 있어 농업 생산, 농민 생계, 농업 환경 등 문제를 충분히 잘 해결해야만 기업의 투자 발전이 장기적이고 지속 가능한 발전을 실현할 수 있으며 산업사슬의 안전을 보장할 수 있다. 주요 다국적 농업기업은 최근 몇 년간 이러한 방면에서 비교적 좋은 성과를 이루었다. 지방의 비정부 농업기구와 협력하고 농민의 발전에 도움을 주는 것은 투자자와 현지 비정부 조직간 관계를 개선하는 데 있어서도 도움이 된다. 이는 주요 다국적 농업기업의 중요한 경험이다.

중국의 식량안보와 농업의 해외진출전략

제3절 주요 다국적 농업기업의 세계 식량안보지배체계에 대한 영향

'식량안보'는 일반적으로 협의와 광의로 나눌 수 있다. 협의의 식량안보는 쌀, 밀, 옥수수, 대두와 서류(薯類) 등의 국내 자급률을 가리킨다. 광의의 식량안보 또는 식품안보(Food Security)에는 식량과 기타 모든 인체 영양의 수요를 충족시킬 수 있는 식품이 포함되어 있다. 여기서 말하는 식량안보는 광의의 식량안보이다.

다국적 농업기업이 전 세계 식량안보에 주는 영향은 다음 3가지 방식을 통해 실현된다. 첫째는 산업사슬의 연장, 사업의 다원화, 글로벌 구도와 경영을 통해 식량 농산품의 투자, 재배, 저장, 가공, 운수, 판매 등의 부분과 네트워크를 장악한다. 둘째는 인수합병을 통해 세계 식량과 농업 체제를 지배하는 능력을 강화하는 것이다. 셋째는 금융자본과의 결합을 통해 농산품 선물시장 가격을 조종하여 국제 식량 가격을 통제한다. 그 외에 다국적 농업기업은 WTO 농업 규칙을 이용해 개발도상국 농업발전에 부정적인 영향을 미치고 있다.

1. 근원적인 종자 산업에서부터 전 세계 식량안보에 영향을 미침

종자는 식량안보 문제의 핵심이다. 기술에 대한 연구개발로부터 시장보급에 이르기까지 다국적 종자기업은 이미 완벽한 산업 시스템을 갖추었고 종자 사업의 연구개발 통제와 유전자 변형 농산품 생산과 무역의 추진을 통해 세계 농업과 식량안보에 영향을 미치고 있다.

종자 사업에 대한 연구개발과 시장 보급의 거대한 경제적 가치는 수많은 다국적 기업을 끌어들였고 수평적 및 수직적 통합과 업종 간의 인수합병을 통해 일련의 농업 바이오를 연구대상으로 유전자변형 농작물 및 바이오 농약의 생산과 무역을 목적으로 하는 대형 다국적 기업들이 형성되었다. 그들은 전 세계 60%가 넘는 종자 판매 시장을 차지하였고, 전 세계 종자 업종의 거의 모든 연구개발 특허[13]를 통제하였다. 연구개발 특허만 본다면 1999-2008년 10년간 OECD에서는 29개의 유전자변형 Bt 농작물 특허권을 부여하였고 그 중에서 몬산토, 듀폰, 신젠타, 바이엘, 리마그레인, KWS AG 등 세계 다국적 농업기업이 23개의 특허권을 획득하였다. 그 중 몬산토 1개 기업이 9개의 특허를 보유하고 있고 특허 프로젝트 전체의 1/3을 차지하였다.

종자와 마찬가지로 유전자변형기술 역시 이미 다국적 농업기업이 세계 농업 발전과 식량안보에 영향을 미치고 통제하는 무기가 되었다. 유전자 변형 기술은 품종 간 유전자 교류와 목표 유전자의 정향적 이전을 실현하고, 일반적인 육종기술로는 극복하기 어려운 내병성, 내역성, 생산량, 품질 등 문제를 해결할 수 있는 것으로 널리 알려져 있다. 한편 유전자 변형 식품의 장기적인 안전성에 대해 확정된 결론이 없어 유전자 변형 식량 보급은 전 세계적으로 아직 조심스럽게 모색하는 단계에 있다.

현재 전 세계에서 오직 29개 국가(독일, 스페인, 스웨덴 등 유럽연합 국가를 포함)만 24개의 유전자변형작물의 상업화 재배를 허락하였고, 53개 국가에

---

13   新华社每日电讯. 专家评点转基因技术. http://news.xinhuanet.com/mrdx/2011-11/08/c_131234295.htm

서는 110여 개 유전자변형제품의 시장 진입을 허락하였다. 2011년 이 29개 국가에서 재배한 유전자변형작물은 1.6억 ha로 전 세계 경작지의 10%[14]를 차지한다. 유전자변형작물을 대대적으로 보급하는 미국 몬산토를 대표로 하는 다국적 종자 기업은 유전자변형작물이 농작물의 생산량을 대대적으로 향상시킬 수 있다고 고취하고 있고 『TRIPS 협정』을 이용해 개발도상국에서 유전자변형작물의 재배를 강화하였다. 아르헨티나 등을 대표로 하는 개발도상국들은 유전자변형작물을 널리 보급한 후 종자와 농약을 모두 몬산토에서 구입해야 하였으므로 단지 10년이라는 짧은 시간만에 식량 자급 능력이 상실되었고 빈곤 인구의 비율은 1970년 5%에서 2002년 51%로 급증되어 식량 안보문제가 더욱 두드러졌다.

2. 전반적인 식량 산업사슬을 장악함

다국적 기업의 농업 산업사슬에 대한 장악은 주로 두 가지 방식을 통해 실현되었다. 첫째는 식량 및 기타 농산품 산업사슬의 끊임없는 확장을 통해 점진적으로 식량과 농산품 저장, 가공, 운수, 판매 등의 부분과 네트워크를 장악하였다. 둘째는 기타 바이오 기술 회사, 화학 회사에 대한 인수합병을 통해 세계 식량과 농업 시스템을 지배할 수 있는 능력을 강화하였다.

현재 미국 번기는 브라질에서 200여 개 식량창고, 수많은 도매센터, 식량 및 식용유 가공공장, 화학비료공장, 사료공장과 전용 부두를 보유하고

---

14   全球转基因作物种植面积及分布. http://data.163.com/12/0906/18/8AO56AAO00014MTN.html

있고, 카길은 브라질에 32개 가공공장, 96개 식량창고와 10개 항만부두를 보유하고 있다. 한편 다국적 곡물기업들은 브라질의 대두 가공, 저장, 운수, 수출 등 통제를 통해 순조롭게 브라질의 대두 산업사슬을 전반적으로 장악하는 목표를 달성하였고, 브라질 대두의 84%가 4대 다국적 곡물기업에 의해 수매 및 수출되기에 이르렀다.

20세기 90년대 이래 다국적 기업들은 이미 전 세계적으로 산업사슬을 배치하였고, 글로벌 경영을 정착시켰다. 이에 따라 다국적 농업기업들은 글로벌 기업으로 변신되었고 전 세계적으로 전략적 구도와 산업특화를 실현하였다. 그들은 각 제품의 가공과정을 서로 다른 국가에 배치하였다. 즉 노동집약형 가공과정은 임금수준이 낮은 국가에 배치하고, 환경부담이 높은 가공공장은 환경보호정책이 느슨한 국가에 배치하였으며 자본집약형 가공과정은 자국에 배치하였다. 이렇게 함으로써 그들은 원가를 낮추거나 이익을 향상시키는 방식을 통해 초과이익을 도모하였다.

3. 국제 식량 가격을 조종함

21세기 이래 국제금융시장의 급속한 발전에 따라 식량시장과 화폐시장, 외환시장, 선물시장, 파생상품시장은 연동되어 복합적 금융시스템을 형성하였고 전통적 금융시장의 범위를 넓혔으며 식량의 '금융화 추세'가 형성되었다.

2008년 국제금융위기 발생 후 국제투기자본은 식량을 포함한 상품 선물을 목표로 하였다. 위험이 비교적 적고 가격이 비교적 높은 농산품 선물은 국제 유동 단기자금과 투자기금의 우선적 목표가 되었다.

다국적 농업기업은 다양한 경영으로 식량 가격 추세를 조종하는 능력을 갖게 되었다. 그들은 현물뿐만 아니라 선물까지 운영하며 농산품 뿐만 아니라 금융투자도 진행하였다. 다양한 경영은 경영 리스크를 줄일 수 있을 뿐만 아니라, 상호 보완작용도 할 수 있게 한다. 농산품 금융화의 전파 경로는 농산품의 국제 및 국내 시장 ― 농산품의 선물과 현물 시장 ― 자본 유동성 과잉으로 에너지까지 추구 ― 농산품 금융화의 형성으로 종결된다.

국제식량가격은 미국의 농업 산업화 그룹과 금융자본 그룹들이 시카고 선물거래시장을 매개로 서로 연계하여 태동된 것이고 전 세계의 식량에 관한 정보와 여론도 여기에 의해 조종되고 있다. 다국적 곡물기업들은 전 세계적 식량가격 상승과 식량 위기 중에서 많은 이익을 거두었다.

관련 통계에 의하면 다국적 곡물기업들은 전 세계적 식량가격 상승의 최대 수혜자이다. 그 중에서 2007년에 카길의 이윤은 36%, ADM의 이윤은 67%, 번기의 이윤은 49%씩 각각 상승되었다. 2008년 1/4분기에 카길 순이익은 86% 상승되었고, ADM 총이익은 55% 상승되었으며 번기 총이익은 189%나 상승되었다. 각 종자와 농업화학회사의 2007년 이윤 증가 속도도 아주 빨랐다. 몬산토는 44%, 듀폰은 19%, 신젠타는 28% 증가하였다.[15]

따라서 주요 다국적 농업기업은 농업산업에 전반적인 산업사슬 배치 구도와 글로벌 경영을 통해 세계식량체계에 비교적 큰 영향을 미쳐 통제하게 되었다.

---

15   周立. 世界粮食危机与粮食国际战略. 求是, 2010년 제20호.

제4절 다국적 농업기업의 대 중국 무역과 투자 현황 및 영향 평가

개혁개방 이래 중국은 대량의 동식물 유전물질 자원, 선진적인 실용기술, 외자와 선진적인 경영이념을 도입하였고 이는 농업의 지속 가능한 발전을 추진하는 데 있어 중요한 작용을 하였다. 다른 한편으로는 중국 농업의 기초 경쟁력이 약하고, 또한 효과적인 보호와 정책 조정 여지가 부족함으로 외자가 빠르게 몰려 들어오면서 이미 일부 산업에 비교적 큰 충격과 함께 안보 면에서도 비교적 큰 도전을 가져다 주었다. 중국의 입장에서는 다국적 농업기업이 적극적인 역할을 할 수 있도록 격려하고 인도해야 하나 다국적 농업기업의 중국 농업 안보에 주는 부정적인 영향을 경계해야 하며 그 영향을 감소시켜야 한다.

1. 다국적 농업기업의 중국에 대한 무역 현황 및 영향

WTO 관련 데이터에 따르면 2011년에 중국은 처음으로 미국을 제치고 최대 농산물 수입국이 되었고 동시에 수출도 증가되었다. 2010-2011년에 식품과 음료의 수입액은 34% 증가되었고, 수출은 25% 증가되어 캐나다를 넘어 세계 제6위가 되었다. 이러한 가운데 농산품 국제무역을 통제하는 대형 다국적 농업기업은 모두 중국과 무역 거래가 있다.

(1) 중국에 대한 농산품 무역 수량과 금액이 모두 급격히 증가되었음

대두 분야에서 2006-2010년간 중국 대두 수입량은 1.94배 늘었고 수입

중국의 식량안보와 농업의 해외진출전략

액은 3.35배 증가하였다. 이는 중국의 대두무역이 이미 다국적 농업기업에 의해 통제되고, 무역이 극도로 다국적 농업기업에 의존하고 있다는 것을 의미한다.

〈표 15.2〉2006-2010년 중국 주요 농산품 수입 추이

단위: 만 톤, 만 달러

연도	항목	곡물 및 곡물 가루	대두	식물성 식용유	설탕
2006	수량	358	2824	669	135
	금액	838.65	7488.87	3150.92	548.67
2007	수량	155	3082	838	119
	금액	533.94	11472.17	6236.06	379.60
2008	수량	154	3744	816	78
	금액	731.79	21812.65	8977.34	318.50
2009	수량	315	4255	816	106
	금액	898.07	18787.28	5895.19	378.40
2010	수량	571	5480	687	177
	금액	1527.26	25081.23	6026.72	905.78
2011	수량	545	5264	657	292
	금액	2043.80	29834.18	7714.00	1943.40
2012	수량	1398	5838	845	375
	금액	4786.73	34990.17	9692.12	2243.74

자료출처 : 中國統計年鑑

곡물 분야에서는 2007년과 2008년 수입량이 감소한 뒤 2009년과 2010년에 수입량과 수입액은 급격히 다시 증가되었고, 다국적 농업기업은 중국 곡물무역에 손을 대기 시작하였다.

식물성 식용유와 설탕 수입은 안정적으로 증가하는 추세를 유지하고 있어 다국적 농업기업은 이 두 품목 무역에 대해서는 아직 통제를 하지 못하고 있다.

(2) 중국 농업 각 분야에 침투되어 통제력이 더욱 강화되었음

중국이 2001년 WTO에 가입하면서 중국 농산품 시장의 세계개방정도가 높아졌다. 이에 따라 다국적 농업기업은 점진적으로 중국 농업 각 분야에 진출하고 있다. 국제 다국적 농업기업은 기본적으로 중국 대두 무역을 통제한 후 식량, 목화, 목축업 등 분야로 점차 확장하기 시작하였고 산업사슬의 많은 부분에 확장되었으며 다국적 농업기업의 통제력은 더욱 강화되고 있다.

대두무역의 경우 현재 중국의 대두 수입의존도는 70%를 넘었고 대부분의 수입이 4대 국제곡물기업(ADM, 카길, 번기와 루이 드레퓌스)에 의해 통제되어 대두 가격은 기본적으로 이들에 의해 결정된다. 이 뿐만 아니라 이러한 외자 기업은 중국 대두 가공과 유지제품 시장에서 비교적 큰 비중을 차지하고 있고, 대두 수입과 가공, 식용유 판매 등 다양한 부분에 대한 통제를 시작하였다.

식량 무역의 경우 이하이자리, 카길 등 외자기업은 식량의 주요 생산지역에서 식량 수매, 저장과 가공을 진행하기 시작하였고, 농자재 공급과 식량 재배의 부분으로 확장되고 있다. 목축업에서는 종묘, 사료, 사육, 도살, 가공, 판매 등 부분에 진입하였고 산업사슬 전반에 대한 통제가 점차 두드러지고 있다.

목화무역 분야는 루이 드레퓌스 등 다국적 기업이 점차적으로 중국 목화 수매 분야로 진입하기 시작하였다. 일부 외자기업은 이미 중국 국내 기업을 통제하여 목화가공업에 침투하였다.

종자무역 분야에서는 중국 농작물 종자에 대한 외자기업의 통제가 나날이 심각해 지고 있다. 중국 농업이 외국 종자에 지나치게 의존한다면 외자기업은 우월적인 지위를 이용해 종자 가격을 높일 수 있고 또는 농민에게 고액의 특허비용을 요구할 수 있다. 이는 농민의 이익을 침해하며 농업 생산을 위협한다.

중국 농산품 시장 수요가 끊임없이 증가됨에 따라 다국적 농업기업은 중국 농업무역 각 분야에 대한 침투 속도를 더욱 가속화함으로써 중국 농산품 시장에 대한 선점을 이룰 것이다.

2. 다국적 기업의 중국 농업에 대한 투자의 특징 및 추세

개혁개방 30여 년 이래 중국 농업의 외자 도입은 규정과 제도의 구축, 사상에 대한 해방, 과학적 발전의 3단계를 거쳤고, 외자는 이미 중국 농업 경제 발전에서 소홀히 할 수 없는 중요한 위치를 차지하였다. 그러나 전반적으로 중국 농업의 대외개방은 여전히 초보 단계에 처하여 있다.

(1) 외자의 규모와 비중은 모두 작으나 최근 몇 년간 지속적 상승

투자 주기가 길고, 리스크는 크며 수익률이 낮고 토지에 대한 정책적 제한 등 다양한 요소의 영향으로 인해 중국 농업부문의 외자 이용 규모와 비중은 제조업과 서비스업에 비해 장기적으로 훨씬 낙후되어 있다. 중국 농림목어업에서 실제 이용한 외자 금액과 비중은 각각 2006년 6억 달러와

0.95%에서 2012년 20.6억 달러와 1.9%로 증가되었고, 그 중에서 농업 분야에서 이용한 외자 금액과 비중은 각각 2006년 2.4억 달러와 0.4%에서 2010년 9.5억 달러와 0.9%로 지속적으로 증가되었다(그림 15.1 참조).

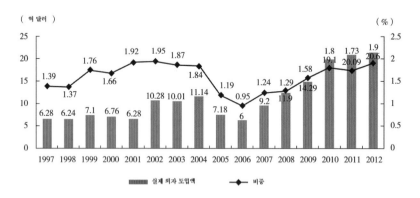

〈그림 15.1〉 1997-2012년 농림목어업의 실제 외자 도입액 및 전국 외자에 대한 비중

(2) 외자 유치경로가 협소하며 주로 홍콩, 대만, 마카오에서 유치

중국 농업부문의 외자는 홍콩, 대만, 마카오가 위주이며 확대 추세를 보이고 있다(표 15.3 참조). 그 중에서 홍콩과 대만은 전형적인 '도시 경제' 지역으로 농업은 비교우위가 없고, 대규모의 농업 투자는 근본적으로 불가능하다. 외자 유치 경로의 다원화는 다수 국가가 외자를 이용하는 기본적인 전략이다. 이 점에서 볼 때 중국은 외국과 여전히 큰 차이가 있다.

단위: 억 위엔

연도	투자원	농림목어업	농업	임업	목축업	어업	농림목어서비스업
2006	홍콩·대만·마카오 기업의 투자	7.9	3.3	0.9	2.9	0.5	0.3
	외국기업의 투자	11.3	3.3	0.5	6.0	0.6	0.8
2007	홍콩·대만·마카오 기업의 투자	11.4	5.0	2.5	1.3	2.3	0.4
	외국기업의 투자	14.4	4.6	3.4	4.7		1.6
2008	홍콩·대만·마카오 기업의 투자	15.0	7.2	3.4	2.5	0.2	1.8
	외국기업의 투자	17.9	6.1	4.3	7.2		0.2
2009	홍콩·대만·마카오 기업의 투자	19.3	8.6	0.7	4.9	0.8	4.3
	외국기업의 투자	19.7	6.8	3.8	6.3	1.1	1.8
2010	홍콩·대만·마카오 기업의 투자	23.7	10.9	0.0	9.8	1.4	1.6
	외국기업의 투자	21.2	8.2	2.0	7.2	2.0	1.7
2011	홍콩·대만·마카오 기업의 투자	53.9	21.9	1.4	24.0	2.4	4.2
	외국기업의 투자	56.3	20.9	5.4	24.4	4.0	1.6

자료출처: 中國統計年鑑 2007-2010년 관련 데이터로 정리함

(3) 외자의 지역적 분포가 불균형하고 동부 연해지역에 집중

외자 이용 건수와 실제이용 금액으로 보면, 2001-2011년 1분기에 외자 이용이 가장 많은 4개 성(省)은 지앙쑤(29.30%), 광둥(13.7%), 산둥(12%)과 푸젠(9.7%)이다. 이 4개 성이 실제 이용한 외자는 전국의 농업 실제이용 외자 총액의 64.7%를 차지하고 있고, 전체 프로젝트 수의 55.5%를 차지한다(표 15.4 참조).

단위: %

외자 직접투자의 프로젝트 건수			외자 직접투자의 실제 금액		
성/시	비중	순위	성/시	비중	순위
광동(廣東)	19.3	1	지앙쑤(江蘇)	29.3	1
지앙쑤(江蘇)	16.8	2	광동(廣東)	13.7	2
푸젠(福建)	10.9	3	산둥(山東)	12	3
산둥(山東)	8.5	4	푸젠(福建)	9.7	4
지앙시(江西)	6.8	5	랴오닝(遼寧)	7.4	5
저지앙(浙江)	4.7	6	상하이(上海)	4.6	6
랴오닝(遼寧)	4.7	7	지앙시(江西)	4.2	7
윈난(雲南)	3.4	8	저지앙(浙江)	3.8	8
후난(湖南)	3.2	9	후난(湖南)	2.4	9
하이난(海南)	2.8	10	하이난(海南)	1.7	10
상하이(上海)	1.8	11	윈난(雲南)	1.4	11
쓰촨(四川)	1.5	12	허베이(河北)	1.4	12
허베이(河北)	1.4	13	후베이(湖北)	1.3	13
후베이(湖北)	1.3	14	쓰촨(四川)	0.6	14
네이멍구(內蒙)	0.8	15	네이멍구(內蒙)	0.5	15

자료출처: 중국 상무부. 2011年中國外商投資報告

(4) 독자투자를 위주로 하고 인수합병 등 새로운 방식에서도 시험적인 발전을 이룸

외자기업은 중국 농업이 외자를 이용하는 가장 중요한 방식이다. 2001-2010년 외자 이용 프로젝트 수와 실제이용 금액 중 독자투자방식이 차지한 비중이 모두 60%를 넘었다. 발전 추세에 있어 독자 투자 방식이 대략 상승 추세를 보였고, 프로젝트 수와 실제이용 금액이 전국 전체 프로젝트 수와 실제이용 금액에서 차지한 비중이 각각 2001년 66%, 67%에서 2010년 77%, 89%로 높아졌다.

이와 함께 시장경쟁 구도를 전환하기 위해 다국적 기업은 우선 같은 업종의 선두기업 또는 실력이 있는 기업을 인수합병한 뒤 자사의 기술, 자금, 규모, 브랜드 우위를 기반으로 국내 같은 업종 기업을 도태시킴으로써 시장을 점유하였다. 예컨대 2007년 5월에 신젠타 종자기업은 중국 허베이성의 산베이(三北) 종자기업의 49% 지분을 매입하여 이 기업의 풍부한 옥수수 유전물질자원과 우수한 품질의 옥수수 품종을 얻었고, 이 기업의 전국 20여 개 성에 배치된 판매 네트워크를 직접적으로 사용할 수 있었다. 또한 중국 돼지고기 시장의 잠재력과 사육업의 규모화 경영 추세가 발전됨에 따라 외자기업은 잇달아 인수합병을 통해 돼지 사육업에 진출하였다. 예컨대 2008년에 미국 골드만삭스는 근 3억 달러를 투자하여 완전 출자로 후난성, 푸젠성에서 10여 개의 전문 양돈장을 인수하였고, 이어서 도이치 뱅크는 6000만 달러의 자금을 투입해 상하이 훙버(宏博)그룹 사육장의 30% 지분을 매입하였다. 그 외에 미국 에그피드(AgFeed) 국제그룹은 푸젠, 광시이, 하이난과 지앙쑤 등 성에서 양돈장을 인수함으로써 '프리믹스 생산기업'에서 '프리믹스 생산기업+돼지사육 공급기업'으로 변신하였다.

(5) 우위산업을 중점적으로 배치하고 산업사슬 전반에 걸쳐 진출함

다국적 기업이 진출한 산업사슬의 분야는 주로 집중도가 높고, 소비시장 규모와 이윤 공간이 크며 발전 잠재력이 좋은 분야이다. 중국에 기 진출한 108개의 국가급 중점 농업 산업화 기업으로 볼 때 99개 기업은 식량,

식용유, 임업 특산품(과일 포함), 육류(닭, 소, 돼지 포함), 우유, 수산물, 채소 등 분야에 집중되었고, 차지한 비중은 91.7%[16]에 달하였다. 이와 더불어 다국적 기업들은 중국에 대한 농업 전 분야에 걸친 산업사슬 배치 구도를 끊임없이 개선하고, 재배, 양식, 생산 가공, 시장 유통 등 분야에 투자하고 있다. 예컨대 미국 카길은 광둥, 지양쑤, 신지양, 메이멍구 등 지역에 41개 단독투자기업과 합작투자기업을 설립하였고, 동물 영양제, 대두 압착, 화학비료, 목화, 전분, 육류 등 다양한 분야에 진출하였다. 다국적 곡물기업인 이하이지아리(益海嘉里)그룹의 자회사인 이하이(益海)식량·식용유 기업은 일찍이 7년 전부터 지아무쓰(佳木斯)시에 진출하여 '중국 식량 저장 창고'로 불리는 헤이룽지앙성을 식량 가공업을 발전하는 전략의 중점에 두었다. 또한 이하이지아리그룹은 전략적으로 중요한 35여 개 위치에 130여 개의 대형 종합 가공공장을 설립하였고, 중국 전역에 걸친 판매 및 소매 네트워크를 보유하고 있어 더욱 효과적으로 제품판매원가를 절감하였고 제품출시시간도 단축하였다. 업계의 인사들에 의하면 국제곡물기업들이 통제하고 있는 식량원, 저장, 운수, 가공, 판매 등 분야를 포함한 공급사슬은 지속적으로 개선되고 있고, 중국의 밀 생산과 가공 분야에 대한 통제력과 가격결정력의 영향은 나날이 두드러지고 있으며 그 중에서 대두 부문의 상황은 더욱 그러하다.

(6) 종자 시장을 선점하여 고급 시장의 위치를 차지함

종자산업은 한 국가의 농업과학기술 수준을 가장 잘 나타낼 수 있는 중

---

16   叶梓. 外资进入中国农业产业新动向. 中国党政干部论坛, 2011년 제9호.

요한 분야이다. 중국이 WTO에 가입함에 따라 종자산업의 대외 개방과 종자의 상품화 정도가 지속적으로 향상되고 중국 종자산업은 매우 빠른 속도로 발전하는 추세를 보이고 있어 종자 시장 매출액은 2000년 250억 위엔에서 2011년에는 650억 위엔 정도로 증가하였다. 잠재 시장 규모는 1000억 위엔 이상이다. 거대한 시장은 몬산토, 듀폰 파이오니어, 신젠타 등 대형 다국적 기업을 유치하였고, 이러한 다국적 기업들은 중국에서 판매 경로를 조성하고, 연구개발 센터를 설립하였으며 중국 현지 시장에서 우월한 종자 기업의 주주가 되었다.

〈표 15.5〉 중국 외자 종자기업의 경영 품종별 분포

경영 품종	기업 수 (개)
채소 종자	26
화훼 종자	21
풀 종류 종자	9
옥수수 종자	4
유전자변형 목화 종자	2
유료작물 종자	1
기타 농작물 종자	1
농작물 종자	1

자료출처 : 중국 농업부 재배업 관리국과 농업부 정보센터에서 주관하는 중국 종자업 정보사이트, 경영 허가증 조사 데이터 베이스와 중국 농업부 공고 관련 자료로 작성함

현재 중국에 등록된 외자(합자 포함) 종자기업은 70여 개가 있고 주로 채소와 화초 사업에 종사하고 있으며 고급 시장에서 주도적인 지위를 차지하고 있을 뿐만 아니라 그들의 사업 영역도 밭작물(밀, 벼, 수수, 옥수수, 콩류,

목화, 목초 등)로 확장되는 추세를 보이고 있다(표 15.5 참조). 현재 서우광(壽
光) 시장의 매년 채소 종자의 거래액 중 외자기업의 종자 거래액이 60%를
넘는다. 다국적 기업은 중국의 목화, 채소, 옥수수 등의 영역에서 갈수록 많
은 재배 면적을 가지게 되었고, 중국 종자 시장의 절반을 점유하고 있다.

3. 다국적 기업의 중국 농업 발전에 대한 심층적 장기적인 영향

외자기업 특히 다국적 기업은 대부분 풍부한 자금 동원 능력, 선진적인
연구개발 능력, 원활한 마케팅 기법과 우수한 기술 서비스를 보유하고 있
어 중국 농업 발전에 심층적이고 장기적인 영향을 주었다. 전반적으로 볼
때 외자기업은 중국 현대농업의 발전을 촉진하는 데 도움이 되고 중국에
게 중요한 전략적 의미를 가지고 있다.

(1) 선진적인 시범과 선도적 역할

다국적 기업의 중국 농업에 대한 투자는 수주, 자금, 기술, 국제 표준과
새로운 경영관리방법뿐만 아니라 세계적인 수준의 경쟁 활력도 가져왔고,
또한 중국 농업기업에게 다국적 기업의 글로벌 생산, 연구개발, 판매와 네
트워크 구축에 진입할 수 있는 기회와 공간을 제공하였다.

첫째, 투자의 부족을 효과적으로 보충하였다. 중국 3차 산업의 투자 구
조로 보면 1차 산업이 총 투자 중에 차지하는 비중은 2%밖에 안되고, 투자
가 제일 많은 해에도 4%를 넘지 못할 정도로 점유율이 비교적 작다. FDI
가 농업에 유입되면서 투자가 부족했던 부분을 효과적으로 보충하였고,
중국 현대농업의 발전을 촉진하는 데 도움이 되었다. 예를 들면 미국 펩

시코그룹은 2011-2013년 중국에 25억 달러를 신규 투자하였으며, 그 중에서도 농업은 중요한 투자 방향이었다. 미국 카길은 2010년부터 2-3년 시간 동안 안후이성 추저우(滁州)시에 13억 위엔을 투자하여 47개 표준화 양계장, 1개 부화장, 1개 연간 생산량이 35만 톤에 달하는 사료 공장과 연간 6000만 마리의 가공이 가능한 가축 도살장을 설립하였다.

둘째, 농업기술의 진보와 농업 현대화 경영관리를 추진하였다. 실천 면에서 보면 개발도상국 농업 생산에 참여한 다국적 기업은 어느 정도로 투자 대상국 농업 기술의 발전을 촉진하였다. 다국적 기업이 선진적인 농업 기술을 양도하는 방식은 네 가지가 있으며 이는 직접투자, 주문식 농업 생산, 농업 투입품 제공, 투자 대상국의 농업 혁신 시스템 구축에 참여하는 것이다. 예를 들어 다국적 기업이 중국 농업 발전에 투자하여 생산량을 증가하고 노동생산성을 향상하는 일련의 하드 기술(가공제조 기술)과 소프트 기술(경영관리 기술)을 도입하였다. 중요한 기술에는 농업 생물 육종 기술, 비닐하우스 기술, 밭벼 재배 기술, 농업 원격 탐지 기술, 밀짚 암모니아화 기술, 신선한 과일과 채소 가공 기술이 포함된다. 또 예를 들면 펩시코는 중국 농업부와 협력하여 감자 재배기술 수준을 향상시키는 프로젝트를 전개하였고, 중국에서 현대적 감자 육성 기술과 재배 기술을 보급하였으며 네이멍구, 간쑤, 허베이, 산시, 광시, 산둥 등 지역의 농민을 도와 감자를 재배하였을 뿐만 아니라 네이멍구 사막을 생산량이 높은 감자 농장으로 조성하여 현지 농민과 지역사회 생활을 향상시켰고, 이와 더불어 환경보호와 생태 개선도 이루었다. 미국 파이오니어회사에서 도입한 옥수수 단립직파재배법(Single grain direct sowing)은 중국의 옥수수 종자업이 전반적으로 낟알로 포장하는 방향으로의 발전을 이끌었다. 파이오니어회사의 서비스 마케팅 이념은 중국 종자기업에게 참고할 만한 경험을 제공하였다. 이 회사는 완벽한 판매 네트워크를 소유하고 있어 재배농가의 생산 관련 정보를 수집할 뿐만 아니라 농민에게 기계화 단립직파재배기술을 보급하고, 직파기 구매 및 사용에 보조금을 제공하는 동시에 시앤위(先玉)계 품종의 쓰러지기 쉬운 특성에 근거하여 농가에 클로메퀴아트(Chlormequat)를 제공하며, 농가에게 병충해 예방과 경지관리 솔루션을 제공하였다. 그 외에 다국적 농업기업은 데먼스트레이션 효과와 훈련 교육을 통해 중국 농민이 기술 지식에 대한 인지 장애를 극복할 수 있게 하였고, 농업 노동생산성의 향상을 촉진하였으며 새로운 기술을 채용하는 리스크[17]를 낮추었다.

비록 중국 농업 과학기술 진보의 기여율이 51%로 향상되었지만 중국 농업 과학기술 수준의 선진국 수준과의 격차, 그리고 '3화 동시'[18]를 실현하는 데 요구되는 수준과의 격차는 여전히 뚜렷하고, 특히 농업 바이오기술, 바이오농약, 대형 농기구, 농산품 품질검사 기기설비, 가축의약, 농산품 정밀가공, 농산품 저장 및 신선도유지 기술, 배합사료 생산기술 등에서 국제 선진국과 수준 차이가 비교적 커 기술 향상이 시급하다. 다국적 기업은 장기적으로 이런 분야의 핵심기술을 독점하고 있다.

셋째, 중국의 품종자원을 풍부하게 하고 종자업계의 경쟁의식을 강화하였다. 오늘날에 이르러 중국에 있는 외자 농업생산 프로젝트는 10만 종의 동물과 식물 배질(胚質)자원 및 대량의 선진적이고 실용적인 기술을 도입하였고, 그 중 일부 품목은 중국 국내 종자시장에 큰 영향을 미쳤다. 예

---

17   冯志坚, 肖黎. 论跨国公司促进发展中国家农业技术进步途径. 前沿, 2011년 제3호.

18   역자주: '3화 동시'란 공업화, 도시화 발전에 기초하여 농업 현대화를 추진하는 것을 가리킴.

컨대 듀폰 파이오니어회사의 '시앤위(先玉) 335' 품종의 보급은 중국 품종 자원을 풍부하게 하는 동시에 농업 생산량을 높였다. 이렇게 외자의 중국 종자산업으로의 진입은 중국 품종자원을 풍부하게 하고, 전통적인 재배방 식을 전환시킴과 동시에 농민의 소득을 증가시키며 선진적인 마케팅 이념 을 도입하는 등 면에서 적극적인 역할을 하고 있을 뿐만 아니라 종자업종 에 대한 사회 각 계의 고도의 관심을 일으켰고, 중국의 품종 선택과 육종, 종자의 생산 가공, 기술 서비스 등 분야에서 선진국과의 차이를 인식하게 하였으며 중국 국내 종자 업계가 위기감을 느끼게 하여 국내 종자 업계의 경쟁 의식을 불러일으켰다.

넷째, 국제 표준을 도입하게 되었고 농산품 무역의 발전을 촉진하였다. FDI의 유입은 농업 종합생산능력, 기술수준을 향상시킴과 동시에 FDI 유 출국과 동일한 제품 품질 기준과 원활한 수출 경로를 가져옴으로써 중국 농산품의 수출을 증가시키는 한편 농산품 수입대체 효과도 가져오게 되 었다. 관련 연구에 따르면 농업 부문의 FDI가 1단위 늘어나면 농업 수출 은 0.17단위가 증가되는 반면 수입은 0.226단위 감소된다.[19] 따라서 농업이 FDI 이용을 증가하는 것은 농업자원의 배치를 최적화하고, 농업 생산력, 경쟁력, 리스크 대응능력을 효과적으로 향상시키는 데 유리하며 중국 입 장에서 노동집약형 농업 부문에서의 우위를 발휘할 수 있도록 하여 농업 GDP 증가와 농민 소득 향상을 촉진할 수 있다.

다섯째, 농민의 취업과 소득 증가를 촉진하였고 지역경제 발전을 이끌 었다. 다국적 농업기업이 투자하고 수주 농업 생산으로 농산품 수출을 촉

---

19   綦建红. 入世后中国农产品贸易持续逆差的实证研究. 国际经贸探索, 2008년 제5호.

진한 것은 중국의 농업 취업과 수익 창출에 큰 영향을 미쳤다. 예를 들어 펩시코의 작물재배 분야에서 전문적인 경험과 운영 방식은 회사와 지역 농민 간의 윈윈을 실현하게 되었다. 지난 12년간 만 명이 넘는 농민이 펩시코의 중국 농업 프로젝트 추진으로 이익을 보았다. 또한 스위스 네슬레(Nestle)의 중국 칭다오(青島), 쌍청(雙城), 후룬베이얼(呼倫貝爾)에서의 현지화 우유 생산과 윈난(雲南)의 커피 재배는 모두 '네슬레+농가' 운영 방식을 취하였고, 농민에게 맞춤형 훈련 교육을 제공하고 소 선발 육종, 사육 기술, 외양간 설계, 사료 배합율, 질병 예방과 치료 및 청사료 창고 건설 등 지식을 전수하여 6000가구가 넘는 농가가 고정 소득을 올릴 수 있도록 하였다. 그 중에서 일부 농가에서 사육하는 소는 200마리가 넘었고, 연간 소득은 30만 달러에 달하였다.

(2) 충격과 부정적인 효과

외자의 중국 농업분야 진입으로 인해 국내 시장에 충격을 주었으며 일련의 부정적인 효과도 나타나게 되었다.

첫째, 국내 기업에 대한 충격과 배척. 중국이 WTO에 가입한 후 농산품 시장의 대외개방 정도가 높아졌고, 다국적 농업기업은 이를 기회로 삼아 점점 중국 농업 각 분야에 진출하였다. 다국적 기업은 자금과 기술 등 여러 분야의 우위를 이용하여 일부 산업의 시장에서 비교적 큰 점유율을 차지함으로써 국내 기업이 발전과 생존에 큰 도전을 맞게 되었다. 중국 농업부 통계에 따르면 2010년에 '시앤위(先玉) 335'를 대표로 하는 외국 옥수수 품종의 재배면적은 4300여 만 묘를 넘었으며 중국 국내 옥수수 총 재배면적의 9%를 차지하였다. 수입된 사탕무, 해바라기, 과일과 채소 종자의 재배

면적은 각각 중국 국내 총 재배면적의 95%, 65%, 10%를 차지하였다. 세계 80%의 대두자원을 통제하고 있는 4대 다국적 곡물 기업인 ADM, 번기, 카길, 루이 드레퓌스는 이미 85%의 중국 대두 가공능력을 장악하였다. 2009년 말에 이르러 식물성 식용유에 대한 외자의 시장점유율은 85%, 과일과 채소가공은 30%, 사료가공은 23.6%, 육류가공은 22%를 차지하였다. 중국 3대 식용유 브랜드 중 찐룽위(金龍魚)는 100%가 외자이고 루화(魯花)의 49%가 외자이다.

둘째, 기술 스필오버 억제. 개발도상국에게는 기술의 스필오버가 기술 수준을 향상시키는 주요 방식이다. 하지만 다국적 기업은 투자 대상국 농업에 대한 통제력을 강화하고 이윤을 확보하기 위해 특허권을 보호하고 기술 이전의 내부화 등 기술 봉쇄 정책을 통하여 기술의 스필오버를 억제한다. 구체적으로 농산품 품종의 특허권을 신속히 점유하여 특허 우위를 이용해 목표국의 시장을 점유하는 것이다. 예를 들면 중국 야생의 대두자원을 어느 유명한 다국적 기업이 불법적으로 점유한 후 160여 개의 특허를 신청하여 중국 농민이 중국 대두를 재배하는 것이 오히려 그 회사의 특허를 침범하는 것이 되었다. 최근 몇 년간 다국적 농업기업은 중국 농업분야에서 재빠른 특허 신청이 두드러지고 있는 가운데 2001-2006년간 외자기업이 신청한 농업에 관한 특허는 800개가 넘었으며 연평균 증가율은 7.5%에 달하였다. 특허신청에 있어 다국적 농업기업은 중국 농업 관련 특허의 40.1%를 차지하고 있고, 실제로 보유하고 있는 유효 특허는 42%를 점유하고 있다. 비록 다국적 농업기업이 신청한 특허량이 중국 국내 기업의 신청량보다 적지만 신청한 특허의 권한 부여율과 권한을 부여받은 특허의 유효율은 모두 중국 국내 기업보다 훨씬 높았다. 이는 다국적 농업기업이 특허에 대한 통제력이 아주 강하다는 것을 의미한다.

다국적 농업기업 기술의 스필오버를 방지하는 또 하나의 주요 수단은 기술이전의 내부화이다. 기술 함량이 비교적 높은 종자업의 경우 다국적 농업기업은 중국과 종자 무역을 진행할 때 전통적인 기술 무역의 방식을 취하지 않고 기업 확장 방식을 직접 사용하며 기술 연구개발부터 제품 개발에 이르기까지 완벽한 수직적인 계열화 구축을 통해 기술이전을 기업 내부에 한정함으로써 최대한으로 기술 스필오버 발생을 방지하였다.

셋째, 농업에 대한 거시적인 조정과 통제 및 안보에 있어 잠재적인 리스크가 존재한다. 이는 주로 다음과 같이 나타났다. ① 중국『외자투자산업지도목록』중에서 외자기업의 진입을 제한하거나 금지하는 산업에서 일부 다국적 기업은 지속적인 투자를 통해 지분을 확대하고, 지분 확대로 합자기업을 실질적으로 통제하거나 '대리인'을 통해 기업을 등록하는 방식으로 진입하였다. ② 일부 다국적 기업은 중국의 과학연구기구와 협력하여 품종 자원 교환 및 인재 발굴 등 다양한 방식을 통해 중국 양질의 종자 자원을 대량으로 수집하여 개량하였고, 원천적으로 중국 종자업종을 통제하는 것을 시도하고 있어 중국 식량안보와 종자업종안보에 잠재적인 위협을 주고 있다. ③ 외자기업은 중국이 연구한 성과가 담긴 국제특허를 인수하여 중국 국내 종자기업의 우월한 종자자원 획득에 실질적인 장애가 되고 있어 핵심경쟁력과 국제경쟁력을 가진 육종, 번식, 보급이 일체화된 중국의 종자기업을 육성한다는 지원정책과 정반대가 되고 말았다. ④ 일부 '외국 품종'의 장기적인 변이와 내역성 문제 발생 가능성에 대해 아직 완전히 확정짓기 어려운 상황에서 통일적으로 '외국 품종'의 대규모 재배로 각 지역의 '본토 품종'을 소규모로 재배하는 것을 대체하여 환경변화로 인

해 장기적인 변이 및 내역성 문제가 발생할 경우 이로 인한 부정적인 영향
과 생태계 파괴 작용은 급속히 확산될 것이고, 국민생활, 생태환경, 사회안
정에 매우 심각한 부정적인 영향을 줄 것이다.

본 장의 집필자 : 何曼靑 (중국 상무부 연구원)

[1] 当前我国奶业发展形势与对策研究课题组. 世界奶业发展形势与国外扶持奶业发展的经验. 国研报告专刊, 2007(52).

[2] 列国志中亚5国各卷. 北京: 社会科学文献出版社, 2004.

[3] 白石, 梁书民. 世界粮食供求形势与中国农业走出去战略. 世界农业, 2007(11).

[4] 卜凯. 中国农家经济. 北京: 商务印书馆, 1936.

[5] 布娟鹏·阿布拉. 中亚五国农业及与中国农业的互补性分析. 农业经济问题, 2008(3).

[6] 曹暕, 王玉斌, 赵曼. 发达国家奶业政策思考. 农产品加工(创新版), 2009(9).

[7] 曹令军. "走出去": 国内外动态研究和政策建议. 河南社会科学, 2011(2).

[8] 陈龙江, 熊启泉. 中国种业开放十余年: 回顾与反思, 华南农业大学学报(社会科学版), 2012(3).

[9] 陈前恒, 张黎华, 王金晶. 农业"走出去": 现状、问题与对策. 国际经济合作, 2009(2).

[10] 陈伟, 熊启泉. 中国农业"走出去"面临的国家风险及其防范. 农村经济, 2010(12).

[11] 陈伟. 中国农业"走出去"的背景及行业选择. 农业经济, 2012(4).

[12] 陈伟. 中国农业"走出去"现状、问题及对策. 国际经济合作, 2012(1).

[13] 陈伟. 中国农业企业"走出去"模式研究: 以农业上市公司为例. 国际经济合作, 2012(4).

[14] 陈锡文. 入世后粮食安全不是问题. 人民文摘, 2001(4).

[15] 陈颖, 陈辉. 农业"走出去"是一个大战略. 农业经济问题, 2007(4).

[16] 陈永福, 李军, 马国英. 粮食供求未来走势预测: 基于世界和中国层面的综述. 山西大学学报(哲学社会科学版), 2010(5).

[17] 陈永福. 中国食物供求与预测. 北京: 中国农业出版社, 2004.

[18] 程国强. 中国粮食调控目标、机制与政策. 北京: 中国发展出版社, 2012.

[19] 程国强. 中国农业补贴制度设计与政策选择. 北京: 中国发展出版社, 2011.

[20] 崔龙江. 坚定不移地实施农业"走出去"战略. 农场经济管理, 2009(8).

[21] 单立岩, 黄清. 黑龙江省实施农业"走出去"战略探讨. 农业经济, 2009(3).

[22] 刁新申, 樊胜根, 张晓波. WTO 对中国农业部门的区域影响. WTO与中国农村公共投资. 北京: 中国农业出版社, 2003.

[23] 中国社会科学院俄罗斯东欧中亚研究所. 俄罗斯东欧中亚国家发展报告. 北京: 社会科学文献出版社, 2005-2012.

[24] 方言. 进一步完善农业支持保护制度. 三农决策要参, 2013(8).

[25] 封志明. 中国未来人口发展的粮食安全与耕地保障. 人口研究, 2007(3).

[26] 傅兵. 美国的农产品出口支持政策及其启示. 南京农业大学学报(社会科学版), 2003, 3(2).

[27] 关建波, 谭砚文, 汤慧. 美国2012年农业法案中农业支持政策的改革及对我国的启示. 农业经济, 2013(8).

[28] 郭本恒. 在中国乳制品工业协会第十八次年会上演讲. 中国经济网, 2012-08-31.

[29] 郭成, 孙东升. 新时期粮食物流业的现状、问题及发展方向. 中国农村经济, 2006(2).

[30] 郭玮. 对我国粮食安全问题的几点看法. 市场信息工作简报, 2013, 5(49).

[31] 国家发改委产业经济研究所课题组, 齐援军, 蓝海涛. 中国中长期粮食安全若干重大问题研究综述. 经济研究参考, 2010(73).

[32] 国家发展改革委, 国家粮食局. 粮食行业"十二五"发展规划纲要. 2011.

[33] 国家粮食局. 粮食科技"十二五"发展规划. 2012.

[34] 国家统计局. 中国统计年鉴. 2007-2012.

[35] 国家统计局编. 新中国60年. 2009-09.

[36] 国家统计局城市社会经济调查总队. 中国价格及城镇居民家庭收支调查统计年鉴. 北京: 中国

统计出版社, 历年.

[37] 国家统计局农村社会经济调查司. 中国农村住户调查年鉴. 北京: 中国统计出版社, 历年.

[38] 国务院. 关于促进奶业持续健康发展的意见(国发〔2007〕31号). 2007-09.

[39] 国务院办公厅. 关于转发发展改革委等部门奶业整顿和振兴规划纲要的通知(国办发[2008]122号). 2008-11.

[40] 国务院发展研究中心课题组. 中国粮食生产能力与供求平衡的整体性战略. 改革, 2009(6).

[41] 国务院发展研究中心农村经济研究部. 中国主要农产品增长. 北京: 中国发展出版社, 2013.

[42] 韩俊. 中国食物生产能力与供求平衡战略研究. 北京: 首都经济贸易大学出版社, 2010.

[43] 韩俊. 14亿人的粮食安全战略. 学习出版社, 2012.

[44] 韩俊. 提高粮食生产能力, 确保国家粮食安全. 国务院发展研究中心调查研究报告, 2013(46).

[45] 韩微, 汪静. 对"走出去"企业的企业所得税和营业税问题探讨. 涉外税务, 2011(5).

[46] 何曼青等. 跨国公司绿色战略. 北京: 中国经济出版社, 2011.

[47] 何蒲明. 基于粮食贸易的粮食安全问题研究. 华中农业大学博士学位论文, 2009.

[48] 荷斯坦奶牛俱乐部. 多项政策促进俄罗斯奶业发展. 2012.

[49] 贺一梅, 杨子生. 基于粮食安全的区域人均粮食需求量分析. 全国商情(经济理论研究), 2008(7).

[50] 洪涛. 中国粮食安全保障体系及预警. 北京: 经济管理出版社, 2010.

[51] 侯云春. 加快实施"走出去"战略, 促进我国经济发展方式转变. 中国经济时报, 2011-5-13.

[52] 胡浩, 应瑞瑶, 刘佳. 中国生猪产地移动的经济分析: 从自然性布局向经济性布局的转变. 中国农村经济, 2005(12).

[53] 黄丹华. 抓住机遇, 迎接挑战, 大力提升中央企业国际化经营水平. 中国经贸, 2011(13).

[54] 黄季焜, Rozelle. 迈向二十一世纪的中国粮食: 回顾与展望. 农业经济问题, 1996(1).

[55] 黄季焜, 李宁辉. 中国农业政策分析和预测模型: CAPSiM. 南京农业大学学报(社会科学版), 2003(2).

[56] 黄季焜, 罗泽尔. 迈向 21 世纪的中国粮食经济. 北京: 中国农业出版社, 1998.

[57] 黄季焜. 中国农业的过去和未来. 管理世界, 2004(3).

[58] 回良玉. 在全国现代农作物种业工作会议上的讲话. 北京种业信息网.

[59] 贾晋. 我国粮食储备的合理规模、布局与宏观调控. 重庆社会科学, 2012(2).

[60] 姜大本. 中国粮食贸易与粮食安全问题研究. 硕士学位论文, 2011.

[61] 姜长云, 张艳平. 我国粮食生产的现状和中长期潜力. 经济研究参考, 2009(15).

[62] 姜长云. 2020年前我国粮食供求平衡状况展望. 科学决策, 2006(1).

[63] 姜长云. 我国粮食供求平衡问题的现状与展望. 经济研究参考, 2004(41).

[64] 蒋乃华. 中国畜产品供给需求与贸易行为研究. 中国农业大学, 2002.

[65] 蒋庭松、梁希震、王晓霞等. 加入WTO与中国粮食安全. 管理世界, 2004(3).

[66] 金三林. 劳动力成本上升对我国物价的影响暨我国"刘易斯转折"阶段进程的判断. 国务院发展研究中心工作报告, 2012-10.

[67] 柯柄生. 不公平的世界农产品贸易体系与中国农业政策的改革调整. 农业经济评论, 2003(2).

[68] 拉吉·帕特尔. 粮食战争: 市场、权力和世界食物体系的隐形战争. 北京: 东方出版社, 2008.

[69] 李经谋. 中国粮食市场发展报告. 北京: 中国财政经济出版社, 2011.

[70] 李睿璞, 卢新海. 中国发展海外耕地投资的机遇与风险. 华中科技大学学报(社会科学版), 2010, 24(6).

[71] 李若谷. "走出去"战略的历程与发展. 中国金融, 2011(23).

[72] 李胜利, 张胜利, 刘建新等. 国家奶牛产业技术体系. 工作简报, 2012(1), 总第17期.

[73] 李伟. 当前中国粮食安全形势与对策思考. 中国粮食经济, 2012(9).

[74] 李文明. 粮食安全预警机制与调控方略. 北京: 中国农业出版社, 2013.

[75] 李志豹. 在路上的中国乳企海外并购. 乳品与人类, 2011(4).

[76] 厉为民. 粮食安全十问. 开发研究, 2005(3).

[77] 联合国粮农组织2012年统计年鉴, 联合国粮农组织官方网站: http://issuu.com/faosyb/docs/fao_statistical_yearbook_2012_issuu/46#print

[78] 林毅夫, 陈锡文, 梅方权等. 中国粮食供需前景. 中国农村经济, 1995(8).

[79] 林自新. 世界粮食安全形势日趋严峻. 改革, 2011(2).

[80] 刘旭. 新时期我国粮食安全战略研究的思考. 合作经济, 2013(4).

[81] 刘永胜, 张淑荣, 兰德平. 入世以来中国粮食贸易与粮食安全问题分析. 农业经济, 2010(8).

[82] 刘长友. 以农业"走出去"为突破口打造"域外分局". 农场经济管理, 2010(2).

[83] 刘忠涛, 刘合光. 世界粮食贸易现状与趋势. 农业贸易展望, 2011-07(5).

[84] 刘自杰. 我国城镇居民乳品需求弹性及消费潜力研究. 中国农业科学院, 2007.

[85] 陆文聪. 对我国主要农产品产需变化趋势的基本判断及其政策启示. 中国农村经济, 2004(2).

[86] 骆晓丽. 中俄农业经贸合作的障碍分析. 北方经贸, 2012(4).

[87] 吕品. 我国牛肉的供给与需求分析. 中国农业科学院, 2010.

[88] 吕新业, 冀县卿. 关于中国粮食安全问题的再思考. 农业经济问题, 2013(9).

[89] 吕新业, 王济民. 我国粮食供需预测. 农业现代化研究, 1997(1).

[90] 马嫦娥, 卜海. 论企业"走出去"的路径选择及其支持政策. 财贸经济, 2006(12).

[91] 马恒运. 在外饮食, 畜产品需求和食品消费方式变化研究. 中国农业科学院, 2000.

[92] 马骥, 李亮科, 朱宁. 中国保持粮食高自给率的环境问题研究报告, 中国农业大学, 2013.

[93] 马晓河, 蓝海涛. 中国粮食综合生产能力与粮食安全. 北京: 经济科学出版社, 2008.

[94] 马晓河, 李伟克. 中国粮食贸易的不稳定性及影响. 管理世界, 1998(1).

[95] 马振岗, 甄炳禧. 实施"走出去"战略, 推动建设和谐世界. 北京: 世界知识出版社, 2009.

[96] 梅方权. 中国粮食综合生产力的系统分析. 中国食物与营养, 2006(2).

[97] 孟玉明. 中国企业"走出去"发展战略的制定与实施. 国际经济合作, 2012(2).

[98] 农业部, 国家发展和改革委员会, 工业和信息化部, 商务部. 关于印发全国奶业发展规划(2009-2013年) 的通知(农牧发[2010]3号), 2010-6.

[99] 农业部办公厅. 关于印发 2012年畜牧业工作要点的通知(农办牧[2012]6号), 2012-1.

[100] 农业部办公厅. 关于印发全国节粮型畜牧业发展规划(2011-2020年)的通知(农办牧[2011]52号), 2011-12.

[101] 农业部发展计划司, 钱克明, 彭廷军. 我国农户粮食生产适度规模的经济学分析. 农业经济问题, 2014(3).

[102] 农业部考察团. 美国农业补贴政策的新动向以及对我国的启示. 农村经济文稿, 2009(9).

[103] 农业部课题组. 土地适度规模经营问题研究. 农村经济文稿, 2009(10).

[104] 彭超. 美国目标价格补贴政策的操作方式及其对中国的借鉴. 中国农村研究, 2013, 9(61).

[105] 彭文进. 中国与中亚国家农业合作的潜力. 俄罗斯中亚东欧市场, 2012(1).

[106] 强始学, 米会龙, 支小军. 我国实施农业走出去发展战略问题研究. 兵团党校学报, 2012(1).

[107] 乔木森. 略论苏联的农业基础设施. 世界经济, 1985(3).

[108] 乔召旗, 罗荣海. 中国粮食贸易与世界粮食价格的相关性研究. 粮食加工, 2009(5).

[109] 秦路, 高春玲. 中国境外农业试验示范合作的现状、问题及政策建议. 世界农业, 2008(5).

[110] 商务部. 中国外商投资报告. 2005-2012.

[111] 中国社会科学院俄罗斯东欧中亚研究所. 上海合作组织发展报告. 北京: 社会科学文献出版社, 2009-2012.

[112] 上海科教兴农网. 主要发达国家奶业政策. 2010-12-23.

[113] 沈贵银, 徐雪高, 翟雪岭. 关于开展大豆目标价格补贴的苦干思考. 市场信息工作简报, 2013,

2(15).

[114] 沈贵银, 徐雪高, 翟雪岭. 实施目标价格补贴, 稳定大豆生产的苦干思考. 中国农村研究, 2013,1(1).

[115] 食品产业网. 为何我国众多乳业企业要"走出去"挤奶. 2011-11.

[116] 世界知识年鉴. 2009/2010. 北京: 世界知识出版社, 2010.

[117] 宋洪远. 农业补贴制度: 框架、内容与政策建议. 三农决策要参, 2013(7).

[118] 宋昆冈. 新乳业新思路: 十二五乳业发展思考. 在国乳制品工业协会第十八次年会上作的主题报告. 中国经济网, 2012-08-31.

[119] 宋伟良, 方梦佳. 贸易自由化对中国粮食安全的影响及对策研究. 宏观经济研究, 2012(10).

[120] 孙宝民. 中国粮食安全与粮食进出口现状分析. 中国农业会计, 2011(8).

[121] 孙力, 吴宏伟. 中亚国家发展报告(2012版). 中国社会科学院俄罗斯东欧中亚研究所. 北京: 社会科学文献出版社, 2012.

[122] 谭砚文. 资源约束、贸易失衡与我国农业走出去战略. 广东社会科学, 2011(6).

[123] 田维明, 周章跃. 国际农产品贸易改革以及对中国饲料粮需求的影响. 中国农业经济评论, 2003, 1(2).

[124] 万宝瑞. 加快实施农业"走出去"战略. 人民日报, 2012-6-5.

[125] 万宝瑞. 深化对粮食安全问题的认识. 农民日报, 2008-4-18.

[126] 王恩胡, 杨选留. 我国城乡居民食品消费结构演进及发展趋势. 消费经济, 2007(4).

[127] 王和岩. 退耕还林等待重启令. 新世纪周刊, 2013.

[128] 王佳. 光明乳业海外并购对中国企业"走出去"的启示. 中国商贸, 2011(9).

[129] 王静玲. 粮价波动与国家粮食安全问题. 生产力研究, 2007(1).

[130] 王帅. 农业跨国公司对中国农业的投资: 现状、问题与建议. 中国流通经济, 2012(1).

[131] 王为农. 我国农业走出去的战略思考. 宏观经济管理, 2012(6).

[132] 王玉飞. 美国大豆补贴政策对我国的借鉴和启示. 农业经济问题, 2011(1).

[133] 王月金. 企业"走出去"要紧紧围绕转方式. 中国经济时报, 2011-4-28.

[134] 威廉·恩道尔. 粮食危机. 北京: 知识产权出版社, 2008.

[135] 魏澄荣. 欧债危机与中国企业"走出去"的策略选择. 亚太经济, 2012(7).

[136] 吴翰传, 齐向飞. 中国对俄罗斯境外农业开发的模式分析. 世界农业, 2010(10).

[137] 吴淼, 张小云, 罗格平等. 哈萨克斯坦水资源利用. 干旱区地理, 2010, 33(2).

[138] 武拉平. 城市化对我国粮食需求的影响研究: 基于农民工食物消费的调查研究报告. 中国农业大学经管学院, 2013.

[139] 谢彪. 境外区域开发业务模式探析. 国际经济合作, 2012(2).

[140] 熊小奇, 吴俊. 我国对外投资产业选择与区位布局. 亚太经济, 2012(4).

[141] 徐倩. 金融危机后国际贸易新格局. 辽宁经济, 2010(4).

[142] 许道夫. 中国近代农业生产及贸易统计资料. 上海: 上海人民出版社, 1983.

[143] 许世卫. 中国食物发展与区域比较研究. 北京: 中国农业出版社, 2001.

[144] 薛克翘. 简明南亚中亚百科全书. 北京: 中国社会科学出版社, 2004.

[145] 薛求知, 朱吉庆. 中国对外直接投资与"走出去"战略理论基础与经验分析. 复旦学报(社会科学版), 2008(1).

[146] 杨晓智. 世界粮食贸易格局及趋势研究. 国际贸易问题, 2009(12).

[147] 杨易, 谢建民, 胡延安等. 农业走出去重点国家农业投资合作政策法规及鼓励措施概况. 北京: 中国农业出版社, 2011.

[148] 杨月欣, 王光亚, 潘兴昌. 中国食物成分表2002. 北京: 北京大学医学出版社, 2002.

[149] 叶慧. 中央企业实施"走出去"战略现状和思考. 国际经济合作, 2011(7).

[150] [韩]尹炳先. 跨国农业公司对全球农业和食品加工业的破坏性影响. 国外理论动态, 2007(8).

[151] 尹成杰. 农业跨国公司与农业国际化的双重影响. 农业经济问题, 2010(3).

[152] 于爱芝. 中国农产品比较优势与对外贸易结构整合研究. 华中农业大学博士学位论文, 2009.

[153] 于晓华, 钟甫宁. 如何保障中国粮食安全. 农业技术经济, 2012(2).

[154] 余文权, 孙威江, 吴国章, 赵丽红. 农业产业链理论与实践研究进展. 亚热带农业研究, 2011(11).

[155] 翟虎渠. 中国粮食安全国家战略研究. 北京: 中国农业科学技术出版社, 2011.

[156] 翟雪玲, 韩一军. 我国农业"走出去"的障碍及未来发展思路. 国际贸易, 2006(9).

[157] 翟雪玲, 韩一军. 制约我国农业"走出去"的不利因素及未来发展战略. 调研世界, 2006(11).

[158] 翟雪玲. 我国农业"走出去"的问题及对策. 国际经济合作, 2006(7).

[159] 张宝生, 张蔷. 黑龙江垦区农业"走出去"调研报告. 农场经济管理, 2012(10).

[160] 张灿强, 金书秦. 中国农业面源污染现状, 监测与负荷评估研究. 农业面源污染研究简报, 2013, 9(9).

[161] 张海燕. 走出去民营企业境外投资操作指南. 杭州: 浙江工商大学出版社, 2012.

[162] 张会. 农业"走出去"战略背景下的中俄农业合作研究. 商业经济, 2009(9).

[163] 张吉祥. 贸易自由化与中国粮食安全目标实现的条件. 调研世界, 2009(3).

[164] 张剑波. 玉米净进口变为可能. 国际商报, 2011-2-23.

[165] 金晓峰. 垦区: 打造国际化超大型企业集团. 黑龙江经济报, 2011-3-11.

[166] 张锦华, 许庆. 城市化进程中我国城乡居民的长期粮食需求. 华南农业大学学报(社会科学版), 2012(1).

[167] 张冷然. 我国农业"走出去"战略的思考. 企业研究, 2010(12).

[168] 张宁. 全面参与国际经贸合作与竞争: 中国面临的挑战. 中国经贸, 2008(11).

[169] 张晓山. '入世'十年: 中国农业发展的回顾与展望. 学习与探索, 2012(1).

[170] 赵广民. 牡丹江管理局实施走出去战略探析. 农场经济管理, 2012(10).

[171] 浙江省现代农业研究会组织. 培育新型经营主体推进粮食生产现代化. CARD动态, 2013(3).

[172] 郑文选. 落实"走出去"战略, 开展国际化经营. 人民日报, 2008-3-19.

[173] 中共中央党校厅局级干部进修班"转方式与调结构"课题组. 加强内外统筹确保农业产业和粮食安全. 中国党政干部论坛, 2012(10).

[174] 中国畜牧网. 俄罗斯银行大力支持奶业信贷10.9亿元给乳企. 2012-9.

[175] 中国广播网. 圣元乳业法国建厂2014年投产打造百分百海外血统. 2012-9-23.

[176] 中国奶业考察团, 谷继承等. 赴巴西和阿根廷奶业考察报告. 中国奶牛, 2011(19).

[177] 中国奶业协会秘书处, 魏克佳等. 印度越南奶业考察报告. 2008-11.

[178] 中国商务部国际贸易经济合作研究院, 商务部投资促进事务局, 中国驻中亚五国各使馆经济商务参赞处. 对外投资合作国别(地区)指南: 哈萨克斯坦, 吉尔吉斯斯坦, 塔吉克斯坦, 土库曼斯坦, 乌兹别克斯坦各卷. 2011.

[179] 中国政府, 商务部和外交部官方网站: http://www.gov.cn, http://www.mofcom.gov.cn/, http://www.mofcom.gov.cn/

[180] 中华人民共和国驻中亚五国大使馆经济商务参赞处官方网站: http://kz.mofcom.gov.cn, http://kg.mofcom.gov.cn, http://tj.mofcom.gov.cn, http://tm.mofcom.gov.cn, http://uz.mofcom.gov.cn.

[181] 中新山东网. 山东奶业协会会长呼吁到俄罗斯办牧场去. 2008-5.

[182] 中亚五国农业部官方网站: http://www.minagri.kz, http://www.agroprod.kg, http://www.aist.tj, http://minagri.gov.tm, http://www.agro.uz.

[183] 钟甫宁, 向晶. 城镇化对粮食需求的影响. 农业技术经济, 2012(1).

[184] 钟甫宁. 世界粮食危机引发的思考. 农业经济问题, 2009(4).

[185] 钟水映, 李魁. 基于粮食安全的中国耕地变化对策研究. 农业经济研究, 2010(1).

[186] 周迪. 中国城乡居民粮食消费预测与结构优化. 西南财经大学, 2011.

[187] 周慧秋, 李忠旭. 粮食经济学. 北京: 科学出版社, 2010.

[188] 周立. 世界粮食危机与粮食国际战略. 求是, 2010(20).

[189] 周密. 不平衡中的博弈, 积极探索中国企业"走出去"之路. 国际贸易, 2011(5).

[190] 朱剑红. 如何看待当前宏观经济形势. 人民日报, 2013-7-17.

[191] 朱希刚, Claude A. 中国大豆经济研究. 北京: 中国农业出版社, 2002.

[192] 朱希刚. 跨世纪的探索：中国粮食问题研究. 北京: 中国农业出版社, 1997.

[193] 朱泽. 中国粮食安全状况的实证研究. 调研世界, 1997(3).

[194] 主要农业跨国公司官方网站.

이 책은 중국 국무원 발전연구센터(Development Research Center of the State Council, DRC) 부주임 한쥔(韓俊)이 주관한 『고소득국가로 성장하는 중국의 식량안보전략 및 정책에 관한 연구』 프로젝트 연구보고서의 주요 내용이다.

책 전체는 세 개 부분으로 구성되어 있다. 첫 번째 부분은 고소득국가로 성장하는 중국 식량안보 전략의 기본적인 구상과 정책적 조치를 제시하고, 중국의 식량수급 현황 및 식량무역 발전 추세를 분석하였다. 두 번째 부분은 라틴아메리카, 러시아, 중앙아시아, 아프리카 등 세계 주요 지역 및 국가의 농업발전 잠재력과 이들 지역 및 국가에 대한 중국 농업의 투자전략을 연구하였다. 세 번째 부분은 중국 농업 해외진출에 대한 전략적 배치 구도와 정책적 대안을 제시하였다. 이 책의 중요 관점은 다음과 같이 세 가지로 요약할 수 있다.

우선 중국은 자국에 입각하여 식량공급을 보장해야 하지만 국내 자원 및 환경적 제약과 압력이 점차 커짐에 따라 모든 식량 품종을 자급자족하는 것이 불가능하며 그럴 필요 또한 없다. 따라서 중국은 식량안보의 목표와 전략을 적절히 조정하여 곡물에 대한 기본적인 자급자족을 확보하는 한편, 비곡물의 경우 국제시장과 세계 농업자원을 충분히 활용해야 하며, 아울러 식량의 질과 농업의 지속가능한 발전에 보다 많은 관심을 가져야 한다.

둘째, 중국은 새로운 식량안보관을 수립하고, 효율적이고 개방적이며 지속가능한 식량안보 보장체계를 구축하여 국내 식량의 종합적인 생산능력, 식량 생산의 지속가능한 발전능력, 식량시장에 대한 지배 조정능력, 국제 식량시장 및 해외 농업자원에 대한 활용능력을 제고해야 한다.

셋째, 농업의 해외진출은 국가의 식량안보를 보장하는 중요한 조치로서 세계 농업자원의 활용, 글로벌 농업경쟁 참여, 중국 농업기술 수출의 확대를 위하여 국가적 차원에서 전반적으로 계획하고, 지원하여 농업의 해외진출 및 발전을 가속화해야 한다.

이 책의 번역 작업은 중국 靑島大學의 徐永輝 교수가 주관하였고, 중국 사회과학기금(Chinese Fund for the Humanities and Social Sciences)의 지원을 받아 완성하였다. 徐永輝(중국 靑島大學), 金承泰(산업통상자원부), 全冬梅(중국 靑島大學), 慶成林(한국 호남대학교), 崔笑姸(일본 埼玉大學)이 본 책의 번역 작업을 수행하였고, 徐永輝, 金承泰, 全冬梅가 전체 번역문과 원본의 대조와 교정을 담당하였으며 전체 번역문의 최종 수정과 탈고를 완성하였다. 崔笑姸(일본 埼玉大學 대학원생), 白種立(靑島大學 대학원생, 한국 통계청 사무관), 全蓮洙(靑島大學 대학원생, 한국 조달청 사무관) 등이 본 책의 전체 그림과 표의 번역 및 제작, 번역원고의 정리와 편집 작업에 참여하였다. 靑島大學의 초빙 연구원 千恩仙(한국 문화체육관광부 서기관)이 전체 번역문 교열에 많은 도움을 주었다. 아울러 한국 도서출판 역락의 이대현 사장, 이태곤 이사 및 편집부 여러분이 이 책이 한국에서 출판되는 데 큰 도움을 주었다.

2019년 1월

徐永輝

중국의 식량안보와 농업의 해외진출전략

저자약력

한쥔(韩俊)
1989년 5월 중국 西北農林科技大學 농학 박사학위 취득
중국 국무원 발전연구센터 부주임

역자약력

서영휘(徐永辉)
2004년 2월 성균관대학교 경제학 박사학위 취득
현재 중국 青岛大學 商學院 국제경영학과 학과장, 교수

김승태(金承泰)
2019년 6월 중국 칭다오대학 경제학 석사학위 취득
현재 한국 산업통상자원부 산업정책과 사무관

전동매(全冬梅)
2004년 2월 전남대학교 경영학 박사학위 취득
현재 중국 青岛大學 商學院 마케팅학과 부교수

경성림(慶成林)
2014년 2월 전남대학교 지역개발학 박사학위 취득
현재 한국 호남대학교 경영학부 조교수

최소연(崔笑妍)
2014년 2월 한국외국어대학교 일본지역학 문학사 및
경영학사학위 취득
현재 일본 사이타마대학교(埼玉大學) 일본어학 석사과정 재학

중국의 식량안보와 농업의 해외진출전략
中国粮食安全与农业走出去战略研究

초판1쇄 인쇄 2020년 7월 28일
초판1쇄 발행 2020년 8월 8일

지은이   한 쥔 韓 俊
옮긴이   서영휘 徐永輝, 김승태 金承泰, 전동매 全冬梅, 경성림 慶成林, 최소연 崔笑妍
펴낸이   이대현
책임편집 임애정
편집   이태곤 권분옥 문선희 백초혜
디자인   안혜진 최선주 김주화
마케팅   박태훈 안현진

펴낸곳   도서출판 역락
출판등록 1999년 4월 19일 제303-2002-000014호
주소   서울시 서초구 동광로 46길 6-6 문창빌딩 2층 (우06589)
전화   02-3409-2060
팩스   02-3409-2059
홈페이지 www.youkrackbooks.com
이메일   youkrack@hanmail.net

ISBN 979-11-6244-532-7 93300

이 도서의 국립중앙도서관 출판예정도서목록(CIP)은 서지정보유통지원시스템 홈페이지(http://seoji.nl.go.kr)와 국가자료종합
목록 구축시스템(http://kolis-net.nl.go.kr)에서 이용하실 수 있습니다. (CIP제어번호 : CIP2020029121)